Französisch
ohne Mühe

Die Methode für jeden Tag

Französisch
ohne Mühe

von
Anthony BULGER

Deutsche Übersetzung und Bearbeitung von
Susanne GAGNEUR

Zeichnungen von J.-L. Goussé

Der Sprachverlag

Körnerstrasse 12
50823 Köln
Deutschland

E-Mail:
Kontakt@assimil.com

© Assimil 2018-2025
ISBN 978-3-89625-011-7

Der Assimil-Verlag bietet folgende Sprachkurse an:

Grundkurse Niveau A1–B2 / Reihe "ohne Mühe"

Amerikanisch • Arabisch • Brasilianisch
Bulgarisch • Chinesisch • Chinesische Schrift
Dänisch • Deutsch (als Fremdsprache) • Englisch
Finnisch • Französisch • Griechisch • Hindi
Indonesisch • Italienisch • Japanisch • Kanji-Schrift
Koreanisch • Kroatisch • Latein • Luxemburgisch
Niederländisch • Norwegisch • Persisch • Polnisch
Portugiesisch • Rumänisch • Russisch • Schwedisch
Spanisch • Suaheli • Thai • Tschechisch
Türkisch • Ungarisch • Vietnamesisch

Vertiefungskurse Niveau B2–C1 / Reihe "in der Praxis"

Englisch • Französisch • Italienisch • Russisch • Spanisch

Weitere Sprachkurse in Vorbereitung

... Aktuelles und weitere Infos unter www.AssimilWelt.com

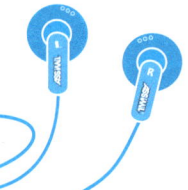

Die Tonaufnahmen
mit den fremdsprachigen Texten aller Lektionen und Verständnisübungen aus diesem Kurs – insgesamt 190 Min. Spieldauer – können Sie im Internet oder bei Ihrem Buchhändler bestellen: Français
4 Audio-CDs ISBN 978-3-89625-161-9
1MP3-CD   ISBN 978-3-89625-611-9

VORWORT

Das Französische gehört zur romanischen Gruppe der indogermanischen Sprachen und ist u.a. mit dem Italienischen, Spanischen, Katalanischen, Portugiesischen und Rumänischen verwandt. Weltweit wird Französisch in beinahe 50 Staaten von rund 370 Millionen Menschen gesprochen. Es ist die Mutter- oder Zweitsprache von ca. 220 Millionen Menschen. In Europa ist es nach Englisch und Deutsch die am dritthäufigsten gelernte Fremdsprache.

Französisch ist unter anderem die offizielle Sprache in Frankreich, Kanada, der Schweiz, Belgien, Haiti und zahlreichen Ländern West- und Zentralafrikas. Im arabischsprachigen Nordafrika und in Indochina ist Französisch als Nebensprache weit verbreitet. Es ist außerdem eine der Amtssprachen der EU, Amtssprache der Afrikanischen Union und der Organisation Amerikanischer Staaten, darüber hinaus gehört Französisch zu den sechs Amtssprachen der UNO, und es gilt nach wie vor als Sprache der Diplomatie.

In Frankreich wird die französische Sprache durch die Académie française reguliert, eine französische Gelehrtengesellschaft mit Sitz in Paris, die sich um die Vereinheitlichung und Pflege der französischen Sprache, insbesondere durch die Erarbeitung eines normativen Wörterbuchs sowie anderer Referenzwerke, bemüht.

Die französische Syntax (Satzbau) unterscheidet sich in vielen Punkten von der des Deutschen, und die Sprache verfügt über eine Vielfalt an Zeitformen, von denen manche im Deutschen keine Entsprechung haben. Auf der anderen Seite verwendet das Französische nur zwei grammatische Geschlechter. Was die Aussprache angeht, so gibt es im Französischen mehrere Laute, die im Deutschen unbekannt sind, wobei hier besonders die Nasallaute zu erwähnen sind. Sieht man sich die Schriftsprache an, so zeigt sich, dass Schriftbild und Aussprache oft relativ weit auseinander liegen, jedoch folgt die Zuordnung meistens recht einfachen Regeln.

Mit diesem Assimil-Kurs begeben Sie sich entspannt, mit Humor und in kleinen täglichen Lernschritten auf eine spannende Entdeckungsreise durch diese geschichtsträchtige und klangvolle Sprache. Wir wünschen Ihnen viel Spaß dabei!

PASSIVE UND AKTIVE PHASE

Wie alle Assimil-Kurse gliedert sich auch dieser Kurs in eine passive und eine aktive Phase (auch „Zweite Welle"). Bis Lektion 49 lernen Sie zunächst passiv, d. h. Sie sollen nur verstehen, was Sie lesen und was Sie hören. Sie sollen möglichst oft die Aufnahmen anhören, die Aussprache trainieren, die Anmerkungen lesen und die Übungen absolvieren. In dieser Phase bilden Sie noch keine eigenen Sätze, sondern sammeln lediglich passiv Wortschatz an.

Mit Lektion 50 beginnt die aktive Phase oder „Zweite Welle". Sie finden nun am Ende jeder Lektion den Hinweis „Zweite Welle:", gefolgt von einer Lektionsnummer. Nachdem Sie eine Lektion wie gewohnt studiert haben, gehen Sie zurück zu der angegebenen Lektion, wiederholen diese und versuchen dann, den deutschen Dialog auf der rechten Buchseite auf Französisch zu formulieren, wobei Sie die linke Buchseite zudecken. Dies üben und wiederholen Sie so lange, bis Sie den Text korrekt in die Fremdsprache übersetzen können.

INHALT

- Vorwort — **V**
- Passive und aktive Phase — **VI**
- Einleitung — **XIII**
- Aufbau der Lektionen — **XV**
- Arbeitsweise — **XVII**
- Die Aussprache des Französischen — **XVIII**

LEKTIONEN

- Lektionen 1–113 — **1–464**

ANHÄNGE

- Grammatikalischer Index — **465**
- Grammatikalischer Anhang — **466**
- Französisch-deutsches Wörterverzeichnis — **495**
- Deutsch-französisches Wörterverzeichnis — **519**
- Literaturhinweise — **544**
- Aussprachetabellen — **551**

VIII

* Ist das alles?

IX

	VERZEICHNIS DER LEKTIONEN	**SEITE**
1	À Paris	1
2	Au magasin	5
3	Au café (I)	9
4	Au café (II)/Au tabac/Dans la rue	13
5	Une conversation téléphonique... des idées toutes faites... et des dictons...	17
6	Les achats	21
7	Révision et notes / Wiederholung und Anmerkungen	25
8	Une visite	29
9	Très simple !	33
10	Bonsoir, Monsieur Duclos	37
11	Un peu de révision	41
12	Un tour dans Paris	45
13	La belle musique	49
14	Révision et notes	53
15	Petites annonces	55
16	Des achats ... !	59
17	Au téléphone (I)	63
18	Au téléphone (II)	67
19	Deux conversations au restaurant	71
20	Encore un peu de révision	75
21	Révision et notes	79
22	Les passe-temps nationaux	81
23	Le loto	87
24	Le passe-temps numéro un	89
25	Deux histoires drôles	93
26	Que fait Monsieur Duclos le matin ?	97
27	Les commerçants	101
28	Révision et notes	105
29	Questions ridicules	109
30	Chez Monsieur Duclos	113
31	Chez Monsieur Duclos (suite)	117
32	Le métro	119
33	Quelques questions/Au guichet	123
34	Au musée	127
35	Révision et notes	131
36	Les secrétaires	133
37	Une soirée au théâtre	137
38	Le Septième Art	141
39	Un argument convaincant/À la fortune du pot	147
40	La rue Mouffetard	151

INHALT

41	Réservons une table	155
42	Révision et notes	159
43	Que faites-vous dans la vie?/ Définition d'une administration	161
44	Monsieur Duclos accueille un client	165
45	Monsieur Duclos trouve son client	169
46	À l'hôtel	173
47	Pas si vite	179
48	Quelques expressions idiomatiques	183
49	Révision et notes	187
50	Une lettre	189
51	R.S.V.P.	193
52	Un entretien d'embauche	195
53	Encore le passé !	199
54	Une mauvaise rencontre	203
55	... mais il a surtout bu	207
56	Révision et notes	211
57	Deux bonnes réponses	213
58	Un peu de tourisme	217
59	Un peu de tourisme (suite)	221
60	Prendre le train	225
61	Location de voitures	231
62	Ne soyons pas trop sérieux	235
63	Révision et notes	239
64	Bonne route !	241
65	La tour Eiffel	245
66	La promenade du dimanche	249
67	L'optimiste et le pessimiste	253
68	Le corps humain	257
69	Le corps humain (suite et fin)	261
70	Révision et notes	265
71	Une déception	269
72	Le lendemain, dans un grand restaurant	273
73	Oh, les beaux jours !	277
74	Le grand écran	281
75	Une consultation efficace	285
76	Détendons-nous	289
77	Révision et notes	293
78	La femme est la patronne	297
79	La politique	301
80	Les sondages	305

81	L'argot	309
82	Un voyage à Beaune	313
83	Voyage à Beaune (II)	317
84	Révision et notes	321
85	Une visite à Beaune (fin)	325
86	À l'école primaire	331
87	Faites attention à „faire"	335
88	Le petit écran	339
89	Le Tour de France	343
90	Avez-vous bien lu ?	347
91	Révision et notes	351
92	Aux Armes, Citoyens !	355
93	Le savoir-faire	359
94	Stéréotypes	365
95	Joindre l'utile à l'agréable	369
96	Les taxis	373
97	Un pot-pourri d'expressions idiomatiques	377
98	Révision et notes	383
99	Le travail	385
100	Admettons...	391
101	La candidature	395
102	Une réponse	401
103	L'entretien d'embauche	407
104	Félicitations !	413
105	Révision et notes	419
106	On déménage	423
107	Montons à Paris	427
108	Le quartier	433
109	Le premier jour chez Toutvu	439
110	La rentrée	445
111	La routine	451
112	Révision et notes	457
113	Au revoir... et à bientôt !	461

XII

EINLEITUNG

„Als Gott das Französische schuf, da gab er uns die Regel, dann erfand er die Ausnahme, um uns in Versuchung zu führen", so kommentiert ein französischer Linguist seine Sprache. Schwierigkeiten mit den unzähligen Ausnahmen von der Regel haben selbst die Franzosen; bei den regelmäßig stattfindenden nationalen Rechtschreibwettbewerben gibt es kaum Teilnehmer mit null Fehlern.

Das sollte Sie aber nicht entmutigen, sondern Sie dazu anspornen, entspannt und interessiert an diesen Kurs heranzugehen, Ihren Hang zur Perfektion zu vergessen und mit Spaß zu entdecken, dass Sie ohne Auswendiglernen und „Schwitzen" die französische Sprache so erlernen können, wie Sie als Kind Ihre Muttersprache erlernt haben und nach wenigen Monaten in der Lage sind, sich in Alltagssituationen mit französischen Gesprächspartnern verständlich zu machen. Wir erheben nicht den Anspruch, dass Sie am Ende „perfekt" Französisch sprechen; wir wollen Ihnen nur das richtige Werkzeug an die Hand geben, damit Ihnen der Einstieg ins Französische erleichtert wird und Sie weitermachen können ... vielleicht sogar mit unserem Fortgeschrittenenkurs „Französisch in der Praxis" ... ?

Die Voraussetzung für Ihren Lernerfolg ist die Regelmäßigkeit, mit der Sie lernen. Widmen Sie der französischen Sprache täglich eine halbe Stunde. Haben Sie einmal wenig Zeit, so vermindern Sie die Lerndosis lieber, als dass Sie sie ganz streichen. Sie müssen nicht pro Tag eine Lektion durcharbeiten, sondern können eine Lektion auf zwei oder drei Tage verteilen.

Lesen Sie, bevor Sie beginnen, die Einleitung, besonders die Erläuterungen zur Aussprache und die Liste der Laute. Beides ist eine wichtige Ergänzung zu den Tonaufnahmen. Außerdem wird hier beschrieben, wie Sie die vereinfachte Lautschrift lesen. Vor allem in den ersten Tagen Ihres Studiums sollten Sie sich die Liste der Laute möglichst täglich ansehen und die Laute laut und deutlich nachsprechen.

Französisch ohne Mühe

AUFBAU DER LEKTIONEN

A. Lektionstext

Links finden Sie den fremdsprachigen Lektionstext, rechts die deutsche (sinngemäße) Übersetzung. Um Ihnen vor allem am Anfang das Verständnis zu erleichtern, finden Sie dort, wo es nötig ist, auch die wörtliche Übersetzung einzelner Wörter oder Satzteile in runden Klammern (...). Dagegen sind Satzteile oder Ausdrücke im Deutschen, die im französischen Text nicht vorhanden sind, jedoch für das Verständnis oder die syntaktische Korrektheit des Deutschen wichtig sind, in eckige Klammern [...] eingeschlossen. Eingekreiste Zahlen am Satzende im französischen Dialog verweisen auf die Anmerkungen (siehe Punkt C.).

B. Vereinfachte Lautschrift (PRONONCIATION)

Unter dem Lektionstext finden Sie einen mit **PRONONCIATION** („Aussprache") überschriebenen Absatz, der den Lektionstext in vereinfachter Assimil-Lautschrift wiedergibt. Hierbei handelt es sich um eine speziell von ASSIMIL für „deutsche Zungen" entwickelte Phonetik, die Ihnen die Aussprache des Französischen erleichtern soll. Die einzelnen Silben der Wörter sind durch Bindestriche voneinander getrennt. Betonte Silben sind fettgedruckt. Bis Lektion 13 wird jeweils der gesamte Dialog in vereinfachter Lautschrift wiedergegeben, ab Lektion 15 nur noch die neuen und schwierig auszusprechenden Ausdrücke und Wörter.

C. Anmerkungen

Eingekreiste Zahlen im französischen Lektionstext verweisen auf die Anmerkungen, die grundsätzlich auf der gleichen Buchdoppelseite zu finden sind; das erspart Ihnen umständliches Hin- und Herblättern. Die Anmerkungen enthalten in Kürze wichtige Informationen zum Verständnis des jeweiligen Satzes, eines Satzteils oder eines Wortes bzw. deren Grammatik, ergänzenden Wortschatz, Synonyme und Antonyme zu bestimmten Wörtern und gelegentlich landeskundliche Details.

D. Verständnisübung mit Lösung

Die 1. Übung jeder Lektion ist eine aus wenigen französischen Sätzen bestehende Verständnisübung, in der das Vokabular der aktuellen Lektion und auch der letzten Lektionen wiederaufgegriffen und in einen anderen Kontext eingebettet wird. Anhand dieser

Übung können Sie feststellen, ob Sie den bisher gelernten Wortschatz verstanden und assimiliert haben. Die Lösung dieser Übung finden Sie in Form der deutschen Übersetzung der Übungssätze auf der gegenüberliegenden Buchseite.

E. Lückentextübung mit Lösung

Die 2. Übung jeder Lektion ist eine Lückentextübung, die ebenfalls auf dem bislang erlernten Vokabular basiert. Hier sollen Sie auf der Grundlage der angegebenen deutschen Sätze in die darunter stehenden französischen Sätze fehlende Wörter einsetzen. Die „Lücken" werden durch Punkte dargestellt, wobei jeder Punkt für einen Buchstaben steht. Die Lösung zu dieser Übung, d. h. die fehlenden Wörter, die Sie einsetzen müssen, finden Sie auf der gegenüberliegenden rechten Buchseite.

F. Motivationshinweise

Gelegentlich finden Sie kleine Absätze in Kursivschrift, die dazu dienen sollen, Sie zu ermuntern und zu motivieren, Sie also sozusagen „bei Laune zu halten". Sie enthalten auch wichtige Tipps für das effektive Lernen und für Situationen, in denen Sie auf Schwierigkeiten stoßen oder in denen Sie sich demotiviert fühlen.

G. Wiederholungslektionen

In jeder 7. Lektion wird in systematischer Form die Grammatik der vergangenen sechs Lektionen wiederholt, vertieft und anhand von Beispielen erläutert. In diesen Lektionen finden Sie u. a. auch Konjugations-, Deklinations- und Wortschatzlisten, die Sie vielleicht in den Lektionen vermisst haben. Zur Auflockerung enthalten einige dieser Lektionen auch landeskundliche Informationen.

H. Illustrationen

Schenken Sie schließlich auch unseren mit viel Liebe gemachten Illustrationen ein bisschen Aufmerksamkeit. Jede Karikatur dreht sich um einen Satz aus der jeweiligen Lektion, den Sie sich vielleicht besser merken können, wenn Sie ihn mit einem Bild bzw. einer Situation verbinden.

I. Die Aufnahmen

Sie können zwar auch mit dem Buch alleine lernen, wir empfehlen Ihnen dennoch dringend, die Tonaufnahmen (auf vier Audio-CDs oder auf einer MP3-CD) zu erwerben. Sie enthalten sämtliche Lektionstexte sowie die französischen Texte der Verständnisübungen. Professionelle Sprecherinnen und Sprecher gewährleisten eine hohe Authentizität in Aussprache, Betonung und Satzmelodie. Zu Beginn werden alle Lektionstexte besonders langsam gesprochen. Allmählich wird das Sprechtempo progressiv gesteigert. Die Wiederholungslektionen sind nicht auf den Aufnahmen enthalten.

ARBEITSWEISE

1. Hören Sie sich zunächst die Lektion mehrmals hintereinander auf den Tonaufnahmen an, und vergleichen Sie die Aussprache mit der vereinfachten Lautschrift unter dem Lektionstext. Lesen Sie den französischen Dialog Satz für Satz laut mit, wobei Sie versuchen sollten, der Aussprache des Sprechers möglichst nahe zu kommen. Die Pausen zwischen den einzelnen Sätzen sind am Anfang so lang, dass Sie in dieser Zeit die Übersetzung auf der rechten Seite lesen können. Halten Sie Ihr Wiedergabegerät ggf. an, um die Übersetzung zu lesen.

2. Lesen Sie zu jedem Satz, zu dem es eine Anmerkung gibt, diese durch.

3. Lesen Sie jeden Satz so oft laut, bis Sie ihn wiederholen können, ohne ins Buch zu sehen.

4. Wenn Sie den gesamten Lektionstext verstanden, die Aussprache geübt und die Anmerkungen gelesen haben, absolvieren Sie die Verständnisübung und danach die Lückentextübung, am besten schriftlich.

Gehen Sie erst dann zur nächsten Lektion über, wenn Sie eine Lektion komplett beherrschen und „assimiliert" haben!

XVIII

DIE AUSSPRACHE DES FRANZÖSISCHEN

Die vereinfachte Assimil-Lautschrift soll als Hilfestellung bei der Aussprache der fremdsprachigen Laute und als Unterstützung neben den Tonaufnahmen dienen. Die meisten der verwendeten Lautschriftzeichen sind der deutschen Sprache entnommen; Sie werden also keine Schwierigkeiten haben, sie zu lesen. Im gesamten Buch sind die Laute durch kursiv gedruckten Text in eckigen Klammern [*Laut*] gekennzeichnet.

Lesen Sie die unter PRONONCIATION („Aussprache") aufgeführte Lautschrift wie sie dort steht, Buchstabe für Buchstabe, und beachten Sie die im Folgenden genannten Besonderheiten bei der Aussprache einzelner Laute:

1. Die Nasale

Sie werden auch Nasenlaute genannt, da beim Sprechen die Luft in der Nasenhöhle in Schwingungen versetzt wird. Im Deutschen haben wir keine Nasallaute, wir kennen sie allerdings aus Wörtern (französischen Ursprungs) wie Manneq**uin**, Ch**an**ce, Rev**an**che, Restaur**ant**, Sais**on** usw. Es gibt insgesamt vier Nasallaute im Französischen, jedoch sind zwei von ihnen vom Laut her fast identisch. Daher behandeln wir in diesem Kurs nur drei Nasale.

Um die Nasale zu üben, versuchen Sie, mit möglichst **weit geöffnetem** Mund und **unbeweglicher** Zunge laut die Silben „an", „än" und „on" zu sprechen. Sie merken, dass Sie das n nicht sprechen können, da Sie dazu die Zunge an den Gaumen bewegen müssen. Das sollen Sie aber nicht; die Zunge muss **unbeweglich** bleiben! Sie merken auch, dass der Luftstrom nicht nur durch den Mund, sondern auch durch die Nasenhöhle entweicht und so dort ein Vibrieren bzw. zitternde Schwingungen erzeugt werden. Hierdurch erhalten die Laute ihren nasalen Klang!

Ab jetzt verwenden wir die folgende Schreibweise für die Nasallaute:

a-Laut:	[*añ*]	Beispiel: Ch**an**ce
ä-Laut:	[*äñ*]	Beispiel: Manneq**uin**
o-Laut:	[*oñ*]	Beispiel: B**on**b**on**

Bei all diesen Wörtern sehen Sie zwar ein n (bei anderen, hier nicht gezeigten, auch ein m) am Ende des Lautes; dieses wird jedoch nicht gesprochen.

2. Die Akzente

Im Französischen stehen über zahlreichen Vokalen sogenannte Akzente, die die Aussprache des Vokals bestimmen. Sie haben nichts mit der Betonung eines Wortes zu tun, denn diese liegt im Französischen fast immer auf der letzten Silbe. Am häufigsten stehen Akzente auf dem Vokal e. Es gibt drei Akzente:

1. Accent aigu [ak-*ßañt̠e*‣-*gü*‣]: ´
Beispiel: **le téléphone** „das Telefon" [*lÖ te-le-fOn*]
Der Accent Aigu weist hier darauf hin, dass das **e** hell und offen wie in „entst**e**hen" gesprochen wird.

2. Accent grave [ak-*ßañ gra*‣*w*]: `
Beispiel: **la mère** „die Mutter" [*la mä*‣*r*]
Der Accent grave zeigt an, dass das **e** hier wie ein ä in „W**ä**lder" gesprochen wird.

3. Accent circonflexe [ak-*ßañ ßir*-koñ-*fläkß*]: ^
Beispiel: **la fenêtre** „das Fenster" [*la fö-nä*‣*-tr(ö)*]
Durch den Accent circonflexe wird das **e** ebenfalls wie ein ä, jedoch etwas länger, etwa wie in „**Ä**hre", gesprochen.

3. Die Liaison

Bei bestimmten Wörtern wird beim Sprechen der Endlaut eines Wortes mit dem Anfangslaut des nachfolgenden Wortes verbunden. Man nennt dies **Liaison** („Verbindung"). Im gesamten Buch sind diese Stellen im Text jeweils durch das Zeichen ‿ gekennzeichnet. Zwar existieren keine verlässlichen Regeln dafür, wann eine solche Liaison stattfindet. Jedoch wird sie meistens dann gesprochen, wenn ein Wort mit s oder t endet und das nachfolgende mit einem Vokal oder einem stummen h beginnt. Sie müssen mit der Zeit einfach ein Gefühl dafür entwickeln.

Liste der Laute

Es folgt nun eine Aufstellung aller in der französischen Sprache existierender Laute mit Erläuterungen zur Aussprache und Beispielen (wobei es leider nicht für alle Laute ein deutsches Beispiel gibt). Beachten Sie, dass zahlreiche Laute zwei oder sogar noch mehr unterschiedliche Aussprachevarianten haben können.

▸ ist ein Längenzeichen, das hinter den Vokalen auftaucht, die lang gesprochen werden.

Wird ein Laut mit „offen" beschrieben, so bedeutet dies, dass zu seiner Erzeugung die Mundhöhle und Lippen weiter geöffnet werden als bei den Lauten, die mit „geschlossen" beschrieben werden. „Geschlossen" bedeutet, dass der Laut mit gespitzten Lippen gesprochen wird.

Tabelle der Laute
VOKALE

Französisch		Deutsche Entsprechung	
Buchstabe(n)	Lautschrift	Aussprachehinweise	Dt. Beispiel
a	*a*	kurzes a	Katze
a / à / â	*a▸*	langes a	Nase
e	*(ö)*	unbetontes, dumpfes e, kaum hörbar	Baguette
e	*ö*	unbetontes e	Zelle
e / é	*e*	langes, helles e	Leben
è / ê	*ä*	ä	Käse
e + Konson.	*e / eh*	e vor Konsonant	Leben
i / y	*i*	kurzes i	Mist
i / y	*i▸*	langes i	Igel
o	*o*	kurzes, mit gespitzten Lippen gesprochenes o	So!
o	*o▸*	langes, mit gespitzten Lippen gesprochenes o	Boot
o	*O*	kurzes, mit geöffneter Mundhöhle gesprochenes o	Post
o	*O▸*	langes, mit geöffneter Mundhöhle gesprochenes o	Kooomm!
u	*ü*	kurzes ü	Mücke
u	*ü▸*	langes ü	müde

* Tritt dieser Laut als unbetonter Auslaut (d. h. am Wortende) in Silben wie -**ble**, -**ple**, -**tre** u. ä. auf, so wird er nicht richtig ausgesprochen, sondern nur kurz angedeutet bzw. fast verschluckt. (Einzig in Südfrankreich, z. B. in Marseille, wird dieser Laut deutlich gesprochen.) In der Lautschrift wird das [ö] in diesen Fällen in runde Klammern gestellt.

DOPPELVOKALE & NASALE

Französisch		Deutsche Entsprechung	
Buchstabe(n)	Lautschrift	Aussprachehinweise	Dt. Beispiel
ai / ei	ä▸	langes ä	Käse
an / am / en / em	añ	Nasallaut a	Croiss**an**t
au/eau/ô	o▸	langes, mit gespitzten Lippen gesprochenes o	Wies**o**?
ay-	e + j	„je" verkehrt herum gelesen	Ess**ay**ist
eu / œu	ö	kurzes, mit gespitzten Lippen gesprochenes ö	etwa wie in Höhle, aber kurz
	ö▸	langes, mit gespitzten Lippen gesprochenes ö	G**oe**the
	Ö	kurzes, mit geöffneter Mundhöhle gesprochenes ö	Götter
	Ö▸	langes, mit geöffneter Mundhöhle gesprochenes ö	Mööörder!
-ill-	ij	in der Wortmitte: langes i gefolgt von j	Quadr**ill**e
in / im un / um	äñ	Nasallaut ä	Mannequ**in**
oi / oa	oa	kurzes o + a	**Oa**se
on / om	oñ	Nasallaut o	Sais**on**
ou	u	kurzes u	Kuss
	u▸	langes u	Muse
oy	oaj	kurzes o + kurzes a + j	
ui	üi	kurzes ü + kurzes i	
uy	üij	kurzes ü + kurzes i + j	

KONSONANTEN

Französisch		Deutsche Entsprechung	
Buchstabe(n)	Lautschrift	Aussprachehinweise	Dt. Beispiel
c	k	vor a, o, u = k	**K**ind
c	ß	vor e, i, y = ß	Gla**s**
ç*	ß	immer ß	Ka**ss**e
ch	sch	wie sch	**Sch**uh
g	g	vor a, o, u = g	**G**arage
gu	g	vor e und i = g	Ba**g**uette
g	sch~	vor e und i wie 2. g in Garage	Gara**g**e
j	sch~	immer wie in **J**ournal	**J**ournal
gn	nj / ni	n + j oder n + i	Co**gn**ac
-ill-	-ij	wie i + j	la Bast**ill**e
	-il	wie -ll-	Br**ill**e
-eil/-eille	-j	nach ei und œi = j	Mire**ill**e
h-	--	immer stumm**	
s	s	zwischen zwei Vokalen s***	Oa**s**e
s / ss	ss	AUCH am Wortanfang ß	E**ss**en
v / w	w	wie w	**W**C
x	kss	k + stimmloses s	Ta**x**i
	gs	g + stimmhaftes s	Schla**gs**ahne
z	s	stimmhaftes s	Ra**s**en

* wird nur vor a, o, und u verwendet!

** verhindert am Wortanfang eine „Liaison" mit dem Endkonsonanten des vorherigen Wortes (s. Einleitung Seite XIX).

*** nicht in zusammengesetzten Wörtern: „antisocial" [añti**ss**ossial]

Die meisten Konsonanten werden am Wortende nicht gesprochen: Paris [pari], Chamonix [schamoni], Bordeaux [bOrdo▸]...; aber Aix [äkss].

Gesprochen werden hingegen die Konsonanten -c, -f, -g, -k, -l, -m, -q und -r, wenn sie direkt hinter einem Vokal das Wort beenden.

Schlagen Sie diese Tabellen speziell in der Anfangszeit oder immer dann, wenn Sie bei der Aussprache eines Wortes im Zweifel sind, ruhig immer wieder auf.

Beachten Sie: Sie finden die drei hier abgedruckten Lauttabellen noch einmal auf den letzten drei Seiten des Buches. So sind sie einfach aufzufinden, und Sie können sie jederzeit zum schnellen Nachschlagen verwenden.

Viel Erfolg!

VIEL SPASS MIT DIESEM BUCH!

1 • un [äñ]

▶ **Première (1ʳᵉ) leçon** [prÖm-jä▸r lÖ-ßoñ]

À Paris

1 – Pardon, madame. Où est le métro St. Michel ? ①②
2 – Le métro Saint-Michel ? Attendez une minute...
3 Nous sommes au boulevard Saint-Michel. La fontaine est là-bas.
4 – Oui, d'accord. Mais où est le métro, s'il vous plaît ? ③
5 – Mais bien sûr ! Voilà la Seine, et voici le pont. ④
6 – C'est joli ; mais s'il vous plaît...

(AUSSPRACHE

[a pa-ri▸ 1 par-doñ, ma-dam. u e lÖ me-tro▸ ßäñ mi-**schäl** ? 2 lÖ me-**tro**▸ ßäñ mi-**schäl** ? a-tañ-**de**▸ ü▸n mi-**nüt**... 3 nu▸ **ßOm** o▸ bul-**wa**▸r ßäñ mi-**schäl**. la foñ-**tä**▸n e la-**ba**. 4 ui, da-**kO**▸r. mä u▸ e lÖ me-**tro**▸, ßil wu▸ **plä** ? 5 mä bjäñ **ßü**▸r ! woa-**la** la **ßä**▸n, e woa-**ßi** lÖ **poñ**. 6 ßä sch῀o-**li**, mä **ßil** wu▸ **plä**...]

deux [*dö*] • **2**

Erste Lektion

In Paris

1. – Entschuldigung, [gnädige] Frau (meine Dame). Wo ist die Metro[station] St. Michel?
2. – Die Metro[station] St. Michel? Warten Sie eine Minute ...
3. – Wir sind am Boulevard St. Michel. Der Brunnen ist dort.
4. – Ja, einverstanden. Aber wo ist die Metro[station], bitte?
5. – Aber sicher (gut sicher)! Dort [ist] die Seine, und hier [ist] die Brücke.
6. – Das ist schön; aber bitte ...

> *Im Moment sollen Sie den französischen Text lediglich **verstehen** und **satzweise wiederholen**. Kümmern Sie sich nicht um Unterschiede im Satzbau oder um Wörter, die nicht sofort erklärt werden. Wir möchten, dass Sie zuerst Ihre **natürliche Assimilierungsfähigkeit** nutzen, bevor Sie beginnen, Regeln zu lernen.*

(ANMERKUNGEN)

① Wenn Franzosen eine Person ansprechen, fügen sie am Ende häufig das höflich klingende **monsieur** [*mÖ-ßjö*] "[mein] Herr", "[gnädiger] Herr" bzw. **madame** ("meine Dame"), "[gnädige] Frau" hinzu.

② Die **métro** ist die Pariser Untergrundbahn. Das Wort für "Station" kann weggelassen werden; es reicht aus, **métro** zu sagen.

③ **s'il vous plaît** bedeutet wörtlich "wenn es Ihnen gefällt" und sinngemäß "bitte".

④ **voici** "hier" wird benutzt, wenn sich das betreffende Objekt in unmittelbarer Nähe befindet. Für weiter entfernte Objekte verwendet man **voilà** "dort". **Voilà !** kann auch im Sinne von "Na bitte!", "Na also!", "Da haben wir's!" verwendet werden.

LEKTION 1

3 • trois [troa]

7	– Ce n'est **pas** à **gauche**, a**lors** c'est à **droite**. ⑤⑥
8	Voi**là**. Le mé**tro** est à **droite** !
9	– Mais **vous** êtes **sûre** ? ⑦
10	– **Non**. Je **suis** tou**riste** aus**si** !

(AUSSPRACHE)

[*7* BÖ nä **pas**‿a **go**‣**sch**, a-**lO**‣r ßät‿a **droat**. *8* woa-la. lÖ me-**tro**‣ et‿a **droat** ! *9* mä **wu**‣s ä‣t ßür ? *10* noñ. sch͂Ö ßüi tu-**rißt** o-**ßi** !]

1. ÜBUNG: VERSTEHEN SIE DIESE SÄTZE?

❶ Je suis à Paris ; nous sommes à Paris. ❷ Vous êtes sûr ? ❸ Attendez une minute, s'il vous plaît. ❹ Voilà la fontaine et voici le métro. ❺ Mais bien sûr !

2. ÜBUNG: FINDEN SIE DIE FEHLENDEN WÖRTER!

❶ Sie (2. Pers. Pl.) sind in Paris.

   Vous . . . . à Paris.

❷ Wir sind am Boulevard St. Michel.

   Nous . . . . . . au boulevard Saint-Michel.

❸ Ja, in Ordnung, aber wo ist die Metro[station], bitte?

   Oui, .'. . . . . . , mais où est le métro,
   s'il vous . . . . . ?

❹ Der Brunnen ist links.

   La fontaine est . gauche.

❺ Es ist nicht links.

   Ce .' est . . . . gauche.

quatre [*katr(ö)*] • 4

7 – Es (nicht) ist nicht links, dann ist es (es ist) rechts.
8   Na bitte. Die Metro[station] ist rechts!
9 – Aber sind Sie (Sie sind) sicher?
10 – Nein. Ich bin auch Tourist (Tourist auch)!

ANMERKUNGEN

⑤ à gauche „links" oder „nach links", à droite „rechts" oder „nach rechts". Die Präposition à kann auch eine Bewegung in eine bestimmte Richtung beschreiben: „nach".

⑥ Merken Sie sich c'est (= ce est) „das ist, es ist" und ce n'est pas „das ist nicht, es ist nicht" (n'est ist die zusammengezogene Form von ne est, wo jedoch zwei Vokale aufeinandertreffen, werden die Wörter apostrophiert).

⑦ Beachten Sie die „Liaison" (siehe Einleitung), z. B. ... pas_à... und ... c'est_à... und ... vous_êtes... .

LÖSUNG DER 1. ÜBUNG: HABEN SIE (GUT) VERSTANDEN?

❶ Ich bin in Paris; wir sind in Paris. ❷ Sind Sie (Sie sind) sicher? ❸ Warten Sie/Wartet eine Minute, bitte. ❹ Dort [ist] der Brunnen, und hier [ist] die Metro. ❺ Aber selbstverständlich (gut sicher)!

LÖSUNG DER 2. ÜBUNG: DIE FEHLENDEN WÖRTER.

❶ êtes ❷ sommes ❸ d'accord - plaît ❹ à ❺ n - pas à

---

*In den ersten Lektionen liegt der Schwerpunkt auf dem Hören und Nach- bzw. Mitsprechen. Sprechen Sie langsam, laut und deutlich, und zögern Sie nicht, Sätze oder Wörter, bei denen Sie „steckenbleiben", mehrmals zu üben. Trainieren Sie die Aussprache der einzelnen Laute mit lauter Stimme. Nehmen Sie ggf. die Liste der Laute aus der Einleitung zu Hilfe. Unterscheiden Sie sorgfältig die drei Nasallaute [añ] (Ch**an**ce), [äñ] (Mannequ**in**) und [oñ] (B**on**bon)!*

LEKTION 1

5 • cinq [ßä ñk]

▶ **Deuxième (2ᵉ) leçon** [dös-**jä**‣m lÖ-**ßoñ**]

Au magasin

1 – S'il vous **plaît**, ma**dame**, **est**-ce qu'il est **cher**, ce cha**peau** ? ①

2 – **Non**, il **n'est** pas **cher**. Le **prix** est **très** raison**nab**le. ②

3 – **Bon**. Et... Où **sont** les **gants** ?

4 – Les **gants** sont **là**-bas. **Vous** vo**yez** ? ③

5 – **Ah**, mer**ci**... Mais, **est**-ce qu'ils **sont** en **laine** ? ④

6 – **Non**, ils ne sont **pas** en **laine**, ils **sont** en acry**lique**. ⑤

(PRONONCIATION)

[o **ma**-ga-**säñ 1** ßil wu‣ **plä**, ma-**dam**, **äß** kil e **schä**‣**r**, **ßÖ** scha-**po**‣ ? **2 noñ**, il **ne** pa **schä**‣**r**. lÖ **pri**‣ e **trä** re-sO-**na**‣bl(ö). **3 boñ**. e‣ ... u‣ **Boñ** le‣ **gañ** ? **4** le‣ **gañ** ßoñ **la**-ba. **wu**‣ woa-**je**‣ ? **5 a**‣, **mär**-**ßi** ... **mä äß** kil **ßoñ**‿**tañ lä**‣**n** ? **6 noñ**, il nÖ **ßoñ pas**‿**añ lä**‣**n**, il **ßoñ**‿**tañ** a-kri-**li**‣**k**.]

six [βiβ] • 6

Zweite Lektion

Im (Beim) Geschäft

1 – Bitte, [gnädige] Frau, ist dieser Hut teuer (ist er teuer, dieser Hut)?
2 – Nein, er ist nicht teuer. Der Preis ist sehr vernünftig.
3 – Gut. Und ... Wo sind die Handschuhe?
4 – Die Handschuhe sind dort. Sehen Sie (Sie sehen)?
5 – Ah, danke ... Aber, sind sie aus (in) Wolle?
6 – Nein, sie sind nicht aus (in) Wolle, sie sind aus (in) Acryl.

(ANMERKUNGEN)

① **est-ce que...** [**ă**-βÖ-kÖ...], wörtlich „Ist es dass ..." ist eine Form der Frageeinleitung, bei der durch Voranstellen von Est-ce que ein Aussagesatz zu einer Frage wird. Beginnt das auf que folgende Wort mit einem Vokal, wird que zu qu': Est-ce qu'il est en laine ? „Ist er/es aus Wolle?".

② Achten Sie bei raisonnable auf den unbetonten, fast verschluckten Auslaut [ö]. Ebenso weiter unten: votre [**wO**-tr(ö)].

③ Eine weitere Art, Fragen zu formulieren, ist die Konstruktion Pronomen (= Fürwort) + Verb (+ Objekt): Vous attendez votre mari ? „Warten Sie auf (Sie erwarten) Ihren Mann?" Diese Form und die Form mit Est-ce que... sind beide umgangssprachlich und gebräuchlich. Hören Sie aufmerksam die Aufnahmen an, und beachten Sie Satzmelodie und Tonfall!

④ Das Plural-s bei ils „sie" wird nicht gesprochen (d. h. die Aussprache ist identisch mit der von il „er"), es sei denn, es folgt ein Wort, das mit einem Vokal beginnt; in diesem Fall wird eine „Liaison" vorgenommen.

⑤ Sie haben bereits die Verneinung kennengelernt. Sie wird in der Regel mit den Wörtchen ne [nÖ] und pas [pa] gebildet, die das Verb umschließen: ils ne + sont + pas „sie sind nicht". Vgl. auch weiter unten il n'est pas cinq heures.

LEKTION 2

7 • sept [ßät]

7 – **Bon**. Euh... **est**-ce qu'il **est** cinq heures ?
8 – Com**ment** ? **Ah**, je com**prends**, vous‿atten**dez vo**tre mari ! ⑥
9 – **Oui**, c'est **ça**... et... il **pleut** de**hors**, a**lors**... ⑦
10 – **Non**, ma**dame**... Il n'est **pas** cinq **heures** ! ⑧

(PRONONCIATION)

[7 boñ, Ö ... äß kil ä ßäñk‿**Ö**▸r ? 8 ko-**mañ** ? a▸, sch ̃Ö koñ-**prañ**, wu▸s‿a-tañ-de▸ **wO**-tr(ö) ma-**ri** ! 9 ui▸, ßä ßa ... e▸ ... il **plö**▸ dÖ-**O**▸r, a-**lO**▸r ... 10 noñ, ma-**dam** ... il ne **pa** ßäñk‿**Ö**▸r !]

(**1ᵉʳ EXERCICE : COMPRENEZ-VOUS CES PHRASES ?**)

[pr(ö)m-**jä**▸r‿eg-sär-**ßiß** : **koñ**-prÖ-ne▸ **wu**▸ ße▸ **fra**▸s?]

❶ Est-ce que vous êtes sûr ? ❷ Est-ce qu'il est cher, ce chapeau ? ❸ Est-ce que vous voyez la fontaine ? ❹ Il n'est pas cinq heures. ❺ Est-ce que le prix est raisonnable ?

(**2ᵉ EXERCICE : TROUVEZ LES MOTS MANQUANTS !**)

[dös-**jä**▸m eg-sär-**ßiß** : tru-**we**▸ le▸ **mo**▸ mañ-**kañ** !]

❶ Ist es fünf Uhr?

   Est-ce qu'.. ... cinq heures ?

❷ Sie warten auf Ihren Mann!

   Vous attendez ..... mari !

❸ Sind sie aus (in) Wolle?

   Est-ce qu'... .... en laine ?

❹ Warten Sie auf Herrn Legrand? - Ja, das ist richtig.

   Vous attendez Monsieur Legrand ?
   - Oui, c'... ...

huit [üit] • 8

7 – Gut. Äh ... ist es fünf Uhr (Stunden)?
8 – Wie? Ah, ich verstehe, Sie warten auf (erwarten) Ihren Mann!
9 – Ja, das ist richtig (das ist es) ... und ... es regnet draußen, also ...
10 – Nein, [gnädige] Frau ... Es ist nicht fünf Uhr (Stunden)!

(ANMERKUNGEN)

⑥ Das **j** von **je** wird wie das „g" in Gara**g**e gesprochen: [sch˜].

⑦ **c'est ça !** „So ist es!, Das stimmt!" ist eine häufig benutzte Wendung!

⑧ **Ils ne sont pas** „Sie (3. Pers. Pl.) sind nicht" - **Il n'est pas** „Er/Es ist nicht". Im zweiten Beispiel sehen Sie wieder, dass **ne** zu **n'** verkürzt wird, da das nachfolgende Wort mit einem Vokal beginnt.

SOLUTIONS DU 1ᵉʳ EXERCICE : AVEZ-VOUS BIEN COMPRIS ?
[**B**o-lü-**B**joñ dü prÖm-**jä**▸**r**_eg-sär-**B**iß: **a**-we▸ wu▸ **bjäñ** koñ-**pri**?]

❶ Sind Sie (Sie sind) sicher? ❷ Ist dieser Hut teuer (Ist er teuer, dieser Hut?) ❸ Sehen Sie / Seht ihr den Brunnen? ❹ Es ist nicht fünf Uhr. ❺ Ist der Preis vernünftig?

❺ Die Metro[station] St. Michel ist dort.

Le métro St. Michel est là-. . . . .

SOLUTIONS DU 2ᵉ EXERCICE : LES MOTS MANQUANTS.
[**B**o-lü-**B**joñ dü dös-**jä**▸**m** eg-sär-**B**iß: le▸ **mo**▸ mañ-**kañ**.]

❶ il est ❷ votre ❸ ils sont ❹ est ça ❺ bas

*Der Buchstabe **x** wird meistens wie [kß] gesprochen, manchmal aber, wie Sie beim Wort **exercice** sehen, auch [gs]. Die einzige Ausnahme zu dieser Regel ist „**deuxième**": Nur hier wird das **x** stimmhaft (wie im deutschen „Ha**s**e") gesprochen.*

LEKTION 2

9 • **neuf** [nÖf]

▶ **Troisième (3ᵉ) leçon** [troas-**jä**‣m lÖ-**ß**oñ]

Au café

1 – Mes**sieurs**, vous **désirez** ? ① ②
2 – **Deux** cafés, **s'il** vous **plaît**, et **deux** croi**ssants chauds**. ③ ④
3 – **Ah**... vous ̲**êtes** An**glais** ?
4 – **Oui**, je **suis** de Lon**don**, euh, par**don**, **Lon**dres. ⑤
5 – Mais vous par**lez bien** le fran**çais**.
6 – Mer**ci**, vous ̲**êtes** gen**til**.
7 – **Nous**, les Fran**çais**, nous **sommes tous** gen**tils** ! ⑥

(PRONONCIATION)

[o ka-**fe**‣ **1** meß-**jö**‣, wu‣ **de**-si-re‣ ? **2** dö‣ ka-**fe**‣, **ß**il wu‣ **plä**, e **dö**‣ kroa-**ß**añ **scho**‣. **3** a‣ ... wu‣s ̲**ä**‣t añ-**glä** ? **4** ui‣, sch˜Ö **ß**üi dÖ **lan**-dÖn, Ö, par-**don**, **loñ**-dr(ö). **5** mä wu‣ par-**le**‣ **bjän** lÖ frañ-**ßä**. **6** **mär**-**ß**i, wu‣s ̲**ä**‣t sch˜añ-**ti**. **7** nu‣, le‣ frañ-**ßä**, nu‣ **ß**Om **tuß** sch˜añ-**ti**!]

Dritte Lektion

Im (Beim) Café

1 – [Meine] Herren, was wünschen Sie (Sie wünschen)?
2 – Zwei Kaffee(s), bitte, und zwei warme Croissants.
3 – Ah ... Sie sind Engländer?
4 – Ja, ich bin aus London, äh, Verzeihung, Londres.
5 – Aber Sie sprechen gut (das) Französisch.
6 – Danke, Sie sind nett.
7 – Wir (,die) Franzosen, wir sind alle nett!

(ANMERKUNGEN)

① Messieurs ist der Plural (Mehrzahl) von monsieur; mesdames [me-**dam**] ist der Plural von madame. In beiden Fällen hört man das Plural-s nicht!

② vous désirez ? ist die gleiche Konstruktion wie Vous voyez ? aus Lektion 2. Désirer bedeutet „wünschen" oder „gerne möchten".

③ Adjektive (Eigenschaftswörter) stehen normalerweise hinter dem Substantiv (Hauptwort). Im Plural erhalten sowohl Adjektiv als auch Substantiv ein s, das man jedoch nicht spricht: Un livre rouge [äñ li‧w‧r(ö) ru‧sch] - deux livres rouges [dö‧ li‧w‧r(ö) ru‧sch] „ein rotes Buch - zwei rote Bücher".

④ croissants sind Blätterteighörnchen, die in Frankreich gerne zum Frühstück gegessen (und in den Kaffee „gestippt") werden. Man bekommt sie ordinaire [Or-di-**nä‧r**] „normal" oder au beurre [o **bÖ‧r**] „mit Butter".

⑤ Nicht nur für Städte Großbritanniens wie London haben Franzosen ein eigenes Wort, sondern auch für deutsche Städte: Hambourg [añ-**bu‧r**] „Hamburg", Munich [mü-**nik**] „München" und Cologne [ko-**lO**-nj(ö)] „Köln".

⑥ Adjektive, die eine Nationalität beschreiben, werden mit kleinem Anfangsbuchstaben geschrieben. Anders verhält es sich, wenn von einer Person oder einem Personenkreis mit einer bestimmten Nationalität die Rede ist. Nous, les Français, ...

Haben Sie in den Lektionsnummern das hochgestellte e (bzw. re bei première) hinter der Zahl bemerkt? Dieses e kennzeichnet die Ordnungszahlen und ist die Abkürzung der Nachsilbe -ième. Einzige Ausnahme: premier „der erste" - hochgestelltes -er; première „die erste": hochgestelltes -re.

11 • onze [oñs]

8 *(Le garçon, à une autre table)*
9 – Par**don** mes**sieurs**, voi**ci** les ca**fés** et les tar**tines** beur**rées**. ⑦
10 – Et a**lors** ? Où **sont** les croi**ssants** ?
11 – **Ex**cusez-**moi**, me**ssieurs**...
12 – Et dé**pêchez**-**vous** ! ⑧
13 *(À notre table)*
14 – A**lors**, **vous** êtes **sûr** qu'ils **sont** tou**jours** gen**tils**, les Fran**çais** ?

(PRONONCIATION)

[*8 (lÖ gar-ßoñ, a ü▸n o▸tr(ö) ta▸-bl(ö)) 9 par-doñ, meß-jö▸, woa-ßi le▸ ka-fe▸ e▸ le▸ tar-ti▸n bö-re▸. 10 e▸ a-lO▸r ? u▸ ßoñ le▸ kroa-ßañ? 11 ekß-kü-se▸ moa, meß-jö▸ ... 12 e de-pe-sche▸ wu▸! 13 (a nOtr(ö) ta▸-bl(ö)) 14 a-lO▸r, wu▸s ä̱t ßü▸r kil ßoñ tu-schūu▸r schāañ-ti, le▸ frañ-ßä ?*]

(**1ᵉʳ EXERCICE : COMPRENEZ-VOUS CES PHRASES ?**)

❶ Vous parlez bien le français. ❷ Deux cafés, s'il vous plaît.
❸ Voici les cafés et les croissants. ❹ Ah, vous êtes Anglais ?
- Oui, c'est ça. ❺ Est-ce que vous êtes toujours gentil ?

(**2ᵉ EXERCICE : TROUVEZ LES MOTS MANQUANTS !**)

❶ Wir (, die) Franzosen, wir sind alle nett.

Nous, les Français, nous . . . . . .

tous . . . .

❷ Wo sind die Croissants?

Où . . . . les croissants ?

❸ Hier [sind] die gebutterten Brotscheiben, [meine] Herren.

Voici les tartines . . . . , messieurs.

douze [du▸s] • 12

8   *(Der Kellner, an einem anderen Tisch)*
9 – Entschuldigung, [meine] Herren, hier [ist] der Kaffee (die Kaffees) und die gebutterten Brotscheiben.
10 – Und (dann)? Wo sind die Croissants?
11 – Entschuldigen Sie mich, [meine] Herren ...
12 – Und beeilen Sie sich!
13   *(An unserem Tisch)*
14 – Na, sind Sie sicher (Sie sind sicher), dass sie immer nett sind, die Franzosen?

(ANMERKUNGEN)

(7) Das Französische kennt nur die beiden Geschlechter Maskulinum (männlich) und Femininum (weiblich). Die bestimmten Artikel lauten **le** „der" und **la** „die". Adjektive richten sich in Zahl und Geschlecht nach dem Substantiv. Da **tartines** Femininum Plural ist, nimmt auch das Adjektiv diese Form an: **beurrées**. Mehr dazu in Lektion 7.

(8) **dépêchez-vous !** ist eine Befehlsform (mit Pronomen). **Excusez !** „Entschuldigen Sie!". **Dépêcher** „sich beeilen" gehört wie **désirer** „wünschen", **excuser** „entschuldigen" usw. zu den Verben der sog. 1. Gruppe, die im Infinitiv (Grundform) auf **-er** enden. Die Endung **-ez** ist die der 2. Person Plural (höfliches „Sie" und „ihr").

SOLUTIONS DU 1ᵉʳ EXERCICE : AVEZ-VOUS BIEN COMPRIS ?

❶ Sie sprechen gut (das) Französisch. ❷ Zwei Kaffee(s), bitte. ❸ Hier [ist] der Kaffee (die Kaffees) und die Croissants. ❹ Ach, Sie sind Engländer? - Ja, das stimmt. ❺ Sind Sie immer nett?

❹ Sie sprechen gut (das) Französisch. – Danke, Sie sind nett.

Vous . . . . . . bien le français.
– Merci, vous . . . . gentil.

❺ Ich bin aus (von) London.

Je . . . . . . Londres.

SOLUTIONS DU 2ᵉ EXERCICE : LES MOTS MANQUANTS.

❶ sommes - gentils ❷ sont ❸ beurrées ❹ parlez - êtes ❺ suis de

LEKTION 3

▶ **Quatrième (4ᵉ) leçon** [ka-tri-**jä**‧m lÖ-**ßoñ**]

Au café (II)

| 1 | – Comman**dons** : ①
| 2 | **deux** tar**tines** beur**rées**, **s'il** vous **plaît**, et **deux** ca**fés noirs** ! ②③
| 3 | **Trois** bi**ères** alle**mandes** et **un verre** de **vin blanc**. ④

| 4 | **Au tabac** ⑤

| 5 | – **Trois** pa**quets** de ciga**rettes brunes**, **s'il** vous **plaît**, et **un** ci**gare** hollan**dais** ! ⑥

(PRONONCIATION)

[o ka-fe▸ 1 kO-mañ-**doñ**▸ 2 dö▸ tar-**ti**▸n bö-**re**▸, ßil wu▸ **plä**, e dö▸ ka-**fe**▸ noar ! 3 troa bjär▸r al-**mañd** e äñ we▸r dÖ wäñ blañ. 4 o ta-**ba** 5 troa pa-**kä** dÖ ßi-ga-**rät** brü▸n, ßil wu▸ **plä**, e äñ ßi-**ga**▸r o-lañ-**dä** !]

quatorze [ka-tOrs] • 14

Vierte Lektion

Im (Beim) Café (II)

1 – Lass uns bestellen:
2   Zwei gebutterte Brotscheiben, bitte, und zwei Espresso (schwarze Kaffees)!
3   Drei deutsche Biere und ein Glas (von) Weißwein.
4   **Im (Beim) Tabak[laden]**
5 – Drei Päckchen (von) starke (braune) Zigaretten, bitte, und eine holländische Zigarre!

ANMERKUNGEN

① In der letzten Lektion haben Sie gelernt, dass die Befehlsform Excusez „Entschuldigen Sie" vom Verb excuser „entschuldigen" kommt. Ebenso: Commandons „Bestellen wir" oder „Lasst uns bestellen" kommt von commander „bestellen".

② Unter une tartine versteht man in Frankreich ein in zwei Hälften geschnittenes und mit Butter bestrichenes Baguettestück. Es ist also nicht identisch mit unserem „Butterbrot".

③ Achtung: un café entspricht in Frankreich einem „Espresso", ein starker Kaffee in einer kleinen Tasse, der normalerweise nur mit Zucker getrunken wird. Wenn Sie un double [än du•bl(ö)] „einen Doppelten" bestellen, so bekommen Sie die doppelte Menge; der Espresso ist jedoch genauso stark.

④ la bière „Bier" ist ein Femininum, also muss das Adjektiv durch Anhängen eines e angeglichen werden. Demgegenüber muss es heißen un briquet allemand „ein deutsches Feuerzeug".

⑤ un tabac ist ein Café bzw. Bistro mit Zigaretten- und Tabakverkauf; man erhält dort oft auch Lottoscheine, Metrotickets und Briefmarken. Solche Cafés sind von außen an einer roten, rautenförmigen Leuchtreklame, carotte [ka-rOt] genannt, erkennbar.

⑥ une cigarette ist ein Femininum. Brun, brune [brän, brü•n] „braun" steht für „starken", also dunklen Tabak, im Gegensatz zu blond, blonde [bloñ, bloñd], was den leichten Virginia-Tabak bezeichnet. Da cigarettes weiblich und ein Plural ist, müssen an brun das e für das Femininum und das (stumme!) Plural-s angehängt werden: brunes. Anders: un cigare brun (Maskulinum) - deux cigares bruns.

LEKTION 4

15 • **quinze** [käñs]

| 6 | – C'est **tout** ?
| 7 | – **Non** ; **est**-ce que **vous_avez** un bri**quet** **rouge** ?
| 8 | – **Non** mon**sieur**. Je suis **dé**so**lé**. ⑦

| 9 | **Dans la rue**

| 10 | – Par**don** mon**sieur**. **Est**-ce que **vous_avez** du **feu**, **s'il** vous **plaît** ? ⑧
| 11 | – **Non**, je ne **fume** pas.
| 12 | – A**lors**, **moi** non **plus** ! ⑨⑩

(PRONONCIATION)

[*6 ßä tu ? 7 noñ ; äß kÖ wus_a-we▸ äñ bri-kä ru▸sch˜ ? 8 noñ, mÖ-ßjö▸. sch˜Ö ßüi de▸-so▸-le▸. 9 dañ la rü▸ 10 par-doñ, mÖ-ßjö▸. äß kÖ wus_a-we▸ dü fö▸, ßil wu▸ plä ? 11 noñ, sch˜Ö nÖ fü▸m pa. 12 a-lO▸r, moa noñ plü▸ !*]

(1ᵉʳ EXERCICE : COMPRENEZ-VOUS CES PHRASES ?)

❶ Un paquet de cigarettes brunes, s'il vous plaît. ❷ Est-ce que vous avez du feu ? ❸ Désolé(e), je ne fume pas. ❹ Deux tartines beurrées et deux cafés noirs. ❺ Est-ce que vous avez un briquet rouge ?

(2ᵉ EXERCICE : TROUVEZ LES MOTS MANQUANTS !)

❶ Ein Mann, ein Auto, eine Straße und ein Baum.

 . . homme, . . . voiture, . . . route et . . arbre.

❷ Der Mann, das Auto, die Straße und der Baum.

 . ' homme, . . voiture, . . route et . ' arbre.

| 6 | – Ist das (Das ist) alles?
| 7 | – Nein; haben Sie ein rotes Feuerzeug?
| 8 | – Nein, [mein] Herr. Es tut mir leid.
| 9 | **Auf (In) der Straße**
| 10 | – Entschuldigen Sie, [mein] Herr. Haben Sie (von) Feuer, bitte?
| 11 | – Nein, ich rauche nicht.
| 12 | – Dann [rauche] ich auch nicht!

(ANMERKUNGEN)

(7) Je suis désolé „Es tut mir leid". Spricht eine Frau, so würde Je suis désolée geschrieben (gleiche Aussprache). Man kann auch einfach Désolé(e) sagen.

(8) Statt dieser Form kann man Est-ce que... ? weglassen und Vous avez... ? (mit Hebung der Stimme am Satzende) sagen.

(9) Alors ist ein sehr vielseitiges Wort, dessen Grundbedeutung „dann" ist. Es dient auch zur Satzeinleitung und bedeutet dann „Also", „Na dann", „Wenn das so ist ...".

(10) Beachten Sie, dass non plus „auch nicht" bedeutet.

SOLUTIONS DU 1er EXERCICE : AVEZ-VOUS BIEN COMPRIS ?

❶ Eine Schachtel starke (braune) Zigaretten, bitte. ❷ Haben Sie / Habt Ihr Feuer? ❸ Tut mir leid, ich rauche nicht. ❹ Zwei gebutterte Brotscheiben und zwei Espresso (schwarze Kaffees). ❺ Haben Sie ein rotes Feuerzeug?

❸ Ein Tisch mit einem Hut.

... table avec .. chapeau.

❹ Der Tisch mit dem Hut.

.. table avec .. chapeau.

❺ Sehen Sie eine Metro[station] und ein Geschäft ?

Vous voyez .. métro et .. magasin?

17 • **dix-sept** [di-**ß**ät]

⑥ Sehen Sie die Metro[station] und das Geschäft?

    Vous voyez .. métro et .. magasin?

⑦ Hier [sind] ein Butterbrot und ein Kaffee.

    Voici ... tartine et .. café.

⑧ Hier [sind] das Butterbrot und der Kaffee.

    Voici .. tartine et .. café.

⑨ Zwei warme Kaffee(s).

    Deux cafés . . . .

⑩ Drei gebutterte Brotscheiben.

    Trois tartines . . . .

⑪ Zwei nette Kellner.

    Deux garçons . . . .

▶ **Cinquième (5ᵉ) leçon** [**ß**änk-**jä**‣m l**Ö**-**ß**oñ]

Une conversation téléphonique

| 1 | – Bon**jour**. **Est**-ce que Mon**sieur** Le**grand** est **là**, **s'il** vous **plaît** ? ①
| 2 | – **Non**, il est‿ab**sent** pour le mo**ment**.
| 3 | – Ah **bon** ? **Est**-ce qu'il est **là** cet‿après-mi**di** ? ②③
| 4 | – **Oui**. Il‿ar**rive** à **trois**‿**heures**.

(PRONONCIATION)

[ü‣n **koñ**-wär-**ß**a-**ßjoñ** te-le-fo-**nik 1** boñ-**sch**˜**u**‣**r**. **äß**-k**Ö** m**Ö**-**ßjö**‣ l**Ö**-**grañ** e **la**, **ß**il-wu‣-**plä** ? **2 noñ**, il‿**ät** ab-**sañ** pu‣r l**Ö** mo-**mañ**. **3** a‣ **boñ** ? **äß** kil e **la ßät**‿a-**prä**-mi-**di** ? **4 ui**, il‿a-**ri**‣w‿a **troas**‿**Ö**‣r.]

⑫ Vier holländische Zigaretten.

Quatre cigarettes . . . .

⑬ Drei schwarze Handschuhe.

Trois gants . . . .

SOLUTIONS DU 2ᵉ EXERCICE : LES MOTS MANQUANTS.
❶ Un - une - une - un ❷ L' - la - la - l' ❸ Une - un ❹ La - le ❺ un - un ❻ le - le ❼ une - un ❽ la - le ❾ chauds ❿ beurrées ⓫ gentils ⓬ hollandaises ⓭ noirs

> Denken Sie daran: Die runden Klammern im deutschen Text umfassen die wörtliche Übersetzung des französischen Satzteils. Die eckigen Klammern umfassen Satzteile, die im Französischen nicht vorkommen, jedoch für das Verständnis und die stilistische Korrektheit des Deutschen erforderlich sind.

Fünfte Lektion

Ein Telefongespräch

1 – Guten Tag. Ist Herr Legrand da, bitte?
2 – Nein, er ist im Moment nicht da (abwesend für den Moment).
3 – Ach so? Ist er heute (diesen) Nachmittag da?
4 – Ja, er kommt um drei Uhr (Stunden).

(ANMERKUNGEN)

① Sprechen Sie **s'il vous plaît** wie ein Wort aus.

② Die Antwort **Ah bon ?** drückt Erstaunen oder Ungläubigkeit aus. **Il est Allemand. - Ah bon ?** „Er ist Deutscher. - Ach ja?"

③ Obwohl hier von einem Zeitpunkt in der Zukunft die Rede ist, wird die Gegenwart benutzt. Dies ist in der Umgangssprache relativ häufig.

19 • dix-neuf [dis-nÖf]

5 – Merci beaucoup, mademoiselle.
6 – De rien, monsieur. ④

7 ... des idées toutes faites...

8 Les Français aiment les histoires romantiques,
9 mais les Anglais préfèrent les histoires drôles. ⑤

10 ... et des dictons... ⑥

11 Les bons comptes font les bons amis.
12 Une hirondelle ne fait pas le printemps. ⑦

(PRONONCIATION)

[5 mär-ßi bo-ku▸, mad-moa-sel. 6 dÖ riän, mÖ-ßjö▸. ... 7 de▸s i-de▸ tut fät ... 8 le▸ frañ-ßä ä▸m le▸s iß-toa▸r ro-mañ-tik. 9 mä le▸s añ-glä pre▸-fä▸r le▸s iß-toa▸r dro▸l. ... 10 e de▸ dik-toñ ... 11 le▸ boñ koñt foñ le▸ boñs a-mi▸. 12 ü▸n i-roñ-däl nÖ fä pa lÖ präñ-tañ.]

UNE CONVERSATION TÉLÉPHONIQUE

(1ᵉʳ EXERCICE : COMPRENEZ-VOUS CES PHRASES ?)

❶ Les Anglais aiment les histoires drôles. ❷ Est-ce que Monsieur Legrand est là, s'il vous plaît ? ❸ Merci beaucoup, mademoiselle. – De rien, monsieur. ❹ Est-ce qu'il arrive à trois heures ? ❺ Les Français préfèrent les histoires romantiques.

vingt [wän] • 20

5 – Vielen Dank, [mein] Fräulein.
6 – (Von) nichts [zu danken], [mein] Herr.
7 **... vorgefertigte Meinungen (Ideen ganz gemacht) ...**
8 Die Franzosen lieben (die) romantische(n) Geschichten,
9 aber die Engländer bevorzugen (die) lustige(n) Geschichten.
10 **... und Sprichwörter ...**
11 (Die) gute(n) Konten machen (die) gute(n) Freunde.
12 Eine Schwalbe macht [noch] keinen Sommer (nicht den Frühling).

(ANMERKUNGEN)

(4) **De rien**, wörtlich „von nichts" bedeutet „Nichts zu danken" und ist die höfliche Antwort auf **Merci beaucoup** „Vielen Dank".

(5) **les** ist der Plural für die bestimmten Artikel **le** „der" und **la** „die". Bei verallgemeinernden Ausdrücken benutzt das Französische den bestimmten Artikel vor Substantiven, während man im Deutschen keinen Artikel setzt: **Le café est cher** „Kaffee ist teuer"; **Les cigarettes sont fortes** „Zigaretten sind stark".

(6) **des** ist der Plural für die unbestimmten Artikel **un** „ein" und **une** „eine". Dieses Sprichwort bedeutet sinngemäß: Wenn niemand dem anderen Geld schuldet, bleibt man gut Freund.

(7) **faire** „machen, tun" ist Ihr erstes unregelmäßiges Verb. Sie kennen bereits **il/elle fait** „er/sie macht" und **ils/elles font** „sie (m./f.) machen". Haben Sie übrigens bemerkt, dass die Schwalben im Französischen den Frühling, bei uns jedoch den Sommer ankündigen?

___ *Lerntipp* ___

*Versuchen Sie nicht, sämtliche Konstruktionen und Wendungen wie z. B. **est-ce que** sofort zu analysieren. Lernen Sie sie ganz entspannt mit, ohne sich zu viele Gedanken darüber zu machen.*

SOLUTIONS DU 1ᵉʳ EXERCICE : AVEZ-VOUS BIEN COMPRIS ?

❶ Die Engländer lieben (die) lustige(n) Geschichten. ❷ Ist Herr Legrand da, bitte? ❸ Danke vielmals, [mein] Fräulein. – Nichts zu danken, [mein] Herr. ❹ Kommt er um drei Uhr? ❺ Die Franzosen bevorzugen (die) romantische(n) Geschichten.

21 • vingt et un [*wänt_e äñ*]

> **2ᵉ EXERCICE : TROUVEZ LES MOTS MANQUANTS !**

① (Die) gute(n) Konten machen (die) gute(n) Freunde.

. . . bons comptes . . . . amis.

② Eine Schwalbe macht [noch] keinen Sommer (nicht den Frühling).

Une hirondelle ne . . . . pas . . printemps.

③ Französische Zigaretten sind stark.

. . . cigarettes françaises . . . . fortes.

▶ **Sixième (6ᵉ) leçon** [*ßis-jä▸m lÖ-ßoñ*]

Les‿achats

1	– Bon**jour**, Mon**sieur** Le**fè**vre. Com**ment** ça **va** ? ①
2	– **Bien**, mer**ci**, et **vous** ?
3	– Ça **va**, mer**ci**.
4	– **Est**-ce que **vous**‿a**vez** du **beurre** ? ②
5	– **Oui**, bien **sûr**.
6	– A**lors**, **une** pla**quette** de **beurre**. **Est**-ce que **vous**‿a**vez** du fro**mage** ita**lien** ?

(PRONONCIATION)

[*le▸s_a-scha 1 boñ-sch˜u▸r, mÖ-ßjö▸ lÖ-fä-wr(ö). ko-mañ ßa wa? 2 biäñ, mär-ßi, e▸ wu▸ ? 3 ßa wa, mär-ßi. 4 äß-kÖ-wu▸s_a-we▸ dü bÖ▸r ? 5 ui▸, bjäñ ßü▸r. 6 a-lO▸r, ü▸n pla-kät dÖ bÖ▸r. äß-kÖ wu▸s_a-we▸ dü frO-ma▸sch˜ i-tal-jäñ ?*]

④ Sie sind kein (nicht) Engländer, Herr Legrand?

Vous n'. . . . . . . Anglais, Monsieur Legrand ?

⑤ Nein, ich bin Franzose.

Non, je . . . . Français.

SOLUTIONS DU 2ᵉ EXERCICE : LES MOTS MANQUANTS.
① Les - font les bons ② fait - le ③ Les - sont ④ êtes pas - ⑤ suis

Sechste Lektion

[Die] Einkäufe

1	–	Guten Tag, Herr Lefèvre. Wie geht es [Ihnen]?
2	–	Gut, danke, und Ihnen (Sie)?
3	–	Gut (Es geht), danke.
4	–	Haben Sie (von) Butter?
5	–	Ja, selbstverständlich.
6	–	Dann ein Päckchen Butter. Haben Sie italienischen Käse?

(ANMERKUNGEN)

① Comment ça va ? ist eine allgemeine, familiäre Begrüßungsformel und gleichzeitig die Frage nach dem Befinden des Angesprochenen. Normalerweise antwortet man mit Ça va (mit abfallender Stimme) „Gut", „Es geht", und fragt zurück Et toi/vous ? „Und [wie geht es] dir/Ihnen?"

② Das Wörtchen du (de+le) vor beurre (bei weiblichen Substantiven de la) ist der sog. „Teilungsartikel", der immer dann gesetzt wird, wenn von einer unbestimmten Menge die Rede ist. Er könnte eventuell mit „etwas" wiedergegeben werden, wird aber in der Regel nicht übersetzt: Je veux de la bière „Ich möchte [etwas] Bier". Es gibt auch eine Pluralform für beide Geschlechter, des: Tu as des cigarettes ? „Hast du Zigaretten?".

LEKTION 6

7	– Du **par**me**san** ? **Non**, je n'ai **pas** de fro**mage** ita**lien**. ③
8	– Dom**mage** ! ④
9	Eh **bien**, don**nez**-**moi** du fro**mage** ordi**naire**. ⑤
10	– **Mais**, Mon**sieur** Le**fèvre**, **nous** n'a**vons pas** de fro**mage** ordi**naire** en **France**.
11	Nous_a**vons** un fro**mage** pour **chaque jour** de l'an**née** ! ⑥
12	– A**lors**, don**nez**-**moi** le fro**mage** d'aujourd'**hui** !

(PRONONCIATION)

[*7 dü▸ pa▸r-mÖ-sañ? noñ, sch˜Ö nä pa dÖ frO-ma▸sch˜ i-tal-jän. 8 dO-ma▸sch˜ ! 9 e▸ bjän, dO-ne▸ moa dü frO-ma▸sch˜ Or-di-nä▸r. 10 mä▸, mÖ-Bjö▸ lÖ-fä-wr(ö), nu▸ n_a-woñ pa dÖ frO-ma▸sch˜ Or-di-nä▸r añ frañß. 11 nu▸s_a-woñ än frO-ma▸sch˜ pur schak sch˜u▸r dÖ la-ne▸ ! 12 a-lÖ▸r, dO-ne▸ moa lÖ frO-ma▸sch˜ do-sch˜ur-düi !*]

1ᵉʳ EXERCICE : COMPRENEZ-VOUS CES PHRASES ?

❶ Je n'ai pas de café aujourd'hui. ❷ Bonjour, monsieur, comment ça va ? ❸ Bien, merci, et vous ? ❹ Donnez-moi du fromage et de la bière. ❺ Est-ce que vous avez des cigarettes anglaises ?

2ᵉ EXERCICE : TROUVEZ LES MOTS MANQUANTS !

❶ Wir haben keinen gewöhnlichen Käse in Frankreich.

Nous n'. . . . . pas . . fromage ordinaire en France.

❷ Möchten Sie [etwas] Bier? – Ja, selbstverständlich!

Est-ce que vous voulez . . la bière ?
– Oui, bien . . . !

vingt-quatre [wäñt-**ka**tr(ö)] • **24**

7 – (Von) Parmesan? Nein, ich habe keinen italienischen Käse.
8 – Schade!
9   Na gut, [dann] geben Sie mir gewöhnlichen Käse.
10 – Aber, Herr Lefèvre, wir haben keinen gewöhnlichen Käse in Frankreich.
11   Wir haben einen Käse für jeden Tag des Jahres!
12 – Dann geben Sie mir den Käse von heute!

(ANMERKUNGEN)

③ Der oben beschriebene Teilungsartikel wird in der Verneinung einfach zu **de**: **Vous n'avez pas de fromage ?** „Haben Sie keinen Käse?", **Tu n'as pas de cigarettes ?** „Hast du keine Zigaretten?"

④ **Dommage !** oder **Quel** [*käl*] **dommage !** bedeutet „Schade!" oder „Wie schade!" (**quel** „welcher" (m.), **quelle** „welche" (f.)).

⑤ **donnez-moi...**: Hier haben wir es (wie in Lektion 3) mit einer Befehlsform zu tun: „Geben Sie mir ...".

⑥ General de Gaulle, der erste Präsident der 5. Republik, sagte einmal, dass es unmöglich sei, ein Land zu regieren, in dem es ca. 350 Käsesorten gibt.

SOLUTIONS DU 1ᵉʳ EXERCICE : AVEZ-VOUS BIEN COMPRIS ?

❶ Ich habe heute keinen Kaffee. ❷ Guten Tag, [mein] Herr, wie geht es [Ihnen]? ❸ Gut, danke, und Ihnen? ❹ Geben Sie mir [etwas] Käse und [etwas] Bier. ❺ Haben Sie / Habt ihr englische Zigaretten?

LEKTION 6

25 • vingt-cinq [*wänt-Bäñk*]

❸ Geben Sie mir [etwas] Butter, Käse und Nudeln, bitte.

Donnez-moi .. beurre, .. fromage et
... pâtes, s'il vous plaît.

❹ Ich habe keine englischen Zigaretten. - Na gut, dann geben Sie mir eine Zigarre.

Je n'ai pas .. cigarettes ....
– Eh ...., donnez-moi .. cigare.

❺ Haben Sie italienische Käse[sorten]?

Est-.. ... vous avez ... fromages
.... ?

▶ **Septième (7ᵉ) leçon** [*Bät-jä‣m lÖ-Boñ*]

Révision et notes [*re-wi-sjoñ e‣ nOt*]

Wiederholung und Anmerkungen

Dies ist Ihre erste Wiederholungslektion. Hier wird der Stoff der letzten sechs Lektionen ausführlicher erläutert, vertieft und anhand von Beispielen illustriert. Lernen Sie auch hier nicht auswendig, sondern lesen Sie sich die Anmerkungen entspannt, möglichst mehrmals, durch, und gehen Sie erst zu Lektion 8 über, wenn Ihnen die Erklärungen keine größeren Schwierigkeiten mehr bereiten.

1. Substantive: Das Geschlecht

Französische Substantive sind entweder männlich (Maskulinum) oder weiblich (Femininum). Ein Neutrum wie im Deutschen („es") gibt es nicht. Die Geschlechter der Wörter unterscheiden sich in den meisten Fällen vom Deutschen! Versuchen Sie, jedes neue Substantiv gleich mit seinem Geschlecht zu lernen.

Der bestimmte Artikel für das Maskulinum lautet **le** „der", der für das Femininum **la** „die". Der unbestimmte Artikel für das Maskulinum lautet **un** [*äñ*] „ein", für das Femininum **une** [*ün*] „eine". Einige Beispiele:

SOLUTIONS DU 2ᵉ EXERCICE : LES MOTS MANQUANTS.

❶ avons - de ❷ de - sûr ❸ du - du - des ❹ de - anglaises - bien - un
❺ ce que - des - italiens

*Sie haben in den ersten sechs Lektionen schon eine Menge gelernt. Es ist jedoch nicht nötig, ALLES zu behalten. Das meiste wird noch viele Male wiederholt werden, so dass Sie den Stoff **peu à peu**, „Stück für Stück" („bisschen bis bisschen"), assimilieren und sich Ihre Kenntnisse mit der Zeit festigen. Hören Sie weiterhin häufig die Aufnahmen; das ist in dieser Phase das Allerwichtigste!*

Siebte Lektion

Maskulinum

le/un métro „die/eine Metro[station]"
le/un pont „die/eine Brücke"
le/un chapeau „der/ein Hut"
le/un croissant „das/ein Croissant"
le/un briquet "das/ein Feuerzeug"
le/un fromage „der/ein Käse"

Femininum

la/une bière „das/ein Bier"
la/une cigarette „die/eine Zigarette"
la/une voiture „das/ein Auto"
la/une tartine „die/eine Brotscheibe"
la/une fontaine „der/ein Brunnen"

Die bestimmten Artikel **le** und **la** werden, wenn das nachfolgende Substantiv mit einem Vokal oder einem stummen **h** beginnt, apostrophiert:

    l'accord (m.)   „Einverständnis"
    l'heure (f.)   „Stunde".

2. Adjektive: Männliche und weibliche Formen

Adjektive (Eigenschaftswörter) werden in Geschlecht (Maskulinum/Femininum) und Numerus (Singular/Plural) dem Substantiv angeglichen. Normalerweise wird die weibliche Form eines Adjektivs durch Anhängen von **-e** gebildet (in manchen Fällen wird der Endkonsonant verdoppelt). Beachten Sie, dass man bei zahlreichen Adjektiven die weibliche Endung **nicht hört**; sie taucht nur in der geschriebenen Form auf.

Beispiele:

Maskulinum	Femininum	Bedeutung
bon [*boñ*]	**bonne** [*bon*]	gut
chaud [*scho▸*]	**chaude** [*scho▸d*]	warm
cher [*schär*]	**chère** [*schär*]	teuer
droit [*droa*]	**droite** [*droat*]	gerade
gentil [*sch˜añ-ti*]	**gentille** [*sch˜añ-tij*]	freundlich, nett
joli [*sch˜o-li*]	**jolie** [*sch˜o-li*]	hübsch

Im Plural wird an diese Formen ein **-s** angehängt. Dieses wird nicht gesprochen, es sei denn, das Folgewort beginnt mit einem Vokal oder einem stummen **h**.

Beispiele für Substantiv-Adjektiv-Konstruktionen:

deux bières blondes	[*dö▸ bjä▸r bloñd*]
	„zwei helle Biere"
un briquet rouge	[*äñ bri-kä ru▸sch˜*]
	„ein rotes Feuerzeug"
une tartine beurrée	[*ü▸n tar-ti▸n bö-re▸*]
	„eine gebutterte Brotscheibe"
trois voitures italiennes	[***troa** woa-**tü▸r** i-tal-**jän***]
	„drei italienische Autos".

3. Verben

A. Die regelmäßigen Verben

Sie haben einige Verben (Tätigkeitswörter) der sog. 1. Gruppe kennengelernt, d. h. Verben, die im Infinitiv auf **-er** enden. Hier einige Beispiele für die 1. Person Singular („ich") und die 2. Person Plural („ihr" und höfliches „Sie"):

parler „sprechen"	**je parle** „ich spreche"
	vous parlez „ihr sprecht / Sie sprechen"
fumer „rauchen"	**je fume** „ich rauche"
	vous fumez „ihr raucht / Sie rauchen"
arriver „ankommen"	**j'arrive** „ich komme an"
	vous arrivez „ihr kommt an / Sie kommen an"

Sie sehen hier, dass **je** apostrophiert wird (**j'**), wenn ein Verb mit einem Vokal (oder einem stummen **h**) beginnt. Vergleichen Sie auch mit **il n'est pas** „er/es ist nicht" aus Lektion 2.

vingt-huit [*wäñt-üit*] • 28

B. Die unregelmäßigen Verben

Hierzu gehört zunächst einmal das Verb **être** [*ä‧tr(ö)*] „sein":

Je suis de Londres.	„Ich bin aus London".
[*sch̄Ö ßüi dÖ loñ-dr(ö)*]	
Tu es gentil.	„Du bist nett".
[*tü e sch̄añ-ti*]	
Nous sommes touristes.	„Wir sind Touristen".
[*nu‧ ßOm tu-rißt*]	
Vous êtes Français.	„Ihr seid Franzosen / Sie sind
[*wu‧s ät frañ-ßä*]	Franzose(n)".
Ils sont Anglais.	„Sie (3. Pers. Pl.) sind Engländer".
[*il ßoñt_añ-glä*]	

Weiterhin kennen Sie von **avoir** [*a-woar*] „haben":

Vous avez un briquet.	„Ihr habt / Sie haben ein
[*wu‧s_a-we‧ äñ bri-kä*]	Feuerzeug".
J'ai du fromage.	„Ich habe (von) Käse".
[*sch̄ä dü frO-ma‧sch̄*]	

Schließlich kennen Sie vom Verb **faire** [*fä‧r*] „machen":

Il fait un exercice. [*il fä äñ_eg-sär-ßiß*] „Er macht eine Übung"
Une hirondelle ne fait pas le printemps.
[*ü‧n_i-roñ-däl nÖ fä pa lÖ präñ-tañ*] „Eine Schwalbe macht [noch] keinen Sommer (nicht den Frühling)".

4. Französisches Alphabet

Wenn Sie auf Französisch buchstabieren möchten, so müssen Sie für bestimmte Buchstaben andere Bezeichnungen verwenden als im Deutschen. Wir stellen Ihnen hier die Buchstaben vor, die anders als im Deutschen gelesen werden.

Buchstabe	Aussprache in vereinfachter Lautschrift
c	[*ße*]
e	[*Ö*] (wie in Nase)
g	[*sch̄e‧*]
h	[*asch*]
j	[*sch̄ī‧*]
q	[*kü‧*]
u	[*ü‧*]
v	[*we‧*]
w	[*du-bl(ö) we‧*]
y	[*i gräk*]
z	[*säd*]

LEKTION 7

29 • vingt-neuf [wänt-nÖf]

Zum Schluss noch eine kleine Anmerkung zur Zeichensetzung im Französischen: Achten Sie einmal darauf, dass die Franzosen vor dem Doppelpunkt (:), dem Semikolon (;), dem Ausrufezeichen (!) und dem Fragezeichen (?) ein Leerzeichen setzen!

▶ **Huitième (8ᵉ) leçon** [üit-jä‣m lÖ-ßoñ]

Une visite

1	– Bon**jour** mademoi**selle**, **est**-ce que **vo**tre **père** est à la mai**son** ?
2	– **Non**, mon**sieur** ; il **est** au bu**reau**. ①
3	Vous vou**lez** par**ler** à ma **mère** ?
4	– **Non**, ne la **dé**ran**gez pas**. ②
5	À **quelle heure est**-ce qu'il **ren**tre normale**ment** ?
6	– Oh, **pas** a**vant** huit **heures**. ③

(PRONONCIATION)
[ü‣n wi-**sit 1** boñ-**sch˜u‣r**, mad-moa-**säl**, äß kÖ wOtr(ö) pä‣r et_a la mä-**soñ** ? **2** noñ, mÖ-**ßjö‣**, il **et_o‣** bü-**ro‣**. **3** wu‣ wu‣-**le‣** par-**le‣** a ma **mä‣r** ? **4** noñ, nÖ la de-rañ-**sch˜e‣** pa. **5** a **käl Ö‣r** äß kil rañtr(ö) nOr-mal-**mañ** ? **6** o‣, **pas** a-**wañ** üit_**Ö‣r**.]

Na, hat diese kleine Wiederholung Ihnen geholfen? Das soll für heute auch erst einmal genug sein. Lesen Sie sich diese Lektion ruhig mehrmals durch. In den kommenden sechs Lektionen werden Sie viele dieser Dinge wiederfinden.

Achte Lektion

Ein Besuch

1 – Guten Tag, [mein] Fräulein, ist Ihr Vater zu Hause (ist es dass Ihr Vater ist zu Hause)?
2 – Nein, [mein] Herr; er ist im Büro.
3 Möchten Sie (Sie möchten) mit meiner Mutter sprechen?
4 – Nein, stören Sie sie nicht (nicht die stören Sie nicht).
5 Um wie viel Uhr kommt er normalerweise zurück (ist es dass er zurückkehrt normalerweise)?
6 – Oh, nicht vor acht Uhr.

Lerntipp

Vergessen Sie nicht, auch die Seitenzahlen und die Lektionsnummern mitzulernen!

(ANMERKUNGEN)

① **au**, je nach Kontext „in, an, bei, auf", ist eine Präposition, die vor Ortsangaben (männlichen Substantiven) steht. Vor weiblichen Substantiven steht **à la**: **Je suis à la maison** „Ich bin zu Hause".

② **ne la dérangez pas** ist hier eine verneinte Befehlsform in der 2. Person Plural. **Ne parlez pas !** „Sprecht nicht!/Sprechen Sie nicht!"

③ Sie kennen **pas** als Bestandteil von **ne ... pas**, mit dem ein Verb verneint wird. **Pas** alleine bedeutet „nicht": **Pas_aujourd'hui** „nicht heute"; **pas_au printemps** „nicht im Frühling".

7	Vous vou**lez** l'a**d**resse de son bu**reau** ?
8	– **Oui**, **s'il** vous **plaît**.
9	– **A**tten**dez**, je la **cherche**.
10	Voi**là**. **Sept** rue Mar**beuf**, dans le **hui**tième. ④
11	– Mer**ci** beau**coup**, mademoi**selle**. **Au** re**voir**.
12	– De **rien**, mon**sieur**. **Au** re**voir**.

(PRONONCIATION)

[7 wu‣ wu-**le**‣ la-**drä**ß dÖ ßoñ bü-**ro**‣ ? 8 ui, ßil wu‣ **plä**. 9 a-tañ-**de**‣, sch˜Ö la **schärsch**. 10 woa-**la**. **Bät** rü‣ mar-**bÖf**, dañ lÖ **üit**-jä‣m. 11 mär-**ßi** bo-**ku**‣, mad-moa-**säl**. o rÖ-**woa**‣r. 12 dÖ ri-**äñ**, mÖ-**ßjö**‣. o rÖ-**woa**‣r.]

Lerntipp

Haben Sie an einem Tag einmal wenig Zeit zum Lernen, so reicht es schon, dass Sie sich die Aufnahmen Ihrer aktuellen Lektion ein paar Mal anhören. Wichtig ist, dass Sie die Sprache täglich im Ohr haben.

1er EXERCICE : COMPRENEZ-VOUS CES PHRASES ?

❶ Est-ce que votre mère est à la maison ? ❷ Ne la dérangez pas, s'il vous plaît. ❸ Voilà l'adresse : il habite dans le sixième. ❹ Merci beaucoup, monsieur. – De rien, mademoiselle. ❺ À quelle heure est-ce qu'il rentre ? ❻ Pas avant huit heures.

2e EXERCICE : TROUVEZ LES MOTS MANQUANTS !

❶ Meine Mutter ist zu Hause, und mein Vater ist im Büro.

Ma mère est . .. . et mon père est .. . .

❷ Möchten Sie die Adresse [haben]? Warten Sie, ich suche sie.

Vous . . . . . . l'. . . . . . . ? Attendez, je .. . .

❸ Um wie viel Uhr kommt er zurück?

. . . . tan‿ . . . est-ce qu'il . . . . . . ?

7	Möchten Sie die Adresse (von) seines Büros [haben]?
8	– Ja, bitte.
9	– Warten Sie, ich suche sie (ich die suche).
10	Hier [ist sie]. Marbeufstraße 7 (7 Straße Marbeuf), im achten [Arrondissement].
11	– Danke vielmals, [mein] Fräulein. Auf Wiedersehen.
12	– Nichts zu danken, [mein] Herr. Auf Wiedersehen.

(ANMERKUNGEN)

④ Die großen Städte Frankreichs wie Paris, Lyon, Marseille usw. sind in sog. **arrondissements** [a-roñ-diß-**mañ**] „Stadtbezirke" aufgeteilt. Paris hat beispielsweise 20 **arrondissements**, die von 1 (**le premier**) bis 20 (**le vingtième** [*lÖ wäñ*-**tjä**-*m*]) durchnummeriert sind. Das Wort **arrondissement** wird meistens weggelassen: **Elle habite dans le sixième** [*äl a*-**bit** *dañ lÖ ßi*-**sjä**-*m*] „Sie wohnt im 6. [Arrondissement]". (Achtung: **Elle habite au sixième** bedeutet „Sie wohnt im 6. Stock".) Außerdem wird bei Adressen, anders als bei uns, zuerst die Hausnummer und dann die Straße genannt.

(SOLUTIONS DU 1er EXERCICE : AVEZ-VOUS BIEN COMPRIS ?)

❶ Ist eure/Ihre Mutter zu Hause? ❷ Stört/Stören Sie sie bitte nicht. ❸ Hier [ist] die Adresse: Er wohnt im 6. [Arrondissement]. ❹ Vielen Dank, [mein] Herr. – Nichts zu danken, [mein] Fräulein. ❺ Um wie viel Uhr kommt er zurück? ❻ Nicht vor acht Uhr.

❹ Ich gehe ins Café, dann ins Geschäft, und danach komme ich zurück.

Je vais .. .., puis .. ..
et après je ....

❺ Möchten Sie mit meiner Mutter sprechen? – Nein, stören Sie sie nicht.

Vous voulez ...... à .. mère ?
– Non, ne .. dérangez pas.

(SOLUTIONS DU 2e EXERCICE : LES MOTS MANQUANTS.)

❶ à la maison - au bureau ❷ voulez - adresse - la cherche ❸ À quelle heure - rentre ❹ au café - au magasin - rentre ❺ parler - ma - la

Très simple !

1. **Ce** mon**sieur** s'ap**pelle Henri Laforge** et cette **dame** est sa **femme**. ①
2. Ils **sont** à la mai**rie** pour deman**der** une nou**velle carte** d'ident**ité** pour leur **fils**, Jean. ②
3. – **Cet** en**fant**, **il** a quel **âge** ? ③
4. – Il a **huit ans**, mon**sieur**.
5. – Et il s'ap**pelle** La**forge** ? **Est**-ce que **c'est votre** en**fant** ?
6. – **Oui** mon**sieur**.
7. – **Bien**. Et il ha**bite** chez **vous** ? ④⑤
8. – Mais évidem**ment** ! Il a **huit ans** !

TRÈS SIMPLE.

(PRONONCIATION)

[*trä ßäñ-pl(ö) !* **1** *ßÖ mÖ-ßjö ßa-päl añ-ri la-fOrsch˜ e ßät dam e ßa fam.* **2** *il ßoñt a la mä-ri pu r dÖ-mañ-de ü n nu-wäl kart di-dañ-ti-te pu r lÖ r fiß, sch˜añ.* **3** *ßät añ-fañ, il a käl asch˜ ?* **4** *il a üit añ, mÖ-ßjö .* **5** *e il ßa-päl la-fOrsch˜ ? äß kÖ ßä wOtr(ö) añ-fañ ?* **6** *ui, mÖ-ßjö .* **7** *bjäñ, e il a-bit sche wu ?* **8** *mä e-wi-da-mañ ! il a üit añ !*]

trente-quatre [trañt-**kat**r(ö)] • 34

Neunte Lektion

Sehr einfach!

1 Dieser Herr heißt (nennt sich) Henri Laforge, und diese Dame ist seine Frau.
2 Sie sind auf dem Bürgermeisteramt, um einen neuen Personalausweis (Identitätskarte) für ihren Sohn, Jean, zu beantragen (um ... zu bitten).
3 – Dieses Kind, wie alt ist es (es hat welches Alter)?
4 – Er ist (hat) acht Jahre [alt], mein Herr.
5 – Und er heißt (nennt sich) Laforge? Ist er Ihr Kind?
6 – Ja, mein Herr.
7 – Gut. Und er wohnt bei Ihnen?
8 – Aber selbstverständlich! Er ist (hat) acht Jahre [alt]!

(ANMERKUNGEN)

① **Ce** [ßÖ] „dieser" steht vor männlichen Substantiven, **cette** [ßät] „diese" vor weiblichen: **ce garçon** „dieser Junge", **cette femme** [fam] „diese Frau". Beginnt ein männliches Substantiv mit einem Vokal oder mit einem stummen h, wird **ce** zu **cet**, und das **t** wird gebunden: **cet ami** [ßät‿a-**mi**] „dieser Freund", **cet homme** [ßät‿**Om**] „dieser Mann".

② Jeder Franzose muss seinen Personalausweis, die **carte nationale d'identité**, immer bei sich tragen, und sie auf Verlangen, z. B. bei Wahlen, beim Bezahlen mit Scheck oder bei Polizeikontrollen, vorzeigen.

③ Achtung: Die Frage nach dem Alter und „... Jahre alt sein" wird mit dem Verb **avoir** „haben" gebildet: **Quel âge as-tu ?** [käl‿**asch**˜ a tü] „Wie alt bist du?". **Elle a dix ans** [äl a **dis**‿añ] „Sie ist (hat) zehn Jahre [alt]". Das Wörtchen **ans** „Jahre" darf nie fehlen.

④ **habiter** „wohnen, leben". Beachten Sie die Besonderheit, dass „Er lebt in Paris" neben **Il habite à Paris** auch **Il habite Paris** (ohne Präposition!) heißen kann.

⑤ **Chez moi** [sche▸**moa**] „bei mir [zu Hause]", **chez nous** [sche▸**nu**▸] „bei uns [zu Hause]". **Chez** wird auch in Verbindung mit Geschäften benutzt: **chez le boulanger** [...**bu**-lañ-**sch**˜**e**▸] „beim Bäcker".

LEKTION 9

9	– D'accord. Je **fais** mon tra**vail**, c'est **tout**.
10	**Est**-ce que **vous_avez** le formu**laire** B-52 ?
11	– **Oui** mon**sieur**, nous l'a**vons**.
12	– Et l'im**primé** A-65 ?
13	– **Ça** aus**si**, nous l'a**vons**.
14	– Ah **bon** ? Mais **est**-ce que **vous_avez** son_ex**trait** de nais**sance** ?
15	– Bien **sûr**. Nous_a**vons même** une pho**to**. ⑥
16	– Très **bien**. A**lors** je vous **fais** la **carte**. Voi**là**. Vous ré**glez** à la **caisse**. ⑦
17	– **Zut** ! J'ai oubli**é** mon **por**te**feuille** ! ⑧

(PRONONCIATION)

[9 da-**kO**‣r. sch̄Ö fä moñ tra-**wai**, ẞä **tu**‣. 10 äẞ kÖ **wu**‣s_a-we-lÖ fOr-mü-lä‣r be‣ ẞäñ-kañt-dö‣ ? 11 ui, mÖ-**Bjö**‣, nu‣ la-**woñ**. 12 e läñ-pri-**me**‣ a‣ ẞoa-ẞañt-**ẞänk** ? 13 ẞa o-**ẞi**, nu‣ la-**woñ**. 14 a **boñ** ? mä äẞ kÖ **wu**‣s_a-we‣ ẞoñ_äkẞt-**trä** dÖ nä-**ẞañẞ** ? 15 bjäñ **ẞü**‣r. nu‣s_a-**woñ** mä‣m ü‣n fo-**to**. 16 trä **bjäñ**. a-**lO**‣r sch̄Ö wu‣ fä la **kart**. woa-la. wu‣ re-**gle**‣ a la **käẞ**. 17 süt ! sch̄ä u-bli-**je**‣ moñ **pOr**-tö-**fÖij** !]

1er EXERCICE : COMPRENEZ-VOUS CES PHRASES ?

❶ Quel âge a cet enfant ? - Il a neuf ans. ❷ Ce monsieur s'appelle Henri et cette dame s'appelle Marie. ❸ J'habite chez un ami. ❹ Est-ce que je règle à la caisse ? ❺ Zut ! J'ai oublié une photo !

2e EXERCICE : TROUVEZ LES MOTS MANQUANTS !

❶ Dieser Herr, diese Dame und dieses Kind sind Deutsche.

.. monsieur, ... dame et ... enfant sont Allemands.

❷ Hier [sind] Henri und seine Frau. Wie geht es [Ihnen]?

..... Henri et .. femme. Comment .. .. ?

trente-six [trañt-ßiß] • 36

9 — In Ordnung. Ich mache meine Arbeit, das ist alles.
10   Haben Sie das Formblatt B-52?
11 — Ja, mein Herr, wir haben es.
12 — Und den Vordruck A-65?
13 — Den (auch) haben wir auch.
14 — Ach ja? Aber haben Sie auch seine Geburtsurkunde?
15 — Selbstverständlich. Wir haben sogar ein Foto.
16 — Sehr gut. Dann mache ich Ihnen den Ausweis (die Karte). Hier, bitte. Bezahlen Sie (Sie bezahlen) an der Kasse.
17 — Mist! Ich habe meine Brieftasche vergessen!

(ANMERKUNGEN)

⑥ **même** hat viele Bedeutungen; hier „sogar". Weiterhin bedeutet es in der Konstruktion **le/la même que** „der/die gleiche wie".

⑦ **régler** ist der formelle Ausdruck für „bezahlen". Man bezahlt an einer „Kasse": **une caisse**.

⑧ **Zut !** ist ein Schimpfwort, das aber noch „salonfähig" ist. Man hört es relativ häufig.

SOLUTIONS DU 1ᵉʳ EXERCICE : AVEZ-VOUS BIEN COMPRIS ?

❶ Wie alt ist (Welches Alter hat) dieses Kind? – Es ist (hat) neun Jahre [alt]. ❷ Dieser Herr heißt (nennt sich) Henri, und diese Dame heißt (nennt sich) Marie. ❸ Ich wohne bei einem Freund. ❹ Bezahle ich an der Kasse? ❺ Mist! Ich habe ein Foto vergessen!

❸ Wie alt ist (Welches Alter hat) diese Dame? – Sie ist (hat) 50 Jahre [alt].

. . . . dame ?
– Elle . cinquante . . . .

❹ Ich mache meine Arbeit, das ist alles.

. . . . , c'est tout.

❺ Er wohnt bei uns.

Il . . . . nous.

SOLUTIONS DU 2ᵉ EXERCICE : LES MOTS MANQUANTS.

❶ Ce - cette - cet ❷ Voici - sa - ça va ❸ Quel âge a cette - a - ans ❹ Je fais mon travail ❺ habite chez

LEKTION 9

▶ Dixième (10ᵉ) leçon [*dis*-jäm lÖ-*Boñ*]

Bonsoir, Monsieur Duclos

1. Mon**sieur** Du**clos ren**tre chez **lui** à **sept** heures **tous** les **soirs**. ①
2. D'habi**tude**, il a**chète** quelque **chose** à man**ger** au **su**permar**ché** et il **monte** à **son** apparte**ment**. ②③
3. D'a**bord**, il **met** le répon**deur** télépho**nique par**ce qu'il n'aime pas_**être** déran**gé**. ④
4. **Puis** il **dîne**, **met** les_as**siettes** dans le **lave**-vais**selle** et al**lume** la télévi**sion**. ⑤
5. Il re**garde** les_informa**tions** et quelque**fois** un **film**. ⑥

IL AIME CETTE VIE TRANQUILLE ET PAISIBLE.

(PRONONCIATION)

[boñ-*Boar*, mÖ-*Bjö* dü-*klo* 1 mÖ-*Bjö* dü-*klo* rañtr(ö) sche lüi a *Bät* Ö r tu le *Boar*. 2 da-bi-tü d, il a-schä t käl-kÖ scho s a mañ-sch~e o *Bü*-pär-mar-sche e il moñt_a *Boñ*_a-par-tÖ-moñ. 3 da-*bO*r, il mä lÖ re-poñ-*dÖ* r te-le-fo-nik par*ß* kil nä m pas_ätr(ö) de-rañ-sch~e . 4 püis il di n, mä le s_a-*Bjät* dañ lÖ la w wä-*Bäl* e a-lü m la te-le-wi-sjoñ. 5 il rÖ-gard le s_äñ-fOrma-*Bjoñ* e käl-kÖ foa äñ film.]

trente-huit [traṅt-üit] • 38

Zehnte Lektion

Guten Abend, Herr Duclos

1. Herr Duclos kehrt jeden Abend um sieben Uhr nach Hause (bei sich) zurück (all die Abende).
2. Gewöhnlich kauft er im Supermarkt etwas zu essen, und er geht hinauf in seine Wohnung.
3. Zunächst schaltet er den (telefonischen) Anrufbeantworter ein, weil er es nicht mag, gestört zu werden (sein gestört).
4. Danach isst er zu Abend, stellt die Teller in die Geschirrspülmaschine und schaltet den Fernseher ein.
5. Er sieht sich die Nachrichten an und manchmal einen Film.

(ANMERKUNGEN)

① **tout, toute** [tu, tut] „alle, alles" ist ein Adjekiv und muss daher in Numerus und Genus an das Substantiv angeglichen werden. Im Plural: **tous les soirs** [tu le▸ ßoar] „jeden Abend" (**un soir** (m.)); **toutes les femmes** [tut le▸ fam] „alle Frauen" (**une femme** (f.)). Merken Sie sich als feste Wendung: **tout le monde** [tu lÖ moñd] „alle, jeder" (**le monde** „Welt").

② Einige Ausdrücke mit **quelque**: **quelque chose** „etwas", **quelqu'un** (**quelque** + **un**) [käl-käñ] „jemand", **quelque part** [käl-kÖ pa▸r] „irgendwo". **Quelques** (Plural) bedeutet „einige": **quelques hommes** [käl-kÖs_Om] „einige Männer".

③ Bei **... son appartement** ist **son** das Possessivpronomen (besitzanzeigendes Fürwort). Ebenso **votre** in **votre enfant** „Ihr Kind" aus Lektion 9. Mehr hierzu in Lektion 14.

④ Die Konjunktion (Bindewort) **parce que** bedeutet „weil, da". **Pourquoi ?** [pur-koa] ist das Fragepronomen „Warum?"

⑤ **allumer** heißt wörtlich „anzünden": **Allumer le gaz** „das Gas anzünden". In Verbindung mit elektrischen Geräten hat es die Bedeutung „anstellen, einschalten": **allumer la radio** „das Radio einschalten".

⑥ **les informations** „die Nachrichten" (Grundbedeutung: „Informationen") wird oft zu **les infos** [le▸s_äñ-fo] abgekürzt. Der Radiokanal **France Info** sendet rund um die Uhr Nachrichten.

LEKTION 10

6	D'habi**tude**, il se **couche** a**vant** mi**nuit**. ⑦
7	Il **aime** cette **vie** tran**quille** et pai**sible**.
8	**Mais** ce **soir**, mal**gré** les **quatre**-**vingts** **chaînes** dispo**nibles** sur le **câble**, ⑧
9	il ne trouve **pas** d'émis**sion** intéres**sante**.
10	– Eh **bien**, je **vais** écou**ter** de la mu**sique** et pas**ser** une soi**rée** calme. ⑨

(PRONONCIATION)

[6 da-bi-**tü**‣d, il ẞÖ **kusch** a-wañ mi-**nüi**. 7 il **ä**‣m Bät wi‣ trañ-**kil** e pä-**si**‣bl(ö). 8 mä ẞÖ ẞoar, mal-**gre**‣ le‣ **ka**tr(ö)-**wän schä**‣n diß-po-**ni**‣bl(ö) ẞür lÖ **ka**‣bl(ö), 9 il nÖ tru‣w pa de-mi-**ẞjoñ** än-te-re-**ẞañt**. 10 e **bjän**, sch˜Ö wä e-ku-**te**‣ dÖ la mü-**sik** e pa-**ẞe**‣ ü‣n ẞoa-**re**‣ kalm.]

1ᵉʳ EXERCICE : COMPRENEZ-VOUS CES PHRASES ?

❶ Il allume la télévision et regarde les informations. ❷ Elle achète quelque chose à manger au magasin tous les soirs. ❸ D'habitude, il rentre chez lui à sept heures. ❹ Il n'y a pas de film à la télévision ce soir. ❺ Je n'aime pas être dérangé.

2ᵉ EXERCICE : TROUVEZ LES MOTS MANQUANTS !

❶ Er isst zu Abend und sieht fern.

Il .... et .... la télévision.

❷ Heute Abend gibt es keinen Film im Fernsehen.

Ce soir .. .'. . ... de film . . . télévision.

❸ Also entschließt er sich, Musik zu hören und einen ruhigen Abend zu verbringen.

Alors il décide .'....... .. ..
et de ...... une ....

❹ Zuerst kauft er etwas zu essen,

.'....., il achète .... manger,

quarante [ka-rañt] • 40

6	Für gewöhnlich geht er vor Mitternacht schlafen (er legt sich hin vor Mitternacht).
7	Er liebt dieses ruhige und friedliche Leben.
8	Aber heute Abend, trotz der 80 Kanäle, [die] über (auf dem) Kabel verfügbar [sind],
9	findet er keine interessante Sendung.
10	– Na gut, ich werde Musik hören und einen ruhigen Abend verbringen.

(ANMERKUNGEN)

⑦ **une habitude** [*ü·n a-bi-tü·d*] ist eine „Gewohnheit". **D'habitude** (**de** + **habitude**) ist der Ausdruck für „gewöhnlich, normalerweise". Beachten Sie, dass das **h** nicht gesprochen wird!

⑧ „Heute" heißt zwar **aujourd'hui** [*o-sch¯ur-dűi*], aber „heute Abend" wird mit **ce soir**, wörtlich „dieser Abend", wiedergegeben. Ebenso: **cet après-midi** „heute Nachmittag".

⑨ **calme** „ruhig" gehört zu den Adjektiven, bei denen die männliche und die weibliche Form identisch sind. Ein anderes Beispiel: **jeune** [*sch¯Ön*] „jung".

SOLUTIONS DU 1ᵉʳ EXERCICE : AVEZ-VOUS BIEN COMPRIS ?

❶ Er schaltet den Fernseher ein und sieht sich die Nachrichten an. ❷ Sie kauft jeden Abend (all die Abende) etwas zu essen im Geschäft. ❸ Gewöhnlich kehrt er um sieben Uhr nach Hause (bei sich) zurück. ❹ Heute Abend gibt es keinen Film im Fernsehen. ❺ Ich mag es nicht, gestört zu werden (mag nicht zu sein gestört).

❺ und dann geht er hinauf in seine Wohnung.

et .... il .... appartement.

SOLUTIONS DU 2ᵉ EXERCICE : LES MOTS MANQUANTS.

❶ dîne - regarde ❷ il n'y a pas - à la ❸ d'écouter de la musique - passer - soirée calme ❹ D'abord - quelque chose à ❺ puis - monte à son

Wahrscheinlich haben Sie den Eindruck, dass Sie sich unzählige Details merken müssen. Das ist jedoch nicht nötig. Alles Wichtige wird noch viele Male wiederholt werden und sich auf diese Weise seinen Platz in Ihrem Gedächtnis suchen. Lernen Sie entspannt weiter, blättern Sie auch ruhig hin und wieder noch einmal zurück und wiederholen Sie die eine oder andere Lektion. So festigen sich Ihre Kenntnisse mit der Zeit.

LEKTION 10

Onzième (11ᵉ) leçon [oñ-sjä‣m lÖ-ßoñ]

Un peu de révision

1 – À **quelle heure** est le **film** ce **soir** ?
2 – À **huit** heures et de**mie**.
3 – Et **qu'est**-ce que **c'est** ? ①
4 – **C'est** un **film** espa**gnol**.
5 – Et c'est **bien** ?
6 – Je ne sais **pas**, je ne connais **pas** le met**teur** en **scène**. ②③
7 – **Bon. Alors, qu'est**-ce qu'il y **a** à la rad**io** ? ④
8 – **Rien** d'intéres**sant**.
9 – **Alors**, je vais **lire** un ro**man** !

IL REGARDE LA TÉLÉVISION PENDANT TROIS HEURES TOUS LES JOURS.

(PRONONCIATION)

[äñ pö‣ dÖ re-wi-sjoñ 1 a käl Ö‣r e lÖ film ßÖ ßoar ? 2 a üit Ö‣r e dÖ-mi. 3 e käß kÖ ßä ? 4 ßät äñ film äß-pan-jOl. 5 e ßä bjäñ ? 6 sch¯Ö nÖ ßä pa, sch¯Ö nÖ kO-nä pa lÖ mä-tÖ‣r añ ßä‣n. 7 boñ. a-lO‣r, käß-kil-ja a la ra-djo ? 8 riäñ däñ-te-re-ßañ. 9 a-lO‣r, sch¯Ö wä li‣r äñ ro-mañ !]

Elfte Lektion

Ein bisschen Wiederholung

1 – Um wie viel Uhr ist der Film heute Abend?
2 – Um halb neun (acht Uhr und halb).
3 – Und was ist es?
4 – Es ist ein spanischer Film.
5 – Und ist er gut?
6 – Ich weiß nicht, ich kenne den Regisseur nicht.
7 – Gut. Dann, was ist im Radio?
8 – Nichts Interessantes.
9 – Dann werde ich einen Roman lesen!

ANMERKUNGEN

(1) Lassen Sie sich nicht von diesen auf den ersten Blick wie Zungenbrecher aussehenden Ausdrücken abschrecken. Sie sind nicht schwer auszusprechen und außerdem überaus nützlich.

(2) **Je ne sais pas** kommt vom Verb **savoir** [*βa-woar*] „wissen". Es bezieht sich auf die Kenntnis von Tatsachen oder abstrakten Dingen. **Il sait beaucoup de choses** „Er weiß vieles (viele Dinge)".

(3) **je connais** kommt von **connaître** [*kO-nätr*] „kennen" und bezieht sich auf Personen oder Orte. **Je connais sa mère** „Ich kenne seine/ihre Mutter". **Je connais cette ville** [*wil*] „Ich kenne diese Stadt".

(4) **qu'est-ce qu'il y a ... ?** [*käß-kil-ja*] „Was gibt es ...?", aber auch „Was ist los?". **Qu'est-ce qu'il y a à manger ?** „Was gibt es zu essen?"

10	Un **jour**, dans un **bus** à Ly**on**, ⑤
11	un jeune **homme** est as**sis** en **face** d'une vieille **dame** ; ⑥
12	il **mâche** du chewing-**gum**.
13	**Elle** le re**garde** pen**dant** cinq mi**nutes** et **dit** : ⑦
14	– C'est_**in**utile d'articu**ler** comme **ça**, jeune **homme**,
15	je suis com**plète**ment **sourde** !

(PRONONCIATION)

[10 äñ **sch˜u▸r**, dañs_äñ **büß** a li-oñ, 11 äñ sch˜Ön_**Om** ät_a-**ßi** añ **faß** dü▸n wi-ej **dam** 12 il **masch** dü schu-ing **gom**. 13 äl lÖ rÖ-**gard** pañ-**dañ** ßäñ mi-**nüt** e di : 14 ßät_**in**-ü-**til** dar-ti-kü-**le**▸ **kOm** ßa, sch˜Ön_**Om**, 15 sch˜Ö ßüi **koñ**-plät-**mañ** ßurd !]

1ᵉʳ EXERCICE : COMPRENEZ-VOUS CES PHRASES ?

❶ Qu'est-ce que c'est ? – C'est un livre allemand. ❷ Je ne connais pas sa mère, mais je connais son père. ❸ Qu'est-ce qu'il y a à la télévision ? – Rien d'intéressant. ❹ Il regarde la télévision pendant trois heures tous les jours. ❺ Pardon, monsieur, ... – C'est inutile de parler, je suis sourd.

2ᵉ EXERCICE : TROUVEZ LES MOTS MANQUANTS !

❶ Was gibt es (was ist) auf dem Tisch? – Es (Das) ist ein Buch.

Qu'...-.. ..'.. . a sur .. table ?
– .'... un livre.

❷ Ich werde heute Abend Radio hören.

Je .... la radio .. soir.

❸ Was ist das? – Das ist mein Personalausweis (meine Identitätskarte).

Qu'...-.. ... .'... ?
– .'... ma carte d'identité.

quarante-quatre [ka-rañt-katr(ö)] • 44

10 Eines Tages in einem Bus in Lyon,
11 sitzt ein junger Mann (ist sitzend gegenüber) einer alten Dame gegenüber;
12 er kaut Kaugummi.
13 Sie sieht ihn (während) fünf Minuten [lang] an und sagt:
14 – Es ist unnötig, so zu artikulieren, junger Mann,
15 ich bin völlig taub!

(ANMERKUNGEN)

⑤ **Lyon** ist die drittgrößte Stadt Frankreichs und ein bedeutendes Kulturzentrum sowie wichtiger Industrie- und Handelsstandort. Es ist auch bekannt für seine Küche.

⑥ **assis, assise** [a-*βi*, a-*βi*‑*s*] ist hier eigentlich ein Partizip (Mittelwort), es wird aber wie ein Adjektiv behandelt und daher angeglichen: **il est assis** „er sitzt (ist sitzend)", **elle est assise** „sie sitzt" (ist sitzend).

⑦ **pendant** bedeutet „während": **pendant le dîner** „während des Abendessens". Es wird auch - wie in diesem Satz - in Verbindung mit einer Zeitdauer („... lang") benutzt: **pendant vingt minutes** „zwanzig Minuten lang".

SOLUTIONS DU 1ᵉʳ EXERCICE : AVEZ-VOUS BIEN COMPRIS ?

❶ Was ist das? – Das ist ein deutsches Buch. ❷ Ich kenne seine/ihre Mutter nicht, aber ich kenne seinen/ihren Vater. ❸ Was gibt es im Fernsehen? – Nichts Interessantes. ❹ Er sieht jeden Tag (all die Tage) drei Stunden lang fern. ❺ Entschuldigung, mein Herr, ... – Es ist unnötig zu sprechen, ich bin taub.

❹ Sie sieht den jungen Mann fünf Minuten lang an.

Elle . . . . le . . . .
. . . . cinq minutes.

❺ Was ist los? - Nichts, nichts.

Qu'. . . - . . . .'. . . a ? – . . . , ... !

SOLUTIONS DU 2ᵉ EXERCICE : LES MOTS MANQUANTS.

❶ est-ce qu'il y - la - C'est ❷ vais écouter - ce ❸ est-ce que c'est - C'est ❹ regarde - jeune homme - pendant ❺ est-ce qu'il y - Rien - rien

LEKTION 11

▶ Douzième (12ᵉ) leçon [dus-jä‑m lÖ-Boñ]

Un tour dans Paris

1 – Bonjour mesdames, bonjour mesdemoiselles, bonjour messieurs ! Je suis votre guide. ①
2 Alors, commençons ici par la place du Panthéon : à ma droite, vous voyez le Panthéon même, ②③
3 et à ma gauche, l'église Saint-_Étienne du Mont.
4 – Pardon monsieur, dit_un touriste, mais où... ?
5 – Tout_à l'heure, répond le guide. ④
6 D'abord une église, le Panthéon...

(PRONONCIATION)

[än tu‑r dañ pa-ri 1 boñ-sch͞u‑r, me‑dam, boñ-sch͞u‑r, me‑d-moa-säl, boñ-sch͞u‑r, me‑Bjö‑ ! sch͞Ö Büi wOtr(ö) gi‑d. 2 a-lO‑r, kom-mañ-Boñ i‑Bi‑ pa‑r la plaß dü pañ-te-oñ : a ma droat, wu‑ woa-je‑ lÖ pañ-te-oñ mä‑m, 3 e a ma go‑sch, le-gli‑s Bäñt_e-tjän dü moñ. 4 par-doñ, mÖ-Bjö‑, dit_än tu-rißt, mä u ... ? 5 tut a lÖ‑r, re-poñ lÖ gi‑d. 6 da-bO‑r ü‑n e-gli‑s, lÖ pañ-te-oñ ...]

Zwölfte Lektion

Ein Rundgang in Paris

1 – Guten Tag, [meine] Damen, guten Tag, [meine] Fräuleins, guten Tag, [meine] Herren!
   Ich bin Ihr Reiseleiter.
2 Also, beginnen wir hier am Place du Panthéon: Zu meiner Rechten sehen Sie das Panthéon selbst
3 und zu meiner Linken, die Kirche Saint–Étienne du Mont.
4 – Entschuldigung, [mein] Herr, sagt ein Tourist, aber wo …?
5 – Gleich, antwortet der Reiseleiter.
6 Zuerst eine Kirche, das Panthéon …

(ANMERKUNGEN)

① „Mein Herr" oder „Gnädiger Herr" heißt monsieur, „meine Dame" oder „gnädige Frau" madame. Im Plural wird daraus messieurs [me‑Bjö‑] und mesdames [me‑dam]. Während bei uns der Ausdruck „Fräulein" nicht mehr verwendet wird, werden junge (unverheiratete) Frauen in Frankreich noch häufig mit mademoiselle, Plural mesdemoiselles, angeredet.

② Das Panthéon wurde zwischen 1764 und 1812 in einer Mischung aus griechischem und römischem Stil erbaut und nach dem den Göttern gewidmeten römischen Tempel benannt. Er ist die Ruhestätte einiger bedeutender Französinnen und Franzosen.

③ Hier eine andere Bedeutung von même: „selbst". Oft wird es mit einem Personalpronomen kombiniert: moi-même „ich selbst", toi-même „du selbst", lui-même „er selbst", vous-même „ihr/Sie selbst". Zusammen mit einem Orts- oder Eigennamen bezeichnet même den Ort selbst im Gegensatz zu seiner Umgebung bzw. seinen Vororten.

④ Die Bedeutung von tout à l'heure ist vom Kontext abhängig, denn dieser Ausdruck kann sowohl „eben, vor einiger Zeit" als auch „gleich, später" bedeuten!

7	– S'il vous **plaît**, mon**sieur**, dit le **même** tou**riste**, mais où **sont**... ?
8	– Mais lais**sez**-moi termi**ner**, je **vous** en **prie**, ré**pond** le **guide**. ⑤
9	– Mais mon**sieur**, c'est **très** impor**tant** !
10	– Eh **bien**, **qu'est**-ce que **vous** vou**lez** sa**voir** ? ⑥
11	– Où **sont** les toi**lettes** ?

(PRONONCIATION)

[7 ßil wu plä, mÖ-ßjö▸, di lÖ **mä**▸**m** tu-**rißt**, mä u **ßoñ** ... ?
8 mä lä-**ße**▸ moa tär-mi-**ne**▸, sch¯Ö **wu**▸**s** añ **pri**▸, re-**poñ** lÖ **gi**▸d.
9 mä mÖ-**ßjö**▸, ßä **träs** añ-pOr-**tañ** ! 10 e **bjän**, **käß** kÖ **wu**▸ wu-**le**▸ ßa-**woar** ? 11 u **ßoñ** le▸ toa-**lät** ?]

1ᵉʳ EXERCICE : COMPRENEZ-VOUS CES PHRASES ?

❶ Monsieur Legros habite Paris même. ❷ Oh, excusez-moi, monsieur ! – Je vous en prie. ❸ Je vais vous le dire toute à l'heure. ❹ Qu'est-ce que vous voulez savoir ? ❺ Pardon, monsieur, où est l'église Saint-Étienne du Mont ?

2ᵉ EXERCICE : TROUVEZ LES MOTS MANQUANTS !

Es ist Zeit, mal wieder ein wenig die unbestimmten (**un** und **une**) und bestimmten Artikel (**le** und **la**) zu üben:

❶ Der Reiseleiter sieht sich eine Stunde lang die Kirche, das Haus und die Brücke an.

.. guide regarde .' église, .. maison et .. pont pendant ... heure.

❷ Geben Sie mir im Büro das Radio, die Karte und die Adresse.

Donnez-moi .. radio, .. carte et .' adresse au bureau.

quarante-huit [ka-rañt-üit] • 48

7 – Bitte, [mein] Herr, sagt der gleiche Tourist, aber wo sind ... ?
8 – Aber lassen Sie mich zu Ende sprechen (beenden), ich bitte Sie, antwortet der Reiseleiter.
9 – Aber [mein] Herr, es ist sehr wichtig!
10 – Na gut, was wollen Sie wissen?
11 – Wo sind die Toiletten?

(ANMERKUNGEN)

⑤ **je vous en prie !** „Ich bitte Sie!", aber auch „Schon gut!" als Antwort auf eine Entschuldigung oder als Dank: **Excusez-moi, monsieur. - Je vous en prie !** „Entschuldigen Sie, mein Herr. - Schon gut!" Duzt man seinen Gesprächspartner, so sagt man **Je t'en prie** [*sch⁻Ö tañ pri▸*] „Ich bitte dich".

⑥ Die Konjugation (Beugung) des unregelmäßigen Verbs **savoir** „wissen" lautet: **je sais** „ich weiß", **tu sais** „du weißt", **il/elle sait** „er/sie weiß", **nous savons** „wir wissen", **vous savez** „ihr wisst / Sie wissen", **ils/elles savent** [*ßa▸w*] „sie wissen". (Die Endsilbe der 3. Person Plural wird nie gesprochen.)

SOLUTIONS DU 1ᵉʳ EXERCICE : AVEZ-VOUS BIEN COMPRIS ?

❶ Herr Legros lebt [in] Paris selbst. ❷ Oh, entschuldigen Sie (mich), mein Herr! - Ich bitte Sie. ❸ Ich werde (gehe) es euch/Ihnen gleich sagen. ❹ Was möchtet ihr / möchten Sie wissen? ❺ Verzeihung, mein Herr, wo ist die Kirche Saint-Étienne du Mont?

❸ Im Bus gibt es einen Fernseher und ein Telefon.

Dans . . bus il y a . . . télévision et
. . téléphone.

❹ Ich habe hier die Butter, den Käse und den Kaffee, aber wo ist die Brieftasche? In der Wohnung?

Ici j'ai . . beurre, . . fromage et . . café,
mais où est . . portefeuille ?
Dans . ' appartement ?

LEKTION 12

⑤ Das Kind sitzt auf der Straße, isst ein Butterbrot und [es] sieht sich das Bürgermeisteramt und den Supermarkt an.

. ' enfant est assis dans . . rue, il mange . . . tartine et regarde . . mairie et . . supermarché.

▶ **Treizième (13ᵉ) leçon** [träs-jä‣m lÖ-ßoñ]

La belle musique

1	– **Est**-ce que **vous_ai**mez **cette** chan**teuse** ? ①
2	– **Bof**, elle a une as**sez** belle **voix**,... ②
3	mais je **trouve** que ses chan**sons** sont_idi**otes** ; ③
4	les pa**roles** sont **bêtes** et la mu**sique** est **triste**.
5	De **toute** façon, **j'aime** seule**ment** la mu**sique** clas**sique**. ④

(PRONONCIATION)

[la **bäl** mü-**sik 1 äß** kÖ **wu‣s_ä-me‣ ßät** schañ-**tö‣s** ? **2 bOf**, äl a ü‣n a-**ße‣ bäl woa**, ... **3** mä sch˜Ö **tru‣w** kÖ ße‣ schañ-**ßoñ** ßoñt_i-**djOt** ; **4** le‣ pa-**rOl** ßoñ **bät** e la mü-**sik** e **trißt**. **5** dÖ tut fa-**ßoñ**, sch˜ä‣m ßÖl-**mañ** la mü-**sik** kla-**ßik**.]

6 Das Leben ist ein Roman, sagt die Dame.

.. vie est .. roman, dit .. dame.

SOLUTIONS DU 2ᵉ EXERCICE : LES MOTS MANQUANTS.

1 Le - l' (f.) - la - le - une **2** la - la - l' (f.) **3** le - une - un **4** le - le- le - le - l' (m.) **5** L' (m.) - la - une - la - le **6** La - un - la

Dreizehnte Lektion

Die schöne Musik

1	– Mögen Sie diese Sängerin?
2	– Naja, sie hat eine recht schöne Stimme, ...
3	aber ich finde, dass ihre Lieder idiotisch sind;
4	der Text ist (die Wörter sind) einfältig, und die Musik ist traurig.
5	Wie dem auch sei, ich mag nur (die) klassische Musik.

(ANMERKUNGEN)

① **chanteuse** stammt von **chanter** [schañ-te▸] „singen". Bei männlichen Substantiven, die auf **-eur** enden, wird die weibliche Form meistens mit **- euse** gebildet. Der „Sänger" heißt **chanteur**.

② Das Wörtchen **Bof !** drückt einen allgemeinen Mangel an Interesse oder Begeisterung aus und kann in etwa mit „Egal", „Na wenn schon", „Naja" wiedergegeben werden. Es wird häufig von jungen Leuten benutzt, wodurch mittlerweile die Bezeichnung **la génération ‚bof'** „die ‚Egal'-Generation" entstanden ist.

③ Denken Sie daran, das Plural-**s** nicht zu sprechen. Das **t** hingegen muss gesprochen werden, da ihm ein Vokal folgt: **un idiot** [añ i-djo▸] „ein Idiot", **une chanson idiote** [... i-**djOt**] „ein blödes Lied".

④ **la façon** bedeutet „Art, Weise". **Ne le faites pas de cette façon** „Machen Sie / Macht es nicht auf diese Weise". **De toute façon** „auf alle Fälle, wie dem auch sei". **De la même façon** „auf die gleiche Art".

LEKTION 13

51 • cinquante et un [ßäñ-kañt_e äñ]

6 – **Vous** n'ai**mez pas** du **tout** la mu**sique** mo**derne** ? ⑤
7 – **Si**, mais seule**ment** quand les chan**sons** sont intelli**gentes** et **belles**.
8 – **Qui** aimez-**vous** par ex**em**ple ? ⑥
9 – J'aime **bien** Co**co** et les **Clowns**. ⑦

10 Une af**fiche** sur la vi**trine** d'un maga**sin** : ⑧
11 "Nous recher**chons** un ven**deur** : **jeune** ou **vieux** ; plein **temps** ou **temps** par**tiel** ; ex**périmenté** ou débu**tant**". ⑨
12 Et en des**sous**, ajou**té** au cra**yon** : "**Mort** ou **vif**".

(PRONONCIATION)

[6 wu‣ nä-me‣ pa dü tu la mü-sik mo-därn ? 7 ßi, mä ßÖl-mañ kañ le‣ schañ-ßoñ ßoñ äñ-te-li-sch¯añt e bäl. 8 ki ä-me‣ wu‣ par äg-sañ-pl(ö) ? 9 sch¯ä‣m bjäñ ko-ko e le‣ klu‣n. 10 ü‣n a-fisch bü‣r la wi-tri‣n däñ ma-ga-ßäñ : 11 nu rÖ-schär-schoñ äñ wañ-dÖ‣r : sch¯Ön u wjö‣ ; pläñ tañ u tañ par-ßjäl ; ekß-pe-ri-mañ-te‣ u de-bü-tañ. 12 e añ dÖ-ßu‣, a-sch¯u‣-te‣ o‣ krä-joñ : mO‣r u wif.]

1er EXERCICE : COMPRENEZ-VOUS CES PHRASES ?

❶ Dites-moi, Jean, vous-aimez ce chanteur ? – Bof ! ❷ Et vous, Pierre ? – Moi ? Pas du tout ! ❸ J'aime bien la musique classique, mais j'aime aussi la musique moderne. ❹ De toute façon, ses chansons sont bêtes. ❺ Elle n'aime pas du tout le vin.

2e EXERCICE : TROUVEZ LES MOTS MANQUANTS !

❶ Mögen Sie dieses Geschäft? - Überhaupt nicht!

. . . . . – . . . . ce magasin ? - . . . . !

❷ Wie dem auch sei, er mag nur (den) guten Wein.

. . . . ~ . . . , il aime . . . . le bon vin.

cinquante-deux [*ßäñ-kañt-dö*] • 52

6 — Sie mögen (die) moderne Musik überhaupt nicht?
7 — Doch, aber nur, wenn die Lieder intelligent und schön sind.
8 — Wen mögen Sie beispielsweise?
9 — Ich mag gerne Coco und die Clowns.
10 Ein Plakat am (auf dem) Schaufenster eines Geschäfts:
11 „Wir suchen einen Verkäufer: jung oder alt; Vollzeit oder Teilzeit; erfahren oder Anfänger".
12 Und darunter, mit Bleistift hinzugefügt: „Tot oder lebendig".

(ANMERKUNGEN)

⑤ Beachten Sie hier, dass **du tout** „ganz und gar, überhaupt" direkt auf die Verneinung **pas** folgt. **Tu as de l'argent** [*lar-sch͞añ*] **? - Pas du tout.** „Hast du Geld? - Überhaupt keins (nicht)".

⑥ Während die Fragestellung mit **Est-ce que vous aimez... ?** eher umständlich ist, gibt es neben der Form **Vous aimez... ?** noch eine ganz einfache und gebräuchliche Form der Fragestellung, die Inversion. Das bedeutet, dass Verb und Pronomen umgekehrt werden: **Aimez-vous... ?** „Mögen Sie ... ?"

⑦ Beachten Sie die Aussprache: **clowns** [*klu‣n*].

⑧ „Fenster" heißt **une fenêtre** [*ü‣n fÖ-nä‣tr(ö)*], ein „Schaufenster" ist **une vitrine**. Für „einen Schaufensterbummel machen" sagen die Franzosen **faire du lèche-vitrine** [*fä‣r dü läsch-wi-tri‣n*] wörtlich etwa „Schaufenster ablecken".

⑨ Der „Verkäufer" **le vendeur** [*wañ-dÖ‣r*], die „Verkäuferin" **la vendeuse** [*wañ-dö‣s*].

SOLUTIONS DU 1ᵉʳ EXERCICE : AVEZ-VOUS BIEN COMPRIS ?

❶ Sagen Sie mir, Jean, mögen Sie diesen Sänger? – Naja! ❷ Und Sie, Pierre? – Ich? Ganz und gar nicht! ❸ Ich mag gerne (die) klassische Musik, aber ich mag auch (die) moderne Musik. ❹ Auf jeden Fall sind seine/ihre Lieder blöd. ❺ Sie mag (den) Wein überhaupt nicht.

❸ Seine/ihre Lieder sind traurig, und die Musik ist schön.

... chansons sont .... et la musique est ..... .

LEKTION 13

④ Sie hat eine recht schöne Stimme.

Elle . une . . . . voix.

⑤ Er mag (die) moderne Musik überhaupt nicht.

Il n'aime . . . . musique moderne.

> In der nächsten Lektion gibt es wieder ein bisschen „Theorie". Sie haben vielleicht den Eindruck, dass bestimmte Dinge in den Lektionen nicht ausreichend erläutert werden. Das ist ein Merkmal der Assimil-Methode: Sie sollen in den Lektionen in erster Linie

▶ **Quatorzième (14ᵉ) leçon** [ka-tOr-**sjä‧m** l**Ö**-**ßoñ**]

Révision et notes [re-wi-**sjoñ** e‧ **nOt**]

Wiederholung und Anmerkungen

1. Possessivpronomen (besitzanzeigendes Fürwort)

Auf Französisch richten sich Possessivpronomen **nicht** nach dem Besitzer, sondern nach dem **Besitztum**. Ist dieses ein Maskulinum, muss auch das Possessivpronomen im Maskulinum stehen. Analoges gilt für das Femininum. Allerdings gibt es Unterschiede dahingehend, in welcher Person der Besitzer steht.

Beispiele für Besitzer in der 1. und 2. Person Singular („ich" und „du"):

mon père [moñ **pä‧r**] „mein Vater", aber **ma mère** [ma **mä‧r**] „meine Mutter"

ton livre [toñ **li‧wr**] „dein Buch", aber **ta vie** [ta **wi‧**] „dein Leben".

Gehört der Besitzer der 3. Person Singular an, lautet die Form für männliche Besitztümer **son** „sein/ihr" und für weibliche **sa** „seine/ihre". Hieraus ergibt sich:

son bureau [ßoñ bü-**ro‧**] „sein Büro" / „ihr Büro"
sa photo [ßa fo-**to**] „sein Foto" / „ihr Foto".

Über das Geschlecht des Besitzers geben die Possessivpronomen in diesem Fall keinen Aufschluss. Näheres muss man aus dem Kontext schließen.

cinquante-quatre [ßäñ-kañt-**ka**tr(ö)] • 54

SOLUTIONS DU 2ᵉ EXERCICE : LES MOTS MANQUANTS.

① Aimez-vous - Pas du tout ② De toute façon - seulement ③ Ses - tristes - belle ④ a - assez belle ⑤ pas du tout la

---

Aussprache und Hörverständnis trainieren und nicht zu viel mit Grammatik belastet werden. Für die Grammatik sind die Wiederholungslektionen da. Hier wird vertieft und anhand von Beispielen illustriert, was Sie bereits gesehen haben.

Vierzehnte Lektion

Es gibt eine Aussprachebesonderheit bei diesen drei Personen: Ist das Besitztum weiblich und beginnt es mit einem Vokal, wird für eine leichtere Aussprache anstelle des weiblichen das männliche Possessivpronomen gesetzt:

mon amie [moñ_a-**mi**] „meine Freundin" (bei **ma amie** würden zwei Vokale aufeinandertreffen). Ebenso: **ton adresse** [toñ_a-**dräß**] „deine Adresse" (anstelle von **ta adresse**).

Die Pluralform für männliche und weibliche Possessivpronomen ist identisch:

mes frères [me‧ **frä**‧r] „meine Brüder", **tes enfants** [te‧s_añ-**fañ**] „deine Kinder", **ses voitures** [ße‧s woa-**tü**‧r] „seine/ihre Autos".

Steht der Besitzer in der 1., 2. oder 3. Person Plural („wir", „ihr/Sie" oder „sie"), so gibt es, wenn das Besitztum ein Singular ist - unabhängig von seinem Geschlecht - nur eine Form:

notre vendeur [nOtr(ö) wañ-**dÖ**‧r] „unser Verkäufer", **notre rue** [nOtr(ö) **rü**‧] „unsere Straße".
votre travail [wOtr(ö) tra-**waij**] „eure/Ihre Arbeit", **votre femme** [wOtr(ö) **fam**] „eure/Ihre Frau".
leur portefeuille [lÖ‧r pOr-tÖ-**föj**] „ihre Brieftasche", **leur église** [lÖr_e-**gli**‧s] „ihre Kirche".

Für Besitztümer im Plural heißen die Formen **nos** [no‧] „unsere", **vos** [wo‧] „eure/Ihre" und **leurs** [lÖ‧r(s)] „ihre", wobei das **s** nur dann

LEKTION 14

gesprochen wird, wenn das nachfolgende Substantiv mit einem Vokal oder einem stummen **h** beginnt:

nos parents [*no▸ pa-rañ*] „unsere Eltern", **vos guides** [*wo **gi▸d***] „eure/Ihre Reiseleiter", **leurs habitudes** [*lÖ▸rs a-bi-tü▸d*] „ihre Angewohnheiten".

2. Verben: Verben auf -er

Dieser Gruppe gehören die meisten französischen Verben an. Konjugieren wir **aimer** „lieben, mögen":

j'aime „ich mag", **tu aimes** „du magst", **il/elle aime** [*il/äl **ä▸m***] „er/sie mag", **nous aimons** „wir mögen", **vous aimez** „ihr mögt / Sie mögen" und **ils/elles aiment** [*ils/äls **ä▸m***] „sie mögen" (Endsilbe stumm).

Nach dem gleichen Schema werden auch die Ihnen bekannten Verben **rentrer, acheter, monter, déranger, manger, allumer, regarder, laver, se coucher, penser, écouter** und weitere die Sie in Lektion 10 finden, konjugiert. Wissen Sie noch ihre Bedeutungen?

Von einigen Verben haben Sie auch schon das Partizip kennengelernt: **aimé** „geliebt", **oublié** „vergessen", **dérangé** „gestört". Versuchen Sie, das Partizip der anderen oben genannten Verben zu bilden.

3. Verben: C'est und il/elle est

Sie haben zwei Arten gelernt, „es ist" auszudrücken: **c'est** und **il est**. Gehen wir ein wenig auf die Unterschiede in der Anwendung ein:

▶ **Quinzième (15ᵉ) leçon** [*kän-sjä▸m lÖ-ßoñ*]

Petites annonces

1 Re**cherche** jeune **fille** pour gar**der** mes enfants le **soir**.

(PRONONCIATION)

[*pÖ-**tits** a-**noñß** 1 ... sch̃Ön **fi▸j** pu▸r gar-**de▸** me▸s añ-**fañ** lÖ **ßoa▸r**]

C'est wird benutzt,

A. um zu erklären, was eine Sache oder eine Person ist:

Qu'est-ce que c'est ? – C'est une photo de famille. „Was ist das? - Das ist ein Familienfoto."

Regarde, c'est mon frère. „Sieh, das ist mein Bruder".

C'est moi. „Das bin ich".

C'est vous. „Das seid ihr / sind Sie".

B. in Sätzen, in denen das Substantiv durch ein Adjektiv näher bestimmt wird:

C'est un bon ami. „Das/Er ist ein guter Freund".

C'est une belle assiette. „Das ist ein schöner Teller".

Der Plural lautet **ce sont**:

Ce sont mes amis. „Das sind meine Freunde".

Il est wird dagegen verwendet,

A. um ein bereits zuvor erwähntes Substantiv wieder aufzugreifen:

Où est mon portefeuille ? – Il est sur la table. „Wo ist meine Brieftasche? - Sie ist auf dem Tisch".

(Ist das Substantiv weiblich, muss es selbstverständlich **elle est** heißen.)

B. um eine Zeitangabe auszudrücken:

Il est huit heures et demie. „Es ist halb neun".

Genug für heute. Mit der Zeit entwickeln Sie ein „Gefühl" für den richtigen Gebrauch. Und vergessen Sie nicht, sich neue Substantive immer mit ihrem Geschlecht zu merken!

Fünfzehnte Lektion

Kleinanzeigen

1 Suche junges Mädchen, das abends (der Abend) auf meine Kinder aufpasst (für betreuen meine Kinder).

Von dieser Lektion an finden Sie nicht mehr die ganzen Sätze in vereinfachter Lautschrift, sondern nur noch die neuen und schwierig auszusprechenden Wörter. Auslassungen sind durch „..." markiert.

57 • cinquante-sept [ßän-kañt-ßät]

2	Téléphoner le matin au 04 56 52 39 01. ①②

3	Je **vends** un cana**pé** et deux fau**teuils** en **cuir**. **Prix** à dé**battre**.

4	À lou**er**. Pe**tit** stud**io**. **Calme** et **clair**. Salle **d'eau**. ③④⑤

5	**É**crire à Mme De**laye**, 3 boule**vard** Males**herbes**, Pa**ris huit**ième.

6	– Bon**jour**, ma**dame**. Je vous_ap**pelle** au su**jet** de votre an**nonce** pour gar**der** les_en**fants**.

7	– **Très** bien. Com**ment** vous_ap**pelez**-**vous** ? ⑥

8	– Je m'ap**pelle** Mar**tine** Le**noir**, ma**dame**. ⑦

9	– Et quel **âge** avez-**vous**, Mar**tine** ?

10	– J'ai qua**torze_ans**, ma**dame**.

11	– **Oh**, mais vous_**êtes beau**coup trop **jeune** !

12	Je suis dé**solée**. Au re**voir**. ⑧

(PRONONCIATION)

[*2* te-le-fo-ne▸ lÖ ma-tän o▸ se-ro katr(ö) ßän-kañt **ßiß** ßän-kañt **dö**trañt **nÖf** se-ro▸ **äñ**. *3* ... **wañ** äñ ka-na-pe▸ ... fo-**tÖij** añ küi▸r. pri▸a de-**batr**(ö). *4* a lu-e▸. p**Ö**-ti ßtü-**djo**▸. kalm e klä▸r. ßal do▸. *5* e-kri▸r ... de-**lä**, troa bul-wa▸r mal-**särb**, ... **üit**-jä▸m. *6* ... o ßü-**sch**̃ä dÖ wOtr(ö)_a-**noñß** ... *7* ... k**O**-mañ wu▸s_a-p**Ö**-le▸ **wu**▸ ? *8* ... mar-ti▸n lÖ-**noa**▸r. ... *9* e käl a▸**sch**̃ a-we▸ **wu**▸ ... *10* sch̃ä ka-t**Ors**_añ ... *11* ... bo-ku▸ tro▸ **sch**̃**Ön** ! *12* ... de-so-le▸. o rÖ-**woa**▸r.]

cinquante-huit [*ßän-kañt-üit*] • 58

2	Rufen Sie an (Telefonieren) morgens (der Morgen) unter (bei) 04 56 52 39 01.
3	Ich verkaufe ein Sofa und zwei Sessel aus Leder. Preis nach Vereinbarung.
4	Zu vermieten. Kleines Studio. Ruhig und hell. Bad.
5	Schreiben [Sie] an Frau Delaye, 3 Boulevard Malesherbes, Paris, 8. [Arrondissement].
6	– Guten Tag, gnädige Frau. Ich rufe Sie an wegen Ihrer Anzeige für die Kinderbetreuung (für betreuen die Kinder).
7	– Sehr gut. Wie heißen Sie (nennen Sie sich)?
8	– Ich heiße (nenne mich) Martine Lenoir, gnädige Frau.
9	– Und wie alt sind Sie (welches Alter haben Sie), Martine?
10	– Ich bin (habe) 14 Jahre [alt], gnädige Frau.
11	– Oh, aber Sie sind viel zu jung!
12	Es tut mir leid. Auf Wiedersehen.

(ANMERKUNGEN)

① Der Infinitiv wird oft als eine Art Aufforderung in Anzeigen, auf Schildern oder anderen öffentlichen Bekanntmachungen verwendet. **Ne rien jeter à terre** [*nÖ riäñ sch‾Ö-te▸ a tä▸r*] „Nichts auf den Boden werfen".

② In Frankreich bestehen die meisten Telefonnummern aus 10 Ziffern, die in Zweiergruppen zusammengefasst werden. Sie werden außerdem nicht als einzelne Ziffern, sondern als Zahlen gelesen (56 = **cinquante-six**).

③ Beachten Sie, dass **louer** nicht nur „vermieten", sondern auch „mieten" heißen kann.

④ Unter **un studio** versteht man eine Einzimmerwohnung. Merken Sie sich auch **meublé(e)** [*mö-**ble**▸*] „möbliert". **Les meubles** [*mÖ▸-bl(ö)*] „Möbel".

⑤ Ein **salle d'eau** (**l'eau** (f.) „Wasser") ist ein „Badezimmer". Ein Synonym ist **une salle de bains** [*ßal dÖ bäñ*].

⑥ **s'appeler** „heißen" gehört zu den reflexiven (rückbezüglichen) Verben, bei denen Subjekt und Objekt identisch sind. **Je m'appelle** „ich heiße", **tu t'appelles** „du heißt", **il/elle s'appelle** „er/sie heißt", **nous nous appelons** „wir heißen", **vous vous appelez** „ihr heißt / Sie heißen", **ils/elles s'appellent** „sie heißen". **Appeler** alleine heißt „rufen" oder „anrufen".

⑦ Beachten Sie den Wechsel von „ll" zu „l": **appelle/appelons**.

⑧ **désolé** kennen Sie bereits aus Lektion 4. Als Synonyme haben Sie außerdem **Excusez-moi** „Entschuldigung" und **Pardon** gelernt.

LEKTION 15

1ᵉʳ EXERCICE : COMPRENEZ-VOUS CES PHRASES ?

① Je n'ai pas d'argent pour acheter des meubles. ② Il y a un petit studio à louer dans le huitième. ③ Bonjour ! Je m'appelle Pierre Lefèvre. ④ Mais vous êtes beaucoup trop jeune ! ⑤ Comment vous appelez-vous ?

2ᵉ EXERCICE : TROUVEZ LES MOTS MANQUANTS !

① Wie heißen Sie (nennen Sie sich)/heißt ihr?

. . . .   appelez-. . . . ?

② Wie alt sind Sie (Welches Alter haben Sie), [mein] Fräulein?

. . . .   âge   . . . . – . . . . , mademoiselle ?

③ Es tut mir leid; mein Vater ist nicht zu Hause.

Je suis . . . . . . (.) ; mon père n'. . . pas

. . . .

▶ **Seizième (16ᵉ) leçon** [*βä-sjä▸m lÖ-βoñ*]

Des_achats... !

1 – Bon**jour**, ma**dame**. Je **cherche** un **piège** à **rats**. ①
2   Vous_**en**_a**vez** ? ②
3 – Bien **sûr**, mon**sieur**. Atten**dez** une mi**nute**, je **vais** vous_**en** cher**cher** un.

(PRONONCIATION)

[*de▸s_a-scha... ! 1 ... pjä▸sch˜ a ra. 2 wu▸s_añ_a-we▸ ? 3 ... sch˜Ö wä wu▸s_añ schär-sche▸ añ.*]

soixante [ßoa-ßañt] • 60

SOLUTIONS DU 1ᵉʳ EXERCICE : AVEZ-VOUS BIEN COMPRIS ?

❶ Ich habe kein Geld, um Möbel zu kaufen. ❷ Es gibt ein kleines Studio im 8. [Arrondissement] zu vermieten. ❸ Guten Tag! Ich heiße (nenne mich) Pierre Lefèvre. ❹ Aber Sie sind viel zu jung! ❺ Wie heißen Sie (nennen Sie sich)/heißt ihr?

❹ Ich rufe Sie wegen Ihrer Anzeige an.

Je vous . . . . votre annonce.

❺ Ich suche ein junges Mädchen, das auf meine Kinder aufpasst (für betreuen meine Kinder).

Je cherche une . . . . . fille . . . . mes enfants.

SOLUTIONS DU 2ᵉ EXERCICE : LES MOTS MANQUANTS.

❶ Comment vous - vous ❷ Quel - avez-vous ❸ désolé(e) - est - à la maison ❹ appelle au sujet de ❺ jeune - pour garder

Sechzehnte Lektion

Einkäufe ...!

1 – Guten Tag, gnädige Frau. Ich suche eine Rattenfalle.
2   Haben Sie das (davon)?
3 – Selbstverständlich, mein Herr. Warten Sie eine Minute, ich gehe Ihnen (davon) eine holen.

(ANMERKUNGEN)

① Das Wörtchen **à** drückt aus, zu welchem Zweck eine Sache benutzt wird: **piège à rat** „eine Falle für Ratten". **Un verre à champagne** ist ein „Champagner-Glas", während **un verre de champagne** ein „Glas Champagner" ist. **Une brosse à dents** [brOß a dañ] ist eine „Zahnbürste".

② **en** bedeutet „davon". **Vous avez du thé** [te▸] **? - J'en ai** „Haben Sie Tee? – Ja (ich davon habe)". Seine Verwendung ist sehr umgangssprachlich, und Sie werden bald weitere Beispiele kennenlernen.

LEKTION 16

4 – **Dé**pê**chez**-**vous**, ma**dame**. J'ai un a**vion** à **prendre**.
5 – Un a**vion** ? **Oh**, mon**sieur**, je suis **dé**so**lée**,
6 je n'ai **pas** un mo**dèle** assez **grand** ! ③

7 Un doua**nier** ar**rête** un voya**geur** à la sor**tie** de la **douane** : ④
8 – Bon**jour** mon**sieur**. Ou**vrez** votre **sac**, **s'il** vous **plaît**.
9 Le voya**geur** **ou**vre son **sac**... qui est **plein** de dia**mants**. ⑤
10 – Ces dia**mants** sont pour mes la**pins**, **dit** le voya**geur**.
11 – Pour vos la**pins**, vous **dites** ? s'ex**clame** le doua**nier**.
12 – **Par**faite**ment**. Et **s'ils** ne veulent **pas** de dia**mants**, ils n'au**ront** **rien** à man**ger** ! ⑥⑦

(PRONONCIATION)

[4 ... sch˜ä äñ a-**wjoñ** a **prañ**-dr(ö) 6 sch˜Ö nä **pas** äñ mo-**däl** a-ße **grañ** ! 7 äñ doa-**nje** a-**rä**t uñ woa-ja-**sch˜Ö**r a la ßOr-**ti** dÖ la **doan** : 8 ... u-**wre** wOtr(ö) ßak 9 ... ki e **pläñ** dÖ dia-**mañ**. 10 ße dia-**mañ** ßoñ pur me la-**päñ** ... 11 ... wu **dit** ? ßäkß-**kla**m lÖ doa-**nje**. 12 par-**fät**-mañ. e ßil nÖ wÖl **pa** dÖ dia-**mañ**, il no-**rañ** **riäñ** a mañ-**sch˜e**.]

(1er EXERCICE : COMPRENEZ-VOUS CES PHRASES ?)

❶ Nous cherchons notre sac. ❷ Il va en apporter un, je pense. ❸ Si vous ne voulez pas de café, nous avons du thé. ❹ Je n'ai pas un modèle assez grand. ❺ Ces diamants sont pour mes lapins.

| 4 | – Beeilen Sie sich, gnädige Frau. Ich muss ein Flugzeug kriegen (habe ein Flugzeug zu nehmen).
| 5 | – Ein Flugzeug? Oh, mein Herr, es tut mir leid,
| 6 | ich habe kein Modell, das groß genug ist (ein Modell genug groß)!
| 7 | Ein Zollbeamter hält einen Reisenden am Ausgang des Zolls an:
| 8 | – Guten Tag, mein Herr. Öffnen Sie Ihre Tasche, bitte.
| 9 | Der Reisende öffnet seine Tasche ... die voll mit Diamanten ist.
| 10 | – Diese Diamanten sind für meine Kaninchen, sagt der Reisende.
| 11 | – Für Ihre Kaninchen, sagen Sie? ruft der Zöllner aus.
| 12 | – Genau. Und wenn sie keine Diamanten wollen, dann werden sie nichts zu essen bekommen (haben)!

(ANMERKUNGEN)

③ Sie haben **assez** in Lektion 13 in der Bedeutung „recht, ziemlich" kennengelernt. Dort stand es vor dem Substantiv. Hier bedeutet **assez** „genug, genügend" und steht hinter dem Substantiv und vor dem Adjektiv, auf das es sich bezieht.

④ **la douane** ist der „Zoll", **le douanier** der „Zöllner", **un policier** [*äñ po-li-**bje**·*] ist ein „Polizeibeamter", **la police** [*la po-**liß***] die „Polizei".

⑤ **plein** „voll" ist die männliche Form des Adjektivs, die weibliche lautet **pleine** [*plä·n*].

⑥ **ils veulent** kommt vom Verb **vouloir** [*wu-**loar***] „wollen, möchten". Die anderen Formen sind **je veux**, **tu veux**, **il/elle veut**, **nous voulons**, **vous voulez**, **ils/elles veulent** [*wÖl*].

⑦ Hier sehen Sie zum ersten Mal eine Form des einfachen Futurs (Zukunft). Sie basiert auf dem unregelmäßigen Verb **avoir** „haben", auch wenn dies auf den ersten Blick nicht ersichtlich ist.

SOLUTIONS DU 1ᵉʳ EXERCICE : AVEZ-VOUS BIEN COMPRIS ?

❶ Wir suchen unsere Tasche. ❷ Er wird (davon) einen mitbringen, denke ich. ❸ Wenn Sie/ihr keinen Kaffee wollen/wollt, haben wir Tee. ❹ Ich habe kein Modell, das groß genug ist (kein Modell genug groß). ❺ Diese Diamanten sind für meine Kaninchen.

2ᵉ EXERCICE : TROUVEZ LES MOTS MANQUANTS !

① Haben Sie eine Zigarette, bitte?

   Vous .... une cigarette, .'.. vous plaît ?

② Ich (davon) habe zwei.

   J'.. .. deux.

③ Warten Sie eine Minute; ich werde (davon) einen mitbringen.

   . . . . une minute ;
   je .... .. apporter un.

④ Wo ist meine Zahnbürste?

   .. est .. brosse . ..... ?

⑤ Er öffnet seine Tasche, um ein Feuerzeug zu suchen.

   Il ouvre ... sac .... chercher un briquet.

⑥ Diese Bücher sind für meine Kinder.

   ... livres sont .... enfants.

▶ **Dix-septième (17ᵉ) leçon** [*di-ßät-jä▸m lÖ-ßoñ*]

Au téléphone (I)

1	– Allô ? ... **Oui**, c'est **moi**.
	Qui est_à l'appa**reil** ? ①
2	... **Ah**, bon**jour** So**phie**... **Bien**, et **vous**?

(PRONONCIATION)

[*o **te**-le-**fOn** 1 a-**lo**▸ ? ... ki▸ **ät**_a la-pa-**räj** ?*]

SOLUTIONS DU 2ᵉ EXERCICE : LES MOTS MANQUANTS.

❶ avez - s'il ❷ en ai ❸ Attendez - vais en ❹ Où - ma - à dents ❺ son - pour ❻ Ces - pour mes

---

Siebzehnte Lektion

Am Telefon (I)

1 – Hallo? ... Ja, ich bin's.
Wer spricht (ist am Apparat)?
2 ... Ah, guten Tag, Sophie ... Gut, und Ihnen?

ANMERKUNGEN

① **Allô !** „Hallo!" wird nur am Telefon benutzt, nicht als Begrüßung bei einer Begegnung. Hier sagt man **Bonjour** „Guten Tag" oder **Bonsoir** [boñ-**Boar**] „Guten Abend". **Bonne nuit** [**bO**-n(ö) **nüi**] bedeutet „Gute Nacht" und wird als abendlicher Abschiedsgruß verwendet. Merken Sie sich auch, dass „am Telefon" au téléphone heißt.

LEKTION 17

65 • **soixante-cinq** [ßoa-ßañt-ßäñk]

3	... **Oh**, quel dom**mage** ! ②
4	J'es**père** que ce n'est pas **grave** ? ... **Heu**reuse**ment**.
5	**Jacques** ? ... oh, il va assez **bien**, mais il a beau**coup** de tra**vail** en ce mo**ment**. ③
6	... Des va**cances** ? Ne me faites pas **rire** ! Nous n'avons **pas**_as**sez** d'ar**gent**. Et **vous** ? ④
7	... Comme tout le **monde**... A**vec** plai**sir**. **Quand** ? **Same**di pro**chain** ?
8	Atten**dez**, je vais **voir**. Ne **quit**tez **pas**.
9	**Non**, **same**di, ma **mère** vient dî**ner** à la mai**son**.
10	Di**manche** ? Je **pense** que nous sommes **libres**. **Oui**, di**manche**, c'est par**fait**. ⑤
11	À **huit**_**heures**. D'ac**cord**. Soi**gnez**-**vous** ! ... Mer**ci**, au re**voir**.

(PRONONCIATION)

[**3** ... **o‣**, käl do-**ma‣sch**˜ ! **4** sch˜äß-**pä‣r** kÖ ßÖ nä pa **gra‣w** ? ... ö-rös-**mañ**. **5** sch˜ak ... bo-**ku‣** dÖ tra-**waij** añ ßÖ mo-**mañ**. **6** ... de‣ wa-**kañß** ? nÖ mÖ fä‣t pa ri‣r ! ... **pas**_a-**ße‣** dar-**sch**˜**añ**. ... **7** ... tu lÖ **moñd** ... a-**wäk** plä-**si‣r**. ... **ßam**-di pro-**schäñ** ? **8** ... nÖ **ki**-te‣ **pa**. **9** ... ma **mä‣r** wjäñ di-**ne‣** a la mä-**soñ**. **10** di-**mañsch** ? ... nu ßOm **li‣**br(ö)... par-**fä**... **11** a **üit**_**Ö‣r**. da-**kOr**. ßoan-**je‣ wu‣** ! ...]

(ANMERKUNGEN)

② **quel** „welcher, -es" ist Maskulinum Singular, **quelle** „welche" ist Femininum Singular, **quels** ist die Pluralform des Maskulinums, **quelles** die des Femininums (all diese Formen werden gleich ausgesprochen!): **Quel livre voulez-vous ?** „Welches Buch wollen Sie?"; **Quelle heure est-il ?** „Wie spät ist es?", **Quels livres/Quelles cigarettes aimez-vous ?** „Welche Bücher / Welche Zigaretten mögen Sie?". Auch Ausrufe beginnen mit **quel/quelle**: **Quel dommage !** „Wie schade!"

| 3 | ... Oh, wie schade!
| 4 | Ich hoffe, es ist nicht schlimm? ...
| | Zum Glück (Glücklicherweise).
| 5 | Jacques? ... oh, ihm geht es recht gut, aber er hat im Moment sehr viel Arbeit.
| 6 | ... Urlaub? Machen Sie keine Witze (Machen Sie mich nicht lachen)! Wir haben nicht genug Geld.
| | Und Sie?
| 7 | ... Wie alle ... Mit Vergnügen. Wann? Nächsten Samstag?
| 8 | Warten Sie, ich werde [nach]sehen. Bleiben Sie dran (Verlassen Sie nicht).
| 9 | Nein, Samstag kommt meine Mutter zum Abendessen zu uns (nach Hause).
| 10 | Sonntag? Ich glaube, wir haben Zeit (sind frei). Ja, Sonntag, das ist großartig.
| 11 | Um acht Uhr. Einverstanden. Gute Besserung (Pflegen Sie sich)!
| | ... Danke, auf Wiedersehen.

(3) **assez** vor einem Adjektiv oder Adverb bedeutet „recht, ziemlich": **Il est assez grand** „Er ist ziemlich groß"; **Elle chante assez bien** „Sie singt recht gut". **Assez** vor einem Substantiv bedeutet „genug": **Je n'ai pas assez de temps** „Ich habe nicht genug Zeit".

(4) In der affirmativen Befehlsform bedeutet „mir, mich" **moi** (mit Bindestrich hinter dem Imperativ): **Parlez-moi !** „Sprechen Sie mit mir!"; **Répondez-moi !** „Antworten Sie mir!". Für die 3. Pers. Sing. heißt es **lui**: **Dites-lui** „Sagen Sie / Sagt [es] ihm". In der negativen Befehlsform steht **la** vor dem Imperativ: **Ne la regardez pas comme ça** „Sehen Sie / Seht sie nicht so an".

(5) **être libre** „Zeit haben", „nichts vorhaben". Das Gegenteil lautet **être pris/prise** „etwas vorhaben, beschäftigt sein" (wörtlich „genommen sein", von **prendre** „nehmen"). **Temps libre** „Freizeit". Ein Geschäft, das mit **libre service** wirbt, ist ein „Selbstbedienungsladen".

LEKTION 17

1er EXERCICE : COMPRENEZ-VOUS CES PHRASES ?

❶ Il a beaucoup de travail en ce moment. ❷ Samedi, ma mère vient à la maison. ❸ Je pense que je suis libre dimanche. ❹ Ne quittez pas, je vais voir. ❺ Comme tout le monde, nous n'avons pas assez d'argent.

2e EXERCICE : TROUVEZ LES MOTS MANQUANTS !

❶ Sie haben keine Zeit? Wie schade!

Vous* n'.... pas ..... ? .... !

❷ Machen Sie / Macht keine Witze (Machen Sie / Macht mich nicht lachen)!

Ne .. faites pas .... !

❸ Meinem Mann geht es ziemlich gut, aber er hat viel Arbeit.

Mon mari .. .. bien, mais il
a .... travail.

❹ Ich hoffe, es ist nicht schlimm.

J'...... que .. n'... pas ..... .

❺ Haben Sie nächsten Samstag Zeit (Sind Sie ... frei?)?

....-.... libre* .... ?

▶ **Dix-huitième (18e) leçon** [*dis*-*üit*-*jä*▸*m lÖ*-*ßoñ*]

Au téléphone (II)

1 – Allô, Anne-Ma**rie** ? ... C'est So**phie**.
Com**ment**‿allez-**vous** ? ①

(PRONONCIATION)

[*1 ... ko-mañt‿a-le▸ wu▸ ?*]

soixante-huit [ßoa-ßañt-üit] • 68

SOLUTIONS DU 1er EXERCICE : AVEZ-VOUS BIEN COMPRIS ?

❶ Er hat im Moment viel Arbeit. ❷ [Am] Samstag kommt meine Mutter [zu uns] nach Hause. ❸ Ich denke, dass ich Sonntag Zeit habe (bin frei). ❹ Bleiben Sie dran (Verlassen Sie nicht), ich gehe [nach]sehen. ❺ Wie alle haben wir nicht genug Geld.

SOLUTIONS DU 2e EXERCICE : LES MOTS MANQUANTS.

❶ êtes - libre* - Quel dommage ❷ me - rire ❸ va assez - beaucoup de ❹ espère - ce - est - grave ❺ Êtes-vous* - samedi prochain

*Achtung: Bei dem **vous** in diesem Satz handelt es sich um das höfliche „Sie" im Singular; daher muss das Adjektiv **libre** heißen. Wäre das höfliche „Sie" im Plural oder „ihr" gemeint, müsste es **libres** lauten.

Achtzehnte Lektion

Am Telefon (II)

1 – Hallo, Anne-Marie? ... Hier ist (Das ist) Sophie. Wie geht es Ihnen (wie gehen Sie)?

ANMERKUNGEN

① In Frankreich ist es gang und gäbe, Personen, die man nur entfernt kennt, und die man siezt, trotzdem mit Vornamen anzusprechen, während dies im Deutschen eher unüblich ist.

| 2 | **Moi**, j'ai la **grippe**... **Non**, ce n'est **pas** trop **grave**. ②
| 3 | Et com**ment** va **Jacques** ? ... Vous pre**nez** des va**cances** bien**tôt** ? ③
| 4 | **Non**, malheureuse**ment**, ça **coûte** trop **cher**.
| 5 | Dites-**moi**, **est**-ce que **vous** vou**lez** ve**nir** dî**ner** un **soir** ?
| 6 | Di**sons same**di pro**chain**... Tant **pis**. ④
| 7 | Eh **bien**, di**manche** ? ... Ça vous **va** ? ⑤
| 8 | Par**fait**. Ve**nez** vers **huit_heures**. **Pas** trop **tôt**.
| 9 | ... **Oui**, **oui**. Je **prends** beau**coup** de médica**ments**, **beaucoup trop** ! ⑥
| 10 | Al**lez**, dites bon**jour** à **Jacques** pour **moi**.
| 11 | Je **vous_em**brasse. Au re**voir**. À di**manche**. ⑦

IL FUME BEAUCOUP TROP !

Alle Ausdrücke und Redewendungen aus dieser Lektion werden Ihnen noch an vielen Stellen begegnen. Lernen Sie sie also nicht auswendig!

PRONONCIATION

[**2 moa**, sch¯ä la **grip** ... **3** ... bjän-**to** ? **4** ... mal-ö-rö▸s-**mañ**, ßa **kut** tro▸ **schä**▸r. **5** dit-**moa** ... **6** di-**soñ** ... tañ **pi** ... **7** ßa wu▸ **wa** ? **8** ... wÖ-**ne**▸ wä▸r **üit Ö**▸r. **pa** tro▸ **to**▸. **9** ... bo-**ku**▸ dÖ me-di-ka-**mañ** ... **11** sch¯Ö **wu**▸**s**_añ-**braß** ...]

soixante-dix [ßoa-ßañt-diß] • 70

2	Ich, ich habe die Grippe … Nein, es ist nicht allzu schlimm.
3	Und wie geht [es] Jacques? … Nehmen Sie bald Urlaub?
4	Nein, leider ist es (das kostet) zu teuer.
5	Sagen Sie (mir), wollen Sie einen Abend [zum] Abendessen kommen?
6	Sagen wir nächsten Samstag … Schade.
7	Nun, Sonntag? … Passt (Geht) Ihnen das?
8	Großartig. Kommen Sie gegen acht Uhr. Nicht zu früh.
9	… Ja, ja. Ich nehme viele Medikamente, viel zu viele!
10	Na dann (Gehen Sie), grüßen Sie Jacques von mir (sagen Sie guten Tag zu Jacques für mich).
11	Ich küsse (umarme) Sie. Auf Wiedersehen. Bis Sonntag.

(ANMERKUNGEN)

② **trop** „zu, zu sehr" steht in der Regel vor dem Adjektiv. Vergleichen Sie mit Satz 8.

③ Das Gegenteil von **tôt** „früh" lautet **tard** „spät". **Il se couche tard** [*il ßÖ kusch* **ta‣r**] „Er geht spät schlafen". „Zu früh kommen" bedeutet **être en avance** [*ä-tr(ö) añ_a-wañß*], während „zu spät kommen, sich verspäten" **être en retard** [… *rÖ-ta‣r*] heißt. **Tôt** findet sich auch in **bientôt** „bald". **À bientôt !** „Bis bald!"

④ Die Redewendung **Tant pis !** (mit stummem **s**!) bedeutet „Schade", „Nichts zu machen".

⑤ Das Verb **aller** „gehen" wird auf vielerlei Weise in Redewendungen benutzt, und es nimmt darin zum Teil andere Bedeutungen an: **Comment va Jacques ?** „Wie geht [es] Jacques?", **Vous allez bien ?** „Geht [es] Ihnen gut?", **Ça vous va ?** „Passt Ihnen das?", **Cette robe vous va bien** „Dieses Kleid steht Ihnen gut".

⑥ „Viel, viele" heißt **beaucoup de**, sowohl für zählbare als auch für nicht zählbare Dinge: **beaucoup d'argent** „viel Geld", **beaucoup de voitures** „viele Autos". „Viel" als Adverb heißt **beaucoup**: **Vous fumez beaucoup** „Sie rauchen viel". **Beaucoup trop** „viel zu viel".

⑦ **embrasser** „umarmen, küssen". Unter vertrauten Personen ist es üblich, sich bei Begrüßung und beim Abschied mehrere Küsschen (**bises** [*bi‣s*] oder **bisous** [*bi-su‣*]) abwechselnd auf die Wange zu geben. Es ist auch nicht ungewöhnlich, ein Telefonat oder einen Brief mit **Je t'embrasse** oder **Bisous** zu beenden.

LEKTION 18

1ᵉʳ EXERCICE : COMPRENEZ-VOUS CES PHRASES ?

❶ Il fume beaucoup trop ! ❷ Est-ce que vous voulez dîner ?
❸ Venez à huit heures et demie. Ça vous va ? ❹ Dites bonjour à votre mari pour moi. ❺ Ça coûte trop cher !

2ᵉ EXERCICE : TROUVEZ LES MOTS MANQUANTS !

❶ Ich nehme viele Medikamente; viel zu viele!

Je prends . . . . médicaments ; beaucoup . . . . !

❷ Er kommt immer zu spät (an).

Il . . . . . . toujours .. . .

❸ Kommen Sie / Kommt nicht zu früh. Passt Ihnen/euch das?

Ne . . . . . pas . . . . tôt. Ça . . . . .. ?

▶ **Dix-neuvième (19ᵉ) leçon** [*dis-nŐw-jä▸m lÖ-ßoñ*]

Deux conversations au restaurant

| 1 | – **Qu'est**-ce que **vous** man**gez** ?
      Ça sent **bon** !
| 2 | – C'est‿une **daube** de **bœuf**.
      Vous‿**en** vou**lez** ? ①②

(PRONONCIATION)

[... koñ-wär-ßa-**ßjoñ** ... räß-to-**rañ 1** ... ßa ßañ **boñ !** 2 ... do▸b dÖ **bÖf**. wu▸s‿**añ** wu-**le** ?]

soixante-douze [βoa-βañt-du‣s] • 72

SOLUTIONS DU 1ᵉʳ EXERCICE : AVEZ-VOUS BIEN COMPRIS ?

❶ Er raucht viel zu viel! ❷ Möchten Sie / Möchtet ihr zu Abend essen? ❸ Kommen Sie / Kommt um halb neun. Passt Ihnen/euch das? ❹ Grüßen Sie Ihren Mann von mir (Sagen Sie guten Tag zu Ihrem Mann für mich). ❺ Das ist (kostet) zu teuer!

❹ Es sind viele Kinder in dieser Schule.

. . . . beaucoup .' enfants dans cette école.

❺ Wie geht es Ihnen, und wie geht es Ihrem Mann?

Comment . . . . . - . . . et comment . . votre . . . . ?

SOLUTIONS DU 2ᵉ EXERCICE : LES MOTS MANQUANTS.

❶ beaucoup de - trop ❷ arrive - en retard ❸ venez - trop - vous va ❹ Il y a - d' ❺ allez-vous - va - mari

Neunzehnte Lektion

Zwei Unterhaltungen im Restaurant

1 – Was essen Sie? Das riecht gut!
2 – Das ist ein Rinderschmorbraten. Möchten Sie [etwas] (davon)?

ANMERKUNGEN

① **une daube** ist ein Schmorbraten aus Fleisch und Gemüse, der mit Wein gekocht wird. Bei den meisten Tieren wird *ein* Wort für das Tier und sein Fleisch benutzt: **un bœuf** [bŒf] „ein Rind" - **du bœuf** „Rindfleisch", **un agneau** [an-jo‣] „ein Lamm" - **de l'agneau** „Lammfleisch", **un veau** [wo‣] „ein Kalb" - **du veau** „Kalbfleisch". Ausnahme: **un cochon** [ko-**schoñ**] „ein Schwein" - **du porc** [dü **pO‣r**] „Schweinefleisch".

② **C'est du beurre. Vous en voulez ? En** „davon" dient dazu, das Objekt des ersten Satzes (hier **beurre**) wieder aufzugreifen, ohne es zu wiederholen.

73 • soixante-treize [ẞoa-ẞañt-trä▸s]

|3| – **Non** mer**ci**. Je **n'ai** pas **faim**.
J'ai **dé**jà man**gé**.

|4| – A**lors**, pre**nez** un **verre** de **vin**.

|5| – **Non** merci ; je **n'ai** pas **soif** non **plus**.
Mais je vais **prendre** un café.

|6| – **Bien**. Gar**çon** ! **Deux** ca**fés** et l'addi**tion**,
s'il vous **plaît** ! ③

|7| – Je ne vais **pas** prendre de va**cances** cette
an**née**.

|8| Ça **coûte beau**coup trop **cher**. Et **vous** ?

|9| – **Moi,** je **vais** en **Grèce** en sep**tembre** pour
deux se**maines**. ④

|10| – En **Grèce** ? Vous_a**vez** de la **chance** !
Je **suis** ja**loux**. ⑤

(PRONONCIATION)

[*3* ... sch˜Ö nä pa fäñ. sch˜ä de-sch˜a mañ-**sch˜e**▸. *4* ... äñ **wä**▸r dÖ
wäñ. *5* ... sch˜Ö nä pa ẞoaf noñ plü▸. .... *6* ... gar-**ẞoñ** ! ... e la-di-**ẞjoñ**
... *7* ... Bät a-**ne**▸. *8* ẞa kut bo-ku▸ tro▸ **schä**▸r ... *9* ... añ **grä**▸ẞ añ Bä-
tañ-br(ö) pu▸r dö▸ ẞÖ-**mä**▸n. *10* ... dÖ la **schañẞ** ! sch˜Ö ẞüi sch˜a-**lu**▸.]

1er EXERCICE : COMPRENEZ-VOUS CES PHRASES ?

① Je n'ai pas faim. J'ai déjà mangé. ② Prenez un verre de
vin. ③ Non merci. ④ Vous avez soif ? ⑤ Oh oui, très.
⑥ Qu'est-ce que vous mangez ? Ça sent très bon ! ⑦ Garçon !
Un café et l'addition, s'il vous plaît !

2e EXERCICE : TROUVEZ LES MOTS MANQUANTS !

① Ich habe Wein. Möchten Sie / Möchtet ihr [etwas] (davon)?

J'ai . . vin. Vous . . . . ?

soixante-quatorze [*ßoa-ßañt-ka-tOrs*] • 74

3 — Nein danke. Ich habe keinen Hunger. Ich habe schon gegessen.
4 — Dann nehmen Sie ein Glas Wein.
5 — Nein danke; ich habe auch keinen Durst. Aber ich werde einen Kaffee nehmen.
6 — Gut. Bedienung! Zwei Kaffee(s) und die Rechnung bitte!
7 — Ich werde dieses Jahr keinen Urlaub nehmen.
8 Es ist (kostet) viel zu teuer. Und Sie?
9 — Ich, ich fahre im September für zwei Wochen nach Griechenland.
10 — Nach Griechenland? Sie haben Glück! Ich bin neidisch.

(ANMERKUNGEN)

(3) Ruft man nach dem Ober, so sagt man Garçon !, ist die Bedienung weiblich, sagt man Mademoiselle ! oder Madame !.

(4) Das vorangestellte moi betont das Subjekt. Es wird häufig zur Einleitung einer Gegenäußerung verwendet: Moi, je pense qu'il a raison „Ich, ich denke, dass er recht hat." In gleicher Weise kann man alle Pronomen anwenden.

(5) en Grèce kann sowohl „in Griechenland" als auch „nach Griechenland" heißen. Hat der Landesname Pluralform (États-Unis „Vereinigte Staaten"), lautet die Präposition aux [*o•*]: Ils vont aux États-Unis en août [*... os_e-tas_ü-ni• añ_ut*] „Sie fahren im August in die Vereinigten Staaten".

SOLUTIONS DU 1ᵉʳ EXERCICE : AVEZ-VOUS BIEN COMPRIS ?

❶ Ich habe keinen Hunger. Ich habe schon gegessen. ❷ Nehmen Sie / Nehmt ein Glas Wein. ❸ Nein danke. ❹ Haben Sie / Habt ihr Durst? ❺ Oh ja, sehr. ❻ Was essen Sie / esst ihr? Das riecht sehr gut! ❼ Bedienung! Ein Kaffee und die Rechnung bitte!

❷ Ich, ich fahre dieses Jahr nach Italien und in die Vereinigten Staaten.

. . . , je vais . . Italie et . . . États-Unis cette . . . . . .

LEKTION 19

❸ Haben Sie / Habt ihr Durst? Dann nehmen Sie / nehmt ein Glas Wasser.

Vous ....? Alors, ... un verre .' eau.

❹ Was essen Sie / esst ihr? Rindfleisch?

..'..-.. ... vous ......? .. bœuf ?

❺ Sie (Pl.) werden im August keinen Urlaub nehmen.

Ils ne .... pas .... vacances .. ..

▶ **Vingtième (20ᵉ) leçon** [wän-*tjä▸m* lÖ-ßoñ]

Encore un peu de révision ①

1 Aujourd'**hui**, nous_al**lons** re**voir** **quel**ques_ex**pres**sions ut**iles** : ②
2 – Ve**nez** vers **huit_heures**, d'ac**cord** ?
3 – Par**fait**.

4 **Elle** est ma**lade** et elle **prend** beau**coup** de médica**ments**.

5 – Je **cherche** un **grand sac** en **cuir**. Vous_**en**_a**vez** un ?

(PRONONCIATION)

[añ-**kOr** äñ **pö▸ dÖ** re-wi-**sjoñ** 1 o-sch⁻ur-**düi** ... **käl**-k**Ös_ekß**-prä-**ßjoñ** ü-**ti▸l** : 2 ... da-**kOr** ? 4 äl e ma-**la▸d** .... 5 sch⁻ö **schärsch** äñ **grañ ßak** añ **küi▸r**.]

SOLUTIONS DU 2e EXERCICE : LES MOTS MANQUANTS.
① du - en voulez ② Moi - en - aux - année ③ avez soif - prenez - d'
④ Qu'est-ce que - mangez - Du ⑤ vont - prendre de - en août

Zwanzigste Lektion

Noch ein bisschen Wiederholung

|1| Heute werden wir einige nützliche Ausdrücke wiederholen:
|2| – Kommen Sie gegen acht Uhr, einverstanden?
|3| – Einverstanden (Ausgezeichnet).
|4| Sie ist krank, und sie nimmt viele Medikamente.
|5| – Ich suche eine große Tasche aus Leder.
Haben Sie (davon) eine?

ANMERKUNGEN

① encore „noch". Encore du vin ? „Noch [ein bisschen] Wein?" Non merci, j'en ai encore „Nein danke, ich habe noch (davon)".

② Die Bedeutung bestimmter Verben wird durch Präfixe (Vorsilben) verändert: voir „sehen" - revoir „wiedersehen, wiederholen", brancher „einstecken, einstöpseln" - débrancher „(Stecker) herausziehen".

6	Il **n'a** pas **faim** et il **n'a** pas **soif** : il a **dé**jà man**gé**.
7	– Qui **est** à l'appa**reil** ? **Ah**, So**phie**. Comment_al**lez**-vous ?
8	– Ma **femme** a beau**coup** de tra**vail** en ce mo**ment**. ③
9	– Des va**cances** ? Ne me faites pas **rire** !
10	– Vous vou**lez** un **verre** de **vin** ?
11	– A**vec** plai**sir**.
12	– Com**ment** vous_ap**pelez**-**vous** ?
13	– Je m'ap**pelle** So**phie** De**laye**.
14	– Je suis **déso**lé, je suis **pris** **same**di **soir**. ④
15	– Eh **bien** tant **pis** !
16	– **Cette nou**velle **robe** vous **va** très **bien**.

(PRONONCIATION)

[... **7** ki▸ **et**_a la-pa-**reij** ? ... **11** ... a-**wäk** plä-**si**▸r. **14** ... sch¯Ö ßüi **pri** ßam-di ßoar. **15** e bjän tañ **pi** ! **16** Bät nu-**wäl** rOb ...]

(1ᵉʳ EXERCICE : COMPRENEZ-VOUS CES PHRASES ?)

❶ J'ai du café. Est-ce que vous en voulez ? ❷ Encore un petit peu, s'il vous plaît. ❸ Ce nouveau chapeau et cette nouvelle robe sont très jolis. ❹ Mon mari est pris ce soir. ❺ Quel dommage ! ❻ Comment s'appelle sa femme ? ❼ Je veux revoir cet exercice, s'il vous plaît.

| 6 | Er hat keinen Hunger, und er hat keinen Durst: Er hat schon gegessen.
| 7 | – Wer spricht (ist am Apparat)? Ah, Sophie. Wie geht es Ihnen?
| 8 | – Meine Frau hat zurzeit (im Moment) viel Arbeit.
| 9 | – Urlaub? Machen Sie keine Witze (Machen Sie mich nicht lachen)!
| 10 | – Möchten Sie ein Glas Wein?
| 11 | – Gerne (mit Vergnügen).
| 12 | – Wie heißen Sie (nennen Sie sich)?
| 13 | – Ich heiße (nenne mich) Sophie Delaye.
| 14 | – Es tut mir leid, ich bin Samstag Abend beschäftigt (genommen).
| 15 | – Na ja, schade!
| 16 | – Dieses neue Kleid steht Ihnen sehr gut.

(ANMERKUNGEN)

③ une femme „eine Frau", aber ma femme „meine Ehefrau". Ebenso: une fille „ein Mädchen", aber sa fille „seine/ihre Tochter". Hier muss der Kontext über die Bedeutung entscheiden. Bei den Männern gibt es hierfür unterschiedliche Begriffe: un homme „ein Mann", mon mari „mein Ehemann", un garçon „ein Junge", son fils „sein/ihr Sohn".

④ pris, prise „beschäftigt" ist das Partizip des Verbs prendre „nehmen". Sie kennen bereits das Gegenteil, être libre „Zeit haben", aus Lektion 17.

SOLUTIONS DU 1ᵉʳ EXERCICE : AVEZ-VOUS BIEN COMPRIS ?

❶ Ich habe Kaffee. Möchten Sie / Möchtet ihr (davon)? ❷ Noch ein kleines bisschen, bitte. ❸ Dieser neue Hut und dieses neue Kleid sind sehr hübsch. ❹ Mein Mann ist heute Abend beschäftigt (genommen). ❺ Wie schade! ❻ Wie heißt (nennt sich) seine Frau? ❼ Ich möchte diese Übung wiederholen, bitte.

79 • **soixante-dix-neuf** [*ßoa-ßañt-dis-nÖf*]

> **2ᵉ EXERCICE : TROUVEZ LES MOTS MANQUANTS !**

① Ein Zöllner öffnet die Tasche eines Reisenden.

. . douanier ouvre . . sac d' . . voyageur.

② Eine Welt, in der (wo) ein Buch den Preis eines Sessels kostet.

. . monde où . . livre coûte . . prix d' . . fauteuil.

③ Die Frau bezahlt eine Rechnung.

. . femme paye . . . addition.

▶ **Vingt et unième (21ᵉ) leçon** [*wäñt eʳüʳn-jäʳm lÖ-ßoñ*]

Révision et notes [*re-wi-sjoñ eʳ nOt*]

Wiederholung und Anmerkungen

1. Verben: Verben auf -re

Zu dieser zweiten Klasse von Verben gehören die Ihnen bekannten Verben **prendre** „nehmen", **vendre** „verkaufen", **attendre** „warten". Konjugieren wir als Beispiel **vendre** „verkaufen:

je vends, tu vends, il/elle vend [*wañ*]**, nous vendons, vous vendez, ils/elles vendent** [*wañd*]. Bei **ils/elles vendent** wird die Endsilbe nicht, dafür aber das **-d** gesprochen!

Beginnt ein Verb mit einem Vokal, wird wie gewohnt der Endlaut des Pronomens mit diesem Vokal verbunden (Liaison):

elle attend / elles‿attendent [*äl a-tañ / äls‿a-tañd*] „sie wartet / sie warten".

Normalerweise endet das Partizip dieser Verben auf **-u**:

vendu [*wañ-dü*] „verkauft", **attendu** [*a-tañ-dü*] „gewartet". Ausnahme: **prendre - pris, prise** „genommen".

Lassen Sie uns einige unregelmäßige Verben wiederholen:

savoir „wissen":

je sais, tu sais, il/elle sait, nous savons, vous savez, ils/elles savent [*ßaʳw*]. Partizip: **su** „gewusst".

④ Ein Lamm hat eine richtige (gute) Grippe.

.. agneau a ... bonne grippe.

⑤ Im Badezimmer sind ein Glas und eine Zahnbürste.

Dans .. salle de bains il y a .. verre et ... brosse à dents.

SOLUTIONS DU 2ᵉ EXERCICE : LES MOTS MANQUANTS.

① Un - le - un ② Un - un - le - un ③ La - une ④ Un - une ⑤ la - un - une

Einundzwanzigste Lektion

prendre „nehmen":

je prends, tu prends, il/elle prend, nous prenons, vous prenez, ils/elles prennent [*prän*]. Partizip: **pris, prise** „genommen".

aller „gehen":

je vais, tu vas, il/elle va, nous allons, vous allez, ils/elles vont. Partizip: **allé(e)** „gegangen".

2. Wochentage

Sie lauten **lundi** [*lañ-di*], **mardi** [*mar-di*], **mercredi** [*mär-krÖ-di*], **jeudi** [*sch˜ö‧-di*], **vendredi** [*wañ-drÖ-di*], **samedi** [*ßam-di*] und **dimanche** [*di-mañsch*]: Im Gegensatz zum Deutschen wird keine Präposition gesetzt, um „*am* Donnerstag, *am* Sonntag" usw. auszudrücken. Man sagt einfach:

Il vient mardi. „Er kommt [am] Dienstag".

Téléphonez-moi samedi. „Rufen Sie mich [am] Samstag an".

Ist von einem Ereignis oder einer Tätigkeit die Rede, die regelmäßig und immer am gleichen Wochentag stattfindet, so wird der bestimmte Artikel gesetzt:

Il travaille le samedi. „Er arbeitet samstags (den Samstag)" (= jeden Samstag).

Man kann auch den Plural benutzen:

Elle vient me voir tout les dimanches. „Sie kommt mich jeden Sonntag (all die Sonntage) besuchen".

Mit **À lundi !** „Bis Montag!" kann man sich von einer anderen Person verabschieden.

Für „Wochenende" kann man **la fin de la semaine** [*la fän dÖ la ßÖ-mä‣n*] („das Ende der Woche") oder aber das englische **week-end** [*ui‣k-änd*] benutzen.

3. Redewendungen mit avoir

Wie im Deutschen werden manche Wendungen im Französischen mit dem Verb **avoir** „haben" gebildet:

Avez-vous faim ? „Haben Sie Hunger?"
Elle n'a pas soif. „Sie hat keinen Durst."
Vous avez de la chance. „Sie haben Glück."
Tu as raison. [*tü a rä-soñ*] „Du hast recht."
Il a tort. [*il a tO‣r*] „Er hat unrecht".
Quel âge a votre enfant ? übersetzen wir dagegen mit „Wie alt ist (Welches Alter hat) Ihr Kind?"

4. Zahlen

Hier die Zahlen von 1 bis 20.
un [*äñ*] „1", **deux** [*dö‣*] „2", **trois** [*troa*] „3", **quatre** [*katr(ö)*] „4", **cinq** [*ßäñk*] „5", **six** [*ßiß*] „6", **sept** [*ßät*] „7", **huit** [*üit*] „8", **neuf** [*nÖf*] „9", **dix** [*diß*] „10", **onze** [*oñs*] „11", **douze** [*du‣s*] „12",

▶ **Vingt-deuxième (22ᵉ) leçon**

Les passe-temps nationaux

 Les Fran**ç**ais sont **pas**sion**nés** par les **jeux** d'ar**gent**. ①

(PRONONCIATION)

[*le‣ paß-tañ na-ßio-no‣1 ... ßoñ pa-ßio-ne‣ par le‣ sch̃ö-dar-sch̃añ.*]

treize [*trä‣s*] „13", **quatorze** [*ka-tOrs*] „14", **quinze** [*käñs*] „15", **seize** [*ßä‣s*] „16", **dix-sept** [*di-ßät*] „17", **dix-huit** [*dis-üit*] „18", **dix-neuf** [*dis-nÖf*] „19", **vingt** [*wäñ*] „20".

In der nächsten Wiederholungslektion lernen Sie, wie es weitergeht. Sehen Sie sich die obigen Zahlen in der Zwischenzeit an, und üben Sie ihre Aussprache ggf. unter Zuhilfenahme der Lautschrift für die Seitenzahlen.

5. Monatsnamen

Die Namen der Monate lauten:

janvier	[*sch˜añ-**wje**‣*]	„Januar"
février	[*fe-wri-**e**‣*]	„Februar"
mars	[*marß*]	„März"
avril	[*a-**wril***]	„April"
mai	[*mä*]	„Mai"
juin	[*sch˜ü-**äñ***]	„Juni"
juillet	[*sch˜üi-**jä***]	„Juli"
août	[***ut***]	„August"
septembre	[*ßäp-**tañ**-br(ö)*]	„September"
octobre	[*Ok-**tO**‣-br(ö)*]	„Oktober"
novembre	[*no-**wañ**-br(ö)*]	„November"
décembre	[*de-**ßañ**-br(ö)*]	„Dezember".

Zweiundzwanzigste Lektion

Die nationalen Zeitvertreibe

1 Die Franzosen sind begeistert von (den) Geldspielen.

(ANMERKUNGEN)

① Die meisten Substantive erhalten im Plural ein stummes End-**s**. In dieser Lektion werden wir ein paar Ausnahmen sehen. Die erste: Wörter, die auf -**eu** enden, erhalten die Pluralendung -**x**: **un jeu** „ein Spiel" - **des jeux**.

LEKTION 22

2	Chaque semaine, des millions d'hommes et de femmes jouent à l'un des principaux jeux : ②③
3	le Loto, les jeux instantanés et le PMU. ④
4	Les deux premiers sont des jeux de hasard:
5	il faut soit choisir des numéros dans un certain ordre, ⑤
6	soit gratter des cases sur un ticket qu'on achète dans un bureau de tabac. ⑥
7	En revanche, les courses demandent un peu plus de connaissances : ⑦
8	on doit sélectionner les chevaux en fonction de leur performance dans d'autres courses. ⑧

VENEZ SOIT TÔT LE MATIN, SOIT TARD LE SOIR.

Betrachten Sie die Anmerkungen als einen „guten Freund", der versucht, Ihnen die Sprache auf behutsame Weise näherzubringen.

(PRONONCIATION)

[2 schak ßÖ-mä-n, de‣ mil-joñ dOm e dÖ fam sch̃u‣ ... präñ-ßi-po‣ sch̃ö‣ : 3 ... äñ-ßtañ-ta-ne‣ ... pe‣ äm ü‣. 4 ... sch̃ö‣ dÖ a-sa‣r: 5 il fo‣ ßoa schoa-si‣r de‣ nü-me-ro‣ .... ßär-täñ Or-drö, 6 ßoa gra-te‣ de‣ ka‣s ßür äñ ti-kä koñ a-schä‣t ... 7 añ rÖ-wañsch, le‣ kurß dÖ-mañd äñ pö‣ plüß dÖ kO-nä-ßañß : 8 ... doa ße-läk-ßjo-ne‣ le‣ schÖ-wo‣ añ foñk-ßjoñ dÖ lÖ‣r pär-fOr-mañß ...]

quatre-vingt-quatre [katr(ö)-wän-katr(ö)] • 84

2	Jede Woche spielen Millionen von Männern und Frauen eines (an einem) der Hauptspiele:
3	(das) Lotto, (die) „Sofortgewinnspiele" und (das) Pferde-Toto (PMU).
4	Die beiden ersten sind Zufallsspiele:
5	Man muss entweder Zahlen in einer bestimmten Reihenfolge auswählen
6	oder Felder auf einem Los aufrubbeln (kratzen), das man in einer Tabakverkaufsstelle kauft.
7	Dagegen erfordern (die) (Pferde-)Rennen ein bisschen mehr Kenntnisse:
8	Man muss (die) Pferde nach ihrer Leistung in anderen Rennen auswählen.

(ANMERKUNGEN)

② **jouer** „spielen". Bei Spielen und beim Sport benutzt man die Präposition **au** (im Femininum **à la**): **Il joue aux échecs** [... *os_e-schäk*] „Er spielt Schach" (**échecs** ist immer Plural). **Nous jouons aux dames** „Wir spielen Dame". Bei Musikinstrumenten verwendet man **du** oder **de la**: **Elle joue de la guitare** [... *dÖ la gi-ta-r*] „Sie spielt Gitarre".

③ Um die Aussprache zu erleichtern, wird zwischen **à** und **un** ein **l'** eingefügt: **à l'un**. Dies hat keinen Einfluss auf die Bedeutung.

④ Glücksspiele sind zwar in Frankreich verboten, jedoch macht das Gesetz einige Ausnahmen: Das Lotto und die Spiele, bei denen man sofort gewinnt (Rubbellose usw.) werden vom Staat kontrolliert. Seit Ende des 19. Jahrhunderts gibt es **PMU** (**Pari-Mutuel Urbain**), ein Wettsystem für Pferderennen. **Un pari** [*pa-ri*] „eine Wette".

⑤ **soit... soit...** „entweder ... oder ...": **Il faut soit gratter la case, soit choisir des numéros** „Man muss entweder das Feld aufrubbeln oder Zahlen auswählen". **Il y a soit de la bière soit du vin** „Es gibt entweder Bier oder Wein".

⑥ Wörter, die auf **-eau** enden, erhalten ebenfalls die Pluralendung **-x**: **un bureau** „ein Büro" - **des bureaux**.

⑦ Das Verb **demander** hat die Grundbedeutung „fragen (nach)": **Ne me demandez pas** „Fragen Sie mich nicht". Zusammen mit einem Objekt heißt es „erfordern, verlangen". **Ça demande beaucoup d'habileté** [... *da-bil-te*] „Das erfordert viel Fertigkeit".

⑧ Substantive und Adjektive auf **-al** erhalten die Pluralendung **-aux**: **un cheval** „ein Pferd" - **des chevaux**, **un journal** „eine Zeitung" - **des journaux**, **national** - **nationaux**.

LEKTION 22

85 • quatre-vingt-cinq [katr(ö)-wän-**Bäñk**]

9	Il y a aus**si** des **jeux** de casi**no**, **mais** ils sont **très stric**tement **règ**lemen**tés**.
10	Dans **tous** les **cas**, les jou**eurs** ont **tous** la **même** i**dée** en **tête** : **faire** for**tune**. ⁹
11	**Mais** du **fait** qu'ils sont **très** nom**breux**, il y a **peu** de **gros** gag**nants**... ⁱ⁰
12	C'est **ça**, les **jeux** de ha**sard** : un **jour** vous per**dez**,
13	et le lende**main**... vous per**dez** en**core** !

(PRONONCIATION)

[9 ... sch˜ö‣ dÖ ka-si-no‣ ... ßtrik-tÖ-mañ re-glÖ-mañ-te‣. 10 dañ tu‣ le‣ ka le‣ sch˜u-Ö‣r oñ tuß la mä‣m i-de‣ añ tä‣t : fä‣r fOr-tü‣n. 11 mä dü fä‣t kil ßoñ trä‣ noñ-brö‣, il ja pö‣ dÖ gro‣ gan-jañ ... 12 ... wu‣ pär-de‣ 13 e lÖ lañ-dÖ-mäñ ...]

1ᵉʳ EXERCICE : COMPRENEZ-VOUS CES PHRASES ?

❶ Elle joue à l'un des jeux les plus difficiles : les échecs.
❷ En revanche, les dames demandent moins d'habileté.
❸ Venez soit tôt le matin, soit tard le soir. ❹ Dans tous les cas, vous risquez de perdre. ❺ C'est ça, la vie !

2ᵉ EXERCICE : TROUVEZ LES MOTS MANQUANTS !

❶ Was sind die wichtigsten nationalen Spiele?

Quels sont les . . . . ?

❷ Sie (Pl.) hoffen alle, das große Los zu ziehen (gewinnen).

Ils espèrent . . . . le . . . .

❸ Er spielt jeden Tag Fußball.

Il . . . . . . football . . . . les jours.

❹ Sie (Pl.) haben alle beide den gleichen Gedanken im Kopf.

Ils ont . . . . la . . . .

quatre-vingt-six [katr(ö)-wän-*Biß*] • 86

|9| Es gibt auch Casino-Spiele, aber sie sind sehr streng reglementiert.
|10| In allen Fällen haben die Spieler alle den gleichen Gedanken im Kopf: reich zu werden (Glück machen).
|11| Aber aufgrund der Tatsache, dass sie sehr zahlreich sind, gibt es wenig große Gewinner ...
|12| So ist das mit den (Es ist das, die) Zufallsspielen: an einem Tag (ein Tag) verliert man (verlieren Sie),
|13| und am nächsten Tag ... verlieren Sie wieder!

(ANMERKUNGEN)

⑨ Achten Sie auf die Stellung von tous: Steht es vor einem Substantiv im Plural, so ist es Adjektiv, wird [*tu*] gesprochen und bedeutet „alle": Tous les journaux „alle Zeitungen". Steht es hinter einem Verb, so wird es [*tuß*] gesprochen, ist Adverb und bedeutet „alle": Venez tous à huit heures „Kommen Sie/Kommt alle um acht Uhr".

⑩ Die Grundbedeutung von gros, grosse [*gro*‣, *groß*] ist „fett, dick". Es wird jedoch häufig in der Bedeutung „groß, bedeutend, wichtig" verwendet: une grosse somme d'argent [*ü‣n groß ßOm dar-sch˜añ*] „eine große Summe Geldes", un gros mensonge [*äñ gro‣ mañ-Boñsch˜*] „eine dicke Lüge". Merken Sie sich auch: Il a gagné le gros lot ! [... *lÖ gro‣ lo‣*] „Er hat das große Los gezogen (gewonnen)!"

SOLUTIONS DU 1ᵉʳ EXERCICE : AVEZ-VOUS BIEN COMPRIS ?

❶ Sie spielt eines der schwierigsten Spiele: (das) Schach. ❷ Dagegen erfordert das Damespiel weniger Fertigkeit. ❸ Kommen Sie / Kommt entweder früh am Morgen oder spät am Abend. ❹ In allen Fällen riskieren Sie / riskiert ihr, zu verlieren. ❺ So ist das (Es ist das, das) Leben!

❺ Sie finden / Ihr findet die Ergebnisse der Rennen in allen Zeitungen.

Vous trouvez les résultats . . . .
dans . . . .

SOLUTIONS DU 2ᵉ EXERCICE : LES MOTS MANQUANTS.

❶ principaux jeux nationaux ❷ tous gagner - gros lot ❸ joue au - tous ❹ tous les deux - même idée en tête ❺ des courses - tous les journaux

LEKTION 22

quatre-vingt-sept [katr(ö)-wäñ-**ßät**]

▶ **Vingt-troisième (23ᵉ) leçon**

Le loto

1 – **Qu'est**-ce que vous **faites**, **Jean** ?
2 – Je **fais** mon **loto**. C'est un **jeu** très intéres**sant**.
3 Regar**dez** : vous pre**nez** cette **carte** et vous choisis**sez** une série de numé**ros**. ①
4 Par e**xem**ple, **ici**, j'ai le **cinq**, le **sept**, le **onze**, le vingt-**deux**, le **qua**rante-**trois** et le **qua**rante-**huit**.
5 En**suite**, vous met**tez** une **croix** sur ces numé**ros**
6 et vous don**nez** la **carte** au pa**tron** du ta**bac**.
7 – Et a**lors** ?
8 – **Ben** vous atten**dez** les résul**tats**. ②
9 Si vous a**vez** choi**si** les **bons** numé**ros**, vous ga**gnez**. ③
10 – Et vous a**vez** ga**gné** ?
11 – **Non**, pas en**core**.
12 – **Bon**, **moi** je **vais** jouer : je choi**sis** le **deux**;
13 en**suite**, le **treize**, le qua**torze**, le **vingt**, le **trente** et le trente-**deux**.

(PRONONCIATION)

[**3** ... schoa-si-*ße*▸ ü▸n *ße*▸-**ri** ... **5** ... wu▸ mä-**te**▸ ü▸n **kroa** ... **6** ... o pa-**troñ** dü▸ ta-**ba**. **8** ... **bañ** wu▸s a-tañ-**de**▸ le▸ re-sül-**ta**. **9** ßi **wu**▸**s** a-**we**▸ schoa-**si** ... wu▸ gan-**je**▸. **13** añ-**ßüit**]

quatre-vingt-huit [katr(ö)-wän-üit] • 88

Dreiundzwanzigste Lektion

Das Lotto

1 – Was machen Sie, Jean?
2 – Ich spiele (mache mein) Lotto. Das ist ein sehr interessantes Spiel.
3   Sehen Sie: Sie nehmen diese Karte, und Sie wählen eine Zahlenfolge aus.
4   Zum Beispiel, hier habe ich die Fünf, die Sieben, die Elf, die 22, die 43 und die 48.
5   Dann schreiben (stellen) Sie ein Kreuz über diese Zahlen
6   und geben die Karte dem Mann im (Chef des) Tabakladen(s).
7 – Und dann?
8 – Nun, Sie warten auf die Ergebnisse.
9   Wenn Sie die richtigen Zahlen gewählt haben, gewinnen Sie.
10 – Und haben Sie gewonnen?
11 – Nein, noch nicht.
12 – Gut, ich, ich werde spielen: Ich wähle die Zwei;
13   dann die 13, die 14, die 20, die 30 und die 32.

(ANMERKUNGEN)

① **numéro** kann eine „Zahl" oder eine „Nummer" sein. Ein anderes Wort ist **chiffre** [**schif**-r(ö)] „Ziffer, Zahl".

② **Ben** (Kurzform von **Eh bien**) ist ein typisch umgangssprachlicher, wenn auch nicht gerade eleganter, Ausruf und bedeutet in etwa „nun, naja". (Vgl. auch Lektion 6, Lektion 10).

③ **bon, bonne** heißt nicht nur „gut" (**un bon vin** „ein guter Wein"), sondern auch „richtig": **Voilà la bonne réponse** „Dies ist die richtige Antwort". Das Gegenteil, „falsch", lautet **faux, fausse** [fo, fo‧ß]: **un faux numéro** „eine falsche Zahl". „Schlecht" heißt **mauvais, mauvaise** [mo-**wä**, mo-**wä**‧s]: **un mauvais élève** [än mo-**wäs**_e-lä‧w] „ein schlechter Schüler".

LEKTION 23

1ᵉʳ EXERCICE : COMPRENEZ-VOUS CES PHRASES ?

❶ Qu'est-ce que vous faites là ? ❷ Vous choisissez la bonne réponse. ❸ C'est un jeu qui est très intéressant. ❹ Il va jouer du piano ce soir. ❺ Qu'est-ce que je fais ? Ben j'attends.

2ᵉ EXERCICE : TROUVEZ LES MOTS MANQUANTS !

❶ Spielen Sie / Spielt die 13, die 14 und die 20.

..... le ......, le .... et le ..... .

❷ Wenn Sie / ihr die richtigen Zahlen gewählt haben/habt, gewinnen Sie / gewinnt ihr.

Si vous avez ...... les ...., vous gagnez.

❸ Und haben Sie / habt ihr gewonnen?

Et vous .... ?

❹ Noch nicht.

Pas ....

❺ Sie machen (stellen) / Ihr macht ein Kreuz, und Sie geben / ihr gebt die Karte dem Chef (Inhaber).

Vous ...... une ..... et vous ...... la carte .. patron.

▶ **Vingt-quatrième (24ᵉ) leçon**

Le passe-temps numéro un

1 Il y a un **autre jeu** que **nous avons** oublié :

2 c'est le **jeu** de **boules**, ou la "pétanque",

(PRONONCIATION)

[*1 ... än o‣tr sch˘ö‣ kÖ nu‣s a-woñ u-bli-e‣ : 2 ... dÖ bu‣l, u‣ la pe-tañk,*]

SOLUTIONS DU 1ᵉʳ EXERCICE : AVEZ-VOUS BIEN COMPRIS ?

① Was machen Sie / macht ihr da? ② Sie wählen / Ihr wählt die richtige Antwort aus. ③ Das ist ein Spiel, das sehr interessant ist. ④ Er wird heute Abend Klavier spielen. ⑤ Was ich mache? Nun, ich warte.

⑥ Was wählen Sie / wählt ihr?

..'...-.. ... vous ....?

⑦ Ich wähle die 16.

Je .... le seize.

SOLUTIONS DU 2ᵉ EXERCICE : LES MOTS MANQUANTS

① Jouez - treize - quatorze - vingt ② choisi - bons numéros ③ avez gagné ④ encore ⑤ mettez - croix - donnez - au ⑥ Qu'est-ce que - choisissez ⑦ choisis

---

Vierundzwanzigste Lektion

Der Zeitvertreib Nummer eins

[1] Es gibt [noch] ein anderes Spiel, das wir vergessen haben:
[2] es ist das Boule-Spiel, oder (das) „Pétanque",

LEKTION 24

| 3 | un **jeu** qui **vient** du **sud** de la **France**. ①
| 4 | Par**tout** où il y a un **peu** d'es**pace**, ②
| 5 | **vous** vo**yez** des jou**eurs** de **boules**
| 6 | qui **jouent** dans les **parcs** ou sur la **place** du mar**ché**.
| 7 | C'est_un **jeu** qui de**mande** beau**coup** d'habile**té**,
| 8 | beau**coup** de concentra**tion**... et un **peu** de pas**sion**. ③
| 9 | Mais_il y a un **autre** passe-**temps** en **France**.
| 10 | Les **gens** le pra**tiquent**, ils_en **parlent**, ils le **vivent** à **chaque** mo**ment**. ④
| 11 | C'est la pas**sion** natio**nale** nu**méro un** : **bien** man**ger**. ⑤

(PRONONCIATION)

[*3 ... ki wjän dü ßü▸d dÖ la frañß. 4 par-tu▸ u▸ il ja än pö▸ däß-paß, 5 wu▸ woa-je▸ ... 6 ... dañ le▸ park u▸ ßür la plaß dü mar-sche▸. 8 bo-ku dÖ koñ-ßañ-tra-ßjoñ ... pa-ßjoñ. 10 le▸ sch˜añ lÖ pra-tik, ils_añ parl, il lÖ wi▸w a schak mo-mañ. 11 ... bjän mañ-sch˜e▸.*]

1ᵉʳ EXERCICE : COMPRENEZ-VOUS CES PHRASES ?

① C'est un jeu qui vient du sud de la France. ② Vous voyez des joueurs partout. ③ J'aime beaucoup de sucre et un peu de lait dans mon café. ④ C'est un jeu que j'aime beaucoup. ⑤ Il y a peu de gens qui le font.

| 3 | ein Spiel, das aus dem Süden Frankreichs kommt.
| 4 | Überall, wo es ein bisschen Platz gibt,
| 5 | sehen Sie Boule-Spieler,
| 6 | die in den Parks oder auf dem Marktplatz spielen.
| 7 | Es ist ein Spiel, das viel Fertigkeit erfordert,
| 8 | viel Konzentration ... und ein bisschen Leidenschaft.
| 9 | Aber es gibt [noch] einen anderen Zeitvertreib in Frankreich.
| 10 | Die Leute praktizieren ihn, sie sprechen darüber, sie leben ihn in jedem Augenblick.
| 11 | Es ist die nationale Leidenschaft Nummer eins: gut essen.

(ANMERKUNGEN)

① **le nord** [*lÖ nO‧r*] „Norden", **l'ouest** [*lu-äßt*] „Westen", **l'est** [*läßt*] „Osten", **le sud** [*lÖ ßü‧d*] „Süden". Südfrankreich wird oft auch **le midi** [*lÖ mi‧di*] genannt. Dieser Region wird nachgesagt, die Menschen seien entspannter und lockerer. Aber Achtung: Sie sprechen einen höchst merkwürdigen Akzent!

② Das hier enthaltene **où** ist die Konjunktion „wo", die nicht mit **ou** „oder" verwechselt werden darf. **Où** „wo" trägt auf dem **u** einen „**accent grave**". Eine kleine Eselsbrücke, mit der Sie sich merken können, dass auf **ou** „oder" kein **accent grave** steht, ist der Satz „Auf der Oder schwimmt kein Graf".

③ **un peu de** „ein bisschen, ein wenig". **Un peu de lait** [... *lä*] „ein bisschen Milch". **Vous voulez du sucre ? - Un peu, s'il vous plaît** „Möchten Sie Zucker? - Ein bisschen, bitte." **Peu de** (ohne **un**) bedeutet dagegen „wenig, wenige": **Nous avons peu de temps** „Wir haben wenig Zeit". **Il y a peu de gens qui l'aiment** „Es gibt [nur] wenige Leute, die ihn mögen". Gegenteil: **beaucoup de** „viel, viele". Achtung: **beaucoup** alleine kann Adverb sein und „sehr" bedeuten!

④ **chaque** „jeder, -e, -es". **Chaque jour, elle fait la même chose** „Sie macht jeden Tag das gleiche".

⑤ **bien** ist das Adverb zu **bon** „gut": **Il parle bien allemand** „Er spricht gut Deutsch".

SOLUTIONS DU 1ᵉʳ EXERCICE : AVEZ-VOUS BIEN COMPRIS ?
❶ Es ist ein Spiel, das aus dem Süden Frankreichs kommt. ❷ Sie sehen / Ihr seht überall Spieler. ❸ Ich mag viel Zucker und ein wenig Milch in meinem Kaffee. ❹ Das ist ein Spiel, das ich sehr mag. ❺ Es gibt [nur] wenige Leute, die es machen.

2ᵉ EXERCICE : TROUVEZ LES MOTS MANQUANTS !

❶ Das ist ein Spiel, das etwas Konzentration erfordert.

C'est un jeu ... demande un .... . concentration.

❷ Hier [ist] ein Buch, das ich sehr mag.

Voilà un livre ... j'aime ....

❸ Man sieht überall Boule-Spieler.

.. voit des .... de boules ....

❹ Jeden Dienstag geht er ins Kino.

.... il va .. cinéma.

▶ **Vingt-cinquième (25ᵉ) leçon**

Deux histoires drôles

| 1 | A**près** une au**di**tion, un produc**teur** dit à une chan**teuse** :
| 2 | – Mademoi**selle**, votre chan**son** est comme l'é**pée** de **Char**le**mag**ne. ①
| 3 | **Toute** fi**ère**, la **fille** dit "Ah bon ? Comment ça ?"
| 4 | – Eh **bien**, elle est **longue**, **plate** et mor**telle** ! ②

(PRONONCIATION)

[**dö‣s** iß-**toar** dro‣l **1** ... ü‣n o-di-**ßjoñ**, äñ pro-dük-**tÖ‣r** ... **2** ... le-**pe‣** dÖ **schar**-lÖ-**man**-j(ö). **3** tut fjä‣r, la **fi‣j** di ... **4** ... loñg, **plat** e mOr-**täl** !]

quatre-vingt-quatorze [*ka*tr(ö)-wäñ-ka-***tOrs***] • 94

⑤ Er mag es sehr, zu essen und Boule zu spielen.

Il aime beaucoup ...... et ..... aux boules.

SOLUTIONS DU 2ᵉ EXERCICE : LES MOTS MANQUANTS.
❶ qui - peu de ❷ que - beaucoup ❸ On - joueurs - partout ❹ Chaque mardi - au ❺ manger - jouer

___Lerntipp___

Vielleicht helfen Ihnen unsere kleinen humorigen Illustrationen, bestimmte Redewendungen oder Sätze besser im Gedächtnis zu behalten?!

Fünfundzwanzigste Lektion

Zwei lustige Geschichten

1. Nach einem Vorsingen sagt ein Produzent zu einer Sängerin:
2. – Fräulein, Ihr Lied ist wie das Schwert von Karl dem Großen.
3. Ganz stolz sagt das Mädchen „Ach wirklich? Inwiefern?"
4. – Nun, es ist lang, flach und tödlich!

(ANMERKUNGEN)

① Der Genitiv wird mit **de**, **du** oder **de la** gebildet. Bei Eigennamen benutzt man **de**: **le stylo** [*ßti-**lo***] **de Pierre** „der Kugelschreiber von Pierre, Pierres Kugelschreiber". Folgt ein männliches Substantiv, benutzt man **du**: **la porte du café** „die Tür des Cafés". Folgt ein weibliches Substantiv, wird **de la** verwendet: **la photo de la maison** „das Foto des Hauses".

② Die männlichen Formen dieser Adjektive lauten **long** [*loñ*], **plat** [*pla*] und **mortel** [*mOr-**täl***].

LEKTION 25

95 • **quatre-vingt-quinze** [*katr(ö)-wän-käñs*]

5 **Deux‿alpi**nistes sont blo**qués** dans‿une
tem**pête** de **neige**.
6 Après douze‿heures, ils **voient** arri**ver** un
Saint-Bernard ③
7 a**vec** un ton**neau** de co**gnac** au**tour** du
cou. ④

8 – Regar**dez** ça, dit‿un des‿**hommes**, ⑤
9 voi**là** le **meill**eur‿ami de l'**homme** !
10 – **Oui**, dit l'**autre**, et regar**dez** le **beau chien**
qui le **porte** !

11 "Tout‿est **bien** qui finit **bien** !"

(PRONONCIATION)

[*5 dö‧s al-pi-nißt ßoñ blo-ke‧ dañs‿ü‧n tañ-pä‧t dÖ nä‧sch͂.
6 a-prä du‧s Ö‧r, il woa a-ri-we‧ äñ ßäñ bär-na‧r 7 a-wäk äñ to-
no‧ dÖ kOn-jak o-tu‧r dü ku‧. 8 ... dit‿äñ de‧s Om, 9 woa-lä lÖ
mei-jÖ‧r a-mi dÖ lOm ! 10 ... lÖ bo‧ schjäñ ki lÖ pOrt ! 11 tut‿e
bjäñ ki fi-ni bjäñ !*]

(1ᵉʳ EXERCICE : COMPRENEZ-VOUS CES PHRASES ?)

❶ Ce livre est long et il n'est pas très intéressant. ❷ Écoutez
ça ! C'est Georges qui arrive. ❸ Elle a un chapeau sur la tête
et une écharpe autour du cou. ❹ Vous voyez ceci ? C'est le
stylo de Michel. ❺ Voilà le meilleur ami de l'homme.

| 5 | Zwei Bergsteiger sind in einem Schneesturm gefangen (blockiert).
| 6 | Nach 12 Stunden sehen Sie einen Bernhardiner kommen,
| 7 | mit einem Cognacfässchen um den Hals.
| 8 | – Sehen Sie sich das an, sagt einer der Männer,
| 9 | dort kommt (ist) der beste Freund des Menschen!
| 10 | – Ja, sagt der andere, und sehen Sie sich den schönen Hund an, der ihn trägt!
| 11 | „Ende gut, alles gut (Alles ist gut, was gut endet)!"

(ANMERKUNGEN)

③ **voir** „sehen": **je vois**, **tu vois**, **il/elle voit**, **nous voyons**, **vous voyez**, **ils/elles voient** [... *woa*]. Partizip: **vu** [*wü*] „gesehen".

④ **autour de** „um (... herum)". Folgt ein männliches Substantiv, wird **de** zu **du**, folgt ein weibliches, wird **de** zu **de la**: **autour de la place du marché** „um den Marktplatz herum".

⑤ **ça** ist die Kurzform von **cela**. **Cela** und **ceci**, beide „das, dies", sind Demonstrativpronomen. Sie können nicht vor Substantiven stehen, und sie werden nicht benutzt, wenn von Personen die Rede ist. **Regardez ceci** „Sehen Sie sich das an". **Écoutez cela** „Hören Sie sich das an".

SOLUTIONS DU 1ᵉʳ EXERCICE : AVEZ-VOUS BIEN COMPRIS ?

❶ Dieses Buch ist lang, und es ist nicht sehr interessant. ❷ Hören Sie / Hört [mal] (das)! Georges kommt (Es ist Georges, der kommt). ❸ Sie hat einen Hut auf dem Kopf und einen Schal um den Hals. ❹ Sehen Sie / Seht ihr das? Das ist Michels Kugelschreiber. ❺ (Hier) [ist] der beste Freund des Menschen.

2ᵉ EXERCICE : TROUVEZ LES MOTS MANQUANTS !

❶ Die Ebene ist lang und flach.

La plaine est ...... et ....

❷ Er hat einen Schirm in der Hand.

Il a un parapluie . .. .

❸ „Ende gut, alles gut (Alles ist gut, was endet gut)."

". . . est bien ... . bien."

❹ Sie ist die beste Freundin meiner Frau.

Elle est la meilleure amie .. ..

▶ **Vingt-sixième (26ᵉ) leçon**

Que fait Monsieur Duclos le matin ? ①

1   Nous avons parlé de ce que fait Monsieur Duclos le soir. ②
2   Regardons-le maintenant le matin, quand le radio-réveil sonne.

(PRONONCIATION)

[*2* rÖ-gar-**doñ** l**Ö** mäñ-tÖ-**nañ** lÖ ma-**täñ** kañ lÖ **ra**-djo re-**weij ßOn**.]

quatre-vingt-dix-huit [katr(ö)-wäñ-dis-üit] • 98

⑤ Ein Lied, das von einem Hund und einem Pferd handelt (spricht).

. . . chanson qui parle d'. . chien et d'. . cheval.

⑥ Ein Geldschein aus (von) einem Monopoly-Spiel.

. . billet d' . . jeu de Monopoly.

SOLUTIONS DU 2ᵉ EXERCICE : LES MOTS MANQUANTS.

❶ longue - plate ❷ à la main ❸ Tout - qui finit ❹ de ma femme ❺ Une - un - un ❻ un - un.

Sechsundzwanzigste Lektion

Was macht Herr Duclos morgens?

1. Wir haben darüber gesprochen, was Herr Duclos abends (der Abend) macht.
2. Sehen wir ihn uns [nun] morgens an, wenn der Radiowecker angeht (klingelt).

(ANMERKUNGEN)

① Wir haben bereits gesagt, dass die Frageeinleitung mit **Qu'est-ce que...** sehr familiär ist. Sie wissen auch, dass man anstelle von **Qu'est-ce que vous faites ?** auch **Que faites-vous ?** sagen kann. **Qu'est-ce que fait Monsieur Duclos ?** hat also exakt die gleiche Bedeutung wie **Que fait Monsieur Duclos ?**. Ebenso: **Qu'est-ce que vous mangez ? = Que mangez-vous ?** „Was essen Sie / esst ihr?"

② Wie bereits in Lektion 21 bei den Wochentagen erklärt, sagt man **le soir**, wenn man von einer Tätigkeit spricht, die regelmäßig „abends" stattfindet. Ebenso: **le matin** „vormittags" (jeden Vormittag).

LEKTION 26

| 3 | D'a**bord**, il se **lève**... **très** lente**ment**. ③
| 4 | Il **va** à la **salle** de **bains** et se **lave** le vi**sage**...
| 5 | à **l'eau froide**, pour se réveil**ler**. ④
| 6 | En**suite**, il se **douche**, se **rase** et se **brosse** les **dents**.
| 7 | De re**tour** dans sa **cham**bre, il com**mence** à s'habil**ler**.
| 8 | Les **jours** de tra**vail**, il **met** une che**mise blanche**, une cra**vate bleue** ⑤⑥
| 9 | et un cos**tume** gris fon**cé**. ⑦
| 10 | Il **met** des chaus**settes** et des chaus**sures noires**,
| 11 | et un **im**perméable s'il **pleut**.
| 12 | En**fin**, il **prend** sa ser**viette** et des**cend** dans la **rue**. ⑧

(PRONONCIATION)

[3 da-b**O**r, il ß**Ö** l**ä**▸w ... tr**ä**▸ lañ-t**Ö**-**mañ**. 4 ... e ß**Ö** **la**▸w l**Ö** wi-**sa**▸sch˜... 5 a **lo**▸ **froad**, pu▸r ß**Ö** re-we-**je**▸. 6 ... il ß**Ö** **dusch**, ß**Ö** **ra**▸s e ß**Ö** **brOß** le▸ **dañ**. 7 d**Ö** r**Ö**-**tu**▸r dañ ßa **schañ**-br(ö), il ko-**mañß** a ßa-bi-**je**▸. 8 ... ü▸n sch**Ö**-**mi**▸s bl**añsch**, ü▸n kra-**wat** bl**ö**▸ 9 e ä̈n k**O**ß-**tü**▸m gri foñ-**ße**▸. 10 ... scho-**ßät** ... scho-**ßü**▸r noa▸r, 11 ... ä̈n-pär-me-a-bl(ö) ßil **plö**▸. 12 ... ßär-wi-**ät** e de-**ßañ** ...]

1ᵉʳ EXERCICE : COMPRENEZ-VOUS CES PHRASES ?

❶ Que faites-vous ? ❷ Je me rase. ❸ Regardons ce que fait Monsieur Duclos le soir. ❹ Elle se lave et se brosse les dents... très lentement. ❺ Que mangez-vous ? ❻ Un poulet à la crème. ❼ De retour dans sa chambre, il s'habille.

| 3 | Zuerst steht er auf ... sehr langsam.
| 4 | Er geht ins Badezimmer und wäscht sich das Gesicht ...
| 5 | mit kaltem Wasser, um wach zu werden.
| 6 | Danach duscht er, rasiert sich und putzt sich die Zähne.
| 7 | Zurück in seinem Zimmer beginnt er, sich anzuziehen.
| 8 | An Arbeitstagen (Die Arbeitstage) zieht er ein weißes Hemd, eine blaue Krawatte
| 9 | und einen dunkelgrauen Anzug an.
| 10 | Er zieht Socken und schwarze Schuhe an,
| 11 | und einen Regenmantel, falls es regnet.
| 12 | Schließlich nimmt er seine Aktentasche und geht hinunter auf die (in die) Straße.

(ANMERKUNGEN)

③ In dieser Lektion lernen Sie eine Reihe von reflexiven Verben (Verben mit se „sich"). Hier die gesamte Konjugation von se lever [lÖ-we▸] „aufstehen, sich erheben": je me lève, tu te lèves, il/elle se lève, nous nous levons, vous vous levez, ils/elles se lèvent.

④ Achtung: „mit warmem Wasser" heißt à l'eau chaude („Wasser" ist weiblich). Ein anderes Beispiel: écrire à l'encre de chine [e-kri▸r a lañ-kr(ö) dÖ schi▸n] „mit chinesischer Tinte schreiben". À la kann auch „auf ... Art" heißen: Wird etwas „auf französische Art" zubereitet, so sagt man à la française.

⑤ Das Verb mettre, dessen Grundbedeutungen „legen, stellen, setzen" sind, ist eines der vielseitigsten Verben der französischen Sprache. Im vorliegenden Satz bedeutet es „anziehen, anlegen".

⑥ Die männliche Form von blanche „weiß" heißt blanc [blañ].

⑦ foncé, foncée „dunkel" (bei Farben). „Hell" bedeutet clair, claire. Beides wird der jeweiligen Farbe nachgestellt: bleu foncé „dunkelblau", rouge clair „hellrot". Ist dagegen z. B. ein Raum „dunkel", so sagt man sombre [Boñ-br(ö)].

⑧ Une serviette hat außer „Aktentasche" noch die Bedeutungen „Handtuch" und „Serviette".

(SOLUTIONS DU 1er EXERCICE : AVEZ-VOUS BIEN COMPRIS ?)

❶ Was machen Sie / macht ihr? ❷ Ich rasiere mich. ❸ Sehen wir uns an, was Herr Duclos abends macht. ❹ Sie wäscht sich und putzt sich die Zähne ... sehr langsam. ❺ Was essen Sie / esst ihr? ❻ Ein Hähnchen in (mit) Sahne[sauce]. ❼ Zurück in seinem Zimmer, zieht er sich an.

2ᵉ EXERCICE : TROUVEZ LES MOTS MANQUANTS !

① Was machen Sie heute Abend?

Que . . . . . . - . . . ce . . . . ?

② Ich werde bei Georges zu Abend essen.

Je vais dîner . . . . Georges.

③ Sehen wir ihm zu: Er wäscht sich und rasiert sich.

Regardons- . . : il . . . . . . et . . . .

④ Er nimmt seine Aktentasche und geht hinunter auf die Straße.

Il prend . . serviette et . . . . la rue.

▶ **Vingt-septième (27ᵉ) leçon**

Les commerçants

1   Il y a beau**coup** de **su**permar**chés** en **France** – mais‿aus**si** beau**coup** de pe**tits com**mer**çants**.
2   **Quand** vous vou**lez** du **pain**, vous‿al**lez** chez le boulan**ger**. ①
3   **Là**, vous trou**vez non** seule**ment** des ba**guettes** ②
4   mais‿aus**si** des crois**sants**, des **tartes** et des gâ**teaux**. ③

(PRONONCIATION)

[le▸ kO-mär-**Ban** 1 ... **B**ü-pär-mar-**sche**▸ ... 2 ... sche▸ lÖ bu-lañ-sch˜e▸. 3 ... no**ñ** BÖl-**mañ** de▸ ba-**gät**, 4 mäs‿o-**B**i de▸ kroa-**Bañ**, de▸ **tart** e de▸ ga-**to**▸]

cent deux • 102

⑤ Er zieht ein weißes Hemd, eine blaue Krawatte und schwarze Schuhe an.

Il . . . une . . . . , une cravate
. . . . . et des . . . . noires.

⑥ Sie wäscht sich immer mit kaltem Wasser.

Elle . . . . . . toujours . .' . . . froide.

SOLUTIONS DU 2ᵉ EXERCICE : LES MOTS MANQUANTS.

❶ faites-vous - soir ❷ chez ❸ le - se lave - se rase ❹ sa - descend dans ❺ met - chemise blanche - bleue - chaussures ❻ se lave - à l'eau

Siebenundzwanzigste Lektion

Die Händler

| 1 | Es gibt viele Supermärkte in Frankreich - aber auch viele kleine Händler.
| 2 | Wenn Sie Brot wollen, gehen Sie zum Bäcker.
| 3 | Dort finden Sie nicht nur Baguette(s),
| 4 | aber auch Croissants, Torten und Kuchen.

ANMERKUNGEN

① „Zum Bäcker" kann auf zwei Arten ausgedrückt werden: **chez le boulanger** oder **à la boulangerie** [bu-lañ-sch⁻Ö-ri▸]. Ebenso (weiter unten): **chez le boucher** oder **à la boucherie** [bu-schÖ-ri▸].

② Das Baguette, eine lange, dünne Weißbrotstange, findet man mittlerweile auch in allen deutschen Bäckereien. Andere Brotsorten sind **le pain**, ein dickeres Baguette, **le pain de campagne** [... kañ-**pa**-nj(ö)] „Landbrot" und **le pain complet** [... koñ-**plä**] „Vollkornbrot". **Une miche** [ü▸n misch] ist „ein Laib".

③ Beachten Sie, wie schon einmal beschrieben, die Pluralbildung bei **gâteau**: **des gâteaux**. Ebenso: **un bateau** [ba-**to**▸] „ein Boot" - **des bateaux**.

LEKTION 27

5	Si vous_avez besoin de viande, vous_allez chez le boucher. ④
6	Vous pouvez y acheter toutes sortes de viandes et de volailles. ⑤⑥
7	Et si vous_avez envie de bon jambon, de pâté ou de saucisson,
8	vous_allez chez le charcutier. ⑦
9	Le lait, le beurre, la crème et les_œufs, ⑧
10	on les trouve à la crèmerie. ⑨
11	Chez l'épicier, il y a des fruits_et légumes – et beaucoup d'autres choses. ⑩
12	Et quand vous_avez mangé tout ce que vous_avez acheté...
13	vous_allez à la pharmacie – pour acheter de l'Alka-Seltzer ! ⑪

(PRONONCIATION)

[5 ... bö-sÖän dÖ wiañd ... bu-sche▸. 6 ... pu-we▸ i asch-te▸ tut ßOrt dÖ wiañd e dÖ wo-laij. 7 ... wu▸s_a-we▸ añ-wi▸ dÖ boñ sch͞añ-boñ, dÖ pa-te▸ u dÖ ßo-ßi-ßoñ, 8 ... schar-kü-tje▸. 9 lÖ lä, lÖ bÖ▸r, la krä-m e le▸s_ö▸, 10 ... tru▸w a la krä-mÖ-ri▸. 11 ... le-piß-je▸ ... früi e le-gü▸m ... do▸tr(ö) scho▸s. 12 ... wu▸s_a-we▸ mañ-sch͞e▸ tuß kÖ wu▸s_a-we▸ asch-te▸... 13 ... far-ma-ßi▸ ... lal-ka sält-ßär]

(ANMERKUNGEN)

④ Hier eine andere Wendung mit avoir „haben" (siehe auch Lektion 21): avoir besoin de „brauchen, benötigen". Elle a besoin de vacances „Sie braucht Ferien". J'ai besoin d'une allumette [... a-lü-mät] „Ich brauche ein Streichholz". Un besoin ist ein „Bedürfnis".

⑤ pouvoir „können" ist ein weiteres sehr gebräuchliches unregelmäßiges Verb. Es wird folgendermaßen konjugiert: je peux, tu peux, il/elle peut, nous pouvons, vous pouvez, ils/elles peuvent [pÖ▸w]. Partizip: pu „gekonnt".

cent quatre • 104

5	Wenn Sie Fleisch brauchen, gehen Sie zum Fleischer.
6	Sie können dort alle Arten von Fleisch und Geflügel kaufen.
7	Und wenn Sie Lust auf guten Schinken, Pastete oder Wurst haben,
8	gehen Sie zum Metzger.
9	(Die) Milch, (die) Butter, (die) Sahne und (die) Eier,
10	all das (die) findet man im Milchgeschäft.
11	Im Lebensmittelgeschäft gibt es Obst und Gemüse - und viele andere Dinge.
12	Und wenn Sie all das gegessen haben, was Sie gekauft haben, ...
13	gehen Sie in die Apotheke - um Alka-Seltzer zu kaufen!

⑥ **y** wird als Platzhalter für eine Ortsangabe verwendet: Es wird meistens mit „dort" übersetzt: **Vous connaissez Paris ? - J'y habite** „Kennen Sie Paris? - Ich wohne dort". Sie haben schon gelernt, dass mit **en** die Wiederholung eines Substantivs vermieden werden kann (**Vous avez des baguettes ? - J'en ai deux.** Vgl. auch Lektion 16, 19).

⑦ **charcutier** kommt von **la chair cuite** „gekochtes Fleisch". Während man in Deutschland beim Metzger sowohl Wurst als auch Fleisch bekommt, gibt es in Frankreich den **boucher**, der nur Fleisch und Geflügel verkauft, und den **charcutier**, der Wurst, Pastete u. ä., also „verarbeitete" Fleischwaren, anbietet. In der Umgangssprache ist **charcutier** auch die Bezeichnung für einen schlechten Chirurgen!

⑧ Achtung beim Aussprachunterschied von **un œuf** [ãñ_Öf] „ein Ei" - **des œufs** [de‣s_ö‣] „Eier". Ein ähnlicher Wechsel in der Aussprache liegt vor bei **un bœuf** [ãñ bÖf] „ein Ochse" - **des bœufs** [de‣ bö‣] „Ochsen".

⑨ Der „Milch- und Eierhändler" in einer **crémerie** ist **le crémier**. Handelt es sich um eine Frau, so heißt es **la crémière**. **La crème** „Sahne/Rahm".

⑩ **L'épicier** „Lebensmittelhändler" war ursprünglich ein „Gewürzhändler" (**l'épice** „Gewürz") und ist vergleichbar mit unserem „Tante-Emma-Laden".

⑪ In der Apotheke arbeitet **le pharmacien**, der „Apotheker" bzw. **la pharmacienne**, die „Apothekerin".

LEKTION 27

1er EXERCICE : COMPRENEZ-VOUS CES PHRASES ?

① Je veux du lait, du beurre et des œufs, s'il vous plaît.
② Allez chez le boulanger et achetez deux baguettes. ③ Que faites-vous quand vous avez mangé ? ④ Je me couche !
⑤ Vous y trouvez toutes sortes de viandes et de volailles.
⑥ Il ne peut pas trouver de jambon.

2e EXERCICE : TROUVEZ LES MOTS MANQUANTS !

① Ist das alles, was du gegessen hast, mein Kind?

C'est . . . . tu as mangé, mon enfant ?

② Sie braucht Ferien.

Elle . . . . de . . . .

③ Es ist heiß (warm). Ich habe Lust auf ein Eis.

Il fait chaud. J' . . . . ' une glace.

④ Sie (Pl.) können nicht vor acht Uhr kommen.

Ils . . . . venir avant . . . . heures.

⑤ Beim Metzger findet man Schinken und Pastete.

. . . . le charcutier . . trouve du . . . . . . et du pâté.

▶ **Vingt-huitième (28e) leçon**

Révision et notes

1. Unpersönliche Pronomen: on „man"; „wir"

Das Pronomen **on** [oñ] wird im Französischen sehr häufig als Ersatz für **nous** „wir", für unser deutsches „man" oder in Fällen benutzt, in denen das Subjekt des Satzes unbekannt ist; es kann auch mit dem Passiv wiedergegeben werden:

SOLUTIONS DU 1ᵉʳ EXERCICE : AVEZ-VOUS BIEN COMPRIS ?

❶ Ich möchte bitte Milch, Butter und Eier. ❷ Gehen Sie / Geht zum Bäcker und kaufen Sie / kauft zwei Baguettes. ❸ Was machen Sie, wenn Sie gegessen haben? ❹ Ich gehe schlafen! ❺ Sie finden / Ihr findet dort alle Arten von Fleisch und Geflügel. ❻ Er kann keinen Schinken finden.

Lerntipp

Lesen Sie die Sätze auch immer laut? Sie sollen lernen, Französisch zu sprechen, nicht nur zu lesen!

SOLUTIONS DU 2ᵉ EXERCICE : LES MOTS MANQUANTS.

❶ tout ce que ❷ a besoin - vacances ❸ ai envie d' ❹ ne peuvent pas - huit ❺ Chez - on - jambon

Achtundzwanzigste Lektion

On arrive à huit heures. „Wir kommen um acht Uhr an".
On ne dit pas ça. „Das sagt man nicht".
On le trouve chez l'épicier. „Man findet es im Lebensmittelgeschäft (beim Lebensmittelhändler)".
On chante souvent cette chanson. „Dieses Lied wird oft gesungen".
On vous demande au téléphone. „Sie werden am Telefon verlangt".

2. Verben: Verben auf -ir

Wir stellen Ihnen nun die letzte Gruppe von Verben vor, nämlich die, die im Infinitiv auf **-ir** enden. Hierzu gehören z. B.:
- **choisir** „(aus)wählen": **je choisis, tu choisis, il/elle choisit, nous choisissons, vous choisissez, ils/elles choisissent.**
- **finir** „(be)enden": **je finis, tu finis, il/elle finit, nous finissons, vous finissez, ils/elles finissent.**

Konjugieren Sie nun analog dazu die folgenden Verben:
dormir „schlafen"; **sentir** „fühlen; riechen"; **servir** „(be)dienen", **définir** „definieren; bestimmen".

3. Zahlen: 20 bis 100

20: **vingt**; 21: **vingt et un**; 22: **vingt-deux**; 23: **vingt-trois** usw.
30: **trente**; 31: **trente et un**; 32: **trente-deux** usw.
40: **quarante**; 50: **cinquante**; 60: **soixante**.

Ab 70 folgt die Bildung der Zahlen einem anderen System:

70: **soixante-dix** (60 +10), 71: **soixante et onze** (60 + 11); 72: **soixante-douze** (60 +12); 73: **soixante-treize** (60 + 13) usw.

80: **quatre-vingts** (4 x 20); 81: **quatre-vingt-un** (4 x 20 + 1); 82: **quatre-vingt-deux** (4 x 20 + 2); 83: **quatre-vingt-trois** (4 x 20 + 3) usw.

90: **quatre-vingt-dix** (4 x 20 + 10); 91: **quatre-vingt-onze** (4 x 20 + 11); 92: **quatre-vingt-douze** (4 x 20 + 12); 93: **quatre-vingt-treize** (4 x 20 + 13) usw.

und nach 99: **quatre-vingt-dix-neuf** (4 x 20 + 19) kommt – **cent** (100)!

Abweichend davon haben die Schweizer, die Belgier und die Frankokanadier ihre eigenen Ausdrücke für 70: **septante** [*ßä-tañt*], 80: **octante** [*ok-tañt*] und 90: **nonante** [*no-nañt*]: Benutzen Sie dies aber in Frankreich nicht; Sie würden nur verwunderte Blicke oder ein Lächeln ernten.

Machen Sie sich zurzeit nicht zu viele Gedanken über die Schreibweise der Zahlen. Das kommt mit der Zeit ganz automatisch. Ein hervorragendes Mittel, das Zählen zu lernen, ist, durch die Seiten dieses Buches zu blättern und die Seitenzahlen schnell und laut zu lesen. Je schneller Sie blättern, desto schneller kommt der Reflex.

4. Relativpronomen

Im Deutschen richtet sich das Relativpronomen, das einen Nebensatz einleitet, nach dem Geschlecht des Subjekts im Hauptsatz. Im Französischen richtet es sich danach, ob das Substantiv das Subjekt oder das Objekt des Nebensatzes ist. Ist es das Subjekt, so lautet das Relativpronomen **qui**, ist es Objekt, lautet es **que**. Beispiele:

Le pain qui est dans mon assiette. „Das Brot, das auf (in) meinem Teller ist" (Das Brot ist hier Subjekt, weil man fragen kann: Wer oder was ist auf meinem Teller?)

Le pain que je mange. „Das Brot, das ich esse"
(Das Brot ist hier Objekt, weil man fragen kann: Wen oder was esse ich?).

L'homme qui parle. „Der Mann, der spricht"
(Wer spricht? Der Mann (= Subjekt))

L'homme que je connais. „Der Mann, den ich kenne"
(Wen kenne ich? Den Mann (= Objekt))

Nach exakt dem gleichen Schema werden zwei weitere Relativpronomen, **ce que** und **ce qui** „das, was", verwendet, je nachdem, ob „was" für das nachfolgende Verb Subjekt oder Objekt ist):

Dites-moi ce qui vous intéresse. „Sagen Sie / Sagt mir, was Sie/euch interessiert"

Vous mangez ce que vous achetez. „Sie essen / Ihr esst, was Sie kaufen / ihr kauft".

Das scheint auf den ersten Blick sehr schwierig. Belasten Sie sich jedoch nicht damit; betrachten Sie das oben Gesagte eher als Erklärung, nicht als Regel, die Sie lernen müssen. Mit der Zeit wird bei Ihnen eine Art Automatismus für diese Dinge entstehen.

5. Verben: vouloir „wollen"

Hier noch einmal die komplette Konjugation dieses unregelmäßigen Verbs:

je veux, **tu veux**, **il/elle veut**, **nous voulons**, **vous voulez**, **ils/elles veulent**. Partizip: **voulu** „gewollt".

Das Verb **vouloir** drückt das strenge und kategorische „wollen" aus:
   Je veux une réponse ! „Ich will eine Antwort!"

Weiterhin wird **vouloir** benutzt, wenn man einer anderen Person etwas anbietet:
   Voulez-vous du café ? - Oui, je veux bien. „Möchten (wollen) Sie etwas Kaffee? - Ja, (ich möchte) gerne".

▶ **Vingt-neuvième (29ᵉ) leçon**

Questions ridicules

|1| – Pre**nez** un ki**lo** de **plomb** et un ki**lo** de **plumes** : le**quel** est le plus **lourd** ? ①
|2| – **Ben**, un ki**lo** de **plomb**, bien **sûr**. ②
|3| Le **plomb** est plus **lourd** que les **plumes** !
|4| – Mais **non** ! **Un** ki**lo**, c'est un ki**lo**. Ils ont le **même poids**. ③
|5| – **Qu'est**-ce que **vous** pen**sez** de **mon** nou**veau** petit ami ? ④

VOUS PAYEZ À LA CAISSE, MONSIEUR.

(PRONONCIATION)

[käß-**tjoñ** ri-di-**kü**▸l 1 ... **äñ** ki-**lo** d**Ö plon** e **äñ** ki-**lo** d**Ö plü**▸m : ... **lu**▸r ? 4 ... l**Ö mä**▸m **poa**. 5 ... d**Ö moñ** nu-**wo**▸ p**Ö**-**tit** a-**mi** ?]

cent dix • 110

Eine schwächere Form von **vouloir** ist die Wendung **avoir envie de** „Lust haben auf", die verwendet wird, wenn man sich etwas Angenehmes gönnen möchte:

> **J'ai envie d'une glace.** „Ich habe Lust auf ein Eis".
> **Nous avons envie d'un bain.** „Wir haben Lust auf ein Bad".

> Und vielleicht haben Sie jetzt Lust auf eine kleine Pause (**une petite pause**)? Die haben Sie sich verdient!

Neunundzwanzigste Lektion

Lächerliche Fragen

1 – Nehmen Sie ein Kilo Blei und ein Kilo Federn: Welches ist schwerer (das Schwerste)?
2 – Nun, ein Kilo Blei natürlich.
3 – (Das) Blei ist schwerer als (die) Federn!
4 – Aber nein! Ein Kilo (das) ist ein Kilo. Es ist (Sie haben) das gleiche Gewicht.
5 – Was haltet (denkt) ihr von meinem neuen (kleinen) Freund?

ANMERKUNGEN

① lequel ist das männliche Fragepronomen „welcher, welchen?", laquelle das weibliche „welche?": Lequel de ces livres veux tu ? „Welches von diesen Büchern möchtest du?" Laquelle de ces cigarettes veut-il ? „Welche von diesen Zigaretten möchte er?". Die Pluralformen lauten lesquels (m.) bzw. lesquelles (f.).

② Folgt auf eine Mengenangabe ein Substantiv, so muss zwischen beiden de stehen: un kilo de jambon „ein Kilo Schinken".

③ poids „Gewicht" ist trotz des s am Ende ein Singular! Es gibt keine Pluralform.

④ Adjektive stehen in der Regel immer hinter dem Substantiv. Es gibt jedoch einige Ausnahmen: Kurze Adjektive, die eine Qualität beschreiben, wie: grand „groß", petit „klein", long „lang", haut „hoch", joli „hübsch", beau „schön", jeune „jung", vieux „alt", bon „gut", mauvais „schlecht".

6	– Il est **sans doute** plus‿**in**telli**gent** que le der**nier**
7	et il est **plus beau** et **plus** gen**til** aus**si**. ⑤
8	**Mais**... il a un pe**tit** dé**faut** : il bé**gaie**. ⑥
9	– **Oui**, d'ac**cord**, mais seule**ment** quand‿il **parle** !
10	– Dis-**moi**, ma ché**rie**, j'ai **trois pommes**.
11	– La**quelle** veux-**tu** ?
12	– La plus **grosse** !

(PRONONCIATION)

[*6 ... Ban dut plü▸s‿än-te-li-sch˜an kÖ lÖ där-nje▸ 7 ... plü▸ bo▸ e plü▸ sch˜On-ti o-Bi 8 ... än pÖ-ti de-fo▸ : il be-gä. 10 ... sch˜ä troa pom. 11 ... wö▸ tü▸ ? 12 ... la plü▸ groß !*]

1ᵉʳ EXERCICE : COMPRENEZ-VOUS CES PHRASES ?

❶ Laquelle de ces deux pommes veux-tu ? ❷ Vous payez à la caisse, monsieur. ❸ Elle est plus belle que ma sœur. ❹ Nous avons une très belle voiture américaine. ❺ Qu'est-ce qu'ils pensent du nouveau film ?

2ᵉ EXERCICE : TROUVEZ LES MOTS MANQUANTS !

❶ Welcher ist der schwerere von den beiden?

. . . . . . est le . . . . des deux ?

❷ Diese Übung ist länger als die letzte.

Cet exercice est . . . . que le . . . .

❸ Sie haben eine hübsche Wohnung und ein großes Haus.

Ils ont un . . . appartement et une . . . . . .

. . . .

cent douze • 112

6	– Er ist zweifellos intelligenter als der letzte,
7	und er ist hübscher und auch netter:
8	Aber ... er hat einen kleinen Fehler: Er stottert.
9	– Ja, in Ordnung, aber nur, wenn er spricht!
10	– Sag mir, mein Liebling, ich habe drei Äpfel.
11	– Welchen willst du?
12	– Den dicksten!

(ANMERKUNGEN)

⑤ Die weibliche Form von **beau** lautet **belle**. Beginnt das nachfolgende (männliche) Substantiv mit einem Vokal, wird zur leichteren Aussprache eine dritte Form, **bel**, benutzt (gleiche Aussprache wie **belle**): **un bel appartement** „eine schöne Wohnung".

⑥ **bégayer** „stottern" wird wie **payer** „bezahlen" konjugiert: **je bégaie, tu bégaies, il/elle bégaie, nous bégayons, vous bégayez, ils/elles bégaient/bégayent**. Partizip: **bégayé** „gestottert".

SOLUTIONS DU 1ᵉʳ EXERCICE : AVEZ-VOUS BIEN COMPRIS ?

❶ Welchen von diesen beiden (zwei) Äpfeln willst du? ❷ Sie bezahlen an der Kasse, mein Herr. ❸ Sie ist schöner als meine Schwester. ❹ Wir haben ein sehr schönes amerikanisches Auto. ❺ Was halten (denken) sie von dem neuen Film?

❹ Sie sind gleich schwer (haben das gleiche Gewicht).

Ils ont le . . . .

❺ Aber nein!

. . . . non !

❻ Was halten (denken) sie von seiner neuen (kleinen) Freundin?

Qu'est-ce qu' . . . . de . . . . petite amie ?

SOLUTIONS DU 2ᵉ EXERCICE : LES MOTS MANQUANTS.

❶ Lequel - plus lourd ❷ plus long - dernier ❸ bel - grande maison ❹ même poids ❺ Mais ❻ ils pensent - sa nouvelle

LEKTION 29

▶ Trentième (30ᵉ) leçon

Chez Monsieur Duclos

1 L'appartement de Monsieur Duclos est composé de deux pièces, ①
2 d'une cuisine et d'une salle de bains. ②
3 Il se trouve dans un vieil immeuble dans la banlieue parisienne. ③
4 Il y a six étages... et une concierge ! ④
5 Monsieur Duclos vous ouvre la porte et vous arrivez dans l'entrée.
6 À droite, il y a la cuisine et, à côté, la salle de bains.
7 Plus loin, on voit la pièce principale, le salon,

(PRONONCIATION)
[1 ... ä koñ-po-se▸ dÖ dö▸ pjäß, 2 dü▸n küi-si▸n ... 3 ... dañs_äñ wi-eij i-mÖ▸-bl(ö) dañ la bañ-ljö▸ pa-ri-sjän. 4 ... ßis_e-ta▸sch˜ e ü▸n koñ-ßjärsch˜ ! 5 ... lañ-tre▸. 6 ... a ko-te▸ ... 7 ... loäñ ... pjäß präñ-ßi-pal, lÖ ßa-loñ,]

Dreißigste Lektion

Bei Herrn Duclos

1 Die Wohnung von Herrn Duclos besteht (setzt sich zusammen) aus zwei Zimmern,
2 einer Küche und einem Badezimmer.
3 Sie befindet sich in einem alten Gebäude in einem (im) Pariser Vorort.
4 Es gibt sechs Etagen ... und eine Hausmeisterin!
5 Herr Duclos öffnet Ihnen die Tür, und Sie kommen in den Eingang.
6 Rechts ist die Küche, und daneben das Badezimmer.
7 [Etwas] weiter sieht man den Hauptraum, das Wohnzimmer,

(ANMERKUNGEN)

① **une pièce** ist ein „Raum" im Allgemeinen, **une chambre** [ü-n **schañ**-br(ö)] ist ein „Schlafzimmer", **une salle** ist ein großer Raum. **Un deux-pièces** ist eine „Zweizimmer-Wohnung". Außerdem bedeutet **une pièce** „Geldstück, Münze, Theaterstück".

② **salle** kommt in Zusammensetzungen wie **une salle de bains** „Badezimmer" oder **une salle à manger** „Esszimmer" vor.

③ Die weibliche Form von **vieux** ist **vieille**. Vor einem männlichen Substantiv, das mit Vokal beginnt, wird **vieux** zu **vieil** [wi-**äj**]: **mon vieil ami** „mein alter Freund" (vgl. auch Lektion 29). **Un immeuble** ist ein größeres Haus mit mehreren Wohnungen.

④ **la** (oder **le**) **concierge** war in Frankreich eine Institution. Ursprünglich eine Art Portiersfrau, die die Schlüssel verwaltet und den Hausbewohnern mit einer Kerze (**cierge** [ßjärsch˜]) den Weg zu ihrer Wohnung leuchtete, war es bis in die 70er-Jahre Aufgabe der **concierge**, das Treppenhaus sauberzuhalten, die Post entgegenzunehmen und darauf zu achten, wer das Haus betritt und verlässt. Die **concierge** wird heutzutage durch elektronische Schließvorrichtungen, Haussprechanlagen und Briefkästen ersetzt.

| 8 | qui est meu**blé** a**v**ec beau**coup** de **goût**. ⑤⑥
| 9 | Il y a **deux beaux** fau**teuils** et un canapé confor**ta**ble. ⑦
| 10 | Au mi**lieu** de la pi**èc**e, il y a une **ta**ble **basse**. ⑧
| 11 | Les fen**ê**tres du sa**lon donnent** sur une pe**tite cour**.

(PRONONCIATION)

[**8** ... mö-**ble**▸ ... bo-**ku**▸ dÖ **gu**▸ **9** .... **dö**▸ **bo**▸ fo-**töj** e äñ ka-na-**pe**▸ koñ-fOr-**ta**▸bl(ö). **10** o mil-**jö**▸ ... ü▸n **ta**▸bl(ö) **baß**. **11** ... **don** ßü▸r ü▸n pÖ-**tit ku**▸r.]

1ᵉʳ EXERCICE : COMPRENEZ-VOUS CES PHRASES ?

❶ Ils habitent un vieil immeuble dans la banlieue parisienne.
❷ Goûtez ce gâteau ! Il est délicieux. ❸ Il y a un salon, une chambre et une salle à manger. ❹ Je vais acheter un meuble pour ma cuisine. ❺ La fenêtre donne sur la rue.

2ᵉ EXERCICE : TROUVEZ LES MOTS MANQUANTS !

❶ Hinter der Tür

. . . .   la porte

❷ In der Mitte des Raumes

. .   . .   de la pièce

❸ Auf dem Tisch

. . .   la table

❹ Neben der Küche

.   . . . .   de la cuisine

❺ Weiter [weg]

. . . .

cent seize • 116

8	das mit sehr viel Geschmack eingerichtet ist.
9	Es gibt zwei schöne Sessel und ein bequemes Sofa.
10	Mitten im Raum steht (ist) ein niedriger Tisch.
11	Die Fenster des Wohnzimmers gehen (geben) auf einen kleinen Hof.

ANMERKUNGEN

⑤ **un meuble** „ein Möbelstück", **des meubles** „Möbel; Einrichtung", **un appartement non meublé** „eine unmöblierte Wohnung".

⑥ **le goût** „der Geschmack"; **un goût étrange** [... *e-trañsch*] „ein seltsamer Geschmack"; **goûter** „kosten, probieren". **Goûtez cette soupe** [*ßup*]! „Kosten Sie diese Suppe!" **Une dégustation de vins** ist eine „Weinprobe". Das Wort **déguster** [*de-güß-te*] „kosten" umfasst nicht nur das Probieren, sondern auch das Genießen von Wein oder Speisen.

⑦ Beachten Sie die vom Deutschen abweichende Schreibweise von **confortable** „komfortabel, bequem". Es bezieht sich immer auf Dinge, niemals auf Personen: „Sitzen Sie bequem?" würde **Êtes-vous bien assis ?** [*ät wu bjäñ a-ßi*] heißen.

⑧ **basse** ist die weibliche Form von **bas** [*ba*] „niedrig, tief".

SOLUTIONS DU 1ᵉʳ EXERCICE : AVEZ-VOUS BIEN COMPRIS ?

❶ Sie wohnen [in] einem alten Gebäude in einem (im) Pariser Vorort. ❷ Kosten Sie / Kostet diesen Kuchen! Er ist köstlich. ❸ Es gibt ein Wohnzimmer, ein Schlafzimmer und ein Esszimmer. ❹ Ich werde (gehe) ein Möbelstück für meine Küche kaufen. ❺ Das Fenster geht (gibt) auf die Straße.

❻ Im Schlafzimmer

.... la chambre

❼ Rechts

. . . . . .

❽ Links

. . . . . .

SOLUTIONS DU 2ᵉ EXERCICE : LES MOTS MANQUANTS.

❶ Derrière ❷ Au milieu ❸ Sur ❹ À côté ❺ Plus loin ❻ Dans ❼ À droite ❽ À gauche

LEKTION 30

▶ Trente et unième (31ᵉ) leçon

Chez Monsieur Duclos (suite)

1 Dans sa **cham**bre, Mon**sieur** Du**clos** a un **grand lit**,
2 **une** ar**moire** où il **range** – par**fois** – ses vête**ments** ①
3 et une **ta**ble de **nuit** ; un **ra**dio-ré**veil** est po**sé** des**sus**. ②
4 **Sur** les **murs**, il y a des photogra**phies** de pay**sages** de **France**. ③
5 Mon**sieur** Du**clos** est cita**din** mais il **rêve** de **vi**vre à la cam**pagne**. ④
6 Néan**moins**, il a des voi**sins** sympa**thiques**. ⑤
7 L'apparte**ment** au-des**sus** appar**tient** à un pi**lote** de **ligne**
8 qui vo**yage** beau**coup** et qui n'est ja**mais** chez **lui**,
9 et en des**sous vit** un vieil‿**homme sourd**. ⑥
10 C'est pour**quoi** Mon**sieur** Du**clos** n'a ja**mais** de pro**blèmes** de **bruit** !

(PRONONCIATION)

[... (ßüit) 1 ... grañ li, 2 ü‣n ar-moa‣r u il rañsch˜ - par-foa - ße‣ wät-mañ 3 ... ta‣bl(ö) dÖ nüi ... po-se‣ dÖ-ßü‣. 4 ßü‣r le‣ mü‣r ... fo-to-gra-fi‣ dÖ pei-sa‣sch˜ dÖ frañß. 5 ... ßi-ta-däñ mä il rä‣w dÖ wi‣wr(ö) a la kañ-pa-nj(ö). 6 ne‣-añ-moäñ, ... woa-säñ˜ ßäñ-pa-tik. 7 ... o-dÖ-ßü‣ a-par-tjäñ a äñ pi-lOt dÖ lin-j(ö), 8 ... sch˜a-mä sche‣ lüi, 9 ... añ dÖ-ßu‣ wi‣ äñ wi-ej‿Om ßu‣r. 10 ... pur-koa ... pro-blä‣m dÖ brüi !]

cent dix-huit • 118

Einunddreißigste Lektion

Bei Herrn Duclos (Fortsetzung)

1 In seinem Schlafzimmer hat Herr Duclos ein großes Bett,
2 einen Schrank, in den (wo) er - manchmal - seine Kleidung räumt,
3 und einen Nachttisch; ein Radiowecker steht darauf.
4 An (auf) den Wänden sind Fotografien von Landschaften Frankreichs.
5 Herr Duclos ist [ein] Stadtmensch, aber er träumt davon, auf dem Land zu leben.
6 Trotzdem hat er nette Nachbarn.
7 Die Wohnung darüber gehört einem Flugkapitän (Linienpilot),
8 der viel reist und der niemals zu Hause (bei sich) ist;
9 und darunter wohnt ein alter tauber Mann.
10 Aus diesem Grund (Das ist warum) hat Herr Duclos niemals Lärmprobleme!

(ANMERKUNGEN)

① un vêtement ist ein „Kleidungsstück" und les vêtements die „Kleidung".

② sur la table „auf dem Tisch"; sous la chaise [schä▸s] „unter dem Stuhl". Sur und sous sind Präpositionen.

③ Statt une photographie kann man auch une photo sagen.

④ la ville „die Stadt", en ville „in der Stadt"; la campagne „das Land", à la campagne „auf dem Land". Un paysage ist eine „Landschaft". Das „Land" im Sinne von „Nation" heißt le pays [*lÖ pei*].

⑤ In der Umgangssprache wird sympathique „nett, freundlich" häufig zu sympa abgekürzt.

⑥ au-dessus bedeutet „über, oberhalb" und en dessous „darunter, unterhalb" (ohne nachfolgendes Objekt!) Le livre est posé dessus/dessous „Das Buch liegt darauf/darunter". Verwechseln Sie sur „auf" nicht mit sûr „sicher"!

LEKTION 31

1er EXERCICE : COMPRENEZ-VOUS CES PHRASES ?

❶ Ses voisins sont très sympathiques. ❷ En France, il y a des paysages magnifiques. ❸ Elles rêvent de vivre à la campagne. ❹ N'avez-vous jamais de problèmes de bruit ? ❺ Où est-ce que vous rangez vos vêtements ?

2e EXERCICE : TROUVEZ LES MOTS MANQUANTS !

❶ Im gesamten Zimmer (Ganz um das Zimmer herum).

. . . .   de la chambre.

❷ Die Wohnung darüber.

L'appartement . . - . . . .

❸ Die Etage darunter.

L'étage . . - . . . .

❹ Ein Tisch mit einem Buch (gelegt) darauf.

. . . table avec . . livre posé . . . .

❺ Sie ist niemals zu Hause (bei sich).

Elle . ' est . . . . . . chez . . . . .

❻ Im Badezimmer.

. . . . la salle de bains.

▶ **Trente-deuxième (32e) leçon**

Le métro

1 La meil**leure** fa**çon** de visi**ter** Pa**ris**, c'est‿à **pied**, ①

(PRONONCIATION)

[*1* ... **me**-jÖ‣r fa-**Boñ** ... a **pje**‣,]

cent vingt • 120

SOLUTIONS DU 1er EXERCICE : AVEZ-VOUS BIEN COMPRIS ?

① Seine/Ihre Nachbarn sind sehr nett. ② In Frankreich gibt es herrliche Landschaften. ③ Sie träumen davon, auf dem Land zu leben. ④ Haben Sie / Habt ihr niemals Lärmprobleme? ⑤ Wo[hin] räumen Sie / räumt ihr Ihre/eure Kleidung?

⑦ Rechts.

. . . .

⑧ Links.

. . . .

SOLUTIONS DU 2e EXERCICE : LES MOTS MANQUANTS.

① Tout autour ② au-dessus ③ au-dessous ④ Une - un - dessus ⑤ n' - jamais - elle ⑥ Dans ⑦ À droite ⑧ À gauche

---

Zweiunddreißigste Lektion

Die Metro

[1] Die beste Art, Paris zu besichtigen, besteht darin (ist), zu Fuß [zu gehen],

ANMERKUNGEN

① Es heißt zwar **en voiture** „mit dem Auto", **en bus** „mit dem Bus", **en avion** „mit dem Flugzeug" und **en train** „mit dem Zug", aber **à pied** „zu Fuß".

LEKTION 32

2	mais **si** vous vou**lez** al**ler d'un_en**droit à un_**autre** rapide**ment,** ②
3	**faites** comme les Pari**siens** : pre**nez** le mé**tro.** ③
4	Le sys**tème** est **très_**effi**cace** et en **plus** il **n'est** pas **cher.**
5	Le **prix** de **vo**tre ti**cket** ne dé**pend pas** de la lon**gueur** du tra**jet** : ④
6	il **coûte** le **même prix** pour **deux** sta**tions** que pour **dix.** ⑤
7	Les **trains** cir**culent tous** les **jours,** de **cinq heures** et de**mie** jusqu'à **une** heure du ma**tin.** ⑥
8	Pour al**ler** en **grande** ban**lieue,** vous pou**vez** emprun**ter** le **RER.** ⑦⑧
9	Pour al**ler** de Vin**cennes** au Quar**tier** la**tin,** pre**nez** la **ligne** nu**méro un.**
10	Vous chan**gez** à Châte**let** et vous descen**dez** à **Saint**-Mi**chel.**

(PRONONCIATION)

[*2* ... *däñ_añ*-*droa* a *äñ_o*‣*tr(ö)* *ra*-*pid*-*mañ* *3* *fät* kOm le‣ pa-ri-*sjän* : *4* lÖ ßiß-*tä*‣m e *träs_*e-fi-*kaß* e *añ* **plüß** ... schä‣r...*5* lÖ *pri*-dÖ *wOtr(ö)* ti-*kä* nÖ de-*pañ* pa dÖ la loñ-*gÖ*‣*r* dü tra-*sch̃ä* : *6* ... pu‣r dö‣ ßta-*ßjoñ* kÖ pu‣r *diß.* *7* le‣ *träñ* ßir-*kül* ... sch̃üß-*ka* ... *8* ... *añ* **grañd** bañ-*ljö*‣ ... *añ*präñ-te‣ lÖ **är Ö är**. *9* ... wäñ-*ßän* o kar-*tje*‣ la-*täñ,* ... *10* ... schañ-*sch̃e*‣ a scha-tÖ-*lä* ... de-ßañ-*de*‣ a *ßäñ* mi-*schäl.*]

(ANMERKUNGEN)

② Um Adverbien zu bilden, hängt man der weiblichen Form des Adjektivs die Endung **-ment** an: **lent - lente - lentement** „langsam"; **clair - claire - clairement** „klar", **distinct - distincte - distinctement** [*di-ßtäñk-tÖ-mañ*] „deutlich" usw. Über die wenigen unregelmäßigen Formen wollen wir uns hier zunächst nicht den Kopf zerbrechen.

cent vingt-deux • 122

2 aber wenn Sie schnell von einem Ort zu einem anderen gelangen (gehen) wollen,

3 machen Sie es wie die Pariser: Nehmen Sie die Metro.

4 Das System ist sehr effizient, und außerdem ist es nicht teuer.

5 Der Preis Ihres Fahrscheins hängt nicht von der Länge der Reise ab:

6 Es kostet den gleichen Preis für zwei Stationen wie für zehn.

7 Die Züge verkehren jeden Tag (all die Tage), von 5 Uhr 30 bis ein Uhr morgens.

8 Um in die entfernteren (großen) Vororte zu fahren, können Sie den RER nehmen.

9 Um von Vincennes ins Universitätsviertel (lateinische Viertel) zu fahren, nehmen Sie die Linie (Nummer) 1.

10 Sie steigen in Châtelet um, und Sie steigen in Saint-Michel aus.

---

(3) comme „wie". Faites comme chez vous „Fühlen Sie sich wie zu Hause", wörtlich „Machen Sie wie bei Ihnen".

(4) dépendre de „abhängen, abhängig sein von" wird wie vendre „verkaufen" konjugiert: je dépends, tu dépends, il/elle dépend, nous dépendons, vous dépendez, ils/elles dépendent [de-**pañd**] Es führt immer die Postposition de mit sich: Il dépend de ses parents „Er ist von seinen Eltern abhängig".

(5) Eine „Metrostation" heißt une station de métro, der „Bahnhof" ist dagegen la gare, z. B. la Gare du Nord, der Pariser Nordbahnhof. Metro und Busse werden von der RATP betrieben (Régie Autonome des Transports Parisiens).

(6) circuler (wörtlich „zirkulieren") in Verbindung mit Fortbewegungsmitteln heißt „verkehren, fahren"; es wird nicht mit Personen verwendet. Das Substantiv lautet la circulation „(Straßen-)Verkehr".

(7) RER (Réseau Express Régional) ist ein seit 1970 bestehendes Eisenbahnnetz, das die Pariser Vororte mit der Hauptstadt verbindet.

(8) emprunter (wörtlich „ausleihen") ist ein Beispiel für sehr formelles Französisch. In der Umgangssprache würde man hier prendre benutzen.

LEKTION 32

1er EXERCICE : COMPRENEZ-VOUS CES PHRASES ?

① Ils veulent y aller à pied. ② Les Parisiens prennent le métro tous les jours. ③ Ce train circule tous les jours sauf dimanches et fêtes. ④ Nous changeons notre voiture la semaine prochaine. ⑤ Le métro est ouvert jusqu'à une heure du matin.

2e EXERCICE : TROUVEZ LES MOTS MANQUANTS !

① Er spricht (das) Französisch wie wir.

Il parle .. français ....

② Diese hier kosten genauso viel (denselben Preis) wie die da.

Ceux-ci coûtent le .... prix ... ceux-là.

③ Es ist effizient, und außerdem ist es nicht teuer.

Il est .... et, ..., il .' est ... cher.

④ Sie spricht langsam, klar und deutlich.

Elle parle ...., ...
et ....

▶ **Trente-troisième (33e) leçon**

Quelques questions

1 Que **font** les Pari**siens** quand‿ils **veulent** voya**ger** rapide**ment** ?

2 Pour**quoi** le mé**tro** est-‿il **bon** mar**ché** ? ①

(PRONONCIATION)

[*1* ... pa-ri-**sjän** ... woa-ja-**sch˜e**▸ ... *2* ... **boñ** mar-**sche**▸ ?]

SOLUTIONS DU 1ᵉʳ EXERCICE : AVEZ-VOUS BIEN COMPRIS ?

❶ Sie möchten zu Fuß dorthin gehen. ❷ Die Pariser nehmen jeden Tag die Metro. ❸ Dieser Zug verkehrt jeden Tag außer [an] Sonntagen und Feiertagen. ❹ Wir wechseln nächste Woche unser Auto. ❺ Die Metro ist bis ein Uhr morgens geöffnet.

❺ Er nimmt hier den Zug, er steigt in Châtelet um, und er steigt in Vincennes aus.

Il . . . . . le train ici, il . . . . . . à Châtelet et il . . . . à Vincennes.

SOLUTIONS DU 2ᵉ EXERCICE : LES MOTS MANQUANTS.

❶ le - comme nous ❷ même - que ❸ efficace - en plus - n' - pas ❹ lentement - clairement - distinctement ❺ prend - change - descend

---

Dreiunddreißigste Lektion

Einige Fragen

1. Was machen die Pariser, wenn sie schnell reisen möchten?
2. Warum ist die Metro preiswert?

ANMERKUNGEN

① **bon marché** heißt wörtlich „guter Markt", sinngemäß also „preiswert". Das Gegenteil lautet **cher, chère** „teuer". Da **bon** ein unregelmäßiges Adjektiv ist und seine Steigerung **meilleur** lautet, heißt „preiswerter" **meilleur marché**. Achtung: **Bon marché** hat keine weibliche und keine Pluralform!

LEKTION 33

125 • cent vingt-cinq

| 3 | Combien de bil**lets** y a-_t-_il dans_un car**net** ? (ré**ponse** phrase 11) ②
| 4 | Com**ment** va-t-on de Vin**cennes** au Quar**tier** la**tin** ?
| 5 | **Quel** est le **nom** de la sta**tion** où on **change** de **ligne** ?

| 6 | **Au guichet**
| 7 | *Un touriste demande un ticket.* ③
| 8 | – Un al**ler**-re**tour** pour le mu**sée** d'Or**say**, **s'il** vous **plaît**. ④
| 9 | – Mais mon**sieur**, il n'y a **pas** de bil**lets** al**ler**-re**tour**,
| 10 | et d'ail**leurs** le ti**cket** coûte tou**jours** le même **prix** ; ⑤
| 11 | a**lors** pre**nez** plu**tôt** un car**net** de **dix** ti**ckets**. ⑥
| 12 | – D'ac**cord**. Ça **fait** com**bien** ? ⑦

(PRONONCIATION)

[*3* kOm-**bjän** dÖ bi-**jä** ... **än** kar-**nä** ? *6 o* gi-**schä** *8* ... a-**le**▸-rÖ-**tu**▸r ... mü-**se**▸ dOr-**ßä** ... *10* ... da-**jÖ**▸r ... *11* ... plü-**to** ... **än** kar-**nä** dÖ **di** ti-**kä**.]

cent vingt-six • 126

3	Wie viele Fahrscheine sind (dort gibt es) in einem Fahrscheinheft? (Antwort [in] Satz 11)
4	Wie fährt (geht) man von Vincennes zum Universitätsviertel?
5	Wie lautet (Welches ist) der Name der Station, an der (wo) man umsteigt (die Linie wechselt)?
6	**Am Schalter:**
7	*Ein Tourist verlangt einen Fahrschein.*
8	– Eine Hin- und Rückfahrkarte (gehen-zurück) für das Orsay-Museum, bitte.
9	– Aber mein Herr, es gibt keine Hin- und Rückfahrkarten,
10	und darüber hinaus kostet der Fahrschein immer den gleichen Preis;
11	nehmen Sie also lieber ein Fahrscheinheft mit (von) zehn Fahrscheinen.
12	– Einverstanden. Wie viel macht das?

(ANMERKUNGEN)

② un carnet „Heft, Block" wird oft in Zusammensetzungen benutzt: un carnet d'adresses „Adressbuch"; un carnet de timbres „Briefmarkenheftchen" usw.

③ demander bedeutet „um etw. bitten" oder „verlangen". Beachten Sie, dass es ohne Postposition benutzt wird: Demandez le programme ! „Verlangen Sie das (Theater-/Kino-)Programm!"

④ Das Wort ticket benutzt man nur für Bus und Metro! Ansonsten sagt man billet („Schein"): un billet aller-retour „eine Hin- und Rückfahrkarte". Ein „einfacher Fahrschein" ist un billet aller simple [... *ßäñ-pl(ö)*].

⑤ ailleurs bedeutet „woanders": Essayez ailleurs ! „Versuchen Sie [es] woanders!". D'ailleurs heißt dagegen „darüber hinaus, außerdem".

⑥ plutôt heißt in der Grundbedeutung „ziemlich": Il fait plutôt chaud „Es ist ziemlich warm". Nach einem Imperativ wird es mit „lieber" oder „eher" übersetzt: Allez plutôt chez Fournier ; c'est meilleur. „Gehen Sie lieber zu Fournier; das ist besser".

⑦ Die gebräuchlichste Art und Weise, nach dem Auswählen mehrerer Artikel nach dem Preis zu fragen, ist Ça fait combien ? oder Ça me fait combien?. Combien ça coûte ? fragt man, bevor man etwas kauft.

LEKTION 33

1er EXERCICE : COMPRENEZ-VOUS CES PHRASES ?

❶ Que faites-vous le samedi ? ❷ Je travaille. ❸ Ces billets coûtent très cher ! ❹ Comment allez-vous de Paris à Lyon ? ❺ En train ? ❻ Téléphonez chez Jean et demandez Michel. ❼ Il vous attend. ❽ Combien de places y a-t-il dans votre voiture ?

2e EXERCICE : TROUVEZ LES MOTS MANQUANTS !

❶ Fragen Sie / Fragt lieber John. Er ist besser in Französisch.

. . . . à John.

Il est . . . . en français.

❷ Warum ist die Metro hier preiswerter?

Pourquoi le métro . . . - . . . .

. . . . . . ici ?

▶ **Trente-quatrième (34e) leçon**

Au musée

1	Un **vieux** colo**nel** vi**site** un mu**sée** a**vec** un **guide**.
2	Il s'ar**rête** de**vant** un ta**bleau** et dé**clare** : ①
3	– **C**elu**i**-**ci**, **c'est**‿un Mo**net**. Je le recon**nais**.②

(PRONONCIATION)

[*o mü-se▸ 1 ... wjö▸ ko-lo-näl wi-sit äñ mü-se▸ a-wäk äñ gi▸d. 2 ... ßa-rät dÖ-wañ äñ ta-blo▸ e de-kla▸r : 3 ßÖ-lüi-ßi, ßät‿äñ mo-nä. ... rÖ-kO-nä.*]

cent vingt-huit • 128

SOLUTIONS DU 1er EXERCICE : AVEZ-VOUS BIEN COMPRIS ?

❶ Was machen Sie / macht ihr samstags? ❷ Ich arbeite. ❸ Diese Fahrscheine sind (kosten) sehr teuer! ❹ Wie fahren (gehen) Sie / fahrt ihr von Paris nach Lyon? ❺ Mit dem Zug? ❻ Rufen Sie / Ruft bei Jean an und verlangen Sie / verlangt Michel. ❼ Er erwartet Sie/euch. ❽ Wie viele Plätze gibt es in Ihrem/eurem Auto?

❸ Wie geht man zum Universitätsviertel (lateinischen Viertel)?

Comment . . - . - . . Quartier latin ?

❹ Wie viele Buchstaben gibt es in diesem Wort?

. . . . de lettres . . - . - il dans ce mot ?

❺ Ich habe keine (nicht davon). Versuchen Sie [es] woanders.

Je n' . . . . pas. Essayez . . . .

SOLUTIONS DU 2e EXERCICE : LES MOTS MANQUANTS.

❶ Demandez plutôt - meilleur ❷ est-il - meilleur marché ❸ va-t-on au ❹ Combien - y a-t ❺ en ai - ailleurs

---

Vierunddreißigste Lektion

Im Museum

1 Ein alter Oberst besucht mit einem [Museums]führer ein Museum.
2 Er hält vor einem Gemälde an und verkündet:
3 – Dies hier, das ist ein Monet. Ich erkenne ihn wieder.

ANMERKUNGEN

① **arrêter** heißt „etwas anhalten" oder „jemanden anhalten". **Elle arrête sa voiture** „Sie hält ihren Wagen an". Als reflexives Verb, **s'arrêter**, bedeutet es „anhalten, stoppen": **Un arrêt de bus** ist eine „Bushaltestelle".

② Die Konjugation von **reconnaître** „wiedererkennen" lautet **je reconnais, tu reconnais, il/elle reconnaît, nous reconnaissons, vous reconnaissez, ils/elles reconnaissent** [rÖ-kO-*näß*]. Partizip: **reconnu**.

LEKTION 34

4 **Ti**mide**ment**, le **guide dit** :
— **Vous** vous trom**pez**, mon colo**nel**, ③
5 celui-**ci** est un Seu**rat**, celui-**là** est un Mo**net**. ④
6 — **Oui**, bien **sûr**, dit le connais**seur**, un peu gê**né**. ⑤
7 Il s'ar**rête** devant une sta**tue** ; tout de **suite**, il **dit** : ⑥
8 — Très **bien** ; **cette** statue est un De**gas** !
9 — **Pas** du **tout**, mon colo**nel** ; c'est un Ro**din**. ⑦
10 — D'ac**cord**, mais regar**dez-moi** ça : c'est **cer**taine**ment** un Picas**so**. ⑧
11 — Eh bien **non**, mon colo**nel** ; c'est un mi**roir** !

(PRONONCIATION)

[4 *ti*-mi-d(ö)-**mañ** ... troñ-**pe**▸ ... 5 ... ßÖ-**ra** ... 6 ... sch˜e-**ne**▸. 7 ... ü▸n ßta-**tü**▸ ... 8 ... de-**ga** 9 ... ro-**däñ** 10 ... rÖ-gar-**de**▸ moa ßa ... ßär-tä▸n-**mañ** ... 11 ... mi-**roar**!]

EST-CE QUE ÇA VOUS GÊNE SI JE FUME ?

1er EXERCICE : COMPRENEZ-VOUS CES PHRASES ?

❶ Je commence à huit heures et je m'arrête à quatre heures et quart. ❷ Michel ! Venez ici tout de suite ! ❸ Regardez-moi ça ! C'est un Picasso. ❹ Pas du tout ! ❺ Celui-ci, c'est mon frère et celui-là, c'est mon meilleur ami. ❻ Est-ce que ça vous gêne si je fume ?

| 4 | Schüchtern sagt der Führer:
– Sie irren sich, Herr Oberst,
| 5 | dies hier ist ein Seurat, jenes dort ist ein Monet.
| 6 | – Ja, natürlich, sagt der Kenner, ein bisschen verlegen.
| 7 | Er hält vor einer Statue an; sofort sagt er:
| 8 | – Sehr gut; diese Statue ist ein Degas!
| 9 | – Ganz und gar nicht, Herr Oberst; das ist ein Rodin.
| 10 | – Gut, aber sehen Sie (mir) das an: Das ist bestimmt ein Picasso.
| 11 | – Nun, nein, Herr Oberst; das ist ein Spiegel!

(ANMERKUNGEN)

③ **se tromper (de)** bedeutet „sich irren (in)". **Il se trompe de sortie à chaque fois** „Er irrt sich jedes Mal im Ausgang". **Si je me ne trompe pas...** „Wenn ich mich nicht irre ...". Als Synonym zu **se tromper** kann **avoir tort** [... tO‣r] „unrecht haben" benutzt werden.

④ **celui-ci**, **celui-là** „dieser hier" und „dieser dort" nennt man Demonstrativpronomen. Die weiblichen Formen heißen **celle-ci** „diese hier" und **celle-là** „diese dort". Die Plural- und andere Formen lernen Sie später kennen.

⑤ **gêner** ist ein Verb mit vielen Bedeutungen. Hier bedeutet es „verlegen sein", aber es heißt auch „stören": **Est-ce que la fumée** [fü-**me**‣] **vous gêne ?**

⑥ Beachten Sie die Aussprache von **tout de suite** „sofort": [tu-d(ö)/tut **Büit**].

⑦ In der französischen Armee wird einer Rangbezeichnung in der Anrede (außer bei **sergent** „Unteroffizier" und **caporal** „Gefreiter"!) **mon** vorangestellt, das nicht „mein" heißt, sondern von **monsieur** kommt: **mon capitaine**, **mon lieutenant** usw. **Un soldat** ist ein „Soldat".

⑧ **regardez(-moi) ça** ist eine gebräuchliche Wendung, um die Aufmerksamkeit einer Person auf etwas zu lenken (**moi** wirkt dabei verstärkend, kann aber auch weggelassen werden). Ebenso: **Écoutez-moi ça !** "Hören Sie sich (mir) das an!"

SOLUTIONS DU 1ᵉʳ EXERCICE : AVEZ-VOUS BIEN COMPRIS ?

❶ Ich fange um acht Uhr an, und ich höre um Viertel nach vier auf. ❷ Michel! Kommen Sie sofort [hierher]! ❸ Sehen Sie sich (mir) das an! Das ist ein Picasso. ❹ Ganz und gar nicht! ❺ Das hier, das ist mein Bruder, und das da, das ist mein bester Freund. ❻ Stört es Sie/euch, wenn ich rauche?

LEKTION 34

2ᵉ EXERCICE : TROUVEZ LES MOTS MANQUANTS !

❶ Sie irren sich / Ihr irrt euch im Stockwerk; er wohnt im 6. Stock.

Vous . . . .' étage ;
il habite au . . . .

❷ Dies hier, das ist ein Gemälde, und das da, das ist eine Statue.

. . . . . - . . c'est un . . . . et . . . . . - . .
c'est une statue.

❸ Der Bus hält vor seiner/ihrer Tür.

Le bus .' . . . . sa porte.

▶ Trente-cinquième (35ᵉ) leçon

Révision et notes

1. Steigerungsformen: Komparativ und Superlativ

Der Komparativ, die erste Steigerungsstufe, wird gebildet, indem dem Adjektiv **plus** „mehr" vorangestellt wird, und der Superlativ, die höchste Steigerungsstufe, indem man dem Adjektiv **le plus** oder **la plus** oder im Plural **les plus** voranstellt:

grand/e „groß" - **plus grand/e** „größer"- **le/la plus grand/e** „der/die größte" oder „am größten".

intéressant/e „interessant" - **plus intéressant/e** „interessanter" - **le/la plus intéressant/e** „der/die interessanteste" oder „am interessantesten".

Beispielsätze:

Ce livre est plus cher que l'autre. „Dieses Buch ist teurer als das andere".
Ce livre est le plus cher. „Dieses Buch ist das Teuerste".
Cette dame est plus heureuse que moi. „Diese Dame ist glücklicher als ich".
Cette dame est la plus heureuse. „Diese Dame ist die Glücklichste".

④ Ich hoffe, dass Sie/euch der Rauch nicht stört.

J'espère ... la fumée ne ....

⑤ Erkennen Sie/Erkennt ihr diesen hier wieder?

Est-ce que vous ....-.. ?

SOLUTIONS DU 2ᵉ EXERCICE : LES MOTS MANQUANTS.

❶ vous trompez d' - sixième ❷ Celui-ci - tableau - celle-là ❸ s'arrête devant ❹ que - vous gêne pas ❺ reconnaissez celui-ci

Fünfunddreißigste Lektion

Auch wenn zwei Dinge gleichwertig sind, verwendet man den Komparativ, und zwar mit **aussi** „so":
Elle est aussi timide que son frère. „Sie ist so schüchtern wie ihr Bruder".

Der Komparativ funktioniert auch in die „negative" Richtung:
Cette voiture est moins chère que l'autre. „Dieses Auto ist billiger als das andere".

2. Pronomen: Dativpronomen

Sie lauten **me** „mir", **te** „dir", **lui** „ihm/ihr", **nous** „uns", **vous** „euch/Ihnen", **leur** „ihnen".

Elle me donne la main. „Sie gibt mir die Hand".
Il nous explique la phrase. „Er erklärt uns den Satz".
Vous lui parlez trop vite. „Sie sprechen zu schnell mit ihm".

Wie Sie sehen, steht das Dativpronomen vor dem Verb, es sei denn, das Verb ist ein bejahter Imperativ:
Donnez-moi une réponse ! „Geben Sie mir eine Antwort!"
Explique-lui l'exercice ! „Erklär ihm/ihr die Übung!"

LEKTION 35

Die Stellung der Pronomen im Satz ist ein etwas schwieriges Thema im Französischen. Wir werden uns ganz progressiv damit befassen, und Sie können darauf vertrauen, dass Sie mit der Zeit eine Art Intuition dafür entwickeln.

3. Fragen: Bildung von Fragen

Wie eingangs erwähnt, ist die Fragebildung mit **Est-ce que...** bzw. **Qu'est-ce que...** umgangssprachlich. Wir empfehlen Ihnen, diese Art der Frageeinleitung zu verwenden, solange Sie noch nicht so sicher im Französischen sind. Es gibt noch eine andere Form der Fragestellung, die allerdings etwas gestelzt klingt und nur in der Schriftsprache verwendet wird: Die Inversion von Verb und Pronomen.

> **Est-ce qu'ils sont Anglais ?**
> **Sont-ils Anglais ?** „Sind sie Engländer?"
> **Est-ce que vous avez l'heure ?**
> **Avez-vous l'heure ?** „Haben Sie die Uhrzeit?"

Auch bei **il y a** „es gibt" gibt es die Inversion. Allerdings ist **y a il** schwer auszusprechen, daher fügt man zwischen **a** und **il** ein bedeutungsleeres **-t-** ein:
> **Est-ce qu'il y a un bus ce soir ?**
> **Y a-t-il un bus ce soir ?** „Gibt es heute Abend einen Bus?"

▶ **Trente-sixième (36ᵉ) leçon**

Les secrétaires

1 Une **femme** télé**phone** au bu**reau** de son ma**ri** :

2 – Je vou**drais** par**ler** à Mon**sieur** Mar**tin**. ①

(PRONONCIATION)
[le▸ BÖ-kre-tä▸r 1 ... o bü-ro▸ ... 2 ... wu-drä ...]

Combien de tickets est-ce qu'il y a ?
Combien de tickets y a-t-il ? „Wie viele Fahrscheine gibt es?"
Est-ce qu'elle va en Égypte ? [*e-sch͂ipt*]
Va-t-elle en Égypte ? „Fährt sie nach Ägypten?"

Beachten Sie noch einmal, dass diese Form der Fragestellung als sehr „schwerfällig" empfunden wird und nicht in der gesprochenen Sprache vorkommt. Wir legen jedoch in diesem Kurs den Schwerpunkt auf die gesprochene Sprache.

4. Pronomen: Vous „Sie" und tu „du"

Wie im Deutschen verfügt auch das Französische über eine Höflichkeitsform (**vous** „Sie") und das vertraute **tu** „du". Letzteres wird vorwiegend unter Freunden, Familienmitgliedern, guten Bekannten und Kindern benutzt. Unter den Angehörigen bestimmter Berufsgruppen, z. B. im Show Business, ist das **tu** sogar zwingend! Während die Angestellten in Firmen sich in der Regel siezen (sich aber gleichzeitig mit Vornamen anreden), ist mittlerweile auch das **tu** unter Kollegen immer mehr verbreitet.

Damit Sie nicht „ins Fettnäpfchen" treten, sollten Sie Ihren Gesprächspartner zunächst immer siezen. Damit können Sie nichts falsch machen, und Sie haben später immer noch die Möglichkeit, zum „du" überzugehen.

Sechsunddreißigste Lektion

Die Sekretäre/Sekretärinnen

1   Eine Frau ruft im Büro ihres Mannes an:
2 — Ich würde [gerne] mit Herrn Martin sprechen.

(ANMERKUNGEN)

① Hier sehen Sie zum ersten Mal eine Form des Konditionals (Möglichkeitsform), der häufig in Höflichkeitsfloskeln vorkommt: **je veux** „ich möchte" - **je voudrais** „ich würde (gerne)". **Voulez-vous... ?** „Möchten Sie ... ?" - **Voudriez-vous**... ? [*wu-dri-e▸*] „Würden Sie (gerne) ...?".

135 • cent trente-cinq

| 3 | – Il **est**_ab**sent**.
| 4 | **Est**-ce que je peux **pren**dre un mes**sage** ?
| 5 | – S'il vous **plaît**. Je **pars** en vo**yage**, a**lors** dites-**lui** ②
| 6 | que j'ai re**pas**sé ses che**mises**, j'ai **fait** le **lit**,
| 7 | j'ai en**voyé** les_en**fants** chez sa **mère**
| 8 | et j'ai lais**sé** un re**pas** dans le fri**go**. ③
| 9 | – Très **bien** ma**dame**. Je **vais** lui **dire**. **Qui** est_à l'appa**reil** ?
| 10 | Une **femme** ren**contre** par ha**sard** la secré**taire** de son mari. ④
| 11 | – Je suis **très**_heu**reuse** de vous con**naître**, mademoi**selle**,
| 12 | mon mari m'a **dit si peu** de **choses** sur **vous**. ⑤

(PRONONCIATION)

[*3 il ät_ab-sañ. 4 ... añ mä-ßa▸sch˜ ? 5 ... sch˜ö pa▸r añ woa-ja▸sch˜ ... 6 ... kÖ sch˜ä rÖ-pa-ße▸ ße▸ schÖ-mi▸s, ... 7 sch˜ä añ-woa-je▸ le▸s_añ-fañ sche▸ ßa mä▸r 8 ... lä-ße▸ añ rÖ-pa ... fri-go. 9 ... ki ät_a la-pa-rej ? 10 ... par_a-sa▸r ...*]

cent trente-six • 136

|3| – Er ist nicht da (abwesend).
|4| Kann ich eine Nachricht übergeben (nehmen)?
|5| – Bitte. Ich verreise (gehe weg auf Reise), sagen Sie ihm also,
|6| dass ich seine Hemden gebügelt habe, ich habe das Bett gemacht,
|7| habe die Kinder zu seiner Mutter geschickt,
|8| und ich habe ein Essen im Kühlschrank gelassen.
|9| – Sehr gut, gnädige Frau. Ich werde [es] ihm sagen. Wer ist am Apparat?
|10| Eine Frau trifft zufällig die Sekretärin ihres Mannes.
|11| – Ich bin sehr froh, Sie kennenzulernen (zu kennen), mein Fräulein,
|12| mein Mann hat mir so wenig (so wenig Dinge) über Sie erzählt.

ANMERKUNGEN

(2) Eine „Reise" ist un voyage, während mit le trajet die Strecke bzw. der zurückgelegte Weg gemeint ist. Voyager heißt „reisen", „verreisen", wie Sie hier sehen, partir en voyage. Eine „Geschäftsreise" ist un voyage d'affaires [... da-fä‣r] und ein „Reisebüro" ist une agence de voyages.

(3) le frigo ist der umgangssprachliche Ausdruck für le réfrigérateur [re-fri-sch˜e-ra-tÖ‣r] „Kühlschrank". Ebenso sagt man zu le congélateur [koñ-sch˜e-la-tÖ‣r] „Tiefkühltruhe" le congél.

(4) Ein „(geschäftliches) Treffen" ist une réunion [re-ün-joñ]. „Jemanden treffen" bedeutet rencontrer [rañ-koñ-tre‣]; das Substantiv une rencontre ist ein „Zusammentreffen".

(5) Beachten Sie noch einmal, dass das Französische nicht zwischen zählbaren und unzählbaren Dingen unterscheidet. beaucoup de „viel, viele"; peu de „wenig, wenige"; si peu de „so wenig", tellement de „so viel, so viele". Il y a peu d'espoir [... däß-poar] „Es gibt wenig Hoffnung". Il y a si peu de gens ici „Es gibt hier so wenig Leute". Il y a tellement de voitures „Es gibt so viele Autos".

LEKTION 36

1er EXERCICE : COMPRENEZ-VOUS CES PHRASES ?

❶ Voudriez-vous parler à Monsieur Bensaid ? ❷ S'il vous plaît. ❸ Il y a tellement de bruit chez lui ! ❹ Nous avons si peu de temps ! ❺ Est-ce que vous aimez voyager ? ❻ Oui, beaucoup. ❼ Je voudrais prendre le petit-déjeuner à huit heures.

2e EXERCICE : TROUVEZ LES MOTS MANQUANTS !

❶ Es gibt so viele Leute und so wenig Platz!

Il y a . . . . gens et .. . . place !

❷ Verreisen Sie / Verreist ihr (Gehen Sie / Geht ihr auf Reise) morgen?

Est-ce que vous . . . . demain ?

❸ Wir haben gestern bei der Bank angerufen,

Nous . . . . à la banque hier.

❹ und sie haben uns ein Scheckheft geschickt.

et ils . . . . un carnet de chèques.

▶ **Trente-septième (37e) leçon**

Une soirée au théâtre ①

| 1 | **Jean** et Marie-**Claude vont‿au** thé**âtre** |

(PRONONCIATION)

[... βoa-**re**‣]

SOLUTIONS DU 1ᵉʳ EXERCICE : AVEZ-VOUS BIEN COMPRIS ?

❶ Würden Sie / würdet ihr [gerne] mit Herrn Bensaid sprechen? ❷ Bitte. ❸ Es ist so laut (gibt so viel Lärm) bei ihm! ❹ Wir haben so wenig Zeit! ❺ Reisen Sie / reist ihr gerne (Lieben Sie / liebt ihr reisen)? ❻ Ja, sehr. ❼ Ich würde das Frühstück [gerne] um acht Uhr [ein]nehmen.

❺ Michel hat gesagt: „Ich bin sehr froh, Sie kennenzulernen (zu kennen), mein Herr."

Michel . dit : "Je suis très . . . . de
. . . . , Monsieur."

SOLUTIONS DU 2ᵉ EXERCICE : LES MOTS MANQUANTS.

❶ tellement de - si peu de ❷ partez en voyage ❸ avons téléphoné ❹ nous ont envoyé ❺ a - heureux - vous connaître

Lerntipp

Haben Sie Schwierigkeiten mit einem bestimmten Grammatikthema? Können Sie sich etwas nicht merken? Ein Tipp: Notieren Sie sich das Problem ein paar Lektionen weiter am Buchrand, und lernen Sie wie gewohnt weiter. Wenn Sie dann später zu dieser Stelle kommen, hat sich die Schwierigkeit vielleicht aufgrund der inzwischen erfolgten Wiederholung „in Luft aufgelöst". Wenn nicht, so machen Sie einen neuen Vermerk.

Siebenunddreißigste Lektion

Ein Abend im Theater

[1]   Jean und Marie-Claude gehen ins Theater,

ANMERKUNGEN

① **le soir** „Abend". Ist eher die Dauer des Abends bzw. eine längere Abendveranstaltung gemeint, so sagt man **la soirée**: **Nous avons passé une excellente soirée** „Wir haben einen wunderschönen Abend verbracht". Ebenso: **le matin** „Morgen" und **la matinée**, was mehr die Dauer des Vormittags bzw. eine vormittägliche Veranstaltung betont. **Téléphonez-moi en fin de matinée** „Rufen Sie mich am späten Vormittag an".

2	pour **voir** une pi**èce** qui s'ap**pelle** "L'a**mour**, tou**jours** l'a**mour**". ②
3	Ils_ar**rivent** au thé**âtre** à **huit_heures** et **quart**,
4	un **quart** d'**heure** a**vant** le le**ver** du ri**deau**. ③
5	Ils **trouvent** leurs **places** et s'in**stallent**.
6	La pi**èce** com**mence** ; **deux** comé**diens** **entrent** en **scène** : ④
7	– Je **t'aime**, Gi**sèle**. Tu m'en**tends** ? Je **t'aime**. ⑤
8	– Ah **bon** ? Mais **moi,** je ne t'aime **pas**. J'aime **Pierre**.
9	– Pour**quoi** ?
10	– **Parce** qu'il me **donne** des bi**joux** ⑥
11	et **toi**, tu ne me **donnes** ja**mais rien**. ⑦
12	À ce mo**ment**, **Jean** com**mence** à ron**fler** très **fort**. Il **dort**. ⑧
13	Un **vieux** pro**verbe dit** : "**Dieu** aide les **fous**, les iv**rognes** et les amou**reux**."

(PRONONCIATION)

[*3 ils_a-ri▸w .... üit Ö▸r e ka▸r, 4 … lÖ lÖ-ve▸ dü ri-do▸. 5 … ßän-ßtal. 6 … ko-me-djän añ-tr(ö) añ Bä▸n ; 10 … parß-kil mÖ dOn de▸ bi-sch͞u▸ 12 … roñ-fle▸ ... dO▸r. 13 … pro-wärb ... djö▸ ä▸d le▸ fu▸, le▸s_i-wrOn-j(ö) e le▸s_a-mu-rö▸.*]

(ANMERKUNGEN)

② Sie kennen schon une pièce in der Bedeutung „Raum, Zimmer". Hier ist ein „Theaterstück" gemeint, une pièce de théâtre. Es gibt auch noch une pièce de monnaie „Geldstück".

③ lever „heben", se lever „sich erheben, aufstehen". Le lever du soleil [... ßo-**läj**] „Sonnenaufgang".

|2| um sich ein (Theater-)Stück anzusehen, das „Liebe, immer die Liebe" heißt.
|3| Sie kommen um Viertel nach acht am Theater an,
|4| eine Viertelstunde, bevor der Vorhang aufgeht (vor dem Heben des Vorhangs).
|5| Sie finden ihre Plätze und setzen sich.
|6| Das Stück beginnt; zwei Schauspieler betreten die Bühne:
|7| – Ich liebe dich, Giselle. Hörst du mich? Ich liebe dich.
|8| – Ach ja? Aber ich, ich liebe dich nicht. Ich liebe Pierre.
|9| – Warum?
|10| – Weil er mir Schmuck schenkt (gibt),
|11| und du, du schenkst mir niemals etwas (nichts).
|12| In diesem Moment beginnt Jean sehr laut zu schnarchen. Er schläft.
|13| Ein altes Sprichwort lautet (sagt): „Gott hilft den Verrückten, den Trunkenbolden und den Verliebten".

④ Bei einer Gruppe, die aus Männern und Frauen besteht, hat grammatikalisch gesehen der männliche Teil der Gruppe Priorität (auch wenn es nur ein Mann ist!). In diesem Satz heißt es deux comédiens - es handelt sich um einen Mann und eine Frau. Wären es zwei Frauen, so hieße es deux comédiennes [ko-me-**djän**]. Ebenso: Le mari et sa femme sont très gentils „Der Mann und seine Frau sind sehr nett" (gentils, weil die Gruppe ein männliches Element enthält).

⑤ Ein klassisches Beispiel für die Verwendung der Form mit tu „du": Je t'aime „Ich liebe dich". Tu m'aimes ? „Liebst du mich?"

⑥ bijou „Schmuckstück" ist ein Beispiel für die unregelmäßige Pluralbildung (bijoux). Es gibt hiervon insgesamt sieben Substantive, darunter genou [sch-Ö-**nu**] „Knie" (m.) - genoux und chou [schu] „Kohl" (m.) - choux.

⑦ Achtung! Dies ist eine doppelte Verneinung: ne... jamais rien, wörtlich „niemals nichts". Gemeint ist „niemals etwas".

⑧ Hier die Konjugation von dormir „schlafen": je dors, tu dors, il/elle dort, nous dormons, vous dormez, ils/elles dorment. „Einschlafen" heißt s'endormir. Bei Kindern sagt man für „schlafen" oder „schlafen gehen" übrigens faire dodo, für „Schlaf" dodo.

1er EXERCICE : COMPRENEZ-VOUS CES PHRASES ?

① Frère Jacques, frère Jacques, dormez-vous ? ② À quelle heure vous levez-vous le matin ? ③ Il leur montre les places et ils s'installent. ④ Ils ne me donnent jamais rien. ⑤ Montrez-lui le billet.

2e EXERCICE : TROUVEZ LES MOTS MANQUANTS !

① Er gibt ihm/ihr niemals etwas.

Il .. .. rien.

② Ich habe ihnen unsere Adresse gegeben.

Je .... ai donné notre adresse.

③ Er schläft im Theater immer ein.

Il s'...... .... au théâtre.

④ Sein Sohn und seine Tochter sind groß und hübsch.

... fils et .. fille sont ...... et ....

⑤ Sie antwortet ihm: „Ich liebe dich nicht".

Elle ... répond : "Je ne .' .... pas".

▶ **Trente-huitième (38e) leçon**

Le Septième Art ①

1 La **France** pos**sède** une **longue** tradi**tion** **c**inématogra**phique**, et le "**sept**ième **art**" est **bel** et **bien** vi**vant** aujourd'**hui**. ②

2 Beau**coup** de **gens**, sur**tout** les cita**dins**, vont **deux** – et par**fois trois fois** par se**maine** au ci**néma**,

(PRONONCIATION)

[... ẞät-jä▸m a▸r 1 ... po-ẞä▸d ü▸n loñg tra-di-ẞjoñ ẞi-ne-ma-to-gra-fik ... wi-wañ ... 2 ... ẞi-ne-ma,]

SOLUTIONS DU 1ᵉʳ EXERCICE : AVEZ-VOUS BIEN COMPRIS ?

❶ Bruder Jakob, Bruder Jakob, schlafen Sie? ❷ Um wie viel Uhr stehen Sie / steht ihr morgens auf? ❸ Er zeigt ihnen die Plätze, und sie setzen sich. ❹ Sie geben mir niemals etwas. ❺ Zeigen Sie / Zeigt ihm/ihr die Karte.

SOLUTIONS DU 2ᵉ EXERCICE : LES MOTS MANQUANTS.

❶ ne lui donne jamais ❷ leur ❸ endort toujours ❹ Son - sa - grands - beaux ❺ lui - t'aime

---

Achtunddreißigste Lektion

Die siebte Kunst

[1] (Das) Frankreich besitzt eine lange Film-Tradition, und die „siebte Kunst" ist zweifellos heute lebendig.

[2] Viele Menschen, besonders die Stadtbewohner, gehen zwei-, manchmal [auch] dreimal pro Woche ins Kino,

ANMERKUNGEN

(1) Die Verwendung von „Die siebte Kunst" für „Kino" zeigt die vor allem in der Presse häufige Gewohnheit, für einen bestimmten Begriff eine verwandte Wendung zu benutzen (Fachbegriff Metonymie).

(2) bel et bien „ohne Zweifel" bleibt ungeachtet des nachfolgenden Ausdrucks unverändert; es wirkt verstärkend auf die Aussage.

3	et les met**teurs** en **scène** et comé**diens** fran**çais** sont **très_**appré**ciés** par le pu**blic**. ③
4	Le **choix** de **films** est_**énorme** –
5	comé**dies**, aven**tures**, poli**ciers**, des**sins** ani**més**, films **noirs** – ④
6	et des nouveau**tés sortent chaque** se**maine**.
7	**Na**turelle**ment**, il y a aus**si** beau**coup** de **films** étran**gers** dans nos "**salles_**ob**scures**", ⑤
8	qu'on peut **voir** en ver**sion** origi**nale** ou en ver**sion** fran**çaise** (c'est-à-**dire** dou**blés**). ⑥
9	**Deux** rendez-**vous** an**nuels** s'im**posent** pour les ci**né**philes : le fes**tival** de **Cannes** avec sa **Palme d'Or** ⑦
10	et la re**mise** des Cé**sars** ; ces **prix** récom**pensent** le meil**leur** du ciné**ma** de l'an**née** (**meil**leur **film**, **meil**leur scéna**rio**, etc.). ⑧
11	– Et **main**te**nant**, le mo**ment** que nous_atten**dons tous** : le Cé**sar** du **meil**leur met**teur** en **scène**.

(PRONONCIATION)

[*3 ... mä-**tÖ**▸r añ **ßä**▸n ... a-pre-**ßje**▸ par lÖ pü-**blik**. 4 lÖ **schoa** dÖ **film** ät e-n**Orm** - ... 5 ... a-wañ-**tü**▸r, po-li-**ßje**▸, de-**ßäñ** a-ni-**me**▸ ... 6 ... nu-wo-**te**▸ ... 7 ... e-trañ-**sch˜e**▸ ... **ßals_**ob-**ßkü**▸r, 8 ... oñ wär-**sjoñ** o-ri-sch˜i-**nal** ... du-**ble**▸. 9 ... a-nü-**äl ßäñ-po**▸**s** pu▸r le▸ **ßi**-ne-**fi**▸**l** : lÖ **fäß**-ti-**wal** dÖ kan ... **pal**-m(ö) **dO**▸r 10 ... r**Ö**-**mi**▸**s** de▸ **ße**▸-**sa**▸r ; ... re-koñ-**pañß** ... (... **ße**-na-ri-**o** ...)*]

(ANMERKUNGEN)

③ Dies ist ein gutes Beispiel, wie Substantive von Verben abgeleitet werden: Le metteur en scène stammt vom Verb mettre ab; die „Regie" heißt la mise en scène (mise ist das Partizip von mettre).

|3| und die französischen Regisseure und Schauspieler werden (sind) vom Publikum sehr geschätzt.
|4| Die Auswahl an Filmen ist enorm -
|5| Komödien, Abenteuer[filme], Krimis, Zeichentrick[filme], Gangsterfilme -
|6| und jede Woche kommen Neuheiten heraus.
|7| Natürlich gibt es auch viele ausländische Filme in unseren „dunklen Sälen",
|8| die man in Originalfassung oder in der französischen Fassung (d. h. synchronisiert) sehen kann.
|9| Zwei jährliche Treffen sind ein Muss für Kinofreunde: das Festival von Cannes mit seiner Goldenen Palme
|10| und die Verleihung der Césars; diese Preise belohnen die beste Kino[produktion] des Jahres (bester Film, bestes Drehbuch usw.)
|11| – Und jetzt [kommt] der Moment, auf den wir alle warten: Der César für den besten Regisseur.

---

(4) **un dessin animé**, wörtlich „belebte Zeichnung", ist der Ausdruck für Comic-Filme. In Zeitungen, Büchern usw. verwendet man für „Comic" den Ausdruck **un dessin humoristique** [*ü-mo-riß-tik*] oder **bande dessinée** (**bédé**). **Film noir** lässt sich nicht 1:1 ins Deutsche übersetzen. Es sind im Allgemeinen Gangsterfilme oder Thriller gemeint.

(5) Ein anderes Beispiel für Metonymie: **les salles obscures**, wörtlich „dunkle Säle" für „Kino".

(6) In den meisten großen Städten Frankreichs werden bedeutende Filme in **VO** (**version originale**) „Originalfassung", d. h. mit französischen Untertiteln (auch **sous titrage**), oder in **VF** (**version française**), also in synchronisierter Fassung, gezeigt.

(7) Im alltäglichen Französisch tauchen zahlreiche Wörter oder Wortteile auf, die z. B. griechischen Ursprung haben. So ist **un cinéphile** ein „Kinofan" (griech. **philos** „Freund"), **un bibliophile** ein „Bücherfreund" und **un xénophobe** ein „Fremdenhasser" (griech. **phobos** „Angst").

(8) Die **Césars** sind das französische Pendant zu den Oscars. Der Preis wurde erstmals 1976 verliehen, um die französische Filmindustrie zu beleben. Die **Césars** sind kleine Statuetten, die ihren Namen dem Bildhauer verdanken, der sie entwarf.

12 **Cette** an**née** le **prix** est‿at**tri**bu**é à**... **Mi**chel Bon**naud** !

13 Essa**yant** de res**ter** décontrac**té**, l'heu**reux** gag**nant** ré**pond** : ⑨

14 – Mer**ci**, je suis **très**‿é**mu**, mais‿aus**si très** sur**pris car** je n'ai **pas** tour**né** un seul **film** de**puis dix**‿**ans**.

15 – C'est **jus**te**ment** pour **ça** que le **ju**ry vous **donne** cette ré**com**pense.

(PRONONCIATION)

[*12* ... ät‿a-tri-bü-e▸ ... *13* ä-ßä-**jañ** dÖ räß-**te**▸ de▸-koñ-trak-**te**▸, lö-rö gan-**jañ** ... *14* ... träs‿e-**mü** ... ßür-**pri** ka▸r ... dÖ-**püi** ... *15* ... sch˜üß-tÖ-**mañ** ... sch˜ü-**ri** ...]

(1ᵉʳ EXERCICE : COMPRENEZ-VOUS CES PHRASES ?)

❶ Le cinéma est bel et bien vivant en France. ❷ Elle va trois fois par semaine à la piscine. ❸ J'ai beaucoup aimé le scénario mais pas la mise en scène. ❹ Est-ce que le film passe en VO ou en VF ? ❺ David est un vrai francophile.

(2ᵉ EXERCICE : TROUVEZ LES MOTS MANQUANTS !)

❶ Und nun [kommt] der Moment, auf den wir alle warten.

Et maintenant le moment . . . .

. . . .

❷ Sie ist sehr bewegt und auch sehr überrascht.

Elle est très . . . . et . . . . . très . . . .

❸ Er hat seit 15 Jahren keinen Film gedreht.

Il . '. . . . . un film . . . . . . quinze ans.

❹ In dem Versuch (Versuchend), ruhig zu bleiben, hat er den Brief geöffnet.

. . . . calme, il a ouvert la lettre.

| 12 | Der Preis wird dieses Jahr verliehen an ... Michel Bonnaud!
| 13 | In dem Versuch (Versuchend), entspannt zu bleiben, antwortet der glückliche Gewinner:
| 14 | – Danke, ich bin sehr bewegt, aber auch sehr überrascht, da ich seit zehn Jahren keinen einzigen Film gedreht habe.
| 15 | – Genau (Das ist) hierfür verleiht (gibt) Ihnen die Jury diese Auszeichnung.

(ANMERKUNGEN)

⑨ Dies ist das Partizip Präsens des Verbs **essayer** „versuchen". Die meisten Partizipformen aller drei Verbklassen enden auf **-ant**: **aller - allant**; **vendre - vendant**; **finir - finissant**. Ein Beispiel dafür, wie das Partizip Präsens als Adjektiv benutzt wird, sehen Sie am Beginn der Lektion: **vivant** „lebendig". Mehr dazu in Lektion 56.

SOLUTIONS DU 1ᵉʳ EXERCICE : AVEZ-VOUS BIEN COMPRIS ?

❶ Das Kino ist in Frankreich zweifellos lebendig. ❷ Sie geht dreimal pro Woche ins Schwimmbad. ❸ Mir hat das Drehbuch sehr gefallen (habe ... sehr gemocht), aber nicht die Regie. ❹ Wird der Film in Originalversion oder in synchronisierter (französischer) Fassung gezeigt? ❺ David ist ein wahrer Frankreichliebhaber.

❺ Dieser Preis zeichnet das beste Drehbuch aus.

. . . . le meilleur . . . .

SOLUTIONS DU 2ᵉ EXERCICE : LES MOTS MANQUANTS.

❶ que nous attendons tous ❷ émue - aussi - surprise ❸ n'a pas tourné - depuis ❹ Essayant de rester ❺ Ce prix récompense - scénario

Trente-neuvième (39ᵉ) leçon

Un argument convaincant

1 – Vous n'a**vez pas** une pe**ti**te piè**ce** pour **moi**, mon**sieur** ?
2 – Bien **sûr** que **non** ! ①
3 – **Oh** mon**sieur**, je n'ai **rien**, je n'ai **pas** d'ar**gent**,
4 je n'ai **pas** de mai**son** et je n'ai **plus** d'a**mis**.
5 Je n'ai **plus** qu'une **seule chose** au **monde**. ②
6 – **Quoi** ? ③
7 – Ce pe**tit** revol**ver** ; a**lors**, vous n'a**vez tou**jours **pas** une pe**ti**te piè**ce** ?

8 **À la fortune du pot** ④
9 – Je **vous** ai invi**té** à dî**ner**, mon **cher** a**mi**, mais regar**dez** : ⑤

(PRONONCIATION)

[... ar-gü-**mañ** koñ-wäñ-**kañ** 1 ... pÖ-**tit** pjäß ... 3 ... **pa** dar-**sch͂añ**,
4 ... mä-**soñ** ... **plü** da-**mi** 5 ... **plü** kü‧n **BÖl** scho‣s͟_o **moñd**.
7 ... re-wOl-**wä‣r** ... 9 ... **äñ**-wi-**te‣**]

Neununddreißigste Lektion

Ein überzeugendes Argument

1 – Haben Sie nicht ein kleines Geldstück für mich, mein Herr?
2 – Natürlich (dass) nicht (nein)!
3 – Oh, mein Herr, ich habe nichts, ich habe kein Geld,
4 ich habe kein Haus, und ich habe keine Freunde mehr.
5 Ich habe nur noch eine einzige Sache auf der Welt.
6 – Was?
7 – Diesen kleinen Revolver; also, haben Sie immer noch kein kleines Geldstück?
8 **Ohne Umstände**
9 – Ich habe Sie zum Abendessen eingeladen, mein lieber Freund, aber sehen Sie:

(ANMERKUNGEN)

① **Bien sûr !** „Natürlich!, Selbstverständlich!". In **Bien sûr que non !** „Natürlich nicht!" wirkt **que** verstärkend.

② **ne... que** ist eine Möglichkeit, „nur" auszudrücken. Die zweite ist **seulement**. Die Sätze **J'ai seulement cinq minutes** und **Je n'ai que cinq minutes** sind gleichbedeutend. Weitere Beispiele: **Ils n'ont qu'un enfant** „Sie haben nur ein Kind". **Je n'ai plus que trois jours** „Ich habe nur noch drei Tage".

③ **Quoi ?** ist hier eine sehr unhöfliche Form der Frage. Höflicher wäre **Qu'est-ce que c'est?** . Hat man eine andere Person nicht verstanden, so fragt man **Pardon ?** „Verzeihung? (Was haben Sie gesagt?)" oder **Comment ?** „Wie bitte?".

④ **la fortune** „Reichtum"; **la bonne fortune** „Glück". Bei den Franzosen wird man oft ganz spontan zum Essen eingeladen; auf den Tisch kommt das, was die Hausfrau gerade im Kühlschrank hat. Man sagt dann **manger à la fortune du pot**, womit ein einfaches, unkompliziertes Essen gemeint ist.

⑤ **J'ai invité Jean = Je l'ai invité** „Ich habe ihn (Jean) eingeladen". Der Satzbau lautet also Subjekt-Objekt-Hilfsverb-Partizip. Ebenso: **Elle nous a dit...** „Sie hat uns gesagt ..." und **Ils leur ont donné...** „Sie haben ihnen ... gegeben".

10 je n'ai **plus rien** dans mon **garde**-man**ger** ;
11 **plus** de **suc**re, **plus** de **pain**, **plus** de **riz**, **plus** de bis**cuits**,⑥⑦
12 **plus** de con**serves**... te**nez**... ah **si**, il y a **quel**que **chose** : ⑧
13 une_é**norme toile** d'araig**née** !
Bon_appé**tit** !

(PRONONCIATION)

[**10** ... **gard**-mañ-**sch~e**▸ **11** ... **Bük**-r(ö), ... **pän**, ... **ri**, ... biß-**küi** **12** ... koñ-**Bärw** ... **13** ... **toal** da-rän-**je**▸]

1ᵉʳ EXERCICE : COMPRENEZ-VOUS CES PHRASES ?

❶ Est-ce que vous avez deux enfants, ma chère amie ? ❷ Bien sûr que non ! ❸ Je n'ai qu'un enfant ! ❹ Il nous a invité à déjeuner vendredi prochain. ❺ Je n'ai plus d'argent ! Qu'est-ce que je vais faire ? ❻ Il n'a plus qu'une chose au monde. ❼ Qu'est-ce que c'est ?

2ᵉ EXERCICE : TROUVEZ LES MOTS MANQUANTS !

❶ Ich habe keinen Zucker mehr, kein Brot mehr, nichts mehr!

Je . 'ai . . . . . . sucre, ... pain, ... !

❷ Beeilen Sie sich / Beeilt euch ! Sie (3. Pers. Pl.) haben nur noch zehn Minuten!

Dépêchez-vous ! Ils . ' . . . . . . dix minutes !

❸ Ich habe nur noch drei Tage, bevor ich zurückkehre.

Je . ' . . . . trois jours avant de rentrer.

❹ Sie haben uns gesagt, dass wir früh kommen sollen (früh zu kommen).

Ils . . . . de venir tôt.

❺ Ich habe nichts mehr, was ich Ihnen geben könnte (Ihnen zu geben).

Je . ' . . . . à . . . . donner.

cent cinquante • 150

|10| Ich habe nichts mehr in meiner Speisekammer;
|11| keinen Zucker mehr, kein Brot mehr, keinen Reis mehr, keine Kekse mehr,
|12| keine Konserven mehr ... Sehen Sie her ... ah doch, da ist etwas:
|13| ein riesiges Spinnennetz! Guten Appetit!

(ANMERKUNGEN)

⑥ **ne... plus** bedeutet „nicht mehr" oder „kein/e mehr", **plus** bedeutet dagegen „mehr": **Donnez-moi plus** [*plüß*] **de sucre** „Geben Sie mir mehr Zucker". Ein Synonym für **plus** ist **davantage** [*da-wañ-ta·sch*].

⑦ **Le sucre** „Zucker"; **sucré(e)** „süß", „gesüßt", aber für „Süßstoff" sagt man **une sucrette** [*Bü-krät*].

⑧ **tenir** „halten" wird folgendermaßen konjugiert: **je tiens, tu tiens, il/elle tient, nous tenons, vous tenez, ils/elles tiennent** [*tjän*]. Das Partizip lautet **tenu**. **Tenez !** bedeutet hier sinngemäß „Sehen Sie (her)!"

SOLUTIONS DU 1ᵉʳ EXERCICE : AVEZ-VOUS BIEN COMPRIS ?

❶ Haben Sie zwei Kinder, meine liebe Freundin? ❷ Natürlich nicht! ❸ Ich habe nur ein Kind! ❹ Er hat uns [am] nächsten Freitag zum Essen eingeladen. ❺ Ich habe kein Geld mehr! Was werde ich machen? ❻ Er hat nur noch eine Sache auf der Welt. ❼ Was ist das?

SOLUTIONS DU 2ᵉ EXERCICE : LES MOTS MANQUANTS.

❶ n' - plus de - plus de - plus rien ❷ n'ont que ❸ n'ai plus que
❹ nous ont dit ❺ n'ai plus rien - vous

LEKTION 39

▶ **Quarantième (40ᵉ) leçon**

La rue Mouffetard

1. Le dimanche matin, Madame Ferrandi va au marché de la rue Mouffetard.
2. C'est un très vieux marché en bas d'une petite rue étroite. ①
3. Il y a toujours beaucoup de monde et c'est très vivant. ②
4. On y trouve des gens qui jouent de l'accordéon ou de la guitare,
5. et d'autres qui distribuent des tracts politiques et des journaux... ③
6. et il y a même des gens qui achètent des fruits et des légumes !
7. Tous ces gens se parlent en même temps. ④

PRONONCIATION

[... muf-ta▸r 2 ... añ ba dü▸n pŎ-tit rü▸ e-troat 3 ... wi-wañ 4 ... la-kOr-de-oñ ... gi-ta▸r 5 ... diß-tri-bü de▸ trakt ... 6 ... früi ... le-gü▸m]

cent cinquante-deux • 152

Vierzigste Lektion

Die Rue Mouffetard

1 Am Sonntagmorgen geht Frau Ferrandi zum Markt [in] der Rue Mouffetard.
2 Es ist ein sehr alter Markt am Ende einer kleinen engen Straße.
3 Es gibt dort immer sehr viele Leute, und es ist sehr belebt.
4 Man findet dort Leute, die Akkordeon oder Gitarre spielen,
5 und andere, die politische Flugblätter und Zeitungen verteilen ...
6 und es gibt sogar Leute, die Obst und Gemüse kaufen!
7 All diese Leute sprechen gleichzeitig (miteinander).

(ANMERKUNGEN)

① bas ist die männliche, basse die weibliche Form. Das Gegenteil von en bas de "unten, unter" lautet en haut de "oben, auf". au milieu de "in der Mitte von, mitten in", autour de "um (herum)".

② Il y a beaucoup de monde, umgangssprachlich für "Es ist voll; Es sind viele Leute da". Das Gegenteil lautet Il y a peu de monde "Es sind wenig Leute da; Es ist nicht viel los". "Auf der Welt" heißt au monde. Le Monde ist eine große französische Tageszeitung. Nach tout le monde "alle, alle Leute" steht das Verb im Singular.

③ Auf autre "anderer, -e, -es" als Adjektiv folgt normalerweise ein Substantiv: un autre journal "eine andere Zeitung"; une autre voiture "ein anderes Auto". Für "andere" (ohne Substantiv) sagt man d'autres: Certains aiment le thé, d'autres préfèrent le café "Einige mögen (den) Tee, andere bevorzugen (den) Kaffee".

④ il se parle "Er spricht mit sich selbst", aber ils se parlent "sie sprechen miteinander". Vergleichen Sie mit il se connaît "er kennt sich" (= seine Stärken und Schwächen), aber ils se connaissent "sie kennen sich" (= sind sich schon begegnet).

LEKTION 40

| 8 | Madame Ferrandi s'arrête devant l'éventaire d'un marchand de primeurs. ⑤
| 9 | – Quelle est la différence entre ces deux sortes de haricots ? ⑥
| 10 | – Ceux-ci sont cultivés en France et ceux-là sont importés. ⑦
| 11 | – Je vais prendre les moins chers. Avez-vous aussi des carottes ?
| 12 | – Oui, bien sûr. Celles-ci sont très bonnes. Je vous_en mets un kilo ? ⑧

(PRONONCIATION)

[*8* ... le-wañ-**tä**▸r däñ mar-**schañ** dÖ pri-**mÖ**▸r. *9* ... ßOrt dÖ a-ri-**ko** ? *10* ... kül-ti-**we**▸ ... äñ-pOr-**te**▸ *11* ... moäñ ... *12* ... **wu**▸s_añ **mä** äñ ki-**lo** ?]

1ᵉʳ EXERCICE : COMPRENEZ-VOUS CES PHRASES ?

❶ Tout le monde est content de ce livre. ❷ On y trouve des gens qui jouent de la guitare. ❸ Que faites-vous le dimanche matin ? ❹ Quelle est la différence entre ces deux sortes de riz ? ❺ Tout le monde se parle en même temps !

2ᵉ EXERCICE : TROUVEZ LES MOTS MANQUANTS !

❶ Es gibt dort immer sehr viele Leute.

Il y a .... de ..... là-bas.

❷ Manche mögen (den) Tee, andere bevorzugen (den) Kaffee.

Certains aiment le thé, .'...... préfèrent le café.

❸ Wir sprechen jeden Tag (all die Tage) miteinander.

.... tous les jours.

cent cinquante-quatre • 154

8   Frau Ferrandi bleibt vor der Auslage eines Obst- und Gemüsehändlers stehen.
9   – Was (Welches) ist der Unterschied zwischen diesen beiden Sorten Bohnen?
10 – Diese hier wurden in Frankreich angebaut, und jene dort sind importiert.
11 – Ich werde die billigeren nehmen. Haben Sie auch Karotten?
12 – Ja, selbstverständlich. Diese hier sind sehr gut. Soll ich Ihnen ein Kilo (davon) geben?

(ANMERKUNGEN)

⑤ l'éventaire ist ein Begriff aus dem alten Französisch; in der modernen Sprache sagt man l'étalage.

⑥ Beachten Sie, dass hier keine Liaison zwischen de und haricots gemacht wird, obwohl man bei den meisten Substantiven, die mit stummen „h" beginnen, eine Liaison macht (une chambre d'hôtel).

⑦ Die Demonstrativpronomen celui-ci „dieser hier" und celui-là „dieser dort" kennen Sie bereits aus Lektion 34. Hier haben wir es mit der Pluralform ceux-ci zu tun (Fem. celles-ci).

⑧ In Geschäften oder auf Märkten hören Sie häufig: Mettez-moi un kilo de... anstelle von Je voudrais un kilo de... oder Je vous en mets un kilo ? anstelle von En voulez-vous un kilo ? „Möchten Sie ein Kilo davon?"

SOLUTIONS DU 1ᵉʳ EXERCICE : AVEZ-VOUS BIEN COMPRIS ?

❶ Alle sind zufrieden mit (von) diesem Buch. ❷ Man findet dort Leute, die Gitarre spielen. ❸ Was machen Sie / macht ihr sonntagmorgens? ❹ Was ist der Unterschied zwischen diesen beiden Sorten Reis? ❺ Alle sprechen gleichzeitig (miteinander)!

❹ Was ist der Unterschied zwischen diesen beiden Sorten Karotten?

. . . .   la différence entre ces deux sortes de carottes ?

❺ Diese hier sind importiert.

. . . . - . . sont importées.

LEKTION 40

6 Und diese dort sind französische. Soll ich Ihnen ein Kilo davon geben?

Et . . . . . . - . . sont . . . .

Je . . . . en . . . . un kilo ?

▶ **Quarante et unième (41ᵉ) leçon**

Réservons une table

1 – Bon**soir**. Je suis **bien** au restau**rant** "Les Sa**vo**yards" ? ①
2 – **Oui** mon**sieur**.
3 – Je vou**drais** réser**ver** une **ta**ble pour **qua**tre per**sonnes** pour ce **soir**.
4 – **Quatre** cou**verts** ? Vers **quelle heure** ? ②
5 – Vers **huit‿heures**, **si** c'est pos**sible**. ③
6 – **Désolé**, mon**sieur**, mais nous sommes com**plets** jusqu'à **dix‿heures**. ④

VOUS ÊTES SÛR QUE VOUS N'AVEZ RIEN ?

(PRONONCIATION)

[re-sär-**woñ** ... 1 ... le▸ ßa-woa-**ja**▸r 4 ... ku-**wä**▸r ? wä▸r ... 6 ... koñ-**plä**]

SOLUTIONS DU 2ᵉ EXERCICE : LES MOTS MANQUANTS.

❶ toujours beaucoup - monde ❷ d'autres ❸ Nous nous parlons
❹ Quelle est ❺ Celles-ci ❻ celles-là - françaises - vous - mets

---

Einundvierzigste Lektion

Lass uns einen Tisch reservieren

1 – Guten Abend. Bin ich richtig (gut) beim Restaurant „Les Savoyards"?
2 – Ja, mein Herr.
3 – Ich würde gerne einen Tisch für vier Personen für heute Abend reservieren.
4 – Vier Gedecke? Gegen wie viel Uhr?
5 – Gegen acht Uhr, falls das möglich ist.
6 – Tut mir leid, mein Herr, aber wir sind bis zehn Uhr voll besetzt.

(ANMERKUNGEN)

① Das Wörtchen bien wird manchmal in Höflichkeitsfloskeln eingeflochten, z. B. Vous êtes bien Monsieur Duclos ? „Sie sind doch Herr Duclos, nicht wahr?" oder Voulez-vous bien me suivre ? „Würden Sie mir bitte folgen?"

② In der Gastronomie wird anstelle von „Gästen" meistens von couverts „Gedecken" gesprochen. Zu einem couvert gehören: le couteau [ku-to▸] „Messer", la fourchette [fur-**schät**] „Gabel" und la cuillère [küi-**jä▸r**] „Löffel". Darüber hinaus finden sich auf dem Tisch le verre „Glas" und la serviette „Serviette" (Ihnen bereits bekannt im Sinne von „Aktentasche") sowie le sel „Salz" und le poivre [**poa**-wr(ö)] „Pfeffer".

③ vers heißt „auf (+ Person) zu": Il vient vers moi „Er kommt auf mich zu" und im zeitlichen Sinne „gegen": Vers huit heures „Gegen acht Uhr".

④ Ist ein Hotel, Restaurant usw. belegt („voll"), sagt man complet. Was den „vollen" Magen angeht: Um beim Essen einen Nachschlag abzulehnen, und auszudrücken, dass man satt ist, sagt man Merci, j'ai très bien mangé „Danke, ich bin satt (habe sehr gut gegessen)".

| 7 | – Ça **fait** un peu **tard**. Vous êtes **sûr** que vous n'a**vez rien** ? ⑤

| 8 | – **Rien**, à **part** une **toute** pe**tite** ta**ble** qui est **près** de la cui**sine** et...

| 9 | – **Ça** ne fait **rien**. Je la **prends**. Je m'ap**pelle** Des**roches**. ⑥

| 10 | – **Voulez**-vous **bien** l'épe**ler**, **s'il** vous **plaît** ?

| 11 | – D.E.S.R.O.C.H.E.S.

| 12 | – Mer**ci** mon**sieur**. À **tout** à l'**heure**.

| 13 | "L'appé**tit vient** en man**geant**, la **soif** s'en **va** en bu**vant**." – *Rabelais*. ⑦

(PRONONCIATION)

[**9** ... de▸-r**Osch 10** ... le-pe-**le**▸...**11** de▸ Ö eß är o ße▸ asch Ö eß **13** ... añ mañ-**sch˜añ** ... la **ß**oaf ßañ **wa** añ bü-**wañ** - ra-b**Ö**-**lä**.]

1ᵉʳ EXERCICE : COMPRENEZ-VOUS CES PHRASES ?

❶ Je m'en vais en vacances la semaine prochaine. ❷ Elles ne peuvent pas venir. ❸ Ça ne fait rien. ❹ J'arrive vers neuf heures. ❺ Vous êtes bien Français ? ❻ Non, désolé ! ❼ Tous les hôtels sont complets jusqu'à demain.

2ᵉ EXERCICE : TROUVEZ LES MOTS MANQUANTS !

❶ Sie geht gegen acht Uhr.

Elle . .' . . . . huit heures.

❷ Sind Sie / Seid ihr sicher, dass Sie/ihr nichts frei haben/habt?

. . . . -vous sûr que vous . ' . . . . (de libre) ?

❸ Bis auf einen ganz kleinen Tisch sind wir ausgebucht.

. . . . . une toute petite table, nous sommes . . . .

7 – Das ist (macht) ein bisschen spät. Sind Sie sicher, dass Sie nichts [frei] haben?
8 – Nichts, außer einem ganz kleinen Tisch, der nahe bei der Küche ist und ...
9 – Das macht nichts. Ich nehme ihn. Mein Name ist Desroches.
10 – Könnten Sie das bitte buchstabieren?
11 – D.E.S.R.O.C.H.E.S.
12 – Vielen Dank, mein Herr. Bis später.
13 „Der Appetit kommt beim Essen, der Durst geht beim Trinken". – *Rabelais.*

(ANMERKUNGEN)

⑤ Statt C'est un peu tard sagt man in der Umgangssprache Ça fait un peu tard. Fait taucht auch in anderen Ausdrücken auf: Ça fait beaucoup „Das ist viel"; Ça fait très cher ! „Das ist sehr teuer!"

⑥ Noch eine nützliche Redewendung: Ça ne fait rien ! „Das macht nichts!, Das ist nicht schlimm!"

⑦ aller „gehen", s'en aller „weggehen, verschwinden". Je m'en vais, tu t'en vas, il/elle s'en va, nous nous en allons, vous vous en allez, ils/elles s'en vont. Allez-vous en ! „Gehen Sie weg!" On s'en va dans trois minutes „Wir gehen in drei Minuten".

SOLUTIONS DU 1ᵉʳ EXERCICE : AVEZ-VOUS BIEN COMPRIS ?

❶ Ich fahre (gehe) nächste Woche in den Urlaub. ❷ Sie können nicht kommen. ❸ Das macht nichts. ❹ Ich komme gegen neun Uhr an. ❺ Sie sind doch Franzose, nicht wahr? ❻ Nein, tut mir leid! ❼ Alle Hotels sind bis morgen ausgebucht.

❹ Würden Sie bitte (gut) Ihren Namen buchstabieren, mein Herr?

Voulez-vous . . . . nom, monsieur ?

❺ Ich würde gerne für heute Abend einen Tisch reservieren.

Je . . . . réserver une table pour . . . .

SOLUTIONS DU 2ᵉ EXERCICE : LES MOTS MANQUANTS.

❶ s'en va vers ❷ Êtes - n'avez rien ❸ À part - complets ❹ bien épeler votre ❺ voudrais - ce soir

LEKTION 41

▶ Quarante-deuxième (42ᵉ) leçon

Révision et notes

1. Zeitformen: Zusammengesetzte Vergangenheit mit avoir

Diese Zeitform, Passé Composé genannt, wird mit **avoir** „haben" oder mit **être** „sein" und dem Partizip Perfekt des Verbs gebildet. Sie kennen bis jetzt nur die Konstruktion mit **avoir**, daher wollen wir die Konstruktion mit **être** hier aussparen.

Wie das Partizip Perfekt lautet, hängt davon ab, zu welcher Gruppe das Verb gehört. Hier die Regel:

Verbgruppe	Beispiel	Endung des Partizips
Verben auf **-er**	**acheter** „kaufen"	**-é** (**acheté**)
Verben auf **-ir**	**finir** „beenden"	**-i** (**fini**)
Verben auf **-re**	**vendre** „verkaufen"	**-u** (**vendu**)

Beispiele:
Ils ont acheté un magnétoscope. [man-je▸-tOß-**kOp**]
„Sie haben einen Videorecorder gekauft".
Nous avons fini de manger.
„Wir sind fertig mit dem Essen (haben beendet zu essen)"
Elle a vendu sa voiture. „Sie hat ihr Auto verkauft".

Für die Verneinung wird **ne** vor und **pas** hinter das Hilfsverb gesetzt:
Ils n'ont pas acheté... „Sie haben ... nicht gekauft".
Nous n'avons pas fini... „Wir haben ... nicht beendet".
Elle n'a pas vendu... „Sie hat ... nicht verkauft".

Einige Verben bilden das Partizip unregelmäßig. Es handelt sich um relativ häufige Verben; daher werden Sie diese unregelmäßigen Formen schnell assimilieren. Zwei dieser Verben sind **avoir** „haben" (Partizip **eu** [ü▸] „gehabt") und **dire** „sagen" (Partizip **dit** [di] „gesagt"):
J'ai eu. „Ich habe gehabt".
Elle a dit. „Sie hat gesagt".

cent soixante • 160

Zweiundvierzigste Lektion

2. Uhrzeiten

Quelle heure est-il ? „Wie viel Uhr ist es?" Bei der Angabe der Uhrzeit wird immer zuerst die volle Stunde genannt, die der entsprechenden Uhrzeit am „nächsten" ist. Im folgenden Beispiel also 3 Uhr:

Il est trois heures...

Seit drei Uhr sind fünf Minuten vergangen. Also:
Il est trois heures cinq.

Hier ist die „naheliegendste" volle Stunde die 4.
Il est quatre heures...

Bis vier Uhr müssen nun noch 20 Minuten vergehen:
Il est quatre heures moins [moäñ] **vingt** („weniger 20").

Für „Viertel nach" sagt man **... et quart** (oder **un quart**)

Il est deux heures et/un quart.

Für „Viertel vor" sagt man **... moins le quart**
Und die „Viertelstunde"? Sie heißt **le quart d'heure** [ka▸r dÖ▸r].

Il est onze heures moins le quart.

Für die Angabe der Uhrzeit ist es also zunächst einmal wichtig, ob sich der Minutenzeiger in der rechten oder in der linken Hälfte des Ziffernblattes befindet. Befindet er sich in der rechten Hälfte, so wird die Uhrzeit folgendermaßen gebildet: Vergangene volle Stunde + vergangene Minuten bzw. **et/un quart**.

Steht er in der linken Hälfte, so lautet die Uhrzeit: Nächste volle Stunde + **moins** + fehlende Minuten bzw. **moins le quart**.

Und die halbe Stunde? Sie folgt der ersten Regel (Minutenzeiger in der rechten Hälfte des Ziffernblattes):

Il est neuf heures [*nöwör*] **et demie.**

Achtung: Hier wird **demie** mit **e** am Ende geschrieben, es hat aber bei **une demi-heure** „eine halbe Stunde" und allen anderen Zusammensetzungen mit **demi-** kein **e**! Und denken Sie auch daran, dass das Wort **heure** bei **une heure** „ein Uhr" kein **s** am Ende erhält! Bei öffentlichen Zeitansagen (Fahrpläne, TV-Programme usw.) wird die 24-Stunden-Einteilung verwendet.

3. Verneinung

Es gibt unterschiedliche Formen der Verneinung, die alle mit dem Wörtchen **ne** und einer zusätzlichen Partikel hinter dem Verb gebil-

---

▶ **Quarante-troisième (43ᵉ) leçon**

Que faites-vous dans la vie ?

| 1 | De nos **jours**, il y a une **grande** variété d'em**plois** ; ①
| 2 | on peut deve**nir** in**génieur** ou **in**formati**cien**, méde**cin** ou avo**cat** par ex**em**ple.
| 3 | Ces der**nières** profes**sions** néces**sitent** plu**sieurs** an**nées** d'études supéri**eures** ②

(PRONONCIATION)

[*kö fä‣t wu‣ ... 1 dö no‣ sch ̄u‣r ... wa-ri-e-te‣ dañ-ploa ; 2 ... dö-wö-ni‣r äñ-sch ̄e-njÖ‣r u äñ-fOr-ma-ti-Bjäñ, med-Bäñ u a-wo-ka ... 3 ße‣ därn-je‣ pro-feß-joñ ne-ßä-Bit plü-sjÖ‣rsa-ne‣ de-tü‣d Bü-pe-ri-Ö‣r*]

det werden. (Achtung: Die Franzosen verschlucken, wenn sie schnell sprechen (und das tun sie fast immer) häufig das **ne**. Das sollten Sie nicht tun!)

Hier eine Übersicht:
- **ne... pas** „nicht":
- **Je ne fume pas.** „Ich rauche nicht".
- **ne... jamais** „niemals":
- **Je ne fume jamais.** „Ich rauche niemals".
- **ne... rien** „nichts":
- **Elle n'a rien à manger.** „Sie hat nichts zu essen".
- **ne... plus** „nicht mehr":
- **Il ne travaille plus ici.** „Er arbeitet nicht mehr hier".

Denken Sie an ihre „tägliche Dosis Assimil"! Nur auf diese Weise erlernen Sie Französisch mühelos, entspannt und effektiv!

Dreiundvierzigste Lektion

Was machen Sie (im Leben)?

1. Heutzutage (Von unseren Tagen) gibt es eine große Vielzahl von Berufen;
2. man kann Ingenieur oder Informatiker werden, Arzt oder Rechtsanwalt zum Beispiel.
3. Diese letzten Berufe erfordern mehrjährige höhere Studien

ANMERKUNGEN

① **De nos jours** ist die Wendung für „heute, heutzutage". „In der Vergangenheit, früher" heißt **dans le passé** oder, eleganter und relativ formell, **jadis** [sch˜a-**diß**]. **Dans le futur** [... fü-tü▸r] oder **dans l'avenir** [... la-wÖ-**ni**▸r] „in der Zukunft".

② **dernier, dernière** „der, die, das letzte". **Le dernier avion est à onze heures vingt** „Das letzte Flugzeug geht (ist) um 11 Uhr 20". **Voici les dernières nouvelles** „Hier sind die neuesten Neuigkeiten". **Ce dernier** „Letzerer", **cette dernière** „Letztere". Ebenso: **Ce premier** „Ersterer", **cette première** „Erstere".

163 • cent soixante-trois

4	à l'université ou dans une grande école. ③
5	D'autres préfèrent devenir journaliste ou publicitaire.
6	Et n'oublions pas les artisans tels que le menuisier, le plombier ou le maçon. ④
7	Certaines personnes ne peuvent pas supporter de travailler à l'intérieur ⑤⑥
8	dans des usines, des ateliers ou des bureaux
9	alors elles peuvent devenir représentant, ou même chauffeur de taxi.
10	Et malheureusement, il y a ceux qui ne trouvent pas de travail, les chômeurs. ⑦⑧
11	**Définition d'une administration**
12	Une administration est un service
13	où ceux qui arrivent en retard
14	croisent ceux qui partent en avance. ⑨

JE NE SUPPORTE PAS LE FROID.

(PRONONCIATION)

[4 ... **grañ**d_e-**kOl 5** ... pre-**fä**ᐧ**r** ... sch⁻ur-na-**lißt** ... püb-li-ßi-**tä**ᐧ**r 6** ... **nu**-bli-oñ ... ar-ti-**sañ** ... mö-nüi-**sje**ᐧ, ... ploñ-**bje**ᐧ ... ma-**ßoñ**. **7** ßär-**tä**ᐧ**n** pär-**ßOn** ... ßü-pOr-**te**ᐧ ... a läñ-te-ri-**Ö**ᐧ**r** ... **8** ... deᐧs_ü-**si**ᐧ**n**, deᐧs a-töl-**je**ᐧ u deᐧ bü-**ro**ᐧ, **9** ... rö-pre-sañ-**tañ** ... scho-**fÖ**ᐧ**r** ... **10** ... **mal**-ö-rö-ᐧs-**mañ** ... scho-**mÖ**ᐧ**r**. **11** ... **ad**-mi-niß-tra-**ßjoñ 12** ... añ ßär-**wiß** ... **13** ... **Bö**ᐧ ki ... **14** kroas **Bö**ᐧ ki **part** añ a-**wañß**.]

| 4 | an der Universität oder an einer Hochschule.
| 5 | Andere ziehen es vor, Journalist oder Werbefachkraft zu werden.
| 6 | Und vergessen wir nicht die Handwerker (so) wie den Schreiner, den Klempner und den Maurer.
| 7 | Einige Menschen können es nicht ertragen, drinnen zu arbeiten,
| 8 | in Fabriken, Werkstätten oder Büros,
| 9 | sie können dann Vertreter oder sogar Taxifahrer werden.
| 10 | Und leider gibt es [auch] diejenigen, die keine Arbeit finden, die Arbeitslosen.
| 11 | Definition für eine Verwaltung
| 12 | Eine Verwaltung ist eine Dienststelle,
| 13 | wo die, die zu spät kommen,
| 14 | denen begegnen, die zu früh heimgehen.

ANMERKUNGEN

(3) Die grandes écoles sind technische oder Wirtschaftshochschulen, die in Frankreich sehr hoch angesehen sind. Mehr über die Universitäts- oder Hochschulausbildung erfahren Sie in Lektion 105.

(4) tel, telle (Pl. tels, telles) „solcher, solche" bedeutet vor einer Aufzählung „zum Beispiel".

(5) une personne ist immer ein Femininum, auch dann, wenn es sich um einen Mann handelt!

(6) supporter heißt „ertragen" und „vertragen": Je ne peux pas le (la) supporter „Ich kann ihn (sie) nicht ertragen". Est-ce que vous supportez le froid ? „Vertragen Sie die Kälte?".

(7) Beachten Sie, wie der Teilungsartikel du sich bei der Verneinung ändert: Il a trouvé du travail „Er hat Arbeit gefunden" … Il n'a pas trouvé de travail „Er hat keine Arbeit gefunden". Il a trouvé un travail (oder un emploi) „Er hat eine Arbeit/Beschäftigung/Stelle gefunden". Der Plural von travail, des travaux, bedeutet „Bauarbeiten".

(8) un chômeur „ein Arbeitsloser". „Arbeitslos sein" heißt être au chômage.

(9) croiser heißt eigentlich „kreuzen". La croix ist das „Kreuz". Eine „Straßenkreuzung" ist hingegen un carrefour [kar-**fu**▸r].

LEKTION 43

1er EXERCICE : COMPRENEZ-VOUS CES PHRASES ?

❶ Que font-ils ? ❷ Il est ingénieur et son frère est informaticien. ❸ Et que fait sa femme ? ❹ Elle est au chômage. ❺ Il a un travail très intéressant : il est avocat. ❻ Je ne supporte pas le froid. ❼ Ça nécessite beaucoup de travail.

2e EXERCICE : TROUVEZ LES MOTS MANQUANTS !

❶ Man nennt diejenigen, die keine Arbeit finden, (die) Arbeitslose(n).

On appelle .... ne trouvent pas de travail les ....

❷ Es gibt Ärzte und Rechtsanwälte. Letztere (Diese letzten) sind oft sehr reich.

Il y a des .... et des .... Ces .... sont souvent très riches.

❸ Man kann (ein) Handwerker werden und Arbeit haben.

On peut .... artisan et avoir .. ..

▶ **Quarante-quatrième (44e) leçon**

Monsieur Duclos accueille un client ①②

1 Mon**sieur** Du**clos** est **ca**dre dans une grande so**ci**é**té** pé**tro**li**ère**. ③

(PRONONCIATION)
[... a-**köj** äñ kli-**jañ** 1 ... **ka**‑-dr(ö) ... ßo-ßje-**te**‑ pe-tro-**ljä**‑r]

(ANMERKUNGEN)
① Das weibliche Pendant zu client „Kunde" ist cliente „Kundin". La clientèle ist die „Kundschaft".

SOLUTIONS DU 1ᵉʳ EXERCICE : AVEZ-VOUS BIEN COMPRIS ?

❶ Was machen sie? ❷ Er ist Ingenieur, und sein Bruder ist Informatiker. ❸ Und was macht seine Frau? ❹ Sie ist arbeitslos. ❺ Er hat eine sehr interessante Arbeit: Er ist Rechtsanwalt. ❻ Ich (v)ertrage die Kälte nicht. ❼ Das erfordert viel Arbeit.

❹ Ich kann diese Person nicht ertragen.

   Je ne peux pas . . . . personne.

❺ Diejenigen, die zu spät kommen, begegnen denjenigen (kreuzen diejenigen), die zu früh gehen.

   . . . . arrivent . . . . croisent
   . . . . partent . . . .

SOLUTIONS DU 2ᵉ EXERCICE : LES MOTS MANQUANTS.

❶ ceux qui - chômeurs ❷ médecins - avocats - derniers ❸ devenir - du travail ❹ supporter cette ❺ Ceux qui - en retard - ceux qui - en avance

Vierundvierzigste Lektion

Herr Duclos empfängt einen Kunden

[1] Herr Duclos ist Führungskraft in einer großen Ölgesellschaft.

(2) accueillir „jdn. begrüßen, empfangen". Die Aussprache dieses Wortes ist etwas schwierig. Hören Sie, wie es auf den Aufnahmen gesprochen wird. Das Schild Accueil kennzeichnet (z. B. in Hotels oder Behörden) die „Rezeption" oder den „Empfang".

(3) Die Grundbedeutung von un cadre ist „Bilderrahmen". Es bedeutet aber auch „leitender Angestellter; Führungskraft".

| 2 | Aujourd'hui il est à l'aéroport de Roissy pour accueillir un client suisse.
| 3 | Il l'attend devant la sortie de la douane.
| 4 | "Le vol Air France deux mille huit cent soixante-sept en provenance de Genève vient d'arriver à la porte numéro six", ④
| 5 | Monsieur Duclos cherche parmi la foule des gens qui sortent, mais il ne reconnaît personne. ⑤
| 6 | Attendez... Là-bas, l'homme en costume gris avec un magazine sous le bras...
| 7 | – Ça doit être lui, se dit Monsieur Duclos. Je vais me présenter.
| 8 | Il avance vers l'homme et, tendant la main, lui dit : ⑥
| 9 | – Permettez-moi de me présenter, je suis Monsieur Duclos de la société IPF. ⑦⑧

PRONONCIATION

[*2* ... a-e-ro-**pO**‣r dÖ roa-ßi ... a-kö-**ji**‣r ... ßüiß. *4* ... dö‣ mil üi ßañ **ßoa**-ßañt **ßät** añ pro-wÖ-**nañß** dÖ sch˜Ö-**nä**‣w **wjäñ** da-ri-**we**‣ ... *5* ... par-**mi** la **fu**‣l ... **ßOrt** *6* ... **bra** *7* **ßa** doat **ä**‣tr(ö)... *8* ... tañ-**dañ** la **mäñ** ... *9* ... i‣ pe‣ **äf**]

2	Heute ist er am Flughafen Roissy, um einen Schweizer Kunden zu empfangen.
3	Er wartet vor dem Ausgang des Zolls auf ihn.
4	„Der Flug Air France [Nummer] zwo-acht-sechs-sieben aus (Richtung) Genf ist [soeben] an Ausgang 6 gelandet".
5	Herr Duclos sucht in der Menge der Menschen, die herauskommen, aber er erkennt niemanden.
6	Warten Sie ... Dort, der Mann im grauen Anzug mit der Zeitschrift unter dem Arm ...
7	– Das muss er sein, sagt sich Herr Duclos. Ich werde mich vorstellen.
8	Er nähert sich dem Mann und (die Hand reichend) sagt zu ihm, während er ihm die Hand reicht:
9	– Erlauben Sie mir, mich vorzustellen, ich bin Herr Duclos von der Firma IPF.

(ANMERKUNGEN)

④ Das Verb venir heißt in der Grundbedeutung „kommen". Die Konstruktion venir de + Infinitiv wird hingegen verwendet, wenn eine Handlung soeben abgeschlossen wurde: Je viens de manger „Ich habe gerade gegessen". Nous venons d'arriver „Wir sind gerade angekommen".

⑤ Je n'ai vu personne „Ich habe niemanden gesehen". Über die Verneinung mit ne + einer weiteren Partikel haben wir bereits in Lektion 42 gesprochen. Personne n'est là „Es ist niemand da". Il n'aime personne „Er liebt niemanden".

⑥ Verwechseln Sie nicht tenir „halten" und tendre „hinhalten, (an)reichen". Je tends, tu tends, il/elle tend, nous tendons, vous tendez, ils/elles tendent. Partizip: tendu. Tendez votre assiette „Reichen Sie Ihren Teller herüber".

⑦ Dies ist eine sehr formelle Wendung, um sich vorzustellen. Eine lockerere Art wäre: Bonjour, je m'appelle Duclos.

⑧ une société „Firma, Unternehmen". Zahlreiche Firmennamen enden mit den Initialen SA oder SARL. SA steht für société anonyme, was mit unserer „Aktiengesellschaft" vergleichbar ist, SARL steht für société anonyme à responsabilité limitée, in etwa unserer GmbH ähnlich.

10   Je ne com**prends pas** le fran**çais**, dit
l'**homme** a**vec** un **fort** ac**cent** alle**mand**.

(PRONONCIATION)

[*10 ... fO▸r ak-ẞañ ...*]

1ᵉʳ EXERCICE : COMPRENEZ-VOUS CES PHRASES ?

❶ Il a un magazine sous le bras. ❷ Vous venez d'arriver ?
❸ Oui, j'arrive de Genève. ❹ Je ne reconnais personne...
Attendez ! Ça doit être lui. ❺ Présentez-moi à votre sœur.
❻ L'homme en costume bleu avance vers la porte. ❼ J'ai rencontré un ami en vacances.

2ᵉ EXERCICE : TROUVEZ LES MOTS MANQUANTS !

❶ Erkennen Sie jemanden?

     . . . . -vous quelqu'un ?

❷ Nein, niemanden.

     Non, ...

❸ Wir sind gerade angekommen, und wir sind müde.

     Nous . . . .'. . . . . . . et nous sommes

     . . . .

▶ **Quarante-cinquième (45ᵉ) leçon**

Monsieur Duclos trouve son client

1   Mon**sieur** Du**clos** est per**plexe**...
2   Der**rière lui**, une **voix** dit :
     – **Vous** me cher**chez**, peut_-**être** ?

(PRONONCIATION)

[... *tru▸w(ö) ... 1 ... pär-pläkẞ ... 2 ... ü▸n woa di :*]

cent soixante-dix • 170

10 – Ich verstehe kein (nicht das) Französisch, sagt der Mann mit einem starken deutschen Akzent.

SOLUTIONS DU 1er EXERCICE : AVEZ-VOUS BIEN COMPRIS ?

❶ Er hat eine Zeitschrift unter dem Arm. ❷ Sie sind / ihr seid gerade angekommen? ❸ Ja, ich komme aus Genf. ❹ Ich erkenne niemanden ... Warten Sie / Wartet! Das muss er sein. ❺ Stellen Sie / Stellt mich Ihrer/eurer Schwester vor. ❻ Der Mann im blauen Anzug nähert sich der Tür. ❼ Ich habe in den Ferien einen Freund getroffen.

❹ Mein Bruder ist leitender Angestellter in einer großen Firma.

Mon frère est . . . . . dans une grande

. . . .

❺ Warten Sie / Wartet vor dem Ausgang auf mich (Erwarten Sie / Erwartet mich ...).

. . . . - . . . devant la . . . .

❻ Sie müssen Herr Duclos sein. Erlauben Sie mir, mich vorzustellen.

Vous . . . . Monsieur Duclos. Permettez-moi de . . . .

SOLUTIONS DU 2e EXERCICE : LES MOTS MANQUANTS.

❶ Reconnaissez ❷ personne ❸ venons d'arriver - fatigués ❹ cadre - société ❺ Attendez-moi - sortie ❻ devez être - me présenter

Fünfundvierzigste Lektion

Herr Duclos findet seinen Kunden

1 Herr Duclos ist erstaunt ...
2 Hinter ihm sagt eine Stimme: Suchen Sie mich vielleicht?

LEÇON 45

3 Je suis Marcel Chavan. Heureux de vous connaître.
4 – Enchanté. Je suis Michel Duclos de la... ①
5 – Je sais, répond le Suisse avec un sourire ironique.
6 – Euh...Voulez-vous me suivre ? Nous allons chercher ma voiture. ②
7 Les deux hommes se dirigent vers les ascenseurs.
8 – J'espère que vous avez fait bon voyage.
9 – Oui, ce n'était pas mal, quoique je n'aime pas l'avion. ③
10 – Voulez-vous aller tout de suite à votre hôtel ④
11 ou voulez-vous passer au bureau d'abord ?
12 – Non, je veux déposer mes affaires d'abord. ⑤

(PRONONCIATION)

[.... **3** ... mar-*Bäl* scha-*wañ* ... **4** añ-schañ-*te*▸ ... **5** sch¯*Ö Bä* ... *Bu*-*ri*▸*r* i-ro-*nik* **6** ... m*Ö Büi*▸-wr(ö) ? ... **7** ... di-*ri*▸*sch*˜ ... les̮a-*Bañ*-*BÖ*▸r. **9** ... *koa*-k*Ö* ... **10** ... tut *Büit* ... **12** ... de-po-*se*▸ me̮*s̮*a-*fä*▸r ...]

3	Ich bin Marcel Chavan. Freut mich, Sie kennenzulernen (Glücklich von Sie kennen).
4	– Sehr erfreut. Ich bin Michel Duclos von der ...
5	– Ich weiß, antwortet der Schweizer mit einem ironischen Lächeln.
6	– Äh ... Würden Sie mir bitte folgen? Wir werden meinen Wagen holen.
7	Die beiden Männer gehen in Richtung (wenden sich zu) Aufzüge.
8	– Ich hoffe, Sie hatten eine gute Reise.
9	– Ja, es war nicht schlecht, obwohl ich nicht gerne fliege (das Flugzeug nicht mag).
10	– Möchten Sie sofort zu ihrem Hotel gehen
11	oder möchten Sie zuerst im Büro vorbeigehen?
12	– Nein, ich möchte zuerst meine Sachen wegbringen (abstellen).

(ANMERKUNGEN)

① **Enchanté** heißt wörtlich „bezaubert, verzückt", ist aber nicht so blumig gemeint. Es ist einfach die formelle Wendung für „Sehr erfreut, Freut mich". In einer lockeren Atmosphäre reicht ein freundliches **Bonjour** oder **Bonsoir**, je nach Tageszeit. Unter Jugendlichen, aber auch im Fernsehen, hört man **Salut** !

② In diesem Dialog lernen Sie zwei Verwendungsweisen von **Voulez-vous... ?** kennen. In diesem Satz ist es eine höfliche Formulierung für „Würden Sie bitte ...?"

③ Auf **quoique** oder **bien que** „obwohl" folgt immer ein Verbmodus, der **subjonctif** genannt wird, und der immer benutzt wird, wenn der nachfolgende Satz eine Vermutung oder einen Zweifel ausdrückt.

④ Hier und im nächsten Satz ist **Voulez-vous... ?** wörtlich gemeint: „Wollen Sie ...?", „Möchten Sie ...?"

⑤ **une affaire** „Angelegenheit, Sache" im abstrakten Sinne, aber **Il a fait une affaire** „Er hat ein Schnäppchen gemacht". **Affaires** heißt „Sachen" im Sinne von „Gepäck" oder „Habseligkeiten". Es bedeutet auch „Geschäft". **Il a fait de bonnes affaires** [... dÖ **bOns_a-fä•r**] „Er hat gute Geschäfte gemacht". **Il a une affaire** „Er hat eine Liebesbeziehung".

1er EXERCICE : COMPRENEZ-VOUS CES PHRASES ?

❶ Il veut aller tout de suite à son hôtel. ❷ Voulez-vous bien me suivre, s'il vous plaît ? ❸ Je suis Michel Duclos. ❹ Heureux de vous connaître. ❺ Je veux déposer mes affaires d'abord. ❻ Il n'a pas fait bon voyage, il était malade.

2e EXERCICE : TROUVEZ LES MOTS MANQUANTS !

❶ Obwohl ich Fliegen (das Flugzeug) nicht mag, war es nicht schlecht.

. . . . je n'aime pas . ' . . . . . , ce . .'était pas mal.

❷ Ich bin Michel Chavan. – Sehr erfreut.

Je suis Michel Chavan. – . . . .

❸ Die beiden Männer wenden sich dem Aufzug zu.

Les deux hommes . . . . l'ascenseur.

❹ Möchten Sie / Möchtet ihr sofort ins Hotel fahren (gehen)?

. . . . . . - . . . . aller . . . . à l'hôtel ?

▶ **Quarante-sixième (46e) leçon**

À l'hôtel

1   Les **deux_hommes** ar**riv**ent de**vant** l'en**trée** de l'hô**tel** de **Meaux**. ①

(PRONONCIATION)

[*1* ... lañ-**tre**▸ ...o-**täl** dÖ **mo**▸]

SOLUTIONS DU 1ᵉʳ EXERCICE : AVEZ-VOUS BIEN COMPRIS ?

❶ Er möchte sofort in sein Hotel fahren. ❷ Würden Sie / Würdet ihr mir bitte folgen? ❸ Ich bin Michel Duclos. ❹ Freut mich (Glücklich), Sie/euch kennenzulernen. ❺ Ich möchte zuerst meine Sachen wegbringen (abstellen). ❻ Er hat keine gute (nicht gute) Reise gehabt (gemacht), er war krank.

❺ Würden Sie bitte das Fenster öffnen?

. . . . . . - . . . . la fenêtre, s'il vous plaît ?

SOLUTIONS DU 2ᵉ EXERCICE : LES MOTS MANQUANTS.

❶ Quoique - l'avion - n' ❷ Enchanté ❸ se dirigent vers ❹ Voulez-vous - tout de suite ❺ Voulez-vous ouvrir

Noch ein paar Lektionen, und Sie haben schon die Hälfte des Kurses passiv durchgearbeitet. Dann wird die „Zweite Welle" (ab Lektion 50) beginnen ... und Sie werden selbst Sätze auf Französisch formulieren!

Sechsundvierzigste Lektion

Im Hotel

[1] Die beiden Männer kommen vor dem Eingang des Hotel de Meaux an.

ANMERKUNGEN

① **une entrée** kann der „Eingang", aber auch die „Eingangshalle" sein. Aber Achtung: Auf Speisekarten ist **l'entrée** die „Vorspeise"! „Ausgang, Ausfahrt" ist hingegen **la sortie**. **La sortie de secours** ist der „Notausgang".

| 2 | C'est un hôtel quatre étoiles situé non loin des Champs-Élysées. ②
| 3 | La première chose qu'ils voient est un panneau marqué "Complet", ③
| 4 | mais ils ne s'inquiètent pas parce que Monsieur Chavan a réservé sa chambre.
| 5 | Ils s'approchent de la réception et le Suisse s'adresse à la réceptionniste : ④
| 6 | – Bonjour, madame ; j'ai une chambre réservée au nom de Chavan.
| 7 | – Une minute, s'il vous plaît. Quel nom avez-vous dit ? Je ne trouve rien.
| 8 | Oh pardon. Voilà. Une chambre avec salle de bains réservée pour trois nuits.
| 9 | C'est la chambre trois cent un (301) au troisième étage. Voilà le chasseur. ⑤

(PRONONCIATION)

[*2* ... **katr**(ö)_e-**toal** ßi-tü-**e**▸ noñ **loañ** de▸ **schañs**_e-li-**se**▸. *3* ... pa-**no**▸ mar-**ke**▸ koñ-**plä 4** ... **ßäñ**-ki-**ät** ... *5* ... ßa-**prosch** dÖ la re-ßäp-**ßjoñ** ... **re**-ßäp-ßjo-**nißt 9** ... scha-**ßÖ**▸**r**.]

2	Es ist ein Vier-Sterne-Hotel, das sich nicht weit von den Champs-Élysées befindet.
3	Das erste (Die erste Sache), was sie sehen, ist ein Schild, auf dem „Belegt" steht,
4	aber sie sind nicht beunruhigt, da Herr Chavan sein Zimmer reserviert hat.
5	Sie nähern sich der Rezeption, und der Schweizer spricht die Dame an der Rezeption an:
6	– Guten Tag, gnädige Frau; ich habe ein Zimmer auf den Namen Chavan reserviert (ich habe ein Zimmer reserviertes auf den Namen Chavan).
7	– Einen Moment (Eine Minute), bitte. Welchen Namen sagten Sie? Ich finde nichts.
8	Oh, Entschuldigung. Da [haben wir's]. Ein Zimmer mit Bad, reserviert für drei Nächte.
9	Es ist das (Schlaf–)Zimmer 301 in der 3. Etage. Hier ist der Page.

ANMERKUNGEN

(2) **Le champ** hat die Bedeutungen „Feld" und „Acker" (das **p** am Ende wird nicht gesprochen). **Se promener dans les champs** „in den Feldern spazieren gehen".

(3) **il voit** „er sieht" und **ils voient** „sie sehen" (Pl.) wird gleich ausgesprochen. Es gibt noch zahlreiche Verben, bei denen es sich genauso verhält.

(4) Die Person am Empfang (z. B. eines Hotels) ist entweder **le réceptionniste** oder **la réceptionniste**, je nachdem, ob es sich um einen Mann oder eine Frau handelt. Das Substantiv selbst verändert sich nicht.

(5) Die Grundbedeutung von **le chasseur** ist der „Jäger". Man nennt den Pagen im Hotel auch **le groom** [gru▸m].

LEKTION 46

10 – Merci madame ; je préfère porter ma valise moi-même. ⑥⑦
11 – Vous êtes sûr, Monsieur ? L'ascenseur est en panne ! ⑧

(PRONONCIATION)

[*10 ... wa-li‧s moa-mä‧m 11 la-ßañ-ßÖ‧r ät_añ pan !*]

1ᵉʳ EXERCICE : COMPRENEZ-VOUS CES PHRASES ?

❶ Ils voient une affiche "Complet" mais ils ne s'inquiètent pas. ❷ J'ai une chambre réservée au nom de Duclos. ❸ Mais je ne trouve rien ! ❹ Une minute, s'il vous plaît ! ❺ Voulez-vous des carottes ? ❻ Merci, je n'ai plus faim.

2ᵉ EXERCICE : TROUVEZ LES MOTS MANQUANTS !

❶ Mein Auto ist kaputt. Können Sie / Könnt ihr mir helfen?

Ma voiture est .. ..
Pouvez-vous m'aider ?

❷ Es ist das (Schlaf-)Zimmer [Nummer] 301.

C'est la chambre ....

❸ Das Zimmer ist auf den Namen Chavan reserviert.

.. chambre est .... de Chavan.

❹ Seien Sie / Seid nicht beunruhigt; es gibt kein Problem.

Ne vous .... pas ; il n'. .... de problème.

❺ Sie kommt um halb zehn.

Elle arrive à .... heures .. ..

cent soixante-dix-huit • 178

10 – Vielen Dank (meine Dame); [aber] ich trage (bevorzuge zu tragen) meinen Koffer lieber selbst.
11 – Sind Sie sicher, mein Herr? Der Aufzug ist kaputt!

(ANMERKUNGEN)

⑥ **Merci** „Danke" oder auch „Nein, danke", wenn eine entsprechende verneinende Geste dazu erfolgt. Wenn Ihnen bei Tisch etwas angeboten wird, was Sie gerne essen oder trinken möchten, so sagen Sie **(Oui,) s'il vous plaît** oder im anderen Fall **(Non,) merci**.

⑦ **moi-même** „ich selbst" betont wie **toi-même** „du selbst", **lui-même** „er selbst" usw. die Person, die eine Handlung ausführt. **Si vous voulez du café, préparez-le vous-même** „Wenn Sie Kaffee möchten, so bereiten Sie ihn selbst zu".

⑧ **une panne** ist eine „Panne". Ist etwas **en panne**, so ist es „kaputt", „funktioniert nicht". Ein Synonym ist **hors service** [O‣r ßär-**wiß**]. „Kaputtgehen" heißt **tomber** [toñ-**be**‣] **en panne**, und „reparieren" heißt **dépanner**. Deshalb ist **une dépanneuse** [de-pa-**nö**‣s] auch ein „Abschleppwagen".

SOLUTIONS DU 1ᵉʳ EXERCICE : AVEZ-VOUS BIEN COMPRIS ?

❶ Sie sehen ein Schild [mit der Aufschrift] „Belegt", aber sie sind nicht beunruhigt. ❷ Ich habe ein Zimmer auf den Namen Duclos reserviert (habe ein Zimmer reserviertes auf den Namen Duclos). ❸ Aber ich finde nichts! ❹ Einen Moment (Eine Minute), bitte! ❺ Möchten Sie / Möchtet ihr Karotten? ❻ Nein danke, ich habe keinen Hunger mehr.

❻ Sind Sie dessen (davon) sicher?

Vous . . êtes . . . ?

SOLUTIONS DU 2ᵉ EXERCICE : LES MOTS MANQUANTS.

❶ en panne ❷ trois cent un ❸ La - réservée au nom ❹ inquiétez - y a pas ❺ neuf - et demie ❻ en - sûr

Lerntipp

Notieren Sie alle Vokabeln, die nicht in der Liste im Anhang des Buches vorkommen, jedoch immer als ganze Sätze oder als Redewendungen, oder legen Sie sich eine separate Liste an. Lernen Sie alle Vokabeln im Kontext, niemals einzeln!

LEKTION 46

▶ Quarante-septième (47ᵉ) leçon

Pas si vite ①

1. Devant une boîte de nuit, les gens font patiemment la queue, ②
2. attendant leur tour malgré la pluie. ③
3. Tout à coup un jeune homme arrive, bouscule quelques personnes
4. et se dirige résolument vers le début de la queue.
5. Une énorme main le saisit par le col de sa veste.
6. – Dites donc, le resquilleur ! Vous allez faire la queue comme tout le monde... ou bien... ④⑤

PRONONCIATION
[1 ... boat dÖ nüi ... paß-ja-mañ la kö▸, 2 ... lÖ▸r tu▸r mal-gre▸ la plüi. 3 tut a ku▸ ... buß-kü▸l ... 4 ... re-so-lü-mañ ... 5 ... mañ lÖ ßä-si par lÖ kOl dÖ ßa weßt. 6 ... räß-ki-jÖ▸r ...]

Siebenundvierzigste Lektion

Nicht so schnell

1 Vor einem Nachtclub (Nachtkiste) stehen die Menschen geduldig Schlange (machen den Schwanz),
2 und warten (wartend), bis Sie an der Reihe sind, trotz des Regens.
3 Plötzlich kommt ein junger Mann, drängt einige Personen beiseite
4 und geht entschlossen zum Anfang der Schlange.
5 Eine riesige Hand packt ihn am Kragen seiner Jacke.
6 – Sagen Sie mal, Sie Vordrängler, Sie werden Schlange stehen wie alle ... oder ...

*In dieser Lektion lernen Sie einige Slang-Ausdrücke (**l'argot**) des Französischen kennen, die Sie aber nur anwenden sollten, wenn Sie ihre Bedeutung genauestens kennen und die Situation und der angesprochene Personenkreis dies erlauben!*

ANMERKUNGEN

① „Schnell" kann rapide [ra-pi·d] oder vite heißen. Während das Adverb von rapide rapidement heißt, ist vite sowohl Adjektiv als auch Adverb.

② Die Grundbedeutung von la queue ist „Schwanz".

③ Wie wichtig es ist, mit jedem Substantiv auch gleich das Geschlecht zu lernen, sehen Sie hier: un tour „Rundfahrt, -gang". C'est mon tour „Ich bin an der Reihe" („Das ist meine Runde"). Und sicher kennen Sie auch le Tour de France! Dagegen heißt la tour der „Turm": La Tour Eiffel „Eiffelturm".

④ Dites-donc ! „Na hören Sie mal!", „He, Sie!" Im Singular heißt es Dis-donc ! „Na hör mal!", „Sag mal!"

⑤ Das Wort resquiller [räs-ki-je•] bedeutet „schmarotzen". Ein resquilleur ist einerseits eine Person, die von einer Leistung profitiert, ohne dafür zu bezahlen, andererseits aber auch wie hier jemand, der sich vordrängelt, um nicht warten zu müssen.

7	Le co**staud** n'a **pas** beso**in** de termi**ner** sa **phrase** ! ⑥
8	– C'est **comme** vous vou**lez**, mon**sieur**, ré**pond** le jeune **homme**,
9	mais **si** je ne **passe pas** mainte**nant**, **vous** allez **tous** atten**dre** long**temps**... ⑦
10	La so**no** est en **panne** ⑧
11	et je suis le dé**pan**neur !

(PRONONCIATION)

[**7** ... *lÖ koß-to▸* ... **9** ... *mäñ-tÖ-nañ* ... *tuß a-tañ-dr(ö) loñ-tañ* ... **10** *la ßo-no* ... **11** ... *de-pa-nÖ▸r !*]

1ᵉʳ EXERCICE : COMPRENEZ-VOUS CES PHRASES ?

❶ Faites la queue ici, s'il vous plaît. ❷ Nous attendons tous notre tour. ❸ Malgré la pluie, je vais au cinéma ce soir. ❹ Vous n'avez pas besoin de tous ces vêtements. ❺ C'est comme vous voulez, monsieur.

2ᵉ EXERCICE : TROUVEZ LES MOTS MANQUANTS !

❶ Der Schmarotzer steht niemals Schlange.

Le .... ne .... la queue.

❷ Machen Sie / Macht es wie alle!

Faites comme .... !

❸ Zum Glück ist er kräftig; dieser Koffer ist schwer!

Heureusement qu'il est .... ; cette ...... est lourde !

| 7 | Der stämmige Mann braucht seinen Satz nicht zu beenden!
| 8 | – (Das ist) wie Sie wollen, mein Herr, antwortet der junge Mann,
| 9 | aber wenn ich jetzt nicht durchkomme, werden Sie alle lange warten ...
| 10 | Die Musikanlage ist kaputt
| 11 | und ich bin der Techniker!

(ANMERKUNGEN)

⑥ **costaud, costaude** „stämmig, kräftig". Das Substantiv lautet **un costaud** „stämmiger Kerl" (es gibt keine weibliche Form!).

⑦ Denken Sie daran: Ist **tous** „alle" Pronomen, wird es [tuß] ausgesprochen! Ansonsten spricht man [tu]: **Tous les matins...** „Jeden Morgen ... (Alle Morgen ...)".

⑧ **La sono** kommt ursprünglich von **la sonorisation** „Tonwiedergabe" und wird wie viele französische Wörter abgekürzt benutzt.

SOLUTIONS DU 1ᵉʳ EXERCICE : AVEZ-VOUS BIEN COMPRIS ?

❶ Stellen Sie sich / Stellt euch bitte hier an. ❷ Wir warten alle, bis wir an der Reihe sind. ❸ Trotz des Regens gehe ich heute Abend ins Kino. ❹ Sie brauchen/Ihr braucht all diese Kleidung nicht. ❺ (Das ist) wie Sie wollen, mein Herr.

❹ Trotz des Preises werde ich es kaufen.

. . . . . . le prix, je vais . ' . . . .

❺ Die Tour de France führt am (... passiert vor dem ...) Eiffelturm vorbei.

. . . . . . de France passe devant
. . . . . . Eiffel.

SOLUTIONS DU 2ᵉ EXERCICE : LES MOTS MANQUANTS.

❶ resquilleur - fait jamais ❷ tout le monde ❸ costaud - valise
❹ Malgré - l'acheter ❺ Le Tour - la Tour

LEKTION 47

Quarante-huitième (48ᵉ) leçon

Quelques expressions idiomatiques

1 – **Ne** faites **pas** de **bruit** ; je **suis** en **train** d'en**re**gis**trer** ! ①
2 – **Qu'est**-ce que **c'est** que **ce** ma**chin** ? ②
3 – C'est pour é**crire** à l'en**vers**. ③
4 – Le**quel** de ces deux **pulls** voulez-**vous** ?
5 – Ça **m'est** é**gal**.
6 – Ce n'est **pas** la **peine** de cri**er** ; je suis **sourd** comme un **pot**.
7 – J'es**père** qu'il a l'habi**tude** de voya**ger** beau**coup** s'il ac**cepte** cet em**ploi**.

(PRONONCIATION)

[käl kÖs äkß-präß-joñ i-djo-ma-tik 1 ... fät pa dÖ brüi ; ... ßüis añ träñ dañ-rÖ-sch˜iß-tre▸ 2 käß kÖ ßä kÖ ßÖ ma-schäñ ? 3 ... a lañ-wä▸r. 4 ... ße▸ dö▸ pül ... 5 ... ßa mät e-gal. 6 ... pa la pä▸n dÖ kri-je▸ ... ßu▸r kOm äñ po▸. 7 ... kil a la-bi-tü▸d dÖ woa-ja-sch˜e▸ ... ak-ßäpt ßät añ-ploa.]

Achtundvierzigste Lektion

Einige feststehende Redewendungen

1 – Macht keinen Lärm; ich bin [gerade] dabei, [etwas] aufzunehmen!
2 – Was [zum Teufel] ist das für ein Ding?
3 – Das ist [dazu da,] um (für) rückwärts zu schreiben.
4 – Welchen von diesen beiden Pullovern wollen Sie?
5 – Das ist mir egal.
6 – Es ist nicht nötig (Das ist nicht die Mühe), zu schreien; ich bin stocktaub (taub wie ein Topf).
7 – Ich hoffe, dass er daran gewöhnt ist, viel zu reisen, wenn er diese Arbeit annimmt.

In dieser Lektion lernen Sie verschiedene Redewendungen aus der Umgangssprache. Nicht alle sind wörtlich ins Deutsche zu übersetzen. Wo dies nicht möglich ist, nennen wir äquivalente Wendungen aus dem Deutschen.

ANMERKUNGEN

① Soll betont werden, dass man gerade im Moment dabei ist, etwas zu tun, so wird dies mit der Konstruktion être en train de + Infinitiv wiedergegeben. Je suis en train de téléphoner „Ich telefoniere gerade". Le train ist der „Zug".

② Die Ausdrücke le machin und le truc sind echte „Lebensretter", denn Sie bedeuten „Ding, Sache" und können immer dann eingesetzt werden, wenn man die genaue Bezeichnung für einen Gegenstand nicht kennt. Passe-moi ce truc ! „Gib mir mal das Ding da!"

③ à l'envers „umgekehrt, verkehrt herum". L'envers ist die „Kehrseite". Dagegen heißt „richtig herum" à l'endroit [a lañ-**droa**]. L'endroit ist auch die „Stelle", der „Ort". À quel endroit ? „An welcher Stelle?"

LEKTION 48

| 8 | – **Passe**-moi un **coup** de **fil** si tu as le **temps**. ④
| 9 | – **Est-ce** que je **peux** vous po**ser** une ques**tion** ?
| 10 | – **Al**lez- **y**. ⑤
| 11 | – **Qu'est**-ce qu'il y **a** ? Vous‿**êtes** ma**lade** ?
| 12 | Il vaut **mieux** être **riche** et en **bonne** san**té** que **pauv**re et ma**lade** !

(PRONONCIATION)

[*8 paß moa än kud fil ... 10 ... a-le▸s‿i. 12 ... wo▸ mjö▸ ä▸tr(ö) risch e añ bOn ßañ-te▸ kÖ po▸-wr(ö) e ma-la▸d !*]

1ᵉʳ EXERCICE : COMPRENEZ-VOUS CES PHRASES ?

❶ Mon fils me passe un coup de fil tous les mardis. ❷ Nous sommes en train d'apprendre le français. ❸ Elle a l'habitude de faire la cuisine : elle a une grande famille. ❹ Vous êtes prêts ? Bien, allez-y ! ❺ Votre pull est à l'envers !

2ᵉ EXERCICE : TROUVEZ LES MOTS MANQUANTS !

❶ Welchen von diesen beiden Weinen möchten Sie?

. . . . . . de ces deux . . . . voulez-vous ?

❷ Das ist mir egal.

Ça . ' . . . .

❸ Es ist nicht nötig, [darauf] zu bestehen; ich habe kein Geld mehr.

Ce n'est . . . . d'insister ;
je n'ai . . . . d'argent.

❹ Er hat mich letzte Woche angerufen.

Il m'a . . . . . un . . . .
la . . . . dernière.

| 8 | – Ruf mich an (reich mir einen Anruf), wenn du (die) Zeit hast.
| 9 | – Kann ich Ihnen eine Frage stellen?
| 10 | – Na, los (gehen Sie hin).
| 11 | – Was ist los (Was ist es, das es gibt)? Sind Sie krank?
| 12 | Es ist besser (Es ist mehr wert), reich zu sein und gesund (von guter Gesundheit) als arm und krank!

(ANMERKUNGEN)

④ **un coup de fil** ist der umgangssprachliche Ausdruck für „Anruf". **Un fil** ist ein „Faden". Im Plural, **les fils** [le▸ fil], wird das **s** nicht gesprochen. Verwechseln Sie dies nicht mit **les fils** [fiß] „die Söhne"!

⑤ **Allez-y !** ist eine sehr nützliche Wendung, mit der man jemanden zu etwas auffordern kann. Es kann je nach Kontext „Na, denn mal los!", „Los!", „Nun machen Sie mal!" heißen. Spricht man zu einer Person, die man duzt, sagt man **Vas-y !**

SOLUTIONS DU 1ᵉʳ EXERCICE : AVEZ-VOUS BIEN COMPRIS ?

❶ Mein Sohn ruft mich jeden Dienstag an. ❷ Wir sind [gerade] dabei, (das) Französisch zu lernen. ❸ Sie ist es gewohnt, zu kochen: Sie hat eine große Familie. ❹ Seid ihr fertig? Gut, dann los! ❺ Sie tragen Ihren Pullover verkehrt herum (Ihr Pullover ist verkehrt herum)!

❺ Was ist das denn für ein Ding?

Qu'est- .. ... .'... que ce ...... ?

❻ Ich weiß [es] nicht.

Je ne .... pas.

❼ Es ist besser, reich zu sein als arm.

Il .... être riche ... pauvre.

SOLUTIONS DU 2ᵉ EXERCICE : LES MOTS MANQUANTS.

❶ Lequel - vins ❷ m'est égal ❸ pas la peine - plus ❹ passé - coup de fil - semaine ❺ ce que c'est - machin ❻ sais ❼ vaut mieux - que

LEKTION 48

▶ Quarante-neuvième (49ᵉ) leçon

Révision et notes

1. Relativpronomen: ceux qui - ceux que

Sie haben gelernt, dass **qui** und **que** „das, was" heißen und ihre Verwendung davon abhängt, ob das Relativpronomen das Subjekt (**qui**) oder das Objekt (**que**) des Nebensatzes ist (Lektion 28). Sie haben auch die zusammengesetzten Relativpronomen **ce qui/ce que** „das, was" kennengelernt. Sie kennen nun auch die Pluralformen **ceux qui/ceux que** „diejenigen, die":

Ceux qui veulent venir, dépêchez-vous !
„Diejenigen, die (Subjekt - wer?) kommen wollen - beeilt euch!"
Prenez ceux que vous voulez et laissez le reste.
„Nehmen Sie die(jenigen), die (Objekt - wen?) Sie haben wollen, und lassen Sie den Rest".

2. Verben: devoir „müssen, sollen"

Zunächst wollen wir dieses Verb noch einmal konjugieren:
je dois, tu dois, il/elle doit, nous devons, vous devez, ils/elles doivent [*doaw*].

Dem Verb folgt normalerweise ein Infinitiv:
Nous devons partir. „Wir müssen gehen".
Il ne doit pas boire. „Er soll nicht trinken".
Ça doit être eux. „Das müssen sie sein".

Das Partizip Perfekt lautet **dû**. Durch den Akzent ^ auf dem **u** wird eine Unterscheidung zum Teilungsartikel **du** geschaffen; beides wird gleich ausgesprochen.
Elle a dû partir kann heißen: „Sie hat gehen müssen / musste gehen" oder „Sie muss wohl gegangen sein" (Vermutung).
Devoir kann auch die Bedeutung „schulden" haben:
Elle me doit vingt euros. „Sie schuldet mir 20 Euro."

Neunundvierzigste Lektion

3. Verben: valoir „wert sein"

Dieses Verb taucht in Konstruktionen wie den folgenden auf:
   Ça vaut très cher. „Das ist sehr viel (sehr teuer) wert".
   Ils ne valent [*wal*] **rien.** „Sie sind nichts wert".
   Est-ce que ça vaut la peine ? „Ist das die Mühe wert?"
   Il vaut mieux partir. „Wir gehen besser (Es ist besser zu gehen)".
   Est-ce qu'il vaut mieux acheter un appartement ou en louer un ? „Sollte man besser eine Wohnung kaufen oder eine (davon) mieten?"

Die „Zweite Welle" oder aktive Phase

Bislang war Ihr Studium eher passiv. Sie sollten nur lesen, zuhören, verstehen und die Aussprache trainieren. Mit Lektion 50 beginnt nun die aktive Phase! Hierfür müssen Sie täglich etwa 5-10 Minuten mehr einplanen, denn nach jeder neu durchgearbeiteten Lektion „aktivieren" Sie eine der ersten Lektionen, indem Sie den französischen Lektionstext verdecken und versuchen, den deutschen Text - und, wenn Sie besonders gründlich sein wollen, auch den deutschen Text der Verständnisübung - auf Französisch formulieren. Sehen Sie dann auf der linken Seite nach, ob Sie die Sätze richtig wiedergegeben haben. Wiederholen Sie Wörter und Wendungen, die Ihnen entfallen waren oder lesen Sie ggf. noch einmal die entsprechenden Anmerkungen. „Aktivieren" Sie so im Anschluss an Lektion 50 die Lektion 1, nach Lektion 51 die Lektion 2 usw.

Auf diese Weise vertiefen und festigen Sie Ihre bislang erworbenen Kenntnisse und erweitern gleichzeitig Ihren Wortschatz.

Lerntipp

Vergessen Sie nur nie, locker und entspannt und niemals auswendig zu lernen. Der Spaß sollte nicht auf der Strecke bleiben. So, und nun viel Schwung für die „Zweite Welle"!

▶ Cinquantième (50e) Leçon

Une lettre

1. Chers ma**man** et pa**pa**,
2. **Me** voi**ci** à la **fin** de mes va**cances** dans le Mi**di**. ①
3. J'ai **fait** beau**coup** de **choses** et j'ai ren**contré plein** de **gens**. ②
4. Avant-_hier, j'ai visi**té** la Ca**margue**. **Quelle** mer**veille** ! ③
5. J'ai **même** essa**yé** de mon**ter** à che**val**... ④
6. **Mal**heureuse**ment**, le résul**tat** n'était **pas** bri**llant** !
7. **Hier**, j'ai télépho**né** à Oncle **Jacques**, qui vous_em**brasse**,
8. et j'ai ache**té plein** de ca**deaux** pour **vous**.
9. **Mal**heureuse**ment**, j'ai oub**lié** d'appor**ter** mon_appa**reil** pho**to** ; ⑤⑥

J'AI MÊME ESSAYÉ DE MONTER À CHEVAL.

(PRONONCIATION)

[2 mÖ woa-ßi ... 3 ... sch˜ä rañ-koñ-tre▸ pläñ dÖ sch˜añ 4 a-wañt_i-ä▸r ... la ka-marg ... mär-weij ! 5 ... ä-ßä-je▸ ... schÖ-wal 6 ... lÖ re-sül-**ta** ... bri-**jañ** ! 7 i-**jä**▸r ... 9 ... moñ_a-pa-**reij** fo-to]

Fünfzigste Lektion

Ein Brief

1. Liebe Mama, lieber (und) Papa,
2. Dies ist das (Ich hier am) Ende meiner Ferien im Süden.
3. Ich habe viele Dinge unternommen (gemacht), und ich habe viele Leute kennengelernt (getroffen).
4. Vorgestern habe ich die Camargue besucht. So etwas Wunderbares (Was für ein Wunder)!
5. Ich habe sogar versucht, auf ein Pferd zu steigen ...
6. Leider war das Ergebnis nicht umwerfend!
7. Gestern habe ich Onkel Jacques angerufen, der Euch grüßen lässt (umarmt),
8. und ich habe viele Geschenke für Euch gekauft!
9. Leider habe ich vergessen, meinen Fotoapparat mitzubringen;

Lerntipp

Arbeiten Sie auch ruhig vergangene Lektionen hin und wieder noch einmal durch. Dies gilt besonders für die Wiederholungslektionen!

ANMERKUNGEN

① Denken Sie noch einmal daran, dass le Midi nicht die Mitte, sondern der Süden Frankreichs ist. Un accent du Midi ist ein „südfranzösischer Akzent", aber Il est midi bedeutet „Es ist 12 Uhr mittags".

② plein(e) „voll". Der unveränderliche Ausdruck plein de ist eine umgangssprachliche Version von beaucoup de „viel, viele". J'ai plein de travail en ce moment „Ich habe momentan viel Arbeit".

③ Die Camargue ist eine Landschaft und ein Naturpark im Süden Frankreichs in der Nähe der Stadt Montpellier. Dieser Landstrich ist nicht nur für seine Strandseen und reiche Vogelwelt bekannt, sondern auch für die dort lebenden weißen Pferde sowie für die Kultur der Sinti und Roma.

④ „Reiten" heißt faire du cheval.

⑤ apporter heißt „mitbringen", aber „mitnehmen" bedeutet emporter [añ-pOr-*te*▸] (für Sachen) und emmener [añ-mÖ-ne▸] (für Menschen oder größere Tiere).

⑥ un appareil photo „Fotoapparat"; photographier „fotografieren". Die Filmkamera heißt la caméra, die „Videokamera" la caméra vidéo.

| 10 | j'ai emprun**té** ce**lui** de Mi**chel**, mais␣il n'a **pas** mar**ché**.
| 11 | **Donc** j'ai ache**té** des **cartes** pos**tales**, c'est **mieux** que **rien**. ⑦
| 12 | Je **sais** que cette **let**tre n'est **pas** très **longue** ⑧
| 13 | mais au **moins**, ça **prouve** que j'ai pen**sé** à **vous**. Je vous␣em**brasse** bien **fort**. **Paul**. ⑨

(PRONONCIATION)

[**10** ... añ-prän-**te**‣ ßÖ-**lüi** dÖ mi-**schäl**, ... **pa** mar-**sche**‣. **11** doñk ... **kart** pOß-**tal** ... **12** ... **pa** trä **loñg 13** ... o **moäñ** ßa **pru**‣w .... sch˜ä pañ-**ße**‣ a **wu**‣. ... **pOl**.]

(1ᵉʳ EXERCICE : COMPRENEZ-VOUS CES PHRASES ?)

① C'est une carte postale, mais c'est mieux que rien. ② Hier, nous avons visité la Camargue. ③ Vous n'avez pas acheté trop de cadeaux, j'espère. ④ Elle a oublié son appareil photo, ⑤ mais elle a emprunté celui de son cousin.

(2ᵉ EXERCICE : TROUVEZ LES MOTS MANQUANTS !)

① Ich habe viele Dinge unternommen, und ich habe viele Geschenke gekauft.

J'ai fait . . . . choses et j'ai . . . . . . beaucoup de . . . .

② Mein Bruder hat besser gespielt als ich.

. . . frère a . . . . que moi.

③ Ich habe mit (zu) Onkel Jacques telefoniert, der euch grüßt.

J' . . . . Oncle Jacques qui vous . . . .

④ Dies ist (Hier) das Ende der Ferien.

. . . . . la fin . . . .

cent quatre-vingt-douze • 192

10	ich habe [mir] den von Michel ausgeliehen, aber er hat nicht funktioniert.
11	Also habe ich Postkarten gekauft; das ist besser als nichts.
12	Ich weiß, dass dieser Brief nicht sehr lang ist,
13	aber wenigstens beweist das, dass ich an Euch gedacht habe. Ich umarme Euch ganz herzlich (stark). Paul.

(ANMERKUNGEN)

⑦ Sie haben **mieux** „besser" schon kennengelernt. Es ist die unregelmäßige Steigerung von **bien** „gut". **Il joue bien** „Er spielt gut" - **Elle joue mieux que lui** „Sie spielt besser als er" (es heißt **que lui** und nicht **que il**, da im Französischen hier der Dativ stehen muss).

⑧ **la lettre** heißt nicht nur „Brief", sondern auch „Buchstabe".

⑨ Sie haben gelernt, dass Adverbien durch Anhängen der Endung **-ment** an das weibliche Adjektiv gebildet werden. Es gibt jedoch einige Ausnahmen. **Fort** ist eine von ihnen; seine adverbiale Form ist identisch mit der adjektivischen.

SOLUTIONS DU 1ᵉʳ EXERCICE : AVEZ-VOUS BIEN COMPRIS ?

❶ Das ist eine Postkarte, aber es ist besser als nichts. ❷ Gestern haben wir die Camargue besucht. ❸ Sie haben / Ihr habt nicht zu viele Geschenke gekauft, hoffe ich. ❹ Sie hat ihren Fotoapparat vergessen, ❺ aber sie hat sich den ihres Cousins ausgeliehen.

❺ Ich habe meinen Kugelschreiber vergessen, also habe ich [mir] [den] von Michel ausgeliehen.

J'. . . . . mon stylo, donc j'. . . . . de Michel.

SOLUTIONS DU 2ᵉ EXERCICE : LES MOTS MANQUANTS.

❶ plein de - acheté - cadeaux ❷ Mon - joué mieux ❸ ai téléphoné à - embrasse ❹ Voici - des vacances ❺ ai oublié - ai emprunté celui

---
Lerntipp

Investieren Sie ein wenig Zeit in die „Zweite Welle". Es lohnt sich!
Ça vaut la peine !

Aktivieren Sie heute Lektion 1!

LEKTION 50

▶ **Cinquante et unième (51ᵉ) leçon**

R.S.V.P. ①

1 Et maintenant, quelques questions : où est Paul ?
2 Qu'est-ce qu'il a fait avant- hier ?
3 Est-ce qu'il a visité Montpellier ? ②
4 Quand est-ce qu'il a téléphoné à oncle Jacques ?
5 Est-ce qu'il a pris des photos ? Pourquoi ?
6 Qu'est-ce qu'il a essayé de faire en Camargue? ③
7 À qui est-ce qu'il écrit ?

8 – Quelle dure journée aujourd'hui au bureau ! ④
9 Nous avons travaillé comme quatre.
10 – Vous devez être épuisé !
11 – Pas tellement. Nous sommes huit au bureau ! ⑤

(PRONONCIATION)

[är äß we pe 3 ... moñ-pÖ-lje▸ ? 4 kañt_äß kil a ... 8 käl dü▸r sch⁻ur-ne▸ ... 10 ... e-püi-se▸ ! 11 pa täl-mañ ...]

Einundfünfzigste Lektion

U. A. w. g.

1 Und jetzt, einige Fragen: Wo ist Paul?
2 Was hat er vorgestern gemacht?
3 Hat er Montpellier besichtigt?
4 Wann hat er Onkel Jacques angerufen?
5 Hat er fotografiert (Fotos genommen)? Warum?
6 Was hat er in der Camargue versucht zu machen?
7 An wen schreibt er?
8 – Was für ein harter Tag heute im Büro!
9 Wir haben für (wie) vier gearbeitet.
10 – Sie müssen erschöpft sein!
11 – Nicht so sehr. Wir sind acht im Büro!

ANMERKUNGEN

① R.S.V.P. steht für Répondez s'il vous plaît. Dies ist das Pendant zu unserem „Um Antwort wird gebeten"; danach kann ein Datum folgen, bis zu dem man antworten muss. Man findet dies häufig auf förmlichen Einladungen. S'il vous plaît wird oft zu s.v.p. abgekürzt.

② Momentan benutzen wir in unserem Kurs noch die umgangssprachlichere Version der Fragestellung. Mit der Zeit wird dies bei Ihnen zu einem Automatismus werden. Später stellen wir Ihnen dann die „eleganteren" Möglichkeiten vor.

③ Es heißt la Camargue und la Bretagne [brö-**ta**-nj(ö)], aber Elle va en Bretagne tous les ans „Sie fährt jedes Jahr in die Bretagne" und Nous prenons nos vacances en Normandie „Wir verbringen unsere Ferien in der Normandie". Wenn Sie sich **in** einem Gebiet befinden oder **dorthin** fahren, so ersetzen Sie den bestimmten Artikel (le, la) durch en.

④ Erinnern Sie sich an soirée (von soir) und matinée (von matin) aus Lektion 37? Analog dazu betont la journée die Dauer eines Tages, während le jour nur den „Tag" im Allgemeinen bezeichnet.

⑤ tellement „so, so sehr": Il fait tellement chaud ! „Es ist (macht) so heiß!", Aimez-vous ce poète [po-**ä**-t] ? - Pas tellement ! „Mögen Sie diesen Dichter? - Nicht so sehr!" Il a tellement d'argent qu'il est malheureux „Er hat so viel Geld, dass er unglücklich ist".

1er EXERCICE : COMPRENEZ-VOUS CES PHRASES ?

❶ Est-ce que vous avez visité la Normandie ? ❷ Est-ce qu'il a essayé ce chapeau ? ❸ À qui est-ce que vous avez parlé au téléphone ? ❹ Quelle dure journée ! Je suis épuisé ! ❺ J'ai tellement de travail aujourd'hui !

2e EXERCICE : TROUVEZ LES MOTS MANQUANTS !

❶ Letztes Jahr haben wir die Bretagne besucht.

L'année . . . . nous . . . . .
. . . . Bretagne.

❷ Haben Sie Ihre / Habt ihr eure Fotos mitgebracht?

. . . - . . . . . vous . . . .
vos photos ?

❸ Sie haben ein Haus in der Normandie gekauft.

Ils . . . . une maison . . Normandie.

▶ **Cinquante-deuxième (52e) leçon**

Un entretien d'embauche

1 – Eh **bien**, Mon**sieur** Lo**pez**, vous vou**lez** travail**ler** pour **nous** ?
2 – **Oui**, c'est **ça**. Je n'ai **pas** d'em**ploi** actuelle**ment**. ①
3 – A**lors** dites-**moi** : **qu'est**-ce que **vous** a**vez fait jus**qu'à mainte**nant** ?

(PRONONCIATION)

[... añ-trÖ-**tjän** dañ-**bo**‑**sch 2** ... añ-**ploa** ... **3** ... **sch**˜**üß**-ka ....]

SOLUTIONS DU 1ᵉʳ EXERCICE : AVEZ-VOUS BIEN COMPRIS ?

❶ Haben Sie / Habt ihr die Normandie besucht? ❷ Hat er diesen Hut anprobiert? ❸ Mit wem haben Sie / habt ihr am Telefon gesprochen? ❹ Was für ein harter Tag! Ich bin erschöpft! ❺ Ich habe so viel Arbeit heute!

❹ Wir müssen übermorgen abreisen.

Nous ..... partir ..... - ....

❺ Wann hat der Film begonnen?

....-.. ... le film . commencé ?

SOLUTIONS DU 2ᵉ EXERCICE : LES MOTS MANQUANTS.

❶ dernière - avons visité la ❷ Est-ce que - avez apporté ❸ ont acheté - en ❹ devons - après-demain ❺ Quand est-ce que - a

Aktivieren Sie heute Lektion 2!

Zweiundfünfzigste Lektion

Ein Vorstellungsgespräch

1	– Also, Herr Lopez, Sie möchten für uns arbeiten?
2	– Ja, genau so ist es. Ich habe gegenwärtig keine Arbeit.
3	– Dann sagen Sie mir: Was haben Sie bis jetzt gemacht?

ANMERKUNGEN

① actuellement ist das Adverb zu actuel, actuelle „gegenwärtig". Die „Nachrichten" in Fernsehen und Rundfunk heißen les actualités.

4 – **Oh**, j'ai **fait** beau**coup** de mé**tiers** dans ma **vie**.
5 J'ai con**duit** des cami**ons**, j'ai jou**é** du pia**no** dans un caba**ret**... ②
6 – **Oui**, **très** intéres**sant**, mais **est-ce** que **vous avez** travaillé dans la **haute** couture ?
7 – **Ben**, en **quel**que **sorte**. Mais j'ai aus**si** con**struit** des mai**sons**. ③④
8 J'ai ven**du** des **glaces** aux Esqui**maux**... ⑤
9 – Sans **doute**. Mais dans la **haute** cou**ture** ?
10 – Vous te**nez** absolu**ment** à le sa**voir** ? ⑥
11 – Bien **sûr** !
12 – Eh **bien**, quand j'étais en pri**son**, j'ai repas**sé** des che**mises** !

(PRONONCIATION)

[*4 ... me-tje ... 5 ... koñ-düi de▸ ka-mjoñ ... o pi-a-no ... ka-ba-rä 6 ... o▸t ku-tü▸r ? 7 bän, ... käl-kÖ ßOrt ... koñ-ßtrüi de▸ mä-soñ. 8 ... glaß o▸s äß-ki-mo ... 9 ßañ dut ... 10 ... tÖ-ne▸ ab-so-lü-mañ a lÖ ßa-woar ? 12 ... añ pri-soñ, ... rÖ-pa-ße▸ de▸ schÖ-mi▸s*]

1ᵉʳ EXERCICE : COMPRENEZ-VOUS CES PHRASES ?

❶ Ils ont construit de nouveaux immeubles là-bas. ❷ Qu'est-ce que tu fais actuellement ? ❸ Êtes-vous poète ? ❹ En quelque sorte, j'écris des slogans publicitaires. ❺ Vous tenez absolument à y aller ? ❻ Racontez-moi une histoire. ❼ Il a fait beaucoup de métiers.

|4| – Oh, ich habe in meinem Leben viele Berufe ausgeübt.
|5| Ich bin LKW gefahren (habe LKW geführt), ich habe in einem Kabarett Klavier gespielt ...
|6| – Ja, sehr interessant, aber haben Sie schon in der Modebranche gearbeitet?
|7| – Nun ja, gewissermaßen. Aber ich habe auch Häuser gebaut.
|8| Ich habe Eskimos Eiscreme verkauft ...
|9| – Zweifellos. Aber in der Modebranche?
|10| – Bestehen Sie unbedingt darauf, es zu wissen?
|11| – [Aber] selbstverständlich!
|12| – Nun ja, als ich im Gefängnis war, habe ich Hemden gebügelt!

ANMERKUNGEN

(2) **conduire** „fahren; führen, lenken, steuern" wird folgendermaßen konjugiert: **je conduis, tu conduis, il/elle conduit, nous conduisons, vous conduisez, ils/elles conduisent** [*koñ-düi‣s*]. Das Partizip lautet **conduit** „gefahren, geführt" usw. Der „Führerschein" ist **le permis** [*pär-mi*] **de conduire** (**le permis** = „Erlaubnis").

(3) **en quelque sorte** „gewissermaßen". Andere Wendungen mit **la sorte**, dessen Grundbedeutung „Art, Weise" ist: **toute sortes de** „allerlei", **de telle sorte que** oder **en sorte que** „so dass".

(4) **construire** „bauen, errichten" wird genauso konjugiert wie **conduire**.

(5) **vendu** „verkauft" ist das Partizip Perfekt von **vendre** „verkaufen".

(6) **tenir** „(fest-)halten": **je tiens, tu tiens, il/elle tient, nous tenons, vous tenez, ils/elles tiennent** [*tjän*]. Partizip: **tenu** „gehalten". Die Redewendung **tenir à** + Infinitiv bedeutet „bestehen auf, an etw. festhalten": **Il tient à le faire** „Er besteht darauf, es zu tun"; **Elle tient à ce slogan publicitaire** [... *ßlo-gañ pü-bli-ßi-tä‣r*] „Sie hält an diesem Werbeslogan fest".

SOLUTIONS DU 1er EXERCICE : AVEZ-VOUS BIEN COMPRIS ?

❶ Sie haben dort neue Häuser gebaut. ❷ Was machst du gegenwärtig? ❸ Sind Sie Dichter? ❹ Gewissermaßen, ich schreibe Werbeslogans. ❺ Bestehen Sie/Besteht ihr absolut darauf, dorthin zu gehen? ❻ Erzählen Sie/erzählt mir eine Geschichte. ❼ Er hat viele Berufe ausgeübt.

LEKTION 52

2e EXERCICE : TROUVEZ LES MOTS MANQUANTS !

❶ Was hat er schon gemacht?

Qu'est- . . . .'il . déjà . . . . ?

❷ Er mag seine momentane Beschäftigung nicht.

Il n'aime pas . . . .

❸ Als ich im Gefängnis war, habe ich Hemden gebügelt.

Quand j' . . . . prison, j'ai repassé des

. . . .

▶ **Cinquante-troisième (53e) leçon**

Encore le passé !

1 – Regar**dez** ce que j'ai trou**vé** ! Une **carte** de cré**dit** !
2 – **Ça** a**lors** ! J'en ai **jus**tement per**du une** !

3 – **Est-ce** que **vous** avez **vu** le **nou**veau **film** de Blan**chard** ? ①
4 – **Non**, je vou**lais** le **voir** mais je n'ai **pas** en**core** eu le **temps**. ②
5 – **Qu'est**-ce qu'il y **a** ? Tu as le ca**fard** ? ③
6 – **Oui** ; ce ma**tin**, j'ai reçu ma **feuille** d'im**pôts** ; ④

(PRONONCIATION)

[añ-**kO**‣r ... **1** ... **kart** dÖ **kre**-**di** ! **4** ... wu-**lä** ... **pas** añ-**kO**‣r ü ...
5 ... lÖ ka-**fa**‣r ? **6** ... rÖ-**ßü** ma **fÖj** dän-**po**‣]

deux cent • 200

④ Das ist zweifellos sehr interessant.

C'est très intéressant . . . .

⑤ Sie ist (hat) niemals Auto gefahren (geführt).

Elle n'. . . . . de voiture.

SOLUTIONS DU 2ᵉ EXERCICE : LES MOTS MANQUANTS.
❶ ce qu' - a - fait ❷ son emploi actuel ❸ étais en - chemises ❹ sans doute ❺ a jamais conduit

Aktivieren Sie heute Lektion 3!

Dreiundfünfzigste Lektion

Noch einmal die Vergangenheit!

1	–	Sehen Sie / seht, was ich gefunden habe! Eine Kreditkarte!
2	–	Na so was! Ich habe zufällig eine verloren!
3	–	Haben Sie den neuen Film von Blanchard gesehen?
4	–	Nein, ich wollte ihn sehen, aber ich habe noch nicht die Zeit gehabt.
5	–	Was ist los? Bist du deprimiert?
6	–	Ja, ich habe heute Morgen meinen Steuerbescheid erhalten;

(ANMERKUNGEN)

① vu „gesehen" ist das Partizip von voir „sehen".

② voulais ist die Vergangenheitsform für die 1. Person Singular „ich wollte".

③ avoir le cafard bedeutet „deprimiert sein, traurig sein, in trüber Stimmung sein". Ses films me donnent le cafard „Seine/Ihre Filme deprimieren mich". Un cafard ist ursprünglich ein „Scheinheiliger, Heuchler", es heißt auch „Küchenschabe".

④ Konjugieren wir recevoir [rÖ-ßÖ-**woar**] „erhalten, bekommen": je reçois, tu reçois, il/elle reçoit, nous recevons, vous recevez, ils/elles reçoivent. Partizip: reçu.

LEKTION 53

| 7 | hier, j'ai reçu deux factures, un relevé d'électricité ⑤
| 8 | et mon relevé de banque : je n'ai plus un sou. ⑥
| 9 | – Est-ce qu'ils_ont fini leur repas ? Je veux débarrasser la table. ⑦
| 10 | – Ils_ont commencé il y a deux_heures à peu près, ⑧
| 11 | mais ils n'ont pas_encore pris le dessert. ⑨

(PRONONCIATION)

[*7* ... *dö* fak-*tü*‣r, äñ rÖ-lÖ-*we*‣ de-*läk*-tri-ßi-*te*‣ *8* ... rÖ-lÖ-*we*‣ dÖ *bañk* ... *plü* äñ *ßu*. *9* ... rÖ-*pa* ... *de*-ba-ra-*ße*‣ ... *10* ... a pö *prä* *11* ... *pri* lÖ de-*ßä*‣*r*.]

(1ᵉʳ EXERCICE : COMPRENEZ-VOUS CES PHRASES ?)

❶ J'en ai perdu un il y a deux minutes. ❷ Qu'est-ce qu'elle a ? ❸ Elle a le cafard. ❹ Est-ce que vous avez fini votre repas ? ❺ Non, je n'ai pas encore pris le dessert. ❻ Elle n'a pas encore eu le temps de le voir. ❼ Ils ont débarrassé la table il y a un quart d'heure.

| 7 | gestern habe ich zwei Rechnungen bekomen, eine Stromabrechnung
| 8 | und meinen Kontoauszug: Ich habe keinen Pfennig mehr.
| 9 | – Sind sie mit dem Essen fertig (haben sie ihre Mahlzeit beendet)? Ich möchte den Tisch abräumen.
| 10 | – Sie haben ungefähr vor zwei Stunden begonnen,
| 11 | aber sie haben noch nicht den Nachtisch gegessen (genommen).

(ANMERKUNGEN)

⑤ une facture und une addition heißt beides „Rechnung", Letzteres wird jedoch nur in Restaurants verwendet. Un relevé („Auszug, Aufstellung") ist eine Rechnung für Strom-, Gas- oder Telefongebühren, oder, wie weiter unten, ein „Kontoauszug". Ein anderes Wort für „Rechnung", z. B. in Hotels, ist une note [nOt]: Voulez-vous me préparer la note, s'il vous plaît ? „Würden Sie mir bitte die Rechnung fertigmachen?"

⑥ le sou ist eine alte und nicht mehr gültige französische Münze. Heute wird der Ausdruck in der Umgangssprache für „Geld" benutzt. Il est près de ses sous „Er ist ein Pfennigfuchser". Je n'ai pas un sou „Ich habe keinen Cent" kann ebenso mit Je suis fauché [fo-**sche**‿] „Ich bin pleite" ausgedrückt werden. Die Grundbedeutung von fauché ist „(ab)gemäht, (ab)geschlagen".

⑦ un repas ist der allgemeine Ausdruck für „Mahlzeit, Essen". Die Hauptmahlzeiten sind le petit-déjeuner „Frühstück", le déjeuner „Mittagessen" und le dîner „Abendessen". Für die Etymologen unter Ihnen: jeuner bedeutet „fasten", dé-jeuner bedeutet sinngemäß „ent-fasten", also das Gegenteil: „essen".

⑧ Sie kennen il y a in der Bedeutung von „es gibt, da sind". Steht es jedoch vor einer Zeitbestimmung, so bedeutet es „vor": Je l'ai vu il a y cinq minutes „Ich habe ihn vor fünf Minuten gesehen".

⑨ Pris, prise „genommen" ist das Partizip von prendre „nehmen".

SOLUTIONS DU 1ᵉʳ EXERCICE : AVEZ-VOUS BIEN COMPRIS ?

❶ Ich habe vor zwei Minuten einen verloren. ❷ Was hat sie? ❸ Sie ist deprimiert. ❹ Sind Sie / Seid ihr mit dem Essen fertig (Haben Sie Ihre / Habt ihr eure Mahlzeit beendet)? ❺ Nein, ich habe noch keinen (nicht den) Nachtisch gegessen (genommen). ❻ Sie hat noch keine Zeit gehabt, ihn zu besuchen. ❼ Sie haben den Tisch vor einer Viertelstunde abgeräumt.

2ᵉ EXERCICE : TROUVEZ LES MOTS MANQUANTS !

❶ Er ist pleite; er hat keinen Cent!

Il est fauché ; il .' a . . . . !

❷ Ist das eine Kreditkarte? Ich habe (davon) eine verloren.

C'est une . . . . ?

J' . . . . une.

❸ Ich habe diesen Film immer sehen wollen.

J'ai toujours . . . . . voir ce film.

❹ Ich habe ihn noch nicht gesehen.

Je . . l' . . . . . encore . . .

▶ **Cinquante-quatrième (54ᵉ) leçon**

Une mauvaise rencontre

1. Un **jour**, à **Lille**, Mon**sieur** Le **Clerc** va **faire** des **courses**. ①
2. Au mar**ché**, il ren**contre** un ̮étran**ger** — un grand ̮**homme** habil**lé** en **noir**. ②
3. L'étran**ger** lui **dit** : — Mais **que** faites-**vous** ici, Mon**sieur** Le **Clerc** ?
4. — **Qui** êtes-**vous** ? **dit** no**tre homme**.
5. — Je **suis** la **Mort**.

(PRONONCIATION

[... mo-**wä▸s** rañ-**koñ**-tr(ö) **1** ... **kurß 2** ... e-trañ-**sch˜e▸** ... grañt ̮**Om** a-bi-**je▸** añ **noar. 5** ... la **mO▸r**]

❺ Heute Morgen habe ich zwei Rechnungen und meinen Kontoauszug bekommen.

Ce matin, . ' . . . . . . deux . . . .

et mon . . . . . . de banque.

SOLUTIONS DU 2ᵉ EXERCICE : LES MOTS MANQUANTS.
❶ n' - pas un/le sou ❷ carte de crédit - en ai perdu ❸ voulu ❹ ne - ai pas - vu ❺ j'ai reçu - factures - relevé

Nun, wie klappt es mit der „Zweiten Welle"? Jetzt, am Beginn dieser Phase, fällt Ihnen das Formulieren der ersten Lektionen auf Französisch bestimmt ganz leicht, denn Sie greifen nun auf Kenntnisse zurück, die Sie sich schon vor langer Zeit angeeignet und die Sie mittlerweile viele Male wiederholt haben.

Aktivieren Sie heute Lektion 4!

Vierundfünfzigste Lektion

Eine schlimme Begegnung

1 Eines Tages geht Herr Le Clerc in Lille seine Einkäufe machen.
2 Auf dem Markt trifft er einen Fremden - einen großen (in) schwarz gekleideten Mann.
3 Der Fremde sagt zu ihm: Aber was machen Sie hier, Herr Le Clerc?
4 – Wer sind Sie? sagt unser Mann.
5 – Ich bin der Tod.

(ANMERKUNGEN)

① Der umgangssprachliche Ausdruck für „einkaufen" ist **faire les/des courses**. Achtung: **Une course** ist auch ein „Rennen".

② **un étranger** kann ein „Fremder" und ein „Ausländer" sein. Näheres muss man aus dem Kontext entnehmen. Das Adjektiv **étrange** bedeutet „seltsam, sonderbar".

| 6 | Terrifié, Monsieur Le Clerc rentre à la maison, fait sa valise et dit à sa femme : ③
| 7 | – J'ai rencontré la Mort. Je pars pour Toulouse. Adieu chérie ! ④
| 8 | Mme Le Clerc est furieuse : elle croit à une mauvaise plaisanterie. ⑤⑥
| 9 | Alors elle va au marché et trouve le grand étranger.
| 10 | – Pourquoi avez-vous effrayé mon mari ?
| 11 | La Mort lui répond : – Eh bien, madame, je suis surpris :
| 12 | j'ai vu votre mari à Lille, mais j'ai rendez-vous avec lui ce soir... à Toulouse. ⑦

(PRONONCIATION)

[**6** te-ri-**fje**▸ ... **7** ... tu-**lu**▸s ... a-**djö**▸ **8** ... fü-ri-**ö**▸s ... plä-sañ-**tri**▸ **10** ... e-frä-**je**▸ ...]

(1ᵉʳ EXERCICE : COMPRENEZ-VOUS CES PHRASES ?)

❶ Elle a vu son mari au marché et elle est surprise. ❷ Est-ce qu'il vient demain ? - Je crois. ❸ Il rentre à la maison et fait sa valise. ❹ J'ai rendez-vous avec lui à dix heures et demie. ❺ C'est un grand homme habillé en noir.

| 6 | Entsetzt kehrt Herr Le Clerc nach Hause zurück, packt (macht) seinen Koffer und sagt zu seiner Frau:
| 7 | – Ich habe den Tod getroffen. Ich fahre nach Toulouse. Leb wohl, Liebling!
| 8 | Frau Le Clerc ist wütend: Sie glaubt an einen schlechten Scherz.
| 9 | Also geht sie auf den Markt und findet den großen Fremden.
| 10 | – Warum haben Sie meinen Mann erschreckt?
| 11 | Der Tod antwortet ihr: Nun, gnädige Frau, ich bin überrascht:
| 12 | Ich habe Ihren Mann in Lille gesehen, aber ich habe eine Verabredung mit ihm heute Abend ... in Toulouse!

(ANMERKUNGEN)

③ Das Partizip Perfekt wird auch als Adjektiv benutzt, wobei es selbstverständlich an das Substantiv angeglichen wird. Wäre in diesem Satz von einer Frau die Rede, würde es terrifiée heißen.

④ Verabschiedet man sich mit Adieu ! (Wörtlich „zu Gott"), so heißt dies, dass man sich niemals wiedersieht. In einigen Teilen Frankreichs ersetzt es in der Umgangssprache das gebräuchliche Au revoir „Auf Wiedersehen".

⑤ Die männliche Form lautet furieux.

⑥ Die Konjugation von croire „glauben; denken": je crois, tu crois, il/elle croit, nous croyons, vous croyez, ils/elles croient [kroa]. Partizip Perfekt: cru. Croire en quelqu'un (quelqu'un „jemand") „jemandem vertrauen, an jdn. glauben", aber croire en quelque chose (quelque chose „etwas"): „etwas für wahr halten".

⑦ Während das Wort „Rendezvous" im Deutschen immer ein Treffen zwischen Verliebten ist, kann un rendez-vous sowohl ein geschäftlicher Termin als auch eine private Verabredung sein.

SOLUTIONS DU 1ᵉʳ EXERCICE : AVEZ-VOUS BIEN COMPRIS ?

❶ Sie hat ihren Mann auf dem Markt gesehen, und sie ist überrascht. ❷ Kommt er morgen? - Ich glaube. ❸ Er kehrt nach Hause zurück und packt seinen Koffer. ❹ Ich habe um halb elf eine Verabredung mit ihm. ❺ Es ist ein großer schwarz gekleideter Mann.

LEKTION 54

2ᵉ EXERCICE : TROUVEZ LES MOTS MANQUANTS !

❶ Sie hat den Tod getroffen, und sie ist entsetzt.

Elle a .... la Mort et elle

est ....

❷ Glauben Sie / Glaubt ihr an Gott?

Est-ce que vous .... Dieu ?

❸ Ich gehe in fünf Minuten, um Einkäufe zu machen.

Je .... dans cinq minutes pour .....

... .

▶ **Cinquante-cinquième (55ᵉ) leçon**

... mais il a surtout bu

1	L'autre **soir**, Mon**sieur** Zi**toun** a assis**té** à un cock**tail** au bu**reau**. ①②
2	Il a man**gé quel**ques pe**tits** sand**wichs** et des cana**pés** ③
3	mais‿il a sur**tout bu** !
4	Il a bu **quatre grands** whis**kys** ④
5	et en**suite** il a vi**dé** une bou**teille** de cham**pagne** !
6	À dix‿**heures**, il a déci**dé** de ren**trer** chez **lui**.
7	Il a lais**sé** sa voi**ture** et il a **pris** un ta**xi**.

(PRONONCIATION)

[... ßür-**tu 1** lo‣tr(ö) **ß**oar ... kOk-**täl** ... **2** ... ßañ-**düitsch** ... ka-na-**pe**‣ **4** ... uiß-**ki 5** ... añ-**ß**üit ... wi-**de**‣ ü‣n bu-**tej** ... **6** ... de-ßi-**de**‣ ... **7** ... äñ tak-**ß**i]

❹ Aber was machen Sie / macht ihr hier?

Mais que . . . . . . - . . . . ici ?

❺ Diese Geschichte ist ein bisschen seltsam.

. . . . . histoire est un peu . . . .

SOLUTIONS DU 2ᵉ EXERCICE : LES MOTS MANQUANTS.

❶ rencontré - terrifiée ❷ croyez en ❸ pars - faire des courses
❹ faites-vous ❺ Cette - étrange

Aktivieren Sie heute Lektion 5!

Fünfundfünfzigste Lektion

... aber vor allem (über allem) hat er getrunken

1	Neulich abends hat Herr Zitoun an einer Cocktailparty im Büro teilgenommen.
2	Er hat einige kleine Sandwiches und „Canapés" gegessen,
3	aber vor allem hat er getrunken!
4	Er hat vier große Whiskys getrunken,
5	und anschließend hat er eine Flasche Champagner geleert!
6	Um zehn Uhr hat er beschlossen, nach Hause zu fahren.
7	Er hat sein Auto [stehen]gelassen und ein Taxi genommen.

(ANMERKUNGEN)

① **L'autre soir**, wörtlich „der andere Abend" bezieht sich auf einen Zeitpunkt, der noch nicht allzu lange zurückliegt. Ebenso: **l'autre jour** „neulich, kürzlich".

② Achtung: **Un cocktail** ist kein „Cocktail", sondern eine Cocktailparty oder ein kleiner Empfang.

③ Die Grundbedeutung von **un canapé** ist „Sofa, Couch". Hier sind jedoch kleine, meistens runde Weißbrotscheiben gemeint, die mit verschiedenen pikanten Leckereien belegt sind.

④ Die Formen von **boire** „trinken" lauten: **je bois**, **tu bois**, **il/elle boit**, **nous buvons**, **vous buvez**, **ils/elles boivent** [boaw]. Das Partizip Perfekt ist **bu** „getrunken". Ein „Getränk" ist **une boisson** [boa-*Boñ*].

| 8 | Arrivé devant sa maison, il a réalisé qu'il n'avait pas ses clefs. ⑤
| 9 | Alors il a voulu entrer par la fenêtre, mais, étant un peu ivre, ⑥
| 10 | il n'a pas pu : il a cassé un carreau. ⑦
| 11 | Tout à coup, quelqu'un a ouvert la fenêtre en haut et a crié :
| 12 | – Mais qu'est-ce que vous faites, Bon Dieu ? ⑧
| 13 | C'était la maison de son voisin ! ⑨

(PRONONCIATION)

[*8* ... kil na-wä **pa** ße▸ **kle**▸ *9* ... wu-**lü** añ-**tre**▸ par la fÖ-**nä**▸-tr(ö) ... e-**tañ** añ pö▸ **i**▸wr(ö)   *10* ... na pa **pü** : ... ka-**ße**▸ añ ka-**ro**▸ *11* ... fÖ-**nä**▸-tr(ö) añ **o**▸ *12* ... **boñ djö**▸ ? *13* ... woa-**säñ** !]

1ᵉʳ EXERCICE : COMPRENEZ-VOUS CES PHRASES ?

❶ Pouvez-vous assister à la réunion ce soir ? ❷ Ils ont bu trois bouteilles de champagne ! ❸ Il n'avait pas ses clefs (clés) et il n'a pas pu entrer. ❹ Étant un peu ivre, il a cassé un carreau. ❺ Nous avons laissé notre voiture et nous allons prendre un taxi.

| 8 | Als er vor seinem Haus ankam (Vor seinem Haus angekommen), hat er festgestellt, dass er seine Schlüssel nicht [dabei] hatte.
| 9 | Also hat er durch das Fenster einsteigen (hineingehen) wollen, aber da er ein bisschen betrunken war (ein bisschen betrunken seiend),
| 10 | hat er es nicht geschafft (es nicht gekonnt): Er hat eine Fensterscheibe zerbrochen.
| 11 | Plötzlich hat jemand darüber das Fenster geöffnet und (hat) geschrien:
| 12 | – Aber was machen Sie da, Himmelherrgott (guter Gott)?
| 13 | Es war das Haus seines Nachbarn!

(ANMERKUNGEN)

⑤ **une clef** [*kle*▸] „Schlüssel" taucht manchmal auch in der Schreibweise **une clé** (Plural: **les clés**) auf. **Fermer à clef** heißt „abschließen", „aufschließen" heißt einfach **ouvrir**. Wie im Deutschen wird **clé/clef** auch im figurativen Sinne gebraucht: **Une position clé** „eine Schlüsselstellung".

⑥ **étant** „seiend" ist das Partizip Präsens von **être** „sein". **Étant** am Satzanfang kann im Deutschen mit „Da ... ist/war" oder „Weil ... ist/war" wiedergegeben werden.

⑦ **pu** „gekonnt" ist das Partizip Perfekt von **pouvoir** „können". Die anderen Formen sind: **je peux**, **tu peux**, **il/elle peut**, **nous pouvons**, **vous pouvez**, **ils/elles peuvent** [*pÖ▸w*].

⑧ Beachten Sie, dass **Bon Dieu !** ein Schimpfwort ist, etwa wie „Himmelherrgott" oder zumindest abwertend gemeint ist, während **Mon Dieu !** „Lieber Gott!" Erstaunen oder Erschrecken ausdrückt.

⑨ **C'était** „Das/Es war". Sie kennen bereits **j'étais** „ich war", **il était** „er war", **j'avais** „ich hatte" und **il avait** „er hatte". Genaueres zu diesen Formen lernen Sie später. Beachten Sie im Moment nur, wie sie in diesem Text benutzt werden.

SOLUTIONS DU 1ᵉʳ EXERCICE : AVEZ-VOUS BIEN COMPRIS ?

❶ Könnten Sie / Könnt ihr heute Abend an der Versammlung teilnehmen? ❷ Sie haben drei Flaschen Champagner getrunken! ❸ Er hatte seine Schlüssel nicht [dabei] und hat nicht hereinkommen können. ❹ (Seiend) ein bisschen betrunken, hat er eine Fensterscheibe zerbrochen. ❺ Wir haben unser Auto [stehen]lassen, und wir werden ein Taxi nehmen.

2ᵉ EXERCICE : TROUVEZ LES MOTS MANQUANTS !

❶ Sie haben durch das Fenster einsteigen (hineingehen) wollen.

   Ils . . . . entrer . . . la fenêtre.

❷ Er hat eine Stimme gehört: Es war sein Nachbar.

   Il a entendu une voix : .' . . . . . son . . . .

❸ Er hat gegessen, aber er hat vor allem getrunken.

   Il . . . . , mais il a . . . .

❹ Sie hat festgestellt, dass sie ihre Schlüssel nicht [dabei] hatte.

   Elle . . . . qu'elle n'. . . . . pas . . . clefs.

▶ Cinquante-sixième (56ᵉ) leçon

Révision et notes

1. Fragepronomen: quel/quelle

Sie kennen **quel ?** „welcher?" und **quelle ?** „welche?" als Fragepronomen: **Quelle chaîne veux-tu regarder ?** „Welchen Kanal willst du sehen?". Es kann jedoch auch als Einleitung für einen Ausruf dienen:

   Quel homme intelligent !
      „Was für ein (Welch) intelligenter Mann!"
   Quelle ville merveilleuse !
      „Was für eine (Welch) wunderbare Stadt!"

Das funktioniert natürlich auch im Plural:

   Quels acteurs magnifiques ! „Was für herrliche Schauspieler!"

Beachten Sie, dass anders als im Deutschen kein unbestimmter Artikel benutzt wird! Außerdem muss **quel** immer an das nachfolgende Substantiv angeglichen werden. Einen Unterschied in der Aussprache hört man nur, wenn das Substantiv im Plural steht und mit einem Vokal beginnt; hier tritt eine Liaison ein: **Quels élèves !** [*käls‿e-lä▸w*] „Was für Schüler!"

2. Adverbien der Zeit: encore und toujours

Encore alleine heißt „noch", zusammen mit einem negativen Verb „noch nicht":

⑤ Sie können kommen, wann sie wollen.

　Ils . . . . venir . . . . . ils veulent.

SOLUTIONS DU 2ᵉ EXERCICE : LES MOTS MANQUANTS.
❶ ont voulu - par ❷ c'était - voisin ❸ a mangé - surtout bu ❹ a réalisé - avait - ses ❺ peuvent - quand

Aktivieren Sie heute Lektion 6!

Sechsundfünfzigste Lektion

Je ne l'ai pas encore vu. „Ich habe ihn/es noch nicht gesehen".
Elle n'a pas encore fini. „Sie ist noch nicht fertig".

Zur stärkeren Betonung fügt man im Französischen das Wörtchen **toujours** „immer" ein:
Je ne l'ai toujours pas vu. „Ich habe ihn/es immer noch nicht gesehen".
Elle n'a toujours pas fini. „Sie ist immer noch nicht fertig".
Il ne m'a toujours pas payé. „Er hat mich immer noch nicht bezahlt".

Beachten Sie, dass **encore** immer nach **pas** und **toujours** immer vor **pas** steht!

3. Zeitformen: Partizip Perfekt

In den letzten Lektionen haben wir verstärkt die zusammengesetzte Vergangenheit durchgenommen. Sie kennen bis jetzt Konstruktionen, die aus der konjugierten Form des Hilfsverbs **avoir** „haben" plus dem Partizip Perfekt gebildet werden.

Um das Partizip Perfekt zu erhalten, nehmen Sie den Stamm eines Verbs und fügen bei den Verben auf **-er** die Endung **-é**, bei den Verben auf **-ir** die Endung **-i** und bei den Verben auf **-re** die Endung **-u** an. (Es gibt allerdings zahlreiche Ausnahmen!)

LEKTION 56

Elle a assisté à la réunion. „Sie hat an der Versammlung teilgenommen".
Nous avons choisi un restaurant. „Wir haben ein Restaurant ausgewählt".
Avez-vous vendu votre maison ? „Haben Sie Ihr Haus verkauft?"
Beispiele für Ausnahmen sind **devoir** „sollen" (**dû**), **pouvoir** „können" (**pu**), **connaître** „kennen" (**connu**), **boire** „trinken" (**bu**).

4. Zeitformen: Partizip Präsens

Es wird gebildet, indem man die Endung **-ons** der 1. Person Plural durch die Endung **-ant** ersetzt:
  donner - donnons - donnant „gebend"
  finir - finissons - finissant „beendend"
  vendre - vendons - vendant „verkaufend"

Das Partizip Präsens wird verwendet:
a) als Adjektiv. Hier muss es an das Substantiv angeglichen werden:
  Quelle femme charmante ! „Was für eine bezaubernde Frau!"
b) als Teil eines Verbs. In diesem Fall ist es unveränderlich:
  Étant un peu surprise, elle a cassé... „Da sie ein bisschen überrascht war (Seiend ein bisschen überrascht), hat sie ... zerbrochen."

▶ **Cinquante-septième (57ᵉ) leçon**

Deux bonnes réponses

1 Un **homme** est assis dans un **train**,
   une **pipe** à la **bouche**. ①②
2 Un contrô**leur** lui **dit** :
   – **Vous** ne pou**vez pas** fu**mer** i**ci** !

(PRONONCIATION)
[**1** ... **pip** ... **2** ... koñ-tro-**lÖ·r** ...]

Manchmal wird dem Partizip Präsens **en** vorangestellt; es drückt dann die Gleichzeitigkeit zweier Handlungen aus:
   Elle descend la rue en chantant. „Sie geht singend die Straße hinunter".
   Il se coupe en se rasant. „Er schneidet sich beim Rasieren (sich rasierend)".

Der Schwerpunkt Ihres Französischkurses liegt zwar auf dem Sprechen, aber Sie merken, dass Sie auch eine Menge über die französische Orthografie, d. h. die Schreibweise der Wörter, erfahren. Das ist auch ganz wichtig, denn Sie müssen sich darüber bewusst werden, dass die Präposition **à** „zu, nach" etwas anderes ist als die Verbform **a** „hat". Auch der Unterschied zwischen **sur** „auf" und **sûr** „sicher" ist nicht unbedeutend. Lernen Sie daher alle Wörter in einem Zusammenhang, und merken Sie sich auch immer die Akzente! Machen Sie jetzt in der aktiven Phase die Übungen auch ruhig schriftlich! Lernen Sie weiterhin möglichst jeden Tag. In der Regelmäßigkeit liegt der Erfolg!

Aktivieren Sie heute Lektion 7!

Siebenundfünfzigste Lektion

Zwei gute Antworten

|1| Ein Mann sitzt (ist sitzend) in einem Zug, eine Pfeife im (am) Mund.
|2| Ein Kontrolleur sagt [zu] ihm: - Sie dürfen hier nicht rauchen!

ANMERKUNGEN

(1) Der Nasallaut in train ist identisch mit dem in pain „Brot". Es ist sehr wichtig, dass Sie die Nasale richtig aussprechen. Schauen Sie sich daher gelegentlich noch einmal die Beschreibung der Laute in der Einleitung an.

(2) Beachten Sie hier, dass „im Mund" nicht dans la bouche, sondern à la bouche heißt. Ebenso heißt es weiter unten: des chaussures aux pieds „Schuhe an den Füßen".

|3| – Je ne **fume pas**, ré**pond l'homme** calme**ment**.
|4| – Mais vous_a**vez** une **pipe** à la **bouche** ! s'é**crie** le contrô**leur**.
|5| – D'accord. J'ai aussi des chaus**sures** aux **pieds**, mais je ne **marche pas** !

|6| Visi**tant** la Sor**bonne**, un tou**riste voit** une biblio**thèque** très im**pressionnante**. ③
|7| Au-des**sus** de la **porte** est_in**scrit** : ④
|8| "Biblio**thèque** Félix Four**nier**" . ⑤
|9| – Je ne con**nais pas** cet_au**teur** : **qu'est**-ce qu'il a é**crit** ?
|10| Son **guide** sou**rit** et lui ré**pond** : – Un **gros chèque** !

(PRONONCIATION)

[4 ... ẞe-kri▸ ... 6 ... ẞOr-bOn ... bi-bli-o-tä▸k ... 8 ... fe-likẞ fur-nje▸ 9 ... ẞät o-tÖ▸r ... 10 ... gro▸ schäk]

(1er EXERCICE : COMPRENEZ-VOUS CES PHRASES ?)

① Visitant la Sorbonne, ils ont vu un bâtiment impressionnant. ② Si vous voulez acheter mon livre, allez dans une librairie. ③ Il a des chaussures aux pieds et un chapeau sur la tête. ④ Passez-moi un coup de fil demain. ⑤ D'accord. ⑥ L'affiche est au-dessus de la porte.

216

| 3 | – Ich rauche nicht, antwortet der Mann ruhig.
| 4 | – Aber Sie haben eine Pfeife im Mund! schreit der Kontrolleur.
| 5 | – Einverstanden. Ich habe auch Schuhe an den Füßen, aber ich laufe nicht!
| 6 | Beim Besuch der (Besuchend die) Sorbonne sieht ein Tourist eine sehr beeindruckende Bibliothek.
| 7 | Über der Tür steht (geschrieben):
| 8 | „Bibliothek Felix Fournier".
| 9 | – Ich kenne diesen Autor nicht: Was hat er geschrieben?
| 10 | Sein Reiseleiter lächelt und antwortet ihm: – Einen dicken Scheck!

(ANMERKUNGEN)

③ Die **Sorbonne** ist die Pariser Universität. Sie wurde 1257 von **Robert de Sorbon** [ro-**bä▸r** dÖ ßOr-**boñ**] gegründet und ist eine der ältesten und angesehensten Universitäten der Welt. Die Hauptgebäude befinden sich im **Quartier Latin**, dem Studentenviertel von Paris (**Latin**, weil die Vorlesungen ursprünglich in lateinischer Sprache abgehalten wurden).

④ Ein Synonym für **inscrit** ist **marqué** „geschrieben [stehen]": **Qu'est-ce qu'il est marqué sur cette affiche ?** „Was steht auf diesem Plakat?"

⑤ **Une bibliothèque** ist eine „Bibliothek", sowohl die öffentliche als auch die Bibliothek in Form des heimischen Bücherschranks oder Bücherzimmers. Eine „Buchhandlung" heißt dagegen **une librairie** (**le libraire** „Buchhändler"). Der umgangssprachliche Ausdruck für „Buch" ist **un bouquin** [bu-**käñ**]. Die Buchhändler, die ihre Stände entlang des Pariser Seine-Ufers haben, sind **les bouquinistes** [bu-ki-**nißt**], und „in einem Buch schmökern", „lesen" heißt **bouquiner**.

SOLUTIONS DU 1ᵉʳ EXERCICE : AVEZ-VOUS BIEN COMPRIS ?

❶ Beim Besuch der (Besuchend die) Sorbonne haben sie ein beeindruckendes Gebäude gesehen. ❷ Wenn Sie / Wenn ihr mein Buch kaufen wollen/wollt, gehen Sie / geht in eine Buchhandlung. ❸ Er hat Schuhe an den Füßen und einen Hut auf dem Kopf. ❹ Rufen Sie / Ruft mich morgen an. ❺ Einverstanden. ❻ Das Plakat hängt (ist) über der Tür.

LEKTION 57

2ᵉ EXERCICE : TROUVEZ LES MOTS MANQUANTS !

❶ Sie können (dürfen) / Ihr könnt (dürft) rauchen, wenn Sie wollen/ihr wollt.

Vous . . . . . . fumer si vous . . . .

❷ Ich kenne diesen Autor nicht: Was hat er geschrieben?

Je . . . . auteur :
Qu'est-ce qu'il . . . . . . ?

❸ Er lächelt und antwortet ihm: – Einen Scheck.

Il . . . . . . et . . . . : – Un chèque.

❹ Stellen Sie / Stellt das Buch in meinen Bücherschrank zurück.

Remettez le livre dans . . . .

▶ **Cinquante-huitième (58ᵉ) leçon**

Un peu de tourisme

1	Saint-**Jean**-aux-**Bois** est un ravis**sant** pe**tit** vil**lage** qui se **trouve**
2	à **cin**quante kilo**mè**tres de Pa**ris** en **pleine** fo**rêt**. ①
3	Vous sor**tez** de l'auto**route** et vous pre**nez** la **N 31** (**trente** et **un**) ; ②
4	en**suite**, vous pre**nez** une pe**tite route** bor**dée d'ar**bres ③

(PRONONCIATION)

[1 *Bän-sch͞añ-o-boa ... ra-wi-ßañ ... 2 ... añ plä‣n(ö) fO-rä. 3 ... lo-to-rut ... än trañt-e-äñ 4 ... bOr-de‣ dar-br(ö)*]

(ANMERKUNGEN)

① **plein, pleine** „voll" kennen Sie bereits. Die Konstruktion **en** + **plein/pleine** + Substantiv bedeutet „mitten in": **en plein désert** „mitten in der Wüste"; **en pleine rue** „auf offener Straße"; **en plein air** [*plän_är*] „im Freien, an der Luft".

⑤ Er saß (war sitzend), eine Pfeife im Mund.
   Il . . . . , une pipe . . . bouche.

SOLUTIONS DU 2ᵉ EXERCICE : LES MOTS MANQUANTS.

① pouvez - voulez ② ne connais pas cet - a écrit ③ sourit - lui répond
④ ma bibliothèque ⑤ était assis - à la

Ab heute weisen wir Sie auf Französisch darauf hin, welche Lektion Sie im Zuge der „Zweiten Welle" aktiv durcharbeiten sollen: **Deuxième vague : Activez la leçon...** „Zweite Welle: Aktivieren Sie die Lektion ...!".

Deuxième vague : Activez la leçon 8 !

Achtundfünfzigste Lektion

Ein bisschen Tourismus

1 Saint-Jean-aux-Bois ist ein entzückendes kleines Dorf, das sich (befindet)
2 (zu) 50 Kilometer von Paris mitten im Wald befindet.
3 Sie verlassen die Autobahn, und Sie nehmen die N 31;
4 anschließend nehmen Sie eine kleine Straße, die von Bäumen gesäumt ist,

② Den Straßen sind wie bei uns Buchstaben und Nummern zugeordnet. Autobahnen (l'autoroute (f.)) haben den Buchstaben A und eine Nummer, z. B. A 6. Nationalstraßen tragen den Buchstaben N und eine Nummer, z. B. N 10. Die nächstkleineren Straßen sind die départementales; sie heißen z. B. D 603. Noch kleinere Straßen tragen ein C (communal) und noch kleinere ein V (chemin vicinal „Feldweg").

③ une route ist meistens eine „Landstraße", bezieht sich aber auch auf eine „Reisestrecke" oder eine „Route", während la rue einfach „Straße" bedeutet" und in Straßennamen vorkommt. Une carte routière ist eine „Straßenkarte".

| 5 | et vous entrez dans le village au **bout** de **trois** kilomètres. ④
| 6 | Vous pas**sez** d'a**bord** de**vant** un é**tang** et tout de **suite**
| 7 | vous arri**vez** de**vant** la mai**rie** et la **place** du marché.
| 8 | Il **faut** aller d'a**bord** au Syndicat d'Initia**tive** ⑤
| 9 | pour sa**voir** ce qu'il y **a** à visi**ter**. ⑥
| 10 | En**suite**, une vi**site** à l'é**glise** s'im**pose** : ⑦
| 11 | elle **date** du **qua**torzième siè**cle** et elle est splen**dide**.
| 12 | **Comme** la plu**part** des églises en **France**, elle est catho**lique**. ⑧
    (**à sui**vre)

(PRONONCIATION)

[6 ... e-tañ ... 8 ... ßäñ-di-**ka** di-ni-ßja-**ti**‣w 10 ... ßäñ-**po**‣s(ö) 11 ... ßplañ-**di**‣d 12 ... plü-**pa**‣r ...]

(1ᵉʳ EXERCICE : COMPRENEZ-VOUS CES PHRASES ?)

❶ Vous passez devant la mairie et vous arrivez à la place du marché. ❷ Il faut aller tout de suite au Syndicat d'Initiative, ❸ pour savoir ce qu'il y a à visiter. ❹ Une visite à l'église s'impose. ❺ Il est assis en plein soleil.

5	und nach (am Ende von) drei Kilometern kommen Sie in das Dorf.
6	Sie fahren zuerst an einem Teich vorbei und kommen sofort
7	vor dem Rathaus und dem Marktplatz an.
8	Zuerst müssen Sie (man muss) zum Verkehrsamt gehen,
9	um zu erfahren, was es zu besichtigen gibt.
10	Dann empfiehlt sich eine Besichtigung der Kirche:
11	Sie stammt (datiert) aus dem 14. Jahrhundert, und sie ist wunderschön.
12	Wie die meisten Kirchen in Frankreich ist es eine katholische Kirche (sie ist katholisch). *(Fortsetzung folgt)*

(ANMERKUNGEN)

④ le bout [*lŌ bu*▸] „Ende, Stück, Spitze". Au bout de + Zeitdauer bedeutet „nach": Au bout de trois ans „nach drei Jahren". Au bout de + Ortsangabe: „am Ende von": Les toilettes sont au bout du couloir „Die Toiletten sind am Ende des Ganges". Allez au bout de la rue „Gehen Sie [bis] zum Ende der Straße". Spricht man dagegen vom Ende eines Films, so sagt man la fin.

⑤ Das syndicat d'initiative ist das „Fremdenverkehrsamt" einer kleineren Stadt. In den großen Städten nennt man es office de tourisme (vgl. auch Lektion 111). Un syndicat ist eigentlich eine „Gewerkschaft".

⑥ savoir heißt „wissen, erfahren": je sais, tu sais, il/elle sait, nous savons, vous savez, ils/elles savent [*βa▸w*]. Partizip: su [*βü*] „gewusst".

⑦ imposer heißt „aufzwingen, aufdrängen, auferlegen". Die reflexive Form, s'imposer, bedeutet „naheliegen; sich empfehlen, sich lohnen".

⑧ la plupart hat *immer* den weiblichen Artikel, dennoch heißt es „der, die, das Meiste". Es steht immer im Singular, auch in Ausdrücken wie la plupart des gens „die meisten Leute".

SOLUTIONS DU 1ᵉʳ EXERCICE : AVEZ-VOUS BIEN COMPRIS ?

❶ Sie gehen / Ihr geht am Rathaus vorbei, und Sie kommen / ihr kommt am Marktplatz an. ❷ Wir müssen (Man muss) sofort zur Touristeninfo gehen, ❸ um zu erfahren, was es zu besichtigen gibt. ❹ Ein Besuch der Kirche lohnt sich. ❺ Er sitzt in der prallen (vollen) Sonne.

2e EXERCICE : TROUVEZ LES MOTS MANQUANTS !

❶ Gehen Sie / Geht [bis] zum Ende der Straße, und biegen Sie / biegt nach links ab.

Allez .. .. la rue et tournez

. . . .

❷ Sein/Ihr Haus befindet sich mitten im Wald.

.. maison est ...... en ...... forêt.

❸ Ich möchte wissen, was man hier machen kann.

Je .... savoir .. ..'.. . à faire ici.

❹ Die meisten Kirchen hier sind katholisch.

.. .. églises ici sont catholiques.

▶ **Cinquante-neuvième (59e) leçon**

Un peu de tourisme (suite)

| 1 | Nous **sommes** tou**jours** dans notre jo**li** vil**lage**
| 2 | et nous ve**nons** de visi**ter** l'**église** Sainte-Marie. ①②
| 3 | Nous‿al**lons** mainte**nant** faire un **pe**tit **tour** de**hors**
| 4 | pour admi**rer** le **beau** jar**din** pu**blic** a**vec** sa pe**louse**,
| 5 | ses ro**siers** et ses‿**ar**bres en **fleurs**.

(PRONONCIATION)

[*3* ... dÖ-**O**‣r *4* ... pÖ-**lu**‣**s**(ö) *5* ... ro-**sje**‣ ... **ar**-br(ö) añ **flÖ**‣r]

⑤ Man muss den Dom besichtigen: Er ist wunderschön.

.. .... visiter la cathédrale :

.... est splendide.

SOLUTIONS DU 2ᵉ EXERCICE : LES MOTS MANQUANTS.
❶ au bout de - à gauche ❷ Sa - située - pleine ❸ veux - ce qu'il y a
❹ La plupart des ❺ Il faut - elle

Deuxième vague : Activez la leçon 9 !

Lerntipp

Kennzeichnen Sie schwierige Redewendungen oder Ausdrücke mit einem Textmarker, und blättern Sie von Zeit zu Zeit zu diesen Stellen zurück. Oder schreiben Sie Wörter oder Wendungen, die Sie sich schlecht merken können, ein paar Mal auf.

Neunundfünfzigste Lektion

Ein bisschen Tourismus (Fortsetzung)

1 Wir sind noch immer in unserem hübschen Dorf,
2 und wir haben soeben die Kirche Sainte-Marie (Heilige Maria) besichtigt.
3 Wir werden nun draußen einen kleinen Rundgang machen,
4 um den schönen Park (öffentlichen Garten) mit seinem Rasen zu bewundern,
5 [mit] seinen Rosensträuchern und blühenden Bäumen.

(ANMERKUNGEN)

① Vor einem Eigennamen ist saint „heilig" ein Adjektiv und muss daher dem Geschlecht des Eigennamens angeglichen werden, also saint (St) Jean, aber sainte (Ste) Marie.

② Wie bereits in Lektion 44 erläutert, bedeutet die Konstruktion venir de + Verb im Infinitiv „soeben/gerade etw. getan haben".

6	Maintenant, si ça vous dit, on peut visiter le musée ③
7	où l'on peut **voir toute** l'histoire de **Saint-Jean**-aux-**Bois**... ④
8	Ah **bon** ? Vous n'êtes **pas** ama**teurs** de mu**sées** ? ⑤
9	**Quoi** alors ? **Ah**, ça y **est** ! J'ai com**pris**. ⑥
10	Nous **con**tinu**ons** a**lors** notre prome**nade**, contour**nant** le **poste** de po**lice**, ⑦
11	et nous nous diri**geons** vers la **place** du mar**ché** ;
12	et voi**ci** le **vrai but** de **no**tre vo**yage** : l'Au**berge** des **Bois**. ⑧

(PRONONCIATION)

[*8* ... a-ma-**tÖ**‑r ... *9* koa ... ßa-i-ä ... *11* ... di-ri-**sch˜oñ** wä‑r ... *12* ... lÖ wrä büt ... lo-**bärsch˜**(ö) ...]

6	Nun können wir (kann man), wenn Sie Lust haben, das Museum besuchen,
7	in dem (wo) man die gesamte Geschichte von St.-Jean-aux-Bois sehen kann ...
8	Ach? Sie sind kein Freund von Museen?
9	Was dann? Ach so! Ich habe verstanden.
10	Wir setzen also unseren Spaziergang fort, gehen um die Polizeistation herum,
11	und wir gehen in Richtung Marktplatz;
12	und hier ist das wahre Ziel unserer Reise: Die Auberge des Bois.

ANMERKUNGEN

(3) **Est-ce que cela (ça) vous dit ?** „Haben Sie Lust darauf?". **Une glace ? Ça me dit !** „Ein Eis? Da habe ich Lust drauf!" **Cela ne me dit rien du tout !** „Das macht mich überhaupt nicht an!" Denken Sie noch einmal daran, dass Redewendungen oft nicht ganz genau übersetzt werden können und dass wir Ihnen jeweils das naheliegendste Äquivalent angeben!

(4) Das eingeschobene, bedeutungsleere **l** dient lediglich zur Erleichterung der Aussprache, wenn zwei Vokale aufeinandertreffen. Man findet es in dieser Funktion jedoch vorwiegend in der Schriftsprache; in der gesprochenen Sprache wird es oft weggelassen.

(5) **amateur** (nur Maskulinum!) kommt von **aimer** „lieben" und bezeichnet jemanden, der etwas „liebt", „mag", eine besondere Vorliebe für etwas hat: **Elle est amateur de chocolat** „Sie ist eine Schokoladenliebhaberin". Die zweite Bedeutung von **amateur** ist identisch mit dem Deutschen und meint eine Person, die etwas nicht professionell, sondern hobbymäßig betreibt. Merken Sie sich noch, dass ein „Liebhaber" **un amant** ist.

(6) Diese Wendung wird häufig im Sinne von „Jetzt habe ich verstanden" verwendet.

(7) Die **police nationale** gliedert sich in mehrere Abteilungen: Die **gendarmes**, die in einer **gendarmerie** (f.) stationiert sind, sind eine paramilitärische Gruppe, die für Ruhe und Ordnung in Dörfern und auf dem Land zuständig ist. In einzelnen Stadtteilen oder Großstadtvororten gibt es **un poste de police**, in der Stadt heißt dies **commissariat** (m.), und der **CRS** (**Compagnies Républicaines de Sécurité**) wird bei Unruhen eingesetzt.

(8) **le but** „Ziel", aber auch „Zweck", und im Fußball „Tor".

1er EXERCICE : COMPRENEZ-VOUS CES PHRASES ?

❶ Ça y est ! Il a enfin compris ! ❷ Vous contournez le jardin public. ❸ Nous allons faire un petit tour dehors, d'accord ? ❹ Nous pouvons visiter le musée, est-ce que ça vous dit ? ❺ Nous sommes toujours à la leçon cinquante-neuf.

2e EXERCICE : TROUVEZ LES MOTS MANQUANTS !

❶ Jetzt rausgehen? Dazu habe ich überhaupt keine Lust.

. . . . . . maintenant ? Ça . . . .
du tout.

❷ Wir haben den schönen Rasen und den Rosenstrauch bewundert.

Nous . . . . la belle pelouse
et le . . . .

❸ Na also! Ich habe die Antwort gefunden!

. . . . . . ! J'ai . . . . . . la réponse !

▶ **Soixantième (60e) leçon**

Prendre le train

| 1 | Catherine Farina doit‿assister à un colloque à Strasbourg et pense prendre le train. ① |
| 2 | Elle appelle le service de renseignements de la SNCF. ② |

(PRONONCIATION)

[*1* ... kO-**lOk** ... ßtra‣s-**bu**‣r *2* ... **rañ**-ßän-jÖ-**mañ** dÖ la **äß än ße**‣ **äf**]

SOLUTIONS DU 1ᵉʳ EXERCICE : AVEZ-VOUS BIEN COMPRIS ?

① Na also! Er hat [es] endlich verstanden! ② Sie gehen / Ihr geht um den öffentlichen Park herum. ③ Wir werden (gehen) draußen einen kleinen Rundgang machen, einverstanden? ④ Wir können das Museum besichtigen, haben Sie / hättet ihr Lust dazu? ⑤ Wir sind immer noch bei der Lektion 59.

④ Ich habe Ihnen soeben gesagt, dass mich das nicht interessiert.

Je . . . . vous dire que . . . .
m'intéresse . . . .

⑤ Wir können (Man kann) den Garten besichtigen, wenn Sie Lust dazu haben.

. . . . . . visiter le jardin si . . . .

SOLUTIONS DU 2ᵉ EXERCICE : LES MOTS MANQUANTS.

① Sortir - ne me dit rien ② avons admiré - rosier ③ Ça y est - trouvé
④ viens de - ça ne - pas ⑤ On peut - ça vous dit

Deuxième vague : Activez la leçon 10 !

Sechzigste Lektion

Den Zug nehmen

[1] Catherine Farina muss an einem Kolloquium in Straßburg teilnehmen, und erwägt (denkt), den Zug zu nehmen.
[2] Sie ruft den Auskunftsdienst des SNCF an.

(ANMERKUNGEN)

① **assister à** „teilnehmen an": **Quarante mille personnes ont assisté à la finale de la Coupe** „40.000 Leute haben am Pokalfinale teilgenommen". **Assister** ohne Präposition kann auch „helfen" bedeuten, obwohl **aider** gebräuchlicher ist. In der Sprache der Technik spricht man auch von **conception assistée par ordinateur** „Computergestütztes Design (CAD)".

② **SNCF** steht für **Société Nationale des Chemins de Fer Français**, die staatliche Eisenbahngesellschaft.

3 – Bonjour, **pouvez-vous** m'indi**quer** les horaires des **trains** pour Stras**bourg** s'il vous **plaît** ? ③

4 – Bien **sûr**, ma**dame**. **Quand** souhaitez-**vous** par**tir** ?

5 – Je dois être là-**bas** le vendre**di** 21 vers **qua**torze **heures**

6 et je veux ren**trer** as**sez** tôt le di**manche** soir.

7 – A**lors** vous n'a**vez** que **deux trains (4)**. ④

8 Il y a un **train** di**rect** qui **quitte** Paris à **neuf heures** et qui ar**rive** à Stras**bourg** à **treize heures**,

9 ou **bien** un autre à **dix heures**, mais a**vec** un change**ment**. Il **faut** attendre une **demi-heure**.

10 – Com**bien coûte** le vo**yage** ?

11 – Vous vou**lez** un aller **sim**ple ou un aller-re**tour** ? Premi**ère** ou deu**xième classe** ? ⑤

12 – **Deu**xième **classe**. Aller-re**tour**. ⑥

DÉPÊCHEZ-VOUS, NOUS N'AVONS QUE DIX MINUTES AVANT LE DÉPART DU TRAIN !

(PRONONCIATION)

[*3* ... le‣s o-rä‣r ... *4* ... ßu-he-te‣ ... *9* ... fot a-tañ-dr(ö) ...]

| 3 | – Guten Tag, können Sie mir die [Abfahrts]zeiten der Züge nach Straßburg nennen, bitte?
| 4 | – Selbstverständlich, [gnädige] Frau. Wann würden Sie [gerne] (wünschen Sie) abreisen?
| 5 | – Ich muss am Freitag, den 21., gegen 14 Uhr dort sein,
| 6 | und ich möchte am Sonntagabend ziemlich früh zurückfahren.
| 7 | – Dann gibt es (haben Sie) nur zwei Züge.
| 8 | Es gibt einen direkten Zug, der um 9 Uhr von Paris fährt (Paris um 9 Uhr verlässt), und der um 13 Uhr in Straßburg ankommt,
| 9 | oder einen anderen um 10 Uhr, aber mit (einem) Umsteigen. Sie müssen (Man muss) eine halbe Stunde warten.
| 10 | – Wie viel kostet die Fahrt?
| 11 | – Möchten Sie eine einfache Fahrkarte oder eine Hin- und Rückfahrkarte? 1. oder 2. Klasse?
| 12 | – 2. Klasse. Hin- und Rückfahrt.

(ANMERKUNGEN)

③ **indiquer** „zeigen, nennen, sagen". Die Frage **Pouvez-vous m'indiquer les toilettes, s'il vous plaît ?** „Könnten Sie mir sagen, wo die Toiletten sind?" ist höflicher als **Où sont les toilettes ?**

④ Sie wissen bereits, dass zwischen **seulement** „nur" und **ne ... que** „nur" kein Bedeutungsunterschied besteht. Man könnte hier also auch sagen: **Il y a seulement deux trains**.

⑤ **un billet aller simple** „Fahrschein für einfache Fahrt"; **un billet aller-retour** „Hin- und Rückfahrschein". **Billet** kann auch weggelassen werden: **un aller simple, un aller-retour**.

⑥ **deuxième** und **second(e)** [ßÖ-**goñ(d)**] haben exakt die gleiche Bedeutung („zweiter, -e, -es"). Man sagt **deuxième**, wenn man den (die, das) zweite aus einer größeren Menge meint: **Il a eu quatre femmes. La deuxième était la plus gentille** „Er hat vier Frauen gehabt. Die zweite war die netteste". **Second(e)** wird verwendet, wenn es nicht mehr als zwei Alternativen gibt: **Billet de seconde** „Fahrschein 2. Klasse".

LEKTION 60

| 13 | – Avez-**vous** une réduc**tion** – fa**mille** nom**breuse**, **moins** de **vingt**-cinq‿**ans**, par e**xem**ple ?
| 14 | – **Non**.
| 15 | – **Préférez-vous** fu**meur** ou **non**-fu**meur** ?
| 16 | – **Toutes** ces ques**tions** !
| 17 | – Si vous préfé**rez**, vous pou**vez faire** la réserva-**tion** par ordina**teur** et pa**yer** par **carte** de cré**dit**.
| 18 | – C'est **très**‿effi**cace**.
| 19 | – **Oui**, la **SNCF** s'est **beau**coup moderni**sée** de**puis dix**‿**ans**. ⑦

(PRONONCIATION)

[**13** ... fa-**mi**‣j noñ-**brö**‣**s**(ö) ... **17** ... Or-di-na-**tÖ**‣r ... **kart** dÖ kre-**di**
18 ... e-fi-**kaß**]

1ᵉʳ EXERCICE : COMPRENEZ-VOUS CES PHRASES ?

❶ Pouvez-vous m'indiquer les horaires de vols pour Hanovre ? ❷ Dépêchez-vous, nous n'avons que dix minutes avant le départ du train. ❸ Elle m'attend à la gare. ❹ Voulez-vous un aller simple ou un aller-retour ? ❺ Un aller-retour, s'il vous plaît. ❻ Nous voulons rentrer assez tôt.

2ᵉ EXERCICE : TROUVEZ LES MOTS MANQUANTS !

❶ Ich habe dieses Jahr nur drei Wochen Urlaub.

.. .'.. ... trois semaines ..
.... cette année.

❷ Er ist um vier Uhr aufgestanden und hat sich im Dunkeln (Schwarzen) rasiert.

Il .'... .... à quatre heures et .'...
.... dans .. ..

❸ Sie ist drei Stunden später aufgestanden.

Elle .'... ...... trois ...... plus tard.

13	– Haben Sie eine Ermäßigung – Großfamilie, unter 25 Jahre, zum Beispiel?
14	– Nein.
15	– Möchten Sie lieber Raucher oder Nichtraucher?
16	– All diese Fragen!
17	– Wenn Sie es lieber möchten, können Sie die Reservierung per Computer vornehmen und mit Kreditkarte bezahlen.
18	– Das ist sehr effizient.
19	– Ja, die SNCF ist (sich) in den letzten (seit) zehn Jahren sehr modernisiert worden.

(ANMERKUNGEN)

⑦ Sie haben gelernt, dass viele Verben die Vergangenheit mit **avoir** + Partizip bilden. Ausnahme: Die reflexiven Verben (mit **se**): Sie bilden die Vergangenheit mit **être**, dem das Reflexivpronomen vorangeht: **Je me suis levé à midi** „Ich bin um 12 Uhr aufgestanden". **Il s'est blessé** „Er hat sich wehgetan". **Vous vous êtes rasé ce matin ?** „Haben Sie sich heute Morgen rasiert?" Das Partizip muss außerdem an das Geschlecht des Subjekts angeglichen werden. Daher: **La société s'est modernisée**.

SOLUTIONS DU 1ᵉʳ EXERCICE : AVEZ-VOUS BIEN COMPRIS ?

❶ Können Sie mir die [Abflug]zeiten der Flüge nach Hannover sagen? ❷ Beeilen Sie sich / Beeilt euch, wir haben nur noch zehn Minuten bis zur (vor der) Abfahrt des Zuges. ❸ Sie wartet am Bahnhof auf mich. ❹ Möchten Sie / Möchtet ihr einen Fahrschein für eine einfache Fahrt oder eine Hin- und Rückfahrkarte? ❺ Eine Hin- und Rückfahrkarte, bitte. ❻ Wir möchten ziemlich früh zurückfahren.

❹ Ich muss an einem Kolloquium in Straßburg teilnehmen.

Je . . . . un colloque . Strasbourg.

❺ Man muss eine Stunde warten.

. . . . heure.

SOLUTIONS DU 2ᵉ EXERCICE : LES MOTS MANQUANTS.

❶ Je n'ai que - de vacances ❷ s'est levé - s'est rasé - le noir ❸ s'est levée - heures ❹ dois assister à - à ❺ Il faut attendre une

Deuxième vague : Activez la leçon 11 !

▶ Soixante et unième (61ᵉ) leçon

Location de voiture

1 – Mais **a**près **tout**, c'est peut-**être plus** pra**tique**
d'y al**ler** en voi**tures**, se **dit** Cathe**rine**. ①

2 Elle télé**phone** aux **Ren**seigne**ments** et ob**tient**
plusi**eurs** numé**ros** de télé**phone** d'a**gences**
de loca**tion**. ②

3 – Mer**ci** d'a**voir** appe**lé** Her**vis** Loca**tion**.
Lau**rent** à **vo**tre ser**vice**. ③

4 – Bon**jour**, je dé**sire** lou**er** une voi**ture** pour me
rendre à Stras**bourg**.

5 – Bien **sûr**, Ma**dame**. **Quelle** caté**go**rie de voi**ture**
désirez-**vous** ?

6 – **Euh**, je ne sais **pas**. **Pou**vez-**vous** me don**ner**
quelques_**ex**plica**tions**, s'il vous **plaît** ?

7 – Eh **bien**, ça **va** de la catégo**rie A**, qui corres**pond**
aux pe**tites** voi**tures**, **jus**qu'à la catégo**rie E**,
les voi**tures haut** de **gamme**. ④

CES LUNETTES NE TE
VONT PAS DU TOUT !

(PRONONCIATION)

[2 ... ob-**tjäṅ** ... a-**sch͂añß** dÖ lo-ka-**ßjoñ** 3 ... lo-**rañ** a **wOt**r(ö) ...
6 ... **käl**-kÖs_**äkß**-pli-ka-**ßjoñ** ... 7 ... **o**▸ dÖ **gam** ...]

Einundsechzigste Lektion

Autovermietung

1 – Aber schließlich ist es vielleicht praktischer, mit dem Auto hinzufahren, sagt sich Catherine.
2   Sie ruft die Auskunft an und erhält mehrere Telefonnummern von Vermietungsagenturen.
3 – Danke, dass Sie Hervis Location angerufen haben. Sie sprechen mit Laurent (Laurent zu Ihren Diensten).
4 – Guten Tag, ich würde gerne (wünsche) ein Auto mieten, um (mich zu begeben) nach Straßburg zu fahren.
5 – Selbstverständlich, [gnädige] Frau. Welche Kategorie von Auto wünschen Sie?
6 – Äh, ich weiß nicht. Könnten Sie mir bitte einige Erläuterungen geben?
7 – Nun ja, es geht von (der) Kategorie A, die Kleinwagen entspricht, bis zur Kategorie E, den Luxuswagen.

ANMERKUNGEN

① **y** ersetzt hier das indirekte Objekt: **Strasbourg**. Ein weiteres Beispiel: **Si tu veux y aller, prends le forfait**. „Wenn du dorthin fahren willst, dann nimm das Pauschalangebot".

② **un renseignement** „eine Auskunft", **les renseignements** „die Telefonauskunft". Man kann eine Telefonnummer auch in einem Verzeichnis, das **un annuaire téléphonique** heißt, über das **Minitel**, eine Art Videotextdienst, oder über das Internet nachschlagen. Geschäftsadressen und -telefonnummern stehen wie bei uns in den „Gelben Seiten" - **les Pages Jaunes**.

③ Firmen melden sich gewöhnlich am Telefon mit dem Namen der Firma und **Bonjour**, wobei die Stimme am Ende angehoben wird. Mittlerweile hat sich jedoch auch die angloamerikanische Sitte eingebürgert, als Begrüßung dem Anrufer für seinen Anruf zu danken und ihn zu fragen, was man für ihn tun kann.

④ **une gamme** heißt „Palette" oder „Umfang, Bereich". **Haut de gamme** bezeichnet die hochwertigen Artikel einer Produktpalette („Luxus-", „Oberklasse-"), **bas de gamme** die geringwertigen („Billig-").

8 – Une pe**tite** me con**vient** par**faite**ment. ⑤
9 – Quelles **sont** vos con**ditions** ? ⑥
10 – Vous par**tez** com**bien** de **temps** ?
11 – Du **ven**dredi au di**manche**.
12 – **Si** ça vous intéresse, ve**nez** à l'a**gence** a**vec** votre per**mis** de con**duire** et une **carte** de cré**dit**. Sim**ple**, n'est-ce **pas** ? ⑦
13 – **Lais**sez-**moi** réflé**chir** et je vous **ra**ppellerai jeu**di** ou **ven**dredi.
14 – Bien **sûr**, Ma**dame**, mais **n'ou**bliez **pas** que **nous** avons beau**coup** de de**mande** en **fin** de se**maine**.

(PRONONCIATION)

[**8** ... koñ-**wjäñ** **13** ... re-fle-**schi**‣r ... **ra**-pä-l(ö)-**rä** ...]

1ᵉʳ EXERCICE : COMPRENEZ-VOUS CES PHRASES ?

❶ Société Française de Gaz, bonjour. ❷ Bonjour. Monsieur Suzzoni, s'il vous plaît. ❸ J'espère que cette chambre vous conviendra ? ❹ Elle me convient parfaitement. ❺ Ces lunettes ne te vont pas du tout. Mais pas du tout ! ❻ Prenez le forfait, ça revient beaucoup moins cher. ❼ Nous avons toujours beaucoup de monde en fin de semaine.

2ᵉ EXERCICE : TROUVEZ LES MOTS MANQUANTS !

❶ Sie haben / Ihr habt sie gesehen, nicht wahr?

   Vous .'.... ... , .'...-.. ... ?

❷ Wie lange fährst du weg?

   Tu .... ?

❸ Wenn dich das interessiert, [dann] komm ins Büro.

   Si .. ..'.........., ... bureau.

❹ Ich werde Sie/euch am Wochenende wieder anrufen.

   Je ....

| 8 | – Ein kleines [Auto] passt mir hervorragend.
| 9 | – Was sind Ihre Konditionen?
| 10 | – Wie lange fahren Sie weg?
| 11 | – Von Freitag bis Sonntag.
| 12 | – Wenn Sie interessiert sind, so kommen Sie mit Ihrem Führerschein und einer Kreditkarte in die Agentur. Einfach, oder?
| 13 | – Lassen Sie mich überlegen, und ich rufe Sie Donnerstag oder Freitag wieder an.
| 14 | – Selbstverständlich, [gnädige] Frau, aber vergessen Sie nicht, dass wir am Wochenende eine große (viel) Nachfrage haben.

(ANMERKUNGEN)

⑤ **convenir** bedeutet „passen, recht sein": **Est-ce que mardi vous convient ou préférez-vous jeudi ?** „Passt Ihnen Dienstag, oder bevorzugen Sie [den] Donnerstag?" Spricht man jedoch von einem Kleidungsstück oder einer Farbe, das/die zu jemandem „passt", so benutzt man **aller**: **Le bleu vous va bien** „(Das) Blau steht Ihnen gut".

⑥ Im kommerziellen Zusammenhang bedeutet **les conditions** „Vertragsbedingungen; Konditionen". **J'ai pu avoir d'excellentes conditions** „Ich habe hervorragende Bedingungen erzielen (haben) können".

⑦ Das unveränderliche **n'est-ce pas ?** „nicht wahr?" kann an zahlreiche Aussagen oder Fragen angehängt werden, um eine Bestätigung oder Zustimmung vom Angesprochenen zu erhalten.

SOLUTIONS DU 1er EXERCICE : AVEZ-VOUS BIEN COMPRIS ?

❶ Société Française du Gaz, guten Tag. ❷ Guten Tag. Herrn Suzzoni, bitte. ❸ Ich hoffe, dass dieses Zimmer Ihnen recht sein wird? ❹ Es ist mir sehr recht. ❺ Diese Brille steht dir überhaupt nicht. Aber überhaupt nicht! ❻ Nehmen Sie / Nehmt das Pauschalangebot, das ist (kommt zurück) viel billiger. ❼ Bei uns ist am Wochenende immer viel los (Wir haben immer viele Leute ...).

⑤ Ich brauche eine Auskunft: Was (Welche) sind Ihre Konditionen?

J'ai . . . .'. . . . . : . . . .

. . . . vos . . . . ?

▶ **Soixante-deuxième (62e) leçon**

Ne soyons pas trop sérieux ①

1	Un **homme** bara**tine** une **jo**lie ser**veuse** dans un **re**stau**rant** : ②
2	– **N'y** a-t-il **pas trois** pe**tits mots** que **vous** aimeri**ez** en**ten**dre ?
3	– En effet, ré**pond** la **fille** : "Gar**dez** la mon**naie**".
4	Un Bre**ton fête** la nais**sance** de l'en**fant** de sa **sœur**.
5	– Pa**tron**, ser**vez** une tour**née** géné**rale** : c'est **moi** qui **paie**. ③
6	Ma **sœur vient** d'accou**cher** ! ④
7	Le pa**tron** du bis**trot** lui de**mande** : ⑤

(PRONONCIATION)

[*1* ... ba-ra-**ti**▸n ... Bär-**wö**▸s ... *2* **ni**-a-til-**pa** ... ä-mÖ-ri-e▸
3 ... mo-**nä** *4* ... fät la nä-**ßañß**(ö) ... *6* ... da-ku-**sche**▸]

SOLUTIONS DU 2ᵉ EXERCICE : LES MOTS MANQUANTS.

❶ l'avez vue - n'est-ce pas ❷ pars combien de temps ❸ ça t'intéresse, viens au ❹ vous rappellerai en fin de semaine ❺ besoin d'un renseignement : quelles sont - conditions

Deuxième vague : Activez la leçon 12 !

Zweiundsechzigste Lektion

Seien wir nicht zu ernst

1 Ein Mann macht sich in einem Restaurant an eine hübsche Serviererin heran:
2 – Gibt es nicht drei kleine Worte, die Sie gerne hören würden?
3 – „In der Tat", antwortet das Mädchen: „Behalt (Behalten Sie) das Wechselgeld".
4 Ein Bretone feiert die Geburt des Kindes seiner Schwester.
5 – Herr Wirt, servieren Sie eine (allgemeine) Runde für alle: Ich bezahle (Ich bin es, der bezahlt).
6 Meine Schwester hat soeben ein Kind bekommen!
7 Der Wirt des Bistros fragt ihn:

ANMERKUNGEN

① **soyons** ist der Imperativ (Befehlsform) der 1. Person Plural von **être**: „Seien wir ...". Die der 2. Person Plural („seid/seien Sie") lautet **soyez**: **Soyez heureux** „Seid/Seien Sie froh".

② **baratiner** bedeutet „dummes Zeug reden", wird aber auch für „jdn. anmachen" verwendet. **Le baratin** ist „langes Gerede".

③ **une tournée** ist auch die „Runde" des Briefträgers: **Le facteur fait sa tournée** „Der Briefträger macht seine Runde".

④ Für **Elle vient d'accoucher** kann man auch einfach **Elle vient d'avoir un enfant** sagen.

⑤ **bistrot** ist ein umgangssprachlicher Ausdruck für „Café", der von den 1814 in Paris stationierten Kosakenoffizieren stammt. Wenn sie in den Cafés nicht schnell genug bedient wurden, riefen Sie das russische **Bistro !** („Schnell!"). Heute sind die Bistros mit Kneipen vergleichbar, in denen an der Theke getrunken wird; in manchen erhält man auch kleine Speisen.

8	– C'est‿un gar**çon** ou une **fille** ?
9	Le Bre**ton** se **tait** brusque**ment**. ⑥
10	– J'ai oubli**é** de deman**der** ; je ne sais **pas** si je suis **on**cle ou **tan**te. ⑦
11	Pen**dant** un entre**tien**, un journa**liste ose** deman**der** à une ac**trice** pul**peuse** : ⑧
12	– **Qu'est**-ce que vous por**tez** la **nuit** ?
13	Ré**ponse** : – Du Cha**nel** nu**méro cinq** !

(PRONONCIATION)

[**9** ... ßÕ **tä** brüß-kÕ-**mañ 10** ... oñk-l(ö) u **tañt 11** ... añ-trÕ-**tjañ** ... pül-**pö‣s**]

(ANMERKUNGEN)

⑥ se taire „schweigen" wird folgendermaßen konjugiert: je me tais, tu te tais, il/elle se tait, nous nous taisons, vous vous taisez, ils/elles se taisent. Partizip Perfekt: tu. Taisez-vous ! „Schweigen Sie! / Halten Sie den Mund!"

1ᵉʳ EXERCICE : COMPRENEZ-VOUS CES PHRASES ?

❶ L'homme a commencé à baratiner la jolie serveuse ❷ qui lui a répondu "Taisez-vous !" ❸ Vous avez des frères ou des sœurs ? ❹ En effet. J'ai un frère et une sœur. ❺ Patron, ce n'est pas moi qui paie ! ❻ Qu'est-ce que vous portez quand vous allez à l'Opéra ?

2ᵉ EXERCICE : TROUVEZ LES MOTS MANQUANTS !

❶ Die Großmutter und der Großvater sind die Großeltern.

La . . . . . - . . . . et le . . . . . - . . . . sont les . . . . . . - . . . .

❷ Meine Cousine hat gerade ein Kind bekommen!

Ma . . . .' avoir un enfant !

| 8 | – Ist es ein Junge oder ein Mädchen?
| 9 | Der Bretone schweigt plötzlich.
| 10 | – Ich habe vergessen, [danach] zu fragen; ich weiß nicht, ob ich Onkel oder Tante bin.
| 11 | Während eines Interviews wagt es ein Journalist, eine üppige Schauspielerin zu fragen:
| 12 | – Was legen (tragen) Sie nachts an?
| 13 | Antwort: – Chanel Nummer fünf!

(7) **les parents** sind nicht nur „die Eltern", sondern auch „die Verwandten", wie z. B. **le cousin/la cousine** „der Cousin/die Cousine". **Le grand-père** „Großvater" und **la grand-mère** „Großmutter" sind **les grands-parents**. Beachten Sie, dass **grand** in **grand-mère** nicht angeglichen wird, jedoch bei **grands-parents** ein **s** erhält! Merken Sie sich auch **le beau-père** „Schwiegervater" und **la belle-mère** „Schwiegermutter". Beide zusammen: **les beaux-parents** „Schwiegereltern".

(8) Ein „Interview" kann auch **une interview** sein, und für „interviewen" sagt man auch **interviewer** [*äñ-tär-wju▸-we▸*]. Weiterhin gibt es **un journaliste** und **une journaliste** (das Substantiv bleibt bei beiden Geschlechtern unverändert).

SOLUTIONS DU 1ᵉʳ EXERCICE : AVEZ-VOUS BIEN COMPRIS ?

❶ Der Mann hat begonnen, sich an die hübsche Serviererin heranzumachen, ❷ die ihm geantwortet hat: „Halten Sie den Mund!" ❸ Haben Sie / Habt ihr Brüder oder Schwestern? ❹ In der Tat. Ich habe einen Bruder und eine Schwester. ❺ [Herr] Wirt, ich bin es nicht, der bezahlt! ❻ Was tragen Sie / tragt ihr, wenn Sie/ihr in die Oper gehen/geht?

❸ Gibt es nicht etwas, das Sie hören möchten / ihr hören möchtet?
N'. - - - - - pas quelque chose . . .
vous voulez entendre ?

❹ Sie sind Bretone, nicht wahr?
Vous êtes Breton, . ' . . . - . . . . . ?

LEKTION 62

⑤ In der Tat.

   En . . . . . .

⑥ Jacques! Seien Sie ernst, bitte!

   Jacques ! . . . . , s'il vous plaît !

▶ Soixante-troisième (63ᵉ) leçon

Révision et notes

1. Verben: falloir „brauchen, bedürfen, benötigen"

Das Verb **falloir** ist ein sog. „unpersönliches Verb", und es erfordert etwas Zeit, sich mit seiner Anwendung vertraut zu machen. Es drückt die Idee einer Verpflichtung bzw. einer Pflicht aus. Im Präsens existiert es nur in der 3. Person Singular; die Form lautet immer **il faut** (niemals **elle**!) „man muss", „man braucht", „es ist nötig".

Beispiele:
   Pour faire une omelette, il faut trois œufs. [ö▸].
   „Um ein Omelett zu machen, braucht man drei Eier".
   Il faut beaucoup de patience pour apprendre l'allemand.
   „Man muss viel Geduld haben, um Deutsch zu lernen".
   Je ne veux pas manger ça ! - Il va falloir le manger !
   „Ich will das nicht essen! - Du wirst (Man wird) es essen müssen!"
   Est-ce qu'il faut un visa pour visiter la Chine ?
   „Braucht man ein Visum, um nach China zu fahren (China zu besuchen)?"

2. Verben: venir de + Infinitiv

Mit dieser Konstruktion wird ausgedrückt, dass eine Handlung soeben bzw. vor wenigen Momenten stattgefunden hat:
   Il vient de partir. „Er ist gerade gegangen".
   Nous venons de manger. „Wir haben gerade gegessen".

Bei reflexiven Verben steht die Wendung vor dem Reflexivpronomen (rückbezüglichen Fürwort):
   Elle vient de se lever. „Sie ist gerade aufgestanden".

SOLUTIONS DU 2ᵉ EXERCICE : LES MOTS MANQUANTS.

❶ grand-mère - grand-père - grands-parents ❷ cousine vient d'
❸ y a-t-il - que ❹ n'est-ce pas ❺ effet ❻ Soyez - sérieux

Deuxième vague : Activez la leçon 13 !

Dreiundsechzigste Lektion

Je viens de me laver les mains. „Ich habe mir soeben die Hände gewaschen".

3. Präpositionen

Wie im Deutschen gibt es im Französischen Verben, die eine Präposition mit sich führen, solche, die ohne Präposition benutzt werden, und solche, bei denen beides vorkommt. Mit jeder Präposition geht gleichzeitig eine Bedeutungsänderung des Verbs einher.

Attendre beispielsweise bedeutet ohne Präposition „warten auf", als reflexives Verb mit der Präposition **à**, **s'attendre à**, bedeutet es „etwas erwarten": **Je m'attendais à ça** „Das habe ich erwartet".

Chercher ohne Präposition bedeutet „suchen", **chercher à** dagegen „versuchen, streben nach, sich bemühen": **Ils cherchent à comprendre** „Sie versuchen, zu verstehen". Die Bedeutung von **demander** ist „fragen", **demander après quelqu'un** heißt „sich nach jmdm. erkundigen". **Écouter** „zuhören" wird ohne Präposition verwendet, ebenso **espérer** „hoffen, erhoffen, erwarten". Anders ist es mit **payer**: **Payer à** „bezahlen an", **payer pour** „bezahlen für" usw. Unser letztes Beispiel soll **regarder** „ansehen" sein, **regarder comme** bedeutet „betrachten als", und **regarder à** „Wert legen auf". Lernen Sie daher jedes Verb immer in einem Kontext, eventuell zusammen mit der Präposition.

Deuxième vague : Activez la leçon 14 !

▶ **Soixante-quatrième (64ᵉ) leçon**

Bonne route !

(À l'agence de location)

1 – Bonjour, madame. Puis-je vous aider ? ①
2 – Je vous ai téléphoné il y a deux jours à propos d'une location pour ce week-end. ②
3 – Je me souviens. Vous vous rendez en province, n'est-ce pas ? ③
4 – Absolument. Il me faut une petite voiture, avec votre forfait week-end.
5 – Bien sûr, madame. Mais d'abord quelques petites formalités et vous êtes en route.
6 Il me faut votre permis de conduire et une carte de crédit.
7 Votre nom et adresse ?
8 – Catherine Farina, ça s'écrit F-A-R-I-N-A ; 31, rue Damrémont, 75018 Paris. ④
9 – Avez-vous un contact ou un numéro de téléphone à Strasbourg ?

PRONONCIATION
[*1* ... püi-sch˘Ö ... *2* ui▸k-änd *3* ... pro-wänß ... *4* ... fOr-fä ...
6 ... pär-mi▸ dÖ koñ-düi▸r ... *8* ... dañ-re-moñ ... *9* ... koñ-takt ...]

242

Vierundsechzigste Lektion

Gute Fahrt!

(In der Autovermietung)

1 – Guten Tag, gnädige Frau. Kann ich Ihnen helfen?
2 – Ich habe Sie vor zwei Tagen angerufen, weil ich für dieses Wochenende ein Auto mieten möchte (wegen eines Mietens).
3 – Ich erinnere mich. Sie fahren in die Provinz, nicht wahr?
4 – Richtig. Ich brauche ein kleines Auto, mit Ihrer Wochenendpauschale.
5 – Selbstverständlich, gnädige Frau. Aber zuerst einige kleine Formalitäten, und schon sind Sie unterwegs (sind Sie auf der Straße).
6 Ich brauche Ihren Führerschein und eine Kreditkarte.
7 Ihr Name und [Ihre] Adresse?
8 – Catherine Farina, das schreibt sich F–A–R–I–N–A; 31, rue Damrémont, 75018 Paris.
9 – Haben Sie eine Kontaktadresse oder eine Telefonnummer in Straßburg?

(ANMERKUNGEN)

① **Puis-je...?** „Kann ich ...?" ist eine höfliche Variante von **Je peux... ?**

② **à propos de** ist ein Synonym für **au sujet de** „im Zusammenhang mit", „wegen", das Sie aus Lektion 15 kennen. **Le propos** bedeutet „Thema, Gegenstand". **Il veut vous voir. – À quel propos ?** „Er möchte Sie sehen. – Worum geht es?"

③ **la province** „Provinz" (oft mit einem geringschätzigen Unterton) bezeichnet alle Landesteile Frankreichs, die nicht Paris sind oder zu Paris gehören. „In der/die Provinz" wird mit der Präposition **en** wiedergegeben: **Ils habitent en province** „Sie wohnen in der Provinz". **Je vais en province** „Ich fahre in die Provinz". Verwechseln Sie dies nicht mit **la Provence** „die Provence", einer wunderschönen Gegend in Südfrankreich.

④ Aus vielen Verben können reflexive Verben (mit „sich") gebildet werden: **écrire** „schreiben" - **s'écrire** „sich schreiben"; **appeler** „rufen" - **s'appeler** „sich nennen", **débarrasser** „freimachen, abräumen" - **se débarrasser de** „sich entledigen".

LEKTION 64

10 – **Non**. En**fin**, **si**. Je des**cends** à l'hô**tel** de
Col**mar**.⑤⑥⑦

11 – **Très bien**. Vou**lez**-**vous** une assu**rance**
complémen**taire** ?

12 – **Non** mer**ci**.

13 – A**lors** met**tez** vos in**itiales** dans les **cases
A** et **B** et si**gnez** en **bas**, s'il vous **plaît**.

14 Voi**ci donc** votre con**trat** et les **clés** de la
voi**ture**. C'est la Peu**geot verte** en **face**. ⑧

15 A**vez**-**vous** be**soin** d'une **carte** rou**tière**? ⑨

16 – **Non** mer**ci**, je con**nais bien** la ré**gion**. ⑩

17 – A**lors**, je vous sou**haite bonne route**. ⑪

(PRONONCIATION)

[*11 ... koñ-ple-mañ-tä▸r ... 13 ... i-ni-ßjal ... 16 ... re-sch⁻joñ*]

(ANMERKUNGEN)

⑤ Enfin heißt „schließlich, endlich". In der Umgangssprache wird es auch häufig in der Bedeutung „nun ja, also" benutzt.

⑥ si bedeutet „doch". Vous ne connaissez pas Strasbourg ? – Si, j'y suis allé une fois „Sie kennen Straßburg nicht? – Doch, ich bin einmal dort gewesen (dorthin gegangen)".

⑦ Die Grundbedeutung von descendre ist „hinuntergehen, -steigen". Hier bedeutet es „absteigen": Il descend toujours au George V „Er steigt immer im [Hotel] George V. ab".

(1ᵉʳ EXERCICE : COMPRENEZ-VOUS CES PHRASES ?)

❶ Est-ce vrai que Gisèle habite en province ? ❷ Non, idiot ! Elle habite en Provence. ❸ Il me faut absolument parler au directeur. ❹ À propos de quoi ? ❺ Connaissez-vous la région ? ❻ Non. Enfin, si, un petit peu. ❼ Il me faut votre permis de conduire et une carte de crédit, s'il vous plaît. ❽ Savez-vous où je peux trouver une carte routière ?

| 10 | Nein. Naja, doch. Ich steige im Hotel Colmar ab.
| 11 | – Sehr gut. Möchten Sie eine Zusatzversicherung?
| 12 | – Nein, danke.
| 13 | – Dann tragen Sie bitte Ihre Initialen in die Felder A und B ein, und unterschreiben Sie unten, bitte.
| 14 | Hier [sind] also Ihr Vertrag und die Schlüssel des Autos. Es ist der (die) grüne Peugeot gegenüber.
| 15 | Brauchen Sie eine Straßenkarte?
| 16 | – Nein, danke, ich kenne die Gegend gut.
| 17 | – Dann wünsche ich Ihnen gute Fahrt.

⑧ Ungewöhnlich für Deutsche, aber alle Autos sind weiblich! Auch wenn man nur die Marke nennt, muss man la oder une voranstellen: une BMW bleue [... *be äm* dubl(ö) *we*...] „ein blauer BMW".

⑨ une carte kann verschiedene Bedeutungen haben; daher muss man manchmal präzisieren: une carte routière „Straßenkarte", une carte de visite „Visitenkarte", une carte de crédit „Kreditkarte", une carte postale „Ansichtskarte". Die „Speisekarte" im Restaurant heißt einfach la carte.

⑩ connaître „kennen": je connais, tu connais, il/elle connaît, nous connaissons, vous connaissez, ils/elles connaissent. Partizip: connu „gekannt". Auf connaître folgt immer direkt ein Objekt, anders als beim Verb savoir „wissen", das sich a) niemals auf eine Person beziehen kann und dem b) die Konjunktionen où „wo", comment „wie" und pourquoi „warum" folgen können.

⑪ Gute Wünsche begleiten die Franzosen auf Schritt und Tritt, sei es Bon appétit !, Bon week-end !, Bon dimanche !, Bonnes vacances !, Bon voyage ! „Gute Reise!", Bon retour ! „Gute Heimfahrt!" oder Bon courage ! „Alles Gute!" (wörtl. Guten Mut!). In manchen Restaurants wünscht der Kellner den Gästen zwischen den Gängen Bonne continuation ! (wörtl. Gute Fortsetzung!) und vor dem Dessert Bonne fin de repas ! (Ende des Essens) und Bonne fin de soirée ! (Ende des Abends), wenn man das Lokal verlässt.

SOLUTIONS DU 1ᵉʳ EXERCICE : AVEZ-VOUS BIEN COMPRIS ?

❶ Ist es wahr, dass Gisèle in der Provinz wohnt? ❷ Nein, Dummkopf! Sie wohnt in der Provence. ❸ Ich muss unbedingt mit dem Direktor sprechen. ❹ Um was geht es? ❺ Kennen Sie / Kennt ihr die Gegend? ❻ Nein. Nun ja, doch, ein kleines bisschen. ❼ Ich brauche Ihren Führerschein und eine Kreditkarte, bitte. ❽ Wissen Sie / Wisst ihr, wo ich eine Straßenkarte finden kann?

2ᵉ EXERCICE : TROUVEZ LES MOTS MANQUANTS !

① Wissen Sie, wo er wohnt?

. . . . . - . . . où il . . . . . . ?

② Kennst du seine Adresse?

. . . . - . . son . . . . ?

③ Ich weiß, warum sie traurig ist.

Je . . . . elle est . . . .

④ Sie (f. Pl.) kennen die Strecke sehr gut.

. . . . très . . . . la route.

▶ **Soixante-cinquième (65ᵉ) leçon**

La Tour Eiffel

1	Gus**tave** Eif**fel** est **né** en 1832 (**mil** huit **cent** trente-**deux**) à Di**jon**. ①
2	Il est deve**nu** ingé**nieur** très **jeune**.
3	Il a tou**jours** vou**lu** cons**truire** quelque **chose** d'**ex**traordi**naire** ; ②
4	**donc** il est ve**nu** à Pa**ris** en 1886 (**mil** huit **cent** quatre-vingt-**six**) pour la **Grande** Exposi**tion**,
5	où son pro**jet** pour une **tour** a ga**gné** le **pre**mier **prix**. ③

In dieser Lektion wird die Handlung im Französischen in der zusammengesetzten Vergangenheit (siehe wörtliche Übersetzung) erzählt, während im Deutschen als Erzählzeit eher das Imperfekt (die einfache Vergangenheit) benutzt wird.

(PRONONCIATION)

[... **tu**‣r e-**fäl 1** güß-**ta**‣w e-**fäl** ... **mil** üi ßañ trañt **dö**‣ ... **2** ... **äñ**-sch¯e-**njÖ**‣**r** ... **3** ... koñ-ßtrü-**i**‣**r 5** ... **pri**]

246

⑤ Ich weiß, wie man dort hinkommt.

    Je . . . . y aller.

> **SOLUTIONS DU 2e EXERCICE : LES MOTS MANQUANTS.**
> ❶ Savez-vous - habite ❷ Connais-tu - adresse ❸ sais pourquoi - triste ❹ Elles connaissent - bien ❺ sais comment

> *Lerntipp*
> *Sie können das Buchstabieren auf Französisch trainieren, indem Sie sich hin und wieder einzelne Wörter aus den Lektionen aussuchen und diese laut buchstabieren. Wiederholen Sie die Übung mehrmals, jedes Mal ein bisschen schneller.*

Deuxième vague : Activez la leçon 15 !

Fünfundsechzigste Lektion

Der Eiffelturm

1	Gustave Eiffel wurde (ist geboren in) 1832 in Dijon geboren.
2	Er wurde (ist geworden) sehr früh (jung) Ingenieur.
3	Er wollte (hat wollen bauen) schon immer etwas Außergewöhnliches bauen;
4	also ist er (in) 1886 nach Paris gekommen, für die Weltausstellung (große Ausstellung),
5	wo sein Projekt für einen Turm den ersten Preis gewann (gewonnen hat).

(ANMERKUNGEN)

① „1000" **mille** wird in Jahreszahlen **mil** geschrieben!

② Der Teilungsartikel **de** (der nicht übersetzt wird) folgt immer nach **quelque chose**, wenn danach noch ein Adjektiv folgt (das immer im Maskulinum steht!): **quelque chose de grand** „etwas Großes"; **quelque chose d'intéressant** „etwas Interessantes"; **Que voulez-vous boire ? – Quelque chose de chaud** „Was wollen Sie trinken? – Etwas Warmes".

③ **un prix** „Preis" und der Plural **des prix** „Preise" wird gleich ausgesprochen: [pri]. Es meint sowohl den „Kaufpreis" als auch die „Auszeichnung". Auch **gagner** hat zwei Bedeutungen „gewinnen" und „(Geld) verdienen". **Il gagne un bon salaire** [... ßa-lä·r] „Er verdient ein gutes Gehalt".

LEKTION 65

| 6 | La construction a commencé en 1887 (**mil** huit **cent quatre**-vingt-**sept**) et a du**ré deux_ans**.
| 7 | La **tour** est cons**truite** en **fer** et me**sure trois cent vingt mè**tres de **haut**. ④
| 8 | Il y a **trois_étages** et une an**tenne** de télé**vision tout_**en **haut**.
| 9 | Heureuse**ment**, de**puis** 1965 (**mil** neuf **cent** soixante-**cinq**) l'ascen**seur** hydrau**lique** a été rempla**cé** par un ascen**seur** élec**trique**. ⑤
| 10 | En 1923 (**mil** neuf **cent** vingt-_**trois**), un journa**liste** est descen**du** du **troi**sième é**tage** en bicy**clette** !
| 11 | La construc**tion** de la **tour** a coû**té six** mill**ions** et de**mi** de **francs**.
| 12 | Elle appar**tient** mainte**nant** à la **ville** de Pa**ris** ⑥
| 13 | et at**tire** chaque an**née** plus de **trois** mill**ions** de visi**teurs**.
| 14 | Gus**tave** Eiffel est **mort** en 1923 (**mil** neuf **cent** vingt-**trois**).

(PRONONCIATION)

[*7 .... fä‣r e mÖ-sü‣r ... 8 ... troas_ e-ta‣sch˜ ... tut añ o‣ 9 ... la-ßañ-ßÖ‣r i-dro-lik ... e-läk-trik 10 ... bi-ßi-klät 11 ... ßi mil-joñ e dÖ-mi ...*]

1er EXERCICE : COMPRENEZ-VOUS CES PHRASES ?

① Si on va au cinéma, je veux voir quelque chose de drôle. ② Sa tour a gagné le premier prix à l'exposition. ③ La boîte fait un mètre de haut et soixante-dix centimètres de large. ④ Il a toujours voulu être ingénieur. ⑤ Il y a une antenne de télévision tout en haut.

| 6 | Der Bau begann (hat begonnen in) 1887 und dauerte (hat gedauert) zwei Jahre.
| 7 | Der Turm ist aus Eisen gebaut und ist (misst) 320 Meter hoch.
| 8 | Es gibt drei Etagen und ganz oben eine Fernsehantenne.
| 9 | Glücklicherweise wurde (ist ersetzt worden) (seit) 1965 der hydraulische Aufzug durch einen elektrischen Aufzug ersetzt.
| 10 | (In) 1923 fuhr (ist hinuntergefahren) ein Journalist von der 3. Etage mit dem Fahrrad hinunter!
| 11 | Der Bau des Turmes kostete (hat gekostet) sechseinhalb Millionen Francs.
| 12 | Er gehört nun der Stadt Paris
| 13 | und zieht jedes Jahr mehr als drei Millionen Besucher an.
| 14 | Gustave Eiffel starb (ist gestorben in) 1923.

(ANMERKUNGEN)

(4) Auch in **320 mètres de haut** steckt der Teilungsartikel **de**. Weitere Beispiele: **deux mètres de large** „zwei Meter breit"; **vingt centimètres de long** „20 Zentimeter lang". Das Substantiv zu **haut, haute** heißt **la hauteur** „Höhe". **Long, longue**: **la longueur** [*loñ-gÖ-r*] „Länge", **large**: **la largeur** „Breite", **profond, profonde**: **la profondeur** „Tiefe".

(5) Beachten Sie hier die Ausdrucksweise im Französischen: **a été remplacé**, wörtlich „hat gewesen ersetzt".

(6) **une ville** heißt „Stadt". Es gibt noch das Wort **la cité** [*ßi-te•*]. Es stammt aus dem Mittelalter und bezeichnet meistens den alten historischen Kern einer Stadt: **Provins** [*pro-wäñß*] **et sa cité médiévale** „Provins und seine mittelalterliche Altstadt".

(SOLUTIONS DU 1ᵉʳ EXERCICE : AVEZ-VOUS BIEN COMPRIS ?)

❶ Wenn wir ins Kino gehen, möchte ich etwas Lustiges sehen. ❷ Sein Turm hat den ersten Preis bei der Ausstellung gewonnen. ❸ Die Schachtel ist (macht) einen Meter hoch und 70 Zentimeter breit. ❹ Er wollte immer (hat immer wollen sein) Ingenieur sein. ❺ Ganz oben gibt es eine Fernsehantenne.

2ᵉ EXERCICE : TROUVEZ LES MOTS MANQUANTS !

❶ Er wurde (ist geworden) im Alter von 20 Jahren Professor.

Il . . . . professeur . l' . . . . . vingt ans.

❷ Sie verdient ein gutes Gehalt.

Elle . . . . . un bon . . . .

❸ Sein Vater ist vor (seit) zwei Jahren gestorben.

Son père . . . . il y a deux ans.

❹ Dieses Buch gehört meiner Schwiegermutter.

Ce livre . . . . ma belle-mère.

❺ Der Film dauerte (hat gedauert) zwei Stunden.

Le film . . . . . deux heures.

▶ **Soixante-sixième (66ᵉ) leçon**

La promenade du dimanche

1 La fa**mille** Lau**nay** a **bien** déjeu**né** ce di**manche**
2 et les‿en**fants viennent** de **met**tre les‿assi**ettes** dans le **lave**-vais**selle**
3 pen**dant** que les pa**rents** font‿une pe**tite** si**este** ; ①
4 mainte**nant**, ils vont se prome**ner** dans les **bois**. ②

(PRONONCIATION)

[*1* ... lo-**nä** ... *2* ... **la‣w**-wä-**ßäl** *3* ... ßjä**ßt** *4* ... le‣ bo**a**]

SOLUTIONS DU 2e EXERCICE : LES MOTS MANQUANTS.

① est devenu - à - âge de ② gagne - salaire ③ est mort ④ appartient à ⑤ a duré

Deuxième vague : Activez la leçon 16 !

Sechsundsechzigste Lektion

Der Sonntagsspaziergang

1 (Die) Familie Launay hat [an] diesem Sonntag gut zu Mittag gegessen,
2 und die Kinder haben gerade die Teller in die Spülmaschine gestellt,
3 während die Eltern einen kleinen Mittagsschlaf machen;
4 jetzt werden sie im Wald (in den Wäldern) spazieren gehen.

ANMERKUNGEN

① **pendant que** „während". **Pendant la guerre** „während des Krieges". Beachten Sie hingegen, dass **pendant** + Zeitangabe „... lang" heißt: **pendant trois ans** „drei Jahre lang". Nicht zu verwechseln mit **cependant** „dennoch, doch"; „unterdessen".

② **se promener** „spazieren gehen"; **une promenade** „ein Spaziergang", **il s'est promené/elle s'est promenée** „er/sie ist spazieren gegangen". Meint man „wandern", sagt man **marcher**. **Une marche** ist eine „Wanderung", aber auch eine „Treppenstufe"! Nicht zu verwechseln mit **le marché** „der Markt".

5	Ils s'apprêtent à partir quand, tout à coup... ③
6	Valérie : – Oh, ça y est. Il pleut ...!
7	Pierre : – Ça ne fait rien. Je vais chercher nos imperméables et nos bottes. ④
8	– Bon. À qui est ce manteau ? ⑤
9	– Jean : – C'est le mien.
10	Pierre : – Voilà le tien, Valérie. Et tes bottes. À qui sont celles-là ?
11	Valérie : – Ce sont les miennes, je crois. ⑥
12	– Pierre : – D'accord ; et voilà les tiennes, Jean.
13	Tout le monde est prêt ? Bon. On y va. ⑦

(PRONONCIATION)

[5 ... ßa-prä▸t 7 ... äñ-pär-me-a-bl(ö) ... bOt 8 ... mañ-to▸ ... mjäñ 10 ... tjäñ ...11 ... mjän ... tjän 13 ... prä ... oñ_i wa]

1ᵉʳ EXERCICE : COMPRENEZ-VOUS CES PHRASES ?

❶ Il s'est promené dans les bois dimanche. ❷ Pendant que les parents font une sieste, ❸ les enfants remplissent le lave-vaisselle. ❹ Je n'ai pas d'argent ! ❺ Ça ne fait rien. C'est moi qui paie. ❻ À qui sont ces bottes ? ❼ À Jean. ❽ Prêt ? Bon. On y va !

5 Sie machen sich gerade zum Gehen fertig, als plötzlich ...
6 Valérie: – Oh, da haben wir's. Es regnet ...!
7 Pierre: – Das macht nichts. Ich gehe unsere Regenmäntel und unsere Gummistiefel holen.
8 – Gut. Wem gehört (Zu wem ist) dieser Mantel?
9 – Jean: – Das ist meiner (der meinige).
10 Pierre: – Hier ist deiner (der deinige), Valérie. Und deine Gummistiefel. Wem gehören (Zu wem sind) diese hier?
11 Valérie: – Sie gehören mir, glaube ich.
12 – Pierre: – OK; und hier sind deine, Jean.
13 Sind alle fertig (Jeder ist fertig)? Gut. Lasst uns gehen (Man dorthin geht).

(ANMERKUNGEN)

③ Das Verb **s'apprêter** „sich fertigmachen, sich vorbereiten" kommt von **prêt**, **prête** „fertig".

④ **imperméable** „wasserdicht" ist sowohl Adjektiv als auch Substantiv „Regenmantel" (im Französischen ein Maskulinum).

⑤ Die gängige Wendung, um „Wem gehört/gehören ...?" zu fragen, ist **À qui est/sont... ?** (wörtlich „Zu wem ist/sind ...?") oder **À qui appartient...?** (**appartenir** „gehören"): **À qui appartient ce chapeau ?** „Wem gehört dieser Hut?"

⑥ **le mien** ist das Possessivpronomen „meiner". In dieser Lektion finden Sie weitere Possessivpronomen, die in Lektion 70 ausführlich erläutert werden.

⑦ Sie haben gelernt, dass **Allons...** „Gehen wir ..." bedeutet: **Allons voir s'il est là** „Gehen wir nachsehen, ob er da ist". Um jedoch „Gehen wir!, Lasst uns losgehen!" auszudrücken, sagt man **On y va !** oder **Allons-y !**

SOLUTIONS DU 1er EXERCICE : AVEZ-VOUS BIEN COMPRIS ?

❶ Er ist am Sonntag im Wald (in den Wäldern) spazieren gegangen. ❷ Während die Eltern einen Mittagsschlaf machen, ❸ füllen die Kinder die Spülmaschine. ❹ Ich habe kein Geld! ❺ Das macht nichts. Ich bezahle. ❻ Wem gehören (Zu wem sind) diese [Gummi]stiefel? ❼ (Zu) Jean. ❽ Fertig? Gut. Gehen wir!

2ᵉ EXERCICE : TROUVEZ LES MOTS MANQUANTS !

① Ich hole die Regenmäntel; es regnet.
   Je vais . . . . les imperméables; il . . . . . !

② Die Kinder haben soeben die Lektion beendet.
   Les enfants . . . . terminer la leçon.

③ Wem gehört (Zu wem ist) dieser Pager?
   . . . . ce messageur ?

④ Es ist meiner (der meinige).
   C'est . . . .

⑤ Wem gehören (Zu wem sind) diese Gummistiefel?
   . . . . ces bottes ?

▶ **Soixante-septième (67ᵉ) leçon**

L'optimiste et le pessimiste

| 1 | La bouteille est à moitié pleine...
| 2 | – La bouteille est à moitié vide !
| 3 | *(Au Nouvel An)*
| | Bonne année ! ①
| 4 | – Un an de moins à vivre ! ②

PRONONCIATION   [*1 ... a moa-tje▶ ...*]

⑥ Das sind deine (die deinigen).

   Ce sont . . . .

⑦ Wo ist meiner?

   Où . . . . ?

⑧ Er [ist] da.

   Le . . . . . .

SOLUTIONS DU 2ᵉ EXERCICE : LES MOTS MANQUANTS.

❶ chercher - pleut ❷ viennent de ❸ À qui est ❹ le mien ❺ À qui sont
❻ les tiennes ❼ est le mien ❽ voilà

Deuxième vague : Activez la leçon 17 !

Siebenundsechzigste Lektion

Der Optimist und der Pessimist

1		Die Flasche ist halb (zur Hälfte voll) ...
2	–	Die Flasche ist halb (zur Hälfte) leer!
3		*(An Neujahr)* Gutes [neues] Jahr!
4	–	Ein Jahr weniger zu leben!

(ANMERKUNGEN)

① Ähnlich wie mit matin und matinée „Morgen" verhält es sich mit un an und une année „ein Jahr". Une année bezieht sich mehr auf die Dauer eines Jahres: pendant l'année „im Laufe des Jahres".

② Un an wird bei Zahlen verwendet: trois ans „drei Jahre". Le Nouvel An „Neujahr". Assimilieren Sie auch diese Zusammensetzungen immer als ganze Wendungen.

5	"Après la **pluie** vient le **beau temps**".
6	– Quel **temps** de **chien** ! ③
7	En**fin** les pre**miers** beaux **jours** !
8	– Une **hiron**delle ne fait **pas** le prin**temps**. ④
9	**Ah** ! Un **mois** de va**cances** au so**leil** !
10	– La ren**trée** va être **triste** et **dure**. ⑤
11	Le **vin** va être **très bon** cette an**née** !
12	– Les **prix** vont augmen**ter**.
13	Cette le**çon** est fa**cile**...
14	– Atten**dez** de**main** !
15	**Quelle** diffé**rence** y a-**t-il** entre un **homme** poli**tique** et un mi**roir** ?
16	Les mi**roirs**, **eux**, réflé**chissent** sans par**ler**, ⑥⑦
17	a**lors** que les **hommes** poli**tiques parlent** sans réflé**chir**. ⑧⑨

(PRONONCIATION)

[8 ... ü‣n i-roñ-**däl** ... präñ-**tañ** 12 ... og-mañ-**te**‣ 15 ... mi-ro**a**‣r 16 ... re-fle-**schiß** ...]

(ANMERKUNGEN)

③ Eine Redewendung für „Was für ein Mistwetter!". Man kann auch sagen Il pleut (oder tombe) des cordes „Es regnet Bindfäden".

④ Die restlichen Jahreszeiten lauten été (m.) „Sommer", automne (m.) [o-tOn] „Herbst" und hiver (m.) [i-wär] „Winter".

⑤ Mit la rentrée ist die Rückkehr der Familien aus dem Urlaub und die Wiederaufnahme des Schulbesuchs der Kinder im September gemeint: la rentrée des classes.

(1er EXERCICE : COMPRENEZ-VOUS CES PHRASES ?)

❶ La salle était à moitié vide. ❷ Le prix du vin a beaucoup augmenté. ❸ Il a donné la réponse sans réfléchir. ❹ Quelle différence y a-t-il entre "un an" et "une année" ? ❺ Il a travaillé pendant trente ans. ❻ Le vin va être très bon l'année prochaine.

5		„Nach dem Regen kommt schönes (das schöne) Wetter".
6	–	Was für ein Mistwetter (Hundewetter)!
7		Endlich die ersten schönen Tage!
8	–	Eine Schwalbe macht noch keinen Sommer (Frühling).
9		Ah! Ein Monat Ferien in der Sonne!
10	–	Die Rückkehr wird traurig und schwer sein.
11		Der Wein wird dieses Jahr sehr gut sein!
12	–	Die [Wein-]Preise werden steigen.
13		Diese Lektion ist leicht ...
14	–	Warten Sie [ab bis] morgen!
15		Welchen Unterschied gibt es zwischen einem Politiker (politischen Mann) und einem Spiegel?
16	–	Die Spiegel(, sie) reflektieren, ohne zu sprechen,
17		wohingegen die Politiker sprechen, ohne zu reflektieren (= nachzudenken).

⑥ Mit eingeschobenen betonenden Personalpronomen kann eine Sache oder Person unterstrichen werden. Das männliche Pronomen ist **lui**: **Étienne est étudiant, mais Pierre, lui, est ingénieur** „Etienne ist Student, aber Pierre, der ist Ingenieur". Das weibliche betonende Personalpronomen lautet **elle** (Pl. **eux / elles**).

⑦ **réfléchir** „nachdenken, überlegen", aber auch „reflektieren": **je réfléchis**; **tu réfléchis, il/elle réfléchit, nous réfléchissons, vous réfléchissez, ils/elles réfléchissent**. Partizip: **réfléchi**. **Les verbes réfléchis** sind die „reflexiven Verben".

⑧ **alors que** „wohingegen", oder alternativ **tandis que** [tañ-di▸ kÖ].

⑨ „ohne zu ..." wird mit **sans** + Infinitiv ausgedrückt: **sans parler** „ohne zu sprechen". **Sans parler** hat eine weitere Bedeutung: „ganz zu schweigen von": **Ils ont deux chiens, quatre chats et six lapins, sans parler des trois cochons** „Sie haben zwei Hunde, vier Katzen, sechs Kaninchen, ganz zu schweigen von den drei Schweinen".

SOLUTIONS DU 1ᵉʳ EXERCICE : AVEZ-VOUS BIEN COMPRIS ?

❶ Der Saal war halb (zur Hälfte) leer. ❷ Der Weinpreis ist stark (viel) gestiegen. ❸ Er hat die Antwort gegeben, ohne nachzudenken. ❹ Welcher Unterschied besteht (gibt es) zwischen *un an* und *une année*? ❺ Er hat 30 Jahre lang gearbeitet. ❻ Der Wein wird nächstes Jahr sehr gut sein.

2ᵉ EXERCICE : TROUVEZ LES MOTS MANQUANTS !

❶ Was für ein Mistwetter!

Quel . . . . . de . . . . . !

❷ Warten Sie [ab bis] nächstes Jahr!

Attendez l'. . . . . !

❸ Pierre arbeitet im Moment nicht, aber Marie, sie arbeitet sehr hart.

Pierre ne travaille pas en ce moment, mais Marie, ... , travaille très . . . .

❹ Die Tasse ist halb voll.

La tasse est . . . .

▶ **Soixante-huitième (68ᵉ) leçon**

Le corps humain

1. Le **corps** de l'**homme** et de la **femme** est compo**sé** de **trois** par**ties** :
2. la **tête**, le **tronc** et les **mem**bres.
3. La **tête** est d'habi**tude** cou**verte** de che**veux**, si**non** on_est **chauve**. ①②③

D'HABITUDE, JE BOIS DU CAFÉ LE MATIN.

(PRONONCIATION)

[... kO▸r ü-mäñ 2 ... lÖ troñ.... mañ-br(ö) 3 ... scho▸w(ö)]

⑤ Jeanne kommt nicht! – Eine Person weniger!

Jeanne ne vient pas ! – Une personne .. . . !

⑥ Sie (Pl.) sprechen immer ohne nachzudenken.

Ils . . . . toujours . . . . !

SOLUTIONS DU 2ᵉ EXERCICE : LES MOTS MANQUANTS.

① temps - chien ② année prochaine ③ elle - dur ④ à moitié pleine
⑤ de moins ⑥ parlent - sans réfléchir

Deuxième vague : Activez la leçon 18 !

Achtundsechzigste Lektion

Der menschliche Körper

1 Der Körper des Mannes und der Frau besteht (ist zusammengesetzt) aus drei Teilen:
2 dem Kopf, dem Rumpf und den Gliedmaßen.
3 Der Kopf ist für gewöhnlich mit Haaren bedeckt, sonst ist man kahlköpfig.

ANMERKUNGEN

① **une habitude** „eine Gewohnheit"; **avoir l'habitude de** „an etw. gewöhnt sein": **Elle a l'habitude de la vie en France** „Sie ist an das Leben in Frankreich gewöhnt". **S'habituer à** „sich an etw. gewöhnen": **Je m'habitue à mon nouvel ordinateur** „Ich gewöhne mich an meinen neuen Computer".

② **La tête est couverte**: Bedenken Sie noch einmal, dass Partizipien wie Adjektive behandelt, d. h. angeglichen werden. Da **tête** weiblich ist, muss es **couverte** „bedeckt" heißen.

③ **un cheveu** „ein Haar"; **des cheveux** „Haare". Die Redensart „Haare spalten" (= kleinlich sein) heißt **couper les cheveux en quatre** „Haare in vier spalten".

4	Les‿yeux, les sour**cils**, le **nez**, la **bouche** et le men**ton** ④
5	**forment** le vi**sage**, **beau** ou **laid** !
6	Entre la **tête** et le **tronc**, il y a le **cou**.
7	Le **tronc** porte générale**ment** deux **bras** et deux **jambes**.
8	Il y a **d'autres**‿**usages** pour ces **mots** que nous ve**nons** de **voir** :
9	par ex**emple**, on **parle** d'un **tronc d'ar**bre ou des **mem**bres d'un gouverne**ment**.
10	La **Bi**ble nous‿ap**prend** : œil pour œil, **dent** pour **dent**. ⑤
11	Et **si** vous n'aimez **pas** ça, vous pou**vez** tou**jours faire** la **tête** ! ⑥

(PRONONCIATION)

[4 le‣s **jö**‣, le‣ ßur-**ßil** ... lÖ mañ-**toñ** 5 ... lä 6 ... ku‣ 9 ... gu-wär-nÖ-**mañ** 10 ... bi‣bl(ö) ... **öj** ...]

1ᵉʳ EXERCICE : COMPRENEZ-VOUS CES PHRASES ?

❶ Il n'a pas envie d'y aller : regardez sa tête ! ❷ D'habitude, je bois du café le matin. ❸ J'apprends ma leçon tous les soirs. ❹ Il n'a pas l'habitude de ce nouvel ordinateur. ❺ Elle est grande, belle et elle a des cheveux blonds.

2ᵉ EXERCICE : TROUVEZ LES MOTS MANQUANTS !

❶ Das Komitee ist aus 20 Mitgliedern zusammengesetzt.
   Le comité ... . de vingt ....

❷ Das ist unser Lehrer; er unterrichtet uns [in] Geschichte.
   C'est notre professeur ; il .... l'histoire.

❸ In Kanada spricht man (das) Französisch und (das) Englisch.
   Au Canada, .. parle .. français et .'anglais.

|4| Die Augen, die Augenbrauen, die Nase, der Mund und das Kinn
|5| bilden das Gesicht, schön oder hässlich!
|6| Zwischen dem Kopf und dem Rumpf ist der Hals.
|7| Der Rumpf trägt im Allgemeinen zwei Arme und zwei Beine.
|8| Es gibt noch andere Verwendungsweisen für die(se) Wörter, die wir soeben gelernt (gesehen) haben:
|9| Beispielsweise spricht man von einem Baumstamm (Baumrumpf) oder den Mitgliedern (Gliedern) einer Regierung.
|10| Die Bibel lehrt uns: Auge um (für) Auge, Zahn um (für) Zahn.
|11| Und wenn Sie das nicht mögen, können Sie immer noch „schmollen" (den Kopf machen)!

(ANMERKUNGEN)

④ Der Plural von **un œil** „ein Auge" ist **des yeux** „Augen". Weitere solche unregelmäßigen Pluralbildungen sind **un œuf** [*Öf*] „ein Ei" - **des œufs** [*de▸s_ö▸*] „Eier", **un bœuf** [*bÖf*] „ein Ochse" - **des bœufs** [*de▸ bö▸*] „Ochsen", **un os** [*OβI*] „ein Knochen" - **des os** [*de▸s_o▸*] „Knochen".

⑤ Die beiden Verben **apprendre** „lernen" (auch „erfahren") und **enseigner** „lehren, unterrichten" werden oft verwechselt. **Il apprend le français** „Er lernt (das) Französisch". **Elle enseigne l'histoire** „Sie unterrichtet (die) Geschichte". Der allgemeine Ausdruck für „Lehrer" ist **un enseignant**, ein Lehrer für ein spezielles Fach ist **un professeur**.

⑥ **faire la tête** „schmollen, eingeschnappt sein". Ein Synonym ist **faire la gueule** (**la gueule** „Maul"). **Ne fais pas la tête !** „Sei nicht eingeschnappt!". **La tête** kann auch einfach den „Gesichtsausdruck" bezeichnen: **Il a fait une drôle de tête quand il a appris la nouvelle** „Er hat komisch geguckt, als er die Neuigkeit erfuhr".

(SOLUTIONS DU 1er EXERCICE : AVEZ-VOUS BIEN COMPRIS ?)

❶ Er hat keine Lust, dort hinzugehen: Sehen Sie sich / Seht euch sein Gesicht (seinen Kopf) an! ❷ Gewöhnlich trinke ich morgens Kaffee. ❸ Ich lerne jeden Abend meine Lektion. ❹ Er ist nicht an diesen neuen Computer gewöhnt. ❺ Sie ist groß, schön und hat blonde Haare.

❹ Normalerweise ist der Kopf mit (von) Haaren bedeckt.

.' . . . . , la tête est . . . . de . . . .

❺ Es gibt andere Wörter, um dies zu sagen.

Il . . d' . . . . . . mots pour dire cela.

▶ **Soixante-neuvième (69ᵉ) leçon**

Le corps humain (suite et fin)

1	Les **bras** se **plient** aux **coudes** et aux poi**gnets**.
2	Ils sont ter**mi**nés par les **mains**, for**mées** de **cinq doigts** ①
3	dont le **pouce** est un des **plus** utiles.
4	Les **doigts** se ter**minent** par les **ong**les.
5	Les **jambes** se **plient** aux ge**noux** et aux che**villes**.
6	D'habi**tude**, on se **tient** de**bout** sur ses **pieds** ②
7	et on **dort** cou**ché** sur le **dos**. ③

JE N'AI PAS LE TEMPS, JE SUIS TRÈS PRESSÉ.

PRONONCIATION

[ßüit ... 1 ... ßÖ **pli** ... **kud** ... poa-**nje**▸ 2 ... **doa** ... 3 doñ lÖ **puß** ... ... **plüs** ü-**til** ... 4... les oñ-gl(ö) 5 ... sch˜Ö-**nu** ... schÖ-**wi**▸**j** 6 ... tjäñ dÖ-**bu** ... **pje**▸ 7 ... ku-**sche**▸ ... **do**▸]

SOLUTIONS DU 2ᵉ EXERCICE : LES MOTS MANQUANTS.

❶ est composé - membres ❷ nous enseigne ❸ on - le - l'
❹ D'habitude - couverte - cheveux ❺ y a - autres

Deuxième vague : Activez la leçon 19 !

Neunundsechzigste Lektion

Der menschliche Körper (Fortsetzung und Ende)

1 Die Arme (beugen sich) werden an den Ellenbogen und den Handgelenken gebeugt.
2 Sie werden von den Händen abgeschlossen, die aus fünf Fingern bestehen,
3 von denen der Daumen einer der nützlichsten ist.
4 Die Finger enden mit den Fingernägeln.
5 Die Beine werden an den Knien und den Fußgelenken gebeugt.
6 Normalerweise halten wir uns (hält man sich) auf unseren (seinen) Füßen aufrecht,
7 und man schläft (liegend) auf dem Rücken.

Viele vor allem häufig auftretende Ausdrücke und Konstruktionen des Französischen verstehen Sie jetzt schon ohne wörtliche Übersetzung. Daher wird seit Beginn der „Zweiten Welle" in der deutschen Übersetzung zunehmend auf die wörtliche Übersetzung verzichtet.

ANMERKUNGEN

① **dont** ist ein Relativpronomen mit der Bedeutung „von dem, von der, von denen, dessen, deren, darunter". Mehr dazu in der Wiederholungslektion.

② **se tenir debout** „sich aufrechthalten, aufrecht stehen". **Se mettre debout** „aufstehen". **Elle est là-bas** bedeutet „Sie ist dort", will man jedoch ausdrücken, dass die Person steht, sitzt oder liegt, so muss man sagen: **Elle est debout/assise/couchée là-bas**.

③ Sie wissen bereits, dass die Partizipien der Vergangenheit **couché**, **assis** usw. wie Adjektive behandelt und daher an das Subjekt angeglichen werden müssen: **il est couché - elle est couchée**.

8	Les **gens** peuvent_être **grands** ou petits, **gros** ou **maigres**.

9	Nous_espé**rons** en tout **cas** que vous_**êtes** en **bonne** san**té**.

10	**Si** vous_a**vez faim** et que vous_êtes **très** pres**sé**,

11	vous pou**vez** man**ger** sur le **pouce** et **si** vous_a**vez** beso**in** d'**aide**, ④

12	vous pou**vez** deman**der** un **coup** de **main** – et **si** on vous le re**fuse**, ⑤

13	on **dit** qu'on **vous**_a tour**né** le **dos**. ⑥

(PRONONCIATION)

[*9* ... *añ tu ka* ... *bOn ßañ-te▸ 10* ... *prä-ße* ... *11* ... *bÖ-soañ dä▸d 12* ... *ku dÖ mäñ* ... *rÖ-fü▸s*]

1ᵉʳ EXERCICE : COMPRENEZ-VOUS CES PHRASES ?

❶ Elle est assise là-bas. ❷ Nous espérons que vous êtes en bonne santé. ❸ Je n'ai pas le temps ; je suis très pressé(e). ❹ Vous avez cinq doigts dont un qui s'appelle "le pouce". ❺ Donne-moi un coup de main, s'il te plaît. ❻ Je lui ai demandé de l'argent et il m'a tourné le dos.

2ᵉ EXERCICE : TROUVEZ LES MOTS MANQUANTS !

❶ Drei Personen, darunter zwei Kinder, wurden (waren) verletzt.

Trois personnes, ... deux enfants, étaient blessées.

❷ Ich habe sechs Briefe erhalten, darunter drei aus dem Ausland.

J'ai reçu six lettres, ... trois de l'. . . . .

| 8 | Die Menschen können groß oder klein, dick oder dünn sein.
| 9 | Wir hoffen auf alle Fälle, dass Sie bei guter Gesundheit sind.
| 10 | Wenn Sie Hunger haben und sehr in Eile sind,
| 11 | können Sie auf die Schnelle im Stehen (auf dem Daumen) etwas essen, und wenn Sie Hilfe benötigen,
| 12 | können Sie darum bitten, dass man Ihnen „zur Hand geht" - und wenn man Ihnen dies verweigert,
| 13 | sagt man, dass man Ihnen den Rücken zugekehrt hat.

(ANMERKUNGEN)

④ Dies ist eine Wendung für „auf die Schnelle etwas essen, einen Imbiss zu sich nehmen". Dies geschieht meistens in un snack „Snack-Bar", un self [*Bälf*] „ein Selbstbedienungsrestaurant" oder un fast-food „Schnellrestaurant".

⑤ le coup hat viele Bedeutungen: „Schlag, Streich, Hieb, Stich, Stoß". Auch die Redewendungen mit un coup sind zahlreich: sur le coup de midi „Schlag 12 Uhr", coup sur coup „Schlag auf Schlag", donner un coup de balai „(aus)fegen", un coup d'État „Staatsstreich", un coup de foudre „Liebe auf den ersten Blick". Und Sie kennen bereits tout à coup „plötzlich".

⑥ Die Bedeutung von tourner le dos à quelqu'un entspricht unserem „jemandem die kalte Schulter zeigen".

SOLUTIONS DU 1ᵉʳ EXERCICE : AVEZ-VOUS BIEN COMPRIS ?

❶ Sie sitzt dort. ❷ Wir hoffen, dass Sie/ihr gesund (bei guter Gesundheit) sind/seid. ❸ Ich habe keine (nicht die) Zeit; ich bin sehr in Eile. ❹ Sie haben/Ihr habt fünf Finger, von denen einer „der Daumen" heißt. ❺ Hilf mir ein bisschen (Geh mir ein bisschen zur Hand), bitte. ❻ Ich habe ihn um Geld gebeten, und er hat mir die kalte Schulter gezeigt.

❸ Das ist der Mann, von dem ich Ihnen/euch erzählt habe.

C'est l'homme . . . . je vous . . . .

❹ Man hat mir die kalte Schulter gezeigt (den Rücken zugekehrt) .

. . . '. . . . . . . le dos.

⑤ Sie schläft (liegend) auf dem Rücken.

Elle dort . . . . sur . . dos.

▶ Soixante-dixième (70ᵉ) leçon

Révision et notes

1. Zeitformen: Bildung der Vergangenheit mit être

Einige Verben bilden ihre Vergangenheit mit dem Hilfsverb **avoir** „haben" + Partizip Perfekt, andere wiederum mit **être** „sein" + Partizip Perfekt. Reflexive Verben werden *immer* mit **être** konjugiert: **Il s'est levé à huit heures** „Er ist um acht Uhr aufgestanden".

An der folgenden Liste können Sie erkennen, dass die Verben, die mit **être** konjugiert werden, allesamt Verben der Bewegung und außerdem Antonyme (Wörter mit entgegengesetzter Bedeutung) sind (bis auf die eine berühmte Ausnahme!):

aller „gehen" - **(re)venir** „(zurück)kommen" - **arriver** „ankommen" - **(re)partir** „(wieder) weggehen" - **(r)entrer** „(wieder) hineingehen" - **(re)sortir** „(wieder) hinausgehen" - **(re)monter** „(wieder) hinaufgehen" - **(re)descendre** „(wieder) hinuntergehen" - **retourner** „zurückkehren" - **(re)tomber** „(zurück)fallen".

Drei Verben beschreiben einen Wechsel des Zustands:

naître „geboren werden": **né(e)** „geboren" - **devenir** „werden": **devenu(e)** „geworden" - **mourir** „sterben": **mort(e)** „gestorben, tot"; und schließlich noch **rester** „bleiben": **resté(e)** „geblieben".

Lesen Sie sich nun die folgende kleine Geschichte durch, und achten Sie darauf, wie die Partizipien jeweils an das Subjekt/Pronomen angeglichen werden, da sie wie Adjektive behandelt werden:

Jean est **venu** à la maison à neuf heures. Il est **allé** à la porte principale. Il est **entré** et il est **monté** au premier étage. Personne. Il est **descendu** et il est **sorti** par la porte de derrière. Il est **retourné** et il est **rentré**. Sa mère est **née** dans cette maison ; elle est **devenue** célèbre et elle est **morte**: elle est **tombée** d'une fenêtre. Jean est **resté** dix minutes et puis il est **parti**.

SOLUTIONS DU 2ᵉ EXERCICE : LES MOTS MANQUANTS.

① dont ② dont - étranger ③ dont - ai parlé ④ On m'a tourné ⑤ couchée - le

Deuxième vague : Activez la leçon 20 !

Siebzigste Lektion

Übersetzung: „Jean ist um neun Uhr nach Hause gekommen. Er ist zur Haupteingangstür gegangen. Er ist hineingegangen und ist in den ersten Stock hinaufgestiegen. Niemand. Er ist hinuntergegangen und durch die Hintertür hinausgetreten. Er ist zurückgekommen und wieder hineingegangen. Seine Mutter wurde (ist) in diesem Haus geboren, sie ist berühmt geworden, und sie ist gestorben: Sie ist aus einem Fenster gefallen. Jean ist zehn Minuten geblieben, und dann ist er gegangen."

Bei der Bildung der Vergangenheit mit **être** wird also für weibliche Pronomen ein **-e** angehängt, und für den Plural ein **-s**:

Il est monté. „Er ist hinaufgegangen".
Elle est descendue. „Sie ist hinuntergegangen".
Jean et Marie sont partis. „Jean und Marie sind gegangen" (Wie immer wird, wenn das Subjekt beide Geschlechter umfasst, die männliche Form gewählt).
Elles sont restées. „Sie sind geblieben".

Être selbst bildet übrigens im Gegensatz zum Deutschen seine Vergangenheit mit **avoir**: **J'ai été un bon élève.** „Ich bin (habe) ein guter Schüler gewesen".

2. Zahlen und Daten

mille	eintausend
un million	eine Million
trois mille neuf cent vingt-deux	3.922
un million neuf cent mille	1.900.000
trois mille personnes	3.000 Menschen

aber

deux millions *de* personnes, *de* francs usw.

Bei Jahreszahlen wird **mille** häufig **mil** geschrieben (die Aussprache bleibt gleich). Ein Datum wird einfach als Zahl gelesen:
   1625 = **mil six cent vingt-cinq**.
   1982 = **mil neuf cent quatre-vingt-deux**.

Lesen Sie nun laut die folgenden Jahreszahlen, und schreiben Sie sie aus:

1945 ....

1863 ....

1495 ....

1787 ....

1960

    Die Lösungen finden Sie am Ende der Lektion.

3. Possessivpronomen

Die Possessivpronomen werden wie die Possessivadjektive (**mon**, **ma**, **mes** usw.), auf die bereits in Lektion 14 eingegangen wurde, an das Geschlecht des Besitztums angeglichen. Sie lauten:

Mask.Sing.	Fem. Sing.	Mask. Pl.	Fem.Pl.
le mien „mein"	**la mienne** „meine"	**les miens** „meine"	**les miennes** „meine"
le tien „dein"	**la tienne** „deine"	**les tiens** „deine"	**les tiennes** „deine"
le sien „sein"	**la sienne** „seine"	**les siens** „seine"	**les siennes** „seine"
le nôtre „unser"	**la nôtre** „unsere"	**les nôtres** „unsere"	**les nôtres** „unsere"
le vôtre „euer, Ihr"	**la vôtre** „eure, Ihre"	**les vôtres** „eure, Ihre"	**les vôtres** „eure, Ihre"
le leur „ihr"	**la leur** „ihr"	**les leurs** „ihre"	**les leurs** „ihre"

(Bei der Aussprache von **nôtre(s)** und **vôtre(s)** ist zu beachten, dass das **o** *lang* und geschlossen gesprochen wird: [**no**‣-*tr(ö)*, **wo**‣-*tr(ö)*].)

Diese Possessivpronomen ersetzen im Satz das Nomen.
Beispiele:
    À qui est ce chapeau ? - C'est le mien.
      „Wem gehört dieser Hut? - Es ist meiner".

À qui est cette voiture ? - C'est la sienne.
„Wem gehört dieses Auto? - Es ist seins".
Vos maisons sont aussi grandes que les nôtres.
„Ihre/Eure Häuser sind genauso groß wie unsere".

4. Konjunktionen: dont

Dont [doñ] ist ein Relativpronomen, das „von dem, von der, von denen, dessen, deren, darunter" bedeuten kann. Es folgt immer auf das Substantiv, auf das es sich bezieht. Sehen Sie sich die folgenden Beispiele an:
Les gens dont vous parlez.
„die Leute, von denen Sie reden / ihr redet."
La femme dont la voiture est dehors.
„die Frau, deren (das) Auto draußen ist".
La maison dont les fenêtres sont cassées.
„das Haus, dessen Fenster zerbrochen sind".
Le chef dont j'aime la cuisine.
„der Koch, dessen Küche ich liebe".

Hier die Jahreszahlen aus Kapitel 2:
1945 **mil** (oder **mille**) **neuf cent quarante-cinq**
1863 **mil** (oder **mille**) **huit cent soixante-trois**
1495 **mil** (oder **mille**) **quatre cent quatre-vingt-quinze**
1787 **mil** (oder **mille**) **sept cent quatre-vingt-sept**
1960 **mil** (oder **mille**) **neuf cent soixante**.

Deuxième vague : Activez la leçon 21 !

▶ **Soixante et onzième (71ᵉ) leçon**

Une déception

1 – **Anne**, **est-ce** que c'est **vrai** que les Fran**çais** aiment **bien** man**ger** ?
2 – Mais **oui**. Ce**la** fait par**tie** de nos quali**tés** (ou de nos dé**fauts**) ! ①
3 Mais pour**quoi** tu me **poses** cette ques**tion** ?
4 – A**vant** de ve**nir** en **France**, **tout** le **monde** m'a **dit** :
5 "**Ah**, vous ver**rez**, en **France**, on mange **bien** ;
6 vous mange**rez** des **spé**cialit**és**, des pro**duits frais**,
7 vous goûte**rez** à des pe**tits vins** de **pays**, et **tout** et **tout** ." ②
8 Mais ça fait **trois jours** que je **suis ici** ③
9 et, aux **Champs**-Élys**ées**, par e**xemple**, je n'ai **vu que** des **fast-food** ou des **pizz**erias ... **pas** très ty**piques** !

IL FAIT PARTIE DU GOUVERNEMENT.

(PRONONCIATION)
[2 ... ka-li-te▸ ... de-fo▸ 3 ... po▸s ... 5 ... we-re▸ ... 6 ... mañ-sch˜Ö-re▸ ... pro-düi frä 7 ... gu-tÖ-re▸ ... pÖ-ti wäñ dÖ pä-i e tu e tu 9 ... pid-se-ria ...]

Einundsiebzigste Lektion

Eine Enttäuschung

1 – Anne, ist es wahr, dass die Franzosen gerne gut essen (lieben gut essen)?
2 – Aber ja. Das gehört zu unseren guten (oder schlechten) Eigenschaften!
3 Aber warum stellst du mir diese Frage?
4 – Bevor ich nach Frankreich kam, haben alle mir gesagt:
5 „Ach, Sie werden sehen, in Frankreich isst man gut;
6 Sie werden Spezialitäten essen, frische Produkte,
7 Sie werden kleine Landweine kosten, und so weiter und so fort."
8 Aber jetzt bin (das macht, dass) ich seit drei Tagen hier,
9 und auf den Champs-Élysées beispielsweise habe ich nur Fastfood-Restaurants oder Pizzerias gesehen ... nicht sehr typisch!

ANMERKUNGEN

① Cela (Ça) fait partie de „das gehört zu". Une partie ein „Teil" oder eine „Partie". Faire une partie bedeutet „eine Partie (Karten, ...) spielen". Die „Party" ist hingegen une fête [fät].

② Synonyme für das sehr umgangssprachliche et tout et tout sind et cetera, et ainsi de suite [e äñ-ßi d(ö) ßüit] (am Satzende) und et patati [pa-ta-ti] et patata [pa-ta-ta].

③ In der Umgangssprache wird „seit" meistens mit Ça fait + Zeitangabe + que ausgedrückt: Ça fait deux ans qu'il est mort „Er ist seit zwei Jahren tot". Ça fait trois mois qu'elle n'a pas eu de salaire „Sie hat seit drei Monaten kein Gehalt mehr bekommen (gehabt)".

10 – **Oui**, mais le **prix** du **mè**tre car**ré** y est **telle**ment é́le**vé** ④⑤

11 que **seuls** les restau**rants** "indus**triels**" sont ren**tables**.

12 Mais ne **t'en** fais **pas**, mon tou**riste** affa**mé**, ⑥

13 de**main**, je **t'em**mène**rai** dans_un **vrai** restau**rant** fran**çais**.

(PRONONCIATION)

[**10** ... **pri**▸ dü **mä**-tr(ö) ka-**re**▸ ... e-lÖ-**we**▸ **11** ... äñ-düß-tri-**äl** ... **12** ... nÖ tañ fä **pa** ... a-fa-**me**▸ **13** ... **tañ**-mä-nÖ-**rä** ...]

1ᵉʳ EXERCICE : COMPRENEZ-VOUS CES PHRASES ?

❶ Il fait partie du gouvernement. ❷ En France, on mange bien. ❸ Ça fait deux semaines que je travaille très dur. ❹ Les prix en Suisse sont très élevés, mais les salaires sont élevés aussi. ❺ Il n'a vu que des restaurants industriels.

2ᵉ EXERCICE : TROUVEZ LES MOTS MANQUANTS !

❶ Machen Sie sich / Macht euch keine Sorgen; es ist nicht schwer.

Ne vous . . . . ; ce n'est pas dur.

❷ Wir sind nach Paris gefahren, und wir haben nur Touristen gesehen.

Nous . . . . à Paris et nous .' avons vu . . . des touristes.

❸ Das gehört zu seinen schlechten Eigenschaften, weißt du.

Ça . . . . ses défauts, tu sais.

❹ Nur die Restaurantketten sind rentabel.

. . . . . les restaurants industriels sont . . . .

10	– Ja, aber der Quadratmeterpreis ist dort dermaßen hoch,
11	dass sich nur die Restaurantketten („industrielle" Restaurants) rentieren (rentabel sind).
12	Aber keine Sorge, mein hungriger Tourist,
13	morgen nehme ich dich in ein echtes französisches Restaurant mit.

(ANMERKUNGEN)

④ un carré ist ein „Quadrat" (une racine carrée „Quadratwurzel"). Wie bei uns wird die Größe einer Wohnung oder eines Hauses in „Quadratmeter", mètres carrés, angegeben. Il habite un cinquante mètres carrés dans le centre de Lyon „Er bewohnt ein 50 m²-Apartment im Zentrum von Lyon".

⑤ Für Preise sagt man élevé oder auch d'un niveau élevé „von hohem Niveau". Un prix bas ist ein „niedriger Preis". haut, haute „hoch" wird z. B. für Gebäude benutzt.

⑥ Anstelle von Ne t'inquiète pas „Mach dir keine Sorgen" kann man auch das familiärere Ne t'en fais pas (Plural oder Höflichkeitsform: Ne vous en faites pas) benutzen.

SOLUTIONS DU 1er EXERCICE : AVEZ-VOUS BIEN COMPRIS ?

❶ Er gehört der Regierung an. ❷ In Frankreich isst man gut. ❸ Seit zwei Wochen (Es macht zwei Wochen, dass) arbeite ich sehr hart. ❹ Die Preise in der Schweiz sind sehr hoch, aber die Gehälter sind auch hoch. ❺ Er hat nur Restaurantketten (industrielle Restaurants) gesehen.

❺ Er versucht seit zwei Wochen, es zu machen.

Ça .... deux semaines qu'il ...... de le faire.

SOLUTIONS DU 2e EXERCICE : LES MOTS MANQUANTS.

❶ en faites pas ❷ sommes allés - n' - que ❸ fait partie de ❹ Seuls - rentables ❺ fait - essaye

Deuxième vague : Activez la leçon 22 !

▶ **Soixante-douzième (72ᵉ) leçon**

Le lendemain, dans un grand restaurant ①

1 – Cette **carte** ! **Quelle** mer**veille** ! ②
2 – Je n'ai **ja**mais **vu** une **chose** pa**reille** ! ③
3 – **Oui**, c'est impressio**nnant**... et ce **cadre**. Quel **luxe** ! ④
4 – Dis-**moi**, **Anne**, qu'est-ce que c'est que ce machin-là : ⑤
5 "Cardi**nal** de l'océ**an** a**vec** son **ac**compagne**ment** de dia**mants** du Péri**gord** ?"
6 – Je sup**pose** que c'est **tout** simple**ment** un ho**mard** a**vec** des **truffes**.

PRONONCIATION

[... lañ-dÖ-**män** ... 1 ... mär-**weij** ... 2 ... pa-**reij** 3 ... **lükß** 5 ... lo-ße-**añ** ... a-koñ-pan-jÖ-**mañ** dÖ di-a-**mañ** dü pe-ri-**gO▸r** 6 ... o-**ma▸r** ... **trüf**]

274

Zweiundsiebzigste Lektion

Am nächsten Tag in einem guten (großen) Restaurant

1 – Diese Speisekarte! Wie herrlich (Welch ein Wunder)!
2 Ich habe noch nie so etwas (eine ähnliche Sache) gesehen!
3 – Ja, das ist beeindruckend ... und dieser Rahmen. Was für ein Luxus!
4 – Sag (mir) mal, Anne, was ist denn das für ein Ding da?
5 „Kardinal aus dem Ozean mit seiner Begleitung aus Diamanten aus dem Périgord?"
6 – Ich vermute, dass das ganz einfach ein Hummer mit Trüffeln ist.

(ANMERKUNGEN)

① **grand** heißt nicht nur „groß". Es taucht auch auf in Ausdrücken wie **la grande majorité des gens** „die überwiegende Mehrheit der Leute"; **un grand vin** „ein bedeutender Wein", **un grand vent** „ein starker Wind" usw. Merken Sie sich auch **pas grand-chose** „nicht viel, unbedeutend" (Synonym zu **pas beaucoup**): **Ça ne veut pas dire grand-chose** „Das will nicht viel heißen"; **Je n'ai pas vu grand-chose** „Ich habe nicht viel gesehen".

② **la carte** ist die „Speisekarte". Fast alle Restaurants bieten **un menu** „ein Menü" mit mehreren Gängen, man kann aber auch immer aus der allgemeinen Karte auswählen: **manger à la carte**.

③ **pareil** ist ein Synonym zu **la même chose** und **comme ça** „gleich". **Pareil, pareille** ist sowohl Adjektiv als auch Adverb. Als Adjektiv wird es wie **même** (**Elle a la même ...** „Sie hat die gleiche") oder wie **comme ça** verwendet. Als Adverb wird es naturgemäß nicht an das Subjekt angeglichen: **Ils s'habillent pareil** „Sie kleiden sich gleich".

④ Eine Bedeutung von **cadre** kennen Sie bereits aus Lektion 44. Hier bedeutet **un cadre** „Rahmen" im Sinne von „Einrichtung/Umfeld".

⑤ Vgl. Sie zu **machin** und **truc** Lektion 48.

LEKTION 72

7 – **Ah bon**... ? **Heu**, dis-**moi**, **Anne**, tu es **bien** une **femme** mo**derne** ?

8 Tu me **dis** tou**jours** que tu **vis** a**vec** ton_é**poque**, n'est-ce **pas** ? ⑥

9 – Mais **oui**, et **j'en** suis fi**ère** ; mais **où** veux-**tu** en ve**nir** ? ⑦

10 – **Heu**, voi**là**... Je pro**pose** que cha**cun** paye sa **part** de l'addi**tion**. D'ac**cord** ? ⑧

11 – Mais bien **sûr** ! Mainte**nant**, tu pour**ras** man**ger** tranquille**ment** !

(PRONONCIATION)

[**8** ... wi ... e-**pOk** ... **9** ... sch˜añ ßüi **fjä▸r** ... **11** ... pu-**ra** ... trañ-kil-**mañ**]

Lerntipp

Wenn Sie zu einem bestimmten Grammatikthema eine systematische Übersicht benötigen, können Sie jederzeit den grammatikalischen Anhang am Ende des Buches aufschlagen.

1ᵉʳ EXERCICE : COMPRENEZ-VOUS CES PHRASES ?

❶ Je ne vois pas où vous voulez en venir. ❷ Ton amie est très belle ! ❸ La tienne aussi ! ❹ Chacun sait que ce n'est pas vrai. ❺ Je n'ai jamais entendu une chose pareille. ❻ C'est une fille moderne et elle en est fière. ❼ Tu prends le menu ou tu manges à la carte ?

2ᵉ EXERCICE : TROUVEZ LES MOTS MANQUANTS !

❶ Dein Ring ist schön; ich habe auch so einen (davon einen gleichen).

Ta bague est jolie ; j' . . ai une . . . .

❷ Jeder bezahlt seinen Teil, einverstanden?

. . . . . . paye sa part, d' . . . . . . ?

❸ Sie ist in die (zur) Oper gegangen, aber sie hat nicht viel gesehen.

Elle . . . . à l'Opéra mais elle n'a pas
. . . . ¯ . . . . . .

| 7 | – Ach ja ...? Äh, sag mal, Anne, du bist doch eine moderne Frau?
| 8 | – Du sagst mir immer, dass du mit der (deiner) Zeit lebst, nicht wahr?
| 9 | – Aber ja, und ich bin stolz darauf; aber worauf willst du hinaus (wohin willst du damit kommen)?
| 10 | – Äh, naja ... Ich schlage vor, dass jeder seinen Teil der Rechnung bezahlt. Einverstanden?
| 11 | – Aber selbstverständlich! Jetzt wirst du in Ruhe essen können!

(ANMERKUNGEN)

⑥ Obwohl **époque** ein Femininum ist, wird hier **ton** anstelle von **ta** verwendet, da sonst zwei Vokale aufeinandertreffen würden. Ebenso: **mon amie** [*moñ_a-mi*].

⑦ Eine weitere Redewendung: **Je ne sais pas où il veut en venir** „Ich weiß nicht, worauf er hinaus will" (wohin er damit kommen will). Eine Alternative zu **Où veux-tu en venir ?** „Worauf willst du hinaus?" ist **Ne tourne pas autour du pot !** „Red nicht um den heißen Brei herum!"

⑧ **chacun, chacune** bedeutet „jeder, -e, -es (in einer Menge)": **Chacun à sa manière** „Jeder auf seine Art"; **comme chacun sait** „wie jeder weiß"; **chacun pour soi et Dieu pour tous** „Jeder für sich und Gott für alle".

SOLUTIONS DU 1er EXERCICE : AVEZ-VOUS BIEN COMPRIS ?

❶ Ich sehe nicht, worauf Sie/ihr hinauswollen/-wollt. ❷ Deine Freundin ist sehr hübsch! ❸ Deine (Die deinige) auch! ❹ Jeder weiß, dass das nicht wahr ist. ❺ Ich habe noch nie so etwas gehört. ❻ Das ist ein modernes Mädchen, und sie ist stolz darauf. ❼ Nimmst du das Menü, oder isst du von der Speisekarte?

❹ Morgen ist Montag; du wirst zur Bank gehen können.

Demain, c'est . . . . . ; tu . . . . aller à la banque.

❺ Was ist das für ein Ding da?

Qu' . . . - . . que c'est . . . ce . . . . . . -là ?

SOLUTIONS DU 2e EXERCICE : LES MOTS MANQUANTS.

❶ en - pareille ❷ Chacun - accord ❸ est allée - vu grand-chose ❹ lundi - pourras ❺ est-ce - que - machin

Deuxième vague : Activez la leçon 23 !

LEKTION 72

▶ Soixante-treizième (73ᵉ) leçon

Oh, les beaux jours !

1 – C'était comment la France avant la guerre, grand-père ?
2 – Oh tu sais, c'était bien différent de maintenant !
3 Nous n'étions pas aussi riches et nous n'avions pas autant de belles choses, ①
4 mais je pense que nous vivions mieux qu'aujourd'hui.
5 Mon père avait un grand jardin et il cultivait tous nos légumes, ②
6 et moi et mes copains travaillions pour un fermier ③
7 qui nous donnait des œufs frais et du lait qui était encore tiède. ④

PRONONCIATION
[1 ße-tä ... gä▸r ... grañ-pä▸r 2 ... di-fe-rañ ... 3 ... ne-tjoñ ... naw-joñ ... o-tañ ... 4 ... wiw-joñ ... ko-sch͡ur-düi 5 ... a-wä ... kül-ti-wä ... 6 ... ko-päñ ... tra-wai-joñ ... fär-mje▸ 7 ... ö▸ frä ... tjä▸d]

Dreiundsiebzigste Lektion

Oh, die schönen Tage!

1 – Wie war Frankreich vor dem Krieg, Großvater?
2 – Oh, weißt du, das war ganz (gut) anders als jetzt!
3 Wir waren nicht so reich, und wir hatten nicht so viele schöne Dinge,
4 aber ich denke, dass wir besser lebten als heute.
5 Mein Vater hatte einen großen Garten, und er baute all unser Gemüse an,
6 und ich und meine Freunde arbeiteten für einen Bauern,
7 der uns frische Eier und Milch gab, die noch lauwarm war.

ANMERKUNGEN

(1) **autant de... que...** „so viel/viele ... wie ..." **Il n'y a pas autant de neige que l'année dernière** „Es gibt nicht so viel Schnee wie letztes Jahr". **Il a autant de vêtements que moi** „Er hat so viel Kleidung wie ich". Wird das Substantiv weggelassen (und durch **en** ersetzt), so fällt auch **de** weg: **Il n'en a pas autant que moi** „Er hat nicht so viele wie ich". **J'en ai autant que lui** „Ich habe so viele wie er".

(2) **cultiver** heißt „anbauen", **se cultiver** heißt jedoch „sich bilden". Es gibt auch das Adjektiv **cultivé(e)** „kultiviert": **un homme cultivé** „ein kultivierter Mann". Das Substantiv **la culture** bedeutet „Kultur" und „Anbau".

(3) **un copain** (weiblich: **une copine** [ko-*pi*‣n]) ist umgangssprachlicher als **un ami/une amie**. Wird es von einer Frau benutzt, so bezeichnet es auch den „Freund" in einer Liebesbeziehung. **Elle a le même copain depuis quatre ans** „Sie ist seit vier Jahren mit dem gleichen Mann zusammen".

(4) **tiède** „warm, lauwarm". **Les Anglais boivent de la bière tiède** „Die Briten trinken lauwarmes Bier". **Tiède** heißt im übertragenen Sinne auch „halbherzig, verhalten": **un accueil tiède** „ein verhaltener Empfang". **Frais, fraîche** dagegen bedeutet entweder „frisch" oder „kühl": **des œufs frais** „frische Eier" - **une boisson fraîche** „ein kühles Getränk". Auf den Wasserhähnen steht manchmal **C** für **chaud** „warm" und **F** für **froid** „kalt".

| 8 | On ne man**geait pas** beau**coup** de vi**ande** à **cette** é**poque**.
| 9 | Mais il y a**vait autre chose** : les **gens** é**taient plus** ͜ ai**mables**.
| 10 | Ils se connais**saient tous** et ils se par**laient**. ⑤
| 11 | **Puis**, **il** y a **eu la guerre** et les ͜ **hommes** sont par**tis**... ⑥
| 12 | Et les ͜ en**fants** étaient **mieux** ͜ éle**vés** que de **nos jours** !
| 13 | Ils ne **s'en**dor**maient pas** pen**dant** que leur grand-**père** leur par**lait** ! ⑦

(PRONONCIATION)

[**8** ... mañ-**sch**˜**ä** ... a **ßät** e-**pOk 9** ... e-**tä plüs** ͜ **ä**-**ma**-bl(ö) **10** ... kO-nä-**ßä tuß**... par-**lä 11** ... **il** ja **ü** ... **12** ... **mjö**▸**s** ͜ e-l**Ö**-**ve**▸ ... **13** ... **ßañ**-d**Or**-**mä** ...]

(ANMERKUNGEN)

⑤ **Il se regarde dans le miroir** „Er sieht sich im Spiegel an", aber **ils se regardent** „sie sehen sich [gegenseitig] an". Ebenso: **Elle se connaît** „Sie kennt sich" (= ihre Eigenarten), aber **Vous vous connaissez, n'est-ce pas ?** „Sie kennen sich, nicht wahr?" (= sind miteinander bekannt). Vgl. Sie auch mit Lektion 40. **Elle s'y connaît.** meint „Sie kennt sich aus".

1ᵉʳ EXERCICE : COMPRENEZ-VOUS CES PHRASES ?

❶ Nous étions plus heureux mais nous n'avions pas grand-chose. ❷ Nous vivions mieux qu'aujourd'hui. ❸ Je crois qu'ils se connaissent bien. ❹ Mes copains et moi pouvons vous donner un coup de main. ❺ Cet enfant est très bien élevé. ❻ La bière en Angleterre est tiède !

2ᵉ EXERCICE : TROUVEZ LES MOTS MANQUANTS !

❶ Ihr Vater hat ihnen gesagt, dass sie ihre Sachen nehmen sollen.

. . . . père . . . . a dit de prendre . . . . . affaires.

8	Zu dieser Zeit aßen wir (aß man) nicht viel Fleisch.
9	Aber es gab etwas anderes (andere Sache): Die Leute waren liebenswürdiger.
10	Sie kannten sich alle untereinander, und sie sprachen miteinander.
11	Dann kam der Krieg (gab es den Krieg), und die Männer sind fortgegangen ...
12	Und die Kinder waren besser erzogen als heutzutage (von unseren Tagen)!
13	Sie schliefen nicht ein, während ihr Großvater mit ihnen sprach!

⑥ Beachten Sie hier den Wechsel der Zeitformen. Bisher wurde die Geschichte im Imperfekt erzählt, das immer für die Beschreibung gewohnheitsmäßiger und länger andauernder Handlungen benutzt wird. Tritt ein plötzliches Ereignis ein, das die Handlung unterbricht (hier der Krieg/Weggang der Männer), so verwendet man die zusammengesetzte Vergangenheit. **Il parlait au téléphone quand nous sommes arrivés** „Er telefonierte gerade, als wir kamen (gekommen sind)".

⑦ Bei **leur grand-père** ist **leur** ein Possessivadjektiv, bei **... leur parlait** ist es Personalpronomen. Schreibweise und Aussprache bleiben gleich. Jedoch kann nur an das Possessivadjektiv ein Genitiv-**s** angehängt werden: **Ils sont venus et je leur ai donné leurs affaires** „Sie sind gekommen, und ich habe ihnen ihre Sachen gegeben".

SOLUTIONS DU 1ᵉʳ EXERCICE : AVEZ-VOUS BIEN COMPRIS ?

❶ Wir waren glücklicher, aber wir hatten nicht viel. ❷ Wir lebten besser als heute. ❸ Ich glaube, sie kennen sich gut. ❹ Meine Freunde und ich können Ihnen/euch helfen. ❺ Dieses Kind ist sehr gut erzogen. ❻ Das Bier in England ist lauwarm!

❷ Er baute Gemüse an, aber er aß kein Fleisch.

Il . . . . des légumes mais il ne
. . . . pas de viande.

❸ Sie haben einander zehn Minuten lang (während zehn Minuten) angesehen, bevor sie sich wiedererkannten.

Ils .. .... regardés pendant dix minutes avant de .. reconnaître.

❹ Als ich hineingegangen bin, las er ein Buch.

Quand je ...., il ...... un livre.

▶ **Soixante-quatorzième (74ᵉ) leçon**

Le grand_écran

1 – Ma**dame**, mademoi**selle**, mon**sieur**, bon**soir** et bien**ve**nue à notre soi**rée** ciné**ma**.
2   Aujour**d'hui** nous_a**vons** le plai**sir** d'accueil**lir** l'ac**teur** Alain Be**lon**. ①
3   Mer**ci** d'être ve**nu**, Alain. A**lors** vous_avez **eu** une **vie** fabu**leuse**, n'est-ce **pas** ? ②

PRONONCIATION
[... grañt_e-krañ 2 ... a-kÖ-ji▸r ... 3 ... fa-bü-lö▸s ...]

⑤ Es gab etwas anderes: Die Leute waren liebenswürdiger.

Il y . . . . . autre chose : les gens . . . . plus aimables.

SOLUTIONS DU 2ᵉ EXERCICE : LES MOTS MANQUANTS.
❶ Leur - leur - leurs ❷ cultivait - mangeait ❸ se sont - se ❹ suis entré - lisait ❺ avait - étaient

Deuxième vague : Activez la leçon 24 !

Vierundsiebzigste Lektion

Die große Leinwand

[1] – Gnädige Frau, gnädiges Fräulein, [mein] Herr, guten Abend und herzlich willkommen bei unserem Kinoabend.
[2] Heute haben wir das Vergnügen, den Schauspieler Alain Belon zu begrüßen.
[3] Danke, dass Sie gekommen sind, Alain. Nun, Sie haben ein fantastisches Leben gehabt, nicht wahr?

(ANMERKUNGEN)

① accueillir quelqu'un „jdn. willkommen heißen". Bienvenue ! (mit e am Ende!) oder Soyez le bienvenu ! (ohne e am Ende!) „Willkommen!"

② „Danke, dass ..." wird mit Merci + d'être/d'avoir + Partizip ausgedrückt: Merci d'être venu „Danke, dass Sie gekommen sind". Merci d'avoir pensé à moi „Danke, dass du an mich gedacht hast".

4	– **Oui**, en_ef**fet**. **Très** vari**é**e. Et j'ai tou**jours** é**té** très_appré**cié**.
5	Quand j'é**tais**_à l'é**cole**, **tout** le **monde** m'ai**mait**_é**norm**é**ment**.
6	Il faut **dire** que j'é**tais** très dou**é** et que j'a**vais** la **cote** a**vec** les **filles**. ③④
7	**Puis**, à l'ar**mée**, les_**aut**res **gars** me respec**taient**. ⑤
8	J'ai quit**té** l'ar**mée** a**près** la **guerre** – ils m'ont deman**dé** de res**ter** –
9	et **là**, j'ai rencon**tré** Bri**gitte** Char**lot**, a**vec qui** j'ai commen**cé** ma bril**lante** car**rière**.
10	J'ai d'a**bord** é**té** casca**deur**, mais en**suite** comme je suis **si beau**, ⑥
11	**Jules** Bas**sin** m'a sor**ti** des figu**rants**, et me voi**là** aujourd'**hui**. ⑦
12	– Et **quelle** est la quali**té** que vous préfé**rez** chez les **gens** ? ⑧
13	– Mm… La modes**tie**.

(PRONONCIATION)

[*4 … a-pre-ßje▸ 6 … kOt…*]

(ANMERKUNGEN)

③ Von **un don** „Gabe, Begabung" kommt das Adjektiv **doué(e)** „begabt", aber auch „clever". **Il est doué pour ça !** „Darin ist er gut!" **Qu'est-ce qu'elle est douée !** „Wie begabt sie ist!"

④ **Il a la cote** „Er ist geschätzt/beliebt". An der Börse ist **la cote** die „Börsen-/Kursnotierung". Achten Sie auf den Ausspracheunterschied: **la cote** [*kOt*] und **la côte** [*ko▸f*] „Küste".

| 4 | – Ja, in der Tat. Sehr abwechslungsreich. Und ich bin immer sehr geschätzt worden.
| 5 | Als ich in der Schule war, mochten mich alle unheimlich (enorm).
| 6 | Man muss sagen, dass ich sehr begabt (war) und bei den Mädchen sehr beliebt war.
| 7 | Danach, in der Armee, haben die anderen Jungs mich respektiert.
| 8 | Ich habe die Armee nach dem Krieg verlassen – sie haben mich gebeten, zu bleiben –
| 9 | und da habe ich Brigitte Charlot getroffen, mit der ich meine brillante Laufbahn begonnen habe.
| 10 | Zuerst war ich Stuntman, aber danach, weil ich so gut aussah (schön war),
| 11 | hat mich Jules Bassin von den Statisten herausgeholt, und hier bin ich heute.
| 12 | – Und was ist die Eigenschaft, die Sie bei den Leuten mögen (bevorzugen)?
| 13 | – Mm. ... Die Bescheidenheit.

⑤ Achten Sie auf die Aussprache von gars (Pl. gars) „Jungs": [ga▸]. Weitere Slang-Ausdrücke sind un type [tip] oder un mec [mäk]. Für ein „Mädchen" sagt man in der Umgangssprache une nana. Meiden Sie jedoch diese Ausdrücke lieber, und verwenden Sie die Standardsprache.

⑥ cascadeur: Dieser Ausdruck kommt von cascader „(herab)stürzen; tolle Späße treiben". Une cascade ist ein „Wasserfall".

⑦ il est sorti „Er ist hinausgegangen". Wird sortir jedoch transitiv (d. h. mit direktem Objekt) verwendet, wird es mit avoir konjugiert und mit „herausholen" übersetzt: Elle a sorti un mouchoir de sa poche „Sie hat ein Taschentuch aus ihrer Tasche geholt". Elle est descendue „Sie ist hinuntergegangen", aber Il a descendu ses valises „Er hat seine/ihre Koffer hinuntergebracht".

⑧ chez wird verwendet, um einer Person eine bestimmte Eigenschaft zuzuordnen: Ce que j'aime chez lui c'est son honnêteté [... o-nä-tÖ-te▸] „Was ich an ihm mag, ist seine Aufrichtigkeit". Ce qui me plaît chez eux, c'est leur humour „Was mir an ihnen gefällt, ist ihr Humor".

1er EXERCICE : COMPRENEZ-VOUS CES PHRASES ?

❶ Vous avez eu une carrière très intéressante, n'est-ce pas?
❷ Elle a sorti toutes les vieilles lettres. ❸ Jean est un pianiste très doué. ❹ Il a toujours été comme ça. ❺ Quelle qualité aimez-vous chez votre mari ? ❻ Il faut dire que ce n'était pas à moi.

2e EXERCICE : TROUVEZ LES MOTS MANQUANTS !

❶ Danke, dass Sie geblieben sind; ich möchte mit Ihnen (Sie) sprechen.

  Merci d'. . . . . ; je veux vous parler.

❷ Wir haben die drei Kartons gestern hinuntergebracht.

  Nous . . . . les trois cartons . . . . .

❸ Wir haben einen wundervollen Tag verbracht (gehabt).

  Nous . . . . une journée . . . .

❹ Er hat mich gebeten, wegzugehen.

  Il . . ' . . . . de . . . .

▶ **Soixante-quinzième (75e) leçon**

Une consultation efficace

| 1 | Le doc**teur** Azou**lay** est **non** seule**ment** méde**cin**, mais un **peu psy**chi**a**tre aus**si**. ①
| 2 | Un **jour**, un‿**homme en**tre dans son cabi**net**
| 3 | en se plai**gnant** de **maux** de **tête** af**freux**. ②

(PRONONCIATION)

[*1 ... p***ß**i*-ki-a*▸*-tr(ö) 2 ... ka-bi-nä 3 ... ßÖ plän-jañ ... mo*▸ *dÖ tät* ...]

SOLUTIONS DU 1ʳᵉ EXERCICE : AVEZ-VOUS BIEN COMPRIS ?

① Sie haben eine sehr interessante Laufbahn gehabt, nicht wahr? ② Sie hat all die alten Briefe herausgeholt. ③ Jean ist ein sehr begabter Pianist. ④ Er ist immer so gewesen. ⑤ Welche [positive] Eigenschaft mögen Sie an Ihrem Ehemann? ⑥ Man muss sagen, dass das nicht mir gehörte.

⑤ Die anderen Jungs respektierten mich unheimlich.

Les autres .... me .... énormément.

SOLUTIONS DU 2ᵉ EXERCICE : LES MOTS MANQUANTS.

① être resté ② avons descendu - hier ③ avons eu - merveilleuse ④ m'a demandé - partir ⑤ gars - respectaient

Deuxième vague : Activez la leçon 25 !

Fünfundsiebzigste Lektion

Eine wirkungsvolle Sprechstunde

1   (Der) Doktor Azoulay ist nicht nur Arzt, aber auch ein bisschen Psychiater.
2   Eines Tages kommt ein Mann in seine Praxis
3   und klagt (sich beklagend) über entsetzliche Kopfschmerzen.

ANMERKUNGEN

① Bei allen Wörtern, die aus dem Griechischen stammen und mit **ps** oder **pn** beginnen, wird das **p** nur ganz kurz gesprochen, es wird fast nur angedeutet. Hören Sie sich dies aufmerksam auf den Aufnahmen an.

② **un mal de tête** oder **des maux de tête** „Kopfschmerzen". **J'ai mal à la tête** „Ich habe Kopfschmerzen". **Est-ce que vous avez mal ?** „Haben Sie Schmerzen?" **Faire mal** heißt „jdm. wehtun": **Le dentiste m'a fait mal** „Der Zahnarzt hat mir wehgetan".

LEKTION 75

287

4 – **Alors**, dit le doc**teur**, ça **dure** de**puis** com**bien** de **temps** ? ③

5 – **Oh**, depuis que je **suis** au **monde**. En**fin**, de**puis quel**ques an**nées**.

6 – Et vous avez **mal** mainte**nant** ?

7 – **Oh** que **oui**, doc**teur**. ④

8 J'ai **terri**ble**ment mal** de**puis**... **oh**, de**puis dix** mi**nutes**. ⑤

9 – **Qu'est-ce** que vous **faites** comme tra**vail** ?

10 – Je **suis** gui**ta**riste dans un **groupe** de hard-**rock**.

11 – Et **où** habi**tez-vous** ?

12 – J'ha**bite** à côté de l'aéro**port** d'Orly depuis **cinq** ou **six** ans.

13 Le doc**teur** a com**pris** depuis long**temps**. Il se **lève** ⑥

14 et **va** à un pla**card** d'où il **sort** une énorme scie.

15 – **Bon**, on **va** exami**ner** votre cer**veau**, pour **voir**...

16 – Ce n'est **pas** la **peine**, doc**teur**, je me sens **mieux** depuis **deux** mi**nutes**. Au revoir ! ⑦

(PRONONCIATION)

[4 ... ßa **dü**‣r ... 8 ... **te**-rib-**l**Ö-**mañ** ... 10 ... gi-ta-**rißt** ... ard **r**Ok 12 ... la-e-ro-**p**Or dOr-li ... 14 ... pla-**ka**‣r ... ßi 15 ... äg-sa-mi-**ne**‣ ... ßär-**wo**‣ ... 16 ... **pä**‣n ... **mjö**‣ ...]

|4| – Also, sagt der Doktor, wie lange (seit wie viel Zeit) dauert das [schon]?
|5| – Oh, seit ich auf der Welt bin. Das heißt, seit einigen Jahren.
|6| – Und haben Sie jetzt Schmerzen?
|7| – Aber ja (dass ja), [Herr] Doktor.
|8| Ich habe schreckliche Schmerzen seit ... oh, seit zehn Minuten.
|9| – Was für eine Arbeit machen Sie (Was machen Sie als Arbeit)?
|10| – Ich bin Gitarrist in einer Hardrock-Gruppe.
|11| – Und wo wohnen Sie?
|12| – Ich wohne seit fünf oder sechs Jahren neben dem Flughafen Orly.
|13| Der Arzt hat seit Langem verstanden. Er steht auf
|14| und geht zu einem Wandschrank, aus dem er eine riesige Säge holt.
|15| – Gut, wir werden ihr Gehirn untersuchen, um zu sehen ...
|16| Das ist nicht nötig (nicht die Mühe), [Herr] Doktor, ich fühle mich seit zwei Minuten besser. Auf Wiedersehen!

(ANMERKUNGEN)

(3) **depuis** „seit", aber auch „vor" (vgl. Lückentextübung). **Depuis peu il travaille comme psychologue** [pßi-ko-**lOg**] „Seit Kurzem (bisschen) arbeitet er als Psychologe". **Je vous aime depuis toujours/depuis mon enfance** „Ich liebe Sie von jeher / seit meiner Kindheit".

(4) **que** dient hier zur Verstärkung der Aussage: **Oh que non !** „Aber nein!". Gängiger und auch korrekter ist **Et comment !** „Und wie!"

(5) **terriblement** „schrecklich" wird auch in der Bedeutung „sehr" oder „wirklich" als Adverb benutzt: **Elle parle terriblement bien anglais** „Sie spricht supergut Englisch". Eine sehr umgangssprachliche, fast vulgäre und vorwiegend von jungen Leuten verwendete Variante ist **vachement** „total, unheimlich". Sie sollten sie kennen, aber nicht benutzen!

(6) Steht das Verb in der Vergangenheit (und nicht im Präsens), so kann **depuis** durch **il y a** „vor" ersetzt werden: **Il est parti chez Michelin** [**mi**-sch(ö)-**läñ**] **depuis/il y a dix minutes** „Er ist vor zehn Minuten zu Michelin gegangen".

(7) **se sentir** „sich fühlen". **Elle se sent malade** „Sie fühlt sich krank". **Sentir** bedeutet „fühlen, wahrnehmen, bemerken", auch „riechen". So sagt man: **Je ne peux pas le sentir** „Ich kann ihn nicht riechen (= leiden)".

LEKTION 75

1er EXERCICE : COMPRENEZ-VOUS CES PHRASES ?

① Qu'est-ce que vous faites comme travail ? ② Vous sentez-vous mieux ? ③ Oui, depuis hier, merci. ④ Il aime ça depuis qu'il est au monde. ⑤ Vous avez mal maintenant ? ⑥ Oh que oui ! ⑦ Il est non seulement psychiatre, mais aussi psychologue.

2e EXERCICE : TROUVEZ LES MOTS MANQUANTS !

① Ich arbeite seit zwei Jahren bei Michelin.

Je .... chez Michelin ...... deux ans.

② Die Wohnung ist seit dem letzten Monat leer.

L'appartement ... vide ...... le mois dernier.

③ Sie hat ihren Hund vor (seit) vier Tagen verloren.

Elle . ..... son chien ......
(*oder* .. . .) quatre jours.

▶ **Soixante-seizième (76e) leçon**

Détendons-nous

1	A**près** un con**cert** don**né** par l'or**ches**tre sympho**nique** de Pa**ris**,
2	un specta**teur** – sans **doute** pas très fu**té** – **passe** un petit **mot** au **chef** d'or**ches**tre : ①
3	– "Je ne veux **pas** pa**raî**tre rappor**teur**, mon**sieur**, ②

(PRONONCIATION)

[de-tañ-**doñ** ... **1** ... lOr-**käß**-tr(ö) ßäñ-fo-**nik** ... **2** ... fü-**te**▸ ... **3** ... ra-pOr-**tÖ**▸**r** ...]

SOLUTIONS DU 1ᵉʳ EXERCICE : AVEZ-VOUS BIEN COMPRIS ?

❶ Was für eine Arbeit machen Sie / macht Ihr? ❷ Fühlen Sie sich / Fühlt ihr euch besser? ❸ Ja, seit gestern, danke. ❹ Er mag das, seit er auf der Welt ist. ❺ Haben Sie / Habt ihr jetzt Schmerzen? ❻ Oh ja! ❼ Er ist nicht nur Psychiater, sondern auch Psychologe.

❹ Wie lange (seit wie viel Zeit) dauert das [schon]?

  Ça . . . . depuis . . . . de . . . . . ?

❺ Er ist hereingekommen und beklagte sich (sich beklagend) über Kopfschmerzen.

  Il . . . . se plaignant de . . . . de tête.

SOLUTIONS DU 2ᵉ EXERCICE : LES MOTS MANQUANTS.

❶ travaille - depuis ❷ est - depuis ❸ a perdu - depuis (*oder* il y a) ❹ dure - combien - temps ❺ est entré en - maux

Deuxième vague : Activez la leçon 26 !

Sechsundsiebzigste Lektion

Entspannen wir uns

1 Nach einem Konzert, das vom Pariser Symphonieorchester gegeben wurde,

2 [reicht] ein Zuschauer - ohne Zweifel nicht sehr klug - dem Orchesterchef eine kleine Notiz (ein kleines Wort):

3 – „Ich will ja nicht als Petzer erscheinen, mein Herr,

ANMERKUNGEN

① **futé(e)** „pfiffig, ein helles Köpfchen". Im Volksmund sagt man: **Futé comme un renard** „schlau wie in Fuchs".

② Die Grundbedeutung von **rapporter** ist „zurückbringen".

| 4 | mais je **crois** u**tile** de vous signa**ler** que l'**homme** qui **joue** de la **grosse caisse** ③④ |
| 5 | ne **frappe** que **lors**que vous le regar**dez**." ⑤ |

6	– Ma **femme** vou**lait** une nou**velle** voi**ture** pour **Noël**,
7	a**lors** je lui ai of**fert** un col**lier** de **perles**. ⑥
8	Je **sais** ce que tu vas **dire**, mais tu com**prends**,
9	on ne fa**brique pas** en**core** de **fausses** Citro**ën**. ⑦

10	**Jean**-Al**phonse** Fon**taine** était arri**viste** à tel **point** que ⑧
11	**lors**qu'il en**trait** der**rière vous** dans une **porte** à tam**bour**,
12	il réussi**ssait** quand **même** à en sor**tir** le pre**mier** ! ⑨

(PRONONCIATION)

[*4* ... *ßi-nja-le▸* ... *groß käß* ... *5* ... *lOrß-kÖ* ... *6* ... *no-äl 7* ... *O-fä▸r* ... *kOl-je▸ dÖ pärl 9* ... *fo▸ß ßi-tro-än 11* ... *tañ-bu▸r 12* ... *re-ü-ßi-ßä*]

| 4 | aber ich halte es für nötig, Ihnen mitzuteilen, dass der Herr (Mann), der die Pauke spielt,
| 5 | nur dann [darauf] schlägt, wenn Sie ihn ansehen."
| 6 | – Meine Frau wollte zu (für) Weihnachten ein neues Auto,
| 7 | also habe ich ihr eine Perlenkette geschenkt.
| 8 | Ich weiß, was du sagen willst, aber verstehst du,
| 9 | es werden noch keine falschen Citroën hergestellt (man stellt noch nicht her).
| 10 | Jean-Alphonse Fontaine war ein solcher Emporkömmling (bis zu einem solchen Punkt), dass,
| 11 | wenn er hinter Ihnen durch (in) eine Drehtür ging,
| 12 | es ihm trotzdem gelang, als Erster (daraus) herauszukommen (der Erste)!

(ANMERKUNGEN)

③ **une caisse** ist eigentlich eine „Kasse" oder auch eine „Kiste". **La grosse caisse** ist die „Pauke".

④ Denken Sie noch einmal daran, dass **jouer** in Verbindung mit einem Instrument den Teilungsartikel **du** bzw. **de la** erfordert. Deshalb: **Il joue aux échecs** „Er spielt Schach", aber **Elle joue du pipeau** [*pi-po*‑] „Sie spielt (die) (Hirten)Flöte".

⑤ **lorsque** ist weitgehend gleichbedeutend mit **quand** „wenn" und wird benutzt, wenn zwei Handlungen gleichzeitig ablaufen.

⑥ **offrir** heißt „anbieten", aber auch „schenken": **Il lui a offert une belle bague** „Er hat ihr einen schönen Ring geschenkt". Die Konjugation lautet **j'offre, tu offres, il/elle offre, nous offrons, vous offrez, ils/elles offrent**. Partizip Perfekt: **offert**.

⑦ An Eigennamen wird im Plural normalerweise kein **s** angehängt: **Ils préfèrent les Peugeot, les Renault**, ...

⑧ In der Umgangssprache kann man für **à tel point que** auch **tellement** sagen: **Je suis tellement fatigués que ...** „Ich bin so (sehr) müde, dass ...".

⑨ **réussir** „gelingen, schaffen": **Je réussis, tu réussis, il/elle réussit, nous réussissons, vous réussissez, ils/elles réussissent** [*re-ü-Biß*]. Partizip Perfekt: **réussi**. Es wird mit **avoir** konjugiert: **J'ai réussi à le trouver** „Es ist mir gelungen, ihn zu finden". **Réussir un examen** [*äg-sa-mäñ*] „eine Prüfung bestehen". **Une réussite** [*re-ü-Bit*] ist ein „Erfolg", und auch das Kartenspiel „Patience" trägt diesen Namen.

13 – Méfie-**toi** de ce dra**gueur** ! C'est un **vrai** nouveau **riche** , ⑩⑪

14 et je te pré**viens** qu'il est **beau**coup plus **nouveau** que **riche** !

(PRONONCIATION) [...**13** ... dra-**gÖ-r** ...]

1ᵉʳ EXERCICE : COMPRENEZ-VOUS CES PHRASES ?

❶ La machine ne marche que lorsque vous appuyez ici. ❷ Je lui ai offert un beau cadeau. ❸ Il en sort toujours le dernier. ❹ Méfiez-vous de cet homme ! C'est un dragueur ! ❺ Je vous préviens que c'est très difficile.

2ᵉ EXERCICE : TROUVEZ LES MOTS MANQUANTS !

❶ Ich weiß, was du sagen wirst, aber es ist falsch.

Je sais .. ... tu ... ., mais c'est faux.

❷ Er ist wahrscheinlich nicht sehr klug.

Il n'est .... pas très .... .

❸ Es ist ihnen nicht gelungen, es zu öffnen.

Ils n'... pas .... l'ouvrir.

❹ Er ist so reich (reich bis zu einem solchen Punkt), dass er vier Häuser hat.

Il est riche . un ... . ' il a quatre maisons.

▶ **Soixante-dix-septième (77ᵉ) leçon**

Révision et notes

1. Zeitformen: Futur

Während wir im Deutschen nur eine Futurform kennen, nämlich das zusammengesetzte Futur (mit der Form von „werden" + Infinitiv), gibt es im Französischen außer dem zusammengesetzten Futur (konjugierte Form von **aller** + Infinitiv; **Je vais voir** „Ich werde sehen")

| 13 | Nimm dich vor diesem Aufreißer in Acht! Das ist ein richtiger Neureicher, |
| 14 | und ich warne dich, dass er (viel) mehr neu als reich ist! |

(ANMERKUNGEN)

(10) **se méfier** „misstrauen, sich hüten, sich in Acht nehmen". Das Adjektiv lautet **méfiant(e)** „misstrauisch, argwöhnisch". **Le méfiance** ist das „Misstrauen".

(11) Das weibliche Pendant zu **le dragueur** „Charmeur, Aufreißer" ist **la dragueuse**. **Draguer** bedeutet „flirten, anmachen".

SOLUTIONS DU 1er EXERCICE : AVEZ-VOUS BIEN COMPRIS ?

❶ Die Maschine läuft nur, wenn Sie hier [drauf]drücken. ❷ Ich habe ihm/ihr ein schönes Geschenk gemacht (geschenkt). ❸ Er kommt immer als Letzter (daraus) heraus (der Letzte). ❹ Nehmen Sie sich / Nehmt euch vor diesem Mann in Acht! Das ist ein Aufreißer! ❺ Ich informiere Sie/euch darüber, dass das sehr schwiwig ist.

❺ Sie sind viel mehr „neu" als „reich".

Ils sont beaucoup . . . . nouveaux . . . riches.

SOLUTIONS DU 2e EXERCICE : LES MOTS MANQUANTS.

❶ ce que - vas dire ❷ sans doute - futé ❸ ont - réussi à ❹ à - tel point qu' ❺ plus - que

Deuxième vague : Activez la leçon 27 !

Siebenundsiebzigste Lektion

noch das einfache Futur, bei dem an die Infinitivform des Verbs die Endungen von **avoir** (**-ai**, **-as**, **-a**, **-ons**, **-ez**, **-ont**) angehängt werden:

donner: **je donnerai** „ich werde geben", **il donnera** „er wird geben", **ils donneront** „sie werden geben".

finir: **tu finiras** „du wirst beenden", **nous finirons** „wir werden beenden", **vous finirez** „ihr werdet / Sie werden beenden".

Bei den Verben, die auf **-re** enden (hier **vendre** „verkaufen"), fällt das End-**e** weg:
je vendrai, tu vendras, il/elle vendra, nous vendrons, vous vendrez, ils/elles vendront.

Auf diese Weise wird das Futur der meisten Verben gebildet, doch da es auch hier nicht ohne die berühmten Ausnahmen geht, hier die wenigen Verben, bei denen sich der Stamm ändert:

aller „gehen"	**j'irai, tu iras, il/elle ira, nous irons, vous irez, ils/elles iront**
avoir „haben"	**j'aurai, tu auras, il/elle aura, nous aurons, vous aurez, ils/elles auront**
être „sein"	**je serai, tu seras, il/elle sera, nous serons, vous serez, ils/elles seront**
pouvoir „können"	**je pourrai, tu pourras, il/elles pourra, nous pourrons, vous pourrez, ils/elles pourront**
faire „machen"	**je ferai, tu feras, il/elle fera, nous ferons, vous ferez, ils/elles feront.**

Hier einige Beispielsätze:
Je vous le donnerai demain. „Ich werde es euch morgen geben".
Il sera si content de te voir. „Er wird so glücklich (zufrieden) sein, dich zu sehen".
Elle vendra sa voiture la semaine prochaine. „Sie wird nächste Woche ihr Auto verkaufen".
Nous serons là à partir de dix heures. „Wir werden ab zehn Uhr da sein".
Vous n'aurez pas de problème. „Sie werden keine Probleme haben".
Ils finiront dans dix minutes. „Sie werden in zehn Minuten fertig sein / Schluss machen".

Der Franzose verwendet das Futur häufiger und genauer als der Deutsche. In vielen Fällen, in denen wir im Deutschen das Präsens wählen, weil z. B. schon durch den Zusammenhang oder eine Zeitbestimmung auf die Zukunft hingewiesen wird, müssen wir im Französischen die Futurform verwenden:

J'espère que je le verrai [wÖ-rä] **demain.** „Ich hoffe, dass ich ihn morgen sehe (sehen werde)".
Nous reviendrons dans une semaine. „Wir kommen in einer Woche zurück (werden in einer Woche zurückkommen)".

2. Zeitformen: Imperfekt

Es wird gebildet, indem dem Verbstamm die Endungen **-ais**, **-ais**, **-ait**, **-ions**, **-iez**, **-aient** angehängt werden. Das Imperfekt schildert allgemeingültige Zustände oder länger andauernde und gewohnheitsmäßige Handlungen in der Vergangenheit, wohingegen das Perfekt historische, in der Vergangenheit abgeschlossene und einmalige Handlungen beschreibt und auch für die Schilderung eigener Erlebnisse verwendet wird.

Ils travaillaient pour un fermier.
„Sie arbeiteten für einen Bauern", *aber*
Hier, j'ai travaillé dix heures.
„Gestern habe ich zehn Stunden gearbeitet".
Elle allait à la messe [mäß] **toutes les semaines.**
„Sie ging jede Woche zum Gottesdienst", *aber*
Ma mère est allée à la messe dimanche dernier.
„Meine Mutter ist am letzten Sonntag zum Gottesdienst gegangen".

Eine Ausnahme in Bezug auf den Stamm bildet das Verb **être**, aber die Endungen bleiben gleich:

j'étais [sch ̃e-tä]**, tu étais, il/elle était, nous étions** [nus_e-tjoñ]**, vous étiez** [wus_e-tje▸]**, ils/elles étaient** [ils_e-tä, äls_e-tä].

> *Herzlichen Glückwunsch! Sie haben enorme Fortschritte gemacht, und eigentlich sollten Sie dies immer bestätigt finden, wenn Sie eine Übung zur „Zweiten Welle" durcharbeiten. Vergessen Sie diese Phase nicht, denn sie ist wichtig, um Ihre Kenntnisse zu festigen, und außerdem ist sie eine gute Kontrollmöglichkeit. Bestimmte grammatikalische Themen, die Ihnen am Anfang schwierig erschienen, kommen Ihnen vielleicht jetzt ganz leicht vor. Falls nicht, so wiederholen Sie diese Themen automatisch im Zuge der „Aktiven Phase".*

Deuxième vague : Activez la leçon 28 !

Soixante-dix-huitième (78ᵉ) leçon

La femme est la patronne

1. Jean et Mireille font l'inventaire de leur magasin de vêtements :
2. — M. Bon, ici j'ai vingt-deux jupes gris clair, taille trente-huit... ①
3. — J. Oui, mais attends. Michelle en a commandé une, n'est-ce pas ? ②
4. — M. Je la lui ai donnée la semaine dernière. On peut continuer ?
5. — J. D'accord.
6. — M. Après, nous avons dix chemisiers en soie, dix écharpes...
7. — J. Stop ! Dix ? J'en ai douze. Où sont les deux autres ? ③
8. — M. Mais tu ne te souviens de rien ! Les deux Japonais ! Je leur en ai vendu deux hier !

PRONONCIATION

[... pa-**tron** 1 ... mi-**räj** ... län-wañ-**tä▸r** ... 2 ... sch˜**üp** gri **klä▸r**, **taj** ... 6 ... schÖ-mi-**sje▸** añ ßoa ... e-**scharp** 8 ... sch˜a-po-**nä** ...]

Achtundsiebzigste Lektion

Die Frau ist die Chefin

1. Jean und Mireille machen (die) Inventur in (von) ihrem Bekleidungsgeschäft:
2. – Mireille: – Gut, hier habe ich 22 hellgraue Röcke, Größe 38 ...
3. – Jean: – Ja, aber warte. Michelle hat einen (davon) bestellt, nicht wahr?
4. – Mireille: – Ich habe ihn ihr letzte Woche gegeben. Können wir (Kann man) weitermachen?
5. – Jean: – Einverstanden.
6. – Mireille: – Dann haben wir zehn Seidenblusen, zehn Schals ...
7. – Jean: – Stop! Zehn? Ich habe (davon) 12. Wo sind die beiden (zwei) anderen?
8. – Mireille: – Du erinnerst dich aber auch an nichts! Die beiden Japaner! Ich habe ihnen gestern zwei (davon) verkauft!

ANMERKUNGEN

(1) Zusammengesetzte Adjektive, die Farben beschreiben, bleiben nach Substantiven unverändert, d. h. sie werden nicht dem Geschlecht bzw. dem Numerus angepasst: **un chapeau bleu ciel** „ein himmelblauer Hut"; **deux écharpes bleu marine** „zwei marineblaue Schals". Zur Wiederholung: **clair(e)** „hell" - **foncé(e)** „dunkel".

(2) Beachten Sie in dieser Lektion die Verwendung von **en** „davon". Es ersetzt jeweils das Substantiv: **Vous voulez des cartes postales ? – J'en prends trois** „Möchten Sie Postkarten? – Ich nehme drei (davon)".

(3) Neben **arrêter** „aufhören, anhalten" gibt es auch das aus dem Englischen stammende Verb **stopper** „(abrupt) stoppen". **Faire de l'auto-stop** [*o-to-BtOp*] „per Anhalter fahren"; **un auto-stoppeur** „ein Anhalter".

9 – **J.** Ça **va** a**lors**. En**suite** il y a **qua**rante col**lants** et... ④

10 – **M. Qu'est**-ce qu'il y **a** ?

11 – **J.** Je ne trouve **pas** mon cra**yon**.

12 – **M.** Mais **je** te **l'ai** pas**sé** tout à **l'heure**. **Ah**, le voi**là**, sous l'esca**beau** ! ⑤⑥

13 – **J.** Tu **sais**, **je suis** un **peu** fati**gué** ; on **peut** s'arrê**ter** deux mi**nutes**, s'il te **plaît** ?

14 – **M.** Je te l'ai **dé**jà **dit** : on s'arrête**ra** quand on au**ra** fi**ni** – et **pas** a**vant**.

15 – **J. Qu'est**-ce que tu es **dure** comme pa**tronne**, a**lors** ! ⑦⑧

(PRONONCIATION)

[**9** ... ko-**lañ** ... **11** ... krä-**joñ** **12** ... eß-ka-bo-**bo** **14** ... ßa-rä-**tÖ-ra** ... **15** ... **dü**r ...]

1ᵉʳ EXERCICE : COMPRENEZ-VOUS CES PHRASES ?

❶ Qu'est-ce que vous êtes gentil, alors ! ❷ L'échelle ? Je la lui ai prêtée hier. ❸ Mais tu ne te souviens de rien ! ❹ Stop ! Il y a une voiture qui vient ! ❺ Il en a commandé un avant-hier. ❻ Zut alors !

2ᵉ EXERCICE : TROUVEZ LES MOTS MANQUANTS !

❶ Wir werden (Man wird) aufhören, wenn wir fertig sind (sein werden).

On s'....... quand on ....

❷ Ein Schal? Ich habe ihm gestern einen (davon) verkauft.

Une écharpe ? Je ... . vendu une hier.

❸ Dein Bleistift? Ich habe ihn dir eben gegeben.

Ton crayon ? Je .. .'.. passé .... . l'.....

❹ Ich habe 12 (davon). Wo sind die beiden anderen?

J' .. .. douze. Où sont les deux ...... ?

❺ Wenn er mich anruft (anrufen wird), werde ich es Ihnen/euch sagen.

Quand il me ...., je vous le ......

9 – Jean: – Also gut. Danach haben wir (gibt es) 40 Strumpfhosen und ...
10 – Mireille: – Was ist los?
11 – Jean: – Ich finde meinen Bleistift nicht.
12 – Mireille: – Aber ich habe ihn dir vorhin gegeben. Ah, da ist er, unter dem Tritthocker!
13 – Jean: – Weißt du, ich bin ein bisschen müde; können wir für zwei Minuten aufhören, bitte?
14 – Mireille: – Ich habe es dir schon gesagt: Wir hören auf, wenn wir fertig sind (sein werden) – und nicht vorher.
15 – Jean: – Mensch, was für eine strenge (harte) Chefin du bist!

(ANMERKUNGEN)

(4) un collant „Strumpfhose" kommt vom Verb coller „kleben". Das Adjektiv collant(e) bedeutet „klebrig", „hauteng" und auch „lästig, zudringlich".

(5) Wie bereits einmal erwähnt, kann tout à l'heure sowohl „eben, vorhin" als auch „bald, gleich" bedeuten: Je l'ai vu tout à l'heure „Ich habe ihn vorhin gesehen" - Je le verrai tout à l'heure „Ich werde ihn gleich sehen". À tout à l'heure ! „Bis gleich!"

(6) un escabeau ist eine kleine Stufenleiter oder ein Tritthocker. Une échelle [e-*schäl*] ist eine „Leiter". La grande échelle des pompiers [poñ-*pje*▸] ist eine „Feuerwehrleiter".

(7) la patronne ist das weibliche Pendant zu le patron „Chef, Boss".

(8) alors ! wird oft zur Verstärkung von Aussagen angehängt, so wie wir im Deutschen „... Mensch!" oder „... Mann!" sagen. Qu'est-ce que je suis content, alors ! „Mensch, was bin ich glücklich!". Zut alors ! „So ein Mist aber auch!"

SOLUTIONS DU 1er EXERCICE : AVEZ-VOUS BIEN COMPRIS ?

❶ Mensch, was sind Sie nett! ❷ Die Leiter? Ich habe sie ihm/ihr gestern geliehen. ❸ Du erinnerst dich aber auch an nichts! ❹ Halt! Da kommt ein Auto (Es gibt ein Auto, das kommt)! ❺ Er hat vorgestern einen bestellt. ❻ So ein Mist aber auch!

SOLUTIONS DU 2e EXERCICE : LES MOTS MANQUANTS.

❶ arrêtera - aura fini ❷ lui en ai ❸ te l'ai - tout à - heure ❹ en ai - autres ❺ téléphonera - dirai

Deuxième vague : Activez la leçon 29 !

▶ Soixante-dix-neuvième (79ᵉ) leçon

La politique

1. La se**maine** pro**chaine**, les Fran**çais** vote**ront** pour é**lire** un **nou**veau prési**dent**.
2. Ces_élec**tions** présiden**tielles** ont **lieu tous** les **sept_ans**. ①②
3. Tous **ceux** qui ont **plus** de **dix**-_**huit_ans** ont le **droit** de vo**ter**.
4. L'élec**tion** se **passe** en **deux temps** ou "**tours**", comme on les_ap**pelle**. ③
5. Au **pre**mier **tour** il y a sou**vent** une di**zaine** de candi**dats**, ④
6. mais ce sont les **deux** qui ont_obte**nu** le **plus** de **voix** qui **peuvent** se présen**ter** au **deu**xième **tour**. ⑤⑥

LA SEMAINE PROCHAINE, LES FRANÇAIS VOTERONT POUR ÉLIRE UN NOUVEAU PRÉSIDENT.

(PRONONCIATION)

[*1* ... wo-tÖ-**roñ** ... e-li▸r ... *2* ... pre-si-dañ-**ßjäl** ... **lj**ö▸ *3* ... **droa** ... *4* le-läk-**ßjoñ** ... **tu**▸**r** ... *5* ... di-**sä**▸**n** ... kañ-di-**da**]

Neunundsiebzigste Lektion

Die Politik

1 (Die) Nächste Woche werden die Franzosen ihre Stimme abgeben, um einen neuen Präsidenten zu wählen.
2 Diese Präsidentschaftswahlen finden alle sieben Jahre (all die sieben Jahre) statt.
3 All diejenigen, die älter (mehr) als 18 Jahre sind (haben), haben das Recht zu wählen.
4 Die Wahl erfolgt in zwei Phasen (Zeiten) oder „Wahlgängen", wie man sie nennt.
5 Im ersten Wahlgang gibt es häufig etwa zehn Kandidaten,
6 aber es sind die beiden, die die meisten Stimmen erlangt haben, die sich im zweiten Wahlgang stellen können.

(ANMERKUNGEN)

① **le lieu** „Ort, Stelle, Platz, Stätte". **Avoir lieu** „stattfinden, geschehen, sich ereignen". **La réunion aura lieu mardi prochain** „Die Versammlung wird nächsten Dienstag stattfinden". **Elle a eu lieu il y a dix jours** „Sie hat vor zehn Tagen stattgefunden". Merken Sie sich auch **au lieu de** „anstelle von, anstatt zu".

② **toutes les dix minutes** „alle zehn Minuten"; **tous les jours** „jeden Tag", **à toute heure** „jederzeit".

③ **en deux, trois, ... temps** „in zwei, drei, ... Phasen/Schritten". **Dans un premier temps** „zunächst einmal, anfänglich". **Dans un premier temps, nous allons examiner les candidatures** „Zunächst einmal werden wir uns die Bewerbungen ansehen".

④ **dix** „zehn" - **une dizaine** „etwa zehn"; **vingt** „20'" - **une vingtaine** „etwa 20"; ebenso verfahren Sie mit 30 (**trentaine**), 40 (**quarantaine**) usw. **L'homme avait la cinquantaine** „Der Mann war um die 50 Jahre alt". Merken Sie sich auch **une douzaine** „etwa ein Dutzend" und **une quinzaine (de jours)** „14 Tage". **Le septennat** bezeichnete bis 2002 die siebenjährige Amtszeit des französischen Präsidenten unter der 5. Republik.

⑤ Beachten Sie, dass hier das **s** von **plus** gesprochen wird: [plüß].

⑥ **une voix** „Stimme" (auch bei einer Wahl) - **des voix** „Stimmen". **Mon grand-père a une voix grave** „Mein Großvater hat eine tiefe Stimme". **Elle a une voix aiguë** [ä-gü▸] „Sie hat eine schrille Stimme".

LEKTION 79

7	**Donc**, il y a **deux** se**maines**, les candi**dats** se sont présen**tés** et les_élec**teurs** leur ont don**né** leurs **voix**.
8	Mainte**nant** il ne reste **qu'un** candi**dat** de **droite** et **un** de **gauche**.
9	Le**quel** va être choi**si** ? Nous n'en sa**vons rien**, ⑦
10	**mais** nous vous rappe**lons** ce dic**ton**, qui dit :
11	"Le capita**lis**me est l'ex**ploi**ta**tion** de l'**homme** par l'**homme**,
12	a**lors** que le so**cia**lisme, c'est le con**traire** !"

(PRONONCIATION)

[**7** ... e-läk-**tÖ**‣r ... **woa** **10** ... dik-**toñ** **11** ... läkß-ploa-ta-**ßjoñ** ... **12** ... **ßo**-ßja-**lis**-m(ö) ... koñ-**trä**‣**r**]

1ᵉʳ EXERCICE : COMPRENEZ-VOUS CES PHRASES ?

❶ C'est lui qui a le plus de succès. ❷ Ceux qui ont plus de soixante ans ne doivent pas travailler. ❸ Le débat a eu lieu à dix heures et demie. ❹ Je leur ai donné mon opinion. ❺ Nous vous rappelons qu'il est interdit de fumer.

2ᵉ EXERCICE : TROUVEZ LES MOTS MANQUANTS !

❶ Welche (Mehrzahl) willst du?

. . . . veux-tu ?

❷ Ich habe keine Ahnung.

Je n'. . . . .

❸ Die Ausstellung findet alle sechs Jahre statt.

L'exposition . . . . tous . . . .

❹ Derjenige, der die meisten Stimmen erhält, gewinnt.

. . . . . qui obtient . . . . voix gagne.

❺ Etwa zehn Kandidaten haben sich zur Wahl gestellt.

Une . . . . candidats . . . . . .

. . . .

| 7 | Vor zwei Wochen haben sich also die Kandidaten zur Wahl gestellt, und die Wähler haben ihnen ihre Stimme gegeben.
| 8 | Jetzt bleibt nur noch ein Kandidat der Rechten und einer der Linken.
| 9 | Welcher wird gewählt werden? Wir wissen nichts darüber,
| 10 | aber wir erinnern Sie [an] das Sprichwort, das sagt:
| 11 | „(Der) Kapitalismus ist die Ausbeutung des Menschen durch den Menschen,
| 12 | während (der) Sozialismus das Gegenteil ist!"

ANMERKUNGEN

(7) Je n'en sais rien ist ein Synonym für Je n'en ai aucune idée „Ich weiß nichts darüber", „Ich habe keine Ahnung".

SOLUTIONS DU 1ᵉʳ EXERCICE : AVEZ-VOUS BIEN COMPRIS ?

❶ Er (Es ist er, der) hat den meisten Erfolg. ❷ Diejenigen, die älter (mehr) als 60 Jahre sind (haben), müssen nicht arbeiten. ❸ Die Debatte fand um halb elf statt. ❹ Ich habe ihnen meine Meinung mitgeteilt (gegeben). ❺ Wir erinnern Sie/euch daran, dass es verboten ist zu rauchen.

❻ Dieser Artikel ist teuer, wohingegen dieser preiswert ist.

. . . article est cher . . . . celui-là est bon marché.

SOLUTIONS DU 2ᵉ EXERCICE : LES MOTS MANQUANTS.

❶ Lesquels ❷ en sais rien ❸ a lieu - les six ans ❹ Celui - le plus de ❺ dizaine - de - se sont présentés ❻ Cet - alors que

Deuxième vague : Activez la leçon 30 !

▶ **Quatre-vingtième (80ᵉ) leçon**

Les sondages

1. **Pendant** la péri**ode** des élec**tions**, il y a beau**coup** de son**dages**
2. qui **donnent** par**fois** des résul**tats** curi**eux**...
3. – Par**don**, mon**sieur**, **vou**lez-**vous** ré**pon**dre à **quel**ques ques**tions**, s'il vous **plaît** ? Pour **qui** avez-**vous** l'inten**tion** de vo**ter** ?
4. – Au**cune** i**dée**. ①
5. – Y a-**t**-il un candi**dat dont** vous avez enten**du** par**ler** davan**tage** ? ②③
6. – **Non**.
7. – À **qui** pensez-**vous** quand on vous **dit** "prési**dent**" ?
8. – À per**sonne**.
9. – De **quoi** parlez-**vous** a**vec** vos amis ? ④

(PRONONCIATION)
[... ßoñ-**da**‣sch˜ 4 ... o-**kü**‣n ... 5 ... da-wañ-**ta**‣sch˜]

Achtzigste Lektion

Die Umfragen (Sondierungen)

1. Während des Wahlkampfes (der Wahlperiode) werden (gibt es) zahlreiche Umfragen gemacht,
2. die manchmal merkwürdige Ergebnisse hervorbringen (geben) ...
3. – Entschuldigen Sie, mein Herr, würden (wollen) Sie einige Fragen beantworten, bitte? Wen beabsichtigen Sie zu wählen?
4. – Keine Ahnung.
5. – Gibt es einen Kandidaten, von dem Sie mehr (sprechen) gehört haben?
6. – Nein.
7. – An wen denken Sie, wenn man (Ihnen) „Präsident" sagt?
8. – An niemanden.
9. – Worüber sprechen Sie mit Ihren Freunden?

ANMERKUNGEN

① (Ne...) aucun(e) ist kategorischer als pas de. Vous n'avez pas d'opinion „Sie haben keine Meinung" - Vous n'avez aucune opinion „Sie haben keinerlei Meinung". Je n'en ai aucune idée „Ich habe nicht die blasseste Ahnung". Je n'ai aucun ami „Ich habe überhaupt keine Freunde (keinen Freund)".

② „Von etw. hören" heißt entendre parler („hören sprechen"). Est-ce que vous avez entendu parler de ce livre ? „Haben Sie von diesem Buch gehört?" J'en ai entendu parler „Ich habe davon gehört".

③ davantage „mehr" steht immer am Satzende und ist ein Synonym für plus que (Achtung: Sprich [*plüß* kÖ]!) Je l'aime plus que l'autre - Je l'aime davantage „Ich mag ihn mehr (als den anderen)".

④ À qui ? „An wen?", à quoi ? „an was?", de qui ? „von wem?", de quoi ? „von was?". Die Regeln für die Verwendung von qui und que wurden bereits in Lektion 28 erläutert.

10 – Je **n'en** ai **pas**.
11 – Y a-**t-il** un mee**ting** au**quel** vous avez l'inten**tion** d'assis**ter** ? ⑤
12 – Au**cun**.
13 – **Bon**. Je **dois** no**ter** que vous n'a**vez** au**cune** opin**ion** poli**tique**. Au re**voir**, dit le son**deur**.
14 Der**rière lui**, il en**tend** la **voix** de **l'homme** qui mar**monne** :
15 – **Qu'est**-ce qu'ils sont **bêtes**, ces son**dages** ! ⑥

(PRONONCIATION)
[*11* ... mi**-ting** o-käl ... *12* o-käñ *15* ... bät ...]

1ᵉʳ EXERCICE : COMPRENEZ-VOUS CES PHRASES ?

① Est-ce que tu as des idées pour un cadeau ? – Aucune ! ② Ils me donnent les résultats demain. ③ À qui pensez-vous ? – À mon copain Georges. ④ C'est une chose à laquelle je ne pense jamais. ⑤ Qu'est-ce que vous êtes bête ! ⑥ Y a-t-il quelque chose que vous voulez ?

2ᵉ EXERCICE : TROUVEZ LES MOTS MANQUANTS !

① Für wen werden Sie stimmen? – Keine Ahnung.

. . . . allez-vous voter ? – . . . . . . idée.

② Worüber sprechen Sie mit Ihren Freunden?

. . . . . . parlez-vous avec . . . amis ?

③ Das sind Ideen, von denen ich (sprechen) gehört habe.

Ce sont des idées . . . . j'ai . . . .

. . . .

| 10 | – Ich habe keine (davon).
| 11 | – Gibt es eine Wahlveranstaltung (ein Treffen), an der Sie beabsichtigen teilzunehmen?
| 12 | – Keine.
| 13 | – Gut. Ich muss aufschreiben, dass Sie keinerlei politische Meinung haben. Auf Wiedersehen, sagt der Meinungsforscher.
| 14 | Hinter sich (ihm) hört er die Stimme des Mannes, der murmelt:
| 15 | – Wie blöd diese Meinungsumfragen [doch] sind!

(ANMERKUNGEN)

⑤ Die politische Sprache hat einige Begriffe aus dem Englischen entlehnt: **le meeting** „Versammlung", **le leader** „Führer", **le leadership** „Führung".

⑥ Obwohl die Verwendung von **Qu'est-ce que...** als Ausruf grammatikalisch inkorrekt ist, ist sie sehr verbreitet: **Qu'est-ce que j'ai soif !** „Was für einen Durst ich habe!". **Qu'est-ce qu'il fait chaud !** „Wie heiß es ist!"

SOLUTIONS DU 1ᵉʳ EXERCICE : AVEZ-VOUS BIEN COMPRIS ?

❶ Hast du Ideen für ein Geschenk? - Keine! ❷ Sie geben mir morgen die Ergebnisse. ❸ An wen denken Sie? - An meinen Freund Georges. ❹ Das ist eine Sache, an die ich niemals denke. ❺ Wie blöd Sie [doch] sind! ❻ Gibt es etwas, das Sie wollen / ihr wollt?

❹ Das ist die Art von Versammlung, an der ich niemals teilnehme.

C'est le genre de réunion à . . . .
je n'. . . . . . . jamais.

❺ Beabsichtigen Sie, (dort) hinzugehen?

Est-ce que vous . . . . l'. . . . . d'y aller ?

SOLUTIONS DU 2ᵉ EXERCICE : LES MOTS MANQUANTS.

❶ Pour qui - Aucune ❷ De quoi - vos ❸ dont - entendu parler
❹ laquelle - assiste ❺ avez - intention

Deuxième vague : Activez la leçon 31 !

Quatre-vingt-unième (81ᵉ) leçon

L'argot

1 – **Oh** ! **là**, **là** ! **Que** c'est **dur** de trou**ver** un ap**part** !
2   Je **fais** les petites_an**nonces** de**puis un mois**
3   et je n'ai **rien** trou**vé** jus**qu**'à pré**sent**.
    Dur, **dur** ! ①
4 – **Qu'est**-ce que tu **cherches** ?
5 – **Oh**, un **grand** studio ou un **truc** comme **ça**,
    mais **tout**_est **vache**ment **cher**. ② ③
6   **Bon**, tu as ton lo**yer**, mais en **plus**, il faut pa**yer**
    une cau**tion** ④
7   et si tu **passes** par une a**gence**, il faut aus**si**
    comp**ter** des **frais** d'a**gence** ! ⑤

J'EN AI MARRE D'ÉCOUTER LA MÊME CHANSON !

(PRONONCIATION)

[lar-go▸ 1 ... a-part 2 ... pÖtits_a-noñß ... 5 ... ßtüd-jo ... trük ... 6 ... loa-je▸ ... ko-**Bjoñ** 7 ... frä da-sch˜añß]

Einundachtzigste Lektion

Der Slang

1 – Herrje! Wie schwierig es ist, eine Wohnung zu finden!
2   Ich sehe seit einem Monat die Kleinanzeigen durch (mache die Kleinanzeigen),
3   und ich habe (nichts gefunden) bis jetzt [nichts gefunden]. Das ist hart!
4 – Was suchst du?
5 – Oh, eine große Einzimmerwohnung, oder so etwas Ähnliches, aber alles ist total teuer.
6   Also, du hast deine Miete, aber darüber hinaus muss man eine Kaution bezahlen,
7   und wenn du eine Agentur einschaltest (über eine Agentur gehst), musst du auch noch die Agenturkosten dazurechnen!

(ANMERKUNGEN)

① jusqu'à „bis" kann sowohl für zeitliche als auch für räumliche Entfernungen benutzt werden: Jusqu'à dix heures „bis 10 Uhr"; jusqu'au bout de la rue „bis zum Ende der Straße".

② un truc „Ding" kennen Sie bereits. Hier hören wir einen Dialog, in dem viele Slangausdrücke benutzt werden, z. B. un appart für un appartement. Beim Kontakt mit Franzosen werden Sie die Slangausdrücke schnell heraushören und feststellen, wann man sie benutzt und wann nicht. Dies kann Ihnen ein Buch nur schwer vermitteln; hören Sie lieber, wie der Mann (bzw. die Frau) auf der Straße spricht. Im folgenden markieren wir Argot-Ausdrücke in unseren Anmerkungen mit einem Stern (*).

③ *vachement „total, wahnsinnig" ist ein Adverb, das wie très „sehr" verstärkend wirkt. Vgl. auch Lektion 75.

④ le loyer „Miete", louer „mieten", le locataire „Mieter". Sie kennen schon une voiture de location „ein Mietwagen".

⑤ des frais (immer im Plural!) „Kosten, Unkosten, Gebühren, Spesen". Frais bancaires „Bankgebühren", frais de déplacement „Reisekosten". À grands/peu de frais „mit hohen/geringen Kosten".

8	J'**en** ai vu **un** qui é**tait** chou**ette** mais je n'avais **pas** as**sez** de **fric**. ⑥⑦
9	– En **plus** ce n'est **pas** le **bon** mo**ment**. ⑧
10	Il vaut **mieux** at**ten**dre les **grandes** va**cances**, quand **tout** le **monde** s'en **va** ;
11	et **là**, a**vec** un **peu** de **veine**, tu trouve**ras** quelque **chose**. ⑨
12	– **Oh** et **puis**, j'**en** ai **marre** ! Allez, on va **boire** un **pot** et par**ler** d'autre **chose**. ⑩⑪

(PRONONCIATION)

[*8 ... schu-ät ... frik 10 ... wa-kañß ... 11 ... wä▸n ... 12 ... ma▸r ... po ...*]

(ANMERKUNGEN)

⑥ *****chouette** ist die männliche und die weibliche Form und bedeutet „nett, prima, toll".

Alle Slang-Ausdrücke, die Sie in dieser Lektion kennenlernen, sind überaus gebräuchlich. Begnügen Sie sich jedoch vorerst damit, Sie zu verstehen und wiederzuerkennen. Benutzen Sie sie erst, wenn Sie sprachlich sicherer sind und wissen, in welchen Situationen und unter welchen Personen Sie solche Ausdrücke gefahrlos anwenden können.

1ᵉʳ EXERCICE : COMPRENEZ-VOUS CES PHRASES ?

❶ Il n'a jamais de fric, celui-là ! ❷ Son appart est chouette, mais il est vachement cher. ❸ J'en ai marre d'écouter la même chanson ! ❹ Bon, tu as ton loyer, mais il y a la caution en plus. ❺ Il n'est pas là pour le moment. Il est allé boire un pot avec Jean.

2ᵉ EXERCICE : TROUVEZ LES MOTS MANQUANTS !

❶ Man muss außerdem noch (die) Agenturkosten dazurechnen!

Il . . . . des frais d'agence
. . . . !

| 8 | Ich habe eine (davon) gesehen, die ganz nett war, aber ich hatte nicht genug Knete.
| 9 | – Außerdem ist es nicht der richtige Moment.
| 10 | Es ist besser (wert), (zu warten) auf die großen Ferien [zu warten], wenn alle wegfahren;
| 11 | und dann wirst du mit ein bisschen Glück etwas finden.
| 12 | – Und jetzt (dann) habe ich die Nase voll! Komm, wir gehen etwas trinken und sprechen über etwas anderes.

⑦ ***le fric** ist einer der zahlreichen Slang-Ausdrücke für „Geld", wie bei uns etwa „Knete" usw.

⑧ **bon, bonne** heißt nicht nur „gut", sondern auch „richtig": **Vous n'avez pas le bon numéro** „Sie haben nicht die richtige Zahl". **Cette pièce n'est pas la bonne** „Dieses Teil ist nicht das Richtige".

⑨ ***avoir de la veine** ist ein Slang-Ausdruck für „Glück haben" („Schwein haben"). Kleine Eselsbrücke: Da **la veine** die „Ader" ist, kann man an eine „Goldader" denken! **Un veinard** „Glückspilz". **Pas de veine !** „Kein Glück!"

⑩ ***en avoir marre (de)** „genug von etw. haben, die Nase voll haben". **Il en a marre de son travail** „Er hat von seiner Arbeit die Nase voll". **(Il) y en a marre !** „Es reicht!". Beachten Sie, dass in diesem Ausdruck **en** immer vorkommen muss!

⑪ ***boire** oder **prendre un pot** „etw. *oder* einen trinken gehen". Man sagt auch **boire un coup** [ku▸].

SOLUTIONS DU 1ᵉʳ EXERCICE : AVEZ-VOUS BIEN COMPRIS ?

❶ Der hat nie Knete, der da! ❷ Seine Wohnung ist toll, aber sie ist unheimlich teuer. ❸ Ich habe die Nase voll davon, [immer] das gleiche Lied zu hören! ❹ Na gut, du hast deine Miete, aber da ist auch noch die Kaution. ❺ Er ist im Augenblick nicht da. Er ist mit Jean einen trinken gegangen.

❷ Haben Sie / Habt ihr nicht einen anderen Schlüssel? Dieser hier ist nicht der Richtige.

Vous n'avez pas une autre clef ? . . . . . . - ci n'est pas la . . . .

③ Wir machen diese Übung seit einer Viertelstunde.

Nous . . . . cet exercice . . . . . . un . . . . . d'heure.

④ Es ist besser (wert), [bis] morgen zu warten, um sicher zu sein.

Il . . . . attendre . . . . . . pour être . . . .

⑤ Alle fahren fort in die Ferien.

. . . . s' . . . . en vacances.

▶ **Quatre-vingt-deuxième (82ᵉ) leçon**

Un voyage à Beaune

1 – Je **veux** par**tir** ce week-**end**, dit un **jour** Ma**dame** Fro**ment** à son ma**ri**.
2 N'im**porte** où, mais je **veux** par**tir** ! J'en ai **marre** de Pa**ris** !
3 – **Tiens** ! On **peut** al**ler** à **Beaune**. Comme **ça**, les enfants ver**ront** les Hos**pices**, ①
4 et nous pour**rons** ache**ter** du **vin** pour notre **cave**. Qu'**en** penses-**tu** ?
5 – Su**perbe** ! Je **veux** par**tir** mainte**nant** ! **Tout** de **suite** !
6 – Ne **sois** pas **bête** ! ②
7 Tu sais **bien** qu'entre **huit** heures et **neuf** heures, c'est **l'heure** de **pointe**, et **toutes** les **routes** sont blo**quées**.

(PRONONCIATION)

[... bo‣n 2 näñ-pOrt-u‣ ... 3 ... les_Oß-piß 4 ... ka‣w ... koñ pañß tu‣ ? 6 ... ßoa ... 7 ... lÖ‣r dÖ po-äñt]

SOLUTIONS DU 2ᵉ EXERCICE : LES MOTS MANQUANTS.

❶ faut compter - en plus ❷ Celle - bonne ❸ faisons - depuis - quart
❹ vaut mieux - demain - sûr ❺ Tout le monde - en va

Lerntipp

Die Assimil-Kurse sind so flexibel gestaltet, dass Sie sich mit ein bisschen Fantasie auch ein paar eigene Übungen „basteln" können. Wie wär's z. B., wenn Sie in der aktiven Phase nicht nur den Lektionstext, sondern auch die deutschen Sätze der Verständnisübung auf Französisch formulieren?

Deuxième vague: Activez la leçon 32 !

Zweiundachtzigste Lektion

Eine Reise nach Beaune

1 – Ich möchte dieses Wochenende wegfahren, sagt Frau Froment eines Tages zu ihrem Mann.
2   Egal, wohin, aber ich möchte wegfahren! Ich habe genug von Paris!
3 – Hör mal! Wir können nach Beaune fahren. Auf diese Weise werden die Kinder die Armenhäuser sehen,
4   und wir können (werden können) Wein für unseren Keller kaufen. Wie (Was) denkst du darüber?
5 – Super! Ich möchte jetzt wegfahren! Sofort!
6 – Sei nicht dumm!
7   Du weißt [sehr] gut, dass zwischen acht und neun Uhr die Hauptverkehrszeit ist, und alle Straßen sind verstopft.

ANMERKUNGEN

① Die Futurformen von **voir** „sehen" lauten: **je verrai, tu verras, il/elle verra, nous verrons, vous verrez, ils/elles verront**. **On verra !** „Man wird sehen!"

② Dies ist die (verneinte) Befehlsform für die 2. Person Singular von **être**: „Sei nicht ...". Sie kennen bereits **Soyez...** „Seid/Seien Sie ..." aus Lektion 62.

8	Attendons un peu, et on partira vers **onze heures**. Comme ça, on_évitera les_em**bouteillages**. ③
9	– **Où est-ce** qu'on **va** dor**mir** ? Tes_amis sont tou**jours** là-**bas** ? ④
10	– **Non**, mais on choisi**ra** un hô**tel** dans le **guide** Miche**lin**, n'im**porte** le**quel**, ils sont **tous bons**. ⑤⑥
11	Et **si** on ne **trouve rien** à Beaune **même**, on_i**ra** ail**leurs**. ⑦
12	**Allez** ! Ap**pelle** les_en**fants** et prépa**rons** nos_af**faires**.

(PRONONCIATION)

[*8* ... *añ*-bu-te-*ja*‣*sch*˜   *10* ... schoa-si-*ra*   ... *gi*‣*d* misch-*läñ*   *11* ... a-*jÖ*‣*r* ...]

1ᵉʳ EXERCICE : COMPRENEZ-VOUS CES PHRASES ?

❶ Ne sois pas si pressé ! ❷ Tu sais bien que c'est l'heure de pointe. ❸ On pourra éviter les embouteillages si on part maintenant. ❹ Je veux lire un journal. N'importe lequel. ❺ Si on ne trouve rien, on ira ailleurs.

| 8 | Warten wir ein bisschen, und wir fahren gegen elf Uhr. So meiden wir die Staus.
| 9 | – Wo werden wir schlafen? Sind deine Freunde noch dort?
| 10 | – Nein, aber wir werden [uns] irgendein Hotel im Michelin-Führer aussuchen, (egal, welches) sie sind alle gut.
| 11 | Und wenn wir in Beaune selbst nichts finden, fahren wir woanders hin.
| 12 | Komm! Ruf die Kinder, und wir packen unsere Sachen (bereiten unsere Sachen vor).

(ANMERKUNGEN)

③ l'embouteillage kommt von la bouteille „Flasche" (die einen engen Hals hat, in dem sich etwas stauen kann). Ein anderes Wort für „Stau" ist le bouchon [*bu-schoñ*], was wörtlich „Korken" heißt.

④ dormir heißt „schlafen", se coucher „sich hinlegen, sich schlafen legen". La chambre à coucher ist das „Schlafzimmer".

⑤ Der Guide Michelin ist ein bekannter Reiseführer, in dem Sehenswürdigkeiten, Hotels und Restaurants aufgeführt sind. Ein weiterer berühmter Hotel- und Reiseführer ist der Gault et Millau [*go▸ e mi-jo▸*].

⑥ n'importe lequel „egal, welcher, -es", aber n'importe qui „jeder".

⑦ ailleurs „woanders". D'ailleurs... am Satzanfang bedeutet „Übrigens ...".

SOLUTIONS DU 1ᵉʳ EXERCICE : AVEZ-VOUS BIEN COMPRIS ?

❶ Sei nicht so voreilig! ❷ Du weißt sehr gut, dass Hauptverkehrszeit ist. ❸ Wir können (Man kann) die Staus meiden, wenn wir jetzt losfahren. ❹ Ich möchte (irgend)eine Zeitung lesen (egal, welche). ❺ Wenn wir nichts finden, fahren/gehen wir woanders hin.

2ᵉ EXERCICE : TROUVEZ LES MOTS MANQUANTS !

① Jeder hat das Recht, hereinzukommen.

N'. . . . . a le . . . . . d'entrer.

② Er hatte die Nase voll von Paris, also ist er woandershin gefahren.

Il en . . . . . marre de Paris, donc il . . . parti
. . . .

③ Wir werden unsere Freunde sehen, und die Kinder können (werden können) spielen.

Nous . . . . nos amis et les enfants
. . . . jouer.

▶ **Quatre-vingt-troisième (83ᵉ) leçon**

Voyage à Beaune (II)

1	À **onze_heures**, la voi**ture** char**gée** d'en**fants** et de va**lises**, les Fro**ment partent** pour **Beaune**. ①
2	À la **porte** d'Orlé**ans** ils **prennent** l'auto**route** du **Sud**. Il n'y a **pas trop** de **monde**. ②
3	Il fait_un **temps** magni**fique** et **tout** le **monde** est_heu**reux**.

(PRONONCIATION)
[*1* ... schar-**schˉe**▸ ...wa-**li**▸**s**(ö) *3* ... ma-nji-**fik** ...]

④ Ich möchte Sie sehen. Nennen (Sagen) Sir mir irgendeinen Tag (egal wann).

Je veux vous voir. Dites-moi un jour.

N'. . . . .

⑤ Wie (Was) denkst du darüber?

Qu'. . . . . - . . ?

⑥ Sei nicht dumm!

Ne . . . . pas bête !

SOLUTIONS DU 2ᵉ EXERCICE : LES MOTS MANQUANTS.
❶ importe qui - droit ❷ avait - est - ailleurs ❸ verrons - pourront
❹ importe quand ❺ en penses-tu ❻ sois

Deuxième vague : Activez la leçon 33 !

Dreiundachtzigste Lektion

[Die] Reise nach Beaune (II)

1 Um elf Uhr, das Auto vollgepackt mit Kindern und Koffern, fahren die Froments ab nach (für) Beaune.
2 An der Porte d'Orléans nehmen sie die Autobahn [in Richtung] Süden (Südautobahn). Es sind nicht (gibt nicht) zu viele Leute unterwegs.
3 Das Wetter ist hervorragend (Es macht ein hervorragendes Wetter), und alle sind glücklich.

(ANMERKUNGEN)

① charger „beladen, vollpacken": Ils ont chargé le camion „Sie haben den LKW beladen". Je suis surchargé de travail „Ich bin mit Arbeit überlastet". Ce fusil est chargé „Dieses Gewehr ist geladen".

② Am boulevard périphérique, einer Autobahn, die wie ein Ring um Paris herumführt, gibt es über 35 Ein- bzw. Ausfahrten (portes) nach und aus Paris.

4	Ils s'ar**rêt**ent à une sta**tion** ser**vice** pour **faire** le **plein** d'es**sence** et se dégour**dir** les **jambes**. ③
5	Bien**tôt**, ils arrivent en Bour**gogne**.
6	C'est fa**cile** à recon**naître** à **cause** des vi**gnobles** qui **couvrent** les col**lines**.
7	Ils **prennent** la sor**tie** de **Beaune** et s'ar**rêtent** au pé**age**. ④
8	Mon**sieur** Fro**ment cherche** sa **carte** de cré**dit**. L'a**yant** trou**vée**, il **paie**, ⑤
9	et la fa**mille** conti**nue** son che**min** vers le **cen**tre-**ville**. ⑥

IL EST TRÈS FACILE À RECONNAÎTRE.

(PRONONCIATION)

[*4 ... plän de-ßañß ... de-gur-dir ... 5 ... bur-gOn-j(ö) 6 ... win-jO-bl(ö) ... ko-lin(ö) 7 ... pe-a·sch˜ 9 ... schÖ-mäñ ...*]

1ᵉʳ EXERCICE : COMPRENEZ-VOUS CES PHRASES ?

❶ Ayant fait un peu de chemin, il s'est arrêté. ❷ Elle s'en va demain pour la Bourgogne. ❸ Il est très facile à reconnaître. ❹ On a passé dix minutes à chercher la sortie. ❺ Il n'y a jamais trop de monde à cette heure. ❻ Le plein, s'il vous plaît.

| 4 | Sie halten an einer Tankstelle, um vollzutanken und sich die Beine zu vertreten.
| 5 | Bald [danach] kommen sie in Burgund an.
| 6 | [Die Landschaft] ist leicht an den (wegen der) Weinbergen (wieder)zuerkennen, die die Hügel bedecken.
| 7 | Sie fahren an der Ausfahrt Beaune raus (nehmen die Ausfahrt Beaune) und halten an der Mautstation.
| 8 | Herr Froment sucht seine Kreditkarte. Nachdem er sie gefunden hat, bezahlt er,
| 9 | und die Familie setzt ihren Weg zum Stadtzentrum fort.

ANMERKUNGEN

③ An den Tankstellen gibt es **l'essence** „Benzin" und **gas oil** [*gas-oal*] oder **gazole** [*ga-sOl*] „Dieselkraftstoff". „Volltanken" heißt **faire le plein** („den Vollen machen"). An den meisten Tankstellen ist Selbstbedienung. Wird man bedient, so sagt man: **Le plein, s'il vous plaît.** „Erdöl" ist **le pétrole**, „Schmieröl, Speiseöl" heißt **l'huile** (f.).

④ Auf vielen Autobahnabschnitten in Frankreich muss man an Mautstationen (**le péage**) eine Autobahngebühr (auch **le péage**) zahlen.

⑤ **ayant** („habend") ist das Partizip Präsens von **avoir** „haben". Es kann als Vollverb oder als Hilfsverb dienen: **Ayant un peu d'argent, il est allé au restaurant** „Da er ein bisschen Geld hatte (Habend ein bisschen Geld), ging er ins Restaurant". **Ayant demandé à un policier, il a continué son chemin** „Nachdem er einen Polizisten gefragt hatte, setzte er seinen Weg fort".

⑥ **le chemin** heißt „Weg": **Tous les chemins mènent à Rome** „Alle Wege führen nach Rom". **Je vais lui demander le chemin** „Ich werde ihn nach dem Weg fragen". **Le chemin** kann auch im übertragenen Sinne benutzt werden: **Nous sommes sur le bon chemin** „Wir sind auf dem richtigen Weg". **Le chemin des écoliers** „der längste Weg" („der Weg der Schüler"). **Le chemin de fer** ist die „Eisenbahn".

SOLUTIONS DU 1ᵉʳ EXERCICE : AVEZ-VOUS BIEN COMPRIS ?

❶ Nachdem er ein Stück gegangen war (habend gemacht ein bisschen Weg), hielt er an. ❷ Sie fährt morgen nach Burgund. ❸ Er ist sehr leicht wiederzuerkennen. ❹ Wir haben zehn Minuten damit zugebracht, den Ausgang zu suchen. ❺ Zu dieser Zeit (Stunde) sind nie zu viele Leute da. ❻ Volltanken, bitte.

2ᵉ EXERCICE : TROUVEZ LES MOTS MANQUANTS !

❶ Ich werde mir die Beine vertreten.

   Je vais .. . .

❷ Wir werden anhalten, bevor wir ankommen.

   Nous nous . . . . avant d'. . . . .

❸ Ich habe zehn Jahre für ihn gearbeitet (damit verbracht, für ihn zu arbeiten).

   J'ai . . . . . dix ans à . . . . pour lui.

❹ Können Sie mir den Weg zum (für das) Stadtzentrum zeigen?

   . . . . . . -. . . . m'indiquer le . . . . . pour le . . . . . . -. . . . . ?

▶ Quatre-vingt-quatrième (84ᵉ) leçon

Révision et notes

1. Pronomen: Stellung im Satz

Was die Stellung der Pronomen vor Verben betrifft, so wissen Sie schon, dass Personalpronomen vor dem Verb stehen (**il me parle**, **je lui donne** usw.), es sei denn, es liegt ein Imperativ (Befehlsform) vor; dann steht das Personalpronomen hinter dem Verb: **Donnez-moi...** „Geben Sie mir ..."; **Téléphonez-moi** „Rufen Sie mich an".

Was geschieht jedoch, wenn der Satz mehrere Pronomen enthält? In diesem Fall stehen die Akkusativobjekte (direkten Objekte) **le**, **la** und **les** vor den Dativobjekten (indirekten Objekten) **lui** und **leur**, jedoch hinter den Dativen **me**, **te**, **se**, **nous**, **vous**. Wird ein Satz verneint, umschließt die Verneinung auch die indirekten und direkten Objekte. Zur Vereinfachung hier eine kleine Übersicht:

me „mir"

te „dir"   **le** „ihn"

se „sich"   **la** „sie"   **lui** „ihm/ihr"   (**y** „dort, dorthin")

nous „uns" **les** „sie"   **leur** „ihnen"   (**en** „davon")

vous „euch/Ihnen"

⑤ Er hat seine Kreditkarte gesucht. Nachdem er sie gefunden hatte, hat er die Maut bezahlt.

Il a cherché .. ..
L'..... ...., il a payé .. ..

SOLUTIONS DU 2ᵉ EXERCICE : LES MOTS MANQUANTS.

① me dégourdir les jambes ② arrêterons - arriver ③ passé - travailler ④ Pouvez-vous - chemin - centre-ville ⑤ sa carte de crédit - ayant trouvée - le péage

Deuxième vague : Activez la leçon 34 !

Vierundachtzigste Lektion

Einige Beispielsätze:

A. Subjekt - Akkusativobjekt - Dativobjekt - Verb:
   Je le lui ai donné. „Ich habe es ihm gegeben".

B. Subjekt - Dativobjekt - Akkusativobjekt - Verb:
   Est-ce que tu nous l'a apporté ? „Hast du sie uns mitgebracht?"
   Elle me l'a dit. „Sie hat es mir (mir es) gesagt".

Sehen Sie sich die oben stehende Tabelle ruhig etwas häufiger an. Sie werden merken, dass Sie mit der Zeit eine Art Automatismus für diese Dinge entwickeln. Später (in Lektion 88) wird die Konstruktion noch um **en** und **y** erweitert.

2. Partizip: Angleichung

Sie haben inzwischen gemerkt, dass sich das Partizip Perfekt in der Vergangenheit ändert, je nachdem, was vor dem Partizip steht. Die Grundregel lautet:

a) Verben, die mit **être** konjugiert werden, werden an das Subjekt angeglichen.

b) Verben, die mit **avoir** konjugiert werden, werden an das naheliegendste vorhergehende direkte Objekt angeglichen.

Versuchen Sie vorläufig, diese beiden Regeln im Gedächtnis zu behalten. Mehr verlangen wir momentan nicht von Ihnen. Die Angleichung des Partizips wirkt sich ohnehin in den meisten Fällen nur auf die Schreibweise aus; man hört sie oft nicht.

3. Zeitformen: Futur

Quand il viendra, je vous le dirai „Wenn er kommt (kommen wird), werde ich es euch sagen". Im Unterschied zum Deutschen setzt das Französische hier in beiden Satzteilen das Futur - was logisch ist, da keine der beiden Handlungen bis jetzt stattgefunden hat. So steht nach **quand** (**lorsque**) „wenn" und **dès que** (**aussitôt que**) „sobald" das Verb immer in der Zukunft:

Dès que le courrier arrivera, je vous l'apporterai.
„Sobald die Post kommt (kommen wird), werde ich sie Ihnen bringen".
Dès qu'il aura fini, il partira.
„Sobald er fertig ist (beendet haben wird), wird er gehen".
Quand vous l'aurez lu, donnez-le moi.
„Wenn Sie es gelesen haben (werden), geben Sie es mir".

Versuchen Sie, sich einen oder zwei der Modellsätze einzuprägen und auf dieser Grundlage neue (kurze!) Sätze zu bilden. Mit der Zeit werden Sie immer schneller einen Reflex für die richtige Konstruktion entwickeln.

4. Verben: Reflexive Verben

Bei bestimmten Verben hat die reflexive Version eine leicht veränderte Bedeutung gegenüber der nicht reflexiven. Beispielsweise:

aller „gehen"	**s'en aller** „weggehen"
battre „schlagen"	**se battre** „kämpfen, streiten"
rappeler (qqn.) „zurückrufen; jdn. erinnern"	**se rappeler** „sich erinnern"
occuper „besetzen"	**s'occuper (de)** „sich kümmern um"
attendre „warten auf"	**s'attendre à** „mit etw. rechnen; etw. erwarten"
demander „fragen"	**se demander** „sich fragen"

Hier noch einige Beispielsätze:
  Il est allé en Espagne. „Er ist nach Spanien gegangen".
  aber:
  Ils s'en vont en vacances. „Sie fahren (weg) in die Ferien".

  La France a battu la Suisse. „Frankreich hat die Schweiz geschlagen".
  aber:
  Les supporters se sont battus. „Die Fans haben sich gestritten".

  Rappelez-moi votre nom. „Sagen Sie mir noch einmal Ihren Namen".
  aber:
  Elle ne se rappelle pas cette histoire. „Sie erinnert sich nicht an diese Geschichte".

(Beachten Sie, dass der Gebrauch der Präposition **de** im letzten Beispiel fakultativ ist; beide Varianten sind möglich.)

5. Konjunktionen: lequel/laquelle/lesquels/lesquelles

Über **quel** „welch, -er" und **quelle** „welche" haben wir bereits in den Lektionen 17 und 56 gesprochen.
Lequel und **laquelle** (Plural: **lesquels** und **lesquelles**) können sowohl als Fragepronomen als auch in der Kombination Präposition + Relativpronomen verwendet werden. Die folgenden Beispielsätze sollen das verdeutlichen:
  Lequel des deux crayons est-ce que tu veux ?
    „Welchen der beiden Bleistifte willst du?"
  Laquelle de ces jupes est la plus belle ?
    „Welcher dieser Röcke ist der schönere?"
  Un homme avec lequel je travaille.
    „Ein Mann, mit dem ich arbeite".
  La société dans laquelle il est employé.
    „Die Firma, in der er angestellt ist".

Erfordert das verwendete Verb die Präposition **à** (z. B. **penser à** „denken an"), so heißen die Pronomen **auquel**, **à laquelle**, **auxquels** und **auxquelles**:
  C'est une solution à laquelle j'ai déjà pensé.
    „Das ist eine Lösung, an die ich schon gedacht habe".
  C'est un bruit auquel je me suis habitué.
    „Das ist ein Geräusch, an das ich mich gewöhnt habe."

Manchmal findet man **duquel**, **de laquelle**, **desquels** und **desquelles**, aber **dont** (oder **de qui**) ist wesentlich gebräuchlicher und auch eleganter:

„Dies ist ein Mann, von dem man [viel] Gutes sagt", kann wiedergegeben werden mit:
C'est un homme duquel on dit du bien.
C'est un homme dont on dit du bien.
C'est un homme de qui on dit du bien.

6. Redewendungen: n'importe

Das nachgestellte **n'importe...** wird verwendet, um zu signalisieren, dass für einen Umstand keine zeitlichen oder räumlichen Beschränkungen bestehen: **n'importe où** „egal wo(hin); irgendwo(hin); überall(hin)", **n'importe quand** „egal wann; irgendwann; jederzeit", **n'importe comment** „egal wie; irgendwie" usw., aber **n'importe qui** „jeder".

▶ **Quatre-vingt-cinquième (85ᵉ) leçon**

Une visite à Beaune (fin)

1 Les Froment sont arrivés à Beaune à trois heures dix,
2 et ils se sont précipités pour visiter les Hospices. ①
3 Ces bâtiments, aux toits polychromes, datent du quinzième siècle ; ②③

(PRONONCIATION)
[*2* ... **pre**-ßi-pi-**te** ... *3* ... **toa** po-li-**krOm** ...]

Beispiele:
- **Choisissez une carte, n'importe laquelle.** „Wählen Sie irgendeine Karte aus".
- **C'est n'importe quoi.** „Das macht keinen Sinn".
- **Il a fait ça n'importe comment.** „Er hat das einfach so/irgendwie gemacht (ohne sich Mühe zu geben)".

Lerntipp

Sie besitzen jetzt schon eine Menge Grundkenntnisse; daher beschäftigen sich die Wiederholungslektionen jetzt etwas mehr mit den „Feinheiten" des Französischen. Auch Ihr Wortschatz ist gewaltig angewachsen; Vokabeln, die Ihnen entfallen sind, können Sie jederzeit im Anhang nachschlagen. Nutzen Sie jede Gelegenheit, Französisch zu hören, sei es im Fernsehen, im Rundfunk oder im Kino. Selbst wenn Sie nicht jedes Wort verstehen, so schulen Sie dennoch Ihr Gehör für den typischen Klang der Sprache.

Deuxième vague : Activez la leçon 35 !

Fünfundachtzigste Lektion

Ein Besuch in Beaune (Ende)

1 Die Froments sind um zehn nach drei (Uhr) in Beaune angekommen,
2 und sie haben sich beeilt, um die Armenhäuser zu besichtigen.
3 Diese Gebäude mit mehrfarbigen Dächern stammen (datieren) aus dem 15. Jahrhundert;

ANMERKUNGEN

① **se précipiter** „eilen, sich beeilen; sich stürzen auf". **Elle s'est précipitée dans ses bras** „Sie fiel ihm in die Arme". **Je suis pressé** „Ich habe es eilig". **Dépêchez-vous !** „Beeilen Sie sich!" Beachten Sie in diesem Satz die Angleichung des Partizip Perfekts (vgl. Lektion 84).

② Mit **au** bzw. **à la** wird eine physische Eigenschaft angeschlossen. **La fille aux cheveux blonds** „Das Mädchen mit den blonden Haaren".

③ Dächer mit roten, goldenen und grünen Dachziegeln sind typisch für die Bourgogne.

4	ils **sont** tou**jours** habi**tés** mais_aujour**d'hui** il n'y a **ni** ma**lades ni** mendi**ants**, ④⑤
5	seule**ment** des per**sonnes** du **troi**sième **âge**.⑥
6	Une **fois** la vi**site** fi**nie**, ils se sont ren**dus** dans_une **cave**
7	pour dégus**ter** du **vin** et pour **en**_ache**ter**.
8	– **Qu'est**-ce que tu **penses** de ce**lui**-**ci** ?
9	– Il est franche**ment** mau**vais**.
10	– Et ce**lui**-**là** n'est **pas** fa**meux** non **plus**. ⑦
11	– Et ce **côtes**-de-**beaune** ? ⑧
12	– **Beurk** ! C'est le **pire** de **tous** !
13	– **Moi**, je **trouve** qu'il n'est **pas** mau**vais**.

CE ROMAN EST FRANCHEMENT MAUVAIS.

(PRONONCIATION)

[**4** ... mañ-di-**añ 9** ... frañsch-**mañ** ... **10** ... fa-**mö** ... **11** ... **kot** dÖ **bo**‣n(ö) **12 bÖrk** ... lÖ **pir** ...]

| 4 | sie sind immer noch bewohnt, aber heute sind dort weder Kranke noch Bettler,
| 5 | nur Senioren (Leute des dritten Alters).
| 6 | Nachdem die Besichtigung beendet ist, sind sie zu einem Keller gegangen,
| 7 | um Wein zu probieren und (davon) zu kaufen.
| 8 | – Was denkst du von diesem hier?
| 9 | – Er ist wirklich (ehrlich gesagt) schlecht.
| 10 | – Und dieser da ist auch nicht besonders (berühmt).
| 11 | – Und dieser Côtes de Beaune?
| 12 | – Baah! Das ist der Schlimmste von allen!
| 13 | – Ich finde, dass er nicht schlecht ist.

ANMERKUNGEN

④ habiter „wohnen", une maison habitée/inhabitée „ein bewohntes/unbewohntes Haus", un habitant [a-bi-tañ] „ein Be-/Einwohner".

⑤ Bei der Konstruktion ni ... ni ... „weder ... noch ..." muss auch das Verb verneint sein: Je n'ai ni argent, ni amis „Ich habe weder Geld noch Freunde". Il ne veut ni manger ni boire „Er will weder essen noch trinken". Die affirmative Form lautet soit ... soit ... „entweder ... oder ..." oder ou ... ou ...: Je peux vous voir soit/ou aujourd'hui, soit/ou demain „Ich kann Sie entweder heute oder morgen sehen".

⑥ le troisième âge ist die schmeichelnde Bezeichnung für „Senioren" oder „ältere Leute".

⑦ fameux, fameuse heißt „berühmt", wird aber oft auch generell im Sinne von „großartig, ausgezeichnet" verwendet (Il est fameux, ton vin ! „Dein Wein ist ausgezeichnet!"). Im Gegensatz dazu wird célèbre „berühmt" nur für prominente und erfolgreiche Personen, bekannte Gebäude, Kunstwerke usw. benutzt (une actrice très célèbre „eine sehr berühmte Schauspielerin").

⑧ la côte „der Hang; die Küste". La Côte d'Ivoire „Elfenbeinküste". Das Wort taucht oft in Namen von Weinen auf und weist auf die Region hin, aus der der Wein kommt: Côtes du Rhône. Verwechseln Sie dies nicht mit la cote [kOt] „Bewertung; Kursnotierung" oder le côté [ko-te] „Seite, Richtung". Achtung: Bezeichnen Bourgogne und Bordeaux eine Region, werden sie großgeschrieben, beziehen sie sich auf Weine, werden sie kleingeschrieben.

14 – D'accord. Com**mande-le** toi-**même** et **moi**, je le paie**rai**. ⑨
15 Après cet‿épi**sode haute**ment cultu**rel**,
16 Mon**sieur** Fro**ment** a déci**dé** de cher**cher** un petit‿hô**tel** sympa**thique** pour y cou**cher**.
17 **Mais**, n'a**yant** rien trou**vé** ni à **Beaune**, **ni** dans les‿envi**rons**,
18 ils sont repar**tis** pour Pa**ris** à **huit‿heures**.

(PRONONCIATION)

[*14* ... pä-**rä** ... *15* ... e-pi-**sOd** ot-**mañ** ... *16* ... ßäñ-pa-**tik** ... *17* ... les‿añ-wi-**roñ**]

1ᵉʳ EXERCICE : COMPRENEZ-VOUS CES PHRASES ?

① J'habite à Paris. ② Paris même ou les environs ? ③ C'est un bourgogne ou un bordeaux ? ④ Ni l'un ni l'autre. ⑤ Ce roman est franchement mauvais. ⑥ Celui-ci est pire. ⑦ Regarde ! Là-bas, c'est le président lui-même ! ⑧ Une fois le repas fini, il est reparti chez lui. ⑨ Beurk ! Pas fameux, ton vin!

2ᵉ EXERCICE : TROUVEZ LES MOTS MANQUANTS !

① Weder ich noch meine Frau können kommen.

.. ma femme .. moi .. pouvont venir.

② Er bezahlt sie (Pl.) wie gewöhnlich mit zwei Monaten (von) Verspätung.

Il les ..../.... ..... d'........ avec deux mois de retard.

③ Sie hat sich beeilt, um (für) ihn zu sehen.

Elle s'... .... pour le voir.

|14| – Einverstanden. Bestell du ihn selbst, und ich, ich bezahle ihn.
|15| Nach dieser kulturell anspruchsvollen (hoch kulturellen) Episode
|16| hat Herr Froment beschlossen, ein kleines, nettes Hotel zu suchen, um dort zu schlafen.
|17| Aber da sie weder in Beaune noch in der Umgebung etwas (nichts) gefunden haben,
|18| sind sie gegen acht Uhr nach (für) Paris zurückgefahren.

ANMERKUNGEN

(9) **payer quelque chose** „für etw. bezahlen"; **payer quelqu'un** „jdn. bezahlen". Für einige Personen sind zwei Schreibweisen möglich: **Je paie/paye, tu paies/payes, il/elle paie/paye, ils/elles paient/payent**. Dies gilt auch für andere Verben auf **-ayer** wie **bégayer** „stottern" und **rayer** „durchstreichen".

SOLUTIONS DU 1ᵉʳ EXERCICE : AVEZ-VOUS BIEN COMPRIS ?

❶ Ich wohne in Paris. ❷ Direkt in Paris (selbst) oder in der Umgebung? ❸ Ist das ein Bourgogne oder ein Bordeaux? ❹ Weder das eine noch das andere. ❺ Dieser Roman ist wirklich schlecht. ❻ Dieser hier ist noch schlechter. ❼ Guck mal! Dort, das ist der Präsident persönlich (er selbst)! ❽ Nachdem das Essen beendet war, ist er nach Hause zurückgegangen. ❾ Baah! Nicht besonders, dein Wein!

❹ Die Armenhäuser nahmen entweder Bettler oder Kranke auf.

Les Hospices accueillaient . . . . des mendiants . . . . des . . . .

❺ Sie haben es uns selbst gesagt.

Ils . . . . . ' on dit . . . - . . . . . .

SOLUTIONS DU 2ᵉ EXERCICE : LES MOTS MANQUANTS.

❶ Ni - ni - ne ❷ paie/paye comme - habitude ❸ est précipitée ❹ soit - soit - malades ❺ nous l' - eux-mêmes

Deuxième vague: Activez la leçon 36 !

▶ Quatre-vingt-sixième (86ᵉ) leçon

À l'école primaire

1 L'institu**trice** s'a**dresse** à ses é**lèves** à la **fin** de la le**çon** : ①
2 – Eh **bien**, les enfants, je vous ai ap**pris** les **temps** de **tous** les **verbes**. ②
3 Vous connais**sez** le pré**sent**, le pas**sé**, le fu**tur** et l'impar**fait**.
4 J'es**père** que vous avez **bien** com**pris** ? Vo**yons**...
5 Chlo**é**, si je te **dis** "Je me suis la**vé**, tu t'es lavé, il s'est la**vé**, ③
6 nous nous sommes la**vés**, vous vous êtes la**vés**, ils se sont la**vés**", **qu'est**-ce que **c'est** ?
7 – **Ben**, Mademoi**selle**, c'est di**manche** ! ④

(PRONONCIATION)

[... pri-**mär** 1 län-ßti-tü-**triß** ... 2 ... **tu** le **wärb**(ö)]

Sechsundachtzigste Lektion

In der Grundschule

1. Die Lehrerin wendet sich am Ende der Unterrichtsstunde an ihre Schüler:
2. – Nun, Kinder, ich habe euch die Zeiten aller Verben beigebracht.
3. Ihr kennt die Gegenwart, die Vergangenheit (das Perfekt), die Zukunft und das Imperfekt.
4. Ich hoffe, dass ihr gut verstanden habt? Sehen wir [mal] ...
5. Chloé, wenn ich dir sage „Ich habe mich gewaschen, du hast dich gewaschen, er hat sich gewaschen,
6. wir haben uns gewaschen, ihr habt euch gewaschen, sie haben sich gewaschen", was ist das?
7. – Nun, Fräulein [Lehrerin], es ist Sonntag!

ANMERKUNGEN

(1) un instituteur/une institutrice ist ein „Lehrer"/eine „Lehrerin" an einer „Grundschule" (une école primaire), ab der 6. Klasse sagt man un professeur (kurz: prof) und meint dann immer einen „Fachlehrer", z. B. für Mathematik. Un/une élève ist ein „Schüler"/eine „Schülerin". Ein „Gymnasiast" ist un lycéen [li-ße-äñ] und eine „Gymnasiastin" ist une lycéenne [li-ße-än].

(2) un temps ist grammatikalisch gesehen eine „Zeitform".

(3) In der Grundschule werden die Kinder geduzt (tutoyer „duzen"), während die Kinder die Lehrer siezen (vou(s)voyer).

(4) Achtung: Man sagt zwar C'est dimanche „Es/Das ist Sonntag", aber will man sagen: „Heute haben wir Montag, Dienstag, Mittwoch usw.", so sagt man Aujourd'hui on est lundi, mardi, mercredi usw. Die Wochentage werden also mit être angeschlossen.

8	– Pass**ons** à au**tre chose**. Benoît, nous avons par**lé** de **sens** ci**vique** et de l'**éco**lo**gie**. ⑤
9	A**lors**, **qu'est**-ce qu'on **fait** d'une voi**ture** qui est trop **vieille**, qui est rouil**lée** et dont on ne veut **plus** ? ⑥
10	– On la **vend** à mon **père**, mademoi**selle** !
11	– **Aïe** ! **Qu'est**-ce que j'ai **mal** au ge**nou** ! **dit** le **can**cre.
12	– Un **peu** de mi**graine**, je sup**pose** ? – **dit** son profes**seur**. ⑦

(PRONONCIATION)

[**8** ... bö-**noa** ... ßañß ßi-**wik** ... e-ko-lo-**sch¯i 9** ... **wjej** ... ru-**je** ... **11 aj** ! ... sch¯ö-**nu** ... **kañ**-kr(ö) **12** ... mi-**grän**(ö) ...]

1ᵉʳ EXERCICE : COMPRENEZ-VOUS CES PHRASES ?

❶ Passons à autre chose, si vous voulez bien. ❷ Quel jour sommes-nous ? ❸ C'est mardi. ❹ Qu'est-ce que j'ai mal à la tête ! ❺ Je me suis adressé au bureau de renseignement. ❻ Qu'est-ce qu'on fait de ce vieux meuble ?

2ᵉ EXERCICE : TROUVEZ LES MOTS MANQUANTS !

❶ Was sagt man auf Französisch, wenn man unglücklich ist?

Qu'est-ce qu'. . dit . . français quand . . est malheureux ?

❷ Sie hat es mir erklärt, aber ich habe nicht gut verstanden.

Elle . . .'. expliqué, mais je n'ai pas . . . . compris.

❸ Ein Auto, das alt ist und das (von dem) man nicht mehr will.

Une voiture qui est vieille et . . . . . . ne veut . . . . .

| 8 | – | Gehen wir zu etwas anderem über. Benoît, wir haben über Bürgerkunde und Ökologie gesprochen.
| 9 | – | Also, was macht man mit einem Auto, das zu alt ist, das verrostet ist, und das (von dem) man nicht mehr will?
| 10 | – | Man verkauft es an meinen (meinem) Vater, Fräulein [Lehrerin]!
| 11 | – | Aua! Was ich für Schmerzen im Knie habe! sagt der schlechte Schüler.
| 12 | – | Ein bisschen Migräne, nehme ich an? sagt sein Lehrer.

(ANMERKUNGEN)

⑤ **le sens** [ßañß] kann „Sinn, Verstand, Gefühl, Empfinden" heißen. **Il n'a pas le sens de l'humour** „Er hat keinen Sinn für Humor". Eine weitere Bedeutung ist „Richtung". Beispiel: **une rue à sens unique** „Einbahnstraße".

⑥ Beachten Sie, dass „machen mit" mit **faire de** übersetzt wird! **Qu'est-ce que tu as fait de tes vieilles chaussures ?** „Was hast du mit deinen alten Schuhen gemacht?"

⑦ Hier sollte es **... dit son instituteur** heißen, da die Szene sich in einer Grundschule abspielt (siehe Erläuterung oben).

SOLUTIONS DU 1ᵉʳ EXERCICE : AVEZ-VOUS BIEN COMPRIS ?

❶ Gehen wir zu etwas anderem über, wenn's recht ist (wenn ihr gut wollt). ❷ Welchen Tag haben (sind) wir? ❸ Es ist Dienstag. ❹ Was ich für Kopfschmerzen habe! ❺ Ich habe mich an die Auskunftsstelle (-büro) gewandt. ❻ Was machen wir (macht man) mit diesem alten Möbelstück?

❹ Er hat es uns letzte Woche beigebracht/berichtet.

Il . . . . . ' a appris la semaine dernière.

❺ Wir werden nächstes Jahr darüber sprechen.

Nous en . . . . l'année prochaine.

SOLUTIONS DU 2ᵉ EXERCICE : LES MOTS MANQUANTS.

❶ on - en - on ❷ me l'a - bien ❸ dont on - plus ❹ nous l' ❺ parlerons

Deuxième vague: Activez la leçon 37 !

335

▶ Quatre-vingt-septième (87ᵉ) leçon

Faites attention à "faire"

1   Voici quelques exemples de l'emploi du verbe "**faire**" :
2   – Il fait **bon** ici. Il ne fait **ni** trop **chaud ni** trop **froid**. ①
3   – Je **crois** que je vais **faire** une petite sieste.
4   – **Ex**cusez-**moi** de vous **faire** attendre. ②
5   – Si je **rentre** trop **tard**, mes enfants vont **faire** des histoires.
6   – Ne fais **pas** l'idiot ! Tu m'as fait **peur** avec tes bêtises. ③
7   – Le fromage n'était **pas** assez "**fait**" ; en revanche, le poisson l'était **trop**. ④

(PRONONCIATION)

[1 ... lañ-**ploa** ... 3 ... ßjäßt 5 ... des iß-**toar** 6 ... li-**djo** ... pÖr ... be-**tis** 7 ... rÖ-**wañsch** ... poa-**ßoñ** ...]

Siebenundachtzigste Lektion

Passen Sie auf bei „faire"

1 Hier sind einige Beispiele für die Verwendung des Verbs „faire" [„machen/tun"]:
2 – Es ist angenehm (macht gut) hier. Es ist (macht) weder zu warm noch zu kalt.
3 – Ich denke, dass ich einen kleinen Mittagsschlaf machen werde.
4 – Entschuldigen Sie, dass ich Sie warten lasse (Sie zu machen warten).
5 – Wenn ich zu spät zurückkomme, werde ich Ärger mit meinen Kindern haben (werden meine Kinder Geschichten machen).
6 – Spiel (Mach) nicht den Idioten! Du hast mir Angst gemacht mit deinen Dummheiten.
7 – Der Käse war nicht reif genug (genug gemacht), dagegen war der Fisch zu [alt] (der Fisch war es zu sehr).

ANMERKUNGEN

① faire wird häufig im Zusammenhang mit dem Wetter oder auch mit dem Temperaturempfinden oder einem Ausdruck des Wohlbefindens verwendet.

② faire + Infinitiv hat die Bedeutung „veranlassen, machen lassen": Je vais faire refaire ces clés „Ich werde diese Schlüssel nachmachen lassen". Est-ce que tu as fait réparer les chaussures ? „Hast du die Schuhe ausbessern lassen?"

③ Sie wissen, dass bête „dumm" heißt. Es kommt von la bête „Tier". Une bêtise [be-tis] ist eine „Dummheit". Cet enfant ne fait que des bêtises „Dieses Kind macht nur Dummheiten/Unsinn".

④ en revanche „dagegen; auf der anderen Seite": Le film était très court, mais en revanche il était hilarant „Der Film war sehr kurz, aber dagegen war er sehr lustig". Nous ne partageons pas cette idée, mais en revanche, nous ne la critiquons pas „Wir sind zwar nicht für (teilen nicht) die Idee, aber andererseits kritisieren wir sie [auch] nicht". Ein Synonym ist par contre [par **koñ**-tr(ö)].

8 – J'ai fait une **gaffe** monumen**tale** ! Je cro**yais** que c'é**tait** sa **femme** !

9 – Ce ta**bleau** fai**sait deux mille** au mar**ché**. Je l'ai pa**yé mille**.

10 – On **vous** a re**fait** ! ⑤

11 – Si tu leur télé**phones** mainte**nant**, tu fe**ras** d'une **pierre** deux **coups**.

12   L'ha**bit** ne fait **pas** le **moine**.

13 – Il a ga**gné** au Lo**to** mais il a per**du** son ti**cket**. **Faut** le **faire** ! ⑥

(PRONONCIATION)

[*8 ... **gaf** mo-nü-mañ-**tal** ... 11 ... dün **pjär** dÖ **ku** 12 la-**bi** ... **moan**]

1ᵉʳ EXERCICE : COMPRENEZ-VOUS CES PHRASES ?

❶ Il a fait d'une pierre deux coups. ❷ Je crois qu'il fait une sieste. ❸ Excuse-nous de te faire attendre. ❹ Quelle gaffe ! Tu ne fais que des bêtises ! ❺ Combien fait ce tableau ? ❻ On t'a eu, mon pauvre ami.

2ᵉ EXERCICE : TROUVEZ LES MOTS MANQUANTS !

❶ Es war (machte) sehr heiß in Indien.

   Il . . . . très chaud en Inde.

❷ Er hat mir Angst gemacht!

   Il . '. . . . . peur !

❸ Wir werden einen kleinen Spaziergang machen.

   On . . . . une petite . . . .

❹ Sie haben viermal gewonnen. Das muss man erst einmal fertigbringen!

   Ils . . . . quatre fois. . . . . !

| 8 | – Ich habe einen riesengroßen Schnitzer begangen (gemacht)! Ich dachte, das sei seine Frau!
| 9 | – Dieses Bild kostete (machte) 2.000 auf dem Markt. Ich habe (es) 1.000 bezahlt.
| 10 | – Man hat Sie übers Ohr gehauen (Man hat Sie neu gemacht)!
| 11 | – Wenn du sie jetzt anrufst, schlägst du zwei Fliegen mit einer Klappe (wirst du aus einem Stein zwei Schläge machen).
| 12 | Der Schein trügt (Die Kleidung macht nicht den Mönch).
| 13 | Er hat im Lotto gewonnen, aber er hat seinen Lottoschein verloren. – Das muss man erst einmal fertigbringen (machen)!

(ANMERKUNGEN)

(5) Ein Synonym hierfür lautet **On vous a eu !** („Man hat Sie gehabt!")

(6) **Faut le faire !** ist ein Ausruf, der Erstaunen ausdrückt, und der vielleicht am besten mit „Das muss man erst einmal fertigbringen!" wiederzugeben ist. **Elle parle quatre langues couramment. Faut le faire !** „Sie spricht vier Sprachen fließend. Das muss man erst einmal fertigbringen!"

SOLUTIONS DU 1er EXERCICE : AVEZ-VOUS BIEN COMPRIS ?

❶ Er hat zwei Fliegen mit einer Klappe geschlagen. ❷ Ich glaube, dass er einen Mittagsschlaf macht. ❸ Entschuldige [uns], dass wir dich warten lassen (dich zu machen warten). ❹ Was für ein Schnitzer! Du machst nur Dummheiten! ❺ Wie viel kostet (macht) dieses Bild? ❻ Man hat dich übers Ohr gehauen, mein armer Freund.

❺ Sie haben mich warten lassen (mich haben gemacht warten).

Ils . ' ont . . . .

❻ Es ist nicht sehr groß, aber dagegen ist es sehr stabil.

Ce n'est pas très grand mais . .   . . c'est très solide.

SOLUTIONS DU 2e EXERCICE : LES MOTS MANQUANTS.

❶ faisait ❷ m'a fait ❸ va faire - promenade ❹ ont gagné - Faut le faire ❺ m' - fait attendre ❻ en revanche

Deuxième vague: Activez la leçon 38 !

▶ Quatre-vingt-huitième (88ᵉ) leçon

Le petit écran ①

1. De **plus** en **plus**, la télévi**sion** prend une **place** ma**jeure** dans notre **vie**, qu'on le **veuille** ou **non**. ②
2. Les télévi**seurs** sont par**tout** : presque **tous** les fo**yers** en pos**sèdent** au moins **un**, ③
3. et le **nom**bre de **chaînes** aug**mente** d'an**née** en an**née**: a**vec** le **câ**ble et le sa**tel**lite, on **peut** en rece**voir** jusqu'à **deux** ou **trois cents**.
4. En **France**, la "té**lé**" – comme on **dit** – est finan**cée** en par**tie** par la publici**té**, ④
5. et dans le **cas** des **chaînes** pu**bliques**, par la **re**de**vance au**diovisu**elle**.

JE VEUX REGARDER LA MÉTÉO.

(PRONONCIATION)
[... pö-**tit** e-**krañ 1** ... ma-**sch~Ö▸r** ... **wöj** ... **2** ... te-le-wi-**sÖ▸r** ... foa-**je▸** ... po-**ßä**-**d** ... **3** ... **schä▸n** og-**mañt** ... lÖ **ka▸**-bl(ö) ... lÖ **ßa**-te-**lit** ... **4** ... pü-bli-ßi-**te▸ 5** ... **rÖ**-dÖ-**wañß** o-djo-wi-sü-**äl**]

Achtundachtzigste Lektion

Die kleine Leinwand [Das Fernsehen]

1 (Von mehr zu mehr) Das Fernsehen nimmt zunehmend einen wichtigen Platz in unserem Leben ein, ob (dass) man es will oder nicht.
2 Die Fernseher sind überall: Fast alle Haushalte besitzen (davon) wenigstens einen,
3 und die Zahl der Kanäle steigt von Jahr zu Jahr: Über (mit dem) Kabel und Satellit kann man (davon) bis zu zwei- oder dreihundert [Kanäle] erreichen.
4 In Frankreich wird (ist) das „télé" [Fernsehen] - wie man sagt - teilweise durch die Werbung finanziert,
5 und im Falle der öffentlichen Kanäle durch die Fernsehgebühren (audiovisuelle Abgabe).

ANMERKUNGEN

① Bereits in Lektion 38 sind wir auf das Phänomen der Metonymie, der Verwendung einer verwandten Wendung für einen bestimmten Begriff, eingegangen: Hier steht le petit écran für „Fernsehen".

② veuille ist der Konjunktiv von vouloir „wollen", den wir uns später genauer ansehen. Merken Sie sich im Moment den Ausdruck qu'on le veuille ou non „ob man will oder nicht".

③ Mit le téléviseur ist der „Fernsehapparat" gemeint, la télé kann sowohl den Fernsehapparat als auch das Medium Fernsehen allgemein bezeichnen.

④ la publicité, kurz la pub, ist das „Reklamewesen" im Allgemeinen, aber auch der „Werbespot". Faire de la publicité „Reklame machen". Eine „Werbeagentur" ist une agence de publicité.

6	Côté émi**ss**ions, il y en **a** pour **tous** les **goûts**. ⑤
7	Une soi**rée** ty**pique** commence**ra** avec un **jeu** et une sé**rie**, sui**vis** du jour**nal** et de la mé**téo**. ⑥
8	On_en**chaîne** a**vec** un **di**vertisse**ment** ou un télé**film** – ou peut-_**être** une soi**rée** théma**tique**.
9	Cer**taines chaînes** pro**posent** des **films** in**édits** à la télévi**sion**, qu'on **peut**_ache**ter** à la sé**ance** a**vec** une **té**lécom**mande**. ⑦
10	Mais_il y a **ceux** qui ne sup**portent** pas le petit_**écran**. ⑧
11	Comme cette **femme** qui con**fie** à son_**amie** :
12	Mon **fils** regarde **telle**ment la té**lé** que **si** tu lui **dis** :
13	**Viens** regar**der** ce magni**fique** cou**cher** de so**leil**,
14	il te de**mande** : C'est sur **quelle chaîne** ?

(PRONONCIATION)

[*6 ko-te*▸ *e-mi-ßjoñ* ... *tu le*▸ *gu*▸ *7* ... *sch˜ö*▸ ... *ße-ri* ... *ßüi-wi* dü *sch˜ur-nal* ... *me-te-o 8* ... *añ-schä*▸*n* ... *di-wär-tiß-mañ* ... *te-ma-tik 9* ... *in-e-di* ... *ße-añß* ... *11* ... *koñ-fi* ... *13* ... *ku-sche*▸ *d(ö) ßo-lej*]

(ANMERKUNGEN)

⑤ Côté am Satzanfang ohne Artikel bedeutet „Was ... anbetrifft": **L'hôtel est très sympa. Côté cuisine, c'est formidable** „Das Hotel ist sehr nett. Was die Küche anbetrifft, ist es super". Le côté „Seite": **Du côté droit, vous voyez la Tour Eiffel** „Rechts sehen Sie den Eiffelturm".

1ᵉʳ EXERCICE : COMPRENEZ-VOUS CES PHRASES ?

❶ Inutile de discuter. Il viendra qu'on le veuille ou non. ❷ Viens vite regarder cette émission ! C'est hilarant. ❸ Je veux regarder la météo. C'est sur quelle chaîne ? ❹ Son livre est inédit en France. ❺ Je ne supporte pas la télé.

342

6	Was die Sendungen anbetrifft (Seite Sendungen), so gibt es für jeden Geschmack (alle Geschmäcker) etwas (davon).
7	Ein typischer [Fernseh-]Abend beginnt (wird beginnen) mit einer Spielshow und einer Serie, gefolgt von den Nachrichten und dem Wetterbericht.
8	Es geht weiter mit einer Unterhaltungssendung oder einem Spielfilm - oder vielleicht mit einem Themenabend.
9	Einige Kanäle zeigen (bieten an) Erstausstrahlungen von Filmen (im Fernsehen [noch] unveröffentlichte Filme), die man pro Ausstrahlung mit einer Fernbedienung kaufen kann.
10	Aber es gibt auch diejenigen, die das Fernsehen (den kleinen Bildschirm) nicht ertragen.
11	Wie [zum Beispiel] die(se) Frau, die (zu) ihrer Freundin anvertraut:
12	Mein Sohn sieht so viel fern, dass, wenn du [zu] ihm sagst:
13	Komm und sieh dir (Komm sehen) diesen wundervollen Sonnenuntergang an,
14	er dich fragt: (Das ist) auf welchem Kanal?

⑥ Statt le journal sagt man auch le journal télévisé oder kurz JT [sch'ï‑te‑]. Am Ende kommt le bulletin météorologique oder kurz la météo, der „Wetterbericht".

⑦ inédit bedeutet „unveröffentlicht" und kommt vom Verb éditer „veröffentlichen". Un éditeur ist ein „Verleger, Herausgeber". Inédit wird auch im Sinne von „neu, originell, noch nicht dagewesen" benutzt: un spectacle inédit „ein noch nie dagewesenes Schauspiel".

⑧ supporter heißt nicht nur „unterstützen", sondern auch „(v)ertragen": Je n'irai jamais en Égypte. Je ne supporte pas la chaleur „Ich werde niemals nach Ägypten reisen. Ich vertrage die Hitze nicht". Und le supporteur [ßü‑pOr‑tÖ‑r] ist der „Fan", z. B. einer Fußballmannschaft.

SOLUTIONS DU 1ᵉʳ EXERCICE : AVEZ-VOUS BIEN COMPRIS ?

❶ Es hat keinen Sinn (Unnötig), [darüber] zu sprechen. Er wird kommen, ob wir es wollen oder nicht. ❷ Komm schnell diese Sendung anschauen! Sie (Es) ist sehr lustig. ❸ Ich möchte den Wetterbericht ansehen. (Es ist) auf welchem Kanal kommt er? ❹ Sein Buch ist in Frankreich [noch] nicht veröffentlicht worden. ❺ Ich ertrage das Fernsehen nicht.

LEKTION 88

2ᵉ EXERCICE : TROUVEZ LES MOTS MANQUANTS !

❶ (Die) Fernseher sind überall. Alle Haushalte besitzen (davon) mindestens einen.

Les .... sont partout. Tous les foyers .. .. au moins un.

❷ Wie viele Kanäle? Wir können (Man kann davon) 20 empfangen.

Combien de chaînes ? .. .. vingt.

❸ Das Hotel ist sehr nett. Was die Küche anbetrifft, ist es super.

L'hôtel est .... c'est formidable.

▶ Quatre-vingt-neuvième (89ᵉ) leçon

Le Tour de France

1 Cette célèbre **course** cy**cliste** a beau**coup** chan**gé** de**puis** sa créa**tion** en **mil** neuf **cent trois**.
2 À **cette** é**poque**, le **Tour** ne comp**tait** que **six** étapes,
3 tan**dis** qu'aujour**d'hui**, il en **compte plus** de **vingt**.
4 Et aus**si**, à son ori**gine**, le **Tour** ne quittait **pas** la **France**,
5 a**lors** que de nos **jours**, les cou**reurs** se **rendent** en Es**pagne**, en Bel**gique**, aux Pays-**Bas**... ①

(PRONONCIATION)

[**1** ... **kurß** ßi-**klißt** ... kre-a-**ßjoñ** ... **2** ... **ßät** e-**pOk** ... koñ-**tä** ... **ßis** e-**tap 5** ... ku-**rÖr** ... äß-**pan**-j(ö) ... bäl-**sch˜ik** ... pej-**ba**]

④ Die Zahl der Besucher steigt von Jahr zu Jahr.

Le nombre de visiteurs . . . .

. , ...

⑤ Das Fernsehen oder la „télé", wie man es nennt (sagt), wird (ist) durch die Werbung finanziert.

La télévision, ... ". . . .", ..., est financée par la publicité.

SOLUTIONS DU 2ᵉ EXERCICE : LES MOTS MANQUANTS.

❶ téléviseurs - en possèdent ❷ On peut en recevoir ❸ très sympa. Côté cuisine ❹ augmente d'année en année ❺ ou la "télé", comme on dit

Deuxième vague : Activez la leçon 39 !

Neunundachtzigste Lektion

Die Tour de France

1 Dieses berühmte Radrennen hat sich seit seiner Einführung (Gründung) [im Jahre] 1903 sehr (viel) geändert.
2 Damals umfasste (Zu dieser Zeit zählte) die Tour nur sechs Etappen,
3 wohingegen sie heute mehr als 20 umfasst.
4 Außerdem (Und auch) verließ die Tour ursprünglich (an ihrem Ursprung) nicht Frankreich,
5 während die Rennfahrer heute (von unseren Tagen) durch (sich begeben) Spanien, Belgien, die Niederlande fahren ...

(ANMERKUNGEN)

① **en** kann „nach", aber auch „in" heißen: **en Italie** „nach/in Italien", **en Pologne** „nach/in Polen", aber **aux Pays-Bas** „in die/den Niederlande/n", **aux États-Unis** „in die/den USA" usw., denn Letzteres sind Pluralbezeichnungen, ebenso wie **les/aux Seychelles** [*ße-schäl*] „auf die/auf den Seychellen", **les Caraïbes** [*ka-ra-i‣b*] „auf die/auf den karibischen Inseln".

| 6 | L'année dernière, **cent cin**quante partici**pants**, ve**nus** de par**tout**, ont cou**ru**. ②
| 7 | Le **Belge**, Ro**bet**, a por**té** le **mai**llot **jaune** pen**dant trois jours** de **suite**, ③
| 8 | et le Fran**çais** Mou**tet** l'a por**té** pen**dant quinze jours**. ④
| 9 | Il ne l'a per**du** qu'**une fois**, **lors** d'une é**tape** contre la **montre**. ⑤
| 10 | La **der**nière é**tape** – l'en**trée** triom**phale** dans Pa**ris** – était passion**nante** :
| 11 | Le Fran**çais** et le **Belge** se sont dispu**té** la pre**mière place** pen**dant douze** kilo**mètres**, ⑥
| 12 | **puis** le Fran**çais** a cre**vé** et a **dû** s'ar**rêter**. ⑦
| 13 | Voi**là** pour**quoi** le **Tour** de **France** a été ga**gné** par un étran**ger**.

ILS ONT DÛ VENDRE LEUR VOITURE.

Sie dürften mit der Aussprache mittlerweile keine großen Probleme mehr haben, und auch die Betonung macht Ihnen bestimmt keine Schwierigkeiten mehr. Ab Lektion 92 wird daher im französischen Lektionstext der Fettdruck, der die Betonung der Wörter kennzeichnet, wegfallen.

(PRONONCIATION)

[7 ... ma-**jo** sch˜o▸ n ... 10 ... **tri**-oñ-**fal** ... pa-ßjo-**nañt** 12 ...krÖ-we▸ ... **dü** ...]

| 6 | Letztes Jahr sind 150 Teilnehmer, die von überallher kamen, [mit]gefahren.
| 7 | Der Belgier Robet trug das gelbe Trikot drei Tage in Folge,
| 8 | und der Franzose Moutet trug es 15 Tage lang.
| 9 | Er hat es nur einmal verloren, bei einem Zeitfahren (während einer Etappe gegen die Uhr).
| 10 | Die letzte Etappe - der triumphale Einzug nach (in) Paris - war sehr aufregend:
| 11 | Der Franzose und der Belgier haben über 12 Kilometer um den ersten Platz gekämpft,
| 12 | dann hat der Franzose einen Platten gehabt (hat geplatzt) und hat anhalten müssen.
| 13 | Das ist der Grund, (Hier) warum die Tour de France von einem Ausländer gewonnen wurde.

(ANMERKUNGEN)

② partout „überall". Il y a des affiches partout „Überall gibt es Plakate"; des musiciens [mü-si-*Bjäñ*] venus de partout „Musiker (gekommen) von überallher". Das Gegenteil lautet nulle part [nül pa▸r] „nirgendwo(hin)": Je n'en ai trouvé nulle part „Ich habe nirgendwo welche (davon) gefunden".

③ un maillot de bain „Badeanzug", un maillot de corps „Unterhemd". Le maillot jaune, das „gelbe Trikot", wird jeweils vom Gewinner des Gesamtklassements der Tour de France getragen.

④ Während hier gemeint ist, dass der Rennfahrer das gelbe Trikot genau 15 Tage lang während der Tour de France getragen hat, bedeutet quinze jours oder une quinzaine de jours normalerweise „zwei Wochen" bzw. „14 Tage".

⑤ lors de ist ein relativ formelles Synonym zu pendant „während". Lors d'un/Pendant un séjour en Bavière [ba-*wjä▸r*] „Während eines Aufenthaltes in Bayern".

⑥ se disputer „sich streiten". Les deux chauffeurs se sont disputés „Die beiden Fahrer haben sich gestritten". Folgt danach ein Akkusativobjekt, so bedeutet es, wie in unserem Satz, „kämpfen um". Une dispute ist ein „Streit".

⑦ un pneu [pnö▸] crevé „ein Platter, ein geplatzter Reifen" (beim Auto, Fahrrad ...). Il a crevé sur l'autoroute „Er hat auf der Autobahn einen Platten gehabt". Crevé taucht auch in Redewendungen wie Je suis crevé „Ich bin todmüde" auf.

1er EXERCICE : COMPRENEZ-VOUS CES PHRASES ?

❶ Il vient de rentrer d'un séjour aux Pays-Bas et il est crevé. ❷ Ils ont dû vendre leur voiture. ❸ Il a porté le maillot jaune pendant quinze jours de suite. ❹ Ne nous disputons pas ; ça n'en vaut pas la peine. ❺ Lors d'un séjour en Europe, il s'est rendu deux fois en Espagne. ❻ Il l'a perdu en mil neuf cent neuf.

2e EXERCICE : TROUVEZ LES MOTS MANQUANTS !

❶ Sie sind von überallher gekommen, um zu laufen.

   Ils .... de .... pour courir.

❷ Wir haben dreimal in Folge gewonnen.

   Nous avons ..... trois fois .. ..

❸ Sie hat sich sehr (viel) verändert seit dem letzten Mal, an dem (dass) ich sie gesehen habe.

   Elle a beaucoup changé ...... la dernière fois ... je l' .. vue.

▶ **Quatre-vingt-dixième (90e) leçon**

Avez-vous bien lu ?

1   **Quand** le **Tour** de **France** a-t-il été créé ? ①②

(PRONONCIATION)
[*1* ... e-**te** kre-**e**]

(ANMERKUNGEN)
① Wie Sie merken werden, wird in dieser Lektion statt der Frageform mit **est-ce que** die elegantere Form der Inversion (Umkehrung) angewendet. Vgl. auch Lektion 13 und Lektion 35.

SOLUTIONS DU 1er EXERCICE : AVEZ-VOUS BIEN COMPRIS ?

❶ Er ist gerade von einem Aufenthalt in den Niederlanden zurückgekehrt, und er ist todmüde. ❷ Sie haben ihr Auto verkaufen müssen. ❸ Er hat das gelbe Trikot 15 Tage in Folge getragen. ❹ Streiten wir uns nicht; das ist es nicht wert. ❺ Während eines Aufenthaltes in Europa ist er zweimal in Spanien gewesen (hat sich begeben). ❻ Er hat ihn/sie/es [im Jahre] 1909 verloren.

❹ Er hat die Etappe gewonnen; er wird morgen das gelbe Trikot tragen.
Il a gagné l'étape ; il . . . . le maillot jaune demain.

❺ Sie haben ihn/sie/es gesucht, aber sie haben ihn/sie/es nirgendwo gefunden.
Ils l'ont cherché mais ils . . . . ' . . . trouvé
. . . .

SOLUTIONS DU 2e EXERCICE : LES MOTS MANQUANTS.

❶ sont venus - partout ❷ gagné - de suite ❸ depuis - que - ai ❹ portera ❺ ne l'ont - nulle part

Deuxième vague : Activez la leçon 40 !

Neunzigste Lektion

Haben Sie sorgfältig (gut) gelesen?

[1] Wann wurde die Tour de France eingeführt (Wann der Tour de France hat er gewesen gegründet)?

② Bei der Aussprache der konjugierten Verbformen von **créer** [kre-e] „gründen, erschaffen" (**Je crée**, **tu crées**, **il/elle crée**, **nous créons**, **vous créez**, **ils/elles créent**. Partizip Perfekt: **créé**) tendieren Französischsprecher bei der ersten Silbe ein wenig in Richtung [krä]: [sch˘Ö krä, tü krä, il krä,...].

2	Com**bien** y avait-‿**il** d'é**tapes** à l'ori**gine** ?
3	Com**bien** y en‿a-**t**-‿il aujourd'**hui** ? ③
4	Dans **quels pays** les cou**reurs** se ren**dent**-**ils** ? ④
5	Pen**dant** com**bien** de **temps** le Fran**çais** a-t-il porté le **maillot jaune** ?
6	**Quand** l'a-t-‿il per**du** ? Comment s'ap**pelait**-‿**il** ?
7	Pour**quoi** le Fran**çais** s'est-‿**il** arr**êté** ?
8	– Je **suis**‿en **train** de **lire** un bou**quin** passion**nant** !
9	Il y a un **tel** sus**pense** !
10	On ne sait **pas** si ça va fi**nir bien** ou en cata**strophe** !
11	– J'es**père** que tu me le prête**ras** quand tu l'au**ras** fini. ⑤
12	Je sup**pose** que c'est‿un ro**man** poli**cier** ? ⑥
13	– **Pas** du **tout**. C'est‿un **livre** de cui**sine** !

C'EST UN LIVRE DE CUISINE.

(PRONONCIATION)

[*2* ... *i* a-wä-*til 3* ... *i* añ‿a-*til 4* ... *ßÖ* **rañ**-dÖ-*til* ...*6* ... *ßa*-p**Ö**-lä-*til*
8 ... bu-**kän** ... *9* ... *ßüß*-**pañß** *10* ... ka-taß-**trOf** *12* ... po-li-**Bje**▸]

2	Wie viele Etappen gab es ursprünglich (Wie viele dort war es von Etappen ursprünglich)?
3	Wie viele gibt es heute (Wie viele dort davon hat es heute)?
4	In welche Länder fahren die Rennfahrer?
5	Wie lange (Während wie viel von Zeit) hat der Franzose das gelbe Trikot getragen?
6	Wann hat er es verloren? Wie hieß er?
7	Warum hat der Franzose angehalten?
8	– Ich bin dabei, ein aufregendes Buch zu lesen!
9	Es ist so spannend (Es gibt solch eine Spannung)!
10	Man weiß nicht, ob es gut enden wird oder in einer Katastrophe!
11	– Ich hoffe, dass du es mir leihst (leihen wirst), wenn du es ausgelesen hast (beendet haben wirst).
12	Ich nehme an, dass es ein Kriminalroman ist?
13	– Ganz und gar nicht. Es ist ein Kochbuch!

(ANMERKUNGEN)

(3) en ersetzt hier das bereits oben erwähnte étapes.

(4) In diesem Satz sowie in anderen Sätzen dieser Lektion dient das eingeschobene -t- zur Erleichterung der Aussprache und ermöglicht die „Liaison" (siehe Lektion 1) zum nachfolgenden Vokal.

(5) Wie in Lektion 84 erläutert, wird hier im 2. und 3. Satzteil das Futur verwendet, während man im Deutschen eher das Präsens benutzen würde.

(6) policier kann Adjektiv und Substantiv sein: Le policier cherche un nouvel emploi „Der Polizist sucht eine neue Stelle" - Le facteur a peur du chien policier „Der Briefträger hat Angst vor dem Polizeihund".

1er EXERCICE : COMPRENEZ-VOUS CES PHRASES ?

❶ Je te le prêterai dès que je l'aurai fini. ❷ L'année dernière, il y avait trois employés, aujourd'hui, il y en a vingt. ❸ Ce bouquin est vraiment passionnant. ❹ Qu'est-ce que tu es en train de lire, là ? ❺ Comment s'appelait ton ami allemand ?

2e EXERCICE : TROUVEZ LES MOTS MANQUANTS !

Schreiben Sie die Fragen auf, die zu den folgenden Antworten passen.

❶ Le Tour de France a été créé en 1903.
   Quand le Tour de France . - . - . . été . . . . ?

❷ Il y avait vingt étapes.
   Combien . . . . . . - . . d'étapes ?

❸ Il l'a porté pendant deux jours.
   Pendant . . . . de temps .'. -. - . . . . ?

▶ **Quatre-vingt-onzième (91e) leçon**

Révision et notes

1. même: Die verschiedenen Bedeutungen

Wie im Deutschen kann das Subjekt einer Aussage durch den Zusatz von

    moi-même „ich selbst"
    toi-même „du selbst"
    lui-/elle-même
    nous-mêmes
    vous-mêmes
    eux-/elles-mêmes

verstärkt werden:

SOLUTIONS DU 1ᵉʳ EXERCICE : AVEZ-VOUS BIEN COMPRIS ?

① Ich werde es dir leihen, sobald ich damit fertig bin (es beendet haben werde). ② Letztes Jahr gab es drei Angestellte, heute sind es (davon) 20. ③ Dieses Buch ist wirklich aufregend. ④ Was liest du da gerade? ⑤ Wie hieß dein deutscher Freund?

④ Il l'a perdu lors d'une étape contre la montre.
   Quand l' . - . - . .   perdu ?

⑤ Le Français s'est arrêté parce qu'il a crevé.
   Pourquoi le Français s' . . . - . .   . . ?

SOLUTIONS DU 2ᵉ EXERCICE : LES MOTS MANQUANTS.

① a-t-il - créé ② avait-il ③ combien - l'a-t-il - porté ④ a-t-il ⑤ est-il arrêté

Deuxième vague : Activez la leçon 41 !

Einundneunzigste Lektion

Je le ferai. „Ich werde es machen".
Je le ferai moi-même. „Ich werde es selbst machen".

In vielen Bahnhöfen und Metrostationen Frankreichs kann man Schilder sehen, auf denen steht: **Compostez votre billet vous-mêmes** „[Bitte] entwerten Sie Ihren Fahrschein selbst", was bedeutet, dass man den Fahrschein in einen Automaten steckt, der ihn mit einem Datums- und Zeitstempel versieht.

„Selbst" im Sinne von „allein" bedeutet **seul(e)**:
   Faites-le seul. „Machen Sie es allein".

Soi-même wird benutzt, wenn es sich bei dem Subjekt um ein unbestimmtes Pronomen wie **on** „man", **tout le monde** „alle", **personne**

„niemand" usw. handelt:
> **On composte son billet soi-même.** „Man entwertet seinen Fahrschein selbst".

Sie kennen außerdem **même** als Zusatz zu Städtenamen, um deutlich zu machen, dass man die Stadt selbst im Gegensatz zu ihrem Umland meint: **À Paris même**.

Und **même** in der Bedeutung „sogar" ist Ihnen auch nicht mehr fremd: **Il a même une nouvelle voiture** „Er hat sogar ein neues Auto".

2. Satzbau: y und en

Wir wollen hier die Liste aus Lektion 84, in der auf die Reihenfolge der Pronomen eingegangen wird, um **en** „davon, darüber" und **y** „dort(hin)" erweitern. Doch zuvor noch einige Einzelheiten zur Verwendung von **en** und **y**:

Wie Sie wissen, ersetzt **en** ein Substantiv, das zuvor erwähnt und mit der Präposition **de** angeschlossen wurde:
> **Combien de cigarettes fumez-vous ? - J'en fume dix par jour.** „Wie viele Zigaretten rauchen Sie?" - Ich (davon) rauche zehn pro Tag".

Bei numerischen Pronomen („einige", „einer von ihnen" usw.) wird **en** nicht benutzt:
> **Quatre d'entre eux parlent le français.** „Vier von ihnen sprechen Französisch".
> **Plusieurs ont acheté des actions.** „Mehrere [Personen] haben Aktien gekauft".

y steht für ein Substantiv oder ein Pronomen, das mit **à**, **sur** oder **dans** angeschlossen wurde:
> **Vous allez à Paris ? - Oui, j'y vais.** „Fahren Sie nach Paris? - Ja, ich fahre dorthin".

Kommen **y** und **en** in einem Satz vor, so steht **y** immer <u>vor</u> **en**. Die komplette Übersicht sieht folgendermaßen aus:

Subjekt	Direktes Objekt (Akk. = Wen?)	Indirektes Objekt (Dat. = Wem?)		
je „ich"	**me** „mich"	**me** „mir"		
tu „du"	**te** „dich"	**te** „dir"		
il „er"	**le** „ihn"	**lui** „ihm"		
elle „sie"	**la** „sie"	**lui** „ihr"	**y**	**en**
(unpersönl.)	**se** „sich"	**se** „sich"		
nous „wir"	**nous** „uns"	**nous** „uns"		
vous „ihr/Sie"	**vous** „euch/Sie"	**vous** „euch/Ihnen"		
ils/elles „sie"	**les** „sie"	**leur** „ihnen"		

Einige Beispielsätze:
   Je lui en parlerai. „Ich werde [mit] ihm darüber sprechen".
   Il y répondra demain. „Er wird morgen darauf antworten".
   Je les y ai rencontrés. „Ich habe sie dort getroffen".
   Est-ce qu'il y en a encore ? „Gibt es (dort) noch davon?"

3. Partizip: Angleichung

Sie haben gelernt, dass das Partizip von Verben, die mit **être** konjugiert werden, an das Subjekt angeglichen wird, während das Partizip von Verben, die mit **avoir** konjugiert werden, an das nächste direkte Objekt (Akkusativobjekt) angeglichen wird (sofern es eines gibt):
   J'ai acheté des pommes (das Akkusativobjekt geht nicht dem Verb voraus), aber **Les pommes que j'ai achetées**
   (**pommes** = Femininum Plural)
   Il a trouvé les livres, aber **Les livres qu'il a trouvés**
   (**livres** = Maskulinum Plural).
   Je l'ai vu „Ich habe ihn gesehen", aber **Je l'ai vue** „Ich habe sie (Fem. Sing.) gesehen".

Es findet <u>keine</u> Angleichung statt, wenn das vorangegangene Objekt ein indirektes Objekt (Dativobjekt) ist:
   Elle leur a donné un cadeau. „Sie hat ihnen (Dativ) ein Geschenk gegeben".

Lassen Sie sich nicht von diesen auf den ersten Blick verwirrenden Regeln entmutigen. Begnügen Sie sich vorerst mit dem Sprechen der französischen Sprache, weniger mit dem Schreiben.

Deuxième vague : Activez la leçon 42 !

▶ Quatre-vingt-douzième (92ᵉ) leçon

Aux_Armes, Citoyens ! ①

1 Parmi tous les jours fériés dont_on bénéficie en France, ②
2 le premier de l'an, la Pentecôte, le quinze août, le premier mai, le onze novembre et cetera –, ③
3 il y en_a un qui tient une place particulière dans le cœur de tout Français :
4 Il s'agit du 14 juillet, la fête nationale. ④
5 Cette fête commémore le début de la Révolution en mil sept cent quatre-vingt-neuf (1789) ⑤

CHAQUE ANNÉE A LIEU UNE GRANDE FÊTE POPULAIRE.

(PRONONCIATION)
[os_arm, ßi-toa-jän ! 1 ... be-ne-fi-ßi ... 2 ... pañ-tÖ-kot ...käñs_ut ... 3 ... par-ti-kü-ljä▸r ... lÖ kÖ▸r ... 4 ... käñs sch˜üi-jä ... fä▸t ... 5 ... kO-me-mOr ...]

Zweiundneunzigste Lektion

Zu den Waffen, Bürger!

1 Unter all den Feiertagen, die man in Frankreich begeht (von denen man profitiert),
2 der Neujahrstag (der erste des Jahres), (das) Pfingsten, der 15. August, der 1. Mai, der 11. November usw.
3 gibt es (davon) einen, der einen besonderen Platz im Herzen jedes Franzosen einnimmt:
4 Es handelt sich um den 14. Juli, den Nationalfeiertag.
5 Dieses Fest gedenkt des Beginns der Revolution [im Jahre] 1789

> Wie angekündigt verzichten wir ab dieser Lektion in den Lektionssätzen auf den Fettdruck, der die Betonung markiert, denn Sie haben die Melodie des Französischen mittlerweile gut im Ohr. Trotzdem finden Sie weiterhin unter **PRONONCIATION** die Wörter, die für Sie neu oder schwierig auszusprechen sind – mit Angabe der Betonung.

ANMERKUNGEN

① Aux armes, citoyens. Formez vos bataillons! „Zu den Waffen, Bürger. Bildet Eure Bataillone!" ist der Refrain der Nationalhymne La Marseillaise. Sie wurde als Schlachthymne 1792 von Rouget de Lisle komponiert. Merken Sie sich un air „Melodie".

② Mit un jour férié ist sowohl ein religiöser als auch ein gesetzlicher „Feiertag" gemeint. Viele Feiertage sind nur durch ihren Namen bekannt, so z. B. der 15. August: L'Assomption „Mariä Himmelfahrt". Der „Nationalfeiertag" ist la fête nationale.

③ Der 11. November (l'armistice [*lar-miß-tiß*] (m.) „Waffenstillstand") markiert das Ende des 1. Weltkrieges.

④ Über das Verb s'agir de „handeln von" werden wir später noch ausführlicher sprechen. Es ist unpersönlich und bezieht sich auf das Subjekt des Satzes: De quoi/qui s'agit-il ? „Um was/wen handelt es sich?"

⑤ Hier könnte man auch dix-sept cent sagen. Und weiter unten dix-huit cent ...

| 6 | et plus_exactement la prise de la Bastille,
| 7 | cette terrible prison qui symbolisait le pouvoir de la monarchie. ⑥
| 8 | Ce jour-là, une foule de vingt mille Parisiens, à la recherche d'armes, a pris la forteresse d'assaut.
| 9 | Ayant libéré les prisonniers et tué le gouverneur,
| 10 | les révolutionnaires ont proclamé le gouvernement de la Commune de Paris.
| 11 | Plus de cent_ans après – en mil huit cent quatre-vingt-huit, plus_exactement –
| 12 | la date du quatorze juillet était_adoptée comme fête nationale.
| 13 | Depuis, chaque année, a lieu une grande kermesse populaire ⑦
| 14 | avec des défilés, des feux d'artifice et des bals partout en France.

(PRONONCIATION)

[6 ... **pri**‣s ... ba**ß**-**tij** 7 ... pri-**soñ** ... **ßäñ**-bo-li-**sä** ... mo-nar-**schi** 8 ... fu‣l ... fOr-tO-**räß** da-**ßo** 9 ... pri-so-**nje**‣ ... 10 ... **pro**-kla-**me**‣ ... ko-**mü**‣n ... 13 ... kär-**mäß** ... 14 ... de-fi-**le**‣ ... **fö**‣ dar-ti-**fiß** ... **bal**]

1ᵉʳ EXERCICE : COMPRENEZ-VOUS CES PHRASES ?

❶ Ils habitent une somptueuse maison en Bretagne. ❷ Ayant acheté son billet, il est monté dans le train. ❸ Chaque année a lieu une grande fête populaire. ❹ Voici un air que vous connaissez tous : Il s'agit de la Marseillaise. ❺ Parmi les dates-clés dans l'histoire de la France, citons* 732, 1431, 1789, 1848 et 1914.

* citer „erwähnen, nennen"

6	und [noch] genauer der Einnahme der Bastille,
7	dieses schrecklichen Gefängnisses, das die Macht der Monarchie symbolisierte.
8	An diesem Tag nahm eine Menge von 20.000 Parisern auf der Suche nach Waffen die Festung im Sturm.
9	Nachdem sie die Gefangenen befreit und den Kommandanten getötet hatten,
10	haben die Revolutionäre die Regierung der Pariser Kommune ausgerufen.
11	Mehr als 100 Jahre später - genauer [im Jahre] 1888 -
12	wurde das Datum des 14. Juli als nationaler Feiertag übernommen.
13	Seitdem findet jedes Jahr ein großes Volksfest statt,
14	mit Umzügen, Feuerwerken und Bällen in ganz Frankreich (überall in Frankreich).

ANMERKUNGEN

⑥ Adjektive stehen normalerweise hinter dem Substantiv, auf das sie sich beziehen (Ausnahme: kurze Adjektive wie petit / grand; bon / mauvais; jeune / vieux; beau / joli). Sie können ein Adjektiv aber auch dem Substantiv voranstellen, wenn Sie es besonders betonen wollen: Ils ont une maison somptueuse/Ils ont une somptueuse maison „Sie haben ein luxuriöses Haus".

⑦ Auf das Wort une kermesse stößt man in Frankreich in vielen Orten. Ursprünglich war damit ein religiöses Fest gemeint, aber mittlerweile bezeichnet es alle Arten von Dorf- oder Volksfesten (une fête populaire). Von Flämisch „Kerkmisse" (Kirchenmesse).

SOLUTIONS DU 1ᵉʳ EXERCICE : AVEZ-VOUS BIEN COMPRIS ?

❶ Sie bewohnen ein luxuriöses Haus in der Bretagne. ❷ Nachdem er seinen Fahrschein gekauft hatte, ist er in den Zug eingestiegen. ❸ Jedes Jahr findet ein großes Volksfest statt. ❹ Hier [kommt] eine Melodie, die Sie/ihr alle kennen/kennt: (Es handelt sich um) die Marseillaise. ❺ Lassen Sie / Lasst uns unter den Schlüsseldaten in der Geschichte Frankreichs 732, 1431, 1789, 1848 und 1914 erwähnen.

2ᵉ EXERCICE : TROUVEZ LES MOTS MANQUANTS !

① Unter all den Feiertagen, die wir haben (von denen man profitiert), gibt es einen, der besonders wichtig ist:

. . . . . tous les jours fériés . . . . . . bénéficie,
. . . . qui est . . . . important :

② Es handelt sich um den Nationalfeiertag.

. . . .'. . . . . . la fête nationale.

③ Er gedenkt der Revolution oder genauer der Einnahme der Bastille.

Elle . . . . la Révolution, ou . . . . la . . . . . de la Bastille.

④ Nachdem sie die Gefangenen befreit und den Kommandanten getötet hatten, haben sie die Kommune ausgerufen.

. . . . les prisonniers et . . . le gouverneur, ils ont . . . . la Commune.

⑤ Diese kleinen Adjektive stehen (sind) oft vorne:

Ces . . . . . . adjectifs sont souvent devant :

▶ **Quatre-vingt-treizième (93ᵉ) leçon**

Le savoir-faire

|1| Dans son compartiment, Monsieur Delmont attend le départ.
|2| Dès que le train démarre, il sort un cigare et il l'allume. ①

(PRONONCIATION)

[*1* ... **koñ**-par-ti-**mañ** ... *2* dä kÖ ...]

⑥ Eine hübsche junge Frau geht zum Ball.

Une . . . . femme va au bal.

⑦ Ein schlechter Junge gibt keine guten Ratschläge.

Un . . . . garçon ne donne pas de . . . . conseils.

⑧ Die großen Ferien beginnen morgen.

Les . . . . vacances commencent demain.

⑨ Ein alter Schönling (Schöner) ist ein schöner Alter geworden.

Un . . . . . beau est devenu un . . . . vieux.

SOLUTIONS DU 2ᵉ EXERCICE : LES MOTS MANQUANTS.

❶ Parmi - dont on - il y en a un - particulièrement ❷ il s'agit de ❸ commémore - plus exactement - prise ❹ Ayant libéré - tué - proclamé ❺ petits ❻ jolie jeune ❼ mauvais - bons ❽ grandes ❾ vieux - beau

Deuxième vague : Activez la leçon 43 !

Dreiundneunzigste Lektion

Gewusst wie (das wissen-machen)

1 In seinem Abteil wartet Herr Delmont auf die Abfahrt.
2 Sobald der Zug anfährt, holt er eine Zigarre hervor, und er zündet sie an.

(ANMERKUNGEN)

① **Dès que** und **aussitôt que** bedeutet beides „sobald". Beachten Sie, dass in Sätzen wie „Wenn ich es erhalten habe, werde ich es Ihnen sagen" das Verb des Bedingungssatzes ins Futur gesetzt werden muss: **Je vous le dirai quand je le recevrai**.

3 Un des passagers dans le compartiment lui dit :
4 – Je vous prie d'éteindre ce cigare. Vous êtes dans un compartiment non-fumeurs. ②③
5 Sinon, j'appellerai le contrôleur.
6 – Appelez qui vous voudrez, répond Monsieur Delmont. ④
7 Fâché, l'homme part à la recherche du contrôleur.
8 Il le trouve, et tous les deux reviennent dans le compartiment.
9 Le contrôleur est sur le point de parler, quand Monsieur Delmont lui coupe la parole : ⑤
10 – Je vous prie de demander son billet à ce monsieur.
11 Le voyageur tend son billet et le contrôleur s'exclame : ⑥
12 – Mais vous voyagez en première classe avec un billet de seconde !

(PRONONCIATION)

[*4* ... de-**täñ**-dr(ö) ... *9* ... **kup** la pa-**rOl** *11* ... **tañ** ... ßäkß-**kla▸m** *12* ... ßÖ-**goñd** ...]

| 3 | Einer der Fahrgäste im Abteil sagt zu ihm:
| 4 | – Ich bitte Sie, diese Zigarre auszumachen. Sie befinden sich in einem Nichtraucherabteil.
| 5 | Andernfalls werde ich den Schaffner rufen.
| 6 | – Rufen Sie, wen Sie wollen, antwortet Herr Delmont.
| 7 | Wütend macht sich der Mann auf die Suche nach dem Schaffner.
| 8 | Er findet ihn, und die beiden kommen in das Abteil zurück.
| 9 | Der Schaffner will gerade sprechen (ist auf dem Punkt des Sprechens), als Herr Delmont ihm das Wort abschneidet:
| 10 | – Ich bitte Sie, diesen Herrn nach seiner Fahrkarte zu fragen.
| 11 | Der Reisende reicht ihm seine Fahrkarte, und der Schaffner ruft aus:
| 12 | – Aber Sie reisen [ja] in der 1. Klasse mit einer Fahrkarte 2. Klasse!

ANMERKUNGEN

② Je vous prie de... ist eine formelle Form, eine Bitte oder Aufforderung auszudrücken. In der Umgangssprache würde man sagen: Éteignez ce cigare, s'il vous plaît. Vergleichen Sie mit Je vous en prie (Lektion 12).

③ éteindre „ausmachen, löschen" (für Lampen, Zigaretten, Feuer, Elektrogeräte und Ähnliches): J'éteins, tu éteins, il/elle éteint, nous éteignons, vous éteignez, ils/elles éteignent. Partizip Perfekt: éteint(e). Auf die gleiche Weise wird peindre „(an)malen" konjugiert.

④ Venez quand vous voudrez ist eine elegantere Form von Venez quand vous voulez. Allez où vous voudrez „Gehen Sie, wohin Sie wollen".

⑤ la parole „Wort, Rede, Text, Sprache, Stimme". J'ai donné ma parole „Ich habe mein Wort gegeben (= es versprochen)". Les paroles de cette chanson sont de Prévert „Der Text dieses Liedes stammt (die Worte sind) von Prévert". M. Delmont a pris la parole „Herr Delmont hat das Wort ergriffen (genommen)". Das „Wort" im rein grammatikalischen Sinne ist le mot.

⑥ tendre „(an)reichen; ausstrecken" wird wie vendre „verkaufen" konjugiert (siehe Lektion 21). Es gibt auch das Adjektiv tendre, das „zärtlich" bedeutet": un baiser tendre „ein zärtlicher Kuss". Se détendre bedeutet „sich entspannen": Détends-toi ! „Entspann dich!"

LEKTION 93

| 13 | Venez avec moi. Vous_aurez une amende ! ⑦
| 14 | Quand_ils sont partis, un_autre passager demande à Monsieur Delmont :
| 15 | – Dites-moi, comment avez-vous su que l'autre n'était pas_en règle ? ⑧⑨
| 16 | – C'était facile. Son billet dépassait de sa poche
| 17 | et j'ai vu qu'il était_identique au mien !

(PRONONCIATION)

[*15* ... *ßü* ...]

(1ᵉʳ EXERCICE : COMPRENEZ-VOUS CES PHRASES ?)

❶ Dès qu'il sera parti, j'éteindrai la lumière. ❷ Ma voiture ne démarre pas quand il fait froid. ❸ Venez quand vous voudrez ; nous vous attendrons. ❹ Il m'a tendu la main et m'a dit : Bonjour ! ❺ Quand l'avez-vous su ? - Hier soir.

(2ᵉ EXERCICE : TROUVEZ LES MOTS MANQUANTS !)

❶ Die beiden Frauen sind in das Wohnzimmer zurückgekommen.

Les deux femmes .... le salon.

❷ Er ist weggegangen, um sich auf die Suche nach dem Schaffner zu begeben.

Il ... . à la .... contrôleur.

❸ Sie schneidet ihm immer das Wort ab.

Elle lui ..... toujours .. ..

❹ Beeil dich! Wir sind kurz vor der Abreise (sind auf dem Punkt des Abreisens).

Dépêche-toi ! Nous sommes ... .
.. partir.

13	Kommen Sie mit mir. Sie werden eine Geldstrafe bekommen (haben)!
14	Als sie gegangen sind, fragt ein anderer Passagier Herrn Delmont:
15	– Sagen Sie mir, wie haben Sie gewusst, dass der andere gegen die Vorschriften verstieß?
16	– Das war einfach. Seine Fahrkarte guckte aus seiner Tasche heraus,
17	und ich habe gesehen, dass sie wie meine aussah (mit der meinigen identisch war)!

(ANMERKUNGEN)

(7) **une amende** ist ein „Bußgeld", eine „Geldstrafe".

(8) **su** ist hier das Partizip Perfekt von **savoir**, das nicht nur „wissen", sondern auch „erfahren" bedeuten kann (vgl. Verständnisübung).

(9) **la règle** „Regel, Vorschrift". **En règle** „regelrecht, vorschriftsmäßig", **dans la règle/en bonne règle** „in Ordnung, wie es sich gehört". **Régler** bedeutet „in Ordnung bringen, erledigen, bereinigen". **Avoir un compte à régler avec quelqu'un** bedeutet z. B. „mit jmdm. ein Hühnchen zu rupfen haben".

SOLUTIONS DU 1ᵉʳ EXERCICE : AVEZ-VOUS BIEN COMPRIS ?

❶ Sobald er gegangen ist (sein wird), werde ich das Licht ausmachen. ❷ Mein Auto springt nicht an (startet nicht), wenn es kalt ist. ❸ Kommen Sie / Kommt, wann Sie wollen / ihr wollt; wir erwarten Sie/euch. ❹ Er hat mir die Hand gereicht und (hat) zu mir gesagt: Guten Tag! ❺ Wann haben Sie / habt ihr es erfahren? - Gestern Abend.

❺ Wir bitten Sie/euch, Ihre/eure Zigaretten auszumachen.

Nous vous . . . . . . d' . . . . vos cigarettes.

SOLUTIONS DU 2ᵉ EXERCICE : LES MOTS MANQUANTS.

❶ sont revenues dans ❷ est parti - recherche du ❸ coupe - la parole ❹ sur le point de ❺ prions - éteindre

Deuxième vague : Activez la leçon 44 !

Quatre-vingt-quatorzième (94ᵉ) leçon

Stéréotypes

1. Les Français – selon eux – sont des gens débrouillards, indisciplinés, cultivés. ①
2. Les_Anglais sont "fair-play", un peu froids et pragmatiques. ②
3. Les_Allemands sont disciplinés, mélomanes, martiaux...
4. Ce sont là des stéréotypes qui influencent notre façon de penser, mais_aussi notre façon de parler.
5. Nous disons, par exemple, "filer à l'anglaise" pour "partir discrètement" ; ③
6. quelqu'un qui a trop bu est "saoul comme un Polonais". ④

PRONONCIATION

[ßte-re-o-**tip 1** ... ßÖ-**loñ** ... **de**-bru-**ja**▸r, äñ-di-ßi-pli-**ne**▸ ... **3** ... mar-**ßjo**▸ **5** fi-**le**▸ ... **6** ... ßu ... po-lo-**nä**]

Vierundneunzigste Lektion

Vorgefertigte Meinungen

1. Die Franzosen sind - ihrer eigenen Ansicht nach - Leute, die sich zu helfen wissen, undiszipliniert, kultiviert.
2. Die Engländer mögen (sind) „Fair Play", [sind] ein bisschen kalt und pragmatisch.
3. Die Deutschen sind diszipliniert, Musikliebhaber, martialisch ...
4. Dies sind vorgefertigte Meinungen, die unsere Denkweise beeinflussen, aber auch die Art, wie wir sprechen.
5. Wir sagen zum Beispiel „sich auf Englisch davonmachen" für „sich diskret zurückziehen";
6. jemand, der zu viel getrunken hat, ist „betrunken wie ein Pole".

ANMERKUNGEN

① **brouiller** „verwirren", **débrouiller** „entwirren"; **se débrouiller** (oft mit **bien**): „sich (gut) zurechtfinden, (gut) zurechtkommen mit", aber auch „improvisieren (können)". **Un débrouillard** ist ein „Pfiffikus", jemand, der mit jeder Situation klarkommt. Bekannt ist auch das sog. **système „D"** (für **débrouiller**). Es steht für die Improvisationsfreude der Franzosen bzw. die Fähigkeit, mit Provisorien zu leben. **Le brouillard** ist der „Nebel".

② **fair-play** ist mittlerweile auch ein französisches Wort geworden. Man hat versucht, es durch **le franc-jeu** („offenes Spiel") zu ersetzen, jedoch ohne Erfolg. Da es sich bei diesem Adjektiv um ein Lehnwort handelt, wird es nicht angeglichen.

③ Beachten Sie, dass die bei uns gebräuchliche Wendung „sich auf Französisch empfehlen" lautet!

④ Dieser Ausdruck stammt aus der Zeit von Kaiser Napoleon: Er war sehr beschämt darüber, dass seine Offiziere nicht trinken und gleichzeitig kämpfen konnten (wozu sein Schwadron polnischer Lanzenreiter in der Lage war!). Daher ermahnte er die Offiziere, „betrunken zu sein, aber wie die Polen". **saoul/e** [βu, βul] kann auch **soûl, e** geschrieben werden.

| 7 | Une personne que l'on_attaque systématiquement est_une "tête de Turc" ! ⑤
| 8 | Si l'on ne gagne pas beaucoup d'argent, on dit "ce n'est pas le Pérou" ! ⑥
| 9 | Et si l'on parle mal le français – ce qui n'est pas votre cas –,
| 10 | on dit qu'on parle comme une "vache espagnole". ⑦
| 11 | L'Allemagne est faite pour y voyager, l'Italie pour y séjourner,
| 12 | l'Angleterre pour y penser et la France pour y vivre. *D'Alembert*

(PRONONCIATION)

[*8* ... pe-**ru** *10* ... äß-pa-**njOl** *11* ... ße-sch˜ur-**ne**➙]

1ᵉʳ EXERCICE : COMPRENEZ-VOUS CES PHRASES ?

❶ Elle se débrouille en quatre langues : l'italien, l'allemand, l'anglais et le polonais. ❷ Il a beaucoup trop bu. ❸ On le critique tout le temps : c'est une vraie tête de Turc. ❹ Il a été beaucoup influencé par son père. ❺ Vous gagneriez deux fois plus si vous preniez cet emploi. ❻ C'est pas le Pérou !

2ᵉ EXERCICE : TROUVEZ LES MOTS MANQUANTS !

❶ Frankreich ist dafür gemacht, dort zu leben.

La France ... . pour . vivre.

❷ Kennen Sie Italien?

. . . . - vous l'Italie ?

❸ Ich bin dort (eine Weile) gewesen (habe mich dort aufgehalten).

J'. .. séjourné.

❹ Ich mag seine Art zu sprechen sehr.

J'aime beaucoup sa ....

| 7 | Eine Person, die ständig angegriffen wird (die man systematisch angreift), ist ein „Türkenkopf" [Prügelknabe]!
| 8 | Wenn man nicht viel Geld verdient, sagt man „Das ist nicht (das) Peru"!
| 9 | Und wenn man schlecht (das) Französisch spricht - was bei Ihnen nicht der Fall ist (nicht Ihr Fall ist) -
| 10 | sagt man, dass man wie eine „spanische Kuh" spricht.
| 11 | Deutschland eignet sich zum (ist gemacht für) Reisen, Italien [dazu], dort zu verweilen,
| 12 | England [dazu], daran zu denken und Frankreich, um dort zu leben. *D'Alembert*.

(ANMERKUNGEN)

⑤ Dies war der Name eines „Hau-den-Lukas" auf Jahrmärkten, also einer Maschine, an der man seine Kraft unter Beweis stellen kann. Der Ausdruck bezeichnet Personen, auf denen viel herumgehackt wird.

⑥ Peru war in der Vorstellung vieler Menschen immer das Land, in dem das Gold in Strömen fließt. Daher: **C'est pas le Pérou** (in der Umgangssprache wird **ne** oft weggelassen) „Das ist keine Goldgrube hier; Hier kann ich nichts verdienen".

⑦ Dieser Ausdruck hat eigentlich nichts mit einer Kuh zu tun; er hieß ursprünglich **parler comme un Basque l'espagnol**, da man meinte, die Basken würden schlechtes Spanisch sprechen. Mit den Jahren wurde **Basque** zu **vache**.

SOLUTIONS DU 1er EXERCICE : AVEZ-VOUS BIEN COMPRIS ?

❶ Sie findet sich in vier Sprachen zurecht: Italienisch, Deutsch, Englisch und Polnisch. ❷ Er hat viel zu viel getrunken. ❸ Man kritisiert ihn die ganze Zeit: Er ist ein richtiger Prügelknabe. ❹ Er wurde stark (viel) von seinem Vater beeinflusst. ❺ Sie würden / ihr würdet doppelt (zweimal) so viel verdienen, wenn Sie/ihr diese Arbeit annähmen/annähmt. ❻ Hier kann ich nichts verdienen (Das ist nicht das Peru)!

❺ Sie sind sehr diskret gegangen; sie haben sich auf Französisch empfohlen (auf Englisch davongemacht)!

Ils . . . . très discrètement ; ils
. . . . . . à . .' . . . . !

6 Ihrer (Pl.) Ansicht nach ist es ein polnischer Komponist.

...., c'est un compositeur

....

▶ **Quatre-vingt-quinzième (95ᵉ) leçon**

Joindre l'utile à l'agréable

| 1 | Aujourd'hui nous verrons des_expressions pratiques qui vous_aideront en voyage. ①
| 2 | D'abord, des_expressions de politesse (dont vous connaissez déjà un bon nombre).
| 3 | – Excusez-moi de vous déranger... Pouvez-vous me dire... ?
| 4 | Je voudrais savoir... Pourriez-vous m'aider... ?
| 5 | C'est très gentil... Vous_êtes bien_aimable...
| 6 | – Merci beaucoup.
| 7 | – Je vous_en prie (ou : – De rien).
| 8 | – Est-ce que cette place est prise ? Est-ce que ça vous gêne si...? ②

PRONONCIATION [sch~oän-dr(ö) ... **1** ... pra-**tik** ...]

SOLUTIONS DU 2ᵉ EXERCICE : LES MOTS MANQUANTS.

❶ est faite - y ❷ Connaissez ❸ y ai ❹ façon de parler ❺ sont partis - ont filé - l'anglaise ❻ Selon eux - polonais

Deuxième vague : Activez la leçon 45 !

Fünfundneunzigste Lektion

Das Nützliche mit dem Angenehmen verbinden

1	Heute werden wir praktische Ausdrücke kennenlernen (sehen), die Ihnen auf der Reise helfen werden.
2	Zunächst [einige] Höflichkeitsfloskeln, von denen Sie schon viele (eine gute Zahl) kennen.
3	– Entschuldigen Sie (mich), dass ich Sie störe ... Können Sie mir sagen ... ?
4	Ich würde [gerne] wissen ... Könnten Sie mir helfen ... ?
5	Das ist sehr nett ... Sie sind sehr (gut) liebenswürdig ...
6	– Danke vielmals.
7	– Gern geschehen (Ich bitte Sie darum) (oder: Nichts zu danken).
8	– Ist dieser Platz besetzt (genommen)? Stört es Sie, wenn ... ?

(ANMERKUNGEN)

① pratique „praktisch, zweckmäßig, brauchbar". Pratiquer bedeutet „ausüben, praktizieren" (Religion, Sport). C'est un catholique pratiquant „Er ist (ein) praktizierender Katholik". Elle pratique la natation „Sie geht regelmäßig schwimmen". Die „Praxis" (im Gegensatz zur „Theorie") ist la pratique. „In die Praxis umsetzen": mettre en pratique.

② Ein Synonym für gêner „stören" ist déranger. Man könnte hier also auch sagen: Est-ce que ça vous dérange si ... ?

9 – Allez-_y. Ça ne fait rien. C'est sans_importance. Ce n'est pas grave.

10 – Je ne l'ai pas fait exprès. Je suis désolé. Excusez-moi. ③

11 – Bon_appétit ! Ça a l'air très bon. C'était délicieux.

12 – Pardon ? Voulez-vous répéter, s'il vous plaît ? Je n'ai pas_entendu. ④

13 – Au revoir. Bon retour. À bientôt.

14 On ne peut pas_être poli tout le temps, cependant...

15 – Allez-vous-_en ! – Fichez-moi la paix ! ⑤

16 – Taisez-vous !

(PRONONCIATION)

[*10* ... äkß-**prä** ... *15* ... fi-**sche**▸-**moa** ... *16* ... te-se▸]

1er EXERCICE : COMPRENEZ-VOUS CES PHRASES ?

❶ Parlez plus fort, s'il vous plaît. Je ne vous entends pas. ❷ Est-ce que ça vous dérange si j'ouvre la fenêtre ? ❸ Allez-y. ❹ Pourriez-vous m'aider à traduire le menu ? ❺ Au revoir et bon retour. À bientôt. ❻ Pouvez-vous me dire où se trouve la rue Cambon ? ❼ Désolé, je ne sais pas. ❽ Ce n'est pas grave.

2e EXERCICE : TROUVEZ LES MOTS MANQUANTS !

❶ Ich werde sehen, ob mir das hilft (helfen wird).

Je . . . . . . si ça m' . . . .

❷ Ausdrücke, von denen Sie viele (eine gute Zahl) kennen.

Des expressions . . . . vous . . . . un . . . .

❸ Essen Sie / Esst davon; ich habe es extra für Sie/euch gekauft.

Mangez-. . ; je l'ai acheté . . . . . . pour vous.

| 9 | – Bitte (gehen Sie hin). Das macht nichts. Das ist nicht wichtig (ohne Bedeutung). Das ist nicht schlimm.
| 10 | – Ich habe es nicht absichtlich gemacht. Es tut mir leid. Entschuldigen Sie (mich).
| 11 | – Guten Appetit! Das sieht sehr gut aus. Das war köstlich.
| 12 | – Bitte? Würden (Möchten) Sie [das] wiederholen, bitte? Ich habe [das/Sie] nicht verstanden (gehört).
| 13 | – Auf Wiedersehen. Gute Heimreise. Bis bald.
| 14 | Man kann jedoch nicht die ganze Zeit höflich sein ...
| 15 | – Hauen Sie ab! – Lassen Sie mich in Ruhe!
| 16 | – Seien Sie still!

(ANMERKUNGEN)

③ **exprès** [*äkß-prä*] „absichtlich, extra" sollte nicht mit **express** [*äkß-**präß***], „schnell" und „Espresso; Kaffee", verwechselt werden. **Elle est venue exprès pour me voir** „Sie ist extra gekommen, um mich zu sehen" - **Garçon ! Deux express !** „Kellner! Zwei Kaffee(s)!"

④ Wenn Sie dies zu einem Franzosen sagen, werden Sie oft die Erfahrung machen, dass er das Gesagte wiederholt, jedoch ohne sich zu bemühen, langsamer oder deutlicher zu sprechen! Sagen Sie also: **Parlez plus lentement** „Sprechen Sie langsamer" oder **Parlez plus fort** „Sprechen Sie lauter".

⑤ Nicht ganz so ausdrucksstark wie das fast vulgäre **Fichez-moi la paix**, jedoch korrekter, ist **Laissez-moi en paix ! / Laissez-moi tranquille !**

SOLUTIONS DU 1er EXERCICE : AVEZ-VOUS BIEN COMPRIS ?

❶ Sprechen Sie bitte lauter. Ich höre Sie nicht. ❷ Stört es Sie/euch, wenn ich das Fenster öffne? ❸ Machen Sie nur. ❹ Könnten Sie / Könntet ihr mir helfen, die Speisekarte zu übersetzen? ❺ Auf Wiedersehen und gute Heimfahrt. Bis bald. ❻ Können Sie / Könnt ihr mir sagen, wo sich die Cambon-Straße befindet? ❼ Tut mir leid, ich weiß es nicht. ❽ Das ist nicht schlimm.

❹ Könnten Sie / Könntet ihr mir sagen, wie spät es ist (die Uhrzeit sagen), bitte.

. . . . - . . . . me dire . .'. . . . . , s'il vous plaît ?

⑤ Wir würden [gerne] wissen, wie viel das kostet.

Nous .... savoir combien ça

..... .

▶ **Quatre-vingt-seizième (96ᵉ) leçon**

Les taxis

1. Si vous êtes pressé et que vous n'avez pas envie de prendre les transports en commun, vous pouvez toujours prendre un taxi. ①
2. Dans la plupart des grandes villes, on en trouve facilement - sauf quand il pleut !
3. On peut se rendre à une station ou héler une voiture dans la rue. ②
4. Quant aux tarifs, vous payez la prise en charge, plus une somme pour chaque fraction d'un kilomètre par la suite. ③

(PRONONCIATION)

[2 ... ßo-f ... 3 ... e-le- ... 4 kañt_o ta-**rif** ... frak-**ßjoñ** ...]

SOLUTIONS DU 2ᵉ EXERCICE : LES MOTS MANQUANTS.

① verrai - aidera ② dont - connaissez - bon nombre ③ en - exprès
④ Pourriez-vous - l'heure ⑤ voudrions - coûte

Deuxième vague : Activez la leçon 46 !

Sechsundneunzigste Lektion

Die Taxis

1. Wenn Sie es eilig haben und keine Lust haben, die öffentlichen Verkehrsmittel zu benutzen, können Sie immer ein Taxi nehmen.
2. In den meisten großen Städten findet man leicht eins (davon) - außer wenn es regnet!
3. Man kann sich zu einem [Taxi-]Stand begeben oder ein Taxi auf der Straße heranwinken.
4. Was die Fahrpreise angeht, so bezahlen Sie die Benutzungsgebühr und darüber hinaus (danach) eine Summe für jeden Teil eines Kilometers.

(ANMERKUNGEN)

① un taxi heißt nicht nur „Taxi", sondern es wird auch als Kurzform für un chauffeur de taxi „Taxifahrer" verwendet. Son père a fait le taxi à Paris pendant quarante ans „Sein Vater war 40 Jahre lang Taxifahrer in Paris".

② Anstelle von héler „heranwinken" kann man auch sagen: faire signe à un taxi (faire signe „Zeichen geben") oder arrêter un taxi „ein Taxi anhalten".

③ prendre en charge kann die unterschiedlichsten Bedeutungen haben: „Verantwortung übernehmen, in die Hand nehmen, Kosten übernehmen". Les soins sont pris en charge par la Sécurité sociale „Die Sozialversicherung übernimmt die Pflege[kosten]". La prise en charge bei Taxis ist einfach eine „Grundgebühr".

5 Mais attention ! Ces tarifs sont majorés le soir, le dimanche ou les jours fériés. ④

6 – Taxi !

7 – Bonjour. Vous‿allez où ?

8 – À la gare de Lyon.

9 – Alors montez.

10 – Y a-t‿-il beaucoup de circulation ?

11 – Il y a toujours trop de voitures. C'est la faute du gouvernement. Il faut‿interdire les voitures privées.

12 – Et que ferait‿-on, alors ?

13 – Ben voyons, on prendrait les taxis, évidemment ! ⑤

14 (*Le taxi est pris dans‿un embouteillage monstre, et le client s'impatiente.*)

15 – Dites donc, lance le chauffeur, si vous‿êtes si pressé, j'ai une excellente idée. ⑥

16 – Vous connaissez un raccourci ?

17 – Non, mieux que ça. Vous me réglez la somme au compteur, vous me donnez un bon pourboire pour me remercier du tuyau... ⑦⑧

18 et vous continuez votre trajet à pied.

(PRONONCIATION)

[*5* ... ma-sch˜o-re▸ .... *10* ... ßir-kü-la-ßjoñ ... *11* ... fo▸t ... *12* ... fÖ-rät‿oñ ... *13* bäñ woa-joñ ... e-wi-da-mañ *14* ... añ-bu-te-ja▸sch˜ moñß-tr(ö) ... ßäñ-pa-ßjañt *15* ... lañß ... *16* ... ra-kur-ßi *17* ... rÖ-mär-ßje▸ ... tüi-jo▸ *18* ... tra-sch˜ä ...]

376

5	Aber Achtung! Diese Tarife sind abends, an Sonntagen oder Feiertagen erhöht.
6	– Taxi!
7	– Guten Tag. Wohin möchten Sie (gehen Sie)?
8	– Zum [Bahnhof] Gare de Lyon.
9	– Dann steigen Sie ein.
10	– Gibt es viel Verkehr?
11	– Es gibt immer zu viele Autos. Das ist die Schuld der Regierung. Man sollte (muss) die Privatautos verbieten.
12	– Und was würden wir dann machen?
13	– Na, was denken Sie, Sie würden (man würde) natürlich die Taxis nehmen!
14	*(Das Taxi bleibt (wird genommen) in einem ungeheuren Stau stecken, und der Fahrgast wird ungeduldig.)*
15	– Hören Sie mal, ruft der Fahrer aus, wenn Sie es so eilig haben, habe ich eine hervorragende Idee.
16	– Kennen Sie eine Abkürzung?
17	– Nein, noch besser (besser als das). Sie bezahlen mir den Betrag auf dem Zähler, Sie geben mir ein gutes Trinkgeld, um mir für den Tipp zu danken ...
18	und Sie setzen Ihren Weg zu Fuß fort.

(ANMERKUNGEN)

(4) **majorer** bedeutet, den Preis durch einen Aufschlag zu erhöhen. In manchen Cafés sieht man ein Schild: **Les consommations sont majorées à partir de minuit**, was bedeutet, dass ab Mitternacht höhere Preise bezahlt werden müssen. So etwas nennt sich **une majoration**. Das Anheben der Preise in Geschäften oder bei Herstellern heißt **augmenter les prix**: **Les prix ont augmenté de deux pour cent cette année** „Die Preise sind dieses Jahr um zwei Prozent gestiegen".

(5) **Ben voyons !** ist nur einer aus einer großen Menge von Ausrufen, die die Franzosen so lieben.

(6) Auch ein Ausruf: **Dites donc !** „He!, Hören/Sagen Sie mal!".

(7) Ähnlich wie im Deutschen sagt man in Frankreich für „Trinkgeld" **le pourboire** (**pour** „für" + **boire** „trinken").

(8) **un tuyau** (Plural: **tuyaux**) ist eigentlich ein „Rohr" für Wasser, Gas usw. **Les tuyaux sont bouchés** „Die Rohre sind verstopft". Im Volksmund wird es für „Rat, Tipp" benutzt: **Il m'a donné un bon tuyau pour mes vacances** „Er hat mir einen heißen Tipp für meine Ferien gegeben".

LEKTION 96

1er EXERCICE : COMPRENEZ-VOUS CES PHRASES ?

❶ Il ne prend jamais les transports en commun. ❷ Quant aux tarifs, les prix sont majorés à partir de minuit. ❸ Que ferait-on ? ❹ Ben voyons, c'est évident. ❺ Dites donc, si vous êtes si impatient, prenez le métro ! ❻ Je lui ai donné un pourboire et j'ai continué à pied.

2e EXERCICE : TROUVEZ LES MOTS MANQUANTS !

❶ Die Sozialversicherung übernimmt die Verantwortung für den Kranken (Der Kranke ist übernommen von der Sozialversicherung).

Le malade est .... la Sécurité Sociale.

❷ Man muss die Privatautos verbieten.

.. .. les voitures privées.

❸ Sie haben es eilig, und sie haben keine Lust, den Bus zu nehmen.

... . et ils .'... ... . de prendre le bus.

❹ Was die Tarife angeht, so sind sie erhöht.

.... tarifs, ils sont ....

❺ Wann?

..... ?

❻ Ab Mitternacht.

. ... minuit.

▶ **Quatre-vingt-dix-septième (97e) leçon**

Un pot-pourri d'expressions idiomatiques

1 – Ça y est ! Elle pleure. Tu as encore mis les pieds dans le plat !

(PRONONCIATION) [... **pO**-pu-**ri** ... **1** ßa_**jä** ! ... **pla**]

SOLUTIONS DU 1ᵉʳ EXERCICE : AVEZ-VOUS BIEN COMPRIS ?

❶ Er nimmt niemals die öffentlichen Verkehrsmittel. ❷ Was die Tarife anbetrifft, so sind sie von Mitternacht an erhöht. ❸ Was würden wir machen? ❹ Ja nun, das ist [doch] offensichtlich. ❺ Sagen Sie / Sagt mal, wenn Sie/ihr es so eilig haben/habt, nehmen Sie/nehmt die Metro! ❻ Ich habe ihm ein Trinkgeld gegeben und bin zu Fuß weitergegangen.

❼ Ich habe eine hervorragende Idee.

J'ai une .... idée.

❽ Kennen Sie eine Abkürzung?

Vous connaissez .. .. ?

❾ Nein, noch besser (besser als das).

Non, ...

SOLUTIONS DU 2ᵉ EXERCICE : LES MOTS MANQUANTS

❶ pris en charge par ❷ Il faut interdire ❸ Ils sont pressés - n'ont pas envie ❹ Quant aux - majorés ❺ Quand ❻ À partir de ❼ excellente ❽ un raccourci ❾ mieux que ça

Lerntipp

Noch ein Tipp für eine Extra-Übung während der „Zweiten Welle": Sie können die Tonaufnahmen auch für ein Diktat benutzen. Oder die französischen Lektionstexte abschreiben.

Deuxième vague : Activez la leçon 47 !

Siebenundneunzigste Lektion

Eine Mischung aus feststehenden Ausdrücken

1 – Da haben wir's! Sie weint. Du bist wieder ins Fettnäpfchen getreten (hast die Füße in den Teller gestellt)!

2 – S'il continue à étudier comme ça, il risque de réussir son examen. ① ②

3 – Mais il ne travaille pas du tout ! Il fait semblant. ③

4 – Je ne peux pas continuer. J'en ai ras le bol ! ④

5 – Ce type-là, je ne peux pas le voir en peinture.

6 – Moi non plus. ⑤

7 – Au moins, elle dit ce qu'elle pense. Elle ne tourne pas autour du pot.

8 – Jeudi étant férié, je vais faire le pont. À lundi ! ⑥

9 – On n'arrive pas à le joindre. Tu crois qu'il est sorti ?

(PRONONCIATION)

[**3** ... ßañ-**blañ** **4** ... **ra** lÖ **bOl** **9** ... sch˜oäñ-dr(ö) ...]

(ANMERKUNGEN)

① **risquer** bedeutet nicht nur „riskieren, Gefahr laufen; wagen", sondern bezieht sich auch auf Handlungen, die mit großer Wahrscheinlichkeit eintreten werden: **Ils risquent de passer tout à l'heure** „Sie kommen wahrscheinlich gleich vorbei". Eine andere Wendung ist **risquer le tout pour le tout** „alles aufs Spiel setzen".

|2| – Wenn er so weiterstudiert, wird er ganz bestimmt sein Examen bestehen (riskiert er, sein Examen zu bestehen).
|3| – Aber er arbeitet überhaupt nicht! Er tut nur so.
|4| – Ich kann nicht weitermachen. Ich habe die Nase gestrichen voll davon!
|5| – Diesen Typ dort kann ich nicht ausstehen (kann ich nicht auf einem Gemälde sehen).
|6| – Ich auch nicht.
|7| – Wenigstens sagt sie, was sie denkt. Sie redet nicht um den heißen Brei (dreht sich nicht um den Topf) herum.
|8| – Da Donnerstag ein Feiertag ist (Donnerstag Feiertag seiend), werde ich ein verlängertes Wochenende (die Brücke) machen. Bis Montag!
|9| – Wir können ihn einfach nicht erreichen. Denkst du, dass er ausgegangen ist?

② Das Gegenteil von **réussir** ist **rater un examen** „in einer Prüfung durchfallen". **Avoir un examen** und **passer un examen** „eine Prüfung ablegen", aber **avoir eu un examen** „eine Prüfung bestehen": **Tu l'as eu, ton examen ?** „Hast du deine Prüfung bestanden?".

③ **faire semblant de** „so tun als ob, vortäuschen". **Il fait semblant de dormir** „Er tut so, als ob er schläft". **Ne faites pas semblant !** „Täuschen Sie/Täuscht nichts vor!". **Faire semblant de rien** bedeutet „sich nichts anmerken lassen".

④ **ras** bedeutet „kurz geschoren", aber **à ras bord** heißt „bis zum Rand gefüllt". **Un bol** „eine Schale". **En avoir ras le bol** wird häufig für „die Nase (gestrichen) voll haben", „von etwas genug haben" benutzt.

⑤ Achtung: Pronomen + **aussi** bedeutet „... auch", Pronomen + **non plus** hingegen „... auch nicht". **Je l'aime beaucoup. - Moi aussi** „Ich mag ihn sehr. - Ich auch". **Elle n'est pas Allemande. - Eux non plus** „Sie ist keine Deutsche. - Sie (Pl.) [sind es] auch nicht".

⑥ **un jour férié** ist ein „Feiertag". Fällt ein solcher auf einen Donnerstag oder einen Dienstag, nehmen viele Franzosen den Freitag oder den Montag frei, was man **faire le pont** nennt, wörtlich „die Brücke machen". **Le pont de l'Ascension** „das lange Wochenende an Christi Himmelfahrt".

10 – Vous êtes au courant ? Ils ont enfin réussi à vendre leur maison. ⑦

11 – On a eu son message, mais on ne sait pas ce qu'il veut dire. ⑧

(PRONONCIATION)

[*11 ... me-ßa‧sch̃ ...*]

1ᵉʳ EXERCICE : COMPRENEZ-VOUS CES PHRASES ?

❶ Arrête de crier comme ça ! J'en ai ras le bol ! ❷ Ne tournez pas autour du pot comme ça ; ❸ dites nous ce que vous voulez dire ! ❹ Je ne sais pas pourquoi, mais il ne peut pas me voir en peinture. ❺ J'ai réussi à le joindre hier. ❻ Allez, à lundi !

2ᵉ EXERCICE : TROUVEZ LES MOTS MANQUANTS !

❶ Sie haben so getan, als wenn sie nichts wüssten.

Ils ... ... de ne rien savoir.

❷ Weißt du Bescheid? Wir haben ihn nicht finden können.

Tu .. .. ? Nous n'avons ... .. le trouver.

❸ Wissen Sie / Wisst ihr, was sie sagen will?

Vous savez .. ..'... ... . ?

❹ Ich werde ein verlängertes Wochenende nehmen (die Brücke machen), wenn [der] Donnerstag [ein] Feiertag ist.

Je ..... le pont si jeudi est ..... .

❺ Ich mag das hier.

J'aime .... .

|10| – Sind Sie auf dem Laufenden? Sie haben es endlich geschafft, ihr Haus zu verkaufen.
|11| – Wir haben seine Nachricht erhalten, aber wir wissen nicht, was sie bedeuten soll / was er damit sagen will.

(ANMERKUNGEN)

⑦ Ähnlich wie die Franzosen être au courant sagen, sagen wir „auf dem Laufenden sein" = über etw. Bescheid wissen. Se mettre au courant de quelque chose „sich über etw. ins Bild setzen". Die Grundbedeutung von courant(e) ist „laufend, fließend, zügig", le courant ist der „elektrische Strom". Merken Sie sich auch C'est tout à fait courant „Das ist völlig gang und gäbe / ganz üblich / geläufig".

⑧ ... ce qu'il veut dire kann sich hier auf die Nachricht oder auf den Absender der Nachricht beziehen. Qu'est-ce que ce mot veut dire ? „Was soll dieses Wort bedeuten (sagen)?" Qu'est-ce que tu veux dire par là ? „Was willst du damit sagen?"

SOLUTIONS DU 1ᵉʳ EXERCICE : AVEZ-VOUS BIEN COMPRIS ?

❶ Hör auf so zu schreien! Ich habe die Nase voll davon! ❷ Reden Sie/Redet nicht so um den heißen Brei herum; ❸ sagen Sie/sagt doch, was Sie/ihr sagen wollen/wollt! ❹ Ich weiß nicht, warum, aber er kann mich nicht ausstehen. ❺ Ich habe es gestern geschafft, ihn zu erreichen. ❻ Na dann, bis Montag!

❻ Ich auch.

. . .   .

❼ Aber nicht das [da].

Mais   . . .   . .   .

❽ Ich auch nicht.

. . .   .

SOLUTIONS DU 2ᵉ EXERCICE : LES MOTS MANQUANTS.

❶ ont fait semblant ❷ es au courant - pas pu ❸ ce qu'elle veut dire ❹ ferai - férié ❺ ceci ❻ Moi aussi ❼ pas ça ❽ Moi non plus

Deuxième vague : Activez la leçon 48 !

▶ Quatre-vingt-dix-huitième (98ᵉ) leçon

Révision et notes
1. Modalformen: Konditional

Da diese Verbform keine Zeitlichkeit spezifiziert, sondern sich auf die Frage nach der Wirklichkeit/Unwirklichkeit des zu beschreibenden Sachverhalts bezieht, ist sie keine Zeitform, sondern eine sog. Modalform. Ein Beispiel haben Sie in Lektion 95 kennengelernt: **Vous gagneriez deux fois plus si vous preniez cet emploi**.

Sowohl seine Bildung als auch seine Verwendung sind einfach. Das Konditional wird gebildet, indem dem Futurstamm die Imperfektendungen **-ais, -ais, -ait, -ions, -iez, -aient** angehängt werden: Dazu ein paar Beispiele:

donner „geben"

je donnerais „ich würde geben"
tu donnerais „du würdest geben"
il/elle donnerait „er/sie/es würde geben"
nous donnerions „wir würden geben"
vous donneriez „ihr würdet/Sie würden geben"
ils/elles donneraient „sie würden geben".

finir „beenden"

je finirais „ich würde beenden"
tu finirais „du würdest beenden"
il/elle finirait „er/sie/es würde beenden"
nous finirions „wir würden beenden"
vous finiriez „ihr würdet/Sie würden beenden"
ils/elles finiraient „sie würden beenden".

Meistens taucht das Konditional in Satzkonstruktionen auf, die mit **si** „wenn, falls" eingeleitet werden. Dabei muss das Verb nach **si** immer im Imperfekt stehen (obwohl wir im Deutschen hier das Konditional benutzen!). Nach **si** darf nie das Konditional verwendet werden.

 Si vous partiez (Imp.) **maintenant, vous arriveriez** (Kond.) **à l'heure**. „Wenn ihr jetzt gehen würdet (gingt), würdet ihr rechtzeitig ankommen".
 Si j'avais (Imp.) **son numéro, je l'appellerais.** (Kond.) „Wenn ich seine/ihre Nummer hätte (hatte), würde ich ihn/sie anrufen".

Achtundneunzigste Lektion

Il vous le dirait (Kond.), **s'il le savait** (Imp.). „Er würde es Ihnen sagen, wenn er es wüsste (wusste)".

Das Konditional findet hauptsächlich in Höflichkeitsfloskeln Verwendung. Und hier begegnen uns gleich zwei unregelmäßige Formen:
vouloir „wollen" - **je voudrais, nous voudrions, ils voudraient**...
Je voudrais savoir... „Ich wüsste gerne ..."
pouvoir „können" - **je pourrais, il pourrait, vous pourriez**...
Pourriez-vous me dire... ? „Könnten Sie mir sagen ...?"

und natürlich unsere beiden Hilfsverben
être „sein" - **je serais, tu serais, nous serions, ils seraient**...
avoir „haben" - **j'aurais, il aurait, vous auriez**...
Tu n'aurais pas vu Georges par hasard ? „Hast (Hättest) du nicht zufällig Georges gesehen?"

Sie werden finden, dass die Imperfektform und das Konditional sich von den Endungen her ähneln, aber vergessen Sie nie, dass das Konditional auf der Grundlage des Futurstamms gebildet wird! Sie haben außerdem bemerkt, dass der Unterschied zwischen der 1. Person Sing. Futur - **je partirai** - und der 1. Person Sing. Konditional - **je partirais** - nur das stumme **s** ist.

Es gibt noch einige wenige Abweichungen in der Verwendung, über die wir uns hier aber nicht den Kopf zerbrechen wollen. Merken Sie sich im Moment **Si** + Imperfekt ... Konditional.

2. Verben: Das unpersönliche s'agir de

Dieses Verb wird immer in der unpersönlichen Form, **il s'agit de** verwendet, was „es handelt sich um", „es geht um" bedeutet. Beispiele:
De quoi s'agit-il ?
„Wovon ist die Rede? Worum dreht es sich?"
Quand il s'agit de travailler dur, il n'est jamais là.
„Wenn es darum geht, hart zu arbeiten, ist er nie da".
Il faut qu'il m'appelle. Il s'agit de son avenir.
„Er muss mich anrufen. Es geht um seine Zukunft".

Il veut me voir. Il s'agit de la lettre que je lui ai écrite.
„Er will mich sehen. Es geht um den Brief, den ich ihm geschrieben habe".
Il s'agit de savoir si...
„Es ist die Frage, ob ..."

▶ **Quatre-vingt-dix-neuvième (99ᵉ) leçon**

Le travail

1. Jean-Michel et Claude habitent à Vannes en Bretagne, une belle région dans l'ouest de la France. ①
2. Claude est‿institutrice. Elle travaille dans‿une petite école à une trentaine de kilomètres de Vannes. ②

IL N'A PAS TELLEMENT ENVIE DE CHANGER DE MÉTIER.

(PRONONCIATION)
[*2 ... äñ-ßti-tü-**triß** ...*]

Häufig kann **il s'agit de** in der deutschen Übersetzung weggelassen werden, wie Sie bereits in Lektion 92 gelernt haben.

Je vais te parler d'une personne, que j'aimais bien : il s'agit de ton père. „Ich werde dir von einer Person erzählen, die ich sehr gern hatte: Dein Vater".

Deuxième vague : Activez la leçon 49 !

Neunundneunzigste Lektion

Die Arbeit

[1] Jean-Michel und Claude wohnen in Vannes in der Bretagne, einer schönen Gegend im Westen Frankreichs.
[2] Claude ist Lehrerin. Sie arbeitet in einer kleinen Schule etwa 30 Kilometer von Vannes entfernt.

Lerntipp

Sie sind jetzt so weit fortgeschritten, dass Sie unsere vereinfachte Lautschrift kaum noch benötigen. Bei schwierig auszusprechenden Wörtern lassen wir Sie selbstverständlich nicht im Stich! Hören Sie sich gerade jetzt besonders sorgfältig die Aufnahmen an.

ANMERKUNGEN

(1) Adjektive stehen i. d. R. hinter dem Substantiv, auf das sie sich beziehen. Kurze Adjektive wie **beau/belle**, **grand/grande**, **petit/petite** dagegen stehen vor dem Substantiv: **un grand projet** „ein großes Projekt", **une petite calculatrice** „ein kleiner Taschenrechner". Grundsätzlich nachgestellt werden Adjektive, die sich aus drei oder mehr Silben zusammensetzen, sowie Adjektive, die Farben bezeichnen: **une belle fleur rouge** „eine schöne rote Blume".

(2) **un professeur (un prof)** ist ein „(Fach-)Lehrer" an einer höheren Schule, **un professeur** kann auch ein Universitätsprofessor sein, während **un instituteur/une institutrice** ein „Grundschullehrer" / eine „Grundschullehrerin" ist. Dieser wird auch **professeur des écoles** genannt.

| 3 | Jean-Michel, lui, est ingénieur informaticien.
| 4 | Mais il y a trois mois, la société pour laquelle il travaillait a fermé ses portes
| 5 | et Jean-Michel s'est retrouvé au chômage. Depuis, il cherche du travail. ③
| 6 | – Encore une lettre de refus ! Ça fait la quatrième depuis le début du mois.
| 7 | Cette fois-ci, paraît- il, je suis trop qualifié. Tu vois, maintenant les boîtes embauchent les jeunes avec bac plus trois, qui sont moins chers. ④
| 8 | Évidemment, avec mon diplôme d'ingénieur et mes dix années d'expérience, je suis presque trop vieux déjà.
| 9 | – Ne te tracasse pas, chéri. ⑤
| 10 | Ça ne fait que trois mois que tu cherches. Tu trouveras bientôt, j'en suis sûre.
| 11 | – Au point où j'en suis, je suis prêt à accepter n'importe quel petit boulot. À la limite, je donnerais des cours de maths. ⑥
| 12 | – Tu dis n'importe quoi. De toute façon, tu détestes l'enseignement. ⑦

(PRONONCIATION)

[**7** ... *añ*-**bo-sch** ...]

| 3 | Jean-Michel (er) ist EDV-Ingenieur.
| 4 | Aber vor drei Monaten hat die Firma, für die er arbeitete, zugemacht (ihre Türen geschlossen),
| 5 | und Jean-Michel ist arbeitslos geworden (hat sich in der Arbeitslosigkeit wiedergefunden). Seitdem sucht er Arbeit.
| 6 | – Noch eine Absage (Ablehnungsbrief)! Das ist (macht) der vierte seit Beginn des Monats.
| 7 | Dieses Mal, so scheint es, bin ich überqualifiziert. Siehst du, jetzt stellen die Firmen junge Leute ein, die nach dem Abitur drei Jahre studiert haben, [und] die billiger sind.
| 8 | Da bin ich natürlich mit meinem Ingenieurdiplom und meinen zehn Jahren Berufserfahrung schon fast zu alt.
| 9 | – Mach Dir keine Sorgen, Liebling.
| 10 | Du suchst erst seit drei Monaten (Das macht nur drei Monate, dass du suchst). Du wirst bald [etwas] finden, da(von) bin ich sicher.
| 11 | – An dem Punkt, an dem ich bin, bin ich bereit, jeden noch so kleinen Job anzunehmen. Schlimmstenfalls würde ich Mathematikkurse geben.
| 12 | – Du redest Unsinn (sagst irgend etwas). Du verabscheust doch das Bildungswesen.

(ANMERKUNGEN)

③ **se retrouver** „sich wiederfinden, sich zurechtfinden, sich selbst erkennen" wird hier jedoch im Sinne von „werden" verwendet.

④ Neben **une société** und **une entreprise** „Firma" benutzen die Franzosen in der Umgangssprache häufig **une boîte** (wörtlich „Schachtel"). **Ma boîte m'envoie en Bretagne** „Meine Firma schickt mich in die Bretagne". Achtung: **mettre quelqu'un en boîte** heißt „jmdn. auf den Arm nehmen".

⑤ **tracasser** hat die Bedeutung „plagen, schikanieren", **se tracasser** „sich Sorgen machen". Das Substantiv **le tracas** bedeutet „Plackerei, Mühen, Ärger, Sorgen". **Avoir des tracas** „Sorgen haben".

⑥ Ebenso umgangssprachlich wie **la boîte** ist auch **le boulot** [*bu-lo*], die „Arbeit". **Au boulot** heißt „bei der Arbeit, in der Firma". Mit **un petit boulot** ist ein relativ niedriger Job oder ein Nebenjob gemeint. Manchmal hört man auch **un job** [*dschˉOb*].

⑦ **enseigner** heißt „unterrichten", aber **l'enseignement** meint das gesamte Bildungswesen.

13 – Là, tu as tort. J'aime assez donner des cours. En tout cas, j'aime bien les jeunes.

14 Je n'aime pas l'idée d'abandonner mon métier, mais qu'est-ce que tu veux ? Ce que je ne peux pas accepter, c'est de ne rien faire.

15 – Pas question d'abandonner ton métier. ⑧

16 Si besoin est, on peut quitter la région. Je n'en ai pas tellement envie, mais s'il le faut…

17 – Bon, pas de précipitation. Attendons encore un peu.

1ᵉʳ EXERCICE : COMPRENEZ-VOUS CES PHRASES ?

❶ Serge est bibliothécaire. Nathalie, elle, est assistante sociale. ❷ Depuis la fermeture de l'usine, il cherche du travail. ❸ Ça fait trois mois qu'elle est au chômage. ❹ Je n'aime pas l'idée de quitter la Bretagne. ❺ Il n'a pas tellement envie de changer de métier.

2ᵉ EXERCICE : TROUVEZ LES MOTS MANQUANTS !

❶ Er arbeitet in einer Fabrik, die sich etwa 50 Kilometer von Vannes entfernt befindet.

Il travaille dans une usine située . . . .
. . . . Vannes.

❷ Das ist (macht) der dritte Brief seit Beginn des Monats.

. . . . . . la troisième lettre . . . . . . le début du mois.

❸ Sie ist arbeitslos geworden (hat sich in der Arbeitslosigkeit wiedergefunden).

Elle . .' . . . . au chômage.

❹ Du redest Unsinn. Du weißt sehr gut, dass du das Bildungswesen verabscheust.

Tu . . . . . .' . . . . Tu sais très bien que tu . . . .' . . . .

| 13 | – Da hast du unrecht. Ich gebe ganz gerne Unterricht. Jedenfalls mag ich junge Leute gerne.
| 14 | Ich mag den Gedanken nicht, meinen Beruf aufzugeben, aber was soll ich machen (was willst du)? Was ich nicht akzeptieren kann, ist, nichts zu tun.
| 15 | – Es kommt nicht in Frage, dass du deinen Beruf aufgibst.
| 16 | Wenn es nötig ist, gehen wir in eine andere Gegend (können wir die Gegend verlassen). Ich habe nicht viel Lust darauf, aber wenn es sein muss ...
| 17 | – Gut, wir wollen nichts überstürzen (keine Überstürzung). Warten wir noch etwas.

(ANMERKUNGEN)

⑧ **Pas question de** ist hier die verkürzte Form von **Il n'est pas question de**. Man könnte auch sagen **hors** [*O▸r*] **de question**: **Travailler comme bibliothécaire est hors de question** „Als Bibliothekar/in zu arbeiten, kommt nicht infrage".

SOLUTIONS DU 1er EXERCICE : AVEZ-VOUS BIEN COMPRIS ?

❶ Serge ist Bibliothekar, Nathalie (sie) ist Sozialberaterin. ❷ Seit der Schließung der Fabrik sucht er Arbeit. ❸ Sie ist seit drei Monaten arbeitslos (Das macht drei Monate, dass ...). ❹ Ich mag den Gedanken, die Bretagne zu verlassen, nicht. ❺ Er hat nicht so große Lust, den Beruf zu wechseln.

❺ Da hast du unrecht. Wir können die Bretagne verlassen, wenn es nötig ist.

.., tu .. .. On peut quitter la Bretagne

.. ..

SOLUTIONS DU 2e EXERCICE : LES MOTS MANQUANTS.

❶ à une cinquantaine de kilomètres de ❷ Ça fait - depuis ❸ s'est retrouvée ❹ dis n'importe quoi - détestes l'enseignement ❺ Là - as tort - si besoin est

Deuxième vague : Activez la leçon 50 !

▶ Centième (100ᵉ) leçon

Admettons...

1 Six mois plus tard, Jean-Michel n'a toujours rien trouvé.
2 Les emplois se font rares dans la région, et il est maintenant complètement découragé. ①
3 – Dis, chérie, tu te souviens de ce que tu as dit l'autre jour ? Qu'on pourrait éventuellement quitter la région ?
4 – Oui mais je préfererais l'éviter si je peux.
5 – Je comprends, mais regarde : ça fait maintenant neuf mois que je cherche, et toujours rien ! ②
6 Je suis sûr que je trouverais du boulot à Paris. ③
7 – Admettons. Mais on n'aurait pas du tout la même qualité de vie là-bas qu'ici. ④
8 À Paris, il y la pollution, la circulation, le bruit – la foule, quoi. Et n'oublie pas que le coût de la vie est plus élevé. ⑤

Einhundertste Lektion

Zugegeben ...

1 Sechs Monate später hat Jean-Michel noch immer nichts gefunden.
2 Freie Stellen sind schwer zu finden (machen sich rar) in dieser Gegend, und er ist nun völlig entmutigt.
3 – Sag mal, Liebling, erinnerst du dich an das, was du neulich gesagt hast? Dass wir eventuell die Gegend verlassen könnten?
4 – Ja, aber ich würde es vorziehen, es nicht zu tun (es zu vermeiden), wenn ich kann.
5 – Ich verstehe das, aber sieh mal: Ich suche nun seit neun Monaten, und immer noch nichts!
6 Ich bin sicher, dass ich in Paris Arbeit finden würde.
7 Zugegeben. Aber wir hätten dort überhaupt nicht die gleiche Lebensqualität wie hier.
8 In Paris gibt es die Luftverschmutzung, den Verkehr, den Lärm – einfach Menschenmassen. Und vergiss nicht, dass die Lebenshaltungskosten höher sind.

ANMERKUNGEN

① se faire rare „sich rar machen, sich nur noch selten sehen lassen". Hier ist gemeint: „schwer zu finden sein".

② Erinnern Sie sich daran, dass bei der Befehlsform der 2. Person Singular das s am Verbende wegfällt. Es heißt zwar tu regardes „du siehst", aber Regarde ! „Sieh!"

③ le boulot kennen wir schon als „kleinen Job". Es heißt auch allgemein „Arbeit": Il y a autre chose que le boulot dans la vie „Es gibt mehr im Leben als die Arbeit". Jean a du boulot pour moi „Jean hat Arbeit für mich".

④ Mit Admettons kann man in einem Punkt nachgeben und einen anderen dagegenhalten. Tu dis qu'il est pauvre. Admettons, mais il a quand même deux maisons „Du sagst, er ist arm. Zugegeben, aber er hat trotzdem zwei Häuser".

⑤ la vie bezeichnet das „Leben", aber auch die „Lebenshaltung", den „Lebensunterhalt". Elle a eu une vie extraordinaire „Sie hat ein außergewöhnliches Leben gehabt". Il gagne bien sa vie „Er verdient gut seinen Lebensunterhalt".

9	– Je te l'accord, mais il faut aller là où il y a du travail. ⑥
10	C'est vrai que la vie est plus chère à Paris, mais les salaires y sont plus_élevés aussi.
11	Et puis, on n'est pas obligés d'habiter Paris même. ⑦⑧
12	On peut chercher quelque chose en grande banlieue, si ça te dit. ⑨
13	– Tu ne penses pas que tu brûles les_étapes ? Attendons encore un petit peu. ⑩
14	– Je ne vois pas d'autre solution.
15	– Ne t'en fais pas. Tout_ira bien. ⑪
16	Tout_est bien qui finit bien.

(ANMERKUNGEN)

⑥ **Je te/vous l'accord, mais...** „Da stimme ich dir/Ihnen zu, aber ...".

⑦ Hier sehen Sie noch einmal, dass „in Paris wohnen" **habiter Paris** (ohne Präposition **à**) heißen kann.

1ᵉʳ EXERCICE : COMPRENEZ-VOUS CES PHRASES ?

❶ Je n'ai toujours rien trouvé. ❷ Tu n'auras pas du tout la même qualité de vie. ❸ Elle préférerait l'éviter si elle peut. ❹ Je vous l'accord, mais le coût de la vie est très élevé. ❺ Ne brûle pas les étapes.

2ᵉ EXERCICE : TROUVEZ LES MOTS MANQUANTS !

❶ (Die) Jobs sind in dieser Gegend schwer zu finden.

Les emplois .. .. dans cette région.

❷ Das mag sein (Geben wir zu). Aber vergiss nicht, dass es viel Luftverschmutzung gibt.

.... Mais .'...... ... ..'..

. . beaucoup de pollution.

9 – Da stimme ich dir zu, aber man muss dorthin gehen, wo Arbeit ist.
10 Es ist wahr, dass das Leben in Paris teurer ist, aber die Gehälter sind dort auch höher.
11 Und außerdem sind wir nicht verpflichtet, direkt in Paris zu wohnen.
12 Man kann etwas in den entfernteren Vororten suchen, wenn dir das gefällt.
13 – Denkst du nicht, dass du überstürzt handelst (die Etappen verbrennst)? Warten wir noch ein bisschen.
14 – Ich sehe keine andere Lösung.
15 – Sorge dich nicht, alles wird gut (gehen).
16 Ende gut, alles gut (Alles ist gut, was endet gut).

⑧ Denken Sie daran, dass **même** in Verbindung mit einer Großstadt „direkt" heißen kann, im Gegensatz zum Umland. **Est-ce qu'elle habite Lyon même ou en banlieue ?** „Wohnt sie direkt in Lyon oder im Vorort?"

⑨ **si ça te/vous dit** „wenn dir/Ihnen das gefällt, wenn du/Sie Lust darauf hast/haben". **Ça te dit d'aller voir ma mère ce week-end ?** „Hast du Lust, dieses Wochenende meine Mutter besuchen zu gehen?". Die Antwort könnte lauten: **Ça me dit** „Ich hätte Lust; Es spricht mich an" oder **Ça ne me dit rien (du tout)** „Das interessiert mich (überhaupt) nicht; Das spricht mich nicht an".

⑩ Der Ausdruck **brûler les étapes**, wörtlich „die Etappen verbrennen", stammt aus dem Sport und bedeutet, bei einem Rennen die Ecken zu schneiden, im übertragenen Sinne: etwas hastig und überstürzt zu tun.

⑪ **s'en faire** bedeutet „sich Sorgen machen, sich sorgen" und wird (verneint) hauptsächlich in der Befehlsform verwendet: **Ne vous en faites pas ! Vous êtes capable de le faire** „Machen Sie sich keine Sorgen! Sie sind dazu in der Lage (sind fähig es zu tun)".

SOLUTIONS DU 1ᵉʳ EXERCICE : AVEZ-VOUS BIEN COMPRIS ?

❶ Ich habe noch immer nichts gefunden. ❷ Du wirst überhaupt nicht die gleiche Lebensqualität haben. ❸ Sie würde es lieber vermeiden, wenn sie kann. ❹ Da stimme ich Ihnen zu, aber die Lebenshaltungskosten sind sehr hoch. ❺ Überstürze nichts.

❸ Das Leben ist teurer, aber die Gehälter sind dort auch höher.

La vie ... ., mais ...
.... sont .... aussi.

❹ Sie können/Ihr könnt etwas im Vorort suchen, wenn Sie/ihr Lust haben/habt.

Vous .... quelque chose ..
.... si .. ..

▶ **Cent-unième (101ᵉ) leçon**

La candidature

| 1 | Ayant pris la décision de quitter la Bretagne, Jean-Michel se met activement à la recherche d'un emploi dans la région parisienne.
| 2 | Tous les jours, il achète les grands quotidiens ①
| 3 | et scrute attentivement les offres d'emploi. ②

PRONONCIATION [*2* ... ko-ti-**djän** ...]

❺ Machen Sie sich / Macht euch keine Sorgen. Ich bin sicher, dass Sie/ihr dazu in der Lage sind/seid.

. . . . Je suis sûr que vous . . êtes capable.

SOLUTIONS DU 2ᵉ EXERCICE : LES MOTS MANQUANTS.

❶ se font rares ❷ Admettons - n'oublie pas qu'il y a ❸ est plus chère - les salaires y - plus élevés ❹ pouvez chercher - en banlieue - ça vous dit ❺ Ne vous en faites pas - en

Deuxième vague : Activez la leçon 51 !

Einhunderterste Lektion

Die Bewerbung

1. Nachdem er die Entscheidung getroffen (genommen) hat, die Bretagne zu verlassen, begibt sich Jean-Michel aktiv auf die Suche nach einer Stelle in Paris und Umgebung (im Pariser Gebiet).
2. Jeden Tag kauft er die großen Tageszeitungen
3. und untersucht aufmerksam die Stellenangebote.

ANMERKUNGEN

① **le quotidien** ist ein Ausdruck für die „Tageszeitung". Das Adjektiv **quotidien** bedeutet „(all)täglich", das Substantiv das „Alltägliche".

② Von **scruter** „untersuchen, unter die Lupe nehmen" kommt **le scrutin** „Abstimmung, Wahl". **On élit le président par voie de scrutin** „Der Präsident wird durch eine Abstimmung gewählt". **Le mode de scrutin** ist das „Wahlsystem". Und für „die Stimmen auswerten" sagt man **dépouiller** [*de-pu-je*‑] **le scrutin**.

4	Il consulte aussi les annonces disponibles sur le Minitel. ③
5	Il y a l'embarras du choix, mais peu d'offres qui l'intéressent vraiment.
6	Et puis un jour, il tombe sur l'annonce suivante:
7	"SSII recherche informaticien(ne) expérimenté(e) (H/F). Diplômé(e) grande école ou institut ingénierie. ④⑤
8	Connaissances multimédia obligatoires. Libre de suite. Anglais indispensable. ⑥
9	Adresser CV et lettre de motivation au DRH, Société Toutvu, Les Ulis." ⑦
10	– Ça y est. Ça correspond parfaitement à mon profil. Et en plus, le poste est à pourvoir tout de suite. ⑧
11	Jean-Michel s'installe à son ordinateur, charge l'application de traitement de texte et se met à écrire :
12	"Messieurs,
13	en réponse à votre annonce parue hier, j'ai l'honneur de poser ma candidature au poste d'informaticien.

(PRONONCIATION)

[*5* .. *lañ*-ba-*ra* ...]

(ANMERKUNGEN)

③ Der seit 1982 angebotene Videotextservice Minitel, vergleichbar mit BTX, ermöglichte dank der einfachen Bedienbarkeit der Terminals jahrzehntelang Millionen Franzosen den Zugang zu elektronischen Informations- und Unterhaltungsdiensten. Der Service wurde 2012 endgültig eingestellt.

④ SSII [äß-äß-dös i] steht für Société de Services en Ingénierie Informatique, eine „Firma für Computerdienstleistungen". Wie Sie bereits wissen, liebt das Französische Abkürzungen und Initialen und bildet sogar neue Substantive aus ihnen.

|4| Er sieht sich auch die über das Minitel verfügbaren Anzeigen an.
|5| Es gibt eine große Auswahl (die Hilflosigkeit der Auswahl), aber nur wenige Angebote, die ihn wirklich interessieren.
|6| Und dann, eines Tages, stößt er auf die folgende Anzeige:
|7| „Firma für Computerdienstleistungen und Informatik sucht erfahrene/n Informatiker/in (m/w) [mit] Diplom an Wirtschafts- oder technischer Hochschule.
|8| Multimedia-Kenntnisse unerlässlich. Beginn (frei) sofort. Englischkenntnisse unbedingt erforderlich.
|9| (Senden) Lebenslauf und Bewerbungsschreiben (Motivationsbrief) an Personalleiter, Firma Toutvu, Les Ulis.
|10| – Na bitte. Das entspricht ganz meinem Profil. Und darüber hinaus ist die Stelle sofort zu besetzen.
|11| Jean-Michel setzt sich an seinen Computer, startet das Textverarbeitungsprogramm und beginnt zu schreiben:
|12| „Sehr geehrte [Damen und] Herren,
|13| in Beantwortung Ihrer gestern erschienenen Anzeige möchte ich mich (habe ich die Ehre, meine Bewerbung vorzulegen) um die Stelle des Informatikers bewerben.

⑤ grandes écoles ist ein sehr restriktiver Begriff. Gemeint sind einige wenige Elitehochschulen, wie man sie z. B. auch in England findet, darunter die HEC (Hautes Études Commerciales), die Sup de Co (École Supérieure de Commerce), beides Wirtschafthochschulen, Arts et Métiers, eine Ingenieurschule und Polytechnique, eine Militärhochschule für Ingenieure.

⑥ Die Tatsache, dass diese Anzeige im „Telegrammstil" verfasst ist, bringt es mit sich, dass auf Präpositionen usw. verzichtet wird. Normalerweise würde man sagen: Connaissances en multimédia.

⑦ DRH steht für Directeur des Ressources Humaines und meint die Personalleitung.

⑧ Hier sehen Sie wieder, wie wichtig es ist, das Geschlecht jedes Substantivs zu lernen: le poste ist die „Arbeitsstelle", aber la poste ist die „Post" (als Institution).

14	Diplômé de l'ENSEA, j'ai dix ans d'expérience en informatique.
15	Je vous prie de bien vouloir trouver ci-joint mon CV, qui vous fournira de plus amples renseignements sur mon parcours professionnel. ⑨⑩
16	Dans l'espoir que vous voudrez bien considérer favorablement ma candidature, je vous prie de croire, Messieurs, à l'assurance de mes sentiments distingués. ⑪
17	Jean-Michel attend le retour de Claude avec impatience pour partager la bonne nouvelle.
18	Elle rentre vers six heures et, épuisée après sa longue journée, s'affale dans un fauteuil. ⑫
19	– Ouf, je suis crevée ! Qu'est-ce que tu as fait de ta journée ? ⑬
20	– Devine ! J'ai trouvé une offre d'emploi qui semble parfaite pour moi et j'ai envoyé ma candidature.
21	Croisons les doigts. ⑭

ANMERKUNGEN

⑨ CV steht für das lateinische curriculum vitae, den „Lebenslauf".

⑩ un parcours ist „eine bestimmte Strecke". Hier ist der „Werdegang", die „Karriere" gemeint. Es ist verwandt mit parcourir „durchlaufen, durchfahren, durchreisen".

⑪ Dies ist eine sehr förmliche Grußformel. Will man etwas weniger formell sein, benutzt man Sincères salutations, was unserem „Mit freundlichen Grüßen" entspricht, oder unter Freunden Amitiés „Viele Grüße".

1er EXERCICE : COMPRENEZ-VOUS CES PHRASES ?

❶ Il y a l'embarras du choix, mais rien qui les intéressait vraiment. ❷ Ça y est. Ça correspond parfaitement à son profil. ❸ Ouf, je n'en peux plus. Je suis crevé. ❹ Qu'est-ce qu'elle a fait de sa journée ? ❺ Croisons les doigts.

|14| Ich habe mein ENSEA-Diplom gemacht und habe zehn Jahre Berufserfahrung in der Informatik.

|15| Anbei finden Sie (Ich bitte Sie, gut finden zu wollen) meinen Lebenslauf, dem Sie (der Ihnen liefert) ausführlichere Informationen über meinen beruflichen Werdegang entnehmen können.

|16| Ich hoffe (In der Hoffnung), dass Sie meine Bewerbung wohlwollend beurteilen, verbleibe ich mit freundlichen Grüßen (bitte ich Sie zu glauben, meine Herren, an die Zusicherung meiner vornehmsten Gefühle).

|17| Jean-Michel wartet mit Ungeduld auf Claudes Rückkehr, um ihr die gute Neuigkeit mitzuteilen (um die gute Neuigkeit mit ihr zu teilen).

|18| Sie kommt gegen sechs Uhr nach Hause, und lässt sich, erschöpft nach ihrem langen Tag, in einen Sessel fallen.

|19| – Puh, ich bin todmüde! Was hast du heute (von deinem Tag) gemacht?

|20| – Rat mal! Ich habe ein Stellenangebot gefunden, das für mich perfekt erscheint, und ich habe meine Bewerbung abgeschickt.

|21| Drücken wir die Daumen (Kreuzen wir die Finger).

---

(12) In **épuisé** steckt **le puits**, der „Brunnen". **Puiser** bedeutet „Wasser holen", **puiser dans ses réserves** „seine letzten Kräfte mobilisieren". Ist etwas oder jemand also **épuisé**, so ist nichts mehr herauszuholen.

(13) **crevé(e)** ist die umgangssprachliche Steigerung von **épuisé**. Hier ist jedoch anstelle des Wassers die Luft raus. Erinnern Sie sich an **un pneu crevé** „ein platter Reifen".

(14) Will man, dass etwas nicht eintrifft, so sagt man **Touche du bois !** „Klopf auf Holz!"

SOLUTIONS DU 1ᵉʳ EXERCICE : AVEZ-VOUS BIEN COMPRIS ?

❶ Es gab viel Auswahl, aber nichts, was sie wirklich interessierte. ❷ Na bitte. Das entspricht genauestens seinem Profil. ❸ Puh, ich kann nicht mehr. Ich bin todmüde. ❹ Was hat sie heute (von ihrem Tag) gemacht? ❺ Drücken wir die Daumen (kreuzen wir die Finger).

2ᵉ EXERCICE : TROUVEZ LES MOTS MANQUANTS !

❶ Anbei finden Sie (Ich bitte Sie, anbei gut finden zu wollen) die Informationen über meinen beruflichen Werdegang.

Je ....
....-...... les renseignements sur
... . professionnel.

❷ Hochachtungsvoll (Ich bitte Sie zu glauben, meine Herren, an die Zusicherung meiner vornehmsten Gefühle).

Je ...., Messieurs,
à .'.......... de mes ....
....

❸ Nachdem er die Entscheidung getroffen (genommen) hatte, Arbeit zu suchen, kauft er alle großen Tageszeitungen.

.... la décision .. ..
du travail, il achète .... les ......
....

▶ **Cent-deuxième (102ᵉ) leçon**

Une réponse

1   Après une semaine passée sur des charbons‿ardents, Jean-Michel reçoit enfin une lettre de la société Toutvu : ①

2 – "Monsieur, Nous avons pris connaissance de votre candidature, qui a retenu toute notre attention.

(PRONONCIATION)
[*1... schar-**boñs**‿ar-**dañ** ...*]

④ Erschöpft nach einem langen Arbeitstag, lässt er sich in einen Sessel fallen.

...... après ... .
......., il .'...... dans un fauteuil.

⑤ Sie warten auf seine Rückkehr, um ihm die gute Nachricht mitzuteilen.

... . pour lui raconter la bonne nouvelle.

SOLUTIONS DU 2ᵉ EXERCICE : LES MOTS MANQUANTS.

① vous prie de bien vouloir trouver ci-joints - mon parcours ② vous prie de croire - l'expression - sentiments distingués ③ Ayant pris - de chercher - tous - grands quotidiens ④ Épuisé - une longue journée de travail - s'affale ⑤ Ils attendent son retour

Deuxième vague : Activez la leçon 52 !

Einhundertzweite Lektion

Eine Antwort

1 Nachdem er eine Woche (Nach einer Woche verbracht) auf heißen Kohlen gesessen hat, erhält Jean-Michel endlich einen Brief von der Firma Toutvu:

2 – „Sehr geehrter Herr, wir haben (Kenntnis genommen von) Ihre Bewerbung erhalten, die bei uns großes Interesse geweckt hat (die unsere gesamte Aufmerksamkeit erregt hat).

ANMERKUNGEN

① Die Wendung **sur des charbons ardents** kommt auch sinngetreu im Deutschen vor: „auf heißen (glühenden) Kohlen". **Ardent(e)** bedeutet auch „heftig, leidenschaftlich".

3 Nous souhaitons vous rencontrer afin d'en parler en détail. ②

4 Aussi nous vous invitons à prendre rendez-vous avec Monsieur François Fauconnier, notre directeur des ressources humaines. ③

5 Dans cette attente, nous vous prions d'agréer, Monsieur, l'expression de nos sentiments distingués."

6 – Enfin ! Mais je ne dois pas trop me réjouir à l'avance. Après tout, ça n'est qu'un entretien... ④

7 Trois jours plus tard, Jean-Michel prend le TGV pour gagner Paris. ⑤

8 À la gare Montparnasse, il prend le métro pour se rendre au siège de Toutvu. ⑥

(PRONONCIATION)

[4 ... rÖ-ßurßs ü-mä-n ...]

| 3 | Wir würden Sie gerne treffen, um im Detail darüber zu sprechen.
| 4 | Wir bitten Sie daher, einen Termin mit Herrn François Fauconnier, dem Leiter unserer Personalabteilung, zu vereinbaren.
| 5 | In Erwartung dessen verbleiben wir mit freundlichen Grüßen (bitten wir Sie, sehr geehrter Herr, dem Ausdruck unserer vornehmsten Gefühle zuzustimmen)."
| 6 | – Endlich! Aber ich sollte mich nicht zu sehr im Voraus freuen. Schließlich ist es nur ein Gespräch ...
| 7 | Drei Tage später nimmt Jean-Michel den TGV, um nach Paris zu fahren (um Paris zu erreichen).
| 8 | Am Bahnhof Montparnasse nimmt er die Metro, um zum Firmensitz von Toutvu zu fahren.

(ANMERKUNGEN)

② **afin de** ist eine formellere Variante von **pour** „um zu": **Je veux la rencontrer pour / afin de parler de son projet** „Ich möchte sie treffen, um über ihr Projekt zu sprechen".

③ In der Satzmitte bedeutet **aussi** „auch", steht es jedoch am Satzanfang, so bedeutet es „daher, deshalb". **Aussi, nous pensons que vous êtes l'homme qu'il nous faut** „Daher glauben wir, dass Sie der Mann sind, den wir brauchen".

④ **un entretien** ist eine „Unterhaltung", ein „Gespräch". Es findet sowohl in der Umgangssprache als auch in der gehobenen Sprache Verwendung. **Suite à notre entretien téléphonique d'hier...** „Anknüpfend an unser gestriges Telefonat ...".

⑤ **TGV** steht für **(le) train à grande vitesse**, den berühmten „Hochgeschwindigkeitszug" Frankreichs, der seit 1984 im Einsatz ist. Im Allgemeinen kostet eine Fahrt mit dem **TGV** genauso viel wie mit anderen Zügen, aber manchmal muss man **un supplément**, einen „Zuschlag" zahlen. Die Bahnfahrkarten müssen an speziellen Automaten auf den Bahnsteigen entwertet (**composter**), d. h. mit einem Datums- und Zeitstempel versehen werden.

⑥ **un siège** ist eigentlich ein „Sitz" oder „Platz": **Prenez un siège en attendant** „Nehmen Sie Platz, während Sie warten". Eine weitere, übertragene, Bedeutung ist „Parlamentssitz": **Le parti a trois cents sièges à l'Assemblée** „Die Partei hat dreihundert Sitze in der Nationalversammlung". Außerdem heißt es - wie hier im Text - „Firmensitz, -zentrale".

| 9 | – Bonjour Monsieur, puis-je vous aider ? ⑦
| 10 | – Bonjour, je m'appelle Bellon, Jean-Michel. J'ai rendez-vous avec Monsieur Fauconnier. ⑧
| 11 | – Monsieur Bellon... en effet. À neuf heures et quart. Asseyez-vous, je vous en prie. Je l'appelle tout de suite.

| 12 | Un homme va voir un vieux copain qui est devenu ministre. ⑨
| 13 | – Dis donc, je t'ai rendu beaucoup de services dans le passé. Maintenant, il faudrait me renvoyer l'ascenseur. ⑩
| 14 | Peux-tu trouver un boulot pour mon fils, qui est un bon à rien ?
| 15 | – Bien sûr, répond le ministre. Je peux l'embaucher demain comme directeur de cabinet. ⑪
| 16 | – C'est trop.
| 17 | – D'accord, je le prends comme directeur de la communication.
| 18 | – Non, il faut qu'il commence en bas de l'échelle. Tu n'as pas un simple poste de coursier, par exemple ?
| 19 | – Si tu veux, mais il y a un problème. Pour ce genre d'emploi, il faut qu'il ait un diplôme d'ingénieur... ⑫

(PRONONCIATION)

[*18* ... le-**schäl** ... kur-**ßje**▸ ...]

(ANMERKUNGEN)

⑦ Man kann anstelle der Frageform mit Est-ce que... die Inversion verwenden, also Verb und Pronomen umdrehen: Est-ce que vous voulez... ? - Voulez-vous... ?. Beachten Sie jedoch bei der 1. Person Singular von pouvoir „können", dass es statt Est-ce que je peux...? nicht Peux-je...?, sondern Puis-je... ? [*püi-sch˜Ö*] heißt.

|9| – Guten Tag, mein Herr, kann ich Ihnen helfen?
|10| – Guten Tag, ich heiße Bellon, Jean-Michel. Ich habe [eine] Verabredung mit Herrn Fauconnier.
|11| – Herr Bellon ... ja richtig. Um Viertel nach neun. Nehmen Sie doch bitte Platz. Ich rufe ihn sofort.
|12| Ein Mann besucht (geht sehen) einen alten Freund, der Minister geworden ist.
|13| – Hör mal, ich habe dir in der Vergangenheit oft einen Gefallen (viele Gefallen) getan. Jetzt müsstest du dich revanchieren (mir den Aufzug zurückschicken).
|14| Kannst du eine Arbeit für meinen Sohn finden, der ein Nichtsnutz ist?
|15| – Selbstverständlich, antwortet der Minister. Ich kann ihn morgen als meinen persönlichen Referenten einstellen.
|16| – Das ist zu viel.
|17| – Na gut, ich nehme ihn als Manager für Öffentlichkeitsarbeit.
|18| – Nein, er muss ganz unten (an der Leiter) anfangen. Hast du nicht eine simple Stelle als Laufjunge, zum Beispiel?
|19| – Wenn du willst, aber es gibt da ein Problem. Für diese Art von Arbeit muss er ein Ingenieurdiplom haben ...

⑧ In gewissen formellen Situationen nennen die Franzosen den Nachnamen vor dem Vornamen (dies ist allerdings sehr selten!). Bei Anschriften und auf Briefen findet man diese Eigentümlichkeit häufiger.

⑨ **un copain** (unbest. Artikel) ist der saloppe Ausdruck für **un ami** „Freund". Mit dem bestimmten Artikel oder dem Possessivpronomen bezeichnet es den „Freund" in einer Liebesbeziehung, während **la copine** die „Freundin" ist.

⑩ **renvoyer l'ascenseur** (**un ascenseur** „Aufzug, Lift") ist der übliche Ausdruck für „sich revanchieren".

⑪ In Frankreich hat jeder Minister **un cabinet**, eine Art privates Büro. **M. Legal est le chef de cabinet du ministre de la culture** „Herr Legal ist der Büroleiter des Kultusministers". **Les cabinets** ist auch ein saloppe Ausdruck für „Toilette(n)".

⑫ **qu'il ait...** ist der sog. Konjunktiv der 3. Person Singular von **avoir**, mehr ein Modus als eine Zeitform. Die einzelnen Formen lauten **que j'aie**, **que tu aies**, **qu'il/elle ait**, **que nous ayons**, **que vous ayez**, **qu'ils/elles aient**.

LEKTION 102

1er EXERCICE : COMPRENEZ-VOUS CES PHRASES ?

❶ Elle a reçu une réponse ? ❷ Pas encore. Elle est sur des charbons ardents. ❸ Elle prend le train pour se rendre à Paris et le métro pour gagner son bureau. ❹ Puis-je vous aider ? ❺ Nous avons rendez-vous avec Monsieur Julliard. ❻ Dis donc, il faudrait me renvoyer l'ascenseur. ❼ Mon père a commencé en bas de l'échelle.

2e EXERCICE : TROUVEZ LES MOTS MANQUANTS !

❶ Wir müssen eine gute Entschuldigung haben.

Il . . . . une bonne excuse.

❷ Ich habe Ihnen/euch oft einen Gefallen (viele Gefallen) getan: Jetzt sollten Sie/solltet ihr sich/euch revanchieren (mir den Aufzug zurückschicken).

Je . . . . beaucoup de . . . . : maintenant il faudrait . . . .'. . . . . .'. . .

❸ Schließlich ist es nur ein Gespräch.

. . . ., ça .'. . . . .'. . entretien.

▶ **Cent-troisième (103e) leçon**

L'entretien d'embauche

1 – Monsieur Bellon ? François Fauconnier.
Je suis le directeur des ressources humaines
de Toutvu. Venez vous asseoir. ①

SOLUTIONS DU 1er EXERCICE : AVEZ-VOUS BIEN COMPRIS ?

① Hat sie eine Antwort erhalten? ② Noch nicht. Sie sitzt auf heißen Kohlen. ③ Sie nimmt den Zug, um sich nach Paris zu begeben, und die Metro, um zum Büro zu fahren. ④ Kann ich Ihnen/euch helfen? ⑤ Wir haben [eine] Verabredung mit Herrn Julliard. ⑥ Hör mal, du solltest dich bei mir revanchieren. ⑦ Mein Vater hat ganz unten (an der Leiter) angefangen.

④ Kann ich Ihnen helfen? (informell)

... - .. ... je .... vous aider ?

⑤ Kann ich Ihnen helfen? (formell)

.... - .. vous aider ?

SOLUTIONS DU 2e EXERCICE : LES MOTS MANQUANTS.

① faut que nous ayons ② vous ai rendu - services - me renvoyer l'ascenseur ③ Après tout - n'est qu'un ④ Est-ce que - peux ⑤ Puis-je

Deuxième vague : Activez la leçon 53 !

Einhundertdritte Lektion

Das Vorstellungsgespräch

1 – Herr Bellon? François Fauconnier. Ich bin der Leiter der Personalabteilung von Toutvu. Kommen Sie, und setzen Sie sich.

ANMERKUNGEN

① Bei einer lockeren Vorstellung wird gerne auf das umständliche Permettez-moi de me présenter, je m'appelle... verzichtet, sondern man nennt einfach nur seinen Namen.

LEKTION 103

| 2 | Nous avons été très impressionnés par votre CV. Parlez-moi un peu de votre expérience dans le multimédia.
| 3 | – Euh, j'ai toujours été fasciné par les technologies de pointe. Je suis convaincu qu'elles vont révolutionner notre façon de travailler. [2]
| 4 | – Pour ma part, je pense que vous avez raison. Mais tout le monde ne pense pas comme vous. [3]
| 5 | – À mon avis, il ne faut pas revenir en arrière. Voilà pourquoi je travaille depuis longtemps avec Internet.
| 6 | Maintenant, je considère que je me débrouille pas mal... euh, je veux dire, je suis à même de... [4][5]
| 7 | – Je vous en prie. Ici nous sommes assez informels. Ou "relax", si vous préférez. [6]
| 8 | À propos du poste, il s'agit d'un poste de cadre à plein temps.
| 9 | Le candidat retenu sera amené à se déplacer à l'étranger quatre ou cinq fois par an.
| 10 | Il dirigera une équipe de recherches composée de huit personnes.
| 11 | Alors, au niveau du salaire, quelles sont vos prétentions ? Pardon. Combien voulez-vous gagner ?

(ANMERKUNGEN)

[2] la pointe ist die „Spitze". ... de pointe mit der Bedeutung „Spitzen-" wird Substantiven nachgestellt, so z. B. auch la vitesse de pointe „Spitzengeschwindigkeit".

[3] Beachten Sie den unterschiedlichen Satzbau in Tout le monde ne pense pas comme vous (wörtlich: „Jeder denkt nicht wie Sie") und im deutschen „Nicht jeder denkt wie Sie".

| 2 | Wir waren sehr beeindruckt von Ihrem Lebenslauf. Erzählen (Sprechen) Sie mir ein bisschen über Ihre Erfahrungen im Multimedia-Bereich.
| 3 | – Äh, ich war immer von den Spitzentechnologien fasziniert. Ich bin überzeugt, dass sie unsere Art zu arbeiten, revolutionieren werden.
| 4 | – Ich für meinen Teil denke, dass Sie recht haben. Aber es denken nicht alle wie Sie.
| 5 | – Meiner Meinung nach dürfen wir nicht rückwärts gehen (zurückkommen). Das ist der Grund, warum ich seit langer Zeit mit dem Internet arbeite.
| 6 | Inzwischen finde ich, dass ich ganz gut (nicht schlecht) damit zurechtkomme ... äh, ich meine (will sagen), ich bin in der Lage ...
| 7 | – Ich bitte Sie. Wir sind hier ganz ungezwungen. Oder „entspannt", wenn Sie das lieber mögen.
| 8 | Was die Stelle betrifft, so handelt es sich um eine Führungsposition in Vollzeit.
| 9 | Der Bewerber, für den wir uns entscheiden, wird vier- oder fünfmal pro Jahr ins Ausland reisen müssen.
| 10 | Er wird ein Forschungsteam leiten, das sich aus acht Personen zusammensetzt.
| 11 | Nun, was das Gehalt betrifft, was sind Ihre Forderungen? Entschuldigung. Wie viel wollen Sie verdienen?

⁴ **se débrouiller** „zurechtkommen mit". Im Deutschen kann es auch einfach mit „ganz gut können" übersetzt werden: **Parlez-vous russe ? - Je me débrouille.** „Sprechen Sie Russisch? - Ja, ich komme ganz gut zurecht".

⁵ Eine weitere Bedeutung von **même**: **à même de** „imstande, in der Lage sein". Beachten Sie, wie Jean-Michel hier zu einer informelleren Ausdrucksweise übergeht und dann schnell versucht, wieder auf ein höheres sprachliches Niveau zurückzukommen.

⁶ **relax** kommt von **se relaxer** „sich entspannen". **Un exercice de relaxation** „Entspannungsübung".

411

12	– Euh, vous savez, je ne connais pas trop les salaires pratiqués à Paris.
13	Dans mon‿ancien travail, je gagnais trois mille euros sur treize mois. ⑦
14	– Avec les‿avantages en nature, je pense que nous pouvons‿arriver un peu au-dessus.
15	– Permettez-moi de dire que je suis très‿intéressé par le poste. Est-ce qu'il y a d'autres candidats ?
16	– Il faut que je voie encore une personne cet‿après-midi. ⑧
17	Nous vous ferons part de notre décision sous huit jours. Au revoir. ⑨

(ANMERKUNGEN)

⑦ Löhne und Gehälter werden auf monatlicher Basis berechnet, außer in einigen wenigen Bereichen, die von angelsächsischen Praktiken beeinflusst wurden. Wie bei uns gibt es auch in Frankreich **le treizième mois**, das „13. Monatsgehalt".

1er EXERCICE : COMPRENEZ-VOUS CES PHRASES ?

❶ Salut, Jean-Michel. Viens t'asseoir. ❷ À mon avis, vous avez raison. ❸ Au niveau du salaire, combien est-ce que vous voulez gagner ? ❹ Y a-t-il d'autres candidats ? ❺ Il se débrouille pas mal en russe.

2e EXERCICE : TROUVEZ LES MOTS MANQUANTS !

❶ Wir haben vier Hochzeitsanzeigen erhalten.

Nous . . . . quatre . . . . .-. . . de mariage.

❷ Er für seinen Teil ist überzeugt, dass sie unrecht hat.

. . . . , il est convaincu . .'. . . . . tort.

412

|12| – Äh, wissen Sie, ich weiß (kenne) nicht so sehr, welche Gehälter in Paris gezahlt (angewendet) werden.
|13| Bei meiner alten Stelle habe ich dreitausend Euro [pro Monat] plus 13. Monatsgehalt verdient.
|14| – Zusammen mit den Naturalleistungen, denke ich, dass wir etwas darüber liegen können.
|15| – Erlauben Sie mir, zu sagen, dass ich großes Interesse an der Stelle habe. Gibt es andere Bewerber?
|16| – Ich muss mir heute Nachmittag noch eine Person ansehen.
|17| Wir werden Ihnen unsere Entscheidung innerhalb von (unter) acht Tagen mitteilen. Auf Wiedersehen.

⑧ Weiter oben wurde **il faut** in Verbindung mit einem Infinitiv verwendet; dies ist jedoch nur bei unpersönlichen Aussagen („man") möglich. Hier heißt es jedoch **il faut que**, und darauf muss der Konjunktiv folgen (vgl. Lektion 105): **il faut que je voie**.

⑨ **faire part à quelqu'un de quelque chose** ist die formelle Ausdrucksweise für „jmdm. etw. mitteilen". Davon abgeleitet ist **un faire-part** „Mitteilung", aber auch „Anzeige": **Tiens, on a reçu un faire-part de mariage d'Hélène** „Sieh an, wir haben eine Hochzeitsanzeige von Helene bekommen". Das Nomen verändert sich im Plural nicht: **des faire-part**.

SOLUTIONS DU 1ᵉʳ EXERCICE : AVEZ-VOUS BIEN COMPRIS ?

❶ Hallo, Jean-Michel. Komm, setz dich. ❷ Meiner Meinung nach haben Sie / habt ihr recht. ❸ Was das Gehalt betrifft, wie viel möchten Sie / möchtet ihr verdienen? ❹ Gibt es andere Bewerber? ❺ Er spricht recht gut Russisch (kommt in Russisch gut zurecht).

❸ Es denken nicht alle wie ich.

. . . . comme moi.

❹ Ich muss den Direktor persönlich sehen.

Il . . . . le directeur en personne.

LEKTION 103

⑤ Wir dürfen nicht rückwärts gehen.
    Il .. .. en ....

Cent-quatrième (104ᵉ) leçon

Félicitations !

1	Encore une semaine d'angoisse pour Jean-Michel, qui commence à perdre espoir. Et puis, lundi matin… ①
2	– Allô, Monsieur Bellon ? ②
3	– Lui-même. ③
4	– Ici François Fauconnier. Je ne vous dérange pas ?
5	– Pas du tout.

PRONONCIATION

[1 ... añ-goaß ...]

SOLUTIONS DU 2ᵉ EXERCICE : LES MOTS MANQUANTS.

① avons reçu - faire-part ② Pour sa part - qu'elle a ③ Tout le monde ne pense pas ④ faut que je voie ⑤ ne faut pas retourner - arrière

Deuxième vague : Activez la leçon 54 !

Einhundertvierte Lektion

Herzlichen Glückwunsch!

1   Noch eine beklemmende Woche (von Angst) für Jean-Michel, der [langsam] beginnt, die Hoffnung zu verlieren. Und dann, am Montagmorgen ...
2   – Hallo, Herr Bellon?
3   – Am Apparat (er selbst).
4   – Hier [ist] François Fauconnier. Ich störe Sie [hoffentlich] nicht?
5   – Ganz und gar nicht.

(ANMERKUNGEN)

① Das Wort l'angoisse (f.) bezeichnet eine starke Angst vor dem Eintritt eines bestimmten Ereignisses, während la peur [pÖ⁓r] eine generelle „Angst" ist. Une lettre du fisc ! L'angoisse ! „Ein Brief vom Finanzamt! O je!"

② Allô wird als Begrüßung am Telefon verwendet, und zwar vom Anrufer wie vom Angerufenen oder wenn man die Person am anderen Ende der Leitung nicht richtig verstanden hat oder sich vergewissern möchte, ob noch jemand in der Leitung ist.

③ Ist die am Telefon verlangte Person selbst am Apparat, so sagt man Lui-même ! bzw. Elle-même ! bei einer Frau. Ansonsten heißt lui-même natürlich „er selbst, persönlich": Regarde, c'est le Premier ministre lui-même „Guck mal, da ist der Ministerpräsident persönlich".

| 6 | – Je vous_appelle pour vous_annoncer notre décision de vous_embaucher comme chef d'équipe.
| 7 | Allô ? Vous êtes toujours là ?
| 8 | – Absolument. Je suis ravi, je…
| 9 | – Dois-je comprendre que vous acceptez ? ④
| 10 | – Et comment ! Je veux dire, oui, j'accepte volontiers.
| 11 | – Très bien. Vous commencerez à la fin de la semaine. Nous vous_envoyons votre contrat par la poste. Bienvenue chez Toutvu.
| 12 | *(Plus tard)*
– Chéri ? Je suis de retour. Mais pourquoi as-tu mis ton manteau ? Où va-t-on ? ⑤
| 13 | – Au restaurant, pour fêter la bonne nouvelle. J'ai décroché le boulot chez Toutvu !
| 14 | – Félicitations ! Qu'est-ce que je suis contente ! ⑥
| 15 | *(Au restaurant)*
– Bonsoir Madame, Bonsoir Monsieur.
| 16 | Voici la carte. Désirez-vous prendre l'apéritif ?
| 17 | – Deux coupes de champagne, s'il vous plaît. Ce soir, on fait la fête ! ⑦
| 18 | – Puis-je prendre votre commande ? ⑧
| 19 | – On commencera avec un plateau de fruits de mer pour deux.

(ANMERKUNGEN)

④ Dois ist die 1. Person Singular von devoir, was „sollen, müssen", aber auch „schulden" heißt. So kann man sagen: Dois-je venir tout de suite ? „Soll ich sofort kommen?" und Combien vous dois-je ? (oder weniger elegant Combien est-ce que je vous dois ?) „Wie viel schulde ich Ihnen/euch?"

⑤ Dies ist die gehobenere Variante von Où est-ce qu'on va ?. Noch eleganter wäre Où allons-nous ?.

|6| – Ich rufe Sie an, um Ihnen unsere Entscheidung zu verkünden, Sie als Teamchef einzustellen.
|7| Hallo? Sind Sie noch da?
|8| – Aber ja. Ich bin hocherfreut, ich ...
|9| – Soll ich das so auffassen (verstehen), dass Sie [die Stelle] annehmen?
|10| – Und wie! Ich meine, ja, ich nehme [sie] gerne an.
|11| – Sehr gut. Sie werden Ende der Woche anfangen. Wir senden Ihnen Ihren Vertrag mit der Post zu. Herzlich willkommen bei Toutvu.
|12| *(Später)*
– Liebling? Ich bin wieder da. Aber warum hast du deinen Mantel angezogen? Wohin gehen wir?
|13| – Ins Restaurant, um die gute Neuigkeit zu feiern. Ich habe die Stelle bei Toutvu gekriegt!
|14| – Herzlichen Glückwunsch! Wie ich mich freue (Wie zufrieden ich bin)!
|15| *(Im Restaurant)*
– Guten Abend, gnädige Frau, guten Abend, mein Herr.
|16| Hier ist die Karte. Möchten (Wünschen) Sie einen (den) Aperitif trinken (zu nehmen)?
|17| – Zwei Gläser Champagner, bitte. Wir haben heute Abend etwas zu feiern (wir machen das Fest)!
|18| – Kann ich Ihre Bestellung aufnehmen?
|19| – Wir werden mit einem Meeresfrüchteteller für zwei Personen beginnen.

⑥ Wird ein Ausruf mit **Qu'est-ce que** eingeleitet, verstärkt dies die Aussage: **Qu'est-ce qu'on est bien ici !** „Wie angenehm es hier ist!" Die elegantere Form wäre in diesem Satz **Que je suis contente !**

⑦ **fêter** „feiern": **Il est né le 29 février, donc il fête son anniversaire le 28** „Er wurde am 29. Februar geboren, also feiert er seinen Geburtstag am 28". **Ce soir, on fait la fête !** „Heute Abend wird gefeiert!". **Un fêtard** ist ein „Lebemann", jemand, der gerne feiert und sich amüsiert. Je nach Alter der Person kann es abschätzig oder auch bewundernd gemeint sein.

⑧ Nach **Dois-je...** hier nun **Puis-je...**, was die elegantere Variante von **Est-ce que je peux...** ist.

LEKTION 104

| 20 | Ensuite, pour moi, la sole meunière. Et toi ?
| 21 | – Je ne suis pas très poisson. Je prendrai plutôt une côte de bœuf. ⑨
| 22 | – Et une bouteille de Pernand-Vergelesses 87.
| 23 | – Très bien, Monsieur.
| 24 | – À ta santé, mon chéri.
| 25 | Il y a juste une chose. Il faut maintenant que je trouve un travail à Paris, moi aussi ! ⑩

1ᵉʳ EXERCICE : COMPRENEZ-VOUS CES PHRASES ?

❶ Bonjour, ici François Fauconnier. Je ne vous dérange pas, j'espère ? ❷ Pas du tout. ❸ Allô, Jean ? Tu viens ce soir ? ❹ Absolument. ❺ Où est-ce qu'on va ? ❻ Ce soir, on fait la fête ! ❼ Il a décroché le boulot. Que je suis contente pour lui ! ❽ Combien vous dois-je ? ❾ Beaucoup !

2ᵉ EXERCICE : TROUVEZ LES MOTS MANQUANTS !

❶ Wohin gehen wir heute Abend?

.. .. - . - .. ce soir ?

❷ Wir allons ins Restaurant, um meinen Geburtstag zu feiern.

Nous allons au restaurant .... mon anniversaire.

❸ Auch ich werde Fisch nehmen.

.. .. du poisson, ...

❹ Sehr gerne, gnädige Frau.

...., Madame.

❺ Kann ich Ihre Bestellung aufnehmen?

....-.. .... votre commande ?

❻ Muss ich sofort bestellen?

....-.. .... tout de suite ?

20 Anschließend für mich die Seezunge „Müllerin Art". Und du?
21 – Ich mag Fisch nicht so gerne (bin nicht sehr Fisch). Ich werde lieber das Rumpsteak nehmen.
22 – Und eine Flasche 87er Pernand-Vergelesses.
23 – Sehr gerne, mein Herr.
24 – Zum Wohl (auf deine Gesundheit), mein Schatz.
25 Da ist nur noch etwas. Nun muss ich auch eine Arbeit in Paris finden!

(ANMERKUNGEN)

⑨ Mag man etwas nicht so gerne, so kann man statt z. B. **Je n'aime pas beaucoup la viande** sagen: **Je ne suis pas très viande** „Fleisch ist nicht so mein Fall". Wir empfehlen Ihnen aber, die erste Variante zu benutzen.

⑩ Durch Anhängen von **moi aussi**, **vous aussi** usw. am Satzende kann der Aussage mehr Nachdruck verliehen werden. So kann man statt **Il parle l'allemand aussi** sagen: **Il parle l'allemand, lui aussi** „Auch er spricht Deutsch". Dagegen heißt **Il parle aussi l'allemand** „Er spricht auch Deutsch" (neben anderen Sprachen).

SOLUTIONS DU 1ᵉʳ EXERCICE : AVEZ-VOUS BIEN COMPRIS ?

❶ Guten Tag, hier ist François Fauconnier. Ich hoffe, ich störe Sie nicht? ❷ Ganz und gar nicht. ❸ Hallo, Jean? Kommst du heute Abend? ❹ Aber sicher. ❺ Wohin gehen wir? ❻ Heute Abend wird gefeiert! ❼ Er hat den Job gekriegt. Wie ich mich für ihn freue! ❽ Wie viel schulde ich Ihnen/euch? ❾ Viel!

❼ Er hat mich angerufen, um seine Entscheidung zu verkünden.

Il . '. . . . . décision.

❽ Wie froh wir sind, heute Abend hier zu sein!

. . . . contents d'être ici ce soir !

SOLUTIONS DU 2ᵉ EXERCICE : LES MOTS MANQUANTS.

❶ Où va-t-on ❷ pour fêter ❸ Je prendrai - moi aussi ❹ Très bien ❺ Puis-je prendre ❻ Dois-je commander ❼ m'a appelé pour annoncer sa ❽ Que nous sommes

Deuxième vague : Activez la leçon 55 !

▶ Cent-cinquième (105ᵉ) leçon

Révision et notes

1. Landeskunde: Das französische Ausbildungssystem

Das französische Ausbildungssystem hat sich in den letzten Jahrzehnten grundlegend geändert, dennoch ist **le baccalauréat**, ein Abschluss, der mit unserem Abitur vergleichbar ist, nach wie vor ein wichtiger Meilenstein, denn **le bac**, wie es kurz genannt wird, ist das Tor zu einem Universitätsstudium (**une université**) oder einem Studium an einer anderen Hochschule (**un institut technique universitaire - IUT**). (In Frankreich wird das Abitur mit 18 Jahren absolviert, was der Grund ist, warum die meisten Universitätsabgänger jünger sind als in Deutschland.)

Das Hochschulniveau einer Person wird normalerweise nach der Anzahl der Jahre bewertet, die die Person nach dem **baccalauréat** studiert hat. So suchen die Firmen bei Neueinstellungen nach Graduierten mit **bac plus trois** (drei Jahre Hochschulstudium), **bac plus quatre** (vier Jahre Hochschulstudium) oder auch **bac plus sept** (sieben Jahre Hochschulstudium).

Eine Alternative zum Universitätsstudium sind die sog. **grandes écoles** (vgl. Lektion 101). Diese Elitehochschulen, darunter die **HEC** (**Hautes Études Commerciales**), die **Sup de Co** (**École Supérieure de Commerce**), beides Wirtschaftshochschulen, **Arts et Métiers**, eine Ingenieurschule und l'**École Polytechnique**, eine Militärhochschule für Ingenieure, und die **École Nationale d'Administration (l'ENA)** eröffnen den Abgängern die Möglichkeit zum Einstieg in eine wirtschaftliche oder politische Karriere. Die Abgänger der **ENA** werden übrigens **les énarques** genannt.

2. Idiomatische Wendungen: N'importe quoi

N'importe quoi ist eine der vielen nützlichen Wendungen, die in einer Vielzahl von Situationen eingesetzt werden können. Es basiert auf der Negation des Wortes **importer** „wichtig sein" und entspricht dem deutschen „irgend ...". Sie kennen **n'importe quoi** bereits aus Lektion 82 (**Je veux lire un journal. N'importe lequel** „Ich möchte irgendeine Zeitung lesen. Egal welche". Nach dem gleichen Schema funktioniert **n'importe où** „irgendwo(hin)", **n'importe qui** „irgendjemand" und **n'importe comment** „irgendwie".

Einhundertfünfte Lektion

Eine ganz andere Bedeutung bekommt **n'importe quoi** allerdings in Wendungen wie **Tu dis n'importe quoi**, was nämlich „Du redest Unsinn" (Du sagst irgendwas, was dir gerade in den Sinn kommt) bedeutet (vgl. Lektion 99). Ebenso würde jemand, der einen Politiker mit den Worten **Ne le croyez pas ! Il dit n'importe quoi !** kritisiert, ausdrücken: „Glauben Sie ihm nicht! Er redet dummes Zeug!" Und jemand, der eine Arbeit stümperhaft ausführt, muss sich vielleicht sagen lassen: **Regarde ! Tu fais n'importe quoi. C'est comme ça qu'il faut faire !** „Sieh her! Du machst das nicht richtig. Man muss es so machen!" **N'importe !** kann die Antwort auf zwei zur Auswahl gestellte Alternativen sein: **Vous voulez de l'eau ou du vin ? - N'importe.** „Wollen Sie Wasser oder Wein? - Egal." Und wenn Ihnen etwas völlig gleichgültig ist, können Sie sagen: **Peu m'importe !** „Das ist mir schnuppe!"

3. Idiomatische Wendungen: Abneigung ausdrücken

In Lektion 99 haben Sie gelernt, wie Sie verschiedene Grade von Abneigung ausdrücken. Wenn Sie auf etwas keine große Lust haben, z. B. auf ein Abendessen mit einer bestimmten Person, so sagen Sie: **Je n'ai pas tellement envie de dîner avec lui**. Wenn Sie aber gar keine Lust haben, mit der Person zu essen, so sagen Sie: **Je n'ai pas envie de dîner avec lui**, und das können Sie noch verstärken mit **Je n'ai vraiment pas envie de dîner avec lui**.
Üben Sie diese Dinge nun anhand der folgenden Sätze, die alle Vorschläge für Handlungen enthalten, die Sie nicht oder nur sehr ungerne ausführen möchten, oder denken Sie sich andere Beispiele aus:

Dîner avec ma belle-mère. „mit meiner Schwiegermutter zu Abend essen".
Aller chez le dentiste. „zum Zahnarzt gehen".
Voir ce vieux film muet. „diesen alten Stummfilm ansehen".
Aller promener le chien. „den Hund ausführen".
Payer plus d'impôts. „mehr Steuern zahlen".

Zwei weitere Möglichkeiten, seine Abneigung gegen etwas auszudrücken sind: **Je n'arrive pas à me faire à l'idée de...** „Ich mag den Gedanken, ... nicht" und - stärker -: **Pas question de... !** „Es kommt gar nicht infrage, dass ...!"

Lesen Sie Lektion 99 erneut durch, um all diese Wendungen noch einmal im Zusammenhang zu sehen.

4. Zeitformen: Konjunktiv

Der Konjunktiv (**le subjonctif**) ist eigentlich keine Zeitform, sondern ein **Modus** und ist daher nicht mit den uns bekannten Zeitformen, die Handlungen und definitive Ereignisse umschreiben, vergleichbar. Seine Verwendung ist nicht ganz einfach, und es ist kein Drama, wenn Sie nicht vollständig damit vertraut sind. Nur für diejenigen unter Ihnen, die es ganz genau wissen wollen: Es müssen von vornherein zwei Dinge unterschieden werden:

Der Konjunktiv **muss** verwendet werden nach bestimmten Verben und Konjunktionen (Verbindungswörtern). Der Konjunktiv **kann** verwendet werden, um der Aussage eine bestimmte Bedeutungsnuance oder -tiefe zu verleihen (dies ist selbst unter sehr gebildeten Französischsprechern immer noch ein strittiges Thema).

Die Bildung des Konjunktivs erfolgt (in den meisten Fällen) auf der Grundlage des Stamms für die 3. Person Plural, an den die Endungen **-e**, **-es**, **-e**, **-ions**, **iez** und **-ent** angehängt werden:
donner „geben" - 3. Person Plural: **ils donnent**:
> que je donne
> que tu donnes
> qu'il/elle donne
> que nous donnions
> que vous donniez
> qu'ils/elles donnent.

Wenn Sie sich dies eingeprägt haben, so können Sie im grammatikalischen Anhang die wichtigsten unregelmäßigen Verben nachschlagen: **boire**, **devoir**, **prendre**, **recevoir**, **tenir** und **venir**.
Sehen Sie sich auch die Formen von **être** und **avoir** an:
> être: **que je sois, que tu sois, qu'il/elle soit, que nous soyons, que vous soyez, qu'ils/elles soient** [βoa].
> avoir: **que j'aie, que tu aies, qu'il/elle ait, que nous ayons, que vous ayez, qu'ils/elles aient**.

Wann muss der Konjunktiv verwendet werden? Nach den meisten Konjunktionen oder Verben, die einen Zweifel, eine Vermutung, einen Wunsch, eine Bitte, eine Aufforderung oder eine Bedingung usw. ausdrücken; meistens ist die Konjunktion **que** enthalten:
Beispiel:
    Il faut que „Man muss, es ist erforderlich, dass ...":
    Il faut que vous soyez là à l'heure. „Ihr müsst pünktlich da sein".
    Il faut que je vous parle. „Ich muss mit Ihnen sprechen".
    Il faut que vous finissiez à huit heures. „Sie müssen um acht Uhr fertig sein".

Nach **vouloir** „wollen":
    Je veux qu'il/elle vienne. „Ich will, dass er/sie kommt".
    Il veut que je lui dise mon secret. „Er will, dass ich ihm/ihr mein Geheimnis verrate".

Das soll vorerst reichen. Weitere Konjunktionen, nach denen der Konjunktiv folgt, finden Sie im grammatikalischen Anhang.
Dieser Band soll Sie in die Lage versetzen, umgangssprachliches Französisch zu verstehen und sich in Französisch auszudrücken; daher verzichten wir auf eine ausführlichere Erläuterung des Konjunktivs. Es reicht, dass Sie ihn (er)kennen und verstehen, wann und warum er gebraucht wird.

Deuxième vague : Activez la leçon 56 !

▶ Cent-sixième (106ᵉ) leçon

On déménage

1. La prochaine étape : le déménagement. Claude commence par acheter le *Journal des Particuliers*. ①
2. Mais, n'ayant rien trouvé d'intéressant, elle décide de contacter une agence immobilière. ②③
3. – Bonjour Madame. Voilà, je suis à la recherche pour mon mari et moi d'un pavillon près des Ulis, ④
4. de préférence avec un jardin et situé dans un village avec des commerces.
5. – Combien de pièces vous faut-il ?
6. – Il nous faut un grand séjour, deux chambres et une cave. ⑤

Einhundertsechste Lektion

Umzug (Man zieht um)

1 Die nächste Etappe: Der Umzug.
Claude beginnt damit, indem sie das *Journal des Particuliers* kauft.
2 Aber, da sie nichts Interessantes gefunden hat, beschließt sie, sich an eine Immobilienagentur zu wenden (Kontakt mit ... aufzunehmen).
3 – Guten Tag, gnädige Frau. Also, ich suche für meinen Mann und mich ein (freistehendes) Haus in der Nähe von Les Ulis,
4 vorzugsweise mit einem Garten und (befindlich) in einem Ort mit Geschäften.
5 – Wie viele Zimmer benötigen Sie?
6 – Wir brauchen ein großes Wohnzimmer, zwei Schlafzimmer und einen Keller.

ANMERKUNGEN

① Particulier (Fem. particulière) „speziell, eigentümlich", aber le particulier, die „Privatperson". C'est pour un particulier ou une société ? „Ist das für eine Privatperson oder für eine Firma?" (Parler en particulier „unter vier Augen reden".) Une vente/une location de particulier à particulier (nur Mask.) ist ein Geschäft unter Privatleuten, d. h. ohne Vermittlung durch eine Agentur.

② Hier wird das Partizip Präsens von avoir eingesetzt, um einen Nebensatz mit „Da ...", „Weil ..." einzuleiten.

③ l'immobilier kommt von immobile „unbeweglich" und bezeichnet sowohl Grundstücke als auch Gebäude. Un agent immobilier ist ein „Immobilienmakler". „Immobilien" bzw. „Immobilienbesitz" heißt les biens immobilier (biens „Güter").

④ Anstelle von une maison wird für ein freistehendes Haus sehr oft un pavillon gesagt. Beachten Sie, dass un pavillon auch die Bedeutung „Flagge, Wimpel" hat.

⑤ Vergessen Sie nicht: une pièce ist ein „Zimmer", während une chambre das „Schlafzimmer" bezeichnet. Le séjour heißt wörtlich „Aufenthalt"; gemeint ist das „Wohnzimmer". Der Ausdruck la salle de séjour ist eher ungebräuchlich, ebenso wie das aus dem Englischen stammende le living, das Sie möglichst vermeiden sollten!

7	En plus, il faut absolument un garage, une cuisine aménagée et le chauffage central.
8	– Et quel loyer êtes-vous prêts à mettre ? ⑥
9	– Pas plus de mille.
10	– Je pense qu'il faut que vous soyez un peu moins_exigeants. À ce prix-là, il vaut mieux envisager un appartement. ⑦
11	Et pourquoi pas à Paris ? Vous pouvez prendre le RER pour aller aux_Ulis.
12	Justement, j'ai un trois-pièces avec cuisine et salle de bains dans le quatorzième pour mille. Il y a un bail de trois_ans, avec un mois de caution et deux mois de loyer. ⑧⑨
13	Vous voulez le visiter ?
14	– Il faut que je demande à mon mari. Je vous rappelle demain.
15	Jean-Michel, que penses-tu d'un appartement plutôt qu'une maison ? C'est plus facile à entretenir.
16	– Mais on_avait dit qu'on voulait un pavillon, non ? Pourquoi as-tu changé d'avis ?
17	– À cause du loyer. Un appartement coûte moins cher qu'une maison. ⑩
18	– Bon_argument !
19	– D'accord, j'appelle l'agence à la première heure demain matin. ⑪

(ANMERKUNGEN)

⑥ Da der Immobilienmakler sich hier auf zwei Personen, einen Mann und eine Frau, bezieht, heißt es **prêts** (Mask. Pl.).

⑦ Hier noch einmal die Konjunktivformen von **être**: **que je sois**, **que tu sois**, **qu'il/qu'elle soit**, **que nous soyons**, **que vous soyez**, **qu'ils/qu'elles soient**. Bis auf die 1. und 2. Person Plural ([βoa-*joñ*/βoa-*je*▸]) werden alle anderen Formen [βoa] gesprochen. Vgl. Sie auch Lektion 105.

7	Außerdem brauchen wir unbedingt eine Garage, eine Einbauküche und eine (die) Zentralheizung.
8	– Und wie viel Miete sind Sie bereit zu zahlen?
9	– Nicht mehr als 1.000 [Euro].
10	– Ich glaube, Sie müssen ein bisschen weniger anspruchsvoll sein. Zu diesem Preis sollten Sie lieber eine Wohnung in Betracht ziehen.
11	Und warum nicht in Paris? Sie können den RER nehmen, um nach Les Ulis zu fahren.
12	Ich habe gerade eine Drei-Zimmer-Wohnung mit Küche und Bad im 14. [Arrondissement] für 1.000 [Euro]. Der Mietvertrag läuft über (Es gibt eine Vermietung von) drei Jahre, mit einer Monatsmiete Kaution und zwei Monatsmieten [im Voraus].
13	Möchten Sie sie ansehen?
14	– Ich muss meinen Mann fragen. Ich rufe Sie morgen wieder an.
15	Jean-Michel, was denkst du über eine Wohnung anstelle eines Hauses (eher als ein Haus)? Sie ist einfacher zu unterhalten.
16	– Aber wir haben gesagt, dass wir ein Haus wollten, oder? Warum hast du deine Meinung geändert?
17	– Wegen der Miete. Eine Wohnung kostet weniger (teuer) als ein Haus.
18	– Gutes Argument!
19	– Einverstanden. Ich rufe morgen früh gleich als erstes (zur ersten Stunde) die Agentur an.

⑧ Statt **un appartement à deux/trois pièces** sagen die Franzosen eher **un deux-pièces** oder **un trois-pièces**.

⑨ Sie werden es kaum erleben, dass ein Pariser, wenn er Ihnen ein Arrondissement nennt, das Wort **arrondissement** benutzt!

⑩ **le loyer** ist der Ausdruck für „Miete", das weiter oben verwendete **le bail** beschreibt eine Art „Miet- oder Pachtvertrag" (unregelmäßiger Plural: **les baux** [bo▸]).

⑪ Ein anschaulicher Ausdruck: **à la première heure** „gleich als erstes morgens früh".

1er EXERCICE : COMPRENEZ-VOUS CES PHRASES ?

❶ Il me faut un deux-pièces avec une cuisine aménagée dans le troisième. ❷ Combien es-tu prête à mettre ? ❸ Pas plus de cinq cents. ❹ Il faut que nous soyons un peu moins exigeants. ❺ Je voudrais louer un pavillon, mais de particulier à particulier. ❻ Justement, j'ai l'appartement qu'il vous faut.

2e EXERCICE : TROUVEZ LES MOTS MANQUANTS !

❶ Da er nichts Interessantes gefunden hat, hat er woanders gesucht.
. ' . . . . d'intéressant, il a cherché ailleurs.

❷ Ihr müsst morgen ganz früh da sein.
Il . . . . vous . . . . . là demain à la . . . .

❸ Ein Haus kostet mehr (teurer) als eine Wohnung.
Une maison . . . . ' un . . . .

▶ **Cent-septième (107e) leçon**

Montons à Paris

1 Jean-Michel décide d'aller à Paris en voiture. Il aime conduire sur l'autoroute,
2 et comme il n'y a pas trop de monde sur la route en semaine, il peut rouler tranquillement à 130 kilomètres à l'heure.

SOLUTIONS DU 1ᵉʳ EXERCICE : AVEZ-VOUS BIEN COMPRIS ?

❶ Ich brauche eine Zwei-Zimmer-Wohnung mit Einbauküche im 3. Arrondissement. ❷ Wie viel bist du bereit anzulegen (hinzulegen)? ❸ Nicht mehr als 500. ❹ Wir müssen ein bisschen weniger anspruchsvoll sein. ❺ Ich würde gerne ein Haus mieten, aber von privat. ❻ Ich habe genau die Wohnung, die Sie brauchen/ihr braucht.

❹ Er nimmt jeden Morgen den Zug, um nach Les Ulis zu fahren.

Tous les matins, il ..... le train ....
.... Ulis.

❺ Gnädige Frau, welche Miete sind Sie bereit zu zahlen (hinzulegen)?

Madame, quel ....-.... .....
à mettre ?

SOLUTIONS DU 2ᵉ EXERCICE : LES MOTS MANQUANTS.

❶ N'ayant rien trouvé ❷ faut que - soyez - première heure ❸ coûte plus cher qu' - appartement ❹ prend - pour aller aux ❺ loyer êtes-vous prête

Deuxième vague : Activez la leçon 57 !

Einhundertsiebte Lektion

Rein (Rauf) nach Paris

[1] Jean-Michel beschließt, mit dem Auto nach Paris zu fahren. Er fährt gerne (auf der) Autobahn,
[2] und da unter der Woche nicht allzu viele Leute unterwegs sind, kann er ruhig mit 130 km/h fahren.

| 3 | Le couple quitte Vannes à neuf_heures et arrive aux portes de la capitale à quinze heures, ①
| 4 | pile à l'heure pour le rendez-vous avec l'agent immobilier. ②
| 5 | L'immeuble est situé dans_une petite rue calme dans le quatorzième arrondissement.
| 6 | (*L'agent leur fait visiter l'appartement.*)
| 7 | – Voici les deux chambres ; la cuisine est_au fond du couloir, les WC sont_à gauche, avec la salle de bains juste à côté. ③
| 8 | Comme vous voyez, le living est_assez grand, avec une belle vue. Qu'en pensez-vous ?
| 9 | – Ça nous plaît assez, mais il faut que nous_en discutions, mon mari et moi. Si vous le permettez, nous vous rappellerons vers dix-sept_heures trente. ④

(PRONONCIATION)

[*7 ... we▸-ße▸ ...*]

| 3 | Das Paar verlässt Vannes um neun Uhr und kommt um 15 Uhr an den Toren der Hauptstadt an,
| 4 | pünktlich für die Verabredung mit dem Immobilienmakler.
| 5 | Das Gebäude befindet sich in einer kleinen ruhigen Straße im 14. Arrondissement.
| 6 | *(Der Makler zeigt ihnen (macht sie besuchen) die Wohnung.)*
| 7 | – Hier sind die beiden Schlafzimmer; die Küche befindet sich am Ende des Flurs, die Toilette ist (Toiletten sind) links, und das (mit dem) Bad direkt daneben.
| 8 | Wie Sie sehen, ist das Wohnzimmer ziemlich groß und hat eine schöne Aussicht. Was denken Sie darüber?
| 9 | – Es gefällt uns ziemlich gut, aber wir müssen darüber reden, mein Mann und ich. Wenn Sie (es) erlauben, rufen wir Sie gegen 17.30 Uhr zurück.

(ANMERKUNGEN)

① aux portes de Paris: Diesen übertragenen Ausdruck kann man auch wörtlich nehmen, denn Paris ist tatsächlich von einem Ring sogenannter portes umgeben, die früher Stadttore waren und heute die Endstationen zahlreicher Metrolinien sind: La ligne 4 du métro va de la Porte d'Orléans à la Porte de Clignancourt „Die Linie 4 der Metro führt (geht) von der Porte d'Orléans zur Porte de Clignancourt".

② pile bedeutet „genau, exakt" im Hinblick auf einen Zeitpunkt: Mon rendez-vous chez le dentiste tombe pile le jour de mon anniversaire „Mein Zahnarzttermin fällt genau auf meinen Geburtstag". Meistens taucht pile im Zusammenhang mit einer Uhrzeit auf: à dix heure pile „Punkt zehn Uhr; Schlag zehn Uhr".

③ Sie haben richtig gehört. „W" wird zwar auf Französisch [*du*-bl(ö)-**we**▸] gelesen, man sagt zu les WC aber [*le*▸ **we**▸-*ße*▸]. Manchmal wird es auch so geschrieben, wie man es ausspricht: les vécés. WC ist der andere Ausdruck für les toilettes; Letzteres benutzen Sie, wenn Sie die Toiletten suchen. Es gibt auch das aus dem Englischen stammende les waters [*le*▸ *ua-tä▸r*].

④ Ça me/lui/nous/leur plaît ist eine andere Möglichkeit, um auszudrücken, dass jemandem etwas gefällt. Die Zustimmung des Gesprächspartners wird mit Moi aussi ausgedrückt (vgl. weiter unten).

| 10 | – Si vous voulez, mais ne perdez pas trop de temps. J'ai d'autres personnes qui sont intéressées.
| 11 | Jean-Michel et Claude trouvent un café et s'installent à une table.
(Le serveur arrive.)
| 12 | – M'sieur-Dame ? ⑤
| 13 | – Un thé au lait et un café, s'il vous plaît.
| 14 | – Bien monsieur.
| 15 | *(Quelques minutes plus tard.)*
– Alors, qu'est-ce que tu en penses ?
| 16 | – Moi, je l'aime bien.
| 17 | – Moi aussi, mais on devrait en voir plusieurs, non ?
| 18 | – On n'a tout simplement pas le temps. Regarde, c'est pratique pour le boulot, l'endroit est sympa et le loyer est raisonnable.
| 19 | – Je suppose que tu as raison. Allez, c'est décidé. On le prend.
| 20 | *(Le serveur revient.)*
– Le thé, c'est pour ?
| 21 | – Pour Madame. Tenez, je vous règle tout de suite. ⑥

1ᵉʳ EXERCICE : COMPRENEZ-VOUS CES PHRASES ?

❶ J'aime conduire sur l'autoroute parce que je peux rouler à 130. ❷ Les toilettes sont au fond du couloir à gauche. ❸ Ne perds pas trop de temps. On a rendez-vous à neuf heures pile. ❹ M'sieur-Dame ? ❺ Un café pour moi et un thé au lait pour ma femme. ❻ Qu'en penses-tu ? ❼ L'endroit est sympa.

|10| – Wenn Sie wollen, aber verlieren Sie nicht zu viel Zeit. Ich habe andere Interessenten (Personen, die interessiert sind).
|11| – Jean-Michel und Claude suchen (finden) ein Café auf und setzen sich an einen Tisch.
(Der Kellner kommt [an den Tisch])
|12| – Sie wünschen (Gnädiger Herr-gnädige Frau)?
|13| – Ein Tee mit Milch und ein Espresso, bitte.
|14| – Sehr gerne.
|15| *(Einige Minuten später)*
– Also, was denkst du darüber?
|16| – Mir gefällt die Wohnung (sie) gut.
|17| – Mir auch, aber wir sollten mehrere (davon) ansehen, nicht?
|18| – Wir haben ganz einfach nicht die Zeit. Sieh mal, es ist praktisch, was die Arbeit betrifft (für die Arbeit), die Gegend ist nett, und die Miete ist vernünftig.
|19| – Ich nehme an, dass du recht hast. Also, die Sache ist beschlossen. Wir nehmen sie.
|20| *(Der Kellner kommt zurück)*
– Der Tee ist für ... ?
|21| – Für die Dame. Hier, ich bezahle (Sie) sofort.

(ANMERKUNGEN)

⑤ Während der Kellner in Nobelrestaurants (vgl. Lektionen 72 und 104) die Gäste mit Bonjour Monsieur, Bonjour Madame begrüßt, heißt es in Cafés und Bistros meistens M'sieur-Dame oder im Plural Messieurs-Dames.

⑥ régler „(Rechnung) bezahlen" kennen Sie bereits. Im Hotel würde man sagen: Je voudrais régler ma note, s'il vous plaît „Ich würde gerne meine Rechnung bezahlen, bitte". Das Substantiv, le règlement (Achtung: Akzentänderung!), findet man oft unten auf Rechnungen, die bei Waren la facture, bei Dienstleistungen la note heißen: Règlement à 30 jours „Zahlbar innerhalb 30 Tage".

SOLUTIONS DU 1ᵉʳ EXERCICE : AVEZ-VOUS BIEN COMPRIS ?

❶ Ich fahre gerne auf der Autobahn, weil ich 130 fahren kann/darf. ❷ Die Toiletten sind am Ende des Flurs links. ❸ Verlier nicht zu viel Zeit. Wir haben unsere Verabredung genau um neun Uhr. ❹ Sie wünschen? ❺ Einen Kaffee für mich und einen Tee mit Milch für meine Frau. ❻ Was denkst du darüber? ❼ Die Gegend ist nett.

2e EXERCICE : TROUVEZ LES MOTS MANQUANTS !

① Die Wohnung hat eine schöne Aussicht. Das ist es, was ihnen gefällt.

L'. . . . . a une belle vue.

C'est ça . . .   .

② Die Verabredung fällt genau auf seinen Geburtstag (fällt den Tag seines Geburtstags).

Le rendez-vous . . . .
de son anniversaire.

③ Wir werden Ihre Rechnung innerhalb von 30 Tagen bezahlen.

Nous . . . . votre facture . . . .
. . . . . .

▶ **Cent-huitième (108e) leçon**

Le quartier

1. L'appartement de Jean-Michel et Claude se trouve dans le quatorzième arrondissement, près du Parc Montsouris.
2. C'est un quartier résidentiel, mais, comme certains quartiers de Paris, il ressemble à un petit village.
3. Depuis une vingtaine d'années, les grandes surfaces se sont multipliées en France, et maintenant beaucoup de gens y font leurs courses. ①②

❹ Wir haben ganz einfach nicht die Zeit.

Nous .' . . . .

le . . . . . .

❺ Die Miete ist vernünftig.

Le . . . . . est . . . .

SOLUTIONS DU 2ᵉ EXERCICE : LES MOTS MANQUANTS.

❶ appartement - qui leur plaît ❷ tombe pile le jour ❸ règlerons - à trente jours ❹ n'avons tout simplement pas - temps ❺ loyer - raisonnable

Deuxième vague : Activez la leçon 58 !

Einhundertachte Lektion

Das Stadtviertel

1 Die Wohnung von Jean-Michel und Claude befindet sich im 14. Arrondissement, in der Nähe des Parks Montsouris.
2 Es ist ein [reines] Wohnviertel, aber wie bestimmte Stadtviertel von Paris gleicht es einem kleinen Dorf.
3 Seit etwa 20 Jahren haben sich die Einkaufszentren in Frankreich vermehrt, und jetzt machen viele Leute dort ihre Einkäufe.

(ANMERKUNGEN)

① les grandes surfaces (la surface „Oberfläche") sind „Supermärkte"; es gibt auch die Begriffe le supermarché und l'hypermarché. Un grand magasin ist ein „Kaufhaus". Für „Einkaufszentrum" sagt man un centre commercial (Pl. centres commerciaux).

② Il faut faire les courses; je n'ai rien à manger à la maison „Ich (Man) muss einkaufen gehen; ich habe nichts zu essen im Haus". Geht man auf dem Markt einkaufen, so sagt man eher faire son marché. Will man einen Einkaufsbummel machen, so heißt dies faire du shopping oder faire les magasins.

|4| Mais dans chaque ville, il y a un marché au moins une fois par semaine. Et à Paris il y en a même une dizaine.

|5| Nos amis habitent une petite rue tranquille, loin des grands axes qui mènent au boulevard périphérique. ③

|6| Le déménagement s'est bien passé. Les meubles sont arrivés en bon état, et le couple s'est installé rapidement. ④

|7| Claude s'est occupée de toutes les formalités, comme le changement d'adresse et l'immatriculation de la voiture, ⑤

|8| et très vite, ils sont devenus de vrais Parisiens.

|9| – "Nous avons nos Cartes Oranges et nous sommes immatriculés dans le soixante-quinze – mais la Bretagne me manque beaucoup !" ⑥

|10| C'est dimanche, et Jean-Michel et Claude décident d'aller faire leur marché et de se balader dans leur quartier. ⑦

| 4 | Aber in jeder Stadt ist mindestens einmal pro Woche Markt. Und in Paris gibt es sogar etwa zehn davon.
| 5 | Unsere Freunde wohnen in einer kleinen ruhigen Straße, weit ab von den Hauptverkehrsadern (Achsen), die zum Boulevard Périphérique führen.
| 6 | Der Umzug ist gut gelaufen. Die Möbel sind in gutem Zustand angekommen, und das Paar hat sich schnell eingerichtet.
| 7 | Claude hat sich um alle Formalitäten gekümmert, wie z. B. die Adressenänderung und die Anmeldung des Autos,
| 8 | und sehr schnell sind sie richtige Pariser geworden.
| 9 | – Wir haben unsere „Carte Orange", und wir sind im [Departement] 75 angemeldet – aber die Bretagne fehlt mir sehr!
| 10 | Es ist Sonntag, und Jean-Michel und Claude beschließen, ihre Einkäufe auf dem Markt zu machen und in ihrem Viertel spazieren zu gehen.

(ANMERKUNGEN)

③ Der **boulevard périphérique** ist eine autobahnähnliche Straße, die wie ein Ring um Paris herumführt. Innerhalb dieses Rings liegt Paris (lateinisch: **Paris intra-muros**); der Rest wird als Vorort angesehen. Beides zusammen bildet die sog. **Île de France**, die Region mit der höchsten Bevölkerungsdichte Frankreichs.

④ **se passer** „passieren, stattfinden": **Pourquoi tout ce bruit ? Qu'est-ce qui s'est passé ?** „Warum dieser Lärm? Was ist passiert?". Außerdem bedeutet **se passer** „ablaufen, verlaufen": **Tout s'est bien passé** „Alles ist gut gelaufen". Im Restaurant könnte z. B. der Kellner, während man isst, fragen: **Tout se passe bien ?** „Sind Sie zufrieden?" Und Sie könnten antworten: **Oui, très bien, merci**.

⑤ Frankreich ist in 95 sog. **départements** „Verwaltungsbezirke" (ohne Übersee) eingeteilt, die neben ihren Namen auch Nummern haben; diese sind auch auf den Nummernschildern angegeben. Paris (**intra muros**) hat die Nummer 75.

⑥ Die **Carte Orange**, eine Wochen- oder Monatsfahrkarte für den öffentlichen Nahverkehr in Paris und der Region **Île-de-France** wurde 2009 abgeschafft und durch **Navigo Semaine** (Wochenkarte) und **Navigo Mois** (Monatskarte) auf einer Navigo-Karte ersetzt.

⑦ **se balader** ist ein salopper Ausdruck für **se promener** „spazierengehen". Ebenso: **faire une balade en voiture** „eine Spazierfahrt machen".

11	– Donnez-moi un kilo de pommes de terre, une livre de carottes et une demi-livre de champignons, s'il vous plaît. ⑧
12	– Et avec ça ?
13	– Une botte de radis, un filet d'oignons. Et une barquette de fraises. Ça sera tout.
14	Après avoir fait les courses et mangé un croque-monsieur dans un bistrot près du marché, ils partent à la découverte du quatorzième. ⑨
15	Tout près du réservoir, ils découvrent une charmante impasse avec des maisons très originales. ⑩
16	– D'après le guide, c'est la villa Seurat. Il y a plein de gens célèbres qui y ont vécu. ⑪⑫⑬
17	– Très jolie, mais il est temps de rentrer. Demain, c'est mon premier jour de travail.

(ANMERKUNGEN)

⑧ Achtung: le champignon ist der allgemeine Ausdruck für „Pilz". Was wir „Champignon" nennen, heißt in Frankreich champignon de Paris/de culture/des prés. Merken Sie sich den Ausdruck appuyer sur le champignon „Gas geben/auf's Gas treten".

⑨ un croque-monsieur ist ein getoastetes und mit Käse überbackenes Schinken-Käse-Sandwich. Wird das Ganze mit einem Spiegelei darauf serviert, so nennt man es un croque-madame.

(1ᵉʳ EXERCICE : COMPRENEZ-VOUS CES PHRASES ?)

❶ Y a-t-il un marché ? ❷ Il y en a même une dizaine. ❸ J'y fais mes courses au moins deux fois par semaine. ❹ Tout s'est bien passé ? ❺ Très bien, merci. Le repas était fameux. ❻ Paris me manque beaucoup. ❼ D'après eux, c'est une rue où plein de gens célèbres ont vécu.

|11| – Geben Sie mir ein Kilo Kartoffeln, ein Pfund Karotten und ein halbes Pfund Pilze, bitte.

|12| – Was darf es sonst noch sein (Und mit dem)?

|13| – Ein Bund Radieschen, ein Netz Zwiebeln. Und eine Schale Erdbeeren. Das ist (wird sein) alles.

|14| Nachdem Sie Einkäufe gemacht und in einem Bistro in der Nähe des Marktes einen „Croque-Monsieur" gegessen haben, gehen sie los (zur Erforschung), um das 14. Arrondissement zu erkunden.

|15| Gleich neben dem Wasserspeicher entdecken sie eine entzückende Sackgasse mit sehr originellen Häusern.

|16| – Nach dem Führer ist das die Villa Seurat. Es gibt viele berühmte Leute, die hier gelebt haben.

|17| – Sehr schön, aber es ist Zeit, nach Hause zu gehen. Morgen ist mein erster Arbeitstag.

⑩ Im 14. Arrondissement von Paris gibt es ein sehr großes unterirdisches Wasserreservoir. Darüber ist ein Park angelegt.

⑪ Ein Synonym zu selon, das Sie bereits kennen, ist d'après „nach, gemäß, entsprechend": D'après lui, l'église date du dix-huitième siècle „Seiner Meinung nach stammt die Kirche aus dem 18. Jahrhundert".

⑫ Normalerweise ist une villa wie bei uns ein vornehmes Haus. Die Villa Seurat im 14. Arrondissement von Paris ist hingegen ein Sträßchen (une ruelle), in dem seinerzeit Salvador Dalí, Henry Miller, Chaim Soutine und verschiedene andere Schriftsteller und Künstler wohnten.

⑬ Während célèbre „berühmt" bedeutet und sich auf Personen, Ereignisse, Gegenstände usw. bezieht, bedeutet fameux/fameuse in erster Linie „hervorragend, ausgezeichnet".

SOLUTIONS DU 1ᵉʳ EXERCICE : AVEZ-VOUS BIEN COMPRIS ?

❶ Gibt es einen Markt? ❷ Es gibt (davon) sogar ungefähr zehn. ❸ Ich mache dort mindestens zweimal pro Woche meine Einkäufe. ❹ Waren Sie zufrieden (Ist alles gut verlaufen?) ❺ Sehr gut, danke. Das Essen war ausgezeichnet. ❻ Paris fehlt mir sehr. ❼ Ihrer Meinung nach (Nach ihnen) ist das eine Straße, in der viele berühmte Leute gelebt haben.

2ᵉ EXERCICE : TROUVEZ LES MOTS MANQUANTS !

❶ Sie ist in Paris geboren und hat dort bis zu ihrem zehnten Lebensjahr (bis zum Alter von zehn Jahren) gelebt.

Elle ... ... à Paris et . . ..'. l'âge de dix ans.

❷ Lass uns eine Spazierfahrt mit dem Auto machen.

Allons ..... une ....

❸ Ich möchte ein Bund Radieschen, eine Schale Erdbeeren und ein Pfund Karotten.

Je veux ... . de ....., ... de fraises et ... . de carottes.

▶ **Cent-neuvième (109ᵉ) leçon**

Le premier jour chez Toutvu

1 À neuf‿heures pile le lundi matin, Jean-Michel se présente à l'accueil de Toutvu. ①

2 – Bonjour, je suis le nouveau responsable de projet.

3 – Vous devez‿être Monsieur Bellon. Prenez l'ascenseur jusqu'au quatrième étage et présentez-vous au bureau 402.

4 – Bonjour, Monsieur Fauconnier, comment‿allez-vous ?

5 – Bonjour, Jean-Michel. Tu peux me dire "tu", tu sais. Tout le monde se tutoie ici. ②

(ANMERKUNGEN)

① Die Grundbedeutung von **un accueil** ist „Empfang, Begrüßung", sowohl im Sinne von **Nous essayons d'améliorer l'accueil de nos clients** „Wir versuchen, die Art, unsere Kunden zu begrüßen, zu verbessern" als auch in der Bedeutung „Rezeption" in einer Eingangshalle.

❹ Ganz in der Nähe des Boulevards, aber weit von den Hauptverkehrsadern (Achsen), gibt es ein entzückendes Sträßchen.

. . . . boulevard, mais . . . .
grands axes, . . . une . . . . ruelle.

❺ Was ist hier passiert?

Qu'est- . . . .' . . . . ici ?

SOLUTIONS DU 2ᵉ EXERCICE : LES MOTS MANQUANTS.
❶ est née - y a vécu jusqu'à ❷ faire - balade en voiture ❸ une botte - radis - une barquette - une livre ❹ Tout près du - loin des - il y a - charmante ❺ ce qui s'est passé

Deuxième vague : Activez la leçon 59 !

Einhundertneunte Lektion

Der erste Tag bei Toutvu

1. Punkt neun Uhr am Montagmorgen meldet sich Jean-Michel am Empfang von Toutvu.
2. – Guten Tag, ich bin der neue Projektleiter.
3. – Sie müssen Herr Bellon sein. Fahren Sie mit dem Aufzug bis in den 4. Stock, und melden Sie sich (stellen Sie sich vor) in Zimmer (im Büro) 402.
4. – Guten Tag, Herr Fauconnier, wie geht es Ihnen?
5. – Guten Tag, Jean-Michel. Du kannst „du" zu mir sagen, weißt du. Hier duzen sich alle.

② Französisch ist zwar noch immer eine recht formelle Sprache, aber familiärere Formen wie z. B. **le tutoiement**, das „Duzen", setzen sich immer mehr durch. Duzen (**tutoyer**) Sie jedoch eine Person erst, wenn Sie mit ihr sehr vertraut sind oder dazu aufgefordert werden: **Tu peux me dire "tu"** oder **On peut se tutoyer**.

|6| Jean-Michel est très étonné, mais il joue le jeu.
|7| – Bon, si vous voulez, euh, je veux dire, si tu veux...
|8| – Bien, alors je vais te faire visiter les locaux. Suis-moi, s'il te plaît. ③④
|9| Comme tu vois, chez Toutvu, nous avons des bureaux paysagers. Ça facilite la communication.
|10| Chaque poste de travail est équipé d'un ordinateur relié à un réseau local. Il y a une imprimante pour dix ordinateurs. ⑤
|11| Aux premier et deuxième étages se trouvent les services administratifs, la direction générale et les services généraux. ⑥
|12| – Tiens, je te présente Dominique Lestelle, qui est ingénieur de projet. Dominique, voici Jean-Michel, notre nouveau chef d'équipe. ⑦

6	Jean-Michel ist sehr erstaunt, aber er macht (das Spiel) mit.
7	– Gut, wenn Sie wollen, äh, ich wollte sagen, wenn du willst ...
8	– Gut, dann werde ich dir mal die Örtlichkeiten zeigen. Folge mir, bitte.
9	Wie du siehst, haben wir bei Toutvu Großraumbüros („Landschaftsbüros"). Das vereinfacht die Kommunikation.
10	Jeder Arbeitsplatz ist mit einem Computer ausgestattet, der mit einem lokalen Netz verbunden ist. Für zehn Computer gibt es einen Drucker.
11	In der ersten und zweiten Etage befinden sich die Verwaltungsabteilungen, die Generaldirektion und die allgemeinen Services.
12	Hier, ich stelle dir Dominique Lestelle vor; sie ist Projektingenieurin. Dominique, das ist Jean-Michel, unser neuer Teamchef.

(ANMERKUNGEN)

③ un local ein „Ort", ein „Raum". Le groupe cherche un local pour répéter „Die Band sucht einen Raum zum Üben". Der Plural, les locaux, bedeutet „Räumlichkeiten, Örtlichkeiten". Das Adjektiv local bedeutet „hiesig".

④ Verwechseln Sie nicht suis (Imperativ oder 1./2. Person Singular von suivre „folge/folgst": Pourquoi tu me suis ? – Mais je ne te suis pas „Warum folgst du mir? – Aber ich folge dir nicht") und suis (1. Person Singular von être „bin": Je suis ici pour affaires „Ich bin geschäftlich hier").

⑤ équipé de „ausgestattet/ausgerüstet mit". Ein Synonym ist das weiter unten auftauchende doté de. L'ordinateur est doté d'une carte modem „Der Computer ist mit einer Modemkarte ausgerüstet".

⑥ In einer Firma ist la direction die „Geschäftsleitung", le directeur „der Direktor", la gestion ist die „Verwaltung". Le directeur général ist der „Generaldirektor", le directeur gérant ist der „Geschäftsführer".

⑦ Die Namen Claude und Dominique sind Namen, die sowohl von Männern als auch von Frauen getragen werden können. Weitere Vornamen wie André(e), Pascal(e), René(e) usw. werden in der weiblichen und der männlichen Form gleich ausgesprochen.

13	– Enchantée de te connaître. Tu vas vite apprendre tout ce qu'il faut savoir : comment faire le café, organiser des pots... ⑧
14	Une heure plus tard, Jean-Michel est installé devant son ordinateur. Il est très impressionné par le haut niveau de technicité de la société.
15	Le siège de Toutvu est un bâtiment "intelligent", doté des derniers outils de la bureautique.
16	La société développe et commercialise des logiciels et outils télématiques pour la gestion des télécommunications. ⑨
17	Submergé par sa matinée chargée, Jean-Michel murmure :
18	– "J'espère que je serai à la hauteur".
19	– Monsieur Durand, on me signale que vous arrivez de plus en plus tard au bureau. Avez-vous quelque chose à dire ? ⑩
20	– Je l'avoue, Monsieur le Directeur. Mais n'oubliez pas que je pars de plus en plus tôt...

1er EXERCICE : COMPRENEZ-VOUS CES PHRASES ?

❶ Enchanté de te connaître. ❷ Moi aussi. ❸ Merci pour votre accueil très chaleureux. ❹ On peut se tutoyer, tu sais. ❺ Si tu veux. ❻ Vous allez vite comprendre tout ce qu'il faut savoir ici. ❼ Je suis sûr que tu seras à la hauteur.

|13| – Freut mich, dich kennenzulernen. Du wirst schnell lernen, was du wissen musst: wie man Kaffee kocht, die Umtrunke organisiert ...

|14| Eine Stunde später sitzt Jean-Michel vor seinem Computer. Er ist sehr beeindruckt von dem hohen technischen Niveau (Niveau des technischen Charakters) der Firma.

|15| Der Firmensitz von Toutvu ist ein „intelligentes" Gebäude, ausgestattet mit den neuesten Mitteln der Bürotechnik.

|16| Die Firma entwickelt und vertreibt Software und telematische Hilfsmittel für die Verwaltung des Fernmeldewesens.

|17| Überwältigt von seinem ereignisreichen Vormittag murmelt Jean-Michel:

|18| – „Ich hoffe, dass ich den Aufgaben gewachsen (auf der Höhe) sein werde".

|19| – Herr Durand, man macht mich darauf aufmerksam, dass Sie immer später ins Büro kommen. Haben Sie etwas [dazu] zu sagen?

|20| – Ich gebe es zu, Herr Direktor. Aber vergessen Sie nicht, dass ich immer früher aufbreche ...

(ANMERKUNGEN)

(8) **un pot** ist ein (zumeist alkoholisches) „Getränk": **Tiens, je te paie un pot** „Ich gebe dir einen aus"; aber auch ein Umtrunk, der organisiert wird, um ein bestimmtes Ereignis zu feiern: **Patrice a organisé un pot d'adieu** „Patrice hat einen Ausstand gegeben (Abschiedsumtrunk organisiert)".

(9) **la télématique**, die „Telematik", ist eine Verschmelzung von **télécommunication** und **informatique**.

(10) **signaler** wird oft in der Bedeutung „hinweisen auf, aufmerksam machen auf" benutzt. **Nous nous permettons de vous signaler que votre compte est toujours débiteur** „Wir erlauben uns, Sie darauf hinzuweisen, dass Ihr Konto immer noch einen Minussaldo aufweist".

(SOLUTIONS DU 1ᵉʳ EXERCICE : AVEZ-VOUS BIEN COMPRIS ?)

❶ Freut mich, dich kennenzulernen. ❷ Mich auch. ❸ Vielen Dank für Ihre/eure überaus warmherzige Begrüßung. ❹ Wir können uns duzen, weißt du. ❺ Wenn du willst. ❻ Sie werden / Ihr werdet schnell alles verstehen, was Sie/ihr hier wissen müssen/müsst. ❼ Ich bin sicher, dass du den Aufgaben gewachsen sein wirst.

2ᵉ EXERCICE : TROUVEZ LES MOTS MANQUANTS !

① Warum folgen Sie mir?

Pourquoi .. - ...... vous ?

② Aber ich folge Ihnen nicht.

Mais je .. .. pas.

③ Die allgemeinen Services befinden sich in der ersten Etage der Örtlichkeiten.

Les .... sont .. premier étage ... .

④ Die Gebäude sind mit Geräten von hohem technischem Niveau ausgestattet.

Les .... sont ..... .'..... de très haute ....

▶ **Cent-dixième (110ᵉ) leçon**

La rentrée ①

1 Deux mois plus tard, c'est_au tour de Claude de commencer son nouveau travail. ②

2 Elle a été mutée dans_un collège de 200_élèves dans le vingtième arrondissement

⑤ Sie wird überschwemmt mit Arbeit.

   Elle est .... travail.

⑥ Sie hat einen sehr vollen (überlasteten) Tag.

   Elle a une journée ....

⑦ Ich hoffe, dass ich den Aufgaben gewachsen sein werde.

   J' ...... que je ....

SOLUTIONS DU 2ᵉ EXERCICE : LES MOTS MANQUANTS.

❶ me-suivez ❷ ne vous suis ❸ services généraux - au - des locaux
❹ bâtiments - dotés d'outils - technicité ❺ submergée de ❻ très chargée ❼ espère - serai à la hauteur

Deuxième vague : Activez la leçon 60 !

Einhundertzehnte Lektion

Zurück in der Schule (Die Rückkehr)

1 Zwei Monate später ist Claude an der Reihe, ihre neue Arbeit aufzunehmen.
2 Sie wurde an eine höhere Schule mit 200 Schülern im 20. Arrondissement versetzt,

(ANMERKUNGEN)

① La rentrée „Heimkehr, Wiederkehr" bezieht sich zunächst auf den Beginn des neuen Schuljahres nach den Sommerferien (la rentrée scolaire und la rentrée des classes), der Begriff wird aber auch für das Parlament verwendet, wenn sich die Politiker und Abgeordneten nach der Sommerpause zum ersten Mal wieder zu Beratungen zusammensetzen (la rentrée politique).

② Verwechseln Sie nicht une tour „ein Turm" und un tour „eine Runde". À chacun son tour de voir la tour „Jeder ist mal dran, den Turm zu sehen".

3	pour y assurer les cours d'orthographe et de grammaire, comme elle le faisait en Bretagne. ③④⑤
4	Mais‿elle apprend très vite que les classes à Paris sont bien différentes de celle de son village breton. ⑥
5	Clément, un jeune professeur de vingt-trois‿ans, prend Claude sous son aile et lui explique comment se passent les choses.
6	– D'abord, t'as les classes très mixtes d'un point de vue ethnique : il y a des Beurs, des Blacks, des‿Asiatiques... ⑦⑧
7	Plus mélangé que ça, tu meurs. Mais ils sont hyper-sympa. ⑨⑩
8	Ensuite, les classes sont très grandes. Ça peut être angoissant, mais il faut assumer. ⑪
9	Pour la plupart, les profs sont cool. Le directeur est vachement strict, mais très réglo. ⑫⑬

(ANMERKUNGEN)

③ Dies ist eine idiomatische Wendung: **assurer un cours** „Unterricht/einen Kursus geben". Die Grundbedeutung von **assurer** ist „versichern, sicherstellen, sorgen für, gewährleisten".

④ **l'orthographe** ist nicht nur die „Rechtschreibung", sondern auch die „Schreibweise". **Connais-tu l'orthographe de ce mot ?** „Weißt du, wie man dieses Wort schreibt?" **Une faute d'orthographe** ein „Rechtschreibfehler".

⑤ Hier wird das Imperfekt benutzt (**elle le faisait**), da es sich um eine in der Vergangenheit abgeschlossene Handlung handelt (sie lehrt nicht mehr in der Bretagne).

⑥ Adjektive, die von Ortsnamen abgeleitet werden, werden kleingeschrieben: **la Normandie**, aber **le beurre normand**. Von Ortsnamen abgeleitete Substantive hingegen behalten den Großbuchstaben: **Paris, un Parisien/une Parisienne**.

|3| um dort die Kurse in Rechtschreibung und Grammatik zu übernehmen, wie sie dies in der Bretagne tat.

|4| Aber sie lernt sehr schnell, dass die Klassen in Paris sich sehr stark von denen ihres bretonischen Dorfes unterscheiden (sehr unterschiedlich sind von ...).

|5| Clément, ein junger Lehrer von 23 Jahren, nimmt Claude unter seine Fittiche (unter seinen Flügel) und erklärt ihr, wie die Dinge laufen.

|6| – Zunächst einmal hast du in ethnischer Hinsicht sehr gemischte Klassen: Es gibt nordafrikanische Kinder, Afrofranzosen, Asiaten ...

|7| Gemischter geht's gar nicht, sag ich dir. Aber sie sind supernett.

|8| Weiterhin sind die Klassen sehr groß. Das kann beängstigend sein, aber das musst du einfach akzeptieren.

|9| Die meisten (Für das Meiste) Lehrer sind cool. Der Direktor ist unheimlich streng, aber sehr korrekt.

⑦ Hier wie auch weiter unten sehen (und hören) Sie, dass in der Umgangssprache tu as oft zu t'as zusammengezogen wird.

⑧ les Beurs ist der Name für die in Frankreich geborenen Kinder nordafrikanischer Immigranten. Schwarze aus den anderen Teilen Afrikas bezeichnen sich selbst lieber als les Blacks anstelle von les Noirs.

⑨ Die Konstruktion plus... que ça, tu meurs (wörtlich „mehr ... als das, du stirbst") hat seinen Ursprung in einem Filmtitel und heißt, dass etwas nicht weiter als über das beschriebene Maß hinausgehen kann.

⑩ hyper ist hier eine Steigerung von super. So ist auch un hypermarché ein Supermarkt, der noch größer ist als un supermarché.

⑪ Die Grundbedeutung des Verbs assumer ist „für etwas die Verantwortung übernehmen". Hier bedeutet es „etwas akzeptieren, etwas auf sich nehmen".

⑫ cool brauchen wir wohl nicht zu übersetzen. Da es sich um ein Lehnwort aus dem Englischen handelt, wird es nicht an das Subjekt angeglichen.

⑬ Im saloppen vachement „unheimlich", steckt la vache „Kuh".

10 Donc, tu vois, on galère parfois mais dans l'ensemble on s'éclate. Mais attends, qu'est-ce que t'as ? Ça va pas ? ⑭⑮

11 – Si, si. Seulement, je n'ai compris que la moitié de ce que tu as dit. ⑯

12 En classe d'histoire : "Après quelle bataille le chef Vercingétorix s'est-il rendu aux Romains ?" ⑰

13 Après un long silence, un élève dit timidement : "Sa dernière bataille, Madame."

ANMERKUNGEN

⑭ Das sehr umgangssprachliche galérer kommt von la galère „Galeere" und beschreibt eine komplizierte Situation. Quelle galère ! „Was für ein Mist!".

⑮ Die Grundbedeutung von éclater ist „platzen, knallen, krachen".

1er EXERCICE : COMPRENEZ-VOUS CES PHRASES ?

❶ C'est à qui le tour ? – C'est à moi. ❷ Je dois assurer des cours d'histoire à la rentrée, comme je faisais l'année dernière. ❸ Ça ne va pas ? ❹ Si, si, je vais très bien, je t'assure. ❺ Est-ce que c'est vraiment difficile ? ❻ Plus difficile que ça, tu meurs. ❼ Ils sont vachement sympa, nos profs.

2e EXERCICE : TROUVEZ LES MOTS MANQUANTS !

❶ Er hat mich vom ersten Tag an unter seine Fittiche genommen.

Il m'. . . . . dès le premier jour.

❷ Er ist Bretone, aber er liebt die normannische Butter.

Il est . . . . . . mais il adore le . . . .

| 10 | Du siehst also, wir rackern uns manchmal ganz schön ab, aber im großen Ganzen haben wir tierischen Spaß. Aber wart' mal, was hast du? Geht's dir nicht gut?
| 11 | – Doch, doch. Es ist nur ... ich habe nur die Hälfte von dem verstanden, was du gesagt hast.
| 12 | Im Geschichtsunterricht: „Nach welcher Schlacht hat sich der Stammesführer Vercingétorix den Römern ergeben?"
| 13 | Nach langer Stille sagt ein Schüler schüchtern: „[Nach] seiner letzten Schlacht, Frau Lehrerin".

(16) **Si** ist unser deutsches „doch": **Ça ne va pas ? - Si, je vais très bien** „Geht's dir nicht gut? - Doch, es geht mir sehr gut".

(17) **Vercingétorix** war ein gallischer Stammesführer, der im Jahre 52 v. Chr. eine Revolte gegen Julius Cäsar anführte, welche in der Schlacht von Alésia niedergeschlagen wurde. **Vercingétorix** ist das Symbol für den französischen Widerstand gegen feindliche Invasoren.

SOLUTIONS DU 1ᵉʳ EXERCICE : AVEZ-VOUS BIEN COMPRIS ?

❶ Wer ist dran? - Ich bin dran. ❷ Ich muss nach Schulbeginn Geschichtsunterricht geben, wie ich es letztes Jahr getan habe. ❸ Geht es dir nicht gut? ❹ Doch, doch, es geht mir sehr gut, ich versichere es dir. ❺ Ist das wirklich schwierig? ❻ Schwieriger geht's gar nicht, sage ich dir. ❼ Die sind unheimlich nett, unsere Lehrer.

❸ Die Schulen in Paris unterscheiden sich sehr (sind sehr unterschiedlich) von denen der Provinz.

Les écoles à Paris ....

.... de province.

❹ Er hat nur die Hälfte von dem verstanden, was ich gesagt habe.

Il n'a compris ... . de ..

... .'.. dit.

⑤ Nach welcher Schlacht hat er sich ergeben?

. . . . bataille .' . . . - . . . . ?

⑥ [Nach] der letzten.

La . . . .

▶ **Cent-onzième (111ᵉ) leçon**

La routine

1 Que le temps passe vite ! Jean-Michel et Claude sont à Paris depuis deux ans. ①

2 Et ils commencent à tomber dans la routine. Ils n'ont pas pu prendre de vraies vacances, ni l'un ni l'autre. ②

3 À présent, avec l'arrivée des beaux jours, ils rêvent de partir loin de Paris.

4 – Métro-boulot-dodo. Je commence à en avoir marre. Ça te dirait de quitter Paris pour quelques semaines ? ③④

SOLUTIONS DU 2ᵉ EXERCICE : LES MOTS MANQUANTS.

❶ a pris sous son aile ❷ Breton - beurre normand ❸ sont très différentes de celles ❹ que la moitié - ce que j'ai ❺ Après quelle - s'est-il rendu ❻ dernière

Deuxième vague : Activez la leçon 61 !

Einhundertelfte Lektion

Routine

1 Wie schnell die Zeit vergeht! Jean-Michel und Claude sind seit zwei Jahren in Paris.
2 Und sie beginnen, in Routine zu verfallen. Keiner von ihnen (Weder der eine noch der andere) hat richtigen Urlaub nehmen können.
3 Gegenwärtig, mit dem Beginn (der Ankunft) der schönen Tage, träumen sie davon, weit wegzufahren von Paris.
4 – Metro – Arbeit – Schlafen. Ich habe langsam (beginne zu haben) genug davon. Wie würde es dir gefallen, Paris für einige Wochen zu verlassen?

(ANMERKUNGEN)

① In affirmativen Sätzen wird **depuis** „seit" mit den Zeitformen der Gegenwart verwendet: **Elle vit en France depuis cinq ans** „Sie lebt seit fünf Jahren in Frankreich" und in negativen Sätzen mit der zusammengesetzten Vergangenheit: **Je ne l'ai pas vue depuis Noël** [... no-äl] „Ich habe sie seit Weihnachten nicht mehr gesehen".

② Sie haben es schon gemerkt: Dieser Satz enthält eine doppelte Verneinung, was aber im Französischen gang und gäbe ist. Ein anderes Beispiel: **Nous ne parlons pas le chinois, ni l'un ni l'autre** „Keiner von uns (Weder der eine noch der andere) spricht Chinesisch".

③ Diese sehr häufig benutzte Wendung ist Ausdruck der Lebensweise vieler Großstadtbewohner und beschreibt den täglichen Trott zwischen der Fahrt zur Arbeit (**métro**), dem Job (**boulot**) und dem Schlafengehen (**dodo**).

④ **Ça te/vous dirait de... ?** „Würde es dir/Ihnen gefallen, ...?" ist eine Möglichkeit, einen Vorschlag zu formulieren. **Ça te dirait d'aller au cinéma ce soir ?** „Würdest du gerne heute Abend ins Kino gehen?"

| 5 | – Bien sûr que ça me dirait ! Nous n'avons pas pris de vacances depuis bientôt trois‿ans. ⑤ |

| 6 | – Marché conclu ! Il nous reste seulement à décider où et quand. ⑥ |

| 7 | Nous sommes‿obligés de partir pendant les vacances scolaires, donc est-ce qu'on va être juillettistes ou aoûtiens ? ⑦ |

| 8 | – Partons plutôt en juillet. Il y a moins de monde, me semble-t‿-il. ⑧⑨ |

| 9 | – Il me semble aussi. D'accord pour juillet. Maintenant, quel pays ? |

| 10 | – Et si nous restions en France ? On pourrait faire du tourisme vert. ⑩ |

| 11 | Pourquoi pas louer un gîte dans‿un‿endroit isolé – la France profonde – et faire de la randonnée pédestre ? ⑪⑫ |

| 12 | Rien ne nous‿empêche de faire des balades en voiture pour visiter les‿environs. Et on serait tranquilles. |

(ANMERKUNGEN)

⑤ **bientôt** heißt „bald" und kann in bestimmten zeitlichen Ausdrücken als Synonym für **presque** „fast" verwendet werden. Vergleichen Sie: **Il est parti il y a presque deux ans** „Er ist vor fast zwei Jahren weggefahren" und **Ça fait bientôt deux ans qu'il est parti** „Es ist bald zwei Jahre her (Es macht bald zwei Jahre), dass er weggefahren ist".

⑥ Ein Ausdruck, den Sie sich merken sollten. **Un marché** ist ein „Markt" oder auch ein „Handel", ein „Geschäftsabschluss". **Conclure un marché** „ein Geschäft abschließen".

⑦ Juli und August sind die Monate, in denen die Franzosen ihre „großen Ferien" haben. Es haben sich daher die Ausdrücke **les juillettistes** und **les aoûtiens** [a-u-*ßiän*] entwickelt, um die Leute zu bezeichnen, die im Juli bzw. August verreisen. Möchten Sie die Monatsnamen wiederholen? Dann sehen Sie sich noch einmal Lektion 21 an.

| 5 | – Natürlich würde mir das gefallen! Wir haben seit bald drei Jahren keinen Urlaub mehr genommen.
| 6 | – Abgemacht! Jetzt müssen wir (bleibt uns) nur noch (zu) entscheiden, wohin und wann.
| 7 | Wir müssen während der Schulferien fahren; fahren wir also im Juli oder im August?
| 8 | – Fahren wir lieber im Juli. Es scheint mir, dass es dann nicht so voll ist.
| 9 | – Das scheint mir auch so. Also dann (einverstanden für) Juli. Jetzt: [In] welches Land?
| 10 | – Und wenn wir in Frankreich bleiben würden? Wir könnten [ein bisschen] Öko- (grünen) Tourismus machen.
| 11 | Warum mieten wir uns nicht eine Unterkunft an einem einsamen Ort – weit draußen auf dem Land (das tiefe Frankreich) – und wandern (machen Fußmärsche)?
| 12 | Es hält uns nichts davon ab, Ausflüge mit dem Auto zu machen, um uns die Gegend anzusehen. Und wir hätten unsere Ruhe (wären ruhig).

⑧ Eine weitere Möglichkeit, einen Vorschlag auszudrücken, ist der Imperativ. Der Beispielsatz weiter oben könnte also auch lauten: **Allons au cinéma ce soir** „Lasst uns heute Abend ins Kino gehen".

⑨ Eine elegantere Art, **Il me semble que...** auszudrücken: **... me semble-t-il** steht immer am Satzende. Vergleichen Sie: **Il me semble qu'il y a moins de monde** und **Il y a moins de monde, me semble-t-il**.

⑩ Auch mit **Et si** + Imperfekt kann ein Vorschlag oder eine Alternative formuliert werden. **Et si nous allions au cinéma ?** „Und wenn wir ins Kino gehen würden?"

⑪ Eine einfache Art, einen Vorschlag auszudrücken: **Pourquoi pas** + Infinitiv: **Pourquoi (ne) pas aller au cinéma ce soir ?** „Warum gehen wir nicht heute Abend ins Kino?" Auch als kurze affirmative Antwort dient **Pourquoi pas ?** „Warum nicht?", „Na klar!"

⑫ Mit **la France profonde** ist das ländliche und „echte", unverfälschte Frankreich gemeint, die Städter verwenden es jedoch eher in der Bedeutung „rückständiges, provinzielles Frankreich".

| 13 | – Tiens, tu te souviens du petit village en Auvergne où on s'est_arrêtés pour déjeuner il y a cinq_ans ?
| 14 | – Montézic ? Bien sûr. C'est un coin ravissant. Et que dirais-tu si j'écrivais au syndicat d'initiative pour demander des renseignements ? ⑬
| 15 | – Je dirais que tu as eu une idée de génie ! Je vais tout de suite chercher le numéro de téléphone sur le Minitel.

1ᵉʳ EXERCICE : COMPRENEZ-VOUS CES PHRASES ?

❶ Que le temps passe vite ! ❷ Ça te dirait de venir dîner à la maison ce soir ? ❸ Avec grand plaisir. ❹ J'en ai marre de cette routine ! ❺ Il me semble qu'il y a moins de monde aujourd'hui. ❻ Il me semble aussi. ❼ Pourquoi ne pas partir en août cette année ? ❽ Pourquoi pas ?

2ᵉ EXERCICE : TROUVEZ LES MOTS MANQUANTS !

❶ Es sind (macht) jetzt vier Jahre, dass ich in Paris bin.

.... quatre ans ... . à Paris.

❷ Keine von ihnen (Weder die eine noch die andere) hat richtigen Urlaub nehmen können.

Elles ..'... ... .. prendre de vraies vacances, .. .'... .. .'..... .

❸ Wir sind seit bald drei Jahren nicht mehr in den Urlaub gefahren.

Nous .. .. en vacances .... trois ans.

❹ Und wenn wir dieses Jahr in die Auvergne fahren würden?

.. .. Auvergne cette année ?

|13| – Sag mal, erinnerst du dich an das kleine Dorf in der Auvergne, wo wir vor fünf Jahren zum Mittagessen angehalten haben?

|14| – Montézic? Natürlich. Das ist eine entzückende Ecke. Und was würdest du sagen, wenn ich an das Fremdenverkehrsamt schreibe, um Informationen anzufordern?

|15| – Ich würde sagen, dass du eine geniale Idee hättest! Ich werde sofort die Telefonnummer auf dem Minitel heraussuchen.

(ANMERKUNGEN)

⑬ Im Gegensatz zu den Deutschen verbringen die Franzosen ihren Urlaub sehr häufig in ihrer Heimat, auf dem Land oder am Meer, anstatt ins Ausland zu reisen. Eine hervorragende Möglichkeit, Frankreich kennenzulernen, bieten **les gîtes**, ein Netzwerk, das Ferienunterkünfte in ländlicher Umgebung vermittelt. Adressen gibt es beim **syndicat d'initiative** „Fremdenverkehrsbüro".

SOLUTIONS DU 1er EXERCICE : AVEZ-VOUS BIEN COMPRIS ?

❶ Wie schnell die Zeit vergeht! ❷ Würdest du gerne heute Abend zum Abendessen zu mir (nach Hause) kommen? ❸ Mit großem Vergnügen. ❹ Ich habe diese Routine satt! ❺ Es scheint mir, dass es heute nicht so voll ist (es weniger Leute gibt). ❻ Mir scheint es auch so. ❼ Warum fahren wir dieses Jahr nicht im August weg? ❽ [Ja.] Warum nicht?

❺ Was würdest du sagen, wenn ich die Nummer im Internet heraussuche?

. . . . - . . . . je . . . . le numéro sur Internet ?

SOLUTIONS DU 2e EXERCICE : LES MOTS MANQUANTS.

❶ Cela fait maintenant - que je suis ❷ n'ont pas pu - ni l'une ni l'autre ❸ ne sommes pas partis - depuis bientôt ❹ Et si nous allions en ❺ Que dirais-tu si - cherchais

Deuxième vague : Activez la leçon 62 !

▶ Cent-douzième (112ᵉ) leçon

Révision et notes

1. Präpositionen: Veränderlichkeit

Sie wissen schon lange, dass Sie nicht **à le** oder **à les** sagen können, sondern es muss z. B. heißen: **Je vais au bureau** oder **Nous allons aux courses**. Das Gleiche gilt für Präpositionen in Verbindung mit Ortsnamen, die mit **Le** oder **Les** beginnen:

„Sie wohnen in [der Stadt] Le Havre" heißt **Ils habitent au Havre**.
Ähnlich:
„Er ist zum Skifahren nach Les Contamines gefahren": **Il est parti au ski aux Contamines**.

Beachten Sie, dass **au** bzw. **aux** immer klein geschrieben werden!

Versuchen Sie nun, weitere Beispielsätze - z. B. **Je viens de** ... oder **Je travaille à...** - mit den folgenden Ortsnamen zu bilden:

Les Mureaux, Le Mans, Le Lavandou, Les Essarts.

Sie werden feststellen, dass Sie hierfür recht schnell einen Automatismus entwickeln.

2. Idiomatische Wendungen: Il faut und Il faut que

In Lektion 105 sind wir auf die Konstruktion **il faut que** + Konjunktiv eingegangen. Ein Beispiel für einen solchen Fall finden Sie in Lektion 106.

Der **Subjonctif** wird jedoch nur dann nach **il faut que** verwendet, wenn danach ein Personalpronomen und anschließend ein Verb folgen:

Il faut que nous ayons un grand jardin. „Wir müssen einen großen Garten haben".
Il faut que vous louiez plutôt que vous achetiez. „Ihr müsst eher mieten als kaufen".

Anders sieht die Konstruktion aus, bei der nach **faut** ein Substantiv oder ein Infinitiv folgt (vgl. Lektion 106). In diesem Fall wird es mit „brauchen, benötigen" oder auch „man muss, man sollte" übersetzt:

Il nous faut un jardin. „Wir benötigen einen Garten".
Il faut louer plutôt qu'acheter.
„Man sollte eher mieten als kaufen".

Einhundertzwölfte Lektion

3. Verben: „fahren"

Im Französischen gibt es mehrere Möglichkeiten, das Verb „fahren" auszudrücken. Zunächst einmal: **aller en voiture**, wörtlich „mit dem Auto gehen". Es bezieht sich auf die Wahl des Autos als Transportmittel im Gegensatz zu anderen Transportmitteln: **Elle a décidé d'aller en voiture plutôt que de prendre le train** „Sie beschloss, mit dem Auto zu fahren, anstatt den Zug zu nehmen". Eine Alternative wäre **prendre la voiture**: **Je n'ai pas envie de prendre la voiture. Je suis trop fatigué** „Ich habe keine Lust, das Auto zu nehmen. Ich bin zu müde".

Dann haben wir **conduire**, was „ein Auto fahren" im Sinne von „ein Auto lenken" bedeutet, also die Tätigkeit des Autofahrens bzw. des Lenkens beschreibt. Dieses Wort ist die Wurzel zahlreicher verwandter Ausdrücke wie **le permis de conduire** „Führerschein", **le conducteur** „Fahrer" usw.: **Jean-Michel aime conduire sur l'autoroute** „Jean-Michel fährt gerne auf der Autobahn".

Als drittes gibt es noch **rouler**, was sich auf die Bewegung des Autos selbst bzw. darauf bezieht, wie der Fahrer mit dem Auto fährt: **Il roulait à 150 à l'heure** „Er fuhr mit 150 km/h". **Ils roulaient trop vite** „Sie fuhren zu schnell". **Ne roulez pas trop près** „Fahren Sie nicht zu dicht auf".

Also: **Si vous prenez la voiture** (oder **allez en voiture**), **conduisez prudemment - et ne roulez pas trop vite...** „Wenn Sie mit dem Auto fahren, fahren Sie vorsichtig - und fahren Sie nicht zu schnell ..."

4. Aussprache: Kurzer Hinweis zu é und è

Wir wollen Ihnen hier kurz eine Aussprachebesonderheit hinsichtlich **é** und **è** erklären, die Sie bestimmt seit vielen Lektionen unbewusst assimiliert und richtig angewandt haben, ohne sich zu fragen, was sich dahinter verbirgt. Lesen Sie sich die folgende Regel mehrmals durch:
Bei Verben, die im Infinitiv in der vorletzten Silbe ein **é** enthalten (**régler**, **répéter** usw.), wird dieses **é** zu **è**, wenn danach ein Konsonant und dann ein stummes **e** folgen.

Beispiele:

régler „regeln; bezahlen": **je règle, tu règles, il/elle règle, ils/elles règlent**, aber **nous réglons, vous réglez**.

répéter „wiederholen": **je répète, tu répètes, il/elle répète, ils/elles répètent**, aber **nous répétons, vous répétez**.

5. Partizip: Angleichung bei avoir und être

Die Grundregeln für die Angleichung des Partizips lauten
a) bei den mit **avoir** konjugierten Verben wird das Partizip nicht angeglichen.
b) bei den mit **être** konjugierten Verben wird das Partizip an das Subjekt des Satzes angeglichen.
Von diesen Grundregeln gibt es folgende Ausnahmen:
Bei **avoir** wird das Partizip dann angeglichen, wenn der Satz ein Objekt enthält und dieses <u>vor</u> der Verbkonstruktion steht.
Beispiel:
<u>Les lettres</u> qu'il a **écrites** sont très belles. „Die Briefe, die er geschrieben hat, sind sehr schön".
Tipp: Hier könnten Sie **qu'il a** weglassen (**Les lettres écrites sont belles**), und das Partizip übernimmt die Funktion eines Adjektivs, was selbstverständlich angeglichen werden muss.

Bei den reflexiven Verben - die alle mit **être** konjugiert werden - wird das Partizip an das Akkusativobjekt (dies ist oft das Reflexivpronomen) angeglichen, wenn dieses <u>vor</u> dem Verb steht.
Beispiel:
<u>Elle</u> s'est **lavée** . „Sie hat sich gewaschen".
<u>Les mains</u> qu'elle s'est **lavées** sont toujours sales. „Die Hände, die sie sich gewaschen hat, sind immer noch schmutzig".
Tipp: Wie bei **avoir** können Sie hier **qu'elle s'est** weglassen, und es bleibt **Les mains lavées...**, wobei **lavées** wie ein Adjektiv behandelt und daher angeglichen wird.
Steht das Akkusativobjekt jedoch <u>hinter</u> der Verbkonstruktion, wird das Partizip nicht angeglichen.
Beispiel:
Elle s'est lavé les mains. „Sie hat sich die Hände gewaschen".

6. Verben: Verschiedene Bedeutungen von manquer

Dieses Verb hat zwei sehr unterschiedliche Bedeutungen, in denen es auch in der Satzkonstruktion stark variiert.

Die erste Bedeutung ist „verpassen":
J'ai manqué mon avion. „Ich habe mein Flugzeug verpasst".
In der zweiten Bedeutung „vermissen, etwas fehlt" wird es ganz anders verwendet:
La Bretagne me manque. „Die Bretagne fehlt mir; Ich vermisse die Bretagne".
Tu me manques. „Du fehlst mir; Ich vermisse dich".

Möchten Sie wissen, ob ihr Angebeteter oder ihre Angebetete Sie vermisst, so sagen Sie: **Je te manque ?** „Vermisst du mich?"

7. Maßeinheiten

In Frankreich gelten wie bei uns die Maßeinheiten des metrischen Systems. **Un kilogramme** kann zu **un kilo** abgekürzt werden. Die kleinste Maßeinheit ist **un gramme**. Bei losen Artikeln wie Kartoffeln, Äpfeln usw. bestellt man also **un kilo de pommes de terre** bzw. **deux kilo de pommes**. Es gibt auch das halbe Kilo, **un demi-kilo**, wozu man auch **une livre** „ein Pfund" sagt. Und ein halbes Pfund ist **une demi-livre** (Achtung: Ein „Buch" heißt **un livre!**) Radieschen, Spargel und so weiter werden in „Bündeln" verkauft: **une botte de radis, d'asperges** usw. Weiche Früchte, z.B. Erdbeeren, werden meistens in Schalen angeboten: **une barquette de fraises**. Und ein Butterpaket heißt in Frankreich **une plaquette de beurre**.

Wenn Sie in Frankreich einkaufen gehen, wird Ihnen in den großen Supermärkten das schier unüberschaubare Warenangebot auffallen. Auf den bunten Märkten oder in den kleinen Lebensmittelläden mit ihrem heimischen oder ausländischen Angebot an Obst, Gemüse, Fleisch, Fisch und anderen Spezialitäten in den Stadtzentren werden Sie das echte, unverfälschte Frankreich erleben und sicher schnell mit den Menschen in Kontakt kommen.

8. Lehnwörter aus anderen Sprachen

Das Französische geht sehr sensibel mit Fremdwörtern um. Es gibt sogar Gesetze, die den Einzug von Fremdwörtern in den französischen Sprachgebrauch verhindern sollen. Erfolgreich hat man französische Begriffe vor allem für Wörter aus dem Bereich der Technik gefunden und die im Wesentlichen aus dem Englischen stammenden Termini in den französischen Sprachgebrauch integriert.

la bureautique	Bürotechnik
le caméscope	Videokamera
la carte à puces	Chip-Karte
l'informatique (f.)	Informatik
le logiciel	Software, Programm
l'ordinateur (m.)	Computer
le progiciel	Software-Paket
la télécopie	Fax (man sagt allerdings auch häufig **le fax**)
la télématique	Telematik, Datenfernübertragung

▶ **Cent-treizième (113ᵉ) leçon**

Au revoir... et à bientôt !

1 Nous voici à la fin de notre livre, mais non pas à la fin du voyage.
2 Il ne faut pas que vous vous‿arrêtiez maintenant. ①
3 Bien‿entendu, vous ne parlez pas‿encore le français comme un Parisien-né, ②
4 mais vous‿êtes capable de comprendre une conversation
5 et de vous faire comprendre dans les circonstances usuelles de la vie quotidienne. ③

Sie sind bei der letzten Lektion des Kurses angekommen, was natürlich nicht heißt, dass Sie jetzt fertig sind, denn Sie müssen ja die aktive Phase noch bis zum Ende des Buches fortsetzen. In dieser Lektion haben wir ganz auf die wörtliche Übersetzung verzichtet, d. h. es gibt keine Klammern oder Ergänzungen mehr. Keine Angst - Sie werden alles verstehen!

Früher hat das Französische z. B. **le walkman** benutzt, was dann vom Begriff **le baladeur** (von **balader** „spazieren gehen") abgelöst wurde. Sogar das englische **Bed & Breakfast** hat das Französische in Form von **le café-couette** (**la couette** „Bettdecke") übernommen …

Haben Sie bis hierher alles assimiliert? **OK** [*o-kä*]! Dann ran an die letzte Lektion des Kurses!

Deuxième vague : Activez la leçon 63!

Einhundertdreizehnte Lektion

Auf Wiedersehen … und bis bald!

1. Wir sind nun am Ende unseres Buches angekommen, aber nicht am Ende der Reise.
2. Sie dürfen jetzt nicht aufhören.
3. Selbstverständlich sprechen Sie noch nicht Französisch wie ein geborener Pariser,
4. aber Sie sind in der Lage, einer Unterhaltung zu folgen
5. und sich unter den üblichen Bedingungen des täglichen Lebens verständlich zu machen.

(ANMERKUNGEN)

① Wie bereits erläutert, muss nach **il faut que** der Subjonctif stehen. Durch Weglassen von **vous** wird die Konstruktion „unpersönlich": **Il ne faut pas s'arrêter** „Man darf nicht aufhören". **Il faut que vous soyez à l'heure** oder **Il faut être à l'heure** „Ihr müsst pünktlich sein".

② **C'est un comédien-né** „Er ist ein geborener Schauspieler". **C'est une Parisienne-née** „Sie ist eine geborene Pariserin". Was diesen Satz betrifft, so wird oft gesagt, dass es nicht die Pariser sind, die das beste Französisch sprechen, sondern die Einwohner der Stadt Tour und Umgebung.

③ **je me fais comprendre** „Ich mache mich verständlich". Wir haben bereits über **faire** + Infinitiv in der Bedeutung „veranlassen, (machen) lassen" gesprochen. Ist das direkte Objekt ein Pronomen, steht es vor **faire**: **Je la fais réparer** „Ich lasse ihn/es reparieren". Ist das direkte Objekt ein Substantiv, steht es hinter dem Infinitiv: **Je fais faire un costume** „Ich lasse einen Anzug anfertigen".

| 6 | Reprenez le livre tous les jours et feuilletez-le. Choisissez une leçon,
| 7 | ré-écoutez les_enregistrements et continuez à faire la deuxième vague.
| 8 | Il y a des points de grammaire, des expressions et du vocabulaire que nous n'avons pas_encore vus.
| 9 | Donc, n'arrêtez pas maintenant.
| 10 | Prenez un journal, lisez un roman, écoutez la radio ou parlez avec un ami francophone,
| 11 | mais surtout, continuez à apprendre et à pratiquer cette belle langue française que vous avez_apprise "sans peine". ④
| 12 | "Ce qui n'est pas clair n'est pas français." – *Rivarol*.

1ᵉʳ EXERCICE : COMPRENEZ-VOUS CES PHRASES ?

❶ Écoutez-la ; c'est une vendeuse-née ! ❷ Non, je ne le lis pas ; je le feuillette. ❸ Je voudrais prendre rendez-vous avec le docteur, s'il vous plaît. ❹ Il se fait comprendre partout. ❺ C'est la fin de l'exercice, mais non pas de la leçon. ❻ Au revoir et à bientôt.

2ᵉ EXERCICE : TROUVEZ LES MOTS MANQUANTS !

❶ Sie müssen / Ihr müsst sofort aufhören/anhalten.

Il faut . . . vous vous . . . . tout de suite.

❷ Ich habe das Buch durchgeblättert, und ich habe eine Lektion ausgewählt.

J'ai . . . . le livre et j'ai . . . . . . une leçon.

❸ Man muss verstehen, dass das sehr schwer ist.

Il . . . . que c'est très dur.

6	Nehmen Sie das Buch jeden Tag wieder zur Hand, und blättern Sie darin. Wählen Sie eine Lektion aus,
7	hören Sie sich erneut die Aufnahmen an, und setzen Sie die zweite Welle fort.
8	Es gibt Grammatikthemen, Ausdrücke und Vokabeln, die wir noch nicht angesehen haben.
9	Hören Sie deshalb jetzt nicht auf.
10	Nehmen Sie eine Zeitung, lesen Sie einen Roman, hören Sie Radio, oder sprechen Sie mit einem französischsprachigen Freund,
11	aber vor allem: Fahren Sie fort, diese schöne französische Sprache zu lernen und anzuwenden, die Sie „ohne Mühe" erlernt haben.
12	„Was nicht klar ist, ist nicht französisch." - *Rivarol*.

(ANMERKUNGEN)

④ Hier steht **apprise** in der weiblichen Form, da das direkte Objekt **... la langue française** vor dem Verb steht.

SOLUTIONS DU 1ᵉʳ EXERCICE : AVEZ-VOUS BIEN COMPRIS ?

❶ Hören Sie / Hört ihr zu; sie ist eine geborene Verkäuferin! ❷ Nein, ich lese es nicht; ich blättere darin. ❸ Ich möchte gerne einen Termin beim Arzt vereinbaren, bitte. ❹ Er macht sich überall verständlich. ❺ Das ist das Ende der Übung, aber nicht der Lektion. ❻ Auf Wiedersehen und bis bald.

❹ Er lässt einen neuen Anzug anfertigen.

Il .... un nouveau costume.

❺ Was nicht klar ist, ist nicht französisch.

.. ... .'... .. ..'... ... .

SOLUTIONS DU 2ᵉ EXERCICE : LES MOTS MANQUANTS.

❶ que - arrêtiez ❷ feuilleté - choisi ❸ faut comprendre ❹ fait faire ❺ Ce qui n'est pas clair n'est pas français.

Deuxième vague : Activez la leçon 64 !

GRAMMATIKALISCHER INDEX

Adjektive |7.4 |Anhang 468
Adverbien |Anhang 469
Adverbien der Zeit |56.3
Allgemeiner Lerntipp |7.2 |7.8 |56.6 |70.6 |84.8
- Aktive Phase / „Zweite Welle" |49
Alphabet |7.6
Aussprache |Einleitung |112.4 |Anhang 555
Datum & Zeit:
- Wochentage |21.3
- Monatsnamen |21.5
- Uhrzeiten |42.2

Fragen: Bildung & Fragepronomen |35.3 |56.1
Geschlecht der Substantive |7.1 |Anhang 466
Idiomatische Wendungen |105.3 |112.2 |105.2
Konjunktionen |70.4 |84.5
Landeskunde |105.1
Lehnwörter aus anderen Sprachen |112.8
Maßeinheiten |112.7
même / die verschiedenen Bedeutungen |91.2
Präpositionen |63.3 |112.1
Pronomen |35.2;4 |84.1 |Anhang 467
- Possessivpronomen |14.1 |70.3
- Relativpronomen |28.4 |49.1
- Unpersönliche Pronomen |28.1

Redewendungen |21.3 |84.6
Satzbau: y und en |91.2
Steigerungsformen: Komparativ und Superlativ |35.1
Verben |7.3 |Anhang 470
- avoir / être als Hilfsverben |Anhang 478
- être „sein" |14.3 |Anhang 480
- auf -er |14.2 |Anhang 470
- auf -re |21.1 |Anhang 474
- auf -ir |28.2 |Anhang 476
- Angleichung der Partizipendungen |84.2 |91.3 |112.5
- Reflexive Verben |84.4
- Unregelmäßige Verben |Anhang 482
- devoir „müssen, sollen" |49.2
- falloir „brauchen, bedürfen" |63.1
- manquer richtig verstehen |112.6

- **valoir** „wert sein" | 49.3
- **venir de** + Infinitiv | 63.2
- **vouloir** „wollen" | 28.5
- „fahren" richtig übersetzen | 112.3
- Unpersönliche Form **s'agir de** | 98.2

Verben & Zeitformen:
- Vergangenheitsform mit **avoir** | 42.1
- Vergangenheitsform mit **être** | 70.1
- Partizip Perfekt | 56.3
- Partizip Präsens | 56.4
- Futur | 77.1 | 84.3
- Imperfekt | 77.2
- Konditional | 98.1
- Konjunktiv | 105.4

Verneinung | 42.3

Zahlen | 21.4 | 28.3 | 70.2

GRAMMATIKALISCHER ANHANG

1. Substantive

Französische Substantive (Hauptwörter) haben entweder männliches (Maskulinum) oder weibliches (Femininum) Geschlecht; ein Neutrum wie im Deutschen existiert nicht.

article „Artikel"	masculin „Maskulinum"	féminin „Femininum"
indéfini „unbestimmt"	un „ein"	une „eine"
défini „bestimmt"	le „der"	la „die"
exemples „Beispiele"	le ou un livre „das oder ein Buch"	la ou une voiture „das oder ein Auto"

Der bestimmte Artikel für den Plural beider Geschlechter lautet **les** „die", der unbestimmte **des** „einige":
les livres „die Bücher" / **des livres** „einige Bücher".

Es empfiehlt sich, bei jedem neuen Wort sofort auf den Artikel bzw. auf das Geschlecht (Genus) zu achten. Bei vielen Wörtern ist das Geschlecht auf Deutsch und auf Französisch nicht gleich:
le soleil „die Sonne", **la lune** „der Mond", **le lait** „die Milch" usw.

Es gibt einige Faustregeln, die Ihnen im Zweifelsfall einen Hinweis auf das Geschlecht eines Wortes geben können. Beachten Sie jedoch, dass es hierzu zahlreiche Ausnahmen geben kann!

Weiblich sind die meisten Substantive, die
  a. auf einem stummen **-e** enden
  b. auf **-ée** enden
  c. auf **-ion** enden.

Männlich sind die meisten Substantive, die auf **-age** enden.

Die Pluralbildung

Der Plural der meisten Substantive wird gebildet, indem am Ende ein **-s** angehängt wird.
  Beispiel: **la fenêtre** „das Fenster" - **les/des fenêtres** „die Fenster/Fenster".
Substantive, die auf **-eau** (Maskulinum) enden, erhalten im Plural ein **-x**: **-eaux**.
Bei den sieben männlichen Substantiven, die auf **-ou** enden, wird der Plural ebenfalls durch Anhängen von **-x** gebildet.
  Beispiele: **le chou** „Kohl" - **les choux**, **le genou** „Knie" - **les genoux**, **le bijou** „Schmuck" - **les bijoux**.

2. Pronomen

Das Französische kennt im Nominativ (Wer-Fall) die folgenden Pronomen (persönliche Fürwörter):

Singular:
  je   „ich"
  tu   „du"
  il   „er"
  elle „sie"

Plural:
  nous „wir"
  vous „ihr" und „Sie" (Höflichkeitsform)
  ils   „sie" (Gruppe von Männern oder gemischtgeschlechtliche Gruppe mit mindestens einem Mann)
  elles „sie" (Gruppe von Frauen)

In der Umgangssprache wird das in manchen Konstruktionen etwas „steife" Pronomen **nous** häufig durch das unpersönliche und etwas lockere **on** „man" ersetzt.

Häufig wird **on** benutzt, um allgemeingültige Aussagen zu machen:
   En France, on boit beaucoup de vin.
      „In Frankreich trinkt man viel Wein".
   On dit qu'il est riche.
      „Man sagt/Die Leute sagen, dass er reich ist".

Des Weiteren gibt es zahlreiche Pronomen in den Fällen des Dativs und Akkusativs sowie Possessivpronomen (besitzanzeigende Fürwörter), von denen mehrere in einem Satz vorkommen können. Bezüglich der richtigen Abfolge der Pronomen in einem solchen Fall lesen Sie bitte Absatz 6, „Reihenfolge der Pronomen".

3. Adjektive

Adjektive (Eigenschaftswörter) stehen in den meisten Fällen hinter den Substantiven, auf die sie sich beziehen.
Manche kurze Adjektive stehen immer vor dem Substantiv:
   bon/bonne „gut"
   mauvais/mauvaise „schlecht"
   beau/belle „schön"
   grand/grande „groß"
   petit/petite „klein"
   autre „anderer, -e, -es"
   long/longue „lang"

Adjektive, die Farben bezeichnen und solche, die aus mehr als zwei Silben bestehen, stehen immer hinter dem Substantiv.

Das Adjektiv muss immer an das Substantiv, auf das es sich bezieht, in Geschlecht und Zahlform angeglichen werden. Die Grundform eines Adjektivs, wie man sie auch z. B. in Wörterbüchern findet, ist immer die männliche Form. Die weibliche Form kann auf unterschiedliche Weise gebildet werden. In den meisten Fällen wird sie durch Anhängen eines **-e** an die männliche Form gebildet. Beispiel: **lent/lente** „langsam".

Ausnahmen:

- Bei einigen Adjektiven ist die männliche mit der weiblichen Form identisch. Beispiel:
   fragile/fragile „zerbrechlich"

- Bei Adjektiven, deren männliche Form auf **-eux** endet, lautet die weibliche Endung **-euse**:
   dangereux/dangereuse „gefährlich"

- Bei Adjektiven, deren männliche Form auf **-en**, **-on** oder **-il** endet, wird für die weibliche Form der Endkonsonant verdoppelt und **-e** angehängt:
    moyen/moyenne „mittelmäßig"
    bon/bonne „gut"
    gentil [sch˜añ-**ti**]/**gentille** [sch˜añ-**tij**] „nett"

- Einige Adjektive, die vor dem Substantiv stehen und mit einem Vokal enden, verfügen über eine zweite männliche Form für Fälle, in denen das Substantiv ebenfalls mit einem Vokal beginnt. Beispiel:
    un bel appartement „eine schöne Wohnung" (Da **appartement** männlich ist, müsste es eigentlich **beau** heißen. Damit jedoch nicht zwei Vokale aufeinandertreffen, lautet hier das Adjektiv **bel**).

Bezieht sich ein Adjektiv in einem Satz auf mehrere Subjekte (Satzgegenstände) beiderlei Geschlechts, und werden alle durch dieses Adjektiv qualifiziert, so wird das Adjektiv in der maskulinen Form verwendet:
   Son fils et sa fille sont grands.
   „Sein Sohn und seine Tochter sind groß".

Adjektive, die Nationalitäten bezeichnen, werden mit kleinem Anfangsbuchstaben geschrieben:
   une voiture française „ein französisches Auto"
   un livre allemand „ein deutsches Buch".

4. Adverbien

Sie beschreiben die Art und Weise oder das Ausmaß einer Handlung oder eines Ereignisses. Sie stehen immer direkt hinter dem Verb und werden auf der Grundlage von Adjektiven gebildet.
In den meisten Fällen erhält man das Adverb, indem man der weiblichen Form des Adjektivs die Endung **-ment** anhängt:
   lent - lente - lentement „langsam"

In einigen Fällen sind Adjektiv- und Adverbform identisch:
   dur „hart"
   vite „schnell"
   haut „hoch".

5. Verben

Die Verben (Tätigkeitswörter) werden je nach Infinitivendung in drei große Gruppen eingeteilt:
1. Gruppe: Verben auf **-er** (die größte Gruppe)
2. Gruppe: Verben auf **-re**
3. Gruppe: Verben auf **-ir**

Im Folgenden werden für jede Verbgruppe die Zeitformen, die Sie in diesem Kurs kennengelernt haben, anhand eines Beispielverbs aufgeführt. Die Formen der unregelmäßig konjugierten Verben entnehmen Sie bitte der Liste der unregelmäßigen Verben (Absatz 8).

5.1. Zeitformen der Verben auf -er

ACHETER „kaufen"

Das Präsens (Gegenwart)

j'achète	„ich kaufe"
tu achètes	„du kaufst"
il/elle achète	„er/sie kauft"
nous achetons	„wir kaufen"
vous achetez	„ihr kauft / Sie (höfl.) kaufen"
ils/elles achètent	„sie kaufen"

Beachten Sie:
1. -s sowie **-ent** am Wortende werden nicht gesprochen.
2. Zwischen dem Endlaut des Pronomens und dem Anfangslaut des Verbs wird eine **Liaison** (vgl. Lektion 1) hergestellt: **elles_achètent** [*äls_a-schä▸f*].

Das einfache Futur (Zukunft)

Für die Bildung der (einfachen) Futurform werden die Endungen (die mit den Präsensendungen des Verbs **avoir** identisch sind) an die Infinitivformen der Verben angehängt.

j'achèterai	„ich werde kaufen"
tu achèteras	„du wirst kaufen"
il/elle achètera	„er/sie wird kaufen"
nous achèterons	„wir werden kaufen"
vous achèterez	„ihr werdet kaufen / Sie (höfl.) werden kaufen"
ils/elles achèteront	„sie werden kaufen"

Diese Futurform wird auch nach Konjunktionen der Zeit (**dès que/ aussitôt que** „sobald", **quand** „wenn") verwendet (während wir im Deutschen dann eher das Präsens benutzen). Beispielsatz:
Quand elle me téléphonera, je te le dirai.
„Wenn sie mich anruft, werde ich es dir sagen".

Das zusammengesetzte Futur (Futur composé)

Eine weitere Möglichkeit, das Futur zu bilden, ist die Verwendung der konjugierten Form des Verbs **aller** (**je vais, tu vas, il/elle va, nous allons, vous allez, ils/elles vont**) + Infinitiv des Verbs:
Je vais acheter un journal „Ich werde eine Zeitung kaufen"
Nous allons partir en vacances „Wir werden in den Urlaub fahren".

Das Imperfekt (Einfache Vergangenheit)

Diese Zeitform wird verwendet, um länger andauernde oder gewohnheitsmäßige und regelmäßig wiederkehrende Handlungen oder Ereignisse oder Zustände in der Vergangenheit zu beschreiben.
Die Endungen des Imperfekts werden an den Stamm der 1. Person Plural Präsens (**achet-**) angehängt:

j'achetais	„ich kaufte"
tu achetais	„du kauftest"
il/elle achetait	„er/sie kaufte"
nous achetions	„wir kauften"
vous achetiez	„ihr kauftet / Sie (höfl.) kauften"
ils/elles achetaient	„sie kauften".

Beispielsätze:
Elle lisait un livre. „Sie las ein Buch".
Il buvait toujours du vin. „Er trank immer Wein".
L'appartement était petit. „Die Wohnung war klein".

Das Imperfekt wird auch in Bedingungssätzen verwendet, in denen im Deutschen der Konditional stehen würde:
S'il <u>partait</u> maintenant, il trouverait un taxi. „Wenn er jetzt aufbrechen würde (aufbrach), würde er ein Taxi finden".

Das Perfekt (Zusammengesetzte Vergangenheit)

Diese Zeitform heißt auf Französisch **le passé composé**, da es eine Zusammensetzung aus der konjugierten Form der Hilfsverben **avoir** oder **être** (**être** nur bei Verben der Bewegung und reflexiven Verben) und dem Partizip Perfekt des Verbs ist. Das Partizip Perfekt der Verben auf **-er** wird gebildet, indem das **-r** entfernt und das **-e** mit einem **accent aigu** (´) versehen wird:

acheter „kaufen" - **acheté** „gekauft".

j'ai acheté	„ich habe gekauft"
tu as acheté	„du hast gekauft"
il/elle a acheté	„er/sie hat gekauft"
nous avons acheté	„wir haben gekauft"
vous avez acheté	„ihr habt / Sie (höfl.) haben gekauft"
ils/elles ont acheté	„sie haben gekauft".

Eine weitere Vergangenheitsform ist **le passé simple**, das allerdings in der gesprochenen Sprache keine Verwendung findet und auch in der Literatur immer seltener benutzt wird. Wir haben daher darauf verzichtet, Sie in diesem Band näher damit bekannt zu machen.

Angleichung des Partizip Perfekts

Eines vorweg: Die Angleichung des Partizips wirkt sich vorwiegend auf die Schreibweise, selten auf die Aussprache aus (nur bei einigen Verben auf **-re**). Auch viele französische Muttersprachler müssen in diesem Punkt erst einmal nachdenken; die Wenigsten beherrschen die Regeln spontan.

Das Partizip Perfekt ist ein Adjektiv und muss daher, wenn das direkte Objekt vor der konjugierten Verbform von **avoir** steht, in Geschlecht und Zahlform an dieses angeglichen werden.

Beispiel:

J'ai acheté des voitures. „Ich habe Autos gekauft". Das direkte Objekt (**des voitures**) steht hinter dem Verb **avoir**; daher keine Angleichung.

Aber:

Les voitures que j'ai achetées „Die Autos, die ich gekauft habe". Das direkte Objekt (**les voitures**) steht vor dem Verb **avoir**; daher Angleichung (zweites **-e** für das Femininum, **-s** für den Plural).

Kleine Hilfe: In diesem Fall können Sie **que j'ai** weglassen, und Sie verstehen, warum das Partizip angeglichen werden muss:

Les voitures que j'ai achetées sont rapides - Les voitures achetées sont rapides (im letzten Fall wird **achetées** wie ein Adjektiv behandelt).

Der Konditional (Möglichkeitsform)

Der Konditional wird gebildet, indem an den Futurstamm (**acheter-**) die Endungen des Imperfekts angehängt werden:

j'achèterais	„ich würde kaufen"
tu achèterais	„du würdest kaufen"
il/elle achèterait	„er/sie würde kaufen"
nous achèterions	„wir würden kaufen"
vous achèteriez	„ihr würdet / Sie (höfl.) würden kaufen"
ils/elles achèteraient	„sie würden kaufen".

Der Konjunktiv

Der Konjunktiv ist keine eigentliche Zeitform, sondern ein Modus, der ein gewisses Maß an Zweifel oder Unsicherheit darüber ausdrückt, ob die Handlung ausgeführt wird oder nicht. Im Allgemeinen können für seine Verwendung zwei Fälle unterschieden werden: Zum einen kann durch den Konjunktiv dem Satz eine gewisse Bedeutungsnuance hinzugefügt werden, zum anderen ist seine Verwendung nach bestimmten Konstruktionen (meistens mit **que**) obligatorisch. In diesem Band beschäftigen wir uns nur mit dem zweiten Fall.

Der Konjunktiv wird auf der Grundlage des Stamms der 3. Person Plural Präsens (**achet-**) gebildet.

que j'achète	„dass ich kaufe"
que tu achètes	„dass du kaufst"
qu'il/elle achète	„dass er/sie kauft"
que nous achetions	„dass wir kaufen"
que vous achetiez	„dass ihr kauft / dass Sie (höfl.) kaufen"
qu'ils/elles achètent	„dass sie kaufen".

Ein weiteres Beispiel:
donner „geben"

que je donne	„dass ich gebe"
que tu donnes	„dass du gibst"
qu'il/elle donne	„dass er/sie gibt"
que nous donnions	„dass wir geben"
que vous donniez	„dass ihr gebt / dass Sie (höfl.) geben"
qu'ils/elles donnent	„dass sie geben".

Am häufigsten kommt der Konjunktiv nach dem unpersönlichen **il faut que** „man muss, es ist notwendig" vor:

Il faut que vous me donniez votre réponse demain. „Sie müssen mir morgen eine Antwort geben".

Ebenfalls wird der Konjunktiv in Verbindung mit **vouloir** verwendet, wenn eine Person einer anderen Person ihren Willen aufzwingt:

Je veux que vous l'achetiez. „Ich will, dass Sie es kaufen".

Andere Konjunktionen (Bindewörter), nach denen der Konjunktiv verwendet werden muss, sind:

avant que	„bevor"
pourvu que	„vorausgesetzt, dass"
jusqu'à ce que	„bis dass"
à moins que	„es sei denn, dass"
bien que, **quoique**	„obwohl"
afin que, **pour que**	„um"

Sie werden feststellen, dass Verben, die nach diesen Konstruktionen folgen, nie einen definitiven Zustand oder eine Gewissheit ausdrücken, sondern dass das im Konjunktiv stehende Verb immer von anderen Bedingungen abhängig ist.

Es gibt Möglichkeiten, den Konjunktiv zu umgehen, indem man z. B. **il faut que vous...** oder **il faut que je...** durch die entsprechende Form von **devoir** „sollen, müssen" ersetzt:

Il faut que vous me donniez votre réponse demain -> Vous devez me donner votre réponse demain.

5.2. Zeitformen der Verben auf -re

***VENDRE** „verkaufen"*

Das Präsens (Gegenwart)

je vends	„ich verkaufe"
tu vends	„du verkaufst"
il/elle vend	„er/sie verkauft"
nous vendons	„wir verkaufen"
vous vendez	„ihr verkauft / Sie (höfl.) verkaufen"
ils/elles vendent	„sie verkaufen"

Das einfache Futur

Vor dem Anhängen der Futurendung wird das **-e** des Infinitivs weggelassen:

je vendrai	„ich werde verkaufen"
tu vendras	„du wirst verkaufen"
il/elle vendra	„er/sie wird verkaufen"
nous vendrons	„wir werden verkaufen"
vous vendrez	„ihr werdet / Sie (höfl.) werden verkaufen"
ils/elles vendront	„sie werden verkaufen".

Für die Bildung des zusammengesetzten Futurs gelten die gleichen Regeln wie unter den Verben auf **-er** beschrieben.

Das Imperfekt (Einfache Vergangenheit)

je vendais	„ich verkaufte"
tu vendais	„du verkauftest"
il/elle vendait	„er/sie verkaufte"
nous vendions	„wir verkauften"
vous vendiez	„ihr verkauftet / Sie (höfl.) verkauften"
ils/elles vendaient	„sie verkauften".

Das Perfekt (Zusammengesetzte Vergangenheit)

j'ai vendu	„ich habe verkauft"
tu as vendu	„du hast verkauft"
il/elle a vendu	„er/sie hat verkauft"
nous avons vendu	„wir haben verkauft"
vous avez vendu	„ihr habt / Sie (höfl.) haben verkauft"
ils/elles ont vendu	„sie haben verkauft".

Wird eine Angleichung des Partizip Perfekt vorgenommen, so wirkt sich diese nicht auf die Aussprache aus. Ausnahme: Das Partizip Perfekt des Verbs endet auf **-is**. Beispiel:

prendre „nehmen" **pris** [*pri*], **prise** [*pri▸s*] „genommen"
mettre „legen, stellen" **mis**, **mise** [*mi▸s*] „gelegt, gestellt".

Les pommes (Fem. Pl.) **que j'ai pris<u>es</u>**
„Die Äpfel, die ich genommen habe".

Der Konditional (Möglichkeitsform)

je vendrais	„ich würde verkaufen"
tu vendrais	„du würdest verkaufen"
il/elle vendrait	„er/sie würde verkaufen"
nous vendrions	„wir würden verkaufen"
vous vendriez	„ihr würdet / Sie (höfl.) würden verkaufen"
ils/elles vendraient	„sie würden verkaufen".

Der Konjunktiv

que je vende	„dass ich verkaufe"
que tu vendes	„dass du verkaufst"
qu'il/elle vende	„dass er/sie verkauft"
que nous vendions	„dass wir verkaufen"
que vous vendiez	„dass ihr verkauft / dass Sie (höfl.) verkaufen"
qu'ils/elles vendent	„dass sie verkaufen".

5.3. Zeitformen der Verben auf -ir

FINIR „beenden"

Das Präsens (Gegenwart)

je finis	„ich beende"
tu finis	„du beendest"
il/elle finit	„er/sie beendet"
nous finissons	„wir beenden"
vous finissez	„ihr beendet / Sie (höfl.) beenden"
ils/elles finissent	„sie beenden".

Das einfache Futur

je finirais	„ich werde beenden"
tu finiras	„du wirst beenden"
il/elle finira	„er/sie wird beenden"
nous finirons	„wir werden beenden"
vous finirez	„ihr werdet / Sie (höfl.) werden beenden"
ils/elles finiront	„sie werden beenden".

Für die Bildung des zusammengesetzten Futurs gelten die gleichen Regeln wie unter den Verben auf **-er** beschrieben.

Das Imperfekt (Einfache Vergangenheit)

je finissais	„ich beendete"
tu finissais	„du beendetest"
il/elle finissait	„er/sie beendete"
nous finissions	„wir beendeten"
vous finissiez	„ihr beendetet / Sie (höfl.) beendeten"
ils/elles finissaient	„sie beendeten".

Das Perfekt (Zusammengesetzte Vergangenheit)

j'ai fini	„ich habe beendet"
tu as fini	„du hast beendet"
il/elle a fini	„er/sie hat beendet"
nous avons fini	„wir haben beendet"
vous avez fini	„ihr habt / Sie (höfl.) haben beendet"
ils/elles ont fini	„sie haben beendet".

Der Konditional (Möglichkeitsform)

je finirais	„ich würde beenden"
tu finirais	„du würdest beenden"
il/elle finirait	„er/sie würde beenden"
nous finirions	„wir würden beenden"
vous finiriez	„ihr würdet / Sie (höfl.) würden beenden"
ils/elles finiraient	„sie würden beenden".

Der Konjunktiv

que je finisse	„dass ich beende"
que tu finisses	„dass du beendest"
qu'il/elle finisse	„dass er/sie beendet"
que nous finissions	„dass wir beenden"
que vous finissiez	„dass ihr beendet / dass Sie (höfl.) beenden"
qu'ils/elles finissent	„dass sie beenden".

6. Reihenfolge der Pronomen

Personalpronomen stehen grundsätzlich vor dem Verb (**il me parle**, **je lui donne** usw.), es sei denn, es handelt sich um einen Imperativ (Befehlsform; siehe unten).

Enthält ein Satz mehrere Pronomen, so stehen die Akkusativobjekte (direkten Objekte) **le**, **la** und **les** <u>vor</u> den Dativobjekten (indirekten

Objekten) **lui** und **leur**, jedoch hinter den Dativobjekten **me**, **te**, **se**, **nous**, **vous**. Wird ein Satz verneint, so umschließt die Verneinung auch die indirekten und direkten Objekte. Hier die Übersicht, in die auch die Pronomen **y** „dort, dorthin" und **en** „davon, darüber" aufgenommen wurden:

me „mir"

te „dir"	**le** „ihn"		
		lui „ihm/ihr"	
se „sich"	**la** „sie"		(**y** „dort, dorthin")
		leur „ihnen"	(**en** „davon")
nous „uns"	**les** „sie"		

vous „euch/Ihnen"

Beispielsätze:
   Je lui en parlerai. „Ich werde mit ihm darüber sprechen".
   Il me la donne. „Er gibt sie mir".
   Vous me les montrez ? „Zeigen Sie sie mir?"

Im Imperativ (Befehlsform) steht das Personalpronomen hinter dem Verb: **Donnez-le moi...**   „Geben Sie ihn mir ...";
            Téléphonez-moi   „Rufen Sie mich an".

Ist der Befehl jedoch verneint, steht das Personalpronomen vor dem Verb:
   Ne lui dites pas ! „Sagen Sie [es] ihm nicht!"
   Ne le lui donnez pas ! „Geben Sie es ihm nicht!".

7. Die Hilfsverben avoir und être

AVOIR

Avoir ist zum einen ein Hilfsverb, mit dem die zusammengesetzte Vergangenheit zahlreicher Verben gebildet wird und zum anderen ein Vollverb mit der Bedeutung „haben". Hier die Zeitformen des Verbs **avoir**:

Präsens

j'ai	„ich habe"
tu as	„du hast"
il/elle a	„er/sie hat"
nous avons	„wir haben"
vous avez	„ihr habt / Sie (höfl.) haben"
ils/elles ont	„sie haben"

Einfaches Futur

j'aurai	„ich werde haben"
tu auras	„du wirst haben"
il/elle aura	„er/sie wird haben"
nous aurons	„wir werden haben"
vous aurez	„ihr werdet / Sie (höfl.) werden haben"
ils/elles auront	„sie werden haben"

Imperfekt (Einfache Vergangenheit)

j'avais	„ich hatte"
tu avais	„du hattest"
il/elle avait	„er/sie hatte"
nous avions	„wir hatten"
vous aviez	„ihr hattet / Sie (höfl.) hatten"
ils/elles avaient	„sie hatten"

Perfekt (Zusammengesetzte Vergangenheit)

Das Partizip Perfekt von **avoir** lautet **eu**:

j'ai eu	„ich habe gehabt"
tu as eu	„du hast gehabt"
il/elle a eu	„er/sie hat gehabt"
nous avons eu	„wir haben gehabt"
vous avez eu	„ihr habt / Sie (höfl.) haben gehabt"
ils/elles ont eu	„sie haben gehabt"

Konditional

j'aurais	„ich hätte"
tu aurais	„du hättest"
il/elle aurait	„er/sie hätte"
nous aurions	„wir hätten"
vous auriez	„ihr hättet / Sie (höfl.) hätten"
ils/elles auraient	„sie hätten".

Konjunktiv

que j'aie	„dass ich habe"
que tu aies	„dass du hast"
qu'il/elle ait	„dass er/sie hat"
que nous ayons	„dass wir haben"
que vous ayez	„dass ihr habt / Sie (höfl.) haben"
qu'ils/elles aient	„dass sie haben".

Beachten Sie, dass die Wendung „Mir ist warm" im Französischen mit **avoir** gebildet wird: **J'ai chaud** (wörtlich: Ich habe warm.) Ebenso die Altersangabe: **avoir 40 ans** „40 Jahre alt sein".

ÊTRE

Mit dem Hilfsverb **être** „sein" wird das **passé composé** aller reflexiven Verben (mit **se**) sowie bestimmter Verben der Bewegung gebildet:

arriver „ankommen"
partir „aufbrechen, weggehen"
monter „hinaufgehen, -steigen, einsteigen"
descendre „hinuntergehen, -steigen, aussteigen"
aller „gehen"
venir „kommen"
entrer „hineingehen"
sortir „hinausgehen"
retourner „zurückkehren"
tomber „fallen"
rester „bleiben"

Außerdem:
naître „geboren werden"
mourir „sterben"

Angleichung des Partizip Perfekts

Wie Sie wissen, muss bei **avoir** im Partizip Perfekt eine Angleichung zwischen dem Verb und einem <u>vorangehenden direkten Objekt</u> vorgenommen werden. Bei Verben hingegen, die in der zusammengesetzten Vergangenheit mit **être** konjugiert werden, muss immer eine Angleichung des Verbs an das <u>Subjekt</u> des Satzes erfolgen:

Elle est partie. „Sie ist gegangen".
Nous sommes descendus. „Wir sind hinuntergegangen".
Elles sont rentrées. „Sie sind zurückgekehrt".
Ils sont nés en France. „Sie sind in Frankreich geboren".
Sa chatte est morte écrasée. „Seine Katze ist totgefahren worden".

Präsens

je suis	„ich bin"
tu es	„du bist"
il/elle est	„er/sie ist"
nous sommes	„wir sind"
vous êtes	„ihr seid / Sie (höfl.) sind"
ils/elles sont	„sie sind"

Einfaches Futur

je serai	„ich werde sein"
tu seras	„du wirst sein"
il/elle sera	„er/sie wird sein"
nous serons	„wir werden sein"
vous serez	„ihr werdet / Sie (höfl.) werden sein"
ils/elles seront	„sie werden sein"

Imperfekt (Einfache Vergangenheit)

j'étais	„ich war"
tu étais	„du warst"
il/elle était	„er/sie war"
nous étions	„wir waren"
vous étiez	„ihr wart / Sie (höfl.) waren"
ils/elles étaient	„sie waren"

Perfekt (Zusammengesetzte Vergangenheit)

j'ai été	„ich bin gewesen"
tu as été	„du bist gewesen"
il/elle a été	„er/sie ist gewesen"
nous avons été	„wir sind gewesen"
vous avez été	„ihr seid / Sie (höfl.) sind gewesen"
ils/elles ont été	„sie sind gewesen"

Konditional

je serais	„ich wäre"
tu serais	„du wärst"
il/elle serait	„er/sie wäre"
nous serions	„wir wären"
vous seriez	„ihr wärt / Sie (höfl.) wären"
ils/elles seraient	„sie wären"

Konjunktiv

que je sois	„dass ich sei"
que tu sois	„dass du seist"
qu'il/elle soit	„dass er/sie sei"
que nous soyons	„dass wir seien"
que vous soyez	„dass ihr seid / Sie (höfl.) seien"
qu'ils/elles soient	„dass sie seien"

8. Unregelmäßige Verben

Es folgt nun die Liste der unregelmäßigen Verben, zuerst der Verben auf **-er** (I), dann der Verben auf **-re** (II) und dann der Verben auf **-ir** (III). Alle Zeitformen, die in der Liste nicht aufgeführt sind, sind regelmäßig.

I

aller *„gehen"*

Präsens	je vais, tu vas, il/elle va, nous allons, vous allez, ils/elles vont
Futur	j'irai, tu iras, il/elle ira, nous irons, vous irez, ils/elles iront
Konditional	j'irais, tu irais, il/elle irait, nous irions, vous iriez, ils/elles iraient
Konjunktiv	que j'aille, que tu ailles, qu'il/elle aille, que nous allions, que vous alliez, qu'ils/elles aillent

envoyer *„senden, schicken"*

Futur	j'enverrai, tu enverras, il/elle enverra, nous enverrons, vous enverrez, ils/elles enverront

II

apprendre *„lernen"* – siehe **prendre**

atteindre *„erreichen, erlangen"* – siehe **peindre**

battre *„schlagen"*

Präsens	je bats, tu bats, il/elle bat, nous battons, vous battez, ils/elles battent

boire	*„trinken"*
Präsens	je bois, tu bois, il/elle boit, nous buvons, vous buvez, ils/elles boivent
Imperfekt	je buvais, tu buvais, il/elle buvait, nous buvions, vous buviez, ils/elles buvaient
Futur	je boirai, tu boiras, il/elle boira, nous boirons, vous boirez, ils/elles boiront
Konditional	je boirais, tu boirais, il/elle boirait, nous boirions, vous boiriez, ils/elles boiraient
Konjunktiv	que je boive, que tu boives, qu'il/elle boive, que nous buvions, que vous buviez, qu'ils/elles boivent
Imperativ	bois, buvons, buvez
Part. Perf.	bu
Part. Präs.	buvant

comprendre *„verstehen"* – siehe **prendre**

conduire	*„lenken, führen"*
Präsens	je conduis, tu conduis, il/elle conduit, nous conduisons, vous conduisez, ils/elles conduisent
Imperfekt	je conduisais, tu conduisais, il/elle conduisait, nous conduisions, vous conduisiez, ils/elles conduisaient
Futur	je conduirai, tu conduiras, il/elle conduira, nous conduirons, vous conduirez, ils/elles conduiront
Konditional	je conduirais, tu conduirais, etc.
Konjunktiv	que je conduise, que tu conduises, etc.
Part. Perf.	conduit
Part. Präs.	conduisant

connaître	*„kennen, vertraut sein mit"*
Präsens	je connais, tu connais, il/elle connaît, nous connaissons, vous connaissez, ils/elles connaissent
Imperfekt	je connaissais, tu connaissais, il/elle connaissait, nous connaissions, vous connaissiez, ils/elles connaissaient
Konjunktiv	que je connaisse, que tu connaisses, qu'il/elle connaisse, que nous connaissions, que vous connaissiez, qu'ils/elles connaissent
Part. Perf.	connu
Part. Präs.	connaissant

construire *„bauen, errichten"* – siehe **conduire**

coudre	*„nähen"*
Präsens	je couds, tu couds, il/elle coud, nous cousons, vous cousez, ils/elles cousent
Imperfekt	je cousais, tu cousais, etc.
Konjunktiv	que je couse, que tu couses, etc.
Part. Perf.	cousu
Part. Präs.	cousant
craindre	*„(be)fürchten"*
Präsens	je crains, tu crains, il/elle craint, nous craignons, vous craignez, ils/elles craignent
Imperfekt	je craignais, tu craignais, etc.
Konjunktiv	que je craigne, que tu craignes, etc.
Part. Perf.	craint
Part. Präs.	craignant
croire	*„glauben"*
Präsens	je crois, tu crois, il/elle croit, nous croyons, vous croyez, ils/elles croient
Imperfekt	je croyais, tu croyais, il/elle croyait, nous croyions, vous croyiez, ils/elles croyaient
Futur	je croirai, tu croiras, il/elle croira, etc.
Konditional	je croirais, tu croirais, etc.
Konjunktiv	que je croie, que tu croies, qu'il/elle croie, que nous croyions, que vous croyiez, qu'ils/elles croient
Imperativ	crois, croyons, croyez
Part. Perf.	cru
Part. Präs.	croyant
croître	*„(an)wachsen"* (intransitiv)
Präsens	je croîs, tu croîs, il/elle croît, nous croissons, vous croissez, ils/elles croissent
Imperfekt	je croissais, tu croissais, etc.
Konjunktiv	que je croisse, etc.
Part. Perf.	crû
Part. Präs.	croissant
détruire	*„zerstören"* – siehe **conduire**
dire	*„sagen, mitteilen"*
Präsens	je dis, tu dis, il/elle dit, nous disons, vous dites, ils/elles disent
Imperfekt	je disais, tu disais, il/elle disait, nous disions, vous disiez, ils/elles disaient

Futur	je dirai, tu diras, il/elle dira, nous dirons, vous direz, ils/elles diront
Konjunktiv	que je dise, que tu dises, qu'il/elle dise, que nous disions, que vous disiez, qu'ils/elles disent
Imperativ	dis, disons, dites
Part. Perf.	dit
Part. Präs.	disant

écrire   „schreiben"

Präsens	j'écris, tu écris, il/elle écrit, nous écrivons, vous écrivez, ils/elles écrivent
Imperfekt	j'écrivais, tu écrivais, il/elle écrivait, nous écrivions, vous écriviez, ils/elles écrivaient
Futur	j'écrirai, tu écriras, il/elle écrira, nous écrirons, vous écrirez, ils/elles écriront
Konditional	j'écrirais, tu écrirais, il/elle écrirait, nous écririons, vous écririez, ils/elles écriraient
Konjunktiv	que j'écrive, que tu écrives, qu'il/elle écrive, que nous écrivions, que vous écriviez, qu'ils/elles écrivent
Imperativ	écris, écrivons, écrivez
Part. Perf.	écrit
Part. Präs.	écrivant

éteindre   „ausmachen, löschen" – siehe **peindre**

faire   „machen, tun"

Präsens	je fais, tu fais, il/elle fait, nous faisons, vous faites, ils/elles font
Imperfekt	je faisais, tu faisais, il/elle faisait, nous faisions, vous faisiez, ils/elles faisaient
Futur	je ferai, tu feras, il/elle fera, nous ferons, vous ferez, ils/elles feront
Konditional	je ferais, tu ferais, il/elle ferait, nous ferions, vous feriez, ils/elles feraient
Konjunktiv	que je fasse, que tu fasses, qu'il/elle fasse, que nous fassions, que vous fassiez, qu'ils/elles fassent
Imperativ	fais, faisons, faites
Part. Perf.	fait
Part. Präs.	faisant

frire   „braten, backen"
(nur in den ersten drei Personen; normalerweise benutzt man in allen anderen Zeitformen **faire frire** anstelle von **frire**)

Präsens	je fris, tu fris, il/elle frit
Futur	je frirai, tu friras, il/elle frira,
Part. Perf.	frit

instruire	*„unterrichten, belehren, anweisen"* – siehe **conduire**
joindre	*„verbinden"*
Präsens	je joins, tu joins, il/elle joint, nous joignons, vous joignez, ils/elles joignent
Imperfekt	je joignais, tu joignais, il/elle joignait, nous joignions, vous joigniez, ils/elles joignaient
Futur	je joindrai, tu joindras, etc.
Konditional	je joindrais, tu joindrais, etc.
Konjunktiv	que je joigne, etc.
Part. Perf.	joint
Part. Präs.	joignant
lire	*„lesen"*
Präsens	je lis, tu lis, il/elle lit, nous lisons, vous lisez, ils/elles lisent
Imperfekt	je lisais, tu lisais, il/elle lisait, nous lisions, vous lisiez, ils/elles lisaient
Futur	je lirai, tu liras, il/elle lira, nous lirons, vous lirez, ils/elles liront
Konditional	je lirais, tu lirais, il/elle lirait, nous lirions, vous liriez, ils/elles liraient
Konjunktiv	que je lise, que tu lises, qu'il/elle lise, que nous lisions, que vous lisiez, qu'ils/elles lisent
Imperativ	lis, lisons, lisez
Part. Perf.	lu
Part. Präs.	lisant
mettre	*„legen, stellen, setzen; anziehen"*
Präsens	je mets, tu mets, il/elle met, nous mettons, vous mettez, ils/elles mettent
Imperfekt	je mettais, tu mettais, il/elle mettait, nous mettions, vous mettiez, ils/elles mettaient
Futur	je mettrai, tu mettras, etc.
Konditional	je mettrais, tu mettrais, etc.
Konjunktiv	que je mette, que tu mettes, qu'il/elle mette, que nous mettions, que vous mettiez, qu'ils/elles mettent
Imperativ	mets, mettons, mettez
Part. Perf.	mis
Part. Präs.	mettant
naître	*„geboren werden"*
Präsens	je nais, tu nais, il/elle naît, nous naissons, vous naissez, ils/elles naissent
Imperfekt	je naissais, tu naissais, etc.

Konjunktiv	que je naisse, que tu naisses, etc.
Part. Perf.	né
Part. Präs.	naissant

paraître „scheinen; erscheinen" – siehe **connaître**

peindre „(an)malen"

Präsens	je peins, tu peins, il/elle peint, nous peignons, vous peignez, ils/elles peignent
Imperfekt	je peignais, tu peignais, il/elle peignait, nous peignions, vous peigniez, ils/elles peignaient
Konjunktiv	que je peigne, que tu peignes, etc.
Part. Perf.	peint
Part. Präs.	peignant

permettre „erlauben" – siehe **mettre**

plaindre „bemitleiden" – **se plaindre** „sich beschweren" – siehe **craindre**

plaire „gefallen"

Präsens	je plais, tu plais, il/elle plaît, nous plaisons, vous plaisez, ils/elles plaisent
Imperfekt	je plaisais, tu plaisais, il/elle plaisait, nous plaisions, vous plaisiez, ils/elles plaisaient
Konjunktiv	que je plaise, que tu plaises, qu'il/elle plaise, que nous plaisions, que vous plaisiez, qu'ils/elles plaisent
Part. Perf.	plu
Part. Präs.	plaisant

prendre „nehmen"

Präsens	je prends, tu prends, il/elle prend, nous prenons, vous prenez, ils/elles prennent
Imperfekt	je prenais, tu prenais, il/elle prenait, nous prenions, vous preniez, ils/elles prenaient
Konjunktiv	que je prenne, que tu prennes, qu'il/elle prenne, que nous prenions, que vous preniez, qu'ils/elles prennent
Imperativ	prends, prenons, prenez
Part. Perf.	pris
Part. Präs.	prenant

produire „erzeugen, herstellen" – siehe **conduire**

promettre „versprechen" – siehe **mettre**

remettre	*„zurückstellen, -legen; weitergeben"* – siehe **mettre**

rire	*„lachen"*
Präsens	je ris, tu ris, il/elle rit, nous rions, vous riez, ils/elles rient
Imperfekt	je riais, tu riais, il/elle riait, nous riions, vous riiez, ils/elles riaient
Futur	je rirai, tu riras, etc.
Konditional	je rirais, tu rirais, etc.
Konjunktiv	que je rie, que tu ries, qu'il/elle rie, que nous riions, que vous riiez, qu'il/elle rient
Imperativ	ris, rions, riez
Part. Perf.	ri
Part. Präs.	riant

suivre	*„folgen"*
Präsens	je suis, tu suis, il/elle suit, nous suivons, vous suivez, ils/elles suivent
Imperfekt	je suivais, tu suivais, il/elle suivait, nous suivions, vous suiviez, ils/elles suivaient
Konjunktiv	que je suive, que tu suives, qu'il/elle suive, que nous suivions, que vous suiviez, qu'ils/elles suivent
Imperativ	suis, suivons, suivez
Part. Perf.	suivi
Part. Präs.	suivant

surprendre *„überraschen"* – siehe **prendre**

se taire *„schweigen"* – siehe **plaire**

vivre	*„leben"*
Präsens	je vis, tu vis, il/elle vit, nous vivons, vous vivez, ils/elles vivent
Imperfekt	je vivais, tu vivais, il/elle vivait, nous vivions, vous viviez, ils/elles vivaient
Konjunktiv	que je vive, que tu vives, qu'il/elle vive, que nous vivions, que vous viviez, qu'ils/elles vivent
Imperativ	vis, vivons, vivez
Part. Perf.	vécu
Part. Präs.	vivant

III

acquérir	*„erwerben"*
Präsens	j'acquiers, tu acquiers, il/elle acquiert, nous acquérons, vous acquérez, ils/elles acquièrent
Imperfekt	j'acquérais, tu acquérais, il/elle acquérait, nous acquérions, vous acquériez, ils/elles acquéraient

Futur	j'acquerrai, tu acquerras, il/elle acquerra, nous acquerrons, vous acquerrez, ils/elles acquerront [sch˜a-kär-**rä**, ...]
Konditional	j'acquerrais, tu acquerrais, il/elle acquerrait, nous acquerrions, vous acquerriez, ils/elles acquerraient
Konjunktiv	que j'acquière, que tu acquières, qu'il/elle acquière, que nous acquérions, etc.
Part. Perf.	acquis
Part. Präs.	acquérant

bouillir „sieden, kochen (nur für Wasser, Flüssigkeiten)"

Präsens	je bous, tu bous, il/elle bout, nous bouillons, vous bouillez, ils/elles bouillent
Imperfekt	je bouillais, etc.
Part. Perf.	bouilli
Part. Präs.	bouillant

conquérir „erobern" – siehe **acquérir**

courir „rennen, laufen"

Präsens	je cours, tu cours, il/elle court, nous courons, vous courez, ils/elles courent
Imperfekt	je courais, tu courais, il/elle courait, etc.
Futur	je courrai, tu courras, il/elle courra, nous courrons, vous courrez, ils/elles courront [kur-**rä**, kur-**ra**, ...]
Konditional	je courrais, tu courrais, il/elle courrait, nous courrions, vous courriez, ils/elles courraient
Part. Perf.	couru
Part. Präs.	courant

couvrir „bedecken" – siehe **ouvrir**

cueillir „pflücken"

Präsens	je cueille, etc.
Imperfekt	je cueillais, etc.
Futur	je cueillerai, etc.
Konditional	je cueillerais, etc.
Konjunktiv	que je cueille, etc.
Part. Perf.	cueilli
Part. Präs.	cueillant

découvrir „entdecken" – siehe **couvrir**

dormir	*„schlafen"*
Präsens	je dors, tu dors, il/elle dort, nous dormons, vous dormez, ils/elles dorment
Imperfekt	je dormais, etc.
Konjunktiv	que je dorme, etc.
Part. Präs.	dormant
fuir	*„flüchten, fliehen; auslaufen"*
Präsens	je fuis, tu fuis, il/elle fuit, nous fuyons, vous fuyez, ils/elles fuient
Imperfekt	je fuyais, etc.
Konjunktiv	que je fuie, que tu fuies, qu'il/elle fuie, que nous fuyions, que vous fuyiez, qu'ils/elles fuient
Part. Perf.	fui
Part. Präs.	fuyant
mentir	*„lügen"*
Präsens	je mens, tu mens, il/elle ment, nous mentons, vous mentez, ils/elles mentent
Imperfekt	je mentais, etc.
Konjunktiv	que je mente, que tu mentes, qu'il/elle mente, que nous mentions, que vous mentiez, qu'ils/elles mentent
mourir	*„sterben"*
Präsens	je meurs, tu meurs, il/elle meurt, nous mourons, vous mourez, ils/elles meurent
Imperfekt	je mourais, etc.
Futur	je mourrai, tu mourras, etc.
Konditional	je mourrais, tu mourrais, etc. [*mur-rä, mur-ra,* ...]
Konjunktiv	que je meure, que tu meures, qu'il/elle meure, que vous mourions, que vous mouriez, qu'ils/elles meurent
Part. Perf.	mort
Part. Präs.	mourant
offrir	*„anbieten, schenken"*
Präsens	j'offre, etc.
Imperfekt	j'offrais, etc.
Konjunktiv	que j'offre, etc.
Part. Perf.	offert
Part. Präs.	offrant
ouvrir	*„öffnen, aufmachen"* – siehe **offrir**
partir	*„weggehen, verlassen"* – siehe **mentir**

repentir, se *„bereuen"* – siehe **mentir**

secourir *„beistehen, unterstützen, in der Not helfen"*
– siehe **courir**

sentir *„fühlen, riechen"* – siehe **mentir**

servir *„(be)dienen, einschenken"*
Präsens	je sers, tu sers, il/elle sert, nous servons, vous servez, ils/elles servent
Imperfekt	je servais, tu servais, etc.
Imperativ	sers, servons, servez
Part. Perf.	servi
Part. Präs.	servant

souffrir *„leiden"* – siehe **offrir**

tenir *„halten, festhalten"*
Präsens	je tiens, tu tiens, il/elle tient, nous tenons, vous tenez, ils/elles tiennent
Imperfekt	je tenais, etc.
Futur	je tiendrai, tu tiendras, il/elle tiendra, etc.
Konditional	je tiendrais, tu tiendrais, il/elle tiendrait, etc.
Konjunktiv	que je tienne, que tu tiennes, qu'il/elle tienne, que nous tenions, que vous teniez, qu'ils/elles tiennent
Imperativ	tiens, tenons, tenez
Part. Perf.	tenu
Part. Präs.	tenant

venir *„kommen"* – siehe **tenir**

asseoir, s' *„sich hinsetzen"*
Präsens	je m'assieds, tu t'assieds, il/elle s'assied, nous nous asseyons, vous vous asseyez, ils/elles s'asseyent
Imperfekt	je m'asseyais, etc.
Futur	je m'assiérai, etc.
Konditional	je m'assiérais, etc.
Konjunktiv	que je m'asseye, etc.
Imperativ	assieds-toi, asseyons-nous, asseyez-vous
Part. Perf.	assis
Part. Präs.	s'asseyant

devoir	*„müssen; schulden"*
Präsens	je dois, tu dois, il/elle doit, nous devons, vous devez, ils/elles doivent
Imperfekt	je devais, tu devais, il/elle devait, nous devions, vous deviez, ils/elles devaient
Konjunktiv	que je doive, que tu doives, qu'il/elle doive, que nous devions, que vous deviez, qu'ils/elles doivent
Part. Perf.	dû (due)
Part. Präs.	devant
falloir	*„müssen, nötig sein"* (unpersönlich)
Präsens	il/elle faut
Imperfekt	il/elle fallait
Futur	il/elle faudra
Konditional	il/elle faudrait
Konjunktiv	qu'il/elle faille
Part. Perf.	il/elle a fallu
pleuvoir	*„regnen"* (halb unpersönlich)
Präsens	il/elle pleut
Imperfekt	il/elle pleuvait
Futur	il/elle pleuvra
Konditional	il/elle pleuvrait
Konjunktiv	qu'il/elle pleuve
Part. Perf.	plu
Part. Präs.	pleuvant
pouvoir	*„können; erlaubt sein, dürfen"*
Präsens	je peux, tu peux, il/elle peut, nous pouvons, vous pouvez, ils/elles peuvent
Futur	je pourrai, tu pourras, il/elle pourra, nous pourrons, vous pourrez, ils/elles pourront
Konditional	je pourrais, tu pourrais, il/elle pourrait, nous pourrions, vous pourriez, ils/elles pourraient
Konjunktiv	que je puisse, que tu puisses, qu'il/elle puisse, que nous puissions, que vous puissiez, qu'ils/elles puissent
Part. Perf.	pu
Part. Präs.	pouvant
savoir	*„wissen"*
Präsens	je sais, tu sais, il/elle sait, nous savons, vous savez, ils/elles savent

Futur	je saurai, tu sauras, il/elle saura, nous saurons, vous saurez, ils/elles sauront
Konditional	je saurais, tu saurais, il/elle saurait, nous saurions, vous sauriez, ils/elles sauraient
Konjunktiv	que je sache, que tu saches, qu'il/elle sache, que nous sachions, que vous sachiez, qu'ils/elles sachent
Imperativ	sache, sachons, sachez
Part. Perf.	su
Part. Präs.	sachant

valoir „wert sein"

Präsens	je vaux, tu vaux, il/elle vaut, nous valons, vous valez, ils/elles valent
Imperfekt	je valais, tu valais, il/elle valait, nous valions, vous valiez, ils/elles valaient
Futur	je vaudrai, tu vaudras, il/elle vaudra, nous vaudrons, vous vaudrez, ils/elles vaudront
Konditional	je vaudrais, tu vaudrais, il/elle vaudrait, nous vaudrions, vous vaudriez, ils/elles vaudraient
Konjunktiv	que je vaille, que tu vailles, qu'il/elle vaille, que nous valions, que vous valiez, qu'ils/elles vaillent
Part. Perf.	valu
Part. Präs.	valant

voir „sehen"

Präsens	je vois, tu vois, il/elle voit, nous voyons, vous voyez, ils/elles voient
Imperfekt	je voyais, tu voyais, il/elle voyait, nous voyions, vous voyiez, ils/elles voyaient
Futur	je verrai, tu verras, il/elle verra, nous verrons, vous verrez, ils/elles verront
Konditional	je verrais, tu verrais, il/elle verrait, nous verrions, vous verriez, ils/elles verraient
Konjunktiv	que je voie, que tu voies, qu'il/elle voie, que nous voyions, que vous voyiez, qu'ils/elles voient
Imperativ	vois, voyons, voyez
Part. Perf.	vu
Part. Präs.	voyant

vouloir „wollen; möchten"

Präsens	je veux, tu veux, il/elle veut, nous voulons, vous voulez, ils/elles veulent
Imperfekt	je voulais, tu voulais, il/elle voulait, nous voulions, vous vouliez, ils/elles voulaient

Futur	je voudrai, tu voudras, il/elle voudra, nous voudrons, vous voudrez, ils/elles voudront
Konditional	je voudrais, tu voudrais, il/elle voudrait, nous voudrions, vous voudriez, ils/elles voudraient
Konjunktiv	que je veuille, que tu veuilles, qu'il/elle veuille, que nous voulions, que vous vouliez, qu'ils/elles veuillent
Imperativ	veuille, veuillons, veuillez
Part. Perf.	voulu
Part. Präs.	voulant

WÖRTERVERZEICHNISSE

In dem folgenden französisch-deutschen Wörterverzeichnis finden Sie alle Wörter wieder, die Sie in den Lektionen von „Französisch ohne Mühe" gelernt haben, sowie die wichtigsten Stichwörter aus den Anmerkungen. Sind mehrere Übersetzungen angegeben, so gibt die erste immer den Sinn des Wortes im jeweiligen Kontext der Lektion wieder. Die zweite und evtl. dritte Übersetzung ist eine weitere Hauptbedeutung des Wortes. Beachten Sie, dass zahlreiche Wörter daneben noch weitere Bedeutungen haben können. Die angegebenen Zahlen verweisen auf die Lektion(en), in der/denen das Wort vorkommt. Für eine eventuelle Rückübersetzung im Zuge der „Zweiten Welle" können Sie das anschließende deutsch-französische Wörterverzeichnis verwenden.

(m.) = Maskulinum
(f.) = Femininum
(m. pl.) = Maskulinum Plural
(f. pl.) = Femininum Plural
(prép.) = Präposition

(sing.) = Singular
(pl.) = Plural
(adj.) = Adjektiv
(adv.) = Adverb
(v.) = Verb

FRANZÖSISCH-DEUTSCH

à in, an, auf 1
à (jusqu'à) bis 18
à bientôt ! Bis bald! 95,113
à ta santé ! Auf dein Wohl! 104
à tel point que so, in einem solchen Ausmaß, so dass 76
à tout à l'heure bis gleich 41, bis später! 78
abandonner aufgeben 99
abord (d'~) zunächst 10
absent,e abwesend, nicht da 5, 36
absolument unbedingt 52, richtig 64, aber ja 104
accent (m.) Akzent 44
accepter akzeptieren; annehmen 48, 99, 104
accompagnement (m.) Begleitung 72
accueil (m.)
    Empfang, Rezeption 44, 109
accueillir empfangen, begrüßen 44, 74
achat (m.) Einkauf 6, 16
acheter kaufen 10, 22, 27, 40, 50
acrylique (f.) Acryl 2
acteur Schauspieler 74
activement aktiv 101
actrice (f.) Schauspielerin 62
actuel, actuelle aktuell 52
actuellement gegenwärtig 52
addition (f.) Rechnung 19, 53, 72
adieu Leb wohl! 56
admettons Das mag sein 100
administratif,ve Verwaltungs- 109
administration (f.) Verwaltung 43
admirer bewundern 59
adresse (f.) Adresse 8, 64, 108
aéroport (m.) Flughafen 44, 75
affaire (f.) Angelegenheit, Sache; Geschäft 45, 73
affaires (f. pl.)
    Gepäck, Habseligkeiten 45
affaler (s'~) sich fallen lassen 101
affiche (f.) Plakat 13
affreux, affreuse entsetzlich 75
afin de um zu 102
âge (m.) Alter 9

agence (f.) Agentur 61, 64
agence de location (f.) Vermietungsagentur 64
agence de voyages (m.) Reisebüro 36
agence immobilière (f.) Immobilienagentur 106
agent immobilier (m.) Immobilienmakler 106
agneau (m.) Lamm 19
agréable (m.) das Angenehme 95
ah bon ? ach ja? 37
aider helfen 37, 64, 94
aigü,e schrill 79
aile (f.) Fittiche, Flügel 110
ailleurs woanders 33, 82
aimable liebenswürdig 73, 95
aimer lieben, mögen 10, 45, 37
ajouter hinzufügen 13
Allemagne (f.) Deutschland 94
allemand,e deutsch 4, 44, 94
aller chercher holen 45, 66
aller gehen 19, 26, stehen (Kleidung) 20
aller (s'en ~) weggehen, verschwinden 41
aller simple (billet ~) (m.) Fahrkarte für einfache Fahrt 60
aller-retour (billet ~) (m.) Hin- und Rückfahrkarte 60
allô ! Hallo (am Telefon) 17
allons ! Gehen wir! 66
allumer anzünden 93, einschalten 10
allumette (f.) Streichholz 27
alors also 10, dann 4,19
alors que wohingegen 67, während 89
alpiniste (m./f.) Bergsteiger 25
amateur (m.) Liebhaber; Amateur (Hobby) 58
aménagé,e eingebaut 106
amende (f.) Geldstrafe 93
ami,e m Freund 5, 9, 25, 39, 82
amour (m.) Liebe 37
amoureux (m.) Verliebter 37
an (m.) Jahr 67
Anglais,e Engländer 3, 94
Angleterre (f.) England 94
angoissant,e beängstigend 110
angoisse (f.) starke Angst 104
année (f.) Jahr 6, 43
annonce (f.) Anzeige 15, 101

annonce (petites ~s) Kleinanzeigen 15
annoncer ankündigen 44
annuaire (téléphonique) (m.) Telefonbuch 61
annuel, annuelle jährlich 38
antenne (f.) Antenne 65
août August 19
apéritif (m.) Aperitif 104
appareil (être à l'~) am Apparat sein 17, 20, 36, 104
appareil (m.) Apparat 17
appareil (m.) **(qui est à l'~ ?)** Apparat (Wer ist am ~?) 17, 20, 36
appareil photo (m.) Fotoapparat 50
appart (= appartement) (m.) Wohnung 10, 30, 31, 81
appartenir (à) gehören zu 31, 65
appeler anrufen 15, 60
appeler (s'~) heißen 9, 37
appétit (m.) Appetit 41
application (f.) Programm 101
apporter mitbringen 50
apprécié,e geschätzt 38
apprécier schätzen 74
apprendre lernen, erfahren 68, 113, beibringen 86
apprêter à (s'~) sich fertigmachen, sich vorbereiten 66
après nach 25
après tout schließlich 61
après-midi Nachmittag 5
araignée Spinne 39
arbre (m.) Baum 3, 58
argent (m.) Geld 17, 22
argot (m.) Slang 47, 81
argument (m.) Argument 39, 89, 106
armée (f.) Armee 34, 74
armoire (f.) Schrank 31
arrêt de bus (m.) Bushaltestelle 34
arrêter (quelqu'un) jdn. anhalten 16
arrêter (s'~) anhalten 34, 89, stehenbleiben 40, aufhören 78
arriver ankommen 5, 25, 37, 43
arriviste Emporkömmling 76
arrondissement (m.) Stadtbezirk 8
art (m.) Kunst 38
articuler artikulieren 11
artisan (m.) Handwerker 43
ascenseur (m.) Aufzug 45, 65, 109
asiatique (m./f.) Asiate 110
asseoir (s'~) Platz nehmen 102

assez genug 13, 17
assiette (f.) Teller 10, 66
assis, e (être ~) sitzen 11, 57
assister à teilnehmen 55, 60
assumer akzeptieren, auf sich nehmen 110
assurance (f.) Versicherung 64
assurer un cours Unterricht/Kursus geben 110
atelier (m.) Werkstatt 43
attaquer angreifen 94
attendre warten auf, erwarten 2, 8, 44, 47, 67
attention ! Achtung! 96
attirer anziehen 65
au bout de nach 58
au milieu de in der Mitte von, mitten in 40
au moins wenigstens 50, 88, 97
au niveau de (m.) was ... betrifft 103
au revoir Auf Wiedersehen 17, 95, 113
au-dessus (de) über 31, 57
aucun,e kein, keine 80
audition (f.) Vorsingen 25
augmenter steigern 67, anheben 96
aujourd'hui heute 6, 38, 44, 90, 95
aussi auch 22, 38, daher, deshalb 102
autant de so viel, so viele 73
auteur (m.) Autor 57
automne (m.) Herbst 67
auto-stop (faire de l'~) per Anhalter fahren 78
auto-stoppeur (f. **stoppeuse**) Anhalter 78
autoroute (f.) Autobahn 58
autour (de) um, um ... herum 25, 40
autre anderer, -e, -es 22
autre chose etwas anderes 73
autrement auf andere Weise 95
avance (en ~) zu früh 18
avancer vers sich nähern 44
avant-hier vorgestern 50
avantages en nature (m. pl.) Naturalleistungen 103
aventure (f.) Abenteuer 38
avion (m.) Flugzeug 16, 32, 45
avis (m.) Meinung 106
avocat,e Rechtsanwalt 43
avoir haben 7, 9
avoir besoin de benötigen, brauchen 47, 64
avoir envie de Lust haben auf 96

avoir faim Hunger haben 69
avoir l'habitude gewöhnt sein an 48, 68
avoir le temps Zeit haben zu 48
avoir lieu stattfinden, sich ereignen 79
avoir marre (en ~) genug haben von, die Nase voll haben von 81, 111
avoir raison recht haben 103, 107
avoir tort Unrecht haben 99
avouer zugeben 109
avril April 19
axe (m.) große Straße; Hauptverkehrsader 108

B

bail (pl. **baux**) (m.) Miete, Vermietung 106
balade en voiture (f.) Spazierfahrt 111
balader (se ~) spazieren gehen 108
banlieue (f.) Vorort 30, 32
banlieue (grande ~) entferntere Vororte 32
baratin (m.) langes Gerede, Blabla 62
baratiner anmachen, flirten, auf jdn. einreden 62
barquette (f.) Schale 108
bas, basse niedrig 30
bas de gamme geringwertig, billig 61
Basque Baske 94
bataille (f.) Schlacht 110
bateau (m.) (pl. **bateaux**) Boot 27
bâtiment (m.) Gebäude 85
beau, belle schön 13, 68, hübsch 29
beau-père (m.) Schwiegervater 62
beaucoup viel, viele 15, 31
beaucoup de monde viele Leute 40
beaucoup trop viel zu viel 18
beaux-parents (m. pl.) Schwiegereltern 62
bégayer stottern 29, 85
bel et bien ohne Zweifel 38
Belge (m./f.) Belgier 89
Belgique Belgien 89
belle-mère (f.) Schwiegermutter 62
besoin (avoir ~ de) benötigen 27
bête (adj) idiotisch 13, blöd 80
beur (= **arabe**) Kinder nordafrikanischen Immigranten 110
beurk ! Baah! 85
beurre (m.) Butter 27

Bible (f.) Bibel 68
bibliophile Bücherfreund 38
bibliothèque (f.) Bibliothek 57
bicyclette (f.) Fahrrad 65
bien (adj.) gut 11
bien (adv.) gut 3, 9, 50
bien entendu selbstverständlich 113
bien que obwohl 45
bien sûr selbstverständlich 1, 29, 34, 52
bientôt bald 18, 99, 111, fast 111
bientôt (à ~) bis bald 18
bienvenue (f.) Willkommen 73
bière (f.) Bier 4
bijou (pl. **bijoux**) Schmuck 37
billet (m.) Fahrkarte, Fahrschein; Geldschein 33, 60
biscuit (m.) Keks 39
bise (f.) Kuss 18
bisou (m.) Küsschen 18
bistrot (m.) Bistro 62, 108
black (m.) schwarz 110
blanc, blanche weiß 4, 26
blesser (se ~) sich wehtun, sich verletzen 60
bleu ciel himmelblau 78
bleu marine marineblau 78
bleu,e blau 26, 78
bloqué,e gefangen 25, verstopft 82
boire trinken 41, 55
boire un pot einen trinken gehen 81
bois (m.) Holz 66
boisson (f.) Getränk 55
boîte (f.) Firma 99
boîte de nuit (f.) Nachtclub 47
bon à rien Nichtsnutz 102
bon appétit ! Guten Appetit! 95
bon courage ! Alles Gute! 64
bon marché preiswert 33
bon retour ! Gute Heimfahrt! 64, Gute Heimreise! 95
Bon Dieu Himmelherrgott 55
bonne année ! Gutes neues Jahr! 67
bonne route Gute Reise 64
bonsoir Guten Abend 10, 41
bordé,e (de) gesäumt von 58
botte (f.) (Gummi-)Stiefel 66
botte (radis) (f.) Bündel, Bund 108
bouche (f.) Mund 57, 68
boucher (m.) Fleischer 27
boulanger, boulangère Bäcker, -in 27
boule (f.) Boule-Spiel 24

boulevard (m.) Boulevard 1, 15
boulot (m.) Arbeit, Job 99, 100
bouquin (m.) Buch 90
bousculer beiseitedrängen 47
bout (m.) Ende, Stück, Spitze 58
bouteille (f.) Flasche 16, 55, 67
bœuf (du ~) (m.) Rindfleisch 19, 104, Ochse 19, 68
brancher einstecken 20
bras (m.) Arm 44, 68
Bretagne Bretagne 99
brillant,e umwerfend 50, brillant 74
briquet (m.) Feuerzeug 4
brosse (f.) Bürste 16
brosse à dents (f.) Zahnbürste 16
brosser bürsten 26
brouillard (m.) Nebel 94
bruit (m.) Lärm 31, 48, 100
brûler les étapes überstürzt handeln 100
brun braun 4
bureau (m.) Büro 8, 43, 55, 109
bureau de tabac (m.) Tabakladen 22
bureautique (f.) Bürotechnik 109
bus (m.) Bus 11
but (m.) Ziel 59

C

c'est pourquoi deshalb 31
ça das, dies 25
ça alors ! Na so was! 53
ça fait mal das tut weh 75
ça m'est égal Das ist mir egal 48
ça ne fait rien Das macht nichts 41, 66
ça te dirait ? Hättest du Lust? 111
ça va also gut 78
ça y est ! Da haben wir's! 66, 94
cabaret (m.) Kabarett 52
cabinet (m.) privates Sprechzimmer 102
cabinet (médecin) (m.) Praxis 75
câble (m.) Kabel 10, 88
cadeau (m.) Geschenk 50
cadre (m.) Führungskraft 44, Führungs- 103, Rahmen 72
cadre (tableau) (m.) Rahmen (Gemälde), 44
cafard (avoir le ~) deprimiert sein 53
cafard (m.) Küchenschabe 53

café (m.) Café(haus) 3, Kaffee 3, 107
caisse (f.) Kasse 9, 76
calculatrice (f.) Taschenrechner 99
calme ruhig 10, 107
calmement ruhig 57
caméra (f.) Filmkamera 50
camion (m.) LKW 52
campagne (f.)
    Land (im Ggs. zur Stadt) 31
canapé (m.) Sofa 15, 30,
    „Canapé" (Schnittchen) 55
cancre (m.) schlechter Schüler 86
candidat (m.) Kandidat 79, 80
candidature (f.) Bewerbung 101
capable in der Lage, fähig 113
capitalisme (m.) Kapitalismus 79
carnet (m.) Heft, Block 33
carotte (f.) Karotte 40, 108
carré (m.) Quadrat 71
carreau (m.) Fensterscheibe 55
carrefour (m.) Straßenkreuzung 43
carrière (f.) Karriere 74
carte (f.) Karte 9, Speisekarte 72
carte d'identité (f.) Personalausweis 9
carte de crédit (f.) Kreditkarte
    53, 60, 61, 64, 83
carte de visite, e Visitenkarte 64
carte modem Modemkarte 109
carte postale (f.) Ansichtskarte 50
carte routière (f.) Straßenkarte 58, 64
cas (m.) Fall 22, 94
cascadeur (m.) Stuntman, 74
case (f.) Feld 22, 64
casino (m.) Casino, 22
casser zerbrechen 55
catastrophe (en ~) Katastrophe 90
catégorie (f.) Kategorie 61
catholique katholisch 58
caution (f.) Kaution 81, 106
cave (f.) Keller 85, 106
célèbre berühmt 43, 89, 108
centre commercial (m.)
    Einkaufszentrum 34
centre-ville (m.) Stadtzentrum 83
cependant dennoch, doch;
    unterdessen 66
certainement bestimmt 34
cerveau (m.) Gehirn 75
chaîne (f.) Kanal 10, 88
chambre (f.) Zimmer 26,
    Schlafzimmer 30, 31, 106
champagne (m.) Champagner 55

champignon (m.) Pilz 108
chance (avoir de la ~)
    Glück haben 19
chance (f.) Glück 19
changement (m.) Umsteigen 60,
    Änderung 108
changer umsteigen 32,
    ändern 89, 106
chanson (f.) Lied 13, 25
chanteur, chanteuse
    Sänger, Sängerin 13
chapeau (m.) Hut 2
chaque jeder, -e, -es 6, 24, 65
charbon (m.) Kohle 102
charbons ardents (m. pl.)
    heiße Kohlen 102
charcutier (m.)
    Metzger; schlechter Chirurg 27
chargé,e
    vollgepackt 83, ereignisreich 109
charger beladen, vollpacken 83
charmant,e entzückend 108
chasseur (hôtel) (m.) Hotel-Boy 46
château (m.) Schloss 22
chaud,e warm, heiß 3, 26
chauffage (m.) Heizung 106
chauffeur (m.) Fahrer 96
chauffeur de taxi (m.) Taxifahrer 43
chaussette (f.) Socke 26
chaussure (f.) Schuh 26, 57
chauve kahl 68
chef d'équipe (m.)
    Teamchef 104, 109
chef d'orchestre (m.) Orchesterchef 76
chemin (m.) Weg 83
chemin de fer (m.) Eisenbahn 83
chemin des écoliers (m.)
    der längste Weg 83
chemise (f.) Hemd 26, 36, 52
chemisier (m.) Bluse 78
chèque (m.) Scheck 33, 57
cher, chère lieb 2, 39,
    teuer 18, 32, 106
chercher suchen 8, 81
chéri, chérie Liebling
    29, 54, 99, 100, 104
cheval, chevaux (m.) Pferd 22
cheveu, cheveux Haar, Haare 68
cheville (f.) Fußgelenk 69
chewing-gum (m.) Kaugummi 11
chez bei 30
chiffre (m.) Ziffer, Zahl 23

chinois (m.) Chinese 111
choisir (aus)wählen, aussuchen 22, 23, 82, 113
choix (m.) Auswahl 38, 101
chômage (au ~) arbeitslos 99
chômage (m.) Arbeitslosigkeit 99
chômeur (m.) Arbeitsloser 43
chose (f.) Ding, Sache 24, 27
chou (pl. **choux**) Kohl 37
chouette nett, prima, toll 81
cigare (m.) Zigarre 4, 93
cigarette (f.) Zigarette 4
cinéma (m.) Kino 38
cinématographique Film- 38
cinéphile Kinofan 38
cinq fünf 2
cinquante fünfzig 9
circonstance (f.) Bedingung 113
circulation (f.) Verkehr 100
circuler verkehren 32
citadin, citadine Stadtmensch 31, Stadtbewohner 38
cité (f.) Altstadt 65
clair,e hell 15, 78, klar 113
classique klassisch 13
clavecin (m.) Cembalo 76
clef, clé (f.) Schlüssel 55, 64
client (m.) Kunde 44
clown (m.) Clown 13
cochon (m.) Schwein 19
cocktail (m.) Cocktailparty, 55
cognac (m.) Cognac 25
coin (m.) Ecke 111
col (m.) Kragen 47
collant (m.) Strumpfhose 78
collège (m.) höhere Schule 110
coller kleben 78
collier (m.) Perlenkette 76
colline (f.) Hügel 83
colloque (m.) Kolloquium 60
colonel (m.) Oberst 34
combien wie viel 60
comédie (f.) Komödie 38
comédien, comédienne Schauspieler, -in 37
commande (f.) Bestellung 104
commander bestellen 4, 78, 85
comme wie 17, 32
comme ça auf diese Weise 82
commencer (à) beginnen, anfangen 12, 26, 37, 65
comment wie 2

comment ça va ? Wie geht es Ihnen/dir? 6
commerçant Händler 27
commerce (m.) Geschäfte 106
commercialiser vertreiben 109
commissariat (m.) Polizeistation 59
communication (f.) PR 102, Kommunikation 109
compartiment (m.) Abteil 93
complémentaire Zusatz- 64
complet, complète belegt 41, 46
complètement völlig 11
composé, e (de) zusammengesetzt 30, 68
composter entwerten 102
comprendre verstehen 2, 44, 59, 113
compte (m.) Konto 5
compter rechnen 81
compteur (m.) Zähler 96
concentration (f.) Konzentration 24
concierge (m./f.) Portiersfrau 30
condition (f.) Vertragsbedingung, Kondition 61
conduire fahren, lenken 52, 107
confier à anvertrauen 88
confortable bequem 76
congélateur (m.) Tiefkühltruhe 36
connaissance (f.) Kenntnisse 22, 101
connaisseur (m.) Kenner 34
connaître kennen 11, 64, kennenlernen 36
conserve (f.) Konserve 39
considérer finden; bedenken; betrachten als 103
construction (f.) Bau 65
construire bauen 52, 65
construit,e gebaut 65
consultation (f.) Sprechstunde 75
consulter sich ansehen; sich Rat holen 101
contact (m.) Kontaktadresse 64
contacter sich wenden an, Kontakt aufnehmen mit 106
continuer fortsetzen 59, 83, 96, fortfahren 113, weitermachen 78
contourner herumgehen um 59
contraire Gegenteil 79
contrat (m.) Vertrag 64, 104
contre gegen 89
contrôleur (m.) Kontrolleur 57, Schaffner 93
convaincant,e überzeugend 39

convaincu,e überzeugt 103
convenir passen, recht sein 61
conversation (f.)
    Gespräch 5, Unterhaltung 19
cool cool 110
copain (f. **copine**) Freund 73,
    Freundin 102
corde (f.) Bindfaden 67
correspondre entsprechen 61, 101
costaud (m.) stämmig, kräftig 47
costume (m.) Anzug 26, 44, 113
cote (avoir la ~) (f.)
    sehr beliebt sein 74
côte (f.) Küste 85
côte de bœuf (f.) Rumpsteak 104
côté... was ... betrifft 88
côté (du ~) droit rechts 88
côté (à ~) nebenan 107
côté de (à ~) neben 30
côté (m.) Seite 17, 88
cou (m.) Hals 25, 68
couché,e liegend 69
coucher schlafen 85
coucher (se ~)
    schlafen gehen 10
coucher de soleil (m.)
    Sonnenuntergang 88
coude (m.) Ellbogen 69
couloir (m.) Flur 107
coup (m.) Schlag, Stoß 69
coup (m.) **de balai (donner un ~)**
    ausfegen 69
coup de fil Anruf 48, 69
coup de main (un ~) (m.)
    Hilfe, Handreichung 69
coupe (f.) Glas 104
couper la parole
    das Wort abschneiden 93
couple (m.) Paar 107
cour (f.) Hof 30
cours (m.) Kurs 99, 110
course (f.) Rennen 22, 54, 89
courses (f. pl.) Einkäufe 108
coursier (m.) Laufjunge 102
cousin (m.), **cousine** (f.)
    Cousin, Cousine 62
couteau (m.) Messer 25, 41
coûter kosten 18, 19, 32, 60, 65
couvert,e (de) bedeckt 68, 83
couvrir bedecken 83
cravate (f.) Krawatte 26
crayon (m.) Bleistift 13, 78

création (f.) Gründung 89
créer gründen 90
crème (f.) Sahne 27
crèmerie (f.) Milchgeschäft 27
crevé,e einen Platten haben 101
crevé,e (fatigué,e) todmüde 89
crever einen Platten haben 89
crier schreien 48
croire glauben 54
croiser begegnen 43, kreuzen 101
croissant (m.) Croissant 3, 27
croque-monsieur (m.)
    Toast mit Schinken und Käse 108
cuillère (f.) Löffel 41
cuir (m.) Leder 15
cuisine (f.) Küche 30, 41, 90, 106
cuisiner kochen 24
cultivé,e
    angebaut 40, kultiviert 73, 94
cultiver anbauen 73
culturel, culturelle kulturell 85
CV (curriculum vitae) (m.)
    Lebenslauf 101
cycliste Rad(renn)fahrer 89

D

d'abord zunächst 12, 45, 58
d'accord einverstanden,
    in Ordnung 33, 57
d'ailleurs übrigens 33
d'habitude gewöhnlich 68
dame (f.) Dame 9
dans in 12
dans l'ensemble
    im großen Ganzen 110
dans le futur in der Zukunft 43
dans le passé in der Vergangenheit,
    früher 43
danser tanzen 26
dater de stammen aus 58
daube de bœuf (f.)
    Rinderschmorbraten 19
davantage mehr 80
de chien (m.) **(temps de ~)**
    Hundewetter 67
de haut hoch 65
de moins weniger 67
de nos jours heutzutage 43, 73, 89
de plus en plus immer mehr 88
de pointe Spitzen- 103

de rien nichts zu danken, gern geschehen 5
de suite in Folge 89
de toute façon doch, auf jeden Fall 99
débarrasser freimachen, abräumen 53
débarrasser de (se ~) sich entledigen 64
débattre (à) zu vereinbaren 15
debout (se mettre ~) aufstehen 69
debout (se tenir ~) stehenbleiben 69
débrancher herausziehen (Stecker) 20
débrouillard (m.) Pfiffikus 94
débrouiller (se ~) sich zurechtfinden, zurechtkommen, improvisieren 94, 103
début (m.) Anfang 47, 99
débutant, e Anfänger 13
décembre Dezember 19
déception (f.) Enttäuschung 71
décider entscheiden 85
décision (f.) Entscheidung 101, 103
déclarer verkünden 34
décontracté,e entspannt 38
découragé,e entmutigt 100
découverte (f.) Entdeckung 113
découvrir entdecken 108
décrocher kriegen; ergattern 104
défaut (m.) Fehler 29, schlechte Eigenschaft 71
définition (f.) Definition 43
dégourdir les jambes (se ~) sich die Beine vertreten 83
déguster kosten, probieren 30, 85
dehors draußen 2, 59
déjà schon 19
déjeuner (m.) Mittagessen 36
déjeuner (v.) frühstücken 36, essen 66
demain morgen 67, 95
demande (f.) Nachfrage 61
demander bitten um 9, fragen 62
démarrer anspringen (Auto); abfahren 93
déménagement (m.) Umzug 108
déménager umziehen 106
demi-heure (f.) halbe Stunde 60
demi-livre (f.) 250 Gramm 108
demie (et ~) halb 11
dent (f.) Zahn 26
dépanneuse (f.) Abschleppwagen 46

départ (m.) Abfahrt, Abreise 93
dépasser herausgucken 93
dépêcher (se ~) sich beeilen 3, 16
dépendre (de) abhängen von 32
déplacer (se ~) reisen 103
déposer abstellen 45
depuis seit 38, 60, 65
déranger stören 8, 10, 94, 104
dernier, dernière letzter, -e, -es 43
derrière hinter 45
dès que sobald 93
descendre hinuntergehen 26, 65, aussteigen 32
descendre à l'hôtel absteigen (im Hotel) 64
désirer wünschen 3
désolé,e tut mir leid 4, 95
dessert (m.) Nachtisch 53
dessin animé (m.) Zeichentrickfilm 38
dessous (en ~) unter 13
détendre (se ~) sich entspannen 76
détester hassen 99
deux zwei 3
deux-pièces (m.) Zwei-Zimmer-Wohnung 30
deuxième zweiter, -e, -es 79
devant vor 34, 55
développer entwickeln 109
devenir werden 65, 108
deviner raten 101
devoir sollen 60
diamant (m.) Diamant 16, 72
dicton (m.) Sprichwort 5, 79
différence (f.) Unterschied 40, 67
différent,e unterschiedlich 73
dimanche Sonntag 17, 108
dîner (m.) Abendessen 36, 39
dîner (v.) zu Abend essen 10
diplômé,e mit Diplom 101
dire sagen 11, 16, 34
direct,e direkt, 60
directeur (m.) Direktor 110
directeur (m.) **gérant** Geschäftsführer 109
directeur des ressources humaines (DRH) Personalleiter 101
direction (f.) Geschäftsleitung 109
diriger leiten 103
diriger (se ~ vers) sich zuwenden 45, zugehen auf 47
discipliné,e diszipliniert 94
discuter reden 107

disponible verfügbar 10, 101
dispute (f.) Streit 89
disputer (se ~) sich streiten 89
distribuer verteilen 40
divertissement (m.) Unterhaltung 88
dix zehn 9
dix-huit achtzehn 18
dizaine (f.) (ungefähr) zehn 79, 108
docteur (m.) Doktor, Arzt 75
dodo (m.) schlafen (Kindersprache) 111
doigt (m.) Finger, 69, 101
dommage schade 6
don (m.) Gabe, Talent 74
donc also 75
donner geben 6, 37, 38
donner sa parole versprechen, sein Wort geben 93
dormir schlafen 37, 69
dos (m.) Rücken 69
doté,e (de) ausgestattet mit 109
douane (f.) Zoll 16, 44
douanier (m.) Zöllner 16
doublé,e synchronisiert 38
doucher (se ~) duschen 26
doué,e begabt 74
douzaine (f.) Dutzend 79
douze zwölf 12
draguer flirten 76
dragueur (m.) Schürzenjäger 76
DRH (m.) Personalleiter 101
droit (m.) Recht 79
droite (f.) rechts 1, 79
drôle lustig 5, 25
dur,e hart 67

E

eau (f.) Wasser 26
écharpe (f.) Schal 25, 78
échecs (m. pl.) Schach 76
échelle (f.) Leiter 78
éclater (s'~) Spaß haben 110
école (f.) Schule 3, 43, 74
école primaire (f.) Grundschule 86
écologie (f.) Umwelt 86
écouter zuhören 10
écran (m.) Leinwand 74
écrier (s'~) schreien 57
écrire schreiben 15, 48
éditeur (m.) Verleger 88

efficace effizient 32, 60
effrayer erschrecken 54
église (f.) Kirche 12, 58
eh bien ! also 52
électeur (m.) (f. **électrice**) Wähler, Wählerin 79
élection (f.) Wahl 79
électrique elektrisch 65
élève (m./f.) Schüler 86, 110
élevé,e erzogen 73, hoch 71, 100
élire wählen 79
embauche (f.) **(entretien** (m.) **d'~)** Vorstellungsgespräch 52, 103
embaucher einstellen 102, 104
embouteillage (m.) Verkehrsstau 82, 96
embrasser küssen, umarmen 18, 50
émission (f.) Sendung 10, 88
emmener mitnehmen 71
empêcher (de) abhalten von 111
emploi (m.) Arbeitsstelle 43, 48, 52,100
emprunter ausleihen 32, 50
ému,e bewegt 38
en arrière rückwärts 103
en avance zu früh 43
en avoir marre (de) die Nase voll haben von 81, 82
en bas unten 64
en bas de am unteren Ende von (örtlich) 40
en bon état in gutem Zustand 108
en bonne santé bei guter Gesundheit 69
en dessous unter 31
en détail im Detail 102
en effet in der Tat 62, ja richtig 102
en face gegenüber 64
en fleurs blühend 58
en haut de oben, auf 40
en même temps gleichzeitig 40
en panne kaputt, defekt 46
en panne (tomber en ~) kaputtgehen; ausfallen 46
en plein air im Freien, an der Luft 58
en plus darüber hinaus 81
en provenance de von; aus Richtung 44
en quelque sorte in gewisser Weise 52
en retard zu spät 43
en route unterwegs 64

en tout cas auf alle Fälle 69
enchaîner weitergehen 88
enchanté,e erfreut 45, freut mich 109
encore noch, wieder 20, 53
endormir (s'~) einschlafen 73
endroit (à l'~) richtig herum 48
endroit (m.) Ort, Stelle 32
enfant (m./f.) Kind 9, 15, 62
enfin schließlich 26, naja 64
énorme enorm 38, 47
énormément enorm (Adv.) 74
enregistrement (m.) Aufnahme 113
enregistrer aufzeichnen 48
enseignant, enseignante Lehrer, Lehrerin 68
enseignement Bildungswesen 99
enseigner lehren, unterrichten 68
ensuite dann 23, danach 26, 74, anschließend 55
entendre hören 37, 62
entendre parler hören von 80
entre zwischen 67
entrée (f.) Eingang, Eingangshalle 30, 46, Vorspeise 46
entrer dans hineinkommen 58
entrer en scène die Bühne betreten 37
entretenir unterhalten 106
entretien (m.) Gespräch 52, 62, 102
envers (à l'~) umgekehrt, verkehrt herum 48
environs (m. pl.) Umgebung 85, 111
envisager in Betracht ziehen 106
envoyer senden, schicken 36
épée (f.) Schwert 25
épeler buchstabieren 41
épicerie (f.) Lebensmittelgeschäft 27
épicier, épicière Lebensmittelhändler, -in 27
épisode (m.) Episode 85
époque (f.) Zeit(alter) 72, 89
épuisé,e erschöpft 51
équipe (f.) Team 103
escabeau (m.) Trittocker, Hocker 78
espace (m.) Platz, freie Fläche 24
Espagne Spanien 89
espagnol,e spanisch 11, 94
espérer hoffen 17, 45, 69
espoir (m.) Hoffnung 36, 104
essayer (de) versuchen 38, 50
essence (f.) Benzin 83
est (m.) Osten 24

et ainsi de suite und so weiter und so fort 71
et tout et tout usw. 71
étage (m.) Etage 30, 46, 65, Stock 109
étang (m.) Teich 58
étape (f.) Etappe 89
États-Unis (m. pl.) Vereinigte Staaten 19
étau (m.) Schraubstock 22
été (m.) Sommer 67
éteindre ausmachen, löschen 93
ethnique ethnisch 110
étoile (f.) Stern 46
étonné,e erstaunt 109
étrange seltsam, sonderbar 54
étranger (à l'~) im Ausland 103
étranger, étrangère (adj.) ausländisch 38
étranger, étrangère Fremder 54, Ausländer 89
être sein 10
être à la hauteur den Aufgaben gewachsen sein 109
être à même de in der Lage sein, fähig sein 103
être amené à müssen, zu etw. gebracht werden 103
être au courant auf dem Laufenden sein 97
être en règle vorschriftsmäßig sein, in Ordnung sein 93
être né geboren werden 65
être pressé es eilig haben, in Eile sein 69, 85
être prêt à bereit sein 106
étroit,e eng 40
étude (f.) Studium 43
étudiant,e Student, Studentin 67
étudier studieren 97
éventuellement eventuell 100
évidemment selbstverständlich 9, natürlich 96
éviter vermeiden 82
examen (avoir un ~) eine Prüfung ablegen 97
examen (m.) Prüfung 97
examen (rater un ~) in einer Prüfung durchfallen 97
examen (réussir à un ~) eine Prüfung bestehen 97
examiner untersuchen 75
excellent,e wunderschön 37, hervorragend 96

exclamer (s'~) ausrufen 16, 93
excusez-moi entschuldigen Sie 3
exemple (m.) Beispiel 87
exemple (par ~) zum Beispiel 13
exigeant,e anspruchsvoll 106
expérience (f.) Erfahrung 103
expérimenté, e erfahren 13, 101
explication (f.) Erklärung 61
exploitation (f.) Ausbeutung 79
exposition (f.) Ausstellung 65
exprès absichtlich, extra 95
express (café) Espresso 95
express (train) Schnellzug 95
expression (f.) Ausdruck 20, 48, 95, 97
extrait de naissance (m.) Geburtsurkunde 9
extraordinaire außerordentlich 65

F

fabriquer herstellen 76
fabuleux, fabuleuse phantastisch, fabelhaft 74
face (en ~) gegenüber 11
fâché,e wütend 93
facile leicht, einfach 67, 83, 93
facilement leicht, einfach 96
faciliter vereinfachen 109
façon (de toute ~) auf alle Fälle, wie dem auch sei 13
façon (f.) Art, Weise 13, 32, 94
facture (f.) Rechnung 53, 107
faim (avoir ~) Hunger haben 19
faire tun, machen 5, 17
faire (s'en ~) sich Sorgen machen, sich sorgen 71, 100
faire attention à aufpassen 87
faire des courses einkaufen gehen, Einkäufe machen 54, 108
faire des histoires Ärger machen 87
faire exprès etwas absichtlich/ extra machen 95
faire la fête feiern 104
faire la queue in der Schlange warten 47
faire la tête schmollen 68
faire le plein volltanken 83
faire mal (à quelqu'un) jemandem wehtun 75
faire part de mitteilen 103

faire partie de gehören zu 71
faire peur Angst machen 87
faire semblant vorgeben, so tun als ob 97
faire-part, n Anzeige, Mitteilung 103
fait,e reif 87
fameux, fameuse großartig 85, ausgezeichnet 85, hervorragend 108
famille (f.) Familie 60, 66
fasciné,e fasziniert 103
fatigué,e müde 78
fauché,e pleite 53
faut le faire ! Das muss man erst einmal fertigbringen! 87
fauteuil (m.) Sessel 15, 30, 101
faux, fausse falsch 23, 76
félicitations (f. pl.) Glückwunsch 104
femme (f.) Frau 20, 36, Ehefrau 9, 20
fenêtre (f.) Fenster 13, 30, 55
fer (m.) Eisen 65
férié Ferien 97
fermer schließen 55
fermer à clé abschließen 55
fermier (m.) Bauer 73
festival (m.) Festival 38
fête (f.) **nationale** Nationalfeiertag 92
fêter feiern 62, 104
feu (du ~) (m.) Feuer 4
feuille d'impôts (f.) Steuerbescheid 53
feuilleter blättern 113
février Februar 19
fier, fière stolz 25, 72
figurant (m.) Statist 74
filer à l'anglaise sich auf Französisch verabschieden 94
filet (m.) Netz 108
fille (f.) Tochter 20, Mädchen 20, 62
film (m.) Film 11, 38, 53
film noir (m.) Gangsterfilm 38
fils (m.) Sohn 9
fin (f.) Ende 50, 61, 113
financer finanzieren 88
finir beenden 25, 90
fisc (m.) Finanzamt, (-behörden) 104
fleur (f.) Blume 32
fois (f.) Mal 38
foncé,e dunkel 26, 78
fonction (en ~) nach 22
fond (au ~ de) (m.) am Ende von 107
fontaine (f.) Brunnen 1
football (m.) Fußball 22

forêt (f.) Wald 58
forfait (m.) Pauschale 64, 61
forfait skieur (m.) Skipass 61
formalité (f.) Formalität 64, 108
former bilden 68
formulaire (m.) Formular 9
fort, forte laut 37
fortune (f.) Glück 22
fortune (faire ~) reich werden 22
fortune du pot (f.) ohne Umstände 39
fou (f. **folle**) Verrückter 37
fourchette (f.) Gabel 41
fournir liefern 101
foyer (m.) Haushalt 88
frais, fraîche frisch 73
frais (m. pl.) Gebühren 81
frais bancaires (m.pl.)
  Bankgebühren 81
frais de déplacement (m. pl.)
  Reisekosten 81
fraise (f.) Erdbeere 108
franc-jeu Fair Play 94
Français, e Franzose, Französin 3, 89
France (f.) Frankreich 94
franchement richtig 85
frapper schlagen 76
fric (m.) Geld, „Knete", „Mäuse",
  „Asche" 81
frigo (m.) Kühlschrank 36
froid (m.) Kälte 43
froid,e kalt 94
fromage (m.) Käse 6
fruits (m. pl.) Obst 27, 40
fruits de mer (m. pl.)
  Meeresfrüchte 104
fumer rauchen 4, 24
fumeur (m.) Raucher 76
furieux, furieuse wütend 54
futé,e pfiffig, schlau 76
futur (m.) Zukunft 86

G

gaffe (f.) Schnitzer 87
gagnant Gewinner 22, 38
gagner gewinnen 23, 65, 87, 89,
  verdienen 103
gagner de l'argent Geld verdienen 65
galère (f.) Galeere; Schufterei 110
galérer sich abrackern 110
gamme (f.) Palette 61

gant (m.) Handschuh 2
garage (m.) Garage 106
garçon (m.) Junge 9, 62
garçon (m.) Kellner, Ober 3
garde-manger (m.) Speisekammer 39
garder betreuen 15, behalten 62
gare (f.) Bahnhof 32
gars (m.) Typ, Kerl 74
gas oil (m.) Dieselkraftstoff 83
gâteau (m.) (pl. **gâteaux**) Kuchen 27
gauche (à ~) links 107
gauche (f.) links 1, 79
gazole (m.) Dieselkraftstoff 83
gêné,e verlegen 34
gêner stören 34
général,e allgemein 62
génie (de ~) genial 111
genou (pl. **genoux**) (m.) Knie 37, 69, 86
genre (m.) Art 102
gens (pl.) Leute 24, 38
gentil, gentille nett 3, 29, 95
gestion (f.) Verwaltung 109
gîte (m.) Ferienunterkunft 111
glace (f.) Eiscreme 52, 59
goût (m.) Geschmack 30, 88
goûter kosten, probieren 71
grammaire (f.) Grammatik 110
grand-mère (f.) Großmutter 62
grand-parents Großeltern 62
grand-père (m.) Großvater 62
grand,e groß 16
grande banlieue (f.)
  entferntere Vororte 100
grande école (f.)
  Elitehochhochschule 43
grande surface (f.) Supermarkt 108
grandir anbauen; wachsen 73
gratter kratzen 22
grave schlimm 17
Grèce Griechenland 19
grippe (f.) Grippe 18
gris foncé dunkelgrau 26
gris,e grau 64
gros, grosse groß 22, dick 29, 69
grosse caisse Pauke 76
groupe (music) (m.) Musikgruppe 75
guerre (f.) Krieg 73
gueule (f.) **(faire la ~)** schmollen 68
guichet (m.) Schalter 33
guide (m.) Reiseleiter 12, 57,
  Museumsführer 34,
  (Reise-)Führer 108

guitare (f.) Gitarre 22, 40
guitariste Gitarrist 75

H

habileté (f.) Fertigkeit 24
habillé,e gekleidet 54
habiller (s'~) sich anziehen 26
habit (m.) Kleidung 87
habitant,e Einwohner 85
habité,e bewohnt 85
habiter wohnen 9, 27, 75, 85, 108
habitude (d'~) gewöhnlich, normalerweise 10
habitude (f.) Gewohnheit 10
habituer à (s'~)
  sich an etwas gewöhnen 68
hard-rock (m.) Hardrock 75
haricot (m.) Bohne 40
hasard (m.) Zufall 22
haut de gamme Luxus-, Oberklasse 61
haut-parleur (m.) Lautsprecher 44
haut,e hoch 29
haute couture (f.) Modebranche 52
hautement hoch 85
hauteur (f.) Höhe 65
héler heranwinken 96
heure (f.)(à quelle ~) um wie viel Uhr 2, 8
heure de pointe (f.)
  Hauptverkehrszeit 82
heureusement zum Glück 17, glücklicherweise 65
heureux, heureuse glücklich 32, 36, 38, 45
hilarant lustig 87
hirondelle (f.) Schwalbe 5, 67
histoire (f.) Geschichte 5, 25, 58, 110
hiver (m.) Winter 67
hollandais holländisch 4
homard (m.) Hummer 72
homme (m.) Mann 22
homme politique (m.) Politiker 67
honnêteté (f.) Aufrichtigkeit 74
horaire (m.) Abfahrtszeiten 60
hospices (m. pl.) Hospiz 82
hôtel (m.) Hotel 45
huile (f.) Öl 83
huit acht 8
huitième achter, -e, -es 15
humain,e menschlich 67
humour (m.) Humor 74

hydraulique hydraulisch 65
hyper-sympa supernett 110

I

ici hier 12
idée (f.) Meinung 5,
  Gedanke, 22, Ahnung 80, Idee 96
identique identisch 93
idiomatique feststehend
  (Redewendung) 48, 97
idiot,e Idiot, 13, idiotisch 13
il me faut ich brauche, ich benötige 64
il pleut es regnet 66
il y a seit 53
immatriculation (f.) Anmeldung;
  Registrierung 108
immeuble (m.) Gebäude 30
immobilier (l'~) Grundstücks- und
  Wohnungsmarkt 106
imparfait (m.) Imperfekt 86
impasse (f.) Sackgasse 108
impatienter (s'~) ungeduldig
  werden 96
imperméable (m.)
  Regenmantel 26, 66
important, e wichtig 12
importé,e importiert 40
imposer aufzwingen, aufdrängen 58
imposer (s'~) ein Muss sein 38,
  sich empfehlen; sich aufdrängen 58
impressionnant,e
  beeindruckend 57, 72
impressionné,e beeindruckt 103
imprimante (f.) Drucker 109
imprimé (m.) Vordruck 9
indiquer zeigen, nennen, sagen 60
indiscipliné,e undiszipliniert 94
industriel,le industriell 71
inédit,e unveröffentlicht 88
influencer beeinflussen 94
informaticien,-enne
  Informatiker 43, 101
informations (f. pl.) Nachrichten 10, 31
informatique (f.) Informatik 101
informel, informelle
  ungezwungen 103
ingénierie (f.) Technik 101
ingénieur (m./f.) Ingenieur 43, 65
ingénieur informaticien (m.)
  EDV-Ingenieur 99

initiales (f. pl.) Initialen 64
inquiéter (s'~) sich beunruhigen 46
inscrire (ein)schreiben 57
installer (s'~) sich hinsetzen 37, 107, sich einrichten 108
instantané,e Sofort- 22
instituteur (m.) (f. **institutrice**) Lehrer (an einer Grundschule) 86, 99
intelligent,e intelligent 13, 29
intention (avoir l'~ de), die Absicht haben 80
interdire verbieten 96
intéressant,e interessant 10, 52, 107
intéressé (être ~) interessiert sein 61
intérieur (à l'~) drinnen 43
inutile unnötig 11
inventaire (m.) Auslage 40, Inventar 78
inviter einladen 39, 102
ironique ironisch, 45
isolé,e einsam 111
Italie (f.) Italien 94
ivre betrunken 55
ivrogne (m.) Trunkenbold 37

J

jadis in der Vergangenheit, früher 43
jaloux, jalouse eifersüchtig 19
jamais niemals 31, 37
jambe (f.) Bein 68, 83
jambon (m.) Schinken 27
janvier Januar 19
Japonais,e Japaner, Japanerin 78
jardin (m.) Garten 59, 106
jaune gelb 89
je vous en prie Gern geschehen 95
jeter werfen 15
jeu (pl. **jeux**) Spiel 22, 88
jeu d'argent Geldspiel 22
jeune jung 10, 65
jeune fille (f.) junges Mädchen 15
jeune homme junger Mann 47
jeûner fasten 36
joindre erreichen 97
joindre à verbinden 95
joli hübsch 1, 29, 59, 62
jouer spielen 22, 40, 52
jouer le jeu das Spiel mitspielen 109
joueur, joueuse Spieler 22
jour (m.) Tag 6, 26, 32

jour (m.) **férié** Feiertag 92
journal (m.) Zeitung 22
journal (TV) (m.) Nachrichten 88
journaliste (m./f.) Journalist 43, 65, 72
juillet Juli 19
juin Juni 19
jupe (f.) Rock 78
jury (m.) Jury 38
jusqu'à présent bis jetzt 81
justement genau 38, gerade 106

K

kilo (m.) Kilo 29, 40, 108
kilomètre (m.) Kilometer 58

L

la plupart der, die, das meiste 58, 96, 110
là-bas dort 1, 2, 60
laid,e hässlich 68
laine (f.) Wolle 2
laisser lassen 12, 36, 61, (stehen)lassen 55
lait (m.) Milch 24, 27, 73, 107
langue (f.) Sprache 113
lapin (m.) Kaninchen 16
largeur (f.) Breite 65
lave-vaisselle (m.) Geschirrspüler 10, 66
laver waschen 26
laver (se ~) sich waschen 86
le mien, la mienne meiner, meine 66
le tien, la tienne deiner, deine 66
leçon (f.) Lektion 17, 67, 86
léger, légère leicht 26
légume (m.) Gemüse 27, 40, 73
lendemain (m.) der nächste Tag 22, 72
lentement langsam 26
lequel, laquelle der, die, das 48
lettre (f.) Brief 50
lettre de motivation (f.) Bewerbungsschreiben 101
lever heben 37
lever (se ~) sich erheben, aufstehen 26, 75
lever du rideau (m.) Heben des Vorhangs 37

lever du soleil (m.)
Sonnenaufgang 37
libraire (m.) Buchhändler 57
librairie (f.) Buchhandlung 57
libre frei 101
libre service Selbstbedienung 17
ligne (f.) Linie 32
limite (à la ~) schlimmstenfalls 99
lire lesen 11
lit (m.) Bett 31, 36
livre (f.) Pfund 108
livre (m.) Buch 3, 113
local Ort, Raum 109
local (m.) (pl. **locaux**)
Örtlichkeiten 109
locataire (m.) Mieter 81
location (f.) Vermietung 61
locaux (m. pl.) Örtlichkeiten 109
logiciel (m.) Software 109
loin weit 46, weiter 30
loin de weit ab 108
Londres London 3
long, longue lang 25, 50
longtemps lange (Zeit) 47
longueur (f.) Länge 32, 65
lors de während 89
lorsque wenn 76
lot (gros ~) das große Los 22
loto (m.) Lotto 22, 87
louer mieten; vermieten
15, 61, 81, 111
lourd,e schwer 29
loyer (m.) Miete 181, 06
luxe (m.) Luxus 72
lycéen (lycéenne) Gymnasiast, -in 86

M

mâcher kauen 11
machin (m.) Ding 48
maçon (m.) Maurer 43
madame gnädige Frau 1, 2, 12
mademoiselle Fräulein 5, 36
magasin (m.) Geschäft 2, 13, 78
magazine (m.) Magazin 44
magnifique hervorragend 83
mai Mai 19
maigre dünn 69
maillot (m.) Trikot 89
maillot de bain (m.) Badeanzug 89
main (f.) Hand 25, 44

maintenant jetzt, nun
26, 38, 47, 66, 108
mairie (f.) Bürgermeisteramt;
Rathaus 9, 58
mais aber 65
maison (à la ~) zu Hause 8
maison (f.) Haus 39, 52
majeur, e wichtig 88
majoration (f.) Preisaufschlag 96
majorer aufschlagen 96
majorité (f.) Mehrheit 72
malade krank 20, 48
malades (m. pl.) Kranke 85
malgré trotz 10, 47
malheureusement leider 43
maman Mama 50
manger essen 10, 16, 19, 24, 27, 41
manquer (à qqn) fehlen 108
manteau (m.) Mantel 66
marchand de primeurs (m.)
Obst- und Gemüsehändler 40
marché (m.) Markt 24, 40, 54
marché conclu abgemacht 111
marcher laufen 57, 66
marcher (fonctionner)
funktionieren 50
mari (m.) Ehemann 2, 36, 107
marmonner murmeln 80
marqué,e (être ~) (geschrieben)
stehen 46, 57
mars März 19
martial streitlustig 94
maths (f. pl.) Mathematik 99
matin (m.) Morgen
15, 26, 32, 37, 53, 109
matinée (f.) Morgen;
Morgenveranstaltung 51
mauvais,e schlecht 23, schlimm 54
maux (sing. **mal**) **de tête**
Kopfschmerzen 75
médecin (m./f.) Arzt 43, 75
médicament (m.) Medikament 20
médiéval,e mittelalterlich 65
meeting (m.) (Wahl)veranstaltung 80
méfier (se ~) sich in Acht nehmen,
misstrauen 76
meilleur marché preiswerter 33
meilleur,e der, die, das Beste 25, 32
mélangé,e gemischt 110
mélomane Musikliebhaber 94
membre (d'un gouvernement)
Mitglied (einer Regierung) 68

membre (m.) Gliedmaße 68
même sogar 9, selbst 12, der, die, das gleiche 29
mendiant (m.) Bettler 85
mensonge (m.) Lüge 22
menton (m.) Kinn 68
menuisier (m.) Schreiner 43
merci danke 3, 5, 6
mère (f.) Mutter 8, 36
merveille (f.) Wunder 50, 72
message (m.) Nachricht 36, 97
mesurer messen 65
météo (f.) Wettervorhersage 88
météorologie (f.) Meteorologie 88
métier (m.) Beruf 52, 99
mètre (m.) Meter 65
mètre carré (m.) Quadratmeter 71
métro (m.) Metro (Untergrundbahn) 1, 32
métro-boulot-dodo der tägliche Trott 111
metteur en scène (m.) Regisseur 11, 38
mettre einschalten 10, anziehen 26, schreiben 23, eintragen 64
meuble (m.) Möbelstück 30, 31
meublé,e möbliert 30
meubles (les ~) Möbel 108
miche (f.) Laib 27
midi (m.) Süden 24, 50, 12 Uhr mittags 60
mieux besser 50, 73
migraine (f.) Migräne 86
milieu (au ~ de) in der Mitte von, mitten in 59
million (m.) Million 22, 65
ministre (m.) Minister 102
Minitel (m.) Minitel 111
minuit Mitternacht 10
minute (f.) Minute 1
miroir (m.) Spiegel 34, 67, 73
mise en scène (f.) Regie 38
mixte gemischt 110
mode (f.) Mode 13
modèle (m.) Modell 16
moderne modern 13, 72
modernisé,e modernisiert 60
modestie (f.) Bescheidenheit 74
moi mir 6, mich 3; ich
moi-même ich selbst 12, 46
moine (m.) Mönch 87
moins de unter 60

mois (m.) Monat 67
moitié (à ~) halb 67
moitié (f.) Hälfte 110
moment (en ce ~) im Moment 17, 24, 37, 38
monde (m.) Welt 39, Leute 111
monnaie (f.) Wechselgeld 62
monsieur (m.) Herr 3
monter hinaufgehen 10, hinauf 107, einsteigen 96
monter à cheval reiten 50
montre (f.) Armbanduhr 89, 113
monumental,e riesengroß 87
mort (f.) Tod 54
mort,e tot 13
mortel, mortelle tödlich 25
mot (m.) Wort 62, Notiz 76
multimédia Multimedia 101
multiplier (se ~) sich vermehren 108
mur (m.) Wand 31
murmurer murmeln 109
musée (m.) Museum 34, 59
musique (f.) Musik 10, 13
muté,e versetzt 110

N

n'importe comment irgendwie 82
n'importe où irgendwo 82
n'importe quand irgendwann 82
n'importe qui irgendjemand 82
n'importe quoi (dire ~) Unsinn reden 99
naissance (f.) Geburt 62
nana (f.) Mädchen (ugs.) 74
naturellement natürlich 38
ne... que nur 60
néanmoins trotzdem 31
nécessiter erfordern 43
né,e geboren 113
neuf neun 9, 11, 18
nez (m.) Nase 68
niveau (m.) Niveau 71
Noël Weihnachten 76
noir,e schwarz 4, 26, 54
nom (m.) Name 33, 64
nombre (m.) (An-)Zahl 95
nombreux, nombreuse(s) zahlreich 22
non plus auch nicht 19
non seulement nicht nur 75

non-fumeur (m.) Nichtraucher 60, 93
nord (m.) Norden 24
normalement normalerweise 8
note (f.) Rechnung 53
nouveau, nouvelle neu 9, 53, 76
nouveau riche (m.) Neureicher 76
nouveauté (f.) Neuheit 38
nouvel an Neujahr 67
nouvelle (f.) Neuigkeit 68, 101
novembre November 19
nuit (f.) Nacht; Übernachtung 17
nuit (la ~) (f.) nachts 46, 62
nulle part nirgendwo 89
numéro (m.) Zahl, Nummer 22, 32, 61

O

obligatoire unerlässlich 101
obtenir erhalten 61, erlangen 79
occuper de (s'~)
  sich kümmern um 108
océan (m.) Ozean 72
octobre Oktober 19
offre (f.) Angebot 101
offre d'emploi (f.) Stellenangebot 101
offrir anbieten, schenken 76
oh ! là, là ! Herrje! 81
oignon (m.) Zwiebel 108
on y va ! Gehen wir! 66
oncle (m.) Onkel 50, 62
optimiste (m.) Optimist 67
orchestre (m.) Orchester 76
ordinaire gewöhnlich 6
ordinateur (m.) Computer 60, 101
ordre (m.) Reihenfolge 22
organiser organisieren 109
original,e originell 108
origine (à l'~) ursprünglich 90
origine (f.) Ursprung 89
orthographe (f.) Rechtschreibung 110
os (m.) Knochen 68
oser wagen 62
où wo 1, 12
oublier vergessen 9, 24, 50, 61, 62
ouest (m.) Westen 24, 99
outil (m.) Mittel 109
outil télématique (m.)
  telematisches Hilfsmittel 109
ouvrir öffnen 16, 30, 55
œuf (m.) Ei 27, 68, 73

P

pages jaunes Gelbe Seiten 61
pain (m.) Brot 27
pain complet (m.) Vollkornbrot 27
paisible friedlich 10
palme d'or Goldene Palme 38
panne (f.) Panne 46
panneau (m.) Schild 46
papa Papa 50
paquet (m.) Schachtel 4
par hasard zufällig 36
par semaine pro Woche 38
paraître erscheinen 76
parc (m.) Park 24, 108
parce que weil 10
parcours (m.) Werdegang 101
pardon Entschuldigung 1, 46,
  Verzeihung 3
pardon ? Bitte? 95
pareil, pareille gleich 72
parents (m. pl.) Eltern 32,
  Verwandte 62
parfait,e großartig 17, perfekt 101
parfaitement genau 16,
  ganz 101, hervorragend 61
parfois manchmal 31, 110
pari (m.) Wette 22
parisien, parisienne Pariser ... 30
Parisien, Parisienne
  Pariser, Pariserin 32, 108
parler (à) sprechen 3, 29, 36, 67
paroles (f. pl.) Text 13
parole (f.) **(donner sa ~)**
  versprechen, sein Wort geben 93
parole (prendre la ~)
  das Wort ergreifen 93
part (f.) Teil 72
participant (m.) Teilnehmer 89
particulier (m.) Privatperson 106
partie (f.) Teil 68
partie de cartes (f.) Partie Karten 71
partir weggehen, verlassen 36, 60, 109
partir pour fahren nach 54,
  abfahren 83
partout überall 24, 88, 89
pas du tout überhaupt nicht,
  ganz und gar nicht 13, 90
pas encore noch nicht 23
pas la peine nicht nötig 48
pas question kommt nicht in Frage 99

pas tellement nicht so sehr 51
passager (m.) Fahrgast 93
passé (m.) Vergangenheit 53, 86
passe-temps (m.) Zeitvertreib 22
passer durchkommen 47, geben 78, vorbeigehen/fahren 45, 58, verbringen 10, vergehen (Zeit) 111
passer (se ~) geschehen, sich ereignen 79, 108
passion (f.) Leidenschaft 24
passionnant,e aufregend 89, 90
passionné,e begeistert 22
pâté (m.) Pastete 27
pâtes (f. pl.) Nudeln 6
patiemment geduldig 47
patron (m.) Wirt 62
pauvre arm 48
pavillon (m.) Haus 106
payer bezahlen 29, 62, 81
pays (m.) Land 90, 111
Pays-Bas (pl.) Niederlande 89
paysage (m.) Landschaft 31
paysager (bureau ~) (m.) Großraumbüro 108
péage (m.) Maut(station) 83
peindre malen, anmalen 93
peine (f.) Mühe 113
pelouse (f.) Rasen 58
pendant lang (mit Zeitdauer) 11, 62, 89
pendant que während 66
penser denken 60
penser à denken an 50
perdre verlieren 22, 53, 87, 104
père (m.) Vater 8
performance (f.) Leistung 22
période (f.) Periode 80
perle (f.) Perle 76
permettre erlauben 44, 107
permis de conduire (m.) Führerschein 61, 64
perplexe erstaunt; ratlos 45
personne niemand 44
personne (f.) Person 41
pessimiste Pessimist 67
petit ami Freund 29
petit boulot (m.) kleiner Job 99
petit déjeuner (m.) Frühstück 36
petit écran (m.) Fernsehen 88
petit,e klein 61
petites annonces (f. pl.) Kleinanzeigen 81
pétrole (m.) Mineralöl 83

pétrolier, pétrolière Öl- 44
peu (un ~) ein bisschen 11
pharmacie (f.) Apotheke 27
photo (f.) Foto 9, 25
photographie (f.) Fotografie 31
phrase (f.) Satz 47
piano (m.) Klavier 52
pièce (de monnaie) (f.) Geldstück 37, 39
pièce (de théâtre) (f.) Theaterstück 37
pièce (f.) Zimmer, Raum 30
pied (à ~) zu Fuß 32, 96
pied (m.) Fuß 57
piège (m.) Falle 16
pile (adv) genau, Punkt (+ Uhrzeit) 107
pile à l'heure pünktlich 107
pilote de ligne (m.) Verkehrspilot 31
pipe (f.) Pfeife 57
pizzeria (f.) Pizzeria 71
placard (m.) Schrank 75
place (f.) Platz, Ort, Stelle 12, 24, 37, 58, 88
plaindre de (se ~) sich beschweren 75
plaisanterie (f.) Witz 54
plaisir (m.) Vergnügen 17, 74
plaquette (f.) Paket (Butter) 6
plat,e flach 25
plateau (m.) Teller; Tablett 104
plein de viele 50
plein temps (m.) Vollzeit 103
plein,e voll 16, 67
pleuvoir regnen 2, 26
plier beugen; falten 69
plomb (m.) Blei 29
plombier (m.) Klempner 43
pluie (f.) Regen 47, 67
plume (f.) Feder 29
plus mehr 61
plus (en ~) außerdem 32
plus que mehr als 80
plusieurs mehrere 43, 61
plutôt lieber, eher 33, 104
PMU Pferdetoto 22
pneu (m.) Reifen 89
pneumonie (f.) Lungenentzündung 75
poche (f.) Tasche 93
poids (m.) Gewicht 29
poignet (m.) Handgelenk 69
point (m.) Thema 113
poisson (m.) Fisch 104

poivre (m.) Pfeffer 41
policier (m.) Polizeibeamter 16, Krimi 38
politesse (de ~) Höflichkeits- 95
politique politisch 40
politique (f.) Politik 78
pollution (f.) Umweltverschmutzung 100
Pologne Polen 89
Polonais Pole 94
polychrome mehrfarbig 85
pomme (f.) Apfel 29
pomme de terre (f.) Kartoffel 108
pompier (m.) Feuerwehrmann 78
pont (m.) Brücke 1, 97
porc (du ~) (m.) Schweinefleisch 19
porte (d'une ville) (f.) Ein-/Ausfahrt (in eine Stadt) 83, Tor 107
porte (f.) Tür 30, 57, 76, Ausgang (Flughafen) 44
porte à tambour Drehtür 76
portefeuille (m.) Brieftasche 9, 12
porter tragen 25, 46, anlegen, tragen (Kleidung) 62, 89
poser sa candidature sich bewerben 101
poser une question eine Frage stellen 48, 71
posséder haben, besitzen 38, 88
possible möglich 41
poste (f.) Arbeitsstelle; Postamt 101
poste de police (m.) Polizeistation, 59
pot (m.) Topf 48, Drink, Getränk 109
pot d'adieu (m.) Ausstand, Abschiedsumtrunk 109
pot-pourri (m.) Mischung 97
pouce (m.) Daumen 69
poulet (m.) Hühnchen 26
pour für 16, 18
pourboire (m.) Trinkgeld 96
pourquoi warum 10 , 31, 33
pouvoir können, in der Lage sein 32, 57
pragmatique pragmatisch, 94
pratiquant,e praktizierend 95
pratique praktisch 61, 95, 107
pratiquer praktizieren 24, ausüben 95
précipitation (f.) Überstürzung 99
précipiter (se ~) sich beeilen 85
préférer bevorzugen, vorziehen 5, 46, 60
premier, première erster, -e, -es 22, 65, ersterer, -e, -es 43

première classe 1. Klasse 60
prendre nehmen 16, 26, 29, 32, 36, 40, 60, 107, kriegen 16
prendre place Platz nehmen 79
préparer zusammenpacken 82
près de nahe bei 41
présent (à ~) gegenwärtig 111
présent (m.) Gegenwart 86
présenter (se ~) sich vorstellen 44, sich zur Wahl stellen 79, sich melden 109
président (m.) Präsident 79
pressé,e (être ~) es eilig haben 96
prêt,e bereit, fertig 66, 99
prêter leihen 90
principal,e Haupt- 22, 30
printemps (m.) Frühling 5, 67
prise en charge (taxi) (f.) Benutzungsgebühr 96
prison (f.) Gefängnis 52
privé,e privat 96
prix (m.) Preis 15, 32, 67, 38, 65
problème (m.) Problem 31
prochain,e nächster, -e, -es 17, 78, 106
producteur (m.) Produzent 25
produit frais (m.) frische Produkte 71
prof (m.) Lehrer 110
professeur (m.) Lehrer 99, 110
profession (f.) Beruf 43
profil (m.) Profil 101
profondeur (f.) Tiefe 65
projet (m.) Projekt 65
promenade (f.) Spaziergang 59, 60
promener (se ~) spazieren gehen 66
propos de (à ~) wegen 64, was ... betrifft 103
proposer vorschlagen 72
prouver beweisen 50
proverbe (m.) Sprichwort 37
province (f.) Provinz 64
psychiatre (m.) Psychiater 75
psychologue (m./f.) Psychologe 75
public (m.) Publikum 38
public, publique öffentlich 59
publicitaire (m.) Werbefachmann 43
publicité (f.) Werbung 88
puis dann, danach 89
pull (m.) Pullover 48
pulpeux, pulpeuse üppig 62

Q

qu'est-ce qu'il y a ? Was ist los? 11
qualifié,e qualifiziert 99
qualité (f.) Qualität 71, 74
qualité de vie (f.) Lebensqualität 100
quand wann 17, wenn 26
quarante vierzig 28
quart (et ~) Viertel nach (Uhrzeit) 37
quart d'heure (m.) Viertelstunde 37
quartier (m.) Stadtviertel 32, 108
quatorze vierzehn 15, 23
quatre-vingt achtzig 28
quatrième der/die/das vierte 99, 109
quel, quels, quelle, quelles welcher, -e, -es 17
quelqu'un jemand 55
quelque einige 10
quelque chose etwas 10, 65
quelquefois manchmal 10
quelques (pl.) einige 20, 47
question (f.) Frage 29, 33, 60
queue (f.) Warteschlange 47
quinzaine de jours (f.) vierzehn Tage 79
quitter auflegen (Telefon) 17, abfahren 60, 74, 89
quoique obwohl 45
quotidien (m.) Tageszeitung 101

R

raccourci (m.) Abkürzung 96
racine carrée (f.) Quadratwurzel 71
radio (f.) Radio 11
radio-réveil (m.) Radiowecker 26, 31
radis (m.) Radieschen 108
raison (avoir ~) recht haben 19
raisonnable vernünftig 2, 107
randonnée (f.) Wanderung 111
ranger wegräumen 31
rapidement schnell 32, 33, 108
rappeler zurückrufen 61, 106
rappeler (à qqn) jmdn. erinnern 79
rapporteur Petzer 76
rare selten 100
ras (m.) randvoll; kahlgeschoren 97
ras le bol (en avoir ~) die Nase voll haben 97
raser (se ~) sich rasieren 26
rat, rate Ratte 16

ravi,e hocherfreut 104
ravissant,e entzückend 58, 111
rayer durchstreichen 85
réaliser feststellen 55
recevoir erhalten 88
recherche (f.) Forschung 103
rechercher suchen 13
récompense (f.) Belohnung 38
récompenser auszeichnen 38
reconnaître wiedererkennen 34, 44, 83
redevance (f.) Gebühren 88
réduction (f.) Ermäßigung 60
refait,e (avoir été ~) über's Ohr gehauen 87
réfléchir überlegen 61, nachdenken 67
refus (m.) Absage 99
refuser verweigern 69
regarder ansehen 11, (zu)sehen 23, 39, ansehen 10
région (f.) Gegend 99
règle (f.) Regel 93
règlement (m.) Bezahlung 93, Zahlung 107
réglementé,e reglementiert 22
régler bezahlen 9, 96, 107
régio korrekt 110
relax entspannt 103
relevé d'électricité (m.) Stromrechnung 53
relevé de banque (m.) Bankauszug 53
relier verbunden 109
remercier danken 96
remise (f.) Verleihung 38
remplir füllen 41
rencontre (f.) Begegnung 54
rencontrer treffen, begegnen 36, 74
rendez-vous (m.) Treffen 38, Verabredung 54, 107, Termin 102
rendre zurückgeben 52
rendre (se ~) sich ergeben 110
rendre à/en (se ~) sich begeben nach 61, 89
renseignements (m. pl.) Auskunftsdienst 60, Information 101
renseignements (m. pl.) (Telefon-)Auskunft 61
rentable rentabel 71
rentrée (f.) Rückkehr 67

rentrée (la ~) (f.) Schulbeginn
(nach den Ferien) 110
rentrer zurückkehren 8, 10
rentrer chez soi
nach Hause zurückkehren 55
renvoyer l'ascenseur
sich revanchieren 102
réparer reparieren 113
repartir zurückfahren 85
repas (m.) Mahlzeit 36, 53
repasser bügeln 36, 52
répondeur (m.) Anrufbeantworter 10
répondre antworten 12, 47, 54, 62
réponse (f.) Antwort 23, 57, 62, 102
reprendre wieder zur Hand nehmen 113
représentant,e Vertreter 43
réseau (m.) Netz(werk) 109
réservation (f.) Reservierung 60
réserver reservieren 41, 46
réservoir (m.) Wasserspeicher 108
résidentiel, résidentielle Wohn- 108
résolument entschlossen 47
respecter respektieren 74
responsabilité limitée (société à ~)
(f.) Gesellschaft mit beschränkter
Haftung 99
responsable (m.) Verantwortlicher 109
resquilleur (m.) Vordrängler,
Schummler 47
ressembler à gleichen 108
restaurant (m.) Restaurant, 19, 41
rester bleiben 38, 79, 74, 111
résultat (m.)
Resultat, Ergebnis 23, 50, 80
retenir zurückhalten, hier: erregen 102
retour (de ~) zurück 26
retour (m.) Rückkehr 101
retrouver (se ~) werden
(sich wiederfinden) 99
réunion (f.) geschäftliches Treffen
44, Versammlung 79
réussir (un examen) bestehen
(Prüfung) 76
réussite (f.) Erfolg 76
revanche (en ~) dagegen 22, 87
réveiller aufwecken 26
revenir zurückkommen 93, 107
rêver (de) träumen von 31, 111
révision (f.) Wiederholung 20
revoir wiedersehen 20
révolutionner revolutionieren 103
revolver (m.) Revolver 39

riche reich 48, 73, 76
rien nichts 11, 37
rire lachen 17
riz (m.) Reis 39
robe (f.) Kleid 20
Romain (m.) Römer 110
roman (m.) Roman 11
roman policier (m.) Krimi 90
romantique romantisch, 5
ronfler schnarchen 37
rosier (m.) Rosenstrauch 59
rouge rot 4
rouillé,e rostig 86
route (f.) Straße 58, 64, 82
routine (f.) Routine 111
rue (f.) (Wohn-)Straße 4, 26, 40, 58

S

s'il vous plaît bitte 1, 36
sac (m.) Tasche 16
saisir packen 47
salaire (m.) Gehalt 103
salle à manger Esszimmer 30
salle d'eau (f.) Badezimmer 15
salle de bains (f.) Badezimmer 15, 30
salle obscure (f.) Kino 38
salon (m.) Wohnzimmer 30
salut ! Hallo! 74
samedi Samstag 17
sandwich (m.) Sandwich 55
sans ohne 76
sans doute zweifellos 52, o. Zweifel 76
sans parler de
ganz zu schweigen von 67
saoul,e betrunken 94
satellite (m.) Satellit 88
saucisson (m.) Wurst 27
sauf außer 96
savoir wissen 11, 50, 62
scénario (m.) Drehbuch 38
scie (f.) Säge 75
scolaire (adj.) Schul- 111
scruter unter die Lupe nehmen 101
scrutin (m.) Abstimmung, Wahl 101
séance (à la ~) (f.)
pro Ausstrahlung 88
secrétaire (m./f.) Sekretär, -in 36
seize sechzehn 23
séjour (m.) Wohnzimmer 106,
Aufenthalt 106

séjourner sich aufhalten, verweilen 94
sel (m.) Salz 41
sélectionner auswählen 22
self (m.) Selbstbedienungsrestaurant 69
selon gemäß, nach 94
semaine (f.) Woche 19, 22, 38, 78
sembler scheinen 101
sens (m.) Sinn, Verstand, Gefühl; Richtung 86
sens civique (m.) Bürgerkunde 86
sens unique Einbahnstraße 86
sentir riechen 19
sentir (se ~) sich fühlen 75
sept sieben 7, 10, 23
septembre September 19
septième (m./f.) der, die, das siebte 38
série (f.) Folge 23
série (TV) (f.) Serie 88
sérieux, sérieuse ernst 61
serveur (m.) Kellner 107
serveuse (f.) Kellnerin 62
service (m.) Bedienung 17, Gefallen 102, Dienst 60, 61
serviette (f.) Aktentasche 26, Serviette 41,
seulement nur 13, 27, 29
si besoin est wenn es nötig ist 99
siècle (m.) Jahrhundert 58
siège (m.) Sitz, Platz; Firmensitz 102
sieste (f.) Mittagsschlaf 66
signaler mitteilen 76
signer unterzeichnen 64
silence (m.) Stille; Ruhe 110
simple einfach 9
simplement einfach 72, 107
sinon sonst 68
situé,e befindlich 46, 106
six sechs 30
snack (m.) Snack-Bar, 69
socialisme (m.) Sozialismus 79
société (f.) Gesellschaft 44, Firma 99
soie (f.) Seide 78
soif (avoir ~) Durst haben 19
soif (f.) Durst 41
soigner (se ~) sich pflegen 17
soir (m.) Abend 10, 11, 54, 96
soirée (f.) Abend, Abendveranstaltung 10, 37, 88
soit... soit entweder ... oder 22
soldat (m.) Soldat 34
soleil (m.) Sonne 67
solution (f.) Lösung 100

sombre dunkel 26
somme (f.) Summe 22, 96
sondage (m.) Meinungsumfrage 80
sondeur (m.) Meinungsforscher 80
sonner angehen (klingeln) 26
sono (f.) Musikanlage 47
sorte (f.) Art 27
sortie (f.) Ausgang 16, 44, 83
sortir herauskommen 38
sortir de verlassen 58
sou (m.) Sou (alte Währungseinheit) 53
souhaiter wünschen 60, 64
soupe (f.) Suppe 23
sourcil (m.) Augenbraue 68
sourd, e taub 11, 31, 48
sourire (m.) lächeln 45
sous huit jours innerhalb von acht Tagen 103
souvenir (de) (se ~) sich erinnern an 64, 78
sœur (f.) Schwester 62
spécialité (f.) Spezialität 71
spectateur, spectatrice Zuschauer 76
station (f.) Station 32
station de métro (f.) Metrostation 32
station de taxis Taxistand 96
station service (f.) Tankstelle 83
statue (f.) Statue 34
stéréotype (m.) vorgefertigte Meinung 94
stopper abrupt stoppen 78
strict,e streng 110
strictement streng 22
studio (m.) kleine Wohnung 15, Einzimmerwohnung 81
submergé,e überwältigt; überschwemmt 109
sucre (m.) Zucker 24, 39
sud (m.) Süden 24
Suisse Schweiz 44
suite (f.) Fortsetzung 31, 59
suivant,e der, die, das folgende 101
suivre folgen 45, 109
sujet (au ~ de) wegen 15
superbe super 82
supérieur,e höherer, -e, -es 43
supermarché (m.) Supermarkt 10, 27, 108
supplément (m.) Zuschlag 102
supporter ertragen, vertragen 43
supposer vermuten 72, annehmen 90

sur über 36
sur le point de (+ v.) gerade (Verb) wollen 93
sûr, e sicher 1, 41
surpris, e überrascht 38
surtout besonders 38
sympa nett 107
sympathique nett 31, 85
symphonique Symphonie- 76
syndicat (m.) Gewerkschaft 111
syndicat d'initiative (m.) Verkehrsamt 58, Fremdenverkehrsamt 111
systématiquement systematisch 94
système (m.) System 32

T

tabac (m.) Tabakladen 4
table (f.) Tisch 3, 30
table de nuit (f.) Nachttisch 31
tableau (m.) Gemälde 87
taille (f.) Größe 78
taire (se ~) schweigen 62
tant pis schade 18
tante (f.) Tante 62
tard spät 18, 109
tarif (m.) Fahrpreis 96
tarte (f.) Torte 27
tartine (f.) Butterbrot 3
taxi (m.) Taxi, Taxifahrer 55, 96
technicité (f.) technisches Niveau 109
technologie (f.) Technologie 103
tel, telle, tels, telles solcher, -e, -es 43
télé (f.) Fernseher 88
télécommande (f.) Fernbedienung 88
télécommunications (f. pl.) Fernmeldewesen 109
téléfilm (m.) Spielfilm 88
téléphone (m.) Telefon 17
téléphoner telefonieren 15, 36
téléviseur (m.) Fernsehapparat 88
télévision (f.) Fernsehen 10, 65, 88
tellement so viel, so viele 51, 88, 36
tempête de neige (f.) Schneesturm 25
temps (~ partiel) Teilzeit 13
temps (m.) Zeit 24, Wetter 67
temps (m.) **de chien** Mistwetter 67
temps (plein ~) Vollzeit 13
tendre (adj.) zärtlich 93
tendre (v.) hinhalten, anreichen 44

tenir halten 44
tenir à bestehen auf 52
tenir debout (se ~) sich aufrecht halten 69
terminer zu Ende sprechen 12, beenden 24
terre (à ~) auf den Boden 15
terrifié, e entsetzt 54
tête (f.) Kopf 22, 68
tête de Turc (f.) Prügelknabe 94
thé (m.) Tee 107
théâtre (m.) Theater 37
thématique Themen- 88
ticket (m.) Los 22, Lottoschein 87
tiède lauwarm 73
timidement schüchtern 34
toi dir, dich 37
toile (f.) Spinnennetz 39
toilettes (f. pl.) Toiletten 12, 107
toit (m.) Dach 85
tomber dans verfallen in 111
tomber en panne (f.) kaputtgehen 46
tome (m.) Band 113
tonneau (m.) Fass 25
tôt früh 18, 37
toujours immer 3, 65, immer noch 59, 82
tour (élection) (m.) Wahlgang 79
tour (f.) Turm 65
tour (m.) Rundgang 12, an der Reihe 47, 110
tourisme vert (m.) Ökotourismus 111
touriste (m./f.) Tourist 1, 12
tournée (f.) Runde (Trink-) 62
tourner le dos à qn. jmdm. die kalte Schulter zeigen 69
tourner un film Film drehen 38
tous alle 3, 47
tout alles 10
tout à coup plötzlich 47, 55, 66
tout à l'heure gleich 12, eben, vorhin; bald, gleich 78
tout de suite sofort 45, 111, 58, 82
tout le monde alle 17, 47
toutes les dix minutes alle zehn Minuten 79
tracasser (se ~) sich Sorgen machen 99
tract (m.) politisches Flugblatt 40
tradition (f.) Tradition 38
train (m.) Zug 24, 32, 57

traitement de texte
 Textverarbeitung 101
trajet (m.) Reise(route) 32, 36
tranquille ruhig 10
tranquillement in Ruhe 72, ruhig 107
travail (m.) Arbeit, Job, 9, 43
travailler arbeiten 43, 73, 97
travaux (pl.) Bauarbeiten 43
treize dreizehn 23
treizième der, die, das dreizehnte 13
trentaine (f.) etwa dreißig 30, 99
très sehr 9, 15, 20
triomphal,e triumphal 89
triste traurig 13, 67
trois drei 4
trois-pièces (m.)
 Dreizimmerwohnung 106
troisième der, die, das dritte 46, 65
troisième âge (m.) Senioren 85
tromper (se ~) sich irren 34
tronc (m.) Rumpf 68
tronc d'arbre Baumstamm 68
trop zu (sehr) 15
trop de zu viel(e) 96
trouver finden 10, 13, 37, 43, 45, 53, 83, 85
trouver (se ~) sich befinden 30
truc (m.) Ding, Sache 48, 81
truffe (f.) Trüffel 72
tutoyer (se ~) sich duzen 109
tuyau (m.) Rohr; Rat, Tipp 96
type (m.) Typ, Kerl 74
typique typisch 71, 88

un peu de ein bisschen 58
une fois einmal 85, 89
université (f.) Universität, 43
usage (m.) Verwendungsweise 68
usine (f.) Fabrik 43
usuel, usuelle üblich 113
utile nützlich 20, 76

vacances (f. pl.) Ferien 17, 50, 67
vache (f.) Kuh 94
vachement total, unheimlich 75, wahnsinnig 81, tierisch 110
vague (f.) Welle 113
valise (f.) Koffer 46, 82
valise (faire sa ~) Koffer packen 54
varié,e abwechslungsreich 74
variété (f.) Vielzahl 43
veau (du ~) (m.) Kalbfleisch 19
veinard (m.) Glückspilz 81
veine (f.) Glück 81
vendeur, vendeuse
 Verkäufer, Verkäuferin 13
vendre verkaufen 15, 52, 97
vendredi Freitag 60, 61
venir kommen 71
venir (en ~) à hinauswollen auf 72
venir de (v.) gerade,
 soeben etwas getan haben 59
verre (m.) Glas 4, 16, 41
vers gegen (+ Uhrzeit) 18, 41
version originale (f.)
 Originalversion 38
vert,e grün 64
veste (f.) Jacke 47
vêtements (m. pl.) Kleidung 31, 78
viande (f.) Fleisch 27, 73
vide leer 67
vider leeren 55
vie (f.) Leben
 10, 43, 88, 100, 113, 100
vieux / vieil, vieille alt 11, 30, 37, 86
vif, vive lebendig 13
vignoble Weinberg 83
villa (f.) Villa, kleine Gasse 108
village (m.) Dorf 58, 106
ville (f.) Stadt 65
vin (m.) Wein 4, 71, 85
vingt zwanzig 23
vingtaine (f.) etwa zwanzig 79, 108
vingtième der, die, das zwanzigste 20
visage (m.) Gesicht 26, 68
visite (f.) Besuch 8, 58
visiter besuchen 32, 34, 50, 57
visiteur (f. visiteuse) Besucher 65
vite schnell 47, 108
vitrine (f.) Schaufenster 13
vivant,e lebendig 38, belebt 40
vivre leben 24, 31, 67, 73
vocabulaire (m.) Vokabeln;
 Wortschatz 113
voici hier ist 1, 64, hier sind 3
voilà dort (ist/sind) 1
 da haben wir's 46
voir sehen 2, 24

voisin (m.) Nachbar 31, 55
voiture (en ~) mit dem Auto 32
voiture (f.) Auto 25, 55, 64
voiture de location (f.) Mietwagen 81
voix (f.) Stimme 13, 79
vol (m.) Flug 44
volaille (f.) Geflügel 27
volontiers gerne 104
voter wählen 79
vouloir wollen 8, 12, 16, 53
vous-même ihr/Sie selbst 46
voyage (en ~) auf Reisen 36
voyage (m.) Reise 36, 59, 82, 96
voyager reisen 31, 48
voyageur, voyageuse
   Reisender, Reisende 16
voyons sehen wir mal 86
vrai,e wahr 59, 71, richtig 111
vue (f.) Aussicht 107

W

WC (m. pl.) Toilette 107
week-end (m.) Wochenende 64
whisky (m.) Whisky 55

XYZ

xénophobe (m.) Fremdenhasser 38
yeux (sing. œil) Augen 68
zut ! Mist 9, 78

DEUTSCH - FRANZÖSISCH

1. Klasse première classe 60
12 Uhr mittags midi 60
250 Gramm demi-livre (f.) 108

A

Abend soir (m.) 10, 11, 54, 96
Abend(veranstaltung)
   soirée (f.) 10, 37, 88
Abendessen dîner (m.) 36, 39
Abenteuer aventure (f.) 38
aber ja absolument 104
aber mais 65
abfahren quitter, partir pour
   60, 74, 83, 89
Abfahrt départ (m.) 93
Abfahrtszeiten horaire (m.) 60
abgemacht marché conclu 111
abhalten empêcher 111
abhängen von dépendre (de) 32
Abkürzung raccourci (m.) 96
abrackern, sich ~ galérer 110
abräumen débarrasser 53
Abreise départ (m.) 93
abrupt stoppen stopper 78
Absage refus (m.) 99
Abschiedsumtrunk
   pot d'adieu (m.) 109
Abschleppwagen dépanneuse (f.) 46
abschließen fermer à clé 55
Absicht, die ~ haben
   intention (avoir l'~ de), 80
absichtlich exprès 95
absteigen (im Hotel)
   descendre à l'hôtel 64
abstellen déposer 45
Abstimmung scrutin (m.) 79
Abteil compartiment (m.) 93
abwechslungsreich varié,e 74
abwesend absent,e 5, 36
ach ja? ah bon ? 37
acht, sich in ~ nehmen
   méfier (se ~) 76
acht huit 8
achter, -e, -es huitième 15
Achtung! attention ! 96
achtzehn dix-huit 18
achtzig quatre-vingt 10
Acryl acrylique (f.) 2

Adresse adresse (f.) 8, 64, 108
Agentur agence (f.) 61, 64
Ahnung idée (f.) 80
Aktentasche serviette (f.) 26
aktiv activement 101
aktuell actuel, actuelle 52
Akzent accent (f.) 44
akzeptieren accepter, assumer 48, 99, 104, 110
alle tout le monde, tous 3, 17, 47
alle zehn Minuten toutes les dix minutes 79
alles tout 3, 47
alles Gute! bon courage ! 64
allgemein général,e 62
also alors, donc 10, 65
also gut ça va 78
also! eh bien ! 52
alt vieux , vieil, vieille 11, 30, 37, 86
Alter âge (m.) 9
Altstadt cité (f.) 65
am unteren Ende von en bas de 40
an der Reihe tour (m.) 47, 110
an der Luft en plein air 58
anbauen cultiver 73
anbieten offrir 76
anderer, -e, -es autre 22
ändern changer 89, 106
Änderung changement (m.) 108
Anfang début (m.) 47, 99
anfangen commencer (à) 12, 26, 37, 65
Anfänger débutant, e 13
angebaut cultivé,e 40
Angebot offre (f.) 101
angehen (Wecker: klingeln) sonner 26
Angelegenheit affaire (f.) 45, 73
Angenehme, das agréable (m.) 95
angreifen attaquer 85
Angst, starke angoisse (f.) 104
Angst machen faire peur 87
anhalten, jdn. ~ arrêter (quelqu'un) 16
anhalten arrêter (s'~) 34, 89
Anhalter auto-stoppeur, (f. stoppeuse) 78
anheben augmenter 96
ankommen arriver 5, 25, 37, 43
ankündigen annoncer 44
anlegen porter 62
anmachen baratiner 62
anmalen peindre 93
Anmeldung immatriculation (f.) 108

annehmen (vermuten) supposer 26
annehmen (akzeptieren) accepter 48, 99, 104, 110
anreichen tendre (v.) 26
Anruf coup de fil 48, 69
Anrufbeantworter répondeur (m.) 10
anrufen appeler 15, 60
anschließend ensuite 55
Anschuldigung accusation (f.) 109
ansehen regarder 10, 11
ansehen, sich ~ consulter 101
Ansichtskarte carte postale (f.) 50
anspringen (Auto) démarrer 93
anspruchsvoll exigeant,e 106
Antenne antenne (f.) 65
Antwort réponse (f.) 23, 57, 62, 102
antworten répondre 12, 47, 54, 62
anvertrauen confier à 88
Anzahl nombre (m.) 95
Anzeige annonce (f.) 15, 101
anziehen, sich ~ habiller (s'~) 26
anziehen (anlocken) attirer 65
anziehen (Kleidung) mettre 26
Anzug costume (m.) 26, 44, 113
anzünden allumer 93
Aperitif apéritif (m.) 104
Apfel pomme (f.) 29
Apotheke pharmacie (f.) 27
Apparat sein, am ~ appareil (être à l'~) 17, 20, 36, 104
Apparat appareil (m.) 17, 20, 36
Apparat (Wer ist am ~?) appareil (m.) (qui est à l'~ ?) 50
Appetit appétit (m.) 41
April avril 19
Arbeit travail (m.) 3, 43
arbeiten travailler 43, 73, 97
arbeitslos au chômage 99
Arbeitsloser chômeur (m.) 43
Arbeitslosigkeit chômage (m.) 99
Arbeitsstelle emploi (m.), poste (f.) 43, 48, 52,100, 101
Ärger machen faire des histoires 87
Argument argument (m.) 39, 89, 106
arm pauvre 48
Arm bras (m.) 44, 68
Armbanduhr montre (f.) 89, 113
Armee armée (f.) 34, 74
Art façon (f.), sorte (f.), genre (m.) 13, 32, 94, 27, 102
artikulieren articuler 11
Arzt médecin (m./f.) 43, 75

Asiate asiatique (m./f.) 110
auch aussi 22, 38
auch nicht non plus 19
auf andere Weise autrement 95
auf dem Laufenden sein
 être au courant 97
auf diese Weise comme ça 82
auf Wiedersehen au revoir 17, 95, 113
auf den Boden à terre 15
auf alle Fälle de toute façon 13,
 en tout cas 69
auf Reisen en voyage 36
Auf dein Wohl! à ta santé ! 104
aufdrängen imposer 58
Aufenthalt séjour (m.) 106
Aufgaben, den ~ gewachsen sein
 être à la hauteur 109
aufgeben abandonner 99
aufhalten, sich ~ séjourner 94
aufhören arrêter (s'~) 78
auflegen (Telefon) quitter 17
Aufnahme enregistrement (m.) 113
aufpassen faire attention à 87
aufrecht halten, sich ~
 tenir debout (se ~) 69
aufrecht stehen se tenir debout 69
aufregend passionnant,e 89, 90
Aufrichtigkeit honnêteté (f.) 74
aufschlagen majorer 96
aufstehen lever (se ~),
 debout (se mettre ~) 26, 75, 69
aufwecken réveiller 26
aufzeichnen enregistrer 48
Aufzug ascenseur (m.) 45, 65, 109
aufzwingen imposer 58
Augen yeux (sing. œil) 68
Augenbraue sourcil (m.) 68
August août 19
Ausbeutung exploitation (f.) 79
Ausdruck expression (f.) 20, 48, 95, 97
ausfegen donner un coup (m.)
 de balai 69
Ausgang (Flughafen) porte (f.),
 sortie (f.) 44, 16, 44, 83
ausgestattet mit doté,e (de) 109
ausgezeichnet fameux, fameuse 85
Auskunft renseignements (m. pl.) 61
Auskunftsdienst
 renseignements (m. pl.) 60
Auslage inventaire (m.) 40
Ausländer étranger, étrangère 89
ausländisch étranger, étrangère (adj.) 38

ausleihen emprunter 32, 50
ausmachen éteindre 93
ausrufen exclamer (s'~) 16, 93
außer sauf 96
außerdem en plus 32
außerordentlich extraordinaire 65
Aussicht vue (f.) 107
Ausstand pot d'adieu (m.) 109
aussteigen descendre 32
Ausstellung exposition (f.) 65
ausüben pratiquer 95
Auswahl choix (m.) 38, 101
auswählen selectionner,
 choisir 22, 23, 82, 113
auszeichnen récompenser 38
Auto voiture (f.) 25, 55, 64
Autobahn autoroute (f.) 58
Autor auteur (m.) 57

B

Baah! beurk ! 85
Bäcker boulanger, boulangère 27
Badeanzug maillot de bain (m.) 89
Badezimmer salle d'eau (f.),
 salle de bains (f.) 15, 30
Bahnhof gare (f.) 32
bald tout à l'heure, bientôt 18, 99, 111
Band tome (m.) 113
Bankauszug relevé de banque (m.) 53
Bankgebühren frais bancaires
 (m. pl.) 81
Baske Basque 94
Bau construction (f.) 65
Bauarbeiten travaux (pl.) 43
bauen construire 52, 65
Bauer fermier (m.) 73
Baum arbre (m.) 3, 58
Baumstamm tronc (m.) d'arbre 68
beängstigend angoissant,e 110
bedecken couvrir 83
bedeckt couvert,e (de) 68, 83
Bedienung service (m.) 17
Bedingung circonstance (f.) 113
beeilen, sich ~ dépêcher (se ~),
 précipiter (se ~) 3, 16, 85
beeindruckend
 impressionnant,e 57, 72
beeindruckt impressionné,e 103
beeinflussen influencer 94
beenden terminer, finir 47, 25, 90

befinden, sich ~ trouver (se ~) 30
befindlich situé,e 46, 106
begabt doué,e 74
begeben nach, sich ~
  rendre à/en (se ~) 61, 89
begegnen rencontrer, croiser
  36, 43, 74
Begegnung rencontre (f.) 54
begeistert passionné,e 22
beginnen commencer (à)
  12, 26, 37, 65
Begleitung accompagnement (m.) 72
begrüßen accueillir 44, 74
behalten garder 15, 62
bei chez 20
beibringen apprendre 86
Bein jambe (f.) 68, 83
Beine vertreten, sich die ~
  dégourdir les jambes (se ~) 83
beiseitedrängen bousculer 47
Beispiel exemple (m.) 87
beladen charger 83
belebt vivant,e 40
belegt complet, complète 41, 46
belegte Weißbrotscheibe ("Canapé")
  canapé (m.) 55
Belgien Belgique 89
Belgier Belge (m./f.) 89
beliebt, sehr ~ sein
  cote (avoir la ~) (f.) 74
Belohnung récompense (f.) 38
benötigen besoin (avoir ~ de),
  avoir besoin de 27, 47, 64
Benutzungsgebühr
  prise en charge (taxi) (f.) 96
Benzin essence (f.) 83
bequem confortable 30
bereit prêt,e 66, 99
bereit sein être prêt à 106
Bergsteiger alpiniste (m./f.) 25
Beruf profession (f.), métier (m.)
  43, 52, 99
berühmt célèbre 43, 89, 108
Bescheidenheit modestie (f.) 74
beschweren, sich ~
  plaindre de (se ~) 75
besitzen posséder 38, 88
besonders surtout 38
besser mieux 50, 73
bestehen (Prüfung)
  réussir (un examen) 76
bestehen auf tenir à 52

bestellen commander 4, 78, 85
Bestellung commande (f.) 104
bestimmt certainement 34
Besuch visite (f.) 8, 58
besuchen visiter 32, 34, 50, 57
Besucher, Besucherin
  visiteur (f. **visiteuse**) 65
Betracht, in ~ ziehen envisager 106
betreuen garder 15, 62
betrunken ivre, saoul,e 55, 94
Bett lit (m.) 31, 36
Bettler mendiant (m.) 85
beugen plier 69
beunruhigen, sich ~ inquiéter (s'~) 46
bevorzugen préférer 5, 46, 60
bewegt ému,e 38
beweisen prouver 50
bewerben, sich ~
  poser sa candidature 101
Bewerbung candidature (f.) 101
Bewerbungsschreiben
  lettre de motivation (f.) 101
bewohnt habité,e 85
bewundern admirer 59
bezahlen régler, payer
  9, 96, 107, 29, 62, 81
Bezahlung règlement (m.) 93
Bibel Bible (f.) 68
Bibliothek bibliothèque (f.) 57
Bier bière (f.) 4
bilden former 68
Bildungswesen
  enseignement (m.), 99
billig bas de gamme 61
Bindfaden corde (f.) 67
bis à (jusqu'à) 18
bis bald! à bientôt ! 18, 95, 113
bis jetzt jusqu'à présent 81
bis gleich à tout à l'heure 41
bis später à tout à l'heure 78
Bistro bistrot (m.) 62, 108
bitte s'il vous plaît 1, 36
Bitte? pardon ? 95
bitten um demander 9
blättern feuilleter 113
blau bleu,e 26, 78
Blei plomb (m.) 29
bleiben rester 38, 79, 74, 111
Bleistift crayon (m.) 13, 78
blöd bête (adj.) 80
blühend en fleurs 58
Blume fleur (f.) 32

Bluse chemisier (m.) 78
Bohne haricot (m.) 40
Boot bateau (m.) (pl. bateaux) 27
Boule-Spiel boule (f.) 24
Boulevard boulevard (m.) 1, 15
brauchen avoir besoin de 47, 64
braun brun 4
Breite largeur (f.) 65
Bretagne Bretagne 99
Brief lettre (f.) 50
Brieftasche portefeuille (m.) 9, 12
brillant brillant,e 74
Brot pain (m.) 27
Brücke pont (m.) 1, 97
Brunnen fontaine (f.) 1
Buch bouquin (m.), livre (m.) 90, 3, 113
Bücherfreund bibliophile 38
Buchhändler libraire (m.) 57
Buchhandlung librairie (f.) 57
buchstabieren épeler 41
bügeln repasser 36, 52
Bühne, die ~ betreten
  entrer en scène 37
Bürgerkunde sens civique (m.) 86
Bürgermeisteramt mairie (f.) 9, 58
Büro bureau (m.) 8, 43, 55, 109
Bürotechnik bureautique (f.) 109
Bürste brosse (f.) 16
bürsten brosser 26
Bund (Radieschen)
  botte (radis) (f.) 108
Bus bus (m.) 11
Bushaltestelle arrêt de bus (m.) 34
Butter beurre (m.) 27
Butterbrot tartine (f.) 3

C

Café(haus) café (m.) 3
Casino casino (m.) 22
Cembalo clavecin (m.) 76
Champagner champagne (m.) 55
Chinese chinois (m.) 111
Clown clown (m.) 13
Cocktailparty cocktail (m.) 55
Cognac cognac (m.) 25
Computer ordinateur (m.) 60, 101
cool cool 110
Cousin, Cousine cousin (m.),
  cousine (f.) 62
Croissant croissant (m.) 3, 27

D

da haben wir's voilà, ça y est !
  46, 66, 94
Dach toit (m.) 85
dagegen en revanche 22, 87
daher aussi 102
Dame dame (f.) 9
danach puis, ensuite 89, 26, 74
danke merci 3, 5, 6
danken remercier 96
dann alors, puis, ensuite 4,19, 89, 23
darüber hinaus en plus 81
das mag sein admettons 100
das, dies ça 25
das tut weh ça fait mal 75
das ist mir egal ça m'est égal 48
das macht nichts ça ne fait rien 41, 66
Daumen pouce (m.) 69
Definition définition (f.) 43
deiner, deine le tien, la tienne 66
denken penser 43
denken an penser à 50
dennoch cependant 66
deprimiert sein avoir le cafard 53
der nächste Tag lendemain (m.) 22, 72
der, die, das Beste meilleur,e
  (m./f.) 25, 32
der, die, das gleiche même (m./f.) 29
der, die, das vierte
  quatrième (m./f.) 99, 109
der, die, das siebte
  septième (m./f.) 38
der, die, das folgende
  suivant,e (m./f.) 101
der, die, das dreizehnte
  treizième (m./f.) 13
der, die, das dritte
  troisième (m./f.) 46, 65
der, die, das zwanzigste
  vingtième (m./f.) 20
der tägliche Trott
  métro-boulot-dodo 111
der längste Weg
  chemin des écoliers (m.) 83
der, die, das (Konjunktion)
  lequel, laquelle 48
der, die, das meiste
  la plupart 58, 96, 110
deshalb c'est pourquoi, aussi 31, 102
deutsch allemand,e 4, 44, 94

Deutschland Allemagne (f.) 94
Dezember décembre 19
Diamant diamant (m.) 16, 72
dick gros, grosse 29, 69
Dienst service (m.) 60, 61
Dieselkraftstoff gazole (m.), gas oil (m.) 83
Ding machin (m.), truc (m.) 48
Diplom, mit ~ diplômé,e 101
dir, dich toi 37
direkt direct,e 60
Direktor directeur (m.) 110
diszipliniert discipliné,e 94
doch cependant, de toute façon 66, 99
Doktor docteur (m.) 75
Dorf village (m.) 58, 106
dort là-bas 1, 2, 60
dort (ist/sind) voilà 1
draußen dehors 2, 59
Drehbuch scénario (m.) 38
Drehtür porte (f.) à tambour 76
drei trois 4
dreizehn treize 23
Dreizimmerwohnung trois-pièces (m.) 106
Drink pot (m.) 109
drinnen à l'intérieur 43
Drucker imprimante (f.) 109
dunkel sombre, foncé,e 26, 78
dunkelgrau gris foncé 26
dünn maigre 69
durchkommen passer 47
durchstreichen rayer 85
Durst soif (f.) 41
Durst haben avoir soif 19
duschen doucher (se ~) 26
Dutzend douzaine (f.) 79
duzen, sich ~ tutoyer (se ~) 109

E

eben tout à l'heure 78
Ecke coin (m.) 111
EDV-Ingenieur ingénieur informaticien (m.) 99
effizient efficace 32, 60
Ehefrau femme (f.) 9, 20
Ehemann mari (m.) 2, 36, 107
eher plutôt 33, 104
Ei œuf (m.) 27, 68, 73
eifersüchtig jaloux, jalouse 19

ein bisschen un peu de 11, 58
Ein-/Ausfahrt (in eine Stadt) porte (d'une ville) (f.) 83
Einbahnstraße sens unique 86
einfach (adj.) simple, facile 9, 67, 83, 93
einfach (adv.) simplement, facilement 96, 72, 107
Eingang entrée (f.) 30, 46
Eingangshalle entrée (f.) 30, 46
eingebaut aménagé,e 106
eingeschnappt sein faire la tête 68
einige quelques (pl.) 10, 20, 47
Einkauf achat (m.) 6, 16
Einkäufe courses (f.) pl 108
Einkäufe machen faire des courses 54, 108
einkaufen gehen faire des courses 54, 108
Einkaufszentrum centre commercial (m.) 108
einladen inviter 39, 102
einmal une fois 85, 89
einreden, auf jdn. ~ baratiner 62
einrichten, sich ~ installer (s'~) 108
einsam isolé,e 111
einschalten allumer, mettre 10
einschlafen endormir (s'~) 73
einschreiben inscrire 57
einstecken brancher 20
einsteigen monter 96
einstellen embaucher 102, 104
eintragen mettre 64
einverstanden d'accord 33, 57
Einwohner habitant,e 85
Einzimmerwohnung studio (m.) 81
Eiscreme glace (f.) 52, 59
Eisen fer (m.) 65
Eisenbahn chemin de fer (m.) 83
elektrisch électrique 65
Elitehochschule grande école 43
Ellbogen coude (m.) 69
Eltern parents (m. pl.) 32
Empfang accueil (m.) 44, 109
empfangen accueillir 44, 74
empfehlen, sich ~ imposer (s'~) 58
Emporkömmling arriviste (m./f.) 76
Ende fin (f.), bout (m.) 50, 61, 113, 107, 58
eng étroit,e 40
England Angleterre (f.) 94
Engländer Anglais,e 3, 94

enorm (adj.) énorme 38, 47
enorm (adv.) énormément 74
entdecken découvrir 108
Entdeckung découverte (f.) 113
entferntere Vororte
  grande banlieue (f.) 32, 100
entledigen, sich ~
  débarrasser (se ~) 64
entmutigt découragé,e 100
entscheiden décider 85
Entscheidung décision (f.) 101, 103
entschlossen résolument 47
entschuldigen Sie excusez-moi 3
Entschuldigung pardon 1, 46
entsetzlich affreux, affreuse 75
entsetzt terrifié,e 54
entspannen, sich ~ détendre (se ~) 76
entspannt décontracté,e, relax 38, 103
entsprechen correspondre 61, 101
Enttäuschung déception (f.) 71
entweder ... oder soit... soit 22
entwerten composter 102
entwickeln développer 109
entzückend ravissant,e,
  charmant,e 58, 111, 108
Episode épisode (m.) 85
Erdbeere fraise (f.) 108
ereignen, sich ~ passer (se ~),
  avoir lieu 79, 108
ereignisreich chargé,e 109
erfahren (v.) apprendre 68, 113
erfahren (adj.) expérimenté, e 13, 101
Erfahrung expérience (f.) 103
Erfolg réussite (f.) 76
erfordern nécessiter 43
erfreut enchanté,e 45
ergattern décrocher 104
ergeben, sich ~ rendre (se ~) 110
Ergebnis résultat (m.) 23, 50, 80
erhalten obtenir, recevoir 61, 88
erheben, sich ~ lever (se ~) 26, 75
erinnern, jdn. ~ rappeler (à qqn) 79
erinnern an, sich ~
  souvenir (de) (se ~) 64, 78
Erklärung explication (f.) 61
erlangen obtenir 79
erlauben permettre 76
Ermäßigung réduction (f.) 60
ernst sérieux, sérieuse 61
erreichen joindre 97
erscheinen paraître 76
erschöpft épuisé,e 51

erschrecken effrayer 54
erstaunt étonné,e 38, perplexe 45
erster, -e, -es premier, première 22, 65
ersterer, -e, -es premier, première 43
ertragen supporter 43
erwarten attendre 2, 8, 44, 47, 67
erzogen élevé,e 73
es regnet il pleut 66
es eilig haben être pressé 69, 85, 96
Espresso express (café) 95
essen manger, déjeuner (v)
  10, 16, 19, 24, 27, 41, 60
Esszimmer salle à manger 30
Etage étage (m.) 30, 46, 65
Etappe étape (f.) 89
ethnisch ethnique 110
etwa dreißig trentaine (f.) 30, 99
etwa zwanzig vingtaine (f.) 79, 108
etwas anderes autre chose 73
etwas quelque chose 10, 65
etwas absichtlich machen
  faire exprès 95
eventuell éventuellement 100

F

Fabrik usine (f.) 43
fähig sein être à même de 103
fahren conduire 52, 107
fahren nach partir pour 54
Fahrer chauffeur (m.) 96
Fahrgast passager (m.) 93
Fahrkarte billet (m.) 33, 60
Fahrkarte für einfache Fahrt
  aller simple (billet ~) (m.) 60
Fahrpreis tarif (m.) 96
Fahrrad bicyclette (f.) 65
Fahrschein billet (m.) 33, 60
Fair Play franc-jeu (m.) 94
Fall cas (m.) 22, 94
Falle piège (m.) 16
fallen lassen, sich ~ affaler (s'~) 101
falsch faux, fausse 23, 76
Familie famille (f.) 60, 66
fantastisch fabuleux, fabuleuse 74
Fass tonneau (m.) 25
fast bientôt 111
fasten jeûner 36
fasziniert fasciné,e 103
Februar février 19
Feder plume (f.) 29

fehlen manquer (à qqn) 108
Fehler défaut (m.) 29
feiern fêter, faire la fête 62, 104
Feiertag jour (m.) férié 92
Feld case (f.) 22, 64
Fenster fenêtre (f.) 13, 30, 55
Fensterscheibe carreau (m.) 55
Ferien vacances (f.) pl, férié 17, 50, 67, 97
Ferienunterkunft gîte (m.) 111
Fernbedienung télécommande (f.) 88
Fernmeldewesen télécommunications (f.) pl 109
Fernsehapparat téléviseur (m.) 88
Fernsehen télévision (f.), petit écran (m.) 10, 65, 88
Fernseher télé (f.) 88
fertig prêt,e 66, 99
Fertigkeit habileté (f.) 24
fertig machen, sich ~ apprêter à (s'~) 66
Festival festival (m.) 38
feststellen réaliser 55
Feuer feu (du ~) (m.) 4
Feuerwehrmann pompier (m.) 78
Feuerzeug briquet (m.) 4
Film film (m.) 11, 38, 53
Film drehen tourner un film 38
Film- cinématographique 38
Filmkamera caméra (f.) 50
Finanzamt fisc (m.) 104
finanzieren financer 88
finden trouver 10, 13, 37, 43, 45, 53, 83, 85
finden (erachten als) considérer 103
Finger doigt (m.) 69, 101
Firma société (f.), boîte (f.) 99
Firmensitz siège (m.) 102
Fisch poisson (m.) 104
Fittiche aile (f.) 110
flach plat,e 25
Flasche bouteille (f.) 16, 55, 67
Fleisch viande (f.) 27, 73
Fleischer boucher (m.) 27
flirten baratiner, draguer 62, 76
Flug vol (m.) 44
Flughafen aéroport (m.) 44, 75
Flugzeug avion (m.) 16, 32, 45
Flur couloir (m.) 107
Folge série (f.) 23
folgen suivre 45, 109
Formalität formalité (f.) 64, 108

Formular formulaire (m.) 9
Forschung recherche (f.) 103
fortfahren continuer 113
fortsetzen continuer 59, 83, 96
Fortsetzung suite (f.) 31, 59
Foto photo (f.) 9, 25
Fotoapparat appareil photo (m.) 50
Fotografie photographie (f.) 31
Frage question (f.) 29, 33, 60
Frage, eine ~ stellen poser une question 48, 71
fragen demander 62
Frankreich France (f.) 94
Franzose, Französin Français, -e 3, 89
Französisch, sich auf ~ verabschieden filer à l'anglaise 94
Frau femme (f.) 20, 36
Fräulein mademoiselle (f.) 5, 36
frei libre 101
freimachen débarrasser 53
Freitag vendredi 60, 61
Fremdenhasser xénophobe (m.) 38
Fremdenverkehrsamt syndicat d'initiative (m.) 111
Fremder étranger, étrangère (n) 54
Freund, Freundin petit ami, copain (f. copine), ami,e (m.) 67, 102, 5, 9, 25, 39, 82
freut mich enchanté,e 109
friedlich paisible 10
frisch frais, fraîche 73
frische Produkte produits frais (m.) 71
früh tôt 18, 37
früher dans le passé, jadis 43
Frühling printemps (m.) 5, 67
Frühstück petit déjeuner (m.) 36
frühstücken déjeuner (v.) 36
fühlen, sich ~ sentir (se ~) 75
Führerschein permis de conduire (m.) 61, 64
Führungs- cadre (m.) 103
Führungskraft cadre (m.) 44
füllen remplir 41
fünf cinq 2
fünfzig cinquante 9
funktionieren marcher (fonctionner) 50
für pour 16, 18
Fuß pied (m.) 57
Fußball football (m.) 22
Fußgelenk cheville (f.) 69

G

Gabe don (m.) 74
Gabel fourchette (f.) 41
Gangsterfilm film noir (m.) 38
ganz parfaitement 101
ganz und gar nicht pas du tout 13, 90
ganz zu schweigen von
   sans parler de 67
Garage garage (m.) 106
Garten jardin (m.) 59, 106
Gebäude immeuble (m.),
   bâtiment (m.) 30, 85
gebaut construit,e 65
geben passer, donner 78, 6, 37, 38
geboren né,e 113
geboren werden être né 65
Gebühren frais (m. pl.)
   redevance (f.) 81, 88
Geburt naissance (f.) 62
Geburtsurkunde
   extrait de naissance (m.) 9
Gedanke idée (f.) 22
geduldig (adv.) patiemment 47
Gefallen service (m.) 102
gefangen bloqué,e 25
Gefängnis prison (f.) 52
Geflügel volaille (f.) 27
Gefühl sens (m.) 89
gegen (+ Uhrzeit) vers 18, 41
gegen contre 89
Gegend région (f.) 99
Gegenteil contraire 79
gegenüber en face 11, 64
Gegenwart présent (m.) 86
gegenwärtig présent (à ~),
   actuellement 52, 111
Gehalt salaire (m.) 103
gehen aller 19, 26
Gehen wir! on y va ! 66
Gehirn cerveau (m.) 75
gehören zu appartenir (à),
   faire partie de 31, 65, 71
gekleidet habillé,e 54
gelb jaune 89
Gelbe Seiten pages jaunes 61
Geld argent (m.) 17, 22
Geld (ugs. „Knete", „Mäuse",
   „Asche") fric (m.) 81
Geld verdienen gagner de l'argent 65
Geldspiel jeu d'argent 22
Geldstrafe amende (f.) 93
Geldstück pièce (de monnaie)
   (f.) 37, 39
Gemälde tableau (m.) 87
gemäß (nach) selon 94
gemischt mixte, mélangé,e 110
Gemüse légume (m.) 27, 40, 73
genau (+ Uhrzeit) pile (adv.) 107
genau parfaitement, justement 16, 38
genial génie (de ~) 111
genug assez 13, 17
genug haben von avoir marre
   (en ~) de 81, 111
Gepäck affaires (pl.) 45
gerade justement 106
gerade etwas getan haben
   venir de (v.) 59
gerade (+Verb) **wollen**
   sur le point de (+ v.) 59
geringwertig bas de gamme 61
gern geschehen
   de rien, je vous en prie 5, 95
gerne volontiers 104
gesäumt von bordé,e (de) 58
Geschäft (Handel) affaire (f.) 45, 73
Geschäft (Laden)
   magasin (m.) 2, 13, 78
Geschäfte (Läden)
   commerce (m.) 106
geschäftliches Treffen réunion (f.) 44
Geschäftsführer
   directeur (m.) gérant 109
Geschäftsleitung direction (f.) 109
geschätzt apprécié,e 38
geschehen passer (se ~) 79, 108
Geschenk cadeau (m.) 50
Geschichte histoire (f.) 5, 25, 58, 110
Geschirrspüler
   lave-vaisselle (m.) 10, 66
Geschmack goût (m.) 30, 88
geschrieben stehen
   marqué,e (être ~) 46, 57
Gesellschaft société (f.) 44
Gesellschaft mit beschränkter
   Haftung responsabilité
   limitée (société à ~) (f.) 99
Gesicht visage (m.) 26, 68
Gespräch conversation (f.),
   entretien (m.) 5, 52, 62, 102
gestrichen voll ras (m.) 97
Gesundheit, bei guter ~
   en bonne santé 69

Getränk boisson (f.), pot (m.) 55, 109
Gewerkschaft syndicat (m.) 111
Gewicht poids (m.) 29
gewinnen gagner 23, 65, 87, 89
Gewinner gagnant 22, 38
gewöhnen, sich an etwas ~
 habituer à (s'~) 68
Gewohnheit habitude (f.) 10
gewöhnlich (normalerweise)
 d'habitude 10, 68
gewöhnlich (adj.) ordinaire 6
gewöhnt sein an
 avoir l'habitude 48, 68
Gitarre guitare (f.) 22, 40
Gitarrist guitariste 75
Glas verre (m.), coupe (f.)
 4, 16, 41, 104
glauben croire 54
gleich (bald) tout à l'heure 12, 78
gleich (identisch) pareil, pareille 72
gleichen ressembler à 108
gleichzeitig en même temps 40
Gliedmaße membre (m.) 68
Glück haben chance (avoir de la ~) 19
Glück chance (f.), fortune (f.),
 veine (f.) 19, 22, 81
glücklich heureux, heureuse
 32, 36, 38, 45
glücklicherweise heureusement
 17, 65
Glückspilz veinard (m.) 81
Glückwunsch félicitations (f.) pl 104
gnädige Frau madame (f.) 1, 2, 12
Goldene Palme palme (f.) d'or 38
Grammatik grammaire (f.) 110
grau gris,e 64
Griechenland Grèce 19
Grippe grippe (f.) 18
groß grand,e, principal,e, gros,
 grosse 16, 22
großartig parfait,e, fameux,
 fameuse 17, 85
große Los, das ~ lot (gros ~) 22
Größe taille (f.) 78
Großeltern grand-parents 62
Großmutter grand-mère (f.) 62
Großraumbüro
 bureau paysager (m.) 108
Großvater grand-père (m.) 62
grün vert,e 64
gründen créer 90
Grundschule école primaire (f.) 86

Grundstücks- immobilier (l'~) 106
Gründung création (f.) 89
Gummistiefel botte (f.) 66
gut (Adj.) bien (adj.) 11
gut (Adv.) bien (adv.) 3, 9, 50
Gute Heimfahrt! bon retour ! 64
Gute Heimreise! bon retour ! 95
Gute Reise! bonne route ! 64
Guten Appetit! bon appétit ! 95
Guten Abend bonsoir 10, 41
Gutes neues Jahr! bonne année ! 67
Gymnasiast, -in lycéen, (lycéenne) 86

Haar, Haare cheveu, cheveux 68
haben (besitzen) posséder 38, 88
haben avoir 7, 9
halb moitié (à ~) 67
halb (bei Uhrzeiten u. Maßeinheiten)
 demie (et ~) 11
halbe Stunde demi-heure (f.) 60
Hälfte moitié (f.) 110
hallo! allô !, salut ! 17, 74
Hals cou (m.) 25, 68
halten tenir 44
Hand main (f.) 25, 44
Hand, wieder zur ~ nehmen
 reprendre 113
Handgelenk poignet (m.) 69
Händler commerçant (m.) 27
Handreichung coup de main (m.) 69
Handschuh gant (m.) 2
Handwerker artisan (m.) 43
Hardrock hard-rock (m.) 75
hart dur,e 67
hassen détester 99
hässlich laid,e 68
hättest du Lust? ça te dirait ? 111
Haupt- principal,e 30
Hauptverkehrsader axe (m.) 108
Hauptverkehrszeit
 heure de pointe (f.) 82
Haus maison (f.), pavillon (m.)
 39, 52, 106
Hause, nach ~ zurückkehren
 rentrer chez soi 55
Haushalt foyer (m.) 88
heben lever 37
Heben des Vorhangs
 lever du rideau (m.) 37

Heft carnet (m.) 33
heiß chaud,e 3, 26
heiße Kohlen
　charbons ardents (m.) pl 102
heißen appeler (s'~) 9, 37
Heizung chauffage (m.) 106
helfen aider 37, 64, 94
hell clair,e 15, 78
Hemd chemise (f.) 26, 36, 52
heranwinken héler 96
herausgucken dépasser 93
herauskommen sortir 38
herausziehen (Stecker)
　débrancher 20
Herr monsieur (m.) 3
Herrje! oh ! là, là ! 81
herstellen fabriquer 76
herumgehen um contourner 59
hervorragend parfaitement,
　magnifique, excellent,e, fameux,
　fameuse 61, 83, 96, 108
heute aujourd'hui 6, 38, 44, 90, 95
heutzutage de nos jours 43, 73, 89
hier sind voici (pl.) 3
hier ist voici (sing.) 1, 64
hier ici 12
Hilfe coup de main (un ~) (m.) 69
himmelblau bleu ciel 78
Himmelherrgott Bon Dieu 55
Hin- und Rückfahrkarte
　aller-retour (billet ~) (m.) 60
hinauf monter 107
hinaufgehen monter 10
hinauswollen auf en venir à 72
hineinkommen entrer dans 58
hinhalten tendre (v.) 26
hinsetzen, sich ~ installer (s'~) 37, 107
hinter derrière 45
hinuntergehen descendre 26, 65
hinzufügen ajouter 13
hoch haut,e, de haut, élevé,e,
　hautement 29, 65, 71, 100, 85
hocherfreut ravi,e 104
Hocker escabeau (m.) 78
Hof cour (f.) 30
hoffen espérer 17, 45, 69
Hoffnung espoir (m.) 36, 104
Höflichkeits- politesse (de ~) 95
Höhe hauteur (f.) 65
höhere Schule collège (m.) 110
höherer, -e, -es supérieur,e 43
holen aller chercher 45, 66

holländisch hollandais 4
Holz bois (m.) 66
hören entendre 37, 62
hören von entendre parler 80
Hospiz hospices (m.) pl 82
Hotel hôtel (m.) 45
Hotel-Boy chasseur (hôtel) (m.) 46
hübsch joli, beau, belle 1, 29, 59, 62
Hügel colline (f.) 83
Hühnchen poulet (m.) 69
Hummer homard (m.) 72
Humor humour (m.) 74
Hunger haben avoir faim 19, 69
Hut chapeau (m.) 2
hydraulisch hydraulique 65

I

ich benötige il me faut 64
Idee idée (f.) 96
identisch identique 93
Idiot idiot,e 13
idiotisch bête (adj.), idiot,e 13
ihr/Sie selbst vous-même 46
im Ausland étranger (à l'~) 103
im Moment en ce moment
　17, 24, 37, 38
im Detail en détail 102
im großen Ganzen
　dans l'ensemble 110
im Freien en plein air 58
immer toujours 3, 65
immer noch toujours 59, 82
immer mehr de plus en plus 88
Immobilienmakler
　agent immobilier (f.) 106
Imperfekt imparfait (m.) 86
importiert importé,e 40
improvisieren
　débrouiller (se ~) 94, 103
in, an, auf à 1
in dans 12
in Ordnung d'accord 33, 57
in Ruhe tranquillement 72
in gutem Zustand
　en bon état 108
in der Vergangenheit
　jadis, dans le passé 37, 43
in der Tat en effet 62
in Ordnung sein être en règle 93

in der Lage sein pouvoir, être capable, être à même de 32, 57, 103, 113
in der Zukunft dans le futur 43
in der Mitte von au milieu de 40, 59
in Eile sein être pressé 69, 85
in gewisser Weise en quelque sorte 52
in Folge de suite 89
industriell industriel,le 71
Informatik informatique (f.) 101
Informatiker informaticien,-enne 43, 101
Informationen renseignements (m.) pl 101
Ingenieur ingénieur (m./f.) 43, 65
Initialen initiales (f.) pl 64
innerhalb von acht Tagen sous huit jours 103
intelligent intelligent,e 13, 29
interessant intéressant,e 10, 52, 107
interessiert sein intéressé (être)61
Inventar inventaire (m.) 78
irgendjemand n'importe qui 82
irgendwann n'importe quand 82
irgendwie n'importe comment 82
irgendwo n'importe où 82
ironisch ironique 45
irren, sich ~ tromper (se ~) 34
Italien Italie (f.) 94

J

ja richtig en effet 102
Jacke veste (f.) 47
Jahr année (f.), an (m.) 6, 43, 67
Jahrhundert siècle (m.) 58
jährlich annuel, annuelle 38
Januar janvier 19
Japaner, Japanerin Japonais,e 78
jeder, -e, -es chaque 6, 24, 65
jemand quelqu'un 55
jetzt maintenant 26, 38, 47, 66, 108
Job travail (m.) 9, 43, boulot (m.) 99, 100
Journalist journaliste (m./f.) 43, 65, 72
Juli juillet 19
jung jeune 10, 65
Junge garçon (m.) 9, 62
junger Mann jeune homme 47
junges Mädchen jeune fille (f.) 15
Juni juin 19
Jury jury (m.) 38

K

Kabarett cabaret (m.) 52
Kabel câble (m.) 10, 88
Kaffee café (m.) 3, 107
kahl chauve 68
Kalbfleisch veau, (du ~) (m.) 19
kalt froid,e 94
Kälte froid (n) 43
Kanal chaîne (f.) 10, 88
Kandidat candidat (m.) 79, 80
Kaninchen lapin (m.) 16
Kapitalismus capitalisme (m.) 79
kaputt en panne 46
kaputtgehen tomber en panne (f.) 46
Karotte carotte (f.) 40, 108
Karriere carrière (f.) 74
Karte carte (f.) 9
Kartoffel pomme de terre (f.) 108
Käse fromage (m.) 6
Kasse caisse (f.) 9, 76
Katastrophe catastrophe (en ~) 90
Kategorie catégorie (f.) 61
katholisch catholique 58
kauen mâcher 11
kaufen acheter 10, 22, 27, 40, 50
Kaugummi chewing-gum (m.) 11
Kaution caution (f.) 81, 106
kein, keine aucun,e 80
Keks biscuit (m.) 39
Keller cave (f.) 85, 106
Kellner, Kellnerin garçon (m.), serveur (m.), serveuse (f.) 3, 62, 107
kennen connaître 11, 64
kennenlernen connaître 36
Kenner connaisseur (m.) 34
Kenntnisse connaissance (f.) 22, 101
Kerl gars (m.), type (m.), mec (m.) 74
Kilo kilo (m.) 29, 40, 108
Kilometer kilomètre (m.) 58
Kind enfant (m./f.) 9, 15, 62
Kinder nordafrikanischer Immigranten beur (= arabe) 110
Kinn menton (m.) 68
Kino salle obscure (f.), cinéma (f.) 38
Kinofan cinéphile 38
Kirche église (f.) 12, 58
klar clair,e 19
klassisch classique 13
Klavier piano (m.) 52
kleben coller 78

Kleid robe (f.) 20
Kleidung vêtements (m. pl.), habit (m.) 31, 78, 87
klein petit,e 61
Kleinanzeigen petites annonces (f.) pl 15, 81
kleine Gasse villa (f.) 108
kleine Wohnung studio (m.) 15
kleiner Job petit boulot (m.) 99
Klempner plombier (m.) 43
Knie genou (m.) (pl. genoux) 37, 69, 86
Knochen os (m.) 68
kochen cuisiner 24
Koffer valise (f.) 46, 82
Koffer packen valise (faire sa ~) 54
Kohl chou (m.) (pl. choux) 37
Kohle charbon (m.) 102
Kolloquium colloque (m.) 60
kommen venir 71
kommt nicht in Frage pas question 99
Kommunikation communication (f.) 109
Komödie comédie (f.) 38
Konditionen condition (f.) 61
können pouvoir 32, 57
Konserve conserve (f.) 39
Kontakt aufnehmen mit contacter 106
Kontaktadresse contact (m.) 64
Konto compte (m.) 5
Kontrolleur contrôleur (m.) 57
Konzentration concentration (f.) 24
Kopf tête (f.) 22, 68
Kopfschmerzen maux (sing. mal) de tête 75
korrekt réglo 110
kosten (teuer sein) coûter 18, 19, 32, 60, 65
kosten (probieren) déguster, goûter 30, 71, 85
kräftig costaud (m.) 47
Kragen col (m.) 47
krank malade 20, 48
Kranke malades (m. pl.) 85
kratzen gratter 73
Krawatte cravate (f.) 26
Kreditkarte carte de crédit (f.) 53, 60, 61, 64, 83
kreuzen croiser 101
Krieg guerre (f.) 73
kriegen prendre, décrocher 16, 104
Krimi policier (m.), roman policier (m.) 38, 90

Küche cuisine (f.) 30, 41, 90, 106
Kuchen gâteau (m.) (pl. gâteaux) 27
Küchenschabe cafard (m.) 53
Kuh vache (f.) 94
Kühlschrank frigo (m.) 36
kultiviert cultivé,e 73, 94
kulturell culturel, culturelle 85
kümmern um, sich ~ occuper de (s'~) 108
Kunde client (m.) 44
Kunst art (m.) 38
Kurs cours (m.) 99, 110
Kuss bise (f.), bisou (m.) 18
küssen embrasser 18, 50
Küste côte (f.) 85

L

lächeln sourire (m.) 45
lachen rire 17
Laib miche (f.) 27
Lamm agneau (m.) 19
Land (im Ggs. zur Stadt) campagne (f.) 31
Land (Nation) pays (m.) 90, 111
Landschaft paysage (m.) 31
lang (nach Zeitdauer) pendant 11, 62, 89
lang long, longue 25, 50
lange (Zeit) longtemps 47
Länge longueur (f.) 32, 65
langes Gerede baratin (m.) 62
langsam lentement 26
Lärm bruit (m.) 31, 48, 100
lassen laisser 12, 55, 36, 61
laufen marcher 57, 66
Laufjunge coursier (m.) 102
laut fort 37
Lautsprecher haut-parleur (m.) 44
lauwarm tiède 73
Leb wohl! adieu 54
leben vivre 24, 31, 67, 73
Leben vie (f.) 10, 43, 88, 100, 113, 100
lebendig vif, vive, vivant,e 13, 38
Lebenslauf CV (curriculum vitae) (m.) 101
Lebensmittelgeschäft épicier (m.), épicière (f.), épicerie (f.) 27
Lebensqualität qualité de vie (f.) 100
Leder cuir (m.) 15
leer vide 67

leeren vider 55
lehren enseigner 68
Lehrer (an einer Grundschule) instituteur (f. institutrice) m 86, 99
Lehrer (für ein bestimmtes Fach) professeur (m.), prof (m.) 110
Lehrer, Lehrerin enseignant, enseignante 68
leicht (adv.) facilement 96
leicht (adj.) léger, légère, facile 26, 67, 83, 93
Leidenschaft passion (f.) 24
leider malheureusement 43
leihen prêter 90
Leinwand écran (m.) 74
Leistung performance (f.) 22, 53, 87, 104
leiten diriger 103
Leiter échelle (f.) 78
Lektion leçon (f.) 17, 67, 86
lenken conduire 52, 107
lernen apprendre 68, 113
lesen lire 11
letzter, -e, -es dernier, dernière 43
Leute gens (pl.), monde (m.) 24, 38, 111
lieb cher, chère 2, 39
Liebe amour (f.) 37
lieben aimer 10, 37, 45
liebenswürdig aimable 73, 95
lieber plutôt 33, 104
Liebhaber (eines Hobbys) amateur (m.) 58
Liebling chéri, chérie 29, 54, 99, 100, 104
Lied chanson (f.) 13, 25
liefern fournir 101
liegend couché,e 69
Linie ligne (f.) 32
links gauche (f.), gauche (à ~) 1, 79, 107
LKW camion (m.) 52
Löffel cuillère (f.) 41
London Londres 3
Los ticket (m.) 22
löschen éteindre 93
Lösung solution (f.) 100
Lotto loto (m.) 22, 87
Lottoschein ticket (m.) 87
Lüge mensonge (m.) 22
Lungenentzündung pneumonie (f.) 75
Lupe, unter die ~ nehmen scruter 101
Lust haben auf avoir envie de 96

lustig drôle, hilarant,e 5, 25, 87
Luxus luxe (m.) 72
Luxus-/Oberklasse haut de gamme 61

M

machen faire 5, 17
Mädchen fille (f.) 20, 62
Mädchen (ugs.) nana (f.) 74
Magazin magazine (m.) 44
Mahlzeit repas (m.) 36, 53
Mai mai 19
Mal fois (f.) 38
malen peindre 93
Mama maman (f.) 50
manchmal quelquefois, parfois 10, 31, 110
Mann homme (m.) 22
Mantel manteau (m.) 66
marineblau bleu marine 78
Markt marché (m.) 24, 40, 54
März mars 19
Mathematik maths (f.) pl 99
Maurer maçon (m.) 43
Maut(station) péage (m.) 83
Medikament médicament (m.) 20
Meeresfrüchte fruits de mer (m. pl.) 104
mehr plus, davantage 61, 80
mehr als plus que 80
mehrere plusieurs 43, 61
mehrfarbig polychrome 85
Mehrheit majorité (f.) 72
meiner, meine le mien, la mienne 66
Meinung idée (f.), avis (m.) 5, 106
Meinungsforscher sondeur (m.) 80
Meinungsumfrage sondage (m.) 80
melden, sich ~ présenter (se ~) 109
menschlich humain,e 67
messen mesurer 65
Messer couteau (m.) 25, 41
Meteorologie météorologie (f.) 88
Meter mètre (m.) 65
Metro (Untergrundbahn) métro (m.) 1, 32
Metrostation station de métro (f.) 32
Metzger charcutier (m.) 27
mich moi 1
Miete loyer (m.), bail (pl. baux) (m.) 81, 16, 106
mieten louer 15, 61, 81, 111
Mieter locataire (m.) 81

Mietwagen voiture (f.) de location 81
Migräne migraine (f.) 86
Milch lait (m.) 24, 27, 73, 107
Milchgeschäft crèmerie (f.) 27
Million million (m.) 22, 65
Mineralöl pétrole (m.) 83
Minister ministre (m.) 102
Minitel Minitel (m.) 111
Minute minute (f.) 1
mir moi 6
Mischung pot-pourri (m.) 97
misstrauen méfier (se ~) 76
Mist zut ! 9, 78
Mistwetter temps (m.) de chien 67
mit dem Auto voiture (en ~) 32
mitbringen apporter 50
Mitglied (einer Regierung) membre (d'un gouvernement) 68
mitnehmen emmener 71
Mittagessen déjeuner (m.) 36
Mittagsschlaf sieste (f.) 66
mitteilen signaler, faire part de 76, 103
Mitteilung faire-part, n 103
Mittel outil (m.) 109
mittelalterlich médiéval,e 65
mitten in au milieu de 40, 59
Mitternacht minuit 10
Möbel meubles (les ~) 108
Möbelstück meuble (m.) 30, 31
möbliert meublé,e 30
Mode mode (f.) 13
Modebranche haute couture (f.) 52
Modell modèle (m.) 16
Modemkarte carte modem (f.) 109
modern moderne 13, 72
modernisiert modernisé,e 60
mögen aimer 10, 37, 45
möglich possible 41
Monat mois (m.) 67
Mönch moine (m.) 87
morgen demain 67, 95
Morgen matin (m.) 15, 26, 32, 37, 53, 109
Morgenveranstaltung matinée (f.) 51
müde fatigué,e 78
Mühe peine (f.) 113
Multimedia multimédia 101
Mund bouche (f.) 57, 68
murmeln marmonner, murmurer 80, 109
Museum musée (m.) 34, 59
Museumsführer guide (m.) 34

Musik musique (f.) 10, 13
Musikanlage sono f 47
Musikgruppe groupe (music) (m.) 75
Musikliebhaber mélomane 94
Muss, ein ~ sein imposer (s'~) 38
müssen être amené à 103
Mutter mère (f.) 8, 36

N

na so was! ça alors ! 53
nach, je ~ fonction (en ~) 22
nach (zeitlich) après 25
nach (+ Zeitdauer) au bout de 58
Nachbar voisin (m.) 31, 55
nachdenken réfléchir 67
Nachfrage demande (f.) 61
Nachmittag après-midi (m./f.) 5
Nachricht message (m.) 36, 97
Nachrichten informations (f. pl.), journal (TV) 10, 31, 88
nächster, -e, -es prochain,e 17, 78, 106
Nachtclub boîte de nuit (f.) 47
Nachtisch dessert (m.) 53
nachts nuit (la ~) f 46, 62
Nachttisch table de nuit (f.) 31
nahe bei près de 41
nähern, sich ~ avancer vers 44
naja enfin 64
Name nom (m.) 33, 64
Nase nez (m.) 68
Nase, die ~ voll haben von avoir marre (en ~) de 81, 82, 111
Nationalfeiertag fête (f.) nationale 92
Naturalleistungen avantages en nature (m. pl.) 103
natürlich naturellement, évidemment 38, 96
Nebel brouillard (m.) 94
neben côté (à ~ de) 30
nebenan côté (à ~) 107
nehmen prendre 16, 26, 29, 32, 36, 40, 60, 107
nennen indiquer 60
nett gentil, gentille, sympathique, chouette, sympa 3, 29, 95, 31, 85, 81, 107
Netz filet (m.) 108
Netz(werk) réseau (m.) 109
neu nouveau, nouvelle 9, 53, 76

Neuheit nouveauté (f.) 38
Neuigkeit nouvelle (f.) 68, 101
Neujahr nouvel an 67
neun neuf 9, 11, 18
Neureicher nouveau riche (m.) 76
nicht nötig pas la peine 48
nicht nur non seulement 75
nicht so sehr pas tellement 51
Nichtraucher non-fumeur (m.) 60, 93
nichts rien 11, 37
nichts zu danken de rien 5
Nichtsnutz bon à rien 102
Niederlande Pays-Bas (m. pl.) 89
niedrig bas, basse 30
niemals jamais 31, 37
niemand personne 44
nirgendwo nulle part 89
Niveau niveau (m.) 71
noch encore 20, 53
noch nicht pas encore 23
Norden nord (m.) 24
normalerweise
  normalement, habitude (d'~) 8, 10
Notiz mot (m.) 76
November novembre 19
Nudeln pâtes (f.) pl 6
Nummer numéro (m.) 22, 32, 61
nun maintenant 26, 38, 47, 66, 108
nur seulement, ne... que 13, 27, 29, 60
nützlich utile 20, 76

O

oben auf en haut de 40
Ober garçon (m.) 3
Oberst colonel (m.) 34
Obst fruits (m. pl.) 27, 40
Obst- und Gemüsehändler
  marchand de primeurs (m.) 40
obwohl quoique, bien que 45
Ochse bœuf (du ~) (m.) 19, 68
öffentlich public, publique 59
öffnen ouvrir 16, 30, 55
ohne sans 76
ohne Umstände fortune du pot (f.) 39
ohne Zweifel
  bel et bien, sans doute 38, 76
Ökotourismus tourisme vert (m.) 111
Oktober octobre 19
Öl huile (f.) 83
Öl- pétrolier, pétrolière 44

Onkel oncle (m.) 50, 62
Optimist optimiste (m.) 67
Orchester orchestre (m.) 76
Orchesterchef
  chef (m.) d'orchestre (m.) 76
organisieren organiser 109
Originalversion
  version originale (f.) 38
originell original,e 108
Ort place (f.), local, endroit (m.)
  12, 24, 37, 58, 88, 109, 32
Örtlichkeiten local (m.) (pl. locaux) 109
Osten est (m.) 24
Ozean océan (m.) 72

P

Paar couple (m.) 107
packen saisir 47
Paket (Butter) plaquette (f.) 6
Palette gamme (f.) 61
Panne panne (f.) 46
Papa papa 50
Pariser ... parisien, parisienne 30
Pariser, Pariserin
  Parisien, Parisienne 32, 108
Park parc (m.) 24, 108
Partie Karten partie de cartes (f.) 71
passen convenir 61
Pastete pâté (m.) 27
Pauke grosse caisse (f.) 76
Pauschale forfait (m.) 64, 61
per Anhalter fahren
  auto-stop (faire de l'~) 78
perfekt parfait,e 101
Periode période (f.) 80
Perle perle (f.) 76
Perlenkette collier (m.) 76
Person personne (f.) 44
Personalausweis carte d'identité (f.) 9
Personalleiter directeur des
  ressources humaines (DRH) 101
Pessimist pessimiste (m.) 67
Petzer rapporteur (m.) 76
Pfeffer poivre (m.) 41
Pfeife pipe (f.) 57
Pferd cheval (m.) 22
Pferdetoto PMU 22
pfiffig futé,e 76
Pfiffikus débrouillard (m.) 94
pflegen, sich ~ soigner (se ~) 17

Pfund livre (f.) 108
Pilz champignon (m.) 108
Pizzeria pizzeria (f.) 71
Plakat affiche (f.) 13
Platten, einen ~ haben
  crevé,e, crever 89, 101
Platz (Stelle) place (f.)
  12, 24, 37, 58, 88
Platz (Raum) espace (m.) 24
Platz (Sitz) siège (m.) 102
Platz nehmen prendre place,
  asseoir (s'~) 79, 102
pleite fauché,e 53
plötzlich tout à coup 47, 55, 66
Pole Polonais 94
Polen Pologne 89
Politik politique (f.) 78
Politiker homme politique (m.) 67
politisch politique 40
politisches Flugblatt tract (m.) 40
Polizeibeamter policier (m.) 16
Polizeistation poste de police
  (m.), commissariat (m.) 59
Portiersfrau concierge (m./f.) 30
Postamt poste (f.) 101
pragmatisch pragmatique 94
praktisch pratique 61, 95, 107
praktizieren pratiquer 24
praktizierend pratiquant,e 95
Präsident président (m.) 79
Praxis cabinet (médecin) (m.) 75
Preis prix (m.) 15, 32, 67, 38, 65
Preisaufschlag majoration (f.) 96
preiswert bon marché 33
preiswerter meilleur marché 33
prima chouette 81
privat privé,e 96
privates Sprechzimmer
  cabinet (m.) 102
Privatperson particulier (m.) 106
pro Ausstrahlung
  (pay per view)
  séance (à la ~) (f.) 88
pro Woche par semaine 38
probieren (kosten)
  déguster, goûter 30, 85, 71
Problem problème (m.) 31
Produzent producteur (m.) 25
Profil profil (m.) 101
Programm application (f.) 101
Projekt projet (m.) 65
Provinz province (f.) 64

Prüfung, eine ~ ablegen
  examen (avoir un ~) 97
Prüfung examen (m.) 97
Prüfung, in einer ~ durchfallen
  examen (rater un ~) 97
Prüfung, eine ~ bestehen
  examen (réussir à un ~) 97
Prügelknabe tête de Turc 94
Psychiater psychiatre (m.) 75
Psychologe psychologue (m./f.) 75
Public Relations
  communication (f.) 102
Publikum public (m.) 38
Pullover pull (m.) 48
Punkt (+ Uhrzeit) pile (adv.) 107
pünktlich pile à l'heure 107

Q

Quadrat carré (m.) 71
Quadratmeter mètre carré (m.) 71
Quadratwurzel racine carrée (f.) 71
qualifiziert qualifié,e 99
Qualität qualité (f.) 71, 74

R

Rad(renn)fahrer cycliste 89
Radieschen radis (m.) 108
Radio radio (f.) 11
Radiowecker radio-réveil (m.) 26, 31
Rahmen (Umgebung) cadre (m.) 72
Rahmen (Gemälde)
  cadre (tableau) (m.) 44
randvoll ras (m.) 97
Rasen pelouse (f.) 58
rasieren, sich ~ raser (se ~) 26
Rat tuyau (m.) 96
raten deviner 101
ratlos perplexe 45
Ratte rat, rate 16
rauchen fumer 4, 24
Raucher fumeur (m.) 60
Raum pièce (f.), local 30, 109
rechnen compter 81
Rechnung facture (f.), note (f.),
  addition (f.) 19, 53, 72, 107
recht sein convenir 61
Recht droit (m.) 79
recht haben avoir raison 19, 103, 107

rechts droite (f.), du côté droit 1, 79, 88
Rechtsanwalt avocat,e 43
Rechtschreibung orthographe (f.) 110
reden discuter 107
Regel règle (f.) 93
Regen pluie (f.) 47, 67
Regenmantel imperméable (m.) 26, 66
Regie mise en scène (f.) 38
Regisseur metteur en scène (m.) 11, 38
reglementiert réglementé,e 22
regnen pleuvoir 2, 26
reich werden fortune (faire ~) 22
reich riche 48, 73, 76
reif fait,e 87
Reifen pneu (m.) 89
Reihenfolge ordre (m.) 22
Reis riz (m.) 39
Reise trajet (m.), voyage (m.) 32, 36, 59, 82, 96
Reisebüro agence de voyages (m.) 36
Reiseführer guide (m.) 108
Reisekosten frais de déplacement (m.) pl 81
Reiseleiter guide (m.) 12, 57
reisen voyager, déplacer (se ~) 31, 48, 103
Reisender voyageur (f. voyageuse) 16
reiten monter à cheval 50
Rennen course (f.) 22, 54, 89
rentabel rentable 71
reparieren réparer 113
reservieren réserver 41, 46
Reservierung réservation (f.) 60
respektieren respecter 74
Restaurant restaurant (m.) 19, 41
Resultat résultat (m.) 23, 50, 80
revanchieren, sich ~ renvoyer l'ascenseur 102
revolutionieren révolutionner 103
Revolver revolver (m.) 39
Rezeption accueil (m.) 44, 109
richtig herum endroit (à l'~) 48
richtig (Adj.) vrai,e 111
richtig (Adv.) absolument, franchement 64, 85
Richtung sens (m.) 86
Richtung, aus ~ en provenance de 44
riechen sentir 19
riesengroß monumental,e 87
Rinderschmorbraten daube de bœuf (f.) 19

Rindfleisch bœuf (du ~) (m.) 19, 104
Rock jupe (f.) 78
Rohr tuyau (m.) 96
Roman roman (m.) 11
romantisch romantique 5
Römer Romain (m.) 110
Rosenstrauch rosier (m.) 59
rostig rouillé,e 86
rot rouge 4
Routine routine (f.) 111
Rücken dos (m.) 69
Rückkehr rentrée (f.), retour (m.) 67, 101
rückwärts en arrière 103
ruhig (Adj.) calme, tranquille 10, 107
ruhig (Adv.) calmement, tranquillement 57, 107
Rumpf tronc (m.) 68
Rumpsteak côte de bœuf (f.) 104
Runde (Trink-) tournée (f.) 62
Rundgang tour (m.) 12

Sache truc (m.), affaire (f.), chose (f.) 24, 27, 45, 48, 73, 81
Sackgasse impasse (f.) 108
Säge scie (f.) 75
sagen dire, indiquer 11, 16, 34, 60
Sahne crème (f.) 27
Salz sel (m.) 41
Samstag samedi 17
Sandwich sandwich (m.) 55
Sänger chanteur (f. chanteuse) 13
Satellit satellite (m.) 88
Satz phrase (f.) 47
Schach échecs (m.) pl 76
Schachtel paquet (m.) 4
schade dommage, tant pis 6, 18
Schaffner contrôleur (m.) 93
Schal écharpe (f.) 25, 78
Schale barquette (f.) 108
Schalter guichet (m.) 68
schätzen apprécier 74
Schaufenster vitrine (f.) 13
Schauspieler comédien (f. comédienne), acteur (f. actrice) 37, 62, 74
Scheck chèque (m.) 33, 57
scheinen sembler 101
schenken offrir 76

schicken envoyer 36
Schild panneau (m.) 46
Schinken jambon (m.) 27
Schlacht bataille (f.) 110
schlafen gehen coucher (se ~) 10
schlafen dormir, coucher 37, 69, 85
schlafen (Kindersprache)
  faire dodo (m.) 111
Schlafzimmer chambre (f.) 30, 31, 106
Schlag coup (m.) 69
schlagen frapper 76
Schlange, in der ~ warten
  faire la queue 47
schlau futé,e 76
schlecht mauvais,e 23
schlechte Eigenschaft défaut (m.) 71
schlechter Schüler cancre (m.) 86
schlechter Chirurg charcutier (m.) 27
schließen fermer 55
schließlich enfin, après tout 26, 61
schlimm grave, mauvais,e 17, 54
schlimmstenfalls limite (à la ~) 99
Schloss château (m.) 22
Schlüssel clef, clé (f.) 55, 64
Schmarotzer resquilleur (m.) 47
schmollen gueule (f.) (faire la ~) 68
Schmuck bijou (pl. bijoux) 37
schnarchen ronfler 37
Schneesturm tempête de neige (f.) 25
schnell (Adv.) rapidement 32, 33, 108
schnell (Adj.) vite 47, 108
Schnellzug express (train) 95
Schnitzer gaffe (f.) 87
schon déjà 19
schön beau, belle 13, 68
Schrank armoire (f.), placard (m.) 31, 75
Schraubstock étau (m.) 22
schreiben écrire, mettre 15, 23, 48
schreien crier, écrier (s'~) 48, 57
Schreiner menuisier (m.) 43
schrill aigu, f. aiguë 79
schüchtern timidement 34
Schufterei galère (f.) 110
Schuh chaussure (f.) 26, 57
Schul- scolaire (adj.) 111
Schulbeginn (nach den Ferien)
  rentrée (la ~) (f.) 110
Schule école (f.) 3, 43, 74
Schüler élève (m./f.) 86, 110
Schulter, jdm. die kalte ~ zeigen
  torner le dos à qn. 69

Schürzenjäger dragueur (m.) 76
Schwalbe hirondelle (f.) 5, 67
schwarz noir,e 4, 26, 54
Schwarzer black (m.) 110
Schwarzfahrer resquilleur (m.) 47
schweigen taire (se ~) 62
Schwein cochon (m.) 19
Schweinefleisch porc (du ~) (m.) 19
Schweiz Suisse (f.) 44
schwer lourd,e 29
Schwert épée (f.) 25
Schwester sœur (f.) 62
Schwiegereltern beaux-parents (pl.) 62
Schwiegermutter belle-mère (f.) 62
Schwiegervater beau-père (m.) 62
sechs six 30
sechzehn seize 23
sehen voir 2, 24
sehen wir mal voyons 86
sehr très 9, 15, 20
Seide soie (f.) 78
sein être 10
seit depuis, il y a 38, 60, 53, 65
Seite côté (m.) 17, 88
Sekretär, Sekretärin
  secrétaire (m./f.) 36
selbst même 12, 46
Selbstbedienung libre service (m.) 17
Selbstbedienungsrestaurant
  self (m.) 69
selbstverständlich bien sûr, évidemment, bien entendu 1, 9, 29, 34, 52, 113
selten rare 100
seltsam étrange 54
senden envoyer 36
Sendung émission (f.) 10, 88
Senioren troisième âge (m.) 85
September septembre 19
Serie série (TV) (f.) 88
Serviette serviette (f.) 41
Sessel fauteuil (m.) 15, 30, 101
sicher sûr, e 1, 41
sieben sept 7, 10, 23
Sinn sens (m.) 86
Sitz siège (m.) 102
sitzen assis, e (être ~) 11, 57
Skipass forfait skieur (m.) 61
Slang argot (m.) 47, 81
Snack-Bar snack (m.) 69
so viel, so sehr tellement 51, 88, 36
so viele autant de 73

so tun als ob faire semblant 97
so (dermaßen) à tel point que 76
sobald dès que 93
Socke chaussette (f.) 26
Sofa canapé (m.) 15, 30
sofort tout de suite 45, 111, 58, 82
Sofort- instantané,e 22
Software logiciel (m.) 109
sogar même 9
Sohn fils (m.) 9
solcher, -e, -es tel, telle, tels, telles 43
Soldat soldat (m.) 43
sollen devoir 60
sonderbar étrange 54
Sonne soleil (m.) 67
Sonnenaufgang lever du soleil (m.) 37
Sonnenuntergang
 coucher de soleil (m.) 88
Sonntag dimanche 17, 108
sonst sinon 68
sorgen, sich ~ faire (s'en ~) 71, 100
Sorgen, sich ~ machen faire
 (s'en ~) 71, 100, tracasser (se ~) 99
Sou (alte Währungseinheit) sou (m.) 53
Sozialismus socialisme (m.) 79
Spanien Espagne 89
spanisch espagnol,e 11, 94
Spaß haben éclater (s'~) 110
spät tard 18, 109
spazieren gehen promener
 (se ~), balader (se ~) 66, 108
Spazierfahrt balade en voiture (f.) 111
Spaziergang promenade (f.) 59, 66
Speisekammer garde-manger (m.) 39
Speisekarte carte (f.) 72
Spezialität spécialité (f.) 71
Spiegel miroir (m.) 34, 67, 73
Spiel jeu (pl. jeux) 22, 88
Spiel, das ~ mitspielen
 jouer le jeu 109
spielen jouer 22, 40, 52
Spieler joueur, joueuse 22
Spielfilm téléfilm (m.) 88
Spinne araignée 39
Spinnennetz toile (f.) 39
Spitze bout (m.) 58
Spitzen- de pointe 103
Sprache langue (f.) 113
sprechen parler (à) 3, 29, 36, 67
Sprechstunde consultation (f.) 75
Sprichwort proverbe (m.),
 dicton (m.) 5, 37, 79

538

Stadt ville (f.), cité (f.) 65
Stadtbewohner citadin, citadine 38
Stadtbezirk arrondissement (m.) 8
Stadtmensch citadin, citadine 31
Stadtviertel quartier (m.) 32, 108
Stadtzentrum centre-ville (m.) 83
stammen aus dater de 58
stämmig costaud (m.) 47
Station station (f.) 32
Statist figurant (f.) 74
stattfinden avoir lieu 79
Statue statue (f.) 34
stehen (Kleidung) aller 20
stehenbleiben arrêter (s'~) 40
stehenlassen laisser 55
steigern augmenter 67
Das muss man erst einmal fertigbringen!
 faut le faire ! 87
Stelle place (f.), endroit (m.)
 12, 24, 32, 37, 58, 88
Stellenangebot offre d'emploi (f.) 101
Stern étoile (f.) 46
Steuerbescheid feuille d'impôts (f.) 53
Stiefel botte (f.) 66
Stille silence (m.) 110
Stimme voix (f.) 13, 79
Stock étage (m.) 109
stolz fier, fière 25, 72
stören déranger, gêner
 8, 10, 34, 94, 104
Stoß coup (m.) 69
stottern bégayer 29, 85
Straße rue (f.), route (f.)
 4, 26, 40, 58, 58, 64, 82
Straßenkarte carte routière (f.) 58, 64
Straßenkreuzung carrefour (m.) 43
Streichholz allumette (f.) 27
Streit dispute (f.) 89
streiten, sich ~ disputer (se ~) 89
streitlustig martial 94
streng (adj.) strict,e 110
streng (adv.) strictement 22
Stromrechnung
 relevé d'électricité (m.) 53
Strumpfhose collant (m.) 78
Stück bout (m.) 58
Student, Studentin étudiant,e 67
studieren étudier 97
Studium étude (f.) 43
Stuntman cascadeur (m.) 74
suchen chercher, rechercher 13, 8, 81
Süden midi (m.), sud (m.) 24, 50

Summe somme (f.) 22, 96
super superbe 82
Supermarkt grande surface (f.), supermarché (m.), 10, 27, 108, hypermarché (m.) 34, 108
supernett hyper-sympa 110
Suppe soupe (f.) 23
Symphonie- symphonique 76
synchronisiert doublé,e 38
System système (m.) 32
systematisch systématiquement 94

T

Tabakladen tabac (m.), bureau de tabac (m.) 4, 22
Tag jour (m.) 6, 26, 32
Tageszeitung quotidien (m.) 101
Talent don (m.) 74
Tankstelle station service (f.) 83
Tante tante (f.) 62
tanzen danser 26
Tasche (an der Kleidung) poche (f.) 93
Tasche sac (m.) 16
Taschenrechner calculatrice (f.) 99
taub sourd,e 11, 31, 48
Taxi taxi (m.) 55, 96
Taxifahrer chauffeur de taxi (m.), taxi (m.) 43, 55, 96
Taxistand station de taxis 96
Team équipe (f.) 103
Teamchef chef d'équipe (m.) 104, 109
Technik ingénierie (f.) 101
technisches Niveau technicité (f.) 109
Technologie technologie (f.) 103
Tee thé (m.) 107
Teich étang (m.) 58
Teil partie (f.), part (f.) 68, 72
teilnehmen assister à 55, 60
Teilnehmer participant (m.) 89
Teilzeit temps (~ partiel) 13
Telefon téléphone (m.) 17
Telefonbuch annuaire (téléphonique) (m.) 61
telefonieren téléphoner 15, 36
telematisches Hilfsmittel outil télématique (m.) 109
Teller plateau (m.), assiette (f.) 10, 66, 104
Termin rendez-vous (m.) 102
teuer cher, chère 18, 32, 106

Text paroles (f. pl.) 13
Textverarbeitung traitement (m.) de texte 101
Theater théâtre (m.) 37
Theaterstück pièce (de théâtre) (f.) 37
Thema point (m.) 113
Themen- thématique 88
Tiefe profondeur (f.) 65
Tiefkühltruhe congélateur (m.) 36
tierisch vachement 110
Tipp tuyau (m.) 96
Tisch table (f.) 3, 30
Toast mit Schinken und Käse croque-monsieur (m.) 108
Tochter fille (f.) 20
Tod mort (f.) 54
tödlich mortel, mortelle 25
todmüde crevé,e (fatigué,e) 89
Toilette(n) toilettes (f. pl.), WC (m. pl.) 12, 107
toll chouette 81
Topf pot (m.) 48
Tor porte (d'une ville) (f.) 107
Torte tarte (f.) 27
tot mort,e 13
total vachement 75, 81
Tourist touriste (m./f.) 1, 12
Tradition tradition (f.) 38
tragen porter 25, 46, 83
träumen von rêver (de) 31, 111
traurig triste 13, 67
treffen rencontrer 36, 74
Treffen rendez-vous (m.) 38
Trikot maillot (m.) 89
trinken boire 41, 55
trinken, einen ~ gehen boire un pot 81
Trinkgeld pourboire (m.) 96
Tritthocker escabeau (m.) 78
triumphal triomphal,e 89
trotz malgré 10, 47
trotzdem néanmoins 31
Trüffel truffe (f.) 72
Trunkenbold ivrogne (m.) 37
tun faire 5, 17
Tür porte (f.) 30, 57, 76
Turm tour (f.) 65
tut mir leid désolé,e 4, 95
Typ gars (m.), type (m.) 74
typisch typique 71, 88

U

über (Präp.) sur, au-dessus (de) 31, 36, 57
über's Ohr gehauen refait,e (avoir été ~) 87
überall partout 24, 88, 89
überhaupt nicht pas du tout 13, 90
überlegen réfléchir 61
überrascht surpris,e 109
überschwemmt submergé,e 109
überstürzt handeln brûler les étapes 100
Überstürzung précipitation (f.) 99
überwältigt submergé,e 109
überzeugend convaincant,e 39
überzeugt convaincu,e 103
üblich usuel, usuelle 113
übrigens d'ailleurs 33
um (... herum) autour (de) 25, 40
um wie viel Uhr heure (f.) (à quelle ~) 2, 8
um zu afin de 102
umarmen embrasser 18, 50
umgangssprachlich idiomatique 48, 97
Umgebung environs (m.) pl 85, 111
umgekehrt envers (à l'~) 48
umsteigen changer 32
Umsteigen changement (m.) 60
Umwelt écologie (f.) 86
Umweltverschmutzung pollution (f.) 100
umwerfend brillant,e 50
umziehen déménager 106
Umzug déménagement (m.) 108
unbedingt absolument 52
und so weiter und so fort et ainsi de suite 71
undiszipliniert indiscipliné,e 94
unerlässlich obligatoire 101
ungeduldig werden impatienter (s'~) 96
ungefähr zehn dizaine (f.) 79, 108
ungezwungen informel, informelle 103
unheimlich vachement 75
Universität université (f.) 43
unnötig inutile 11
unrecht haben avoir tort 99
Unsinn reden n'importe quoi (dire ~) 99
unten en bas 64

unter (weniger als) moins de 60
unter (prép.) en dessous 13, 31
unterdessen cependant 66
unterhalten entretenir 106
Unterhaltung conversation (f.) 19
Unterhaltung (Zerstreuung) divertissement (m.) 88
Unterricht/Kursus geben assurer un cours 110
unterrichten enseigner 68
Unterschied différence (f.) 40, 67
unterschiedlich différent,e 73
untersuchen examiner 75
unterwegs en route 64
unterzeichnen signer 65
unveröffentlicht inédit,e 88
üppig pulpeux, pulpeuse 62
Ursprung origine (f.) 89
ursprünglich origine (à l'~) 90
usw. et tout et tout 71

V

Vater père (m.) 22, 53, 87, 104
Verabredung rendez-vous (m.) 54, 107
Verantwortlicher responsable (m.) 109
verbieten interdire 96
verbinden joindre à 95
verbringen passer 10
verbunden relier 109
verdienen gagner 103
vereinbaren débattre à 15
vereinfachen faciliter 109
Vereinigte Staaten États-Unis 19
verfallen in tomber dans 111
verfügbar disponible 10, 101
Vergangenheit passé (m.) 53, 86
vergehen (Zeit) passer 111
vergessen oublier 9, 24, 50, 61, 62
Vergnügen plaisir (m.) 17, 74
verkaufen vendre 15, 52, 97
Verkäufer, Verkäuferin vendeur, vendeuse 13
Verkehr circulation (f.) 100
verkehren circuler 32
Verkehrsamt syndicat d'initiative (m.) 58
Verkehrspilot pilote de ligne (m.) 31
Verkehrsstau embouteillage (m.) 82, 96
verkehrt herum envers (à l'~) 48

verkünden déclarer 34
verlassen partir, sortir de 36, 60, 58, 109
verlegen gêné,e 34
Verleger éditeur (m.) 88
Verleihung remise (f.) 38
verletzen, sich ~ blesser (se ~) 60
Verliebter amoureux (m.) 37
verlieren perdre 22, 53, 87, 104
vermehren multiplier (se ~) 108
vermeiden éviter 82
Vermietung location (f.), bail (pl. baux) (m.) 61, 106
Vermietungsagentur agence de location (f.) 64
vermuten supposer 72
vernünftig raisonnable 2, 107
Verrückter fou (f. folle) 37
Versammlung réunion (f.) 79
verschwinden aller (s'en ~) 41
versetzt muté,e 110
Versicherung assurance (f.) 64
versprechen donner sa parole (f.) 93
Verstand sens (m.) 86
verstehen comprendre 2, 44, 59, 113
verstopft bloqué,e 82
versuchen essayer (de) 38, 50
verteilen distribuer 40
Vertrag contrat (m.) 64, 104
vertragen supporter 43
Vertragsbedingung condition (f.) 61
vertreiben commercialiser 109
Vertreter représentant,e 43
Verwaltung administration (f.), gestion (f.) 43, 109
Verwaltungs- administratif,ve 109
Verwandte parents (m. pl.) 62
verweigern refuser 69
verweilen séjourner 94
Verwendungsweise usage (m.) 68
Verzeihung pardon 3
viel, viele beaucoup, plein de 15, 31, 50
viel zu viel beaucoup trop 18
viele Leute beaucoup de monde 40
Vielzahl variété (f.) 43
Viertel nach (Uhrzeit) quart (et ~) 37
Viertelstunde quart d'heure (m.) 37
vierzehn quatorze 15, 23
vierzehn Tage quinzaine de jours (f.) 79
vierzig quarante 26
Villa villa (f.) 108

Visitenkarte carte de visite (f.) 64
Vokabeln vocabulaire (m.) 113
voll plein,e 16, 67
voll haben, die Nase ~ ras le bol (en avoir ~) 97
vollgepackt chargé,e 83
völlig complètement 11
Vollkornbrot pain complet (m.) 27
vollpacken charger 83
volltanken faire le plein 83
Vollzeit plein temps (m.) 13, 103
von (örtlich) en provenance de 44
vor (örtlich) devant 34, 55
vorbeigehen/fahren passer 45, 58
vorbereiten, sich ~ apprêter à (s'~) 66
Vordruck imprimé (m.) 9
vorgeben faire semblant 97
vorgefertigte Meinung stéréotype (m.) 94
vorgestern avant-hier 50
vorhin tout à l'heure 78
Vorort banlieue (f.) 30, 32
vorschlagen proposer 103
vorschriftsmäßig sein être en règle 93
Vorsingen audition (f.) 25
Vorspeise entrée (f.) 46
vorstellen, sich ~ présenter (se ~) 44
Vorstellungsgespräch embauche (f.) (entretien (m.) d'~) 52, 103
vorziehen préférer 5, 46, 60

W

wagen oser 62
Wahl élection (f.), scrutin (m.) 79, 101
wählen voter, élire 79
Wähler, Wählerin électeur (m.) (f. électrice) 79
Wahlgang tour (élection) (m.) 79
Wahlveranstaltung meeting (m.) 80
wahnsinnig vachement 81
wahr vrai,e 59, 71
während alors que, pendant que, lors de 66, 89
Wald forêt (f.) 58
Wand mur (m.) 31
wann quand 17
warm chaud,e 3, 26
warten auf attendre 2, 8, 44, 47, 67
Warteschlange queue (f.) 47
warum pourquoi 10 , 31, 33

was ... betrifft côté..., au niveau de (m.), propos de (à ~) 88, 103
was ist los? qu'est-ce qu'il y a ? 11
waschen, sich ~ laver (se ~) 86
waschen laver 26
Wasser eau (f.) 26
Wasserspeicher réservoir (m.) 108
Wechselgeld monnaie (f.) 62
Weg chemin (m.) 83
wegen sujet (au ~ de), propos de (à ~) 15, 64
weggehen partir, aller (s'en ~) 36, 41, 60, 109
wegräumen ranger 31
wehtun, sich ~ blesser (se ~) 60
wehtun, jdm. ~ faire mal (à quelqu'un) 75
Weihnachten Noël 76
weil parce que 10
Wein vin (m.) 4, 71, 85
Weinberg vignoble 83
Weise façon (f.) 13, 32, 94
weiß blanc, blanche 4, 26
weit loin 46
weit ab loin de 108
weiter plus loin 30
weitergehen enchaîner 88
weitermachen continuer 78
welcher, -e, -es quel, quels, quelle, quelles 17
Welle vague (f.) 113
Welt monde (m.) 39
wenden, sich ~ an contacter 106
weniger de moins 67
wenigstens au moins 50, 88, 97
wenn es nötig ist si besoin est 99
wenn quand, lorsque 26, 76
Werbefachmann publicitaire (m.) 59
Werbung publicité (f.) 88
Werdegang parcours (m.) 101
werden devenir, retrouver (se ~) 65, 99, 108
werfen jeter 15
Werkstatt atelier (m.) 43
Westen ouest (m.) 24, 99
Wette pari (m.) 22
Wetter temps (m.) 67
Wettervorhersage météo (f.) 88
Whisky whisky (m.) 55
wichtig important, e, majeur, e 12, 88
wie dem auch sei façon (de toute ~) 13
wie (Konjunktion) comme 17, 32

wie (Fragepron.) comment 2
wie viel combien 60
wie geht es Ihnen/dir? comment ça va ? 6
wieder encore 20, 53
wiedererkennen reconnaître 34, 44, 83
Wiederholung révision (f.) 20
wiedersehen revoir 20
willkommen bienvenue (f.) 73
Wirt patron (m.) 62
Wirtschaftshochschule grande école (de commerce) 43
wissen savoir 11, 50, 62
Witz plaisanterie (f.) 54
wo où 1, 12
woanders ailleurs 33, 82
Woche semaine (f.) 19, 22, 38, 78
Wochenende week-end (m.) 64
wogegen alors que 67
Wohn- résidentiel, résidentielle 108
wohnen habiter 9, 27, 75, 85, 108
Wohnung appart (= appartement) (m.) 10, 30, 31, 81
Wohnzimmer salon (m.), séjour (m.) 30, 106
Wolle laine (f.) 2
wollen vouloir 8, 12, 16, 53
Wort mot (m.) 62
Wort, das ~ ergreifen parole (prendre la ~) 93
Wort, das ~ abschneiden couper la parole 93
Wort, sein ~ geben donner sa parole 93
Wunder merveille (f.) 50, 72
wunderschön excellent,e 37
wünschen désirer, souhaiter 3, 60, 64
Wurst saucisson (m.) 27
wütend furieux, furieuse, fâché,e 54, 93

XYZ

Zahl numéro (m.), nombre (m.), chiffre (m.) 22, 23, 32, 61, 95
Zähler compteur (m.) 96
zahlreich nombreux, nombreuse(s) 22
Zahlung règlement (m.) 107
Zahn dent (f.) 26
Zahnbürste brosse à dents (f.) 16

zärtlich tendre (adj.) 93
zehn dix 9, dizaine (f.) 79, 108
Zeichentrickfilm dessin animé (m.) 38
zeigen indiquer 60
Zeit (Periode) époque (f.) 72, 89
Zeit temps (m.) 24
Zeit haben zu avoir le temps 48
Zeitung journal (m.) 22
Zeitvertreib passe-temps (m.) 22
zerbrechen casser 55
Ziel but (m.) 59
Ziffer chiffre (m.) 23
Zigarette cigarette (f.) 4
Zigarre cigare (m.) 4, 93
Zimmer chambre (f.), pièce (f.) 26, 30
Zoll douane (f.) 16, 44
Zöllner douanier (m.) 16
zu Abend essen dîner (v) 10
zu Ende sprechen terminer 12
zu (sehr) trop 15
zu früh en avance 18, 43
zu viel(e) trop de 96
zu Hause à la maison 8
zu Fuß à pied 32, 96
zu spät en retard 43
Zucker sucre (m.) 24, 39
Zufall hasard (m.) 22
zufällig par hasard 36
Zug train (m.) 24, 32, 57
zugeben avouer 109
zugehen auf diriger (se ~ vers) 47
zuhören écouter 10
Zukunft futur (m.) 86

zum Beispiel exemple (par ~) 13
zum Glück heureusement 17, 65
zunächst d'abord 10, 12, 45, 58
zur Wahl stellen, sich ~
  présenter (se ~) 79
zurechtfinden, sich ~
  débrouiller (se ~) 94, 103
zurechtkommen
  débrouiller (se ~) 94, 103
zurück retour (de ~) 26
zurückfahren repartir 85
zurückgeben rendre 52
zurückkehren rentrer 8, 10
zurückkommen revenir 93, 107
zurückrufen rappeler 61, 106
zusammengesetzt
  composé, e (de) 30, 68
zusammenpacken préparer 82
Zusatz- complémentaire 64
Zuschauer spectateur, spectatrice 76
Zuschlag supplément (m.) 102
zusehen regarder 23, 39
zuwenden, sich ~
  diriger (se ~ vers) 45
zwanzig vingt 23
zwei deux 3
zweifellos sans doute 52
zweiter, -e, -es deuxième 79
Zweizimmerwohnung
  deux-pièces (m.) 30
Zwiebel oignon (m.) 108
zwischen entre 67
zwölf douze 12

LITERATURHINWEISE

Sie möchten mehr über die französische Sprache, über Land und Leute erfahren?

Dann finden Sie hierfür in der folgenden Literaturliste bestimmt das Richtige!

• **Für Könner und alle,
die noch mehr aus ihrem Französisch machen wollen**

Bulger, Anthony; Chérel, Jean-Loup: **Französisch in der Praxis**. Assimil Verlag Köln 2025. ISBN 978-3-89625-034-6.
Zweisprachiges Lehrbuch mit 390 Seiten, 70 Lektionen, über 180 Übungen mit Lösungen

Sie verfügen bereits über ein sehr gutes Niveau des Französischen, beherrschen die Grundlagen der Grammatik, können Französisch spontan und flüssig lesen und sprechen? Sie unterhalten sich mit Französischsprechern, haben bereits Konversationskurse in Französisch belegt oder planen dies, um besser mit den Feinheiten der französischen Umgangssprache vertraut zu werden? Sie möchten entspannt und natürlich Redewendungen benutzen, die Nuancen und Zwischentöne dieser ausdrucksstarken und melodischen Sprache besser verstehen?

Dann ist unser Assimil-Selbstlernkurs „Französisch in der Praxis" genau das Richtige für Sie! In 70 kurzweiligen und abwechslungsreichen Lektionen präsentiert Ihnen dieser Kurs anspruchsvolle Texte quer durch die unterschiedlichsten Themenschwerpunkte des Alltagslebens: praxisnah und lebendig. Alle Dialoge werden auf den zusätzlich erhältlichen Audio-CDs bzw. der MP3-CD von Muttersprachlern gesprochen. Am Ende des Kurses haben Sie die Niveaustufe B2–C1 des Gemeinsamen Europäischen Referenzrahmens für Sprachen erreicht und werden in der Lage sein, sich in Alltagssituationen stilsicher und anspruchsvoll mit Französischsprechern auszutauschen, und Sie werden merken: Jetzt können Sie die französische Lebensart so richtig genießen!

Porquet, André: **Les clés de l'orthographe**.
Assimil 2016, ISBN 978-2-7005-0792-8.

Französisch zu sprechen, ist das eine. Es korrekt zu schreiben, ist jedoch eine mindestens ebenso große Herausforderung. Dieses einsprachige Lehrbuch richtet sich an Französischlerner aller Altersstufen. Es liefert eine übersichtlich aufgebaute Zusammenfassung der wichtigsten Bereiche der französischen Orthografie und erläutert auf 232 Seiten intuitiv und leicht verständlich die Rechtschreibung des Französischen mit all ihren Besonderheiten und Ausnahmen.  Die Erklärungen finden in mehr als 100 Übungen mit Lösungen praktische Anwendung. Die Ausgabe ist die aktualisierte Fassung des von der Académie française 1980 ausgezeichneten Werks L'orthographe sans peine.

Mathiss, Jean-Paul: **Les clés de la grammaire**.
Assimil 2016, ISBN 978-2-7005-0730-0.

 Nicht nur für Franzosen der unterschiedlichsten Altersstufen, sondern auch für Französischlerner mit anderen Muttersprachen bietet dieses einsprachige Lehrwerk auf 256 Seiten einen bestens strukturierten und praktischen Überblick über die französische Grammatik, von Basiswissen bis hin zu den komplexesten Regeln mit Ausnahmen. 150 Übungen mit Lösungen bieten die Gelegenheit, das Erlernte in der Praxis anzuwenden.

Ponsonnet, Aurore: **QCM – 250 tests de français (Niveau collège - Les bases)** Assimil 2019, ISBN 978-2-7005-0838-3.

Diese 264 Seiten umfassende, handliche Broschüre enthält ca. 250 Multiple-Choice-Testaufgaben mit Lösungen, in denen Basiskenntnisse der französischen Grammatik und des Wortschatzes abgefragt werden. Sprachanfänger mit geringen Vorkenntnissen können hiermit in kurzer Zeit und auf kompakte und unterhaltsame Weise ihre Französischkenntnisse testen. Am Ende jedes Moduls gibt eine Selbstbewertung einen Überblick über den Kenntnisstand. Etwa 120 kurz gefasste Grammatikregeln ergänzen den bearbeiteten Stoff.

Ausführliche Informationen zur Assimil Sprachlernmethode, zu den verfügbaren Medienkombinationen für deutschsprachige und fremdsprachige Lerner sowie zu den angebotenen Lernmedien und vieles mehr finden Sie auf unserer Internetseite: **www.assimilwelt.com**.

Kalmbach, Gabriele: **Französisch – Wort für Wort**.
22. Auflage. Reise Know-How Verlag Bielefeld 2022,
ISBN 978-3-8317-6566-9.

Ohne Sprachkenntnisse verpasst man viel auf Reisen. Erst im Gespräch erfährt man Wissenswertes über Land und Leute, erhält Einblicke in Kultur, Traditionen und Mentalitätsunterschiede. Gerade in Frankreich wird man kaum Leute treffen, die sich mit einem Fremden auf Englisch oder Deutsch unterhalten möchten. Die Franzosen sind stolz auf ihre Sprache und finden es fast selbstverständlich, dass jeder sie spricht.

In diesem Kauderwelsch-Band mit 192 Seiten werden gängige Redewendungen sinngemäß und auch wörtlich übersetzt. So erwerben Anfänger und Einsteiger ein natürliches Sprachverständnis, einzelne Wörter lassen sich unkompliziert austauschen und Phrasen situationsbezogen anpassen. Das Buch vermittelt unterhaltsame Fakten zur Sprache und stimmt auf landestypische Besonderheiten ein. Es deckt Vokabeln aus dem heutigen Reisealltag, gesellschaftlich relevante Themen und aktuelle Freizeitaktivitäten ab. Auch die Grammatik wird kurz und verständlich erklärt, soweit es für das alltägliche Sprechen notwendig ist. Eingebundene QR-Codes verbinden das Buch mit Online-Aussprachebeispielen.

Kayser, Herrmann: **Französisch Slang – das andere Französisch**.
12. Auflage. Reise Know-How Verlag Bielefeld 2019,
ISBN 978-3-8317-6409-9.

Französisch – Ist das nicht die Sprache einer geradezu aristokratischen Eleganz, über die eine elitäre Académie française akribisch wacht? Zumindest ist das der Eindruck, den der Französisch-Unterricht in der Schule häufig hinterlässt. Wenn man aber auf Reisen oder bei sonstigen Begegnungen mit „echten Franzosen" in Kontakt kommt, wird man feststellen, dass die tatsächlich gesprochene Sprache derb, witzig und geradezu anarchisch ist. Da hält man sich

nicht an geheiligte Grammatikregeln. Da holt man sich seine Vokabeln teils aus dem uralten Argot der Außenseiter und Ganoven, und teils aus dem Gangster-Rap der Banlieues von heute. Hinzu kommen kreativ-originelle Metaphern. Und diese Mischung ist ziemlich cool …

Auch Fortgeschrittene können in diesem 128 Seiten starken Bändchen noch viel Neues und die wahre Vielfalt der Sprache entdecken. Im Register sind etwa 1000 Slang-Begriffe aufgelistet, die in klassischen Wörterbüchern kaum zu finden sind.

Kalmbach, Gabriele: **Französisch kulinarisch – Wort für Wort**. 5. Auflage. Reise Know-How Verlag Bielefeld 2015, ISBN 978-3-8317-6434-1.

Wer Französisch essen gehen oder kochen möchte, sollte sich auch mit dem umfassenden Vokabular bekanntmachen, egal ob es ein Besuch im Imbiss oder in einem erstklassigen Restaurant ist oder eine Einladung bei französischen Freunden. Französisch essen will gelernt sein – Wort für Wort. Sie werden sehen, dass Sie bereits beim verbalisierten Gaumengenuss eine Menge neuer und alter Französischkenntnisse erwerben bzw. auffrischen. Daher fehlt auch in diesem Kauderwelsch-Buch nicht der Grammatikteil, der Ihnen mit kulinarischem Vokabular nähergebracht wird. Am Ende des 144 Seiten umfassenden Buches finden Sie eine hilfreiche Zusammenstellung des Grundvokabulars in puncto französisches Essen.

Hinweis: Die meisten Titel des Reise Know-How Verlags sind ebenfalls als Download (EPUB oder PDF) bzw. mit Aussprachetrainer auf CD oder als MP3-Download erhältlich.

Persönliche Notizen.

550

Prononciation du Français
Aussprache des Französischen

Tabelle der Laute
VOKALE

Französisch		Deutsche Entsprechung	
Buch-stabe(n)	Laut-schrift	Aussprachehinweise	Dt. Beispiel
a	*a*	kurzes a	Katze
a / à / â	*a▸*	langes a	Nase
e	*(ö)*	unbetontes, dumpfes e, kaum hörbar	Baguette
e	*ö*	unbetontes e	Zelle
e / é	*e*	langes, helles e	Leben
è / ê	*ä*	ä	Käse
e + Konson.	*e / eh*	e vor Konsonant	Leben
i / y	*i*	kurzes i	Mist
i / y	*i▸*	langes i	Igel
o	*o*	kurzes, mit gespitzten Lippen gesprochenes o	So!
o	*o▸*	langes, mit gespitzten Lippen gesprochenes o	Boot
o	*O*	kurzes, mit geöffneter Mundhöhle gesprochenes o	Post
o	*O▸*	langes, mit geöffneter Mundhöhle gesprochenes o	Kooomm!
u	*ü*	kurzes ü	Mücke
u	*ü▸*	langes ü	müde

Prononciation du Français
Aussprache des Französischen

Tabelle der Laute
DOPPELVOKALE & NASALE

Französisch		Deutsche Entsprechung	
Buch-stabe(n)	Laut-schrift	Aussprachehinweise	Dt. Beispiel
ai / ei	ä▸	langes ä	K**ä**se
an / am / en / em	añ	Nasallaut a	Croiss**ant**
au/eau/ô	o▸	langes, mit gespitzten Lippen gesprochenes o	Wies**o**?
ay-	e + j	„je" verkehrt herum gelesen	Ess**ay**ist
eu / œu	ö	kurzes, mit gespitzten Lippen gesprochenes ö	etwa wie in Höhle, aber kurz
	ö▸	langes, mit gespitzten Lippen gesprochenes ö	G**oe**the
	Ö	kurzes, mit geöffneter Mundhöhle gesprochenes ö	G**ö**tter
	Ö▸	langes, mit geöffneter Mundhöhle gesprochenes ö	M**ööö**rder!
-ill-	ij	in der Wortmitte: langes i gefolgt von j	Quadr**ille**
in / im un / um	äñ	Nasallaut ä	Mannequ**in**
oi / oa	oa	kurzes o + a	**Oa**se
on / om	oñ	Nasallaut o	Sais**on**
ou	u	kurzes u	K**u**ss
	u▸	langes u	M**u**se
oy	oaj	kurzes o + kurzes a + j	
ui	üi	kurzes ü + kurzes i	
uy	üij	kurzes ü + kurzes i + j	

Tabelle der Laute
KONSONANTEN

Französisch		Deutsche Entsprechung	
Buchstabe(n)	Lautschrift	Aussprachehinweise	Dt. Beispiel
c	k	vor a, o, u = k	**K**ind
c	ß	vor e, i, y = ß	Gla**s**
ç*	ß	immer ß	Ka**ss**e
ch	sch	wie sch	**Sch**uh
g	g	vor a, o, u = g	**G**arage
gu	g	vor e und i = g	Ba**g**uette
g	sch~	vor e und i wie 2. g in Garage	Gara**g**e
j	sch~	immer wie in Journal	**J**ournal
gn	nj / ni	n + j oder n + i	Co**gn**ac
-ill-	-ij	wie i + j	la Bast**ill**e
	-il	wie -ll-	Br**ill**e
-eil/-eille	-j	nach ei und œi = j	Mir**eille**
h-	--	immer stumm**	
s	s	zwischen zwei Vokalen s***	Oa**s**e
s / ss	ss	AUCH am Wortanfang ß	E**ss**en
v / w	w	wie w	**W**C
x	kss	k + stimmloses s	Ta**x**i
	gs	g + stimmhaftes s	Schla**gs**ahne
z	s	stimmhaftes s	Ra**s**en

*   wird nur vor **a**, **o**, und **u** verwendet!
** verhindert am Wortanfang eine „Liaison" mit dem Endkonsonanten des vorherigen Wortes (s. Einleitung Seite XIX).
*** nicht in zusammengesetzten Wörtern: „anti**s**ocial" [a*ñti*ss*ossial*]

Die meisten Konsonanten werden am Wortende nicht gesprochen: **Pari**s [*pari*], **Chamoni**x [*schamoni*], **Bordeau**x [*bOrdo*▸]…; aber **Aix** [*äkss*].

Gesprochen werden hingegen die Konsonanten -**c**, -**f**, -**g**, -**k**, -**l**, -**m**, -**q** und -**r**, wenn sie direkt hinter einem Vokal das Wort beenden.